Bernd Held, Michael Eichhorn

Excel – Formeln und Funktionen

Rheinwerk
Computing

Liebe Leserin, lieber Leser,

Sie halten eine umfassende, klar gegliederte Übersicht aller wichtigen Formeln und Funktionen von Excel in der Hand. Das Buch ist so konzipiert, dass Sie für die unterschiedlichen Aufgaben, die Sie mit Excel erledigen möchten, schnell fündig werden. Neben einer Einführung in das Arbeiten mit Formeln und Funktionen lernen Sie anhand verständlicher Beispiele die vielfältigen Einsatzmöglichkeiten dieser nützlichen Helfer kennen. Bei der Darstellung der unterschiedlichen Funktionen haben die Autoren stets den konkreten Einsatz in der Praxis im Blick. Unzählige Tipps und Tricks, Assistenten und wichtige Hilfsmittel helfen Ihnen, noch effizienter mit Excel zur arbeiten. Und die alphabetisch sortierte Gesamtübersicht aller Formeln und Funktionen im Anhang dieses Buchs werden Sie nicht mehr missen wollen.

Ich freue mich sehr, dass Bernd Held und Michael Eichhorn die Autoren dieses Titels sind. Die enorme Expertise der beiden finden Sie auf jeder Seite dieses Buchs wieder. Durch einen gezielten Blick nach rechts und links wird Ihr Einsatz von Excel gefördert und verbessert.

Dieses Buch wurde mit großer Sorgfalt lektoriert und produziert. Sollten Sie Fragen haben, Lob oder Kritik äußern wollen, wenden Sie sich an mich. Ihre freundlichen Kommentare sind jederzeit willkommen.

Ihr Erik Lipperts
Lektorat Rheinwerk Computing

erik.lipperts@rheinwerk-verlag.de
www.rheinwerk-verlag.de
Rheinwerk Verlag · Rheinwerkallee 4 · 53227 Bonn

Auf einen Blick

Wir hoffen, dass Sie Freude an diesem Buch haben und sich Ihre Erwartungen erfüllen. Bitte teilen Sie uns doch Ihre Meinung mit. Eine E-Mail mit Ihrem Lob oder Tadel senden Sie direkt an den Lektor des Buches: *erik.lipperts@rheinwerk-verlag.de*. Im Falle einer Reklamation steht Ihnen gerne unser Leserservice zur Verfügung: *service@rheinwerk-verlag.de*. Informationen über Rezensions- und Schulungsexemplare erhalten Sie von: *britta.behrens@rheinwerk-verlag.de*.

Informationen zum Verlag und weitere Kontaktmöglichkeiten finden Sie auf unserer Verlags-website *www.rheinwerk-verlag.de*. Dort können Sie sich auch umfassend und aus erster Hand über unser aktuelles Verlagsprogramm informieren und alle unsere Bücher versandkostenfrei bestellen.

An diesem Buch haben viele mitgewirkt, insbesondere:

Lektorat Erik Lipperts
Korrektorat Annette Lennartz
Herstellung Kamelia Brendel
Typografie und Layout Vera Brauner
Einbandgestaltung Barbara Thoben, Köln
Coverfoto Shutterstock: 286171034 © Jaktana phongphuek
Satz SatzPro, Krefeld
Druck und Bindung Druckerei C.H.Beck, Nördlingen

Dieses Buch wurde gesetzt aus der TheAntiquaB (9,35/13,25 pt) in FrameMaker.
Gedruckt wurde es auf chlorfrei gebleichtem Offsetpapier (90 g/m²).

Bibliografische Information der Deutschen Nationalbibliothek
Die Deutsche Nationalbibliothek verzeichnet diese Publikation in der Deutschen Nationalbibliografie; detaillierte bibliografische Daten sind im Internet über *http://dnb.d-nb.de* abrufbar.

ISBN 978-3-8362-3507-5

1. Auflage 2016

Inhalt

Anhang

Vorwort

Excel ist *das* Standardprodukt für Tabellenkalkulation! Dieses Programm wird in den meisten Fällen zum Kalkulieren, das heißt zum Berechnen von Daten, verwendet. Dabei bilden die Tabellenfunktionen und Formeln das Herzstück von Excel. Darauf fußt die Idee, ein umfassendes Buch zu schreiben, in dem die meisten Tabellenfunktionen sowie die Formeln anhand von typischen Praxisaufgaben beschrieben werden. Natürlich finden Sie auch dazu passende Tipps und Tricks und sonstige Features in diesem Buch. Mit fast 300 Praxisbeispielen bietet es Ihnen so die optimale Hilfestellung bei Ihrer täglichen Arbeit.

Das Buch ist wie folgt aufgebaut:

In Kapitel 1 lernen Sie die grundlegenden Dinge über die Eingabe von Formeln und das richtige Anwenden von Bezügen. Des Weiteren erfahren Sie, wie Sie Formeln, Funktionen und Verknüpfungen auf Excel-Tabellen aufspüren und überwachen können. Weitere Themen in diesem Kapitel sind Zellenschutz, das Anwenden von Namen sowie zahlreiche Tipps und Tricks im Umgang mit Formeln.

In Kapitel 2 werden praktische Beispiele für den Einsatz von Formeln beschrieben. Sie finden dort ein breites Sammelsurium an Aufgaben und Übungen.

In Kapitel 3 erfolgt eine Anleitung, wie Sie mit Tabellenfunktionen arbeiten können.

In Kapitel 4 lernen Sie Tabellenfunktionen aus der Kategorie Logik kennen. Die darin enthaltenen Funktionen werden oft im Zusammenspiel mit anderen Tabellenfunktionen eingesetzt.

In Kapitel 5 beschäftigen wir uns mit den Textfunktionen von Excel. Die Textfunktionen sind dann sehr wertvoll, wenn Sie Texte in Tabellen bearbeiten oder anpassen möchten. Oft müssen vor allem Daten, die aus Fremdsystemen kommen, in Excel umgewandelt und in eine besser auswertbare Form gebracht werden.

Kapitel 6 zeigt Ihnen die Datums- und Zeitfunktionen von Excel. Da Excel alle Datums- und Zeitangaben intern in Zahlenwerte umgewandelt, gibt es von dieser Seite aus mit dem Rechnen keine Probleme.

In Kapitel 7 werden die Funktionen aus den Kategorien Mathematik und Trigonometrie beschrieben und anhand von Beispielen aus der Praxis erklärt. Die prominenteste Funktion aus dieser Kategorie ist die Tabellenfunktion SUMME.

In Kapitel 8 stellen wir Ihnen einige der Statistikfunktionen von Excel vor. Hiermit werten Sie unter anderem Maschinenauslastungen und Stückzahlen aus.

In Kapitel 9 lernen Sie die Tabellenfunktionen der Finanzmathematik kennen, darunter Funktionen, mit deren Hilfe Sie die Abschreibung von Wirtschaftsgütern oder die Zins- und Tilgungsbelastung von Krediten errechnen können.

In Kapitel 10 widmen wir uns den sogenannten Datenbankfunktionen. Um größere Datenmengen unter Berücksichtigung verschiedener Kriterien auswerten zu können, stehen Ihnen dabei einige sehr gute Datenbankfunktionen zur Verfügung.

In Kapitel 11 erfahren Sie mehr über die Funktionen aus der Rubrik Nachschlagen und Verweisen. Zu diesen Funktionen zählen unter anderem Tabellenfunktionen, mit deren Hilfe Sie Daten in Bereichen suchen und zuordnen können.

In Kapitel 12 werden die Informationsfunktionen von Excel vorgestellt. Zu denen zählen unter anderem Tabellenfunktionen, mit denen Sie Zellenformatierungen und -bezüge, Eingaben und mehr überprüfen können.

In Kapitel 13 lernen Sie, wie Sie die bedingte Formatierung in Verbindung mit Formeln noch weiter ausreizen können. Die bedingte Formatierung gibt es in Excel seit der Version Excel 97. Damit lassen sich je nach Zellenwert bzw. Formel unterschiedliche Formate wie Zellenhintergrundfarbe, Rahmen sowie Schriftfarben und Schriftschnitte den Zellen zuweisen. Dabei funktioniert die bedingte Formatierung ganz automatisch. Einmal eingestellt, befolgt sie strikt das, was Sie vorher festgelegt haben. Die Formatierung wird völlig automatisch vorgenommen und auch wieder entfernt, wenn die Eingabe nicht mehr der eingestellten Definition entspricht.

In Kapitel 14 wagen wir einen Abstecher in ein anderes mächtiges Tool von Excel, die VBA-Programmierung. Sie werden feststellen, dass Sie bestimmte Abläufe automatisieren können.

In Kapitel 15 machen Sie einen Ausflug in die Praxis. Verschiedene Aufgaben, wie zum Beispiel »Personen einer Altersgruppe zählen« oder die Funktion »SVERWEIS umpolen«, werden auf einfache Art und Weise erklärt. Auf über 100 Seiten zeigen wir Ihnen Tipps und Tricks, um vielfältige Aufgaben zu lösen.

Internationalität ist heute keine Frage mehr. Im Anhang finden Sie eine Liste mit einer Gegenüberstellung aller Tabellenfunktionen, die Excel zu bieten hat, auf Deutsch und Englisch mit der jeweiligen Syntax der Funktion auf Deutsch. Dabei werden die Funktionen im Anhang nach den Kategorien präsentiert, die auch in Excel selbst vergeben sind.

Bei Nachfragen und allgemeinem Feedback zu diesem Buch erreichen Sie uns über die Excel-Homepage *http://held-Office.de* oder die E-Mail-Adresse *info@held-office.de*.

Bernd Held ist Autor und Dozent für Excel und VBA. Auf der Homepage *http://held-Office.de* finden Sie die aktuellen Schulungsangebote. Die Schulungen sind nach Schwierigkeitsgrad unterteilt, so dass Sie sich die passende Schulung aussuchen können. In kleinen Gruppen lernen Sie die Power von Excel kennen.

Wir wünschen Ihnen viel Spaß beim Lesen des Buches und späteren Anwenden der Lösungen!

Bernd Held und **Michael Eichhorn**

Kapitel 1
Arbeiten mit Formeln und Bezügen

In diesem Kapitel lernen Sie, wie man Formeln und Funktionen baut und sie auch nutzt. Sie werden merken, dass das gar nicht so schwer ist.

Jede Formel beginnt mit einem Gleichheitszeichen

Excel steckt voller Funktionen und Formeln, die Ihnen Ihre tägliche Arbeit erleichtern können. Jede Formel in Excel beginnt mit einem Gleichheitszeichen (=), dahinter folgen die zu berechnenden Operationen samt Operanden, die von Operatoren getrennt werden. Excel führt die Rechenoperationen in Übereinstimmung mit der Reihenfolge der Operatoren von links nach rechts, beginnend mit dem Gleichheitszeichen (=), aus. Sie können die Reihenfolge der Rechenschritte jedoch beeinflussen, indem Sie diese mit Klammern festlegen.

Rechenoperationen

Als Operatoren werden genau die Zeichen genutzt, die Sie auch von Ihrem Taschenrechner her kennen und sicherlich schon etliche Male genutzt haben (siehe Abbildung 1.1).

Operator	Kurzbeschreibung
+	Addition
-	Subtraktion
/	Division
*	Multiplikation
^	Potenzierung
%	Prozent

Abbildung 1.1 Excel-Operatoren

Vergleichsoperatoren

In Excel wird aber nicht nur gerechnet, sondern Sie können auch Zahlen oder Texte miteinander vergleichen. Dafür werden die Vergleichsoperatoren genutzt (siehe Abbildung 1.2).

Operator	Bedeutung
=	gleich
>	größer als
<	kleiner als
>=	größer oder gleich
<=	kleiner oder gleich
<>	ungleich

Abbildung 1.2 Excel-Vergleichsoperatoren

Sie können die Formeln entweder direkt in eine Zelle schreiben, oder Sie schreiben die Formel in die Bearbeitungsleiste und schließen die Eingabe durch [↵] ab.

Die Bearbeitungsleiste zeigt die Formeln.

Befindet sich in einer Zelle eine Formel, so ist diese nur über die Bearbeitungsleiste sichtbar. In der Zelle an sich sieht man entweder das Ergebnis einer Berechnung oder je nach Komplexität und Korrektheit der Formel, 0, nichts oder einen Fehler.

1.1 Rechenformeln eingeben

Formeln fangen immer mit einem Gleichheitszeichen (=) an. In Abbildung 1.3 sehen Sie einige typische Rechenformeln.

	A	B	C
1	**Rechenoperation**	**Ergebnis**	
2	=14,95+31,99	46,94	
3	=1200-399	801	
4	=625/15	41,6666667	
5	=123,5*12	1482	
6	=(11*5,5)*13	786,5	
7	=2^6	64	
8			

Abbildung 1.3 Konstante Excel-Formeln

In Excel ist jede Zelle eindeutig durch ihre Zeilen-Spalten-Koordinaten beschrieben und identifizierbar.

Dynamische Formeln

In Abbildung 1.3 haben wir mit Formeln gearbeitet, die konstante Werte enthielten. Daran ist nichts auszusetzen. Die wirkliche Excel-Power erreichen Sie aber erst, wenn Sie mit dynamischen Formeln arbeiten. Das bedeutet, Sie arbeiten mit *Zellbezügen* statt mit konstanten Zahlen.

	A	B	C	D	E
1				**Formel**	**Ergebnis**
2					
3	konstant			=7+21	28
4					
5					
6	dynamisch	7	21	=A8+B8	28
7					
8					

Abbildung 1.4 Der Unterschied zwischen konstanter und dynamischer Formel

In dem Beispiel in Abbildung 1.4 sehen Sie den Unterschied. Sie können entweder die Zahlen direkt in der Formel addieren, oder Sie addieren den Zellinhalt von zwei verschiedenen Zellen. Der Vorteil dabei ist klar. Wenn Sie dynamische Formeln nutzen, können Sie sehr schnell variable Zahlen berechnen. Stellen Sie sich vor, Sie verändern den Zellinhalt in Zelle B6. Ihre dynamische Formel wird weiterhin rechnen, aber dann mit dem neuen Wert aus Zelle B6, da dort der Zellbezug **=B6 + C6** steht.

Tipp

Da jede Eingabe in eine Zelle, die mit einem Gleichheitszeichen beginnt, sofort als Formel bzw. als Funktion oder Verknüpfung von Excel interpretiert wird, kann der eigentliche Formeltext nicht in eine Zelle eingegeben werden. Möchten Sie den Formeltext einer Zelle beispielsweise in die Nebenzelle schreiben, dann gehen Sie folgt vor:

1. Kopieren Sie zunächst die Formel, indem Sie die Formel in der Bearbeitungsleiste auswählen und über die Tastenkombination [Strg] + [C] kopieren.
2. Setzen Sie den Cursor in die Zielzelle.
3. Geben Sie ein Leerzeichen ein.
4. Betätigen Sie die Tastenkombination [Strg] + [V], um den Formeltext einzugeben.

1.2 Das Bezugssystem von Excel

Standardmäßig ist Excel mit dem A1-Bezugssystem ausgestattet, das heißt, die erste Zelle kann über die Koordinaten A1 und die letzte Zelle mit der Koordinate XFD1048576 angesprochen werden. Die Spaltenbeschriftung wird dabei mit Buchstaben nach dem Alphabet von links nach rechts durchnummeriert.

A1-Bezugssystem

Neben dem Standardsystem gibt es auch noch das sogenannte Z1S1-Bezugssystem. Bei diesem System werden die Spaltenbeschriftungen wie auch die Zeilennummerierung mit Nummern versehen (siehe Abbildung 1.5). Dabei kann die erste Zelle über Z1S1 (Zeile 1, Spalte 1) und die letzte Zelle über Z1048576S16384 adressiert werden. Möchten Sie dieses Bezugssystem einstellen, verfahren Sie wie folgt:

Z1S1-Bezugssystem

1. Im Menüband unter Datei wählen Sie den Punkt Optionen aus.
2. Wechseln Sie zu dem Menüpunkt Formeln.
3. In dem Gruppenfeld Arbeiten mit Formeln aktivieren Sie das Kontrollkästchen Z1S1-Bezugsart.
4. Bestätigen Sie Ihre Einstellung mit OK.

	1	2	3	4	5	6	7	8	9	10
1										
2										
3										
4										
5										
6										

Abbildung 1.5 Die Spaltenüberschriften haben jetzt Nummern statt Buchstaben.

Beide Bezugssysteme können in Excel verwendet werden. Bei Bedarf können Sie diese jederzeit wechseln. In der Praxis hat sich allerdings das A1-Bezugssystem wegen seiner etwas leichteren Bedienbarkeit durchgesetzt. Welches System Sie auch wählen, entscheiden Sie sich für eines, da es bei Mischformen leicht zu Problemen kommen kann. Alle Aufgaben in diesem Buch wurden nach dem A1-Bezugssystem dargestellt.

1.3 Die unterschiedlichen Zellbezüge

Absolute und relative Zellbezüge

In Excel unterscheidet man zwischen absoluten und relativen Zellbezügen. Der Unterschied wird anhand des Beispiels in Abbildung 1.6 klar.

	A	B	C	D	E	F
1	**Alter Preis**	**Neuer Preis**	**relativ**		**Aufschlag**	**1,15**
2	10,00 €	11,50 €	=A2*F1			
3	15,00 €	0,00 €	=A3*F2			
4	20,00 €	0,00 €	=A4*F3			
5	25,00 €	0,00 €	=A5*F4			
6	30,00 €	0,00 €	=A6*F5			
7	50,00 €	0,00 €	=A7*F6			
8	99,00 €	0,00 €	=A8*F7			
9						
10						
11						
12	**Alter Preis**	**Neuer Preis**	**absolut**			
13	10,00 €	11,50 €	=A13*$F$1			
14	15,00 €	17,25 €	=A14*$F$1			
15	20,00 €	23,00 €	=A15*$F$1			
16	25,00 €	28,75 €	=A16*$F$1			
17	30,00 €	34,50 €	=A17*$F$1			
18	50,00 €	57,50 €	=A18*$F$1			
19	99,00 €	113,85 €	=A19*$F$1			
20						

Abbildung 1.6 Relative und absolute Bezüge

In dem Beispiel soll eine Preiserhöhung um 15 % vorgenommen werden. Dazu wurde in Zelle B2 die Formel =**A2*F1** (alter Preis * Aufschlagsfaktor) eingegeben und über das Ausfüllkästchen bis in Zelle B8 heruntergezogen. Die Preiserhöhung fand aber nur in Zelle B2 statt. Warum das?

Der Aufschlagsfaktor steht nur in Zelle F1, und beim Kopieren der Formel geht dieser Aufschlagsfaktor verloren. Excel rechnet ab der 3. Zeile mit einem leeren bzw. nicht vorhandenen Aufschlagsfaktor.

Die richtige Lösung für diese Aufgabe sehen Sie in dem zweiten Block. Hier verbleibt zwar der Bezug zu den alten Preisen relativ, jedoch wird Zelle F1 mit dem Aufschlagsfaktor absolut gesetzt. Den absoluten Bezug erkennen Sie an dem Dollarzeichen.

Generell gilt die Syntax, die Sie in Tabelle 1.1 sehen.

Kopf 1	Kopf 2
A1	Spalte A ist relativ, Zeile 1 ist relativ.
$A1	Spalte A ist absolut, Zeile 1 ist relativ.
A$1	Spalte A ist relativ, Zeile 1 ist absolut.
$A$1	Spalte A ist absolut, Zeile 1 ist absolut.

Tabelle 1.1 Der absolute Bezug in Excel

Automatische oder manuelle Bezüge

Bezüge können Sie entweder manuell erstellen, indem Sie ein Gleichheitszeichen eingeben, dann zum Beispiel F1 eingeben und mit [↵] bestätigen. Eleganter geht es jedoch mit der Maus. Schreiben Sie dazu in der Bearbeitungsleiste ein Gleichheitszeichen, und klicken Sie dann mit der Maus in das Feld Ihrer Wahl. Excel hat jetzt einen relativen Bezug erstellt. Diesen können Sie jetzt durch Drücken der Taste [F4] in einen absoluten Bezug umwandeln. Drücken Sie mehrmals hintereinander die Taste [F4], und Sie werden feststellen, dass sich der Bezug dynamisch verändert und schließlich sogar ganz verschwindet.

3D-Bezüge

Neben den relativen und absoluten Bezügen gibt es auch sogenannte 3D-Bezüge. Bei diesen Bezügen wird eine Zelle in einem anderen Tabellenblatt angesprochen. Die Syntax für 3D-Bezüge lautet:

=Tabelle2!A10

1.4 Formeln ausspionieren

Wenn Sie eine Zelle (mit Formel) markiert haben, wird die entsprechende Formel standardmäßig in der Bearbeitungsleiste angezeigt. Jetzt stellen Sie sich ein Tabellenblatt vor, das sehr viele Formeln enthält. Die Übersicht ist schnell dahin. Excel gibt Ihnen jedoch einige Hilfen, um auch diese Aufgabe schnell zu lösen.

1.4.1 Formelansicht aktivieren

Übersicht über alle Formeln

Möchten Sie auf einen Blick feststellen, welche Formeln in einer Tabelle vorhanden sind, dann können Sie die Formelansicht anschalten. Dazu gehen Sie wie folgt vor:

1. Wählen Sie im Menüband DATEI und anschließend den Befehl OPTIONEN.
2. Unter ERWEITERT finden Sie den Teilbereich OPTIONEN FÜR DIESES ARBEITSBLATT.
3. Aktivieren Sie das Kontrollkästchen ANSTELLE DER BERECHNETEN WERTE FORMELN IN ZELLEN ANZEIGEN.

Schneller können Sie jedoch in die Formelansicht schalten, indem Sie unter dem Menüpunkt FORMELN die Schaltfläche FORMELN ANZEIGEN aktivieren.

1.4.2 Formelzellen markieren

Formeln markieren

Eine elegante Methode, um beispielsweise alle Zellen in einer Tabelle zu markieren, die Formeln enthalten, können Sie über die folgende Vorgehensweise durchführen:

1. Drücken Sie die Taste [F5], um den Dialog GEHE ZU aufzurufen.
2. In dem Dialog GEHE ZU klicken Sie die Schaltfläche INHALTE.

Abbildung 1.7 Formel markieren

3. Aktivieren Sie die Option FORMELN (siehe Abbildung 1.7).
4. Bestätigen Sie mit OK. Das Ergebnis zeigt Abbildung 1.8.

	A	B	C	D	E	F
1	Alter Preis	Neuer Preis	relativ		Aufschlag	1,15
2	10,00 €	11,50 €	=A2*F1			
3	15,00 €	0,00 €	=A3*F2			
4	20,00 €	0,00 €	=A4*F3			
5	25,00 €	0,00 €	=A5*F4			
6	30,00 €	0,00 €	=A6*F5			
7	50,00 €	0,00 €	=A7*F6			
8	99,00 €	0,00 €	=A8*F7			
9						
10						
11						
12	Alter Preis	Neuer Preis	absolut			
13	10,00 €	11,50 €	=A13*$F$1			
14	15,00 €	17,25 €	=A14*$F$1			
15	20,00 €	23,00 €	=A15*$F$1			
16	25,00 €	28,75 €	=A16*$F$1			
17	30,00 €	34,50 €	=A17*$F$1			
18	50,00 €	57,50 €	=A18*$F$1			
19	99,00 €	113,85 €	=A19*$F$1			
20						

Abbildung 1.8 Alle Formeln wurden in der Tabelle markiert – siehe rote Rahmen.

Wenn Sie jetzt mehrmals die Taste [Tab] drücken, springt die Markierung von einer Formelzelle zur anderen. Die Formel wird dabei jeweils in der Bearbeitungsleiste von Excel gezeigt. Über die Tastenkombination [⇧] + [Tab] springen Sie in der Tabelle rückwärts von Formelzelle zu Formelzelle.

Tipp

Wenn Sie alle Formelzellen einer Tabelle kennzeichnen möchten, dann markieren Sie alle Formelzellen, wie gerade beschrieben, und wählen Sie danach unter dem Menüband START eine gewünschte Hintergrundfarbe aus der Farbpaletten FÜLLFARBE.

Jede einzelne Zelle in einer Excel-Tabelle, ob Sie nun eine Formel enthält oder nicht, kann schnell aktiviert werden. Dazu gibt es mehrere Möglichkeiten:

- das Einstellen der Zelle mit der horizontalen und vertikalen Bildlaufleiste (langsamste Methode)
- die Zellaktivierung über den Dialog GEHE ZU
- das direkte Anspringen von Zellen über das Namensfeld

Beim Aktivieren einer Zelle über den Dialog GEHE ZU verfahren Sie wie folgt: Dialog »Gehe zu«

1. Drücken Sie die Taste F5, um den Dialog GEHE ZU aufzurufen (siehe Abbildung 1.9).

Abbildung 1.9 Schneller Zellen aktivieren

2. Geben Sie in dem Feld VERWEIS die gewünschte Zelladresse ein, die Sie markieren möchten.
3. Bestätigen Sie mit OK.

Der Cursor springt nun automatisch in Zelle A100.

Zellenblock A1:D100 markieren

Übrigens können im Dialog GEHE ZU im Feld VERWEIS auch ganze Zellenbereiche eingegeben werden. So können Sie dort beispielweise auch einen ganzen Zellenblock A1:D100 elegant und schnell markieren. Selbst nicht zusammenhängende Bereiche können Sie über den Dialog GEHE ZU mühelos markieren. Um die Bereiche A1:A10, C1:C10 und E1:E10 zu markieren, füllen Sie den Dialog wie in Abbildung 1.10 aus.

Abbildung 1.10 Nicht zusammenhängende Zellenblöcke markieren

Im Listenfeld GEHE ZU werden die Markierungen, die Sie bereits durchgeführt haben, dokumentiert. Mit einem Doppelklick auf einen der Einträge können Sie die Markierung jederzeit wieder vornehmen.

1.5 Formelzusammenhänge feststellen

Alle an einer Formel beteiligten Zellen markieren

Bezieht sich eine Formel in einer Tabelle gleich auf mehrere Zellen, dann bietet Excel eine integrierte Funktion, mit der alle an der Formel beteiligten Zellen automatisch markiert werden (siehe Abbildung 1.11). Setzen Sie zu diesem Zweck den Cursor in die Zelle, die die Formel enthält, und drücken Sie die Taste [F2].

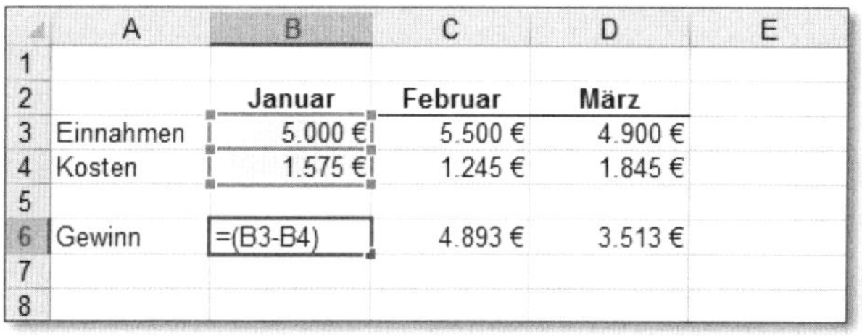

	A	B	C	D	E
1					
2		Januar	Februar	März	
3	Einnahmen	5.000 €	5.500 €	4.900 €	
4	Kosten	1.575 €	1.245 €	1.845 €	
5					
6	Gewinn	=(B3-B4)	4.893 €	3.513 €	
7					
8					

Abbildung 1.11 Die beteiligten Zellen werden gekennzeichnet.

Jede an der Formel beteiligte Zelle (hier sind es die Zellen B4 und B3) wird mit unterschiedlichen Farben umrandet. Ein Klick auf die Taste [Esc] oder [↵] entfernt die Markierung wieder.

Formelüberwachung

Eine weitere Funktion, um sich mit Formeln in Tabellen zurechtzufinden, bietet die Formelüberwachung. Hier haben Sie die Möglichkeit, sich die SPUR ZUM VORGÄNGER bzw. SPUR ZUM NACHFOLGER anzeigen zu lassen. Um diese Funktion zu nutzen, wählen Sie aus dem Menüband den Menüpunkt FORMELN. Im Bereich der FORMELÜBERWACHUNG können Sie sich per Schaltfläche entweder die SPUR ZUM VORGÄNGER oder die SPUR ZUM NACHFOLGER anzeigen lassen (siehe Abbildung 1.12).

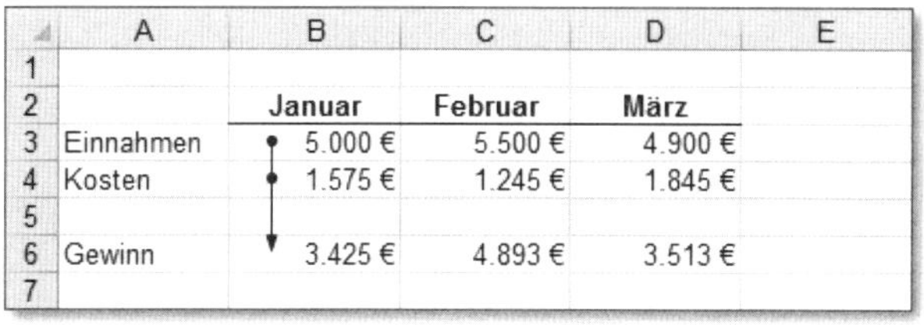

	A	B	C	D	E
1					
2		Januar	Februar	März	
3	Einnahmen	5.000 €	5.500 €	4.900 €	
4	Kosten	1.575 €	1.245 €	1.845 €	
5					
6	Gewinn	3.425 €	4.893 €	3.513 €	
7					

Abbildung 1.12 Die Pfeile werden zur besseren Orientierung in der Tabelle eingesetzt.

Besonders interessant wird es, wenn Sie Formeln über mehrere Tabellen einsetzen. So wird beispielsweise in der folgenden Aufgabe in Abbildung 1.13 Zelle B6 noch mit Zelle F1 der Tabelle3 verknüpft.

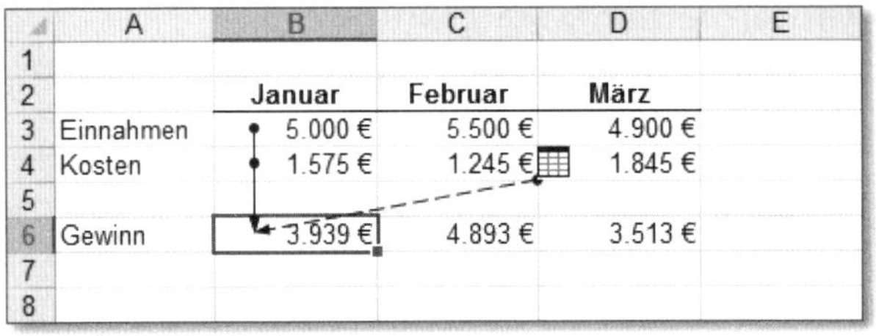

	A	B	C	D	E
1					
2		Januar	Februar	März	
3	Einnahmen	5.000 €	5.500 €	4.900 €	
4	Kosten	1.575 €	1.245 €	1.845 €	
5					
6	Gewinn	3.939 €	4.893 €	3.513 €	
7					
8					

Abbildung 1.13 Auch Verknüpfungen zu anderen Tabellen können über die Formelüberwachung angezeigt werden.

Formelüberwachung über mehrere Tabellenblätter

Mit einem Klick direkt auf den gestrichelten Pfeil wird ein Dialog eingeblendet, über den Sie die verknüpfte Tabelle schnell aktivieren können.

> **Hinweis**
>
> Um alle Spurpfeile oder auch nur einzelne zu entfernen, klicken Sie im Menüband auf FORMELN und im Bereich der FORMELÜBERWACHUNG auf die Schaltfläche PFEILE ENTFERNEN. Wenn Sie rechts von der Beschriftung auf den kleinen Pfeil drücken, öffnet sich ein Fenster, in dem Sie entscheiden können, welche Pfeile Sie entfernen möchten.

1.6 Formeln überwachen mit dem Überwachungsfenster

Seit der Excel-Version 2002 haben Sie die Möglichkeit, Formeln in Tabellen über ein spezielles Fenster zu betrachten. Um diese Funktion zu nutzen, gehen Sie wie folgt vor:

Überwachungsfenster

1. Markieren Sie zunächst alle Formelzellen, die Sie überwachen möchten.
2. Wählen Sie im Menüband FORMELN und im Bereich FORMELÜBERWACHUNG das Überwachungsfenster aus.
3. Das Überwachungsfenster öffnet sich und zeigt Ihnen die selektierten Formeln.
4. Möchten Sie weitere Formeln überwachen, können Sie dies unter ÜBERWACHUNG HINZUFÜGEN einstellen (siehe Abbildung 1.14).

Sollten sich Änderungen in der Tabelle auf mehrere andere Formelzellen auswirken, so können Sie über das Überwachungsfenster diese Änderungen sehr schön verfolgen.

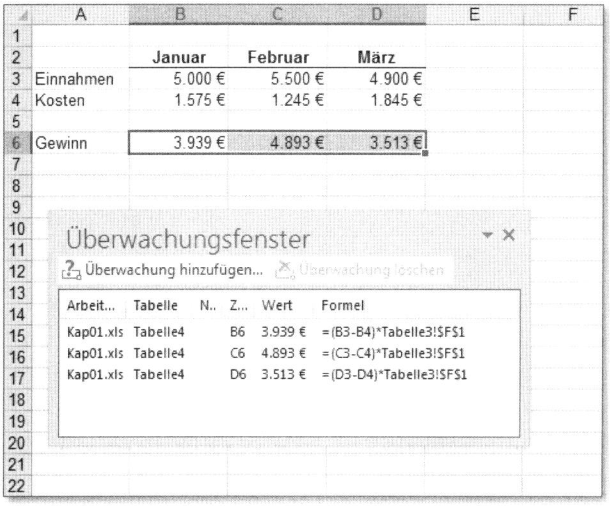

Abbildung 1.14 Die Formelüberwachung nutzen

Tipp

Mit einem Klick auf die jeweilige Überschrift im Überwachungsfenster können Sie die darunterliegenden Einträge automatisch sortieren lassen.

1.7 Formeln kopieren

Excel bietet verschiedene Möglichkeiten, um Formeln zu kopieren. Sie erfahren nun, wie sie mit mithilfe des Ausfüllkästchen, der Zwischenablage und des Excel-Menüs Inhalte kopieren und einfügen können.

1.7.1 Kopieren über das Ausfüllkästchen

Sie können eine Formel kopieren, indem Sie das Ausfüllkästchen (rechts unten in der Zelle) doppelklicken oder ziehen. Sehen Sie sich dazu das folgende Beispiel an. Bei der Aufgabe in Abbildung 1.15 soll jeweils die Mehrwertsteuer von Leistungen ausgewiesen werden.

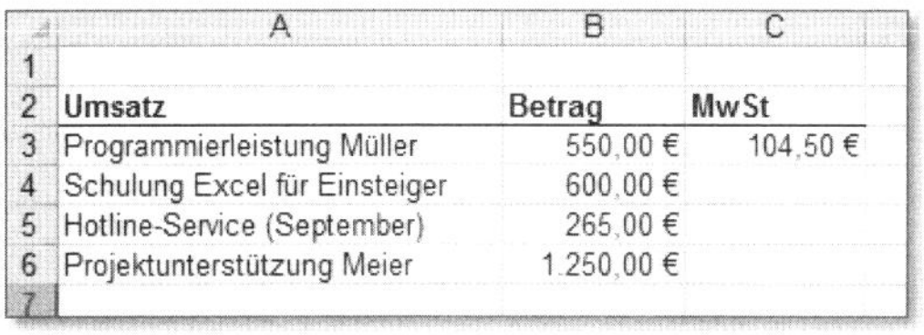

Abbildung 1.15 Die Mehrwertsteuer ausweisen

Die Formel in Zelle C3 lautet:

=B3*0,19

Doppelklick auf das Ausfüllkästchen

Über einen Doppelklick auf das Ausfüllkästchen der Zelle C3 wird die Formel bis in Zelle C6 automatisch nach unten kopiert. Excel orientiert sich dabei an der Nebenspalte B. Da die Liste dort in der Zeile B6 endet, wird die Formel bis zur Zelle C6 ausgefüllt. Alternativ dazu können Sie auch das Ausfüllkästchen aus Zelle C3 anpacken und mit gedrückter linker Maustaste bis in Zelle C6 ziehen. Wenn Sie sich das Ergebnis ansehen, dann stellen Sie fest, dass sich der Bezug auf die Spalte B anpasst.

Tipp

Übrigens können Sie mit Hilfe des Ausfüllkästchens auch Daten und Formatierungen aus Zellen löschen. Im Beispiel aus Abbildung 1.15 setzen Sie dazu den Cursor in Zelle C7 und ziehen das Ausfüllkästchen nach oben in Zelle Z3.

1.7.2 Kopieren über die Zwischenablage

Über die Zwischenablage kopieren

Eine andere, auch gängige Methode ist, eine Formel über die Zwischenablage zu kopieren und in die Zielzellen einzufügen. Dabei verfahren Sie wie folgt:

1. Markieren Sie den Zellenbereich C3:C6.
2. Schreiben Sie die Formel **=B3*0,19**.
3. Drücken Sie die Tastenkombination [Strg] + [↵].

Die Formel wird nun in alle markierten Zellen geschrieben. Automatisch werden dabei die Zellbezüge angepasst.

Tipp

Wenn Sie eine Formel ohne Veränderung der Zellbezüge in die darunterliegende Zelle kopieren möchten, dann setzen Sie den Cursor in diese Zelle, und drücken Sie die Tastenkombination [Strg] + [,].

1.7.3 Kopieren über das Menü

Über die Schaltflächen kopieren

Soll eine Formel über die Schaltflächen kopiert werden, so gehen Sie wie folgt vor:

1. Markieren Sie die Zelle, die die Formel enthält.
2. Drücken Sie im Menüband auf START und anschließend im Bereich ZWISCHENABLAGE die Schaltfläche KOPIEREN.
3. Positionieren Sie den Cursor in der gewünschten Zelle, die die kopierte Formel erhalten soll.
4. Im Menü START, Bereich ZWISCHENABLAGE, finden Sie die Schaltfläche EINFÜGEN. Nach Betätigen der Schaltfläche EINFÜGEN befindet sich die Formel in der neuen Zelle.

1.8 Formeln schützen

Haben Sie sich viel Mühe mit einer Excel-Tabelle gegeben und möchten Sie sie schützen, so dass sie nicht mehr gelöscht werden kann, dann gehen Sie wie folgt vor:

Wie kann ich meine Formeln schützen?

1. Markieren Sie zunächst alle Zellen, die Sie weiterhin editierbar halten möchten.
2. Wechseln Sie im Menüband auf START.
3. Im Bereich ZELLEN finden Sie die Schaltfläche FORMAT.
4. Klicken Sie auf ZELLEN FORMATIEREN, und selektieren Sie anschließend den Reiter SCHUTZ.
5. Deaktivieren Sie das Kontrollkästchen GESPERRT.
6. Drücken Sie nun die Taste F5, um den Dialog GEHE ZU aufzurufen.
7. Klicken Sie auf die Schaltfläche INHALTE.
8. Aktivieren Sie die Option FORMELN.
9. Bestätigen Sie mit OK. Sie haben jetzt alle Formelzellen der Tabelle markiert.
10. Klicken Sie erneut in dem Menüpunkt START die Schaltfläche FORMAT an, und aktivieren Sie auf der Registerkarte SCHUTZ das Kontrollkästchen GESPERRT.
11. Bestätigen Sie mit OK.
12. Wählen Sie nun unter dem Menüpunkt ÜBERPRÜFEN die Schaltfläche BLATT SCHÜTZEN aus (siehe Abbildung 1.16).
13. Geben Sie in das Feld KENNWORT ZUM AUFHEBEN DES BLATTSCHUTZES bei Bedarf ein Kennwort ein.
14. Bestätigen Sie mit OK.

Feld »Kennwort« zum Aufheben des Blattschutzes

Wenn Sie jetzt versuchen, eine Zelle, die eine Formel enthält, zu löschen bzw. die Formel zu ändern, dann gibt Excel eine Fehlermeldung auf dem Bildschirm aus.

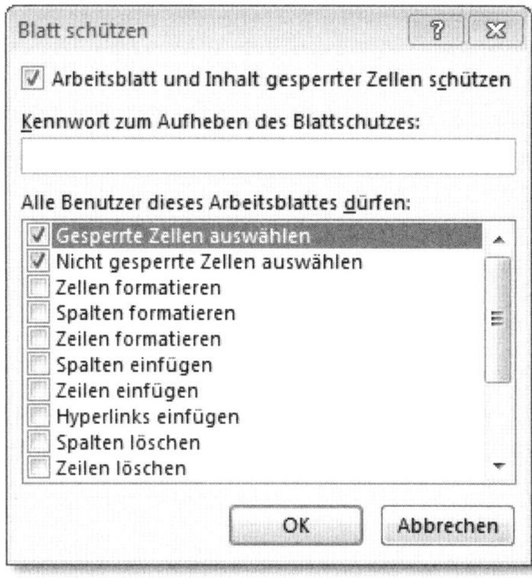

Abbildung 1.16 Tabelle vor Änderungen schützen

1.9 Formeln verstecken

Wie kann ich Formeln verstecken?

Möchten Sie die Anzeige der Formeln in Ihrer Tabelle unterbinden, dann müssen Sie die Zellen in der Tabelle schützen:

1. Markieren Sie die Zellen, in denen Formeln sind, die Sie schützen möchten.
2. Klicken Sie im Menüpunkt START, Bereich ZELLEN, auf die Schaltfläche FORMAT.
3. Wechseln Sie auf die Registerseite SCHUTZ, und aktivieren Sie das Kontrollkästchen AUSGEBLENDET.
4. Danach müssen Sie das Blatt schützen. Aktivieren Sie dazu im Menüpunkt ÜBERPRÜFEN im Bereich ÄNDERUNGEN die Schaltfläche BLATT SCHÜTZEN.
5. Bestätigen Sie mit OK.

Danach werden die so geschützten Formeln in der Tabelle nicht mehr angezeigt. Um die Formeln anzuzeigen bzw. zu ändern, müssen Sie den Blattschutz wieder aufheben.

1.10 Die Berechnung abschalten

Automatische Berechnung temporär abschalten

In großen Arbeitsmappen, die sehr viele Formeln enthalten, ist es teilweise sinnvoll, die automatische Berechnung temporär abzuschalten, um die Arbeitsgeschwindigkeit zu erhöhen. Um die automatische Berechnungsfunktion in Excel abzuschalten, verfahren Sie wie folgt:

1. Wählen Sie unter DATEI den Befehl OPTIONEN.
2. Wechseln Sie auf die Registerkarte FORMELN.
3. Aktivieren Sie die Option MANUELL (siehe Abbildung 1.17).
4. Bestätigen Sie diese Einstellung mit OK.

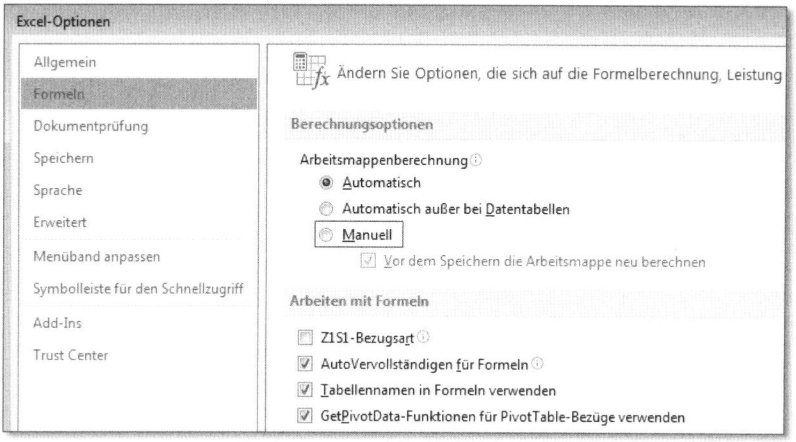

Abbildung 1.17 Auf manuelle Berechnung umschalten

Vergessen Sie aber nicht, die Berechnung am Ende wieder einzuschalten, da Excel diese Einstellung – auch nach einem Neustart – nicht automatisch einstellt.

1.11 Formeln in Festwerte umwandeln

Dynamische Formeln oder starre Festwerte?

Da sich Formeln ändern, sobald Zellen, auf die sie sich beziehen, geändert werden, bieten Formeln somit die allergrößte Dynamik. Nicht immer soll dieser Automatismus jedoch greifen. Stellen Sie sich vor, Sie haben eine Kalkulation in Excel vorgenommen, die sich auf keinen Fall mehr ändern darf, oder Sie möchten eine Tabelle an einen Kunden versenden.

In solchen Fällen bietet es sich an, die Formeln in Festwerte umzuwandeln.

Das geschieht wie folgt:

1. Markieren Sie den verwendeten Bereich in Ihrer Tabelle komplett. Dazu setzen Sie den Cursor in Zelle A1 und drücken die Tastenkombination Strg + ⇧ + Ende.
2. Kopieren Sie den markierten Bereich über den Menüpunkt START, Bereich ZWISCHENABLAGE.
3. Wählen Sie aus dem Menü START im Bereich ZWISCHENABLAGE den Befehl EINFÜGEN.
4. Aktivieren Sie die Option WERTE (siehe Abbildung 1.18).

Abbildung 1.18 Formeln in Festwerte umwandeln

Sofort werden alle Formeln durch Festwerte ersetzt.

Tipp

Eine etwas andere, elegantere und schnellere Methode, um diese Aufgabe zu lösen, geht wie folgt:

1. Markieren Sie den Bereich, in dem Sie die Formeln in Festwerte umwandeln wollen.
2. Klicken Sie mit der rechten Maustaste auf den rechten Rand der Markierung, und ziehen Sie den markierten Bereich eine Spalte weiter nach links. Halten Sie dabei die rechte Maustaste gedrückt.
3. Schieben Sie den markierten Bereich wieder an den Ausgangspunkt, und lassen Sie die rechte Maustaste los. Dadurch wird automatisch ein Kontextmenü aufgerufen (siehe Abbildung 1.19).
4. Wählen Sie aus dem Kontextmenü den Befehl HIERHIN NUR ALS WERTE KOPIEREN.

Eine einzelne Formel können Sie in einer Zelle schneller umwandeln, wenn Sie den Cursor in die Zelle setzen, dann die Taste F2 drücken und direkt im Anschluss die Taste F9 drücken. Bestätigen Sie diese Aktion mit der Taste ↵.

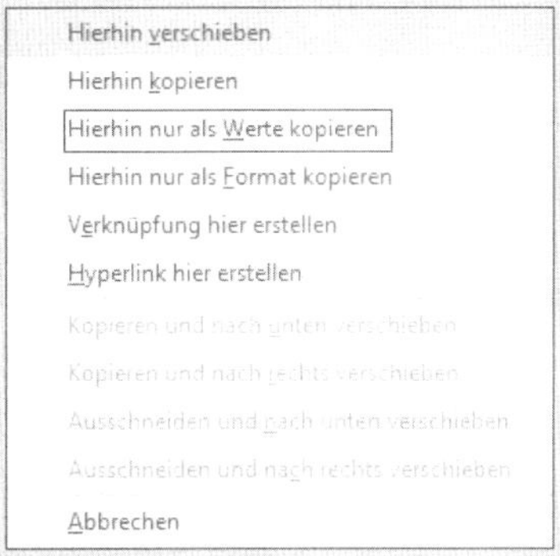

Abbildung 1.19 Formeln in Festwerte umwandeln über das Kontextmenü

1.12 Teilberechnung der Formeln

Teilergebnisse ausrechnen lassen

Um komplizierte Formeln leichter lesbar zu machen, können Sie die Teilergebnisse in der Formel ausrechnen lassen und das Ergebnis in die Formel einfügen. Dazu gehen Sie wie folgt vor:

1. Doppelklicken Sie dazu auf eine Zelle mit einer längeren Formel.
2. Markieren Sie den Teilbereich, der ausgerechnet werden soll.
3. Drücken Sie die Taste [F9], und sofort berechnet Excel das markierte Teilergebnis der Formel.
4. Wenn Sie die Zahl übernehmen wollen, drücken Sie [↵].
5. Wollen Sie die Berechnung verwerfen, reicht ein Druck auf [Esc].

Wenn Sie die Zahl übernommen haben, arbeiten Sie ab jetzt mit einer dynamischen Formel, in der ein Zwischenergebnis konstant ist.

1.13 Arbeiten mit Namen

Namen definieren

In Excel kann man für Bezüge, Formeln oder Konstanten Namen definieren und nutzen. Das Arbeiten mit Namen in Tabellen erleichtert die Lesbarkeit der Tabellen immens. So klingt doch die Formel

=Netto * MwSt

besser als

=A1*B1

1.13.1 Generelles zur Namensvergabe

Buchstaben, Ziffern, Unterstriche und Punkte

Bei der Definition von Namen muss eine bestimmte Syntax eingehalten werden. So muss das erste Zeichen eines Namens ein Buchstabe sein. Für alle folgenden Zeichen des Namens können Buchstaben, Ziffern, Unterstriche und sogar Punkte verwendet werden. Allerdings werden keine Namen akzeptiert, bei denen eine Verwechslung mit Zellbezügen möglich ist. So werden beispielsweise Namen wie U2 und B52 von Excel verworfen. Die Groß- und Kleinschreibung spielt bei der Namensvergabe keine Rolle und kann in beliebiger Mischung verwendet werden. So ist der Name KostenJanuar gleichbedeutend mit dem Namen kostenjanuar. Die maximale Länge eines Namens darf nicht über 255 Zeichen betragen. Sie sollten die Namen immer so kurz, dabei aber noch so sprechend wie möglich definieren.

Generell müssen Namen in einer Arbeitsmappe eindeutig sein, das heißt, wenn Sie einen Namen vergeben und später denselben Namen auf einer anderen Tabelle wiederum definieren möchten, dann wird der zuerst definierte Name somit überschrieben. Selbstverständlich ist ein Name, der auf einer bestimmten Tabelle vorgenommen wurde, auch in der gesamten Arbeitsmappe verwendbar und abrufbar.

1.13.2 Namen vergeben

Zellen und Bereichen benennen

Die Benennung von einzelnen Zellen und Bereichen kann mit unterschiedlichen Methoden durchgeführt werden. Im folgenden Beispiel werden aus Nettopreisen Bruttopreise gemacht. Sehen Sie sich dazu einmal Abbildung 1.20 an.

	A	B	C	D
1				
2		MwSt	19%	
3				
4				
5		Nettopreise	MwSt-Betrag	Bruttopreise
6		15,00 €		
7		25,00 €		
8		50,00 €		
9		160,00 €		
10		187,00 €		
11		199,00 €		
12		250,00 €		
13		300,00 €		

Abbildung 1.20 Vorbereitung auf eine Errechnung der Bruttopreise

Geben Sie der Zelle C2 nun den Namen MwSt. Dazu verfahren Sie wie folgt:

1. Setzen Sie den Cursor in Zelle C2.

2. Schreiben Sie den Namen »MwSt« direkt in das Namensfeld (links oben, direkt über der Tabelle).
3. Bestätigen Sie Ihre Eingabe mit [↵].
4. Markieren Sie nun den Zellenbereich C6:C13.
5. Erfassen Sie die Formel **=B6*MwSt**,
6. Schließen Sie die Formel über die Tastenkombination [Strg] + [↵] ab.
7. Schreiben Sie in Zelle D6 die Formel **=B6+C6**.
8. Führen Sie einen Doppelklick auf das Ausfüllkästchen der Zelle D6 durch, um die Formel nach unten zu kopieren (siehe Abbildung 1.21).

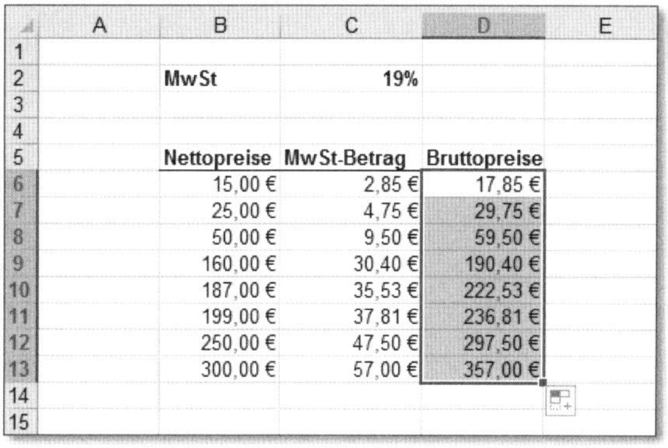

	A	B	C	D	E
1					
2		MwSt	19%		
3					
4					
5		Nettopreise	MwSt-Betrag	Bruttopreise	
6		15,00 €	2,85 €	17,85 €	
7		25,00 €	4,75 €	29,75 €	
8		50,00 €	9,50 €	59,50 €	
9		160,00 €	30,40 €	190,40 €	
10		187,00 €	35,53 €	222,53 €	
11		199,00 €	37,81 €	236,81 €	
12		250,00 €	47,50 €	297,50 €	
13		300,00 €	57,00 €	357,00 €	
14					
15					

Abbildung 1.21 Die Bruttopreise wurden errechnet.

Bei dieser Lösung wurde der MwSt.-Betrag in einer separaten Spalte ausgewiesen. Wie Sie die Bruttopreise direkt, also ohne Hilfsspalte, ausrechnen, sehen Sie in Abbildung 1.22.

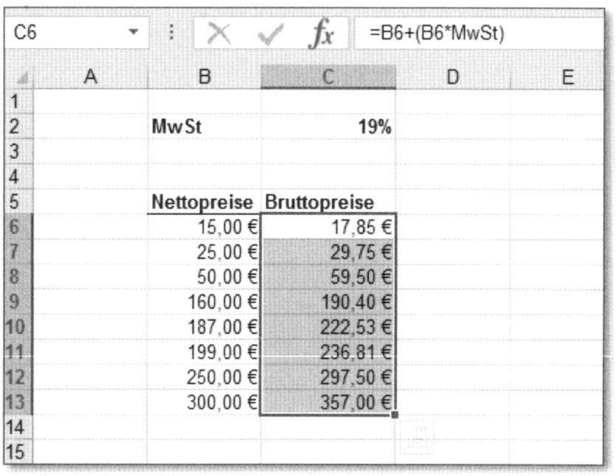

C6 | =B6+(B6*MwSt)

	A	B	C	D	E
1					
2		MwSt	19%		
3					
4					
5		Nettopreise	Bruttopreise		
6		15,00 €	17,85 €		
7		25,00 €	29,75 €		
8		50,00 €	59,50 €		
9		160,00 €	190,40 €		
10		187,00 €	222,53 €		
11		199,00 €	236,81 €		
12		250,00 €	297,50 €		
13		300,00 €	357,00 €		
14					
15					

Abbildung 1.22 Direktes Ausrechnen des Bruttobetrags

Bei beiden Lösungen wurde der Name »MwSt« der Zelle C2 zugewiesen. Dieser Name ist eindeutig innerhalb der gesamten Excel-Arbeitsmappe, und Sie können ihn auch in der gesamten Arbeitsmappe einsetzen.

1.13.3 Namen vergeben ohne Zellbezug

Namen ohne Zellbezug

Alternativ können Sie auch Namen vergeben, ohne dass diese einen Zellbezug haben. In der folgenden Aufgabe wird beispielsweise ein versteckter Zuschlag von 2 % auf eine Preisliste hinterlegt.

Um einen versteckten Zuschlag in Excel anzulegen, verfahren Sie wie folgt:

1. Rufen Sie den Dialog NAMEN DEFINIEREN auf, indem Sie die Tastenkombination Strg + F3 drücken.
2. Drücken Sie im Namens-Manager auf NEU.

Abbildung 1.23 Definition eines versteckten Zuschlags über Namen

3. Im Dialog NEUER NAME geben Sie im Feld NAME den Namen »VA« ein (siehe Abbildung 1.23).
4. Im Feld BEZIEHT SICH AUF geben Sie den Faktor »1,02« ein.
5. Klicken Sie auf OK, um den Namen anzulegen.

Wie Sie diesen versteckten Zuschlag anwenden können, zeigt Ihnen das folgende Beispiel in Abbildung 1.24.

Um einen Preisaufschlag in einer Liste vorzunehmen, verfahren Sie wie folgt:

1. Markieren Sie den Zellenbereich C5:C16.
2. Erfassen Sie die Formel **=B5*VA**.
3. Schließen Sie die Formel über die Tastenkombination Strg + ↵ ab.

C5 | =B5*VA

	A	B	C	D
1	Preisliste			
2				
3				
4	Bezeichnun	Preis alt	Preis neu	
5	MK12851	9,00	9,18	
6	MK13895	9,67	9,86	
7	MK14304	10,22	10,43	
8	MK14431	13,44	13,71	
9	MK16096	15,78	16,09	
10	MK16505	17,33	17,68	
11	MK16703	19,00	19,38	
12	MK17683	20,78	21,19	
13	MK18150	21,00	21,42	
14	MK19348	21,33	21,76	
15	MK21206	22,56	23,01	
16	MK21245	24,67	25,16	

Abbildung 1.24 Die Preise wurden in der Spalte C neu kalkuliert.

1.13.4 Bereiche benennen

Namen für Bereiche

Selbstverständlich ist es in Excel auch möglich, ganze Bereiche zu benennen. Bei der folgenden Aufgabe soll aus den Maßen Länge und Breite die Fläche von Holzbrettern berechnet werden. Sehen Sie sich dazu einmal folgende Ausgangstabelle in Abbildung 1.25 an.

	A	B	C	D
1				
2				
3		Länge	Breite	Fläche
4		10	15	
5		11	15,5	
6		12,5	16	
7		15	15	
8		17,5	17,5	
9		20	10	
10		20	12,5	
11		20	15	
12		20	20	
13				

Abbildung 1.25 Mit der Formel Länge * Breite die Fläche berechnen

Standardmäßig würden Sie in Zelle D4 nun die Formel **=B4*C4** erfassen, um die Fläche auszurechnen. Eine Alternative ist es, eine komplette Spalte zu benennen und in die Formel einzubauen. Dazu verfahren Sie wie folgt:

1. Klicken Sie auf die Spaltenüberschrift B, um die komplette Spalte B zu markieren.
2. Schreiben Sie direkt in das Namensfeld den Namen »Länge«.
3. Bestätigen Sie Ihre Eingabe mit [↵].

4. Markieren Sie im Anschluss die Spalte C, schreiben Sie in das Namensfeld den Namen »Breite«, und bestätigen Sie mit [↵].
5. Markieren Sie nun den Zellenbereich D4:D12.
6. Erfassen Sie die Formel **=Länge*Breite**.
7. Bestätigen Sie die Eingabe über die Tastenkombination [Strg] + [↵]. Das Ergebnis sehen Sie in Abbildung 1.26.

	A	B	C	D
1				
2				
3		**Länge**	**Breite**	**Fläche**
4		10	15	150
5		11	15,5	170,5
6		12,5	16	200
7		15	15	225
8		17,5	17,5	306,25
9		20	10	200
10		20	12,5	250
11		20	15	300
12		20	20	400
13				
14				

Abbildung 1.26 Mit sprechenden Formeln arbeiten

Kapitel 2
Typische Beispiele für den Einsatz von Formeln

Formeln? Wofür brauche ich Formeln? Und sind die nicht furchtbar kompliziert? Sie werden sehen, Formeln sind im Grunde genommen einfach und hilfreich. Sie automatisieren Ihre Arbeit. In diesem Kapitel finden Sie einige typische Beispiele.

In diesem Kapitel werden Sie sehen, dass Excel einfach ist. Mit wenigen Handgriffen und ein paar einfachen Formeln können Sie bemerkenswerte Ergebnisse erzielen.

Wir haben unsere Beispiele in drei Kategorien unterteilt. Jede Kategorie hat eigene Beispiele, so wie sie in der Praxis vorkommen. Lassen Sie uns jetzt mit der Kategorie Büro beginnen.

2.1 Beispiele in der Kategorie Büro

In dieser Kategorie möchten wir Ihnen einige kleine Hilfen zeigen, die ohne großen Aufwand eine große Wirkung erzielen. Hierfür werden keine Funktionen und auch kein Profi-Wissen benötigt.

Beispiele

- Rechnen mit unterschiedlichen MwSt.-Sätzen
- Zahlungsfälligkeit berechnen
- eine Preisreduktion herbeiführen
- Zahlen, Texte und Bezüge mischen
- mehrere Spalten miteinander verbinden
- Rangfolge bestimmen
- Aktientalfahrt
- Zielwertsuche

2.1.1 Rechnen mit unterschiedlichen Mehrwertsteuersätzen

Zum jetzigen Zeitpunkt gibt es in Deutschland zwei Mehrwertsteuersätze, einen von 19 % und einen von 7 %. In einer Tabelle sollen beide Mehrwertsteuersätze ausgewiesen werden. Sehen Sie sich dazu einmal die Ausgangssituation in Abbildung 2.1 an.

	A	B	C	D
1				
2				
3				
4	**Bezeichnung**	**Betrag**	**MwSt 19 %**	**MwSt 7 %**
5	Auftragsprogrammierung	495		
6	Schulung VBA	560		
7	Projektunterstützung	1875		
8	Kauf eines Buches	49,95		
9	Hotline Service im Mai	450		
10	Produktion eines Flyers	632		
11	Hotel Übernachtung	148		
12	Kekse für den Schulungsraum	25,93		
13				
14				

Abbildung 2.1 Basis für die Errechnung der MwSt.

Zur Lösung dieser Aufgabe haben Sie mehrere Möglichkeiten (siehe Abbildung 2.2):

Lösung 1

1. Schreiben Sie in Zelle C5 die Formel **=B5*0,19**.
2. Kopieren Sie die Formel auch in die Zellen C6, C7, C9 und C10.
3. Schreiben Sie in Zelle D5 die Formel **=B8*0,07**.
4. Kopieren Sie die Formel ebenfalls in die Zellen D8, D11 und D12.

C5 | fx | =B5*0,19

	A	B	C	D
1				
2				
3				
4	**Bezeichnung**	**Betrag**	**MwSt 19 %**	**MwSt 7 %**
5	Auftragsprogrammierung	495,00 €	94,05 €	
6	Schulung VBA	560,00 €	106,40 €	
7	Projektunterstützung	1.875,00 €	356,25 €	
8	Kauf eines Buches	49,95 €		3,50 €
9	Hotline Service im Mai	450,00 €	85,50 €	
10	Produktion eines Flyers	632,00 €	120,08 €	
11	Hotel Übernachtung	148,00 €		10,36 €
12	Kekse für den Schulungsraum	25,93 €		1,82 €
13				
14				
15				

Abbildung 2.2 Die unterschiedlichen Mehrwertsteuersätze werden ausgewiesen.

Lösung 2

1. Schreiben Sie in Zelle C5 die Formel **=B5*19%**.
2. Kopieren Sie die Formel auch in die Zellen C6, C7, C9 und C10.
3. Schreiben Sie in Zelle D5 die Formel **=B8*7%**.
4. Kopieren Sie die Formel ebenfalls in die Zellen D8, D11 und D12.

Errechnung der MwSt. auf zwei Wegen

Zur Erklärung: In beiden Lösungen haben Sie die MwSt. errechnet. Dabei haben Sie den MwSt.-Satz in jede einzelne Berechnung aufgenommen. Das kann man so machen. Aber was ist, wenn sich der MwSt.-Satz ändert? In dem Fall müssen Sie jede einzelne Berechnung verändern.

Einfacher ist es, wenn Sie den MwSt.-Satz in eine separate Zelle schreiben und diese Zelle in Ihrer Formel absolut adressieren. Legen Sie dazu eine Tabelle nach dem Vorbild von Abbildung 2.3 an:

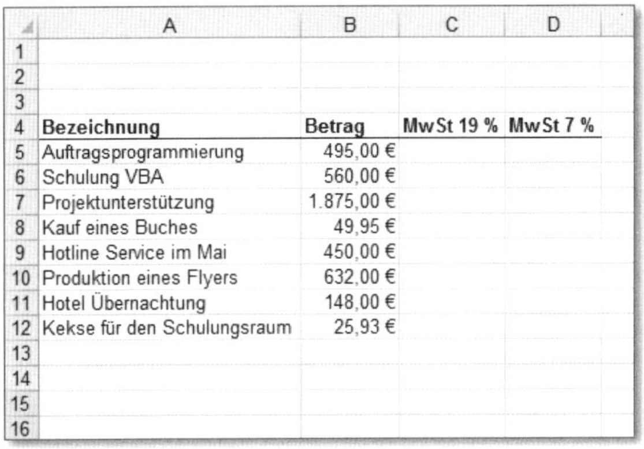

	A	B	C	D
1				
2				
3				
4	**Bezeichnung**	**Betrag**	**MwSt 19 %**	**MwSt 7 %**
5	Auftragsprogrammierung	495,00 €		
6	Schulung VBA	560,00 €		
7	Projektunterstützung	1.875,00 €		
8	Kauf eines Buches	49,95 €		
9	Hotline Service im Mai	450,00 €		
10	Produktion eines Flyers	632,00 €		
11	Hotel Übernachtung	148,00 €		
12	Kekse für den Schulungsraum	25,93 €		
13				
14				
15				
16				

Abbildung 2.3 Die dynamische Berechnung

1. Erfassen Sie in Zelle C5 die Formel **=B5*$C$4**.
2. Kopieren Sie die Formel auch in die Zellen C6, C7, C9 und C10.
3. Schreiben Sie in Zelle D8 die Formel **=B8*$D$4**.
4. Kopieren Sie diese Formel anschließend auch in die Zellen D8, D11 und D12.
5. Kontrollieren Sie, ob die richtigen Formeln in den richtigen Zellen stehen:

   Formelüberwachung

   Bis einschließlich Excel 2007 können Sie dafür die Tastenkombination [Strg] + [#] nehmen. Ab der Version Excel 2010 können Sie sich die Formeln anzeigen lassen, indem Sie im Menüband FORMELN im Bereich FORMELÜBERWACHUNG die Schaltfläche FORMELN ANZEIGEN aktivieren (siehe Abbildung 2.4).

	A	B	C	D
1				
2				
3				
4	**Bezeichnung**	**Betrag**	**MwSt 19%**	**MwSt 7%**
5	Auftragsprogrammierung	495	=B5*0,19	
6	Schulung VBA	560	=B6*0,19	
7	Projektunterstützung	1875	=B7*0,19	
8	Kauf eines Buches	49,95		=B8*0,07
9	Hotline Service im Mai	450	=B9*0,19	
10	Produktion eines Flyers	632	=B10*0,19	
11	Hotel Übernachtung	148		=B11*0,07
12	Kekse für den Schulungsraum	25,93		=B12*0,07
13				
14				
15				
16				

Abbildung 2.4 Aktivierte Formelüberwachung

2.1.2 Zahlungsfälligkeit berechnen

Fälligkeit der Rechnungen errechnen

In der folgenden Aufgabe liegt eine Rechnungsliste vor. Ihre Aufgabe besteht darin, die Fälligkeit der einzelnen Rechnungen zu errechnen. Sehen Sie sich als Vorbereitung auf die Aufgabe Abbildung 2.5 an.

	A	B	C	D
1	**Rechnungsliste**			
2				
3				
4	**Bezeichnung**	**Rechnungsbetrag**	**Rechnungsdatum**	**Fälligkeit**
5	Auftragsprogrammierung Weller	1.250,00 €	01.12.2015	
6	VBA-Schulung Stuttgart	1.400,00 €	06.12.2015	
7	Hotline Service	560,00 €	13.10.2015	
8	Projekt Support Meyer	750,00 €	21.11.2015	
9	Hotline Service September	560,00 €	29.09.2015	
10	Projekt Unterstützung Adam	2.480,00 €	01.10.2015	
11	Produktion eines Flyers	621,00 €	23.10.2015	
12				

Abbildung 2.5 Die Rechnungsliste

Einheitliche Zahlungsziele

Für die Rechnungsliste aus Abbildung 2.5 gehen Sie von der Prämisse aus, dass die Rechnungen einheitlich jeweils spätestens 14 Tage nach Rechnungsdatum zu bezahlen sind.

Um die Fälligkeit der Rechnungen auszuweisen, befolgen Sie die nächsten Arbeitsschritte:

1. Markieren Sie den Bereich D5:D11.
2. Erfassen Sie die Formel **=C4+14**.
3. Drücken Sie die Tastenkombination `Strg` + `↵`.

Das Ergebnis sehen Sie in Abbildung 2.6.

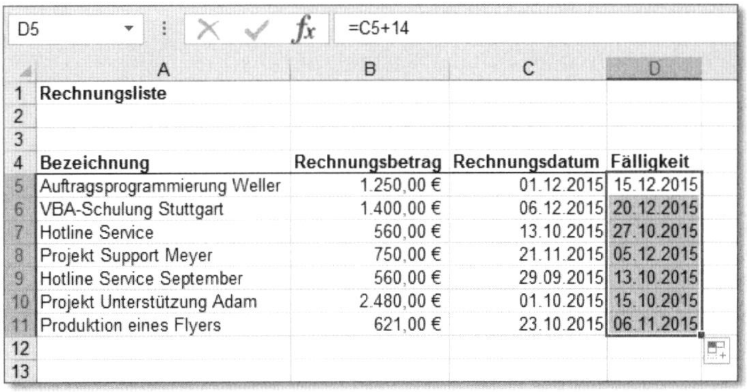

D5 =C5+14

	A	B	C	D
1	**Rechnungsliste**			
2				
3				
4	**Bezeichnung**	**Rechnungsbetrag**	**Rechnungsdatum**	**Fälligkeit**
5	Auftragsprogrammierung Weller	1.250,00 €	01.12.2015	15.12.2015
6	VBA-Schulung Stuttgart	1.400,00 €	06.12.2015	20.12.2015
7	Hotline Service	560,00 €	13.10.2015	27.10.2015
8	Projekt Support Meyer	750,00 €	21.11.2015	05.12.2015
9	Hotline Service September	560,00 €	29.09.2015	13.10.2015
10	Projekt Unterstützung Adam	2.480,00 €	01.10.2015	15.10.2015
11	Produktion eines Flyers	621,00 €	23.10.2015	06.11.2015
12				
13				

Abbildung 2.6 Bei allen Rechnungen wurde die Fälligkeit neu errechnet.

Wie Sie diese Aufgabe mit unterschiedlichen Zahlungsbedingungen lösen und dabei auch noch Arbeitstage und Wochenenden berücksichtigen können, erfahren Sie im weiteren Verlauf dieses Buches.

2.1.3 Eine Preisreduktion herbeiführen

Preisliste mit automatischem Rabatt

Bei der nächsten Aufgabe soll eine Preisliste um 30 % reduziert werden. Dabei sollen die alten Preise aber noch erhalten bleiben. Gehen Sie bei dieser Aufgabe von der Ausgangssituation aus Abbildung 2.7 aus.

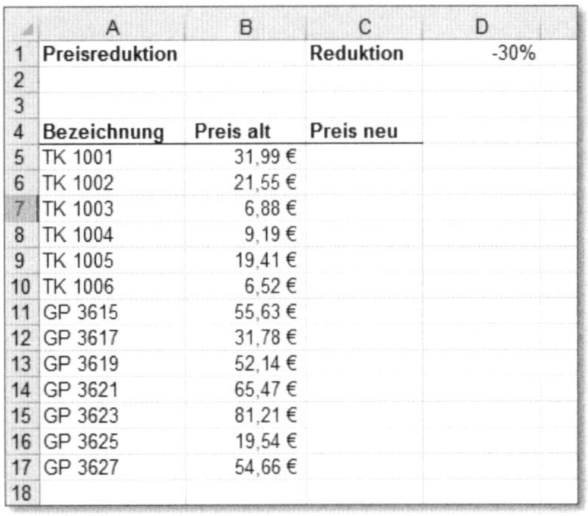

	A	B	C	D
1	**Preisreduktion**		**Reduktion**	-30%
2				
3				
4	**Bezeichnung**	**Preis alt**	**Preis neu**	
5	TK 1001	31,99 €		
6	TK 1002	21,55 €		
7	TK 1003	6,88 €		
8	TK 1004	9,19 €		
9	TK 1005	19,41 €		
10	TK 1006	6,52 €		
11	GP 3615	55,63 €		
12	GP 3617	31,78 €		
13	GP 3619	52,14 €		
14	GP 3621	65,47 €		
15	GP 3623	81,21 €		
16	GP 3625	19,54 €		
17	GP 3627	54,66 €		
18				

Abbildung 2.7 Diese Preisliste soll überarbeitet werden.

Um nun auf alle Artikel eine Preisreduktion von 30 % vorzunehmen, verfahren Sie wie folgt:

1. In Zelle D1 schreiben Sie »-30 %«.
2. Markieren Sie den Zellenbereich C5:C17.

3. Geben Sie die folgende Formel ein: **=B5+(B5*$D$1)**
4. Bestätigen Sie die Eingabe mit der Tastenkombination Strg + ↵.

Abbildung 2.8 zeigt die errechneten reduzierten Preise.

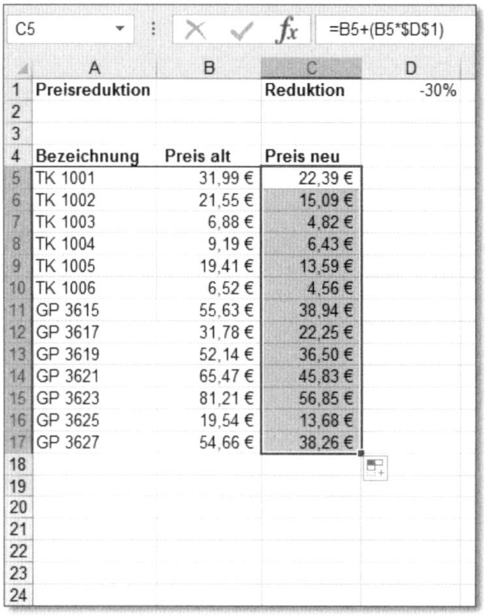

C5 | =B5+(B5*$D$1)

	A	B	C	D
1	**Preisreduktion**		**Reduktion**	-30%
2				
3				
4	**Bezeichnung**	**Preis alt**	**Preis neu**	
5	TK 1001	31,99 €	22,39 €	
6	TK 1002	21,55 €	15,09 €	
7	TK 1003	6,88 €	4,82 €	
8	TK 1004	9,19 €	6,43 €	
9	TK 1005	19,41 €	13,59 €	
10	TK 1006	6,52 €	4,56 €	
11	GP 3615	55,63 €	38,94 €	
12	GP 3617	31,78 €	22,25 €	
13	GP 3619	52,14 €	36,50 €	
14	GP 3621	65,47 €	45,83 €	
15	GP 3623	81,21 €	56,85 €	
16	GP 3625	19,54 €	13,68 €	
17	GP 3627	54,66 €	38,26 €	
18				
19				
20				
21				
22				
23				
24				

Abbildung 2.8 Der Preis der Artikel wurde jeweils um 30 % reduziert.

Preisaufschlag

Wollen Sie hingegen einen Preisaufschlag um zum Beispiel 10 % vornehmen, dann müssen Sie nur in das Feld D1 den Wert 10 % schreiben.

Wenn die Daten aus der Spalte B direkt überschrieben werden sollen, dann gibt es eine schnellere Methode, um diese Aufgabe zu bewältigen. Aufgabe ist auch hier, eine Preisreduktion um 30 % herbeizuführen.

1. Geben Sie in Zelle E1 den Wert »0,7« ein.
2. Kopieren Sie Zelle E1.
3. Markieren Sie den Datenbereich B5:B17.
4. Wählen Sie aus dem Menüband START im Bereich ZWISCHENABLAGE das Symbol EINFÜGEN.
5. Auf der sich öffnenden ÜBERSICHT wählen Sie den untersten Punkt INHALTE EINFÜGEN... (siehe Abbildung 2.9).
6. Aktivieren Sie die Option MULTIPLIZIEREN.
7. Bestätigen Sie mit OK.
8. Löschen Sie den Inhalt der Hilfszelle E1.

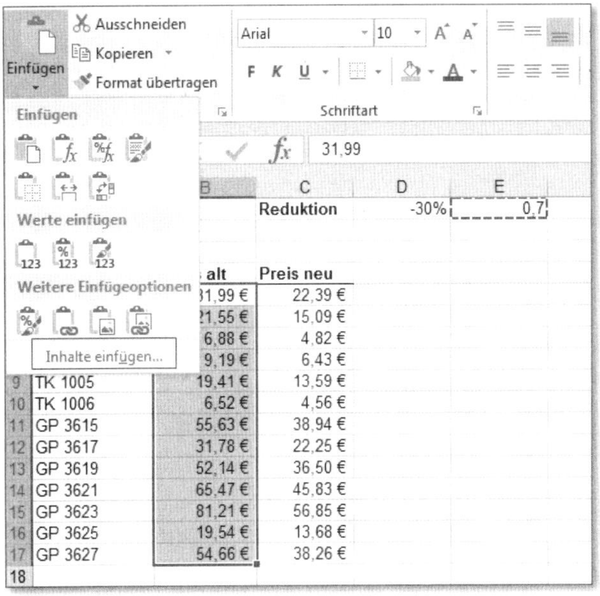

Abbildung 2.9 Direkte Preisreduktion

2.1.4 Zahlen, Texte und Bezüge mischen

Eine interessante Aufgabe besteht auch darin, einen Text in einer Zelle zu erfassen und dabei einzelne Zellbezüge zu integrieren. Sehen Sie sich einmal als Vorbereitung Abbildung 2.10 an.

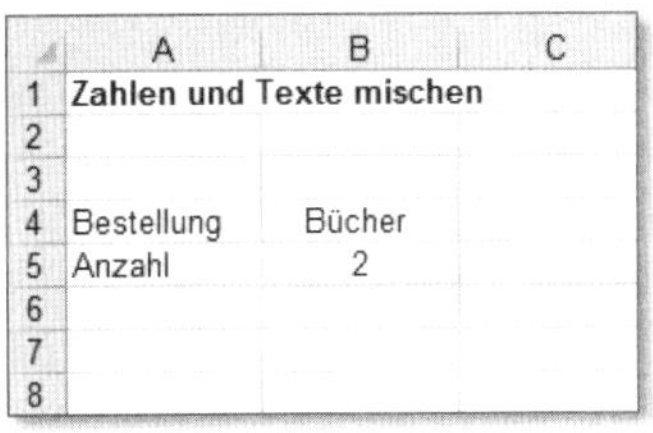

	A	B	C
1	Zahlen und Texte mischen		
2			
3			
4	Bestellung	Bücher	
5	Anzahl	2	
6			
7			
8			

Abbildung 2.10 Zellbezüge sollen in einen Text eingebunden werden.

Schreiben Sie nun den Satz: »Sie haben 2 Bücher bestellt!« in Zelle B7. Dabei sollen die Zellen B4 und B5 in den Text eingebunden werden. Die dazu notwendige Formel lautet (siehe Abbildung 2.11):

="Sie haben "& B5 &" "&B4&" bestellt!"

Verkettungsoperator &

Der Verkettungsoperator & dient dazu, die einzelnen Teile wie Text und Zellbezüge zusammenzuführen. Den unveränderlichen Text packen Sie in doppelte Anführungszeichen, die Zellbezüge schließen Sie in die Verkettungsoperatoren ein.

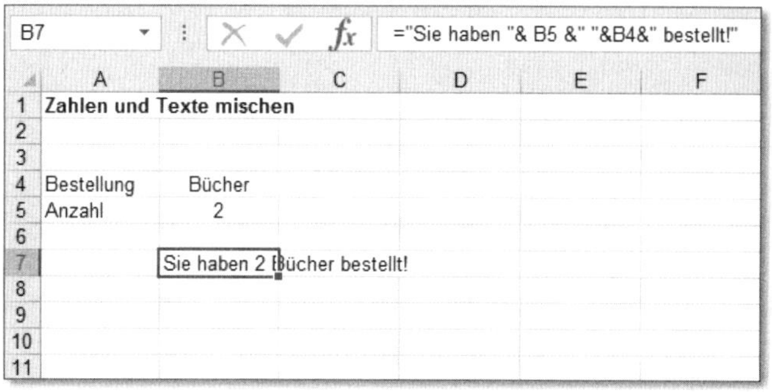

Abbildung 2.11 Mühelos werden Texte und Bezüge miteinander vermischt.

2.1.5 Mehrere Spalten miteinander verbinden

Zusammenführung verschiedener Spalten

In der nächsten Aufgabe liegt eine Tabelle mit mehreren Spalten vor. Diese Tabelle aus Abbildung 2.12 enthält diverse Nummern, die zusammengeführt werden sollen.

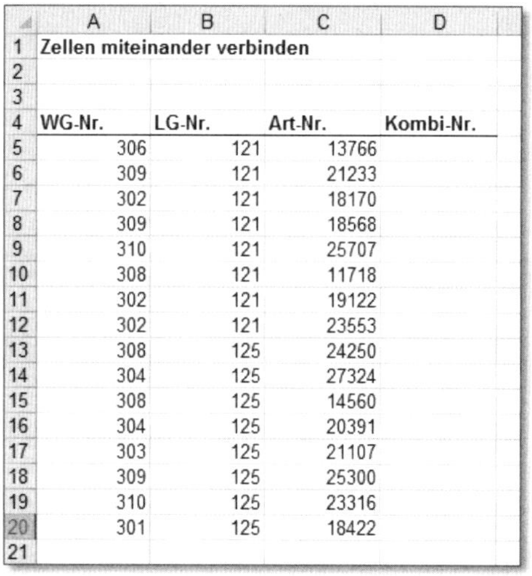

	A	B	C	D
1	Zellen miteinander verbinden			
2				
3				
4	WG-Nr.	LG-Nr.	Art-Nr.	Kombi-Nr.
5	306	121	13766	
6	309	121	21233	
7	302	121	18170	
8	309	121	18568	
9	310	121	25707	
10	308	121	11718	
11	302	121	19122	
12	302	121	23553	
13	308	125	24250	
14	304	125	27324	
15	308	125	14560	
16	304	125	20391	
17	303	125	21107	
18	309	125	25300	
19	310	125	23316	
20	301	125	18422	
21				

Abbildung 2.12 Drei verschiedene Nummernkreise

In die Spalte D sollen nun alle drei Nummern (WG-Nr., LG-Nr. sowie die Art-Nr.) zusammengeführt werden. Die einzelnen Nummern sollen durch einen Bindestrich getrennt sein. Dabei gehen Sie wie folgt vor:

1. Markieren Sie den Zellenbereich D5:D20.
2. Erfassen Sie die Formel **=A5&"-"&B5&"-"&C5**.
3. Schließen Sie die Formel mit der Tastenkombination [Strg] + [↵] ab.

In Abbildung 2.13 sehen Sie das Ergebnis.

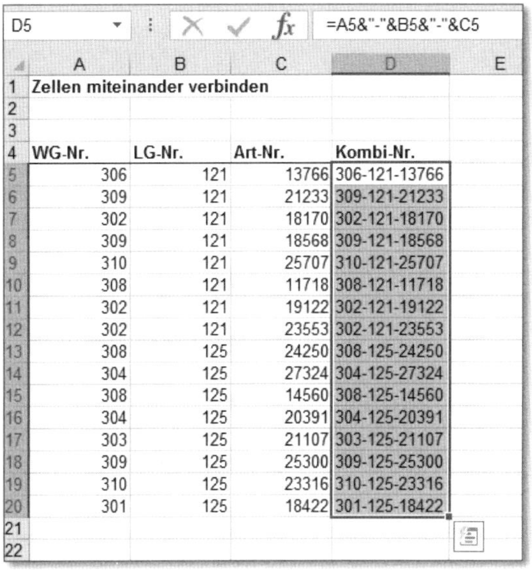

D5 =A5&"-"&B5&"-"&C5

	A	B	C	D	E
1	Zellen miteinander verbinden				
2					
3					
4	WG-Nr.	LG-Nr.	Art-Nr.	Kombi-Nr.	
5	306	121	13766	306-121-13766	
6	309	121	21233	309-121-21233	
7	302	121	18170	302-121-18170	
8	309	121	18568	309-121-18568	
9	310	121	25707	310-121-25707	
10	308	121	11718	308-121-11718	
11	302	121	19122	302-121-19122	
12	302	121	23553	302-121-23553	
13	308	125	24250	308-125-24250	
14	304	125	27324	304-125-27324	
15	308	125	14560	308-125-14560	
16	304	125	20391	304-125-20391	
17	303	125	21107	303-125-21107	
18	309	125	25300	309-125-25300	
19	310	125	23316	310-125-23316	
20	301	125	18422	301-125-18422	
21					
22					

Abbildung 2.13 Die Kombi-Nr. wurde aus drei Einzelnummern gebildet.

2.1.6 Rangfolge bestimmen

Rang einer Zahl

In Excel gibt es eine Tabellenfunktion, über die Sie den Rang einer Zahl in einem Zellenbereich feststellen können. Bei dieser Tabellenfunktion, die Sie im Verlauf des Buches noch kennenlernen werden, erfolgt die Rangfolgennummerierung, wie in Tabelle 2.1 dargestellt.

Wert	Rang
10	1
11	2
12	3
12	3
13	5

Tabelle 2.1 Die normale Rangfolge

Rangfolge ohne doppelte Ränge

Da der Wert 12 gleich zweimal in der Tabelle vorkommt, wird der Rang 3 ebenso zweimal vergeben. Daher wird dem Wert 13 der Rang 5 zugewiesen. Gesucht wird nun eine Lösung, die die Reihenfolge wie in Tabelle 2.2 anpasst.

Wert	Rang
10	1
11	2
12	3
12	3
13	4

Tabelle 2.2 Die angepasste Reihenfolge

Um die Rangfolge in Excel darzustellen, wie sie in Tabelle 2.2 aufgezeigt wird, gehen Sie wie folgt vor:

1. Geben Sie in Zelle B6 den Wert »1« ein.
2. Markieren Sie danach den Zellenbereich B7:B14.
3. Erfassen Sie die Formel **=B6+(A6<A7)**.
4. Schließen Sie die Formel über die Tastenkombination Strg + ↵ ab.

Was daraus folgt, zeigt Abbildung 2.14.

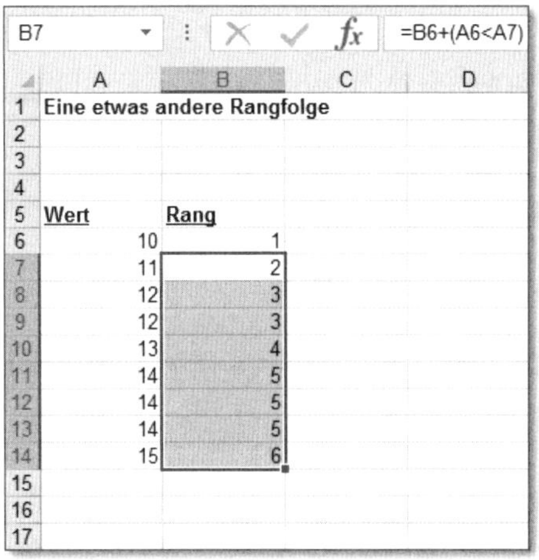

Abbildung 2.14 Die etwas andere Rangfolge in Excel

2.1.7 Aktientalfahrt

Stellen Sie sich vor, Sie haben eine Aktie für 100 € gekauft. Nach einem halben Jahr sinkt der Wert der Aktie um 15 %. Um wie viel Prozent muss Ihre Aktie steigen, um wieder auf den ursprünglichen Wert von 100 € zu kommen? Da von einem kleineren Wert der Aktie bei der Rückwärtsrechnung ausgegangen wird, muss der Prozentwert für den Zuwachs natürlich höher sein. In Abbildung 2.15 sehen Sie, wie Sie diese Aufgabe anpacken müssen.

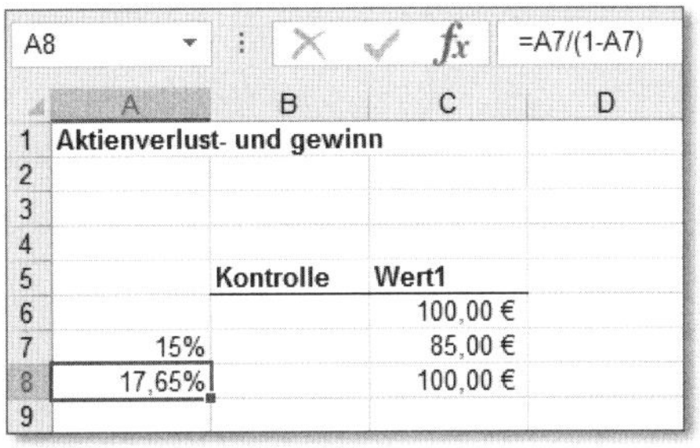

Abbildung 2.15 Verluste bei Aktien wieder ausgleichen

Die Formel in Zelle A8 lautet:

=A7/(1-A7)

Aktien – Gewinn und Verlust

Um also einen Verlust von 15 % auszugleichen, muss ein anschließender Zuwachs von 17,65 % erfolgen. Kontrollieren können Sie die Formel, indem Sie sie mit Werten füllen. Geben Sie dazu in Zelle C6 den Ausgangswert der Aktie ein. Danach erfassen Sie die beiden folgenden Formeln in den Zellen C7 und C8:

- Die Formel für den Verlust in Zelle C7 lautet: **=C6-(C6*$A$7)**
- Die Formel für den Gewinn in Zelle C8 lautet: **=C7+(C7*$A$8)**

2.1.8 Zielwertsuche

Kalkulation der notwendigen Produktionsmenge

Stellen Sie sich vor, Sie müssten ein bestimmtes Produkt in einer vorgegebenen Menge produzieren. Für Sie ist interessant, wie viele Einheiten Sie tatsächlich produzieren müssen, um die gewünschte Anzahl auch tatsächlich am Ende der Produktionskette zur rechten Zeit dem Kunden ausliefern zu können. Sie haben aus Erfahrung immer einen bestimmten Anteil von minderwertigen Artikeln bei der Produktion. Wenn Sie in mehreren Produktionsstufen arbeiten, haben Sie am Ende unter Umständen einen recht erheblichen Ausschuss Ihrer Artikel. Einige dieser minderwertigen Artikel können Sie nacharbeiten und eventuell wiederverwenden. Dies kostet Zeit, und daher können Sie diese Artikel vorab aus Ihrer Kalkulation abziehen. Die Artikel, die von vorneherein durch die Sichtprüfung fallen, können Sie gleich abschreiben. Um die tatsächlich gebrauchte Produktionsmenge kalkulieren zu können, basteln Sie sich ein kleines Excel-Modell, das Ihnen diese Arbeit abnimmt.

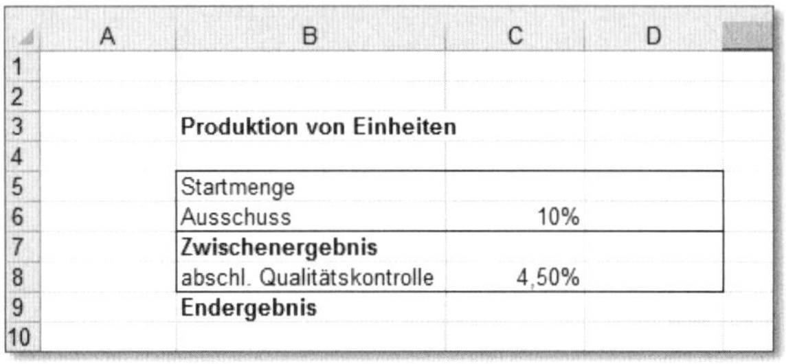

	A	B	C	D
1				
2				
3		**Produktion von Einheiten**		
4				
5		Startmenge		
6		Ausschuss	10%	
7		**Zwischenergebnis**		
8		abschl. Qualitätskontrolle	4,50%	
9		**Endergebnis**		
10				

Abbildung 2.16 Der Rohbau des Modells

Erfassen Sie in diesem Modell nun folgende Werte und Formeln (siehe Abbildung 2.16):

1. In Zelle D5 wird die Startmenge eingegeben. Mit dieser geplanten Menge fangen Sie an zu produzieren.
2. In Zelle C6 haben Sie eine Kennzahl gebildet, die dem erfahrungsgemäßen durchschnittlichen Ausschuss bei der Produktion entspricht. Dieser Wert muss bei diesem Modell als Prozentwert erfasst werden.
3. Subtrahieren Sie jetzt diesen Prozentsatz von der Startmenge, indem Sie in Zelle D6 die Formel **=D5*C6** eingeben.
4. Als Zwischenergebnis in Zelle D7 erfassen Sie die Formel **=D5-D6**.
5. In Zelle C8 können Sie einen weiteren Prozentsatz für den Ausschuss eingeben. Damit ist der Ausschuss gemeint, der direkt nach der Produktion, also am Ende, durch die Qualitätskontrolle fällt. Tragen Sie auch hier einen Prozentsatz ein.
6. Erfassen Sie danach in Zelle D8 die Formel **=D7*C8**.
7. Um das Endergebnis zu erhalten, schreiben Sie in Zelle D9 die Formel **=D7-D8**.

Zielwertsuche

Wenn Sie das bisherige Modell betrachten, werden Sie feststellen, dass in diesem Modell eine Rückwärtsrechnung durchgeführt werden muss, um zur geforderten Produktionsmenge zu kommen. Der richtige Wert muss demnach in Zelle D5 eingetragen werden, damit in Zelle D9 das gewünschte Resultat angezeigt wird. Dazu brauchen Sie keineswegs die Formeln bzw. Zahlen im Excel-Modell direkt zu ändern. Nutzen Sie stattdessen eine bereits integrierte Funktion von Excel. Diese Funktion heißt *Zielwertsuche* und befindet sich im Menüband DATEN im Bereich DATENTOOLS, hinter der WAS-WÄRE-WENN-ANALYSE.

Um nun garantieren zu können, dass Sie die geforderten Artikel zur rechten Zeit liefen können, setzen Sie die Zielwertsuche ein. Dabei befolgen Sie die nächsten Arbeitsschritte:

1. Setzen Sie den Cursor in Zelle D9.
2. Wählen Sie aus dem Menüband DATEN, im Bereich DATENTOOLS bzw. PROGNOSE unter Excel 2016, die WAS-WÄRE-WENN-ANALYSE, hinter der sich unter anderem auch die ZIELWERTSUCHE verbirgt (siehe Abbildung 2.17).

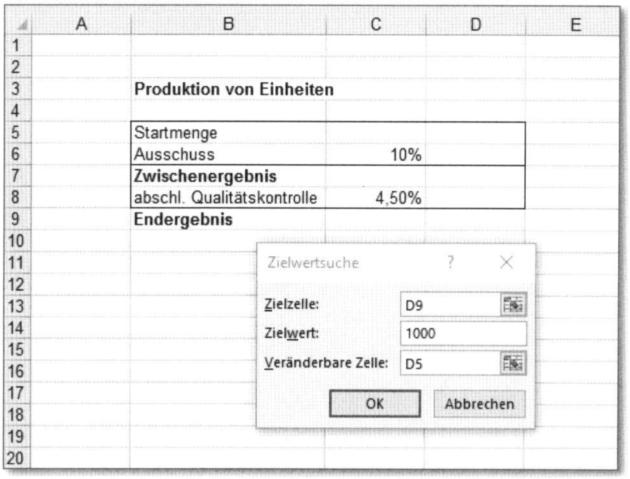

Abbildung 2.17 Die Zielwertsuche einsetzen

3. Im Feld ZIELZELLE geben Sie den Zellbezug D9 ein.
4. Im Feld ZIELWERT geben Sie die geforderten »1000« Einheiten ein.
5. Im Feld VERÄNDERBARE ZELLE geben Sie den Zellbezug D5 ein.
6. Klicken Sie auf OK, um die Zielwertsuche zu starten.

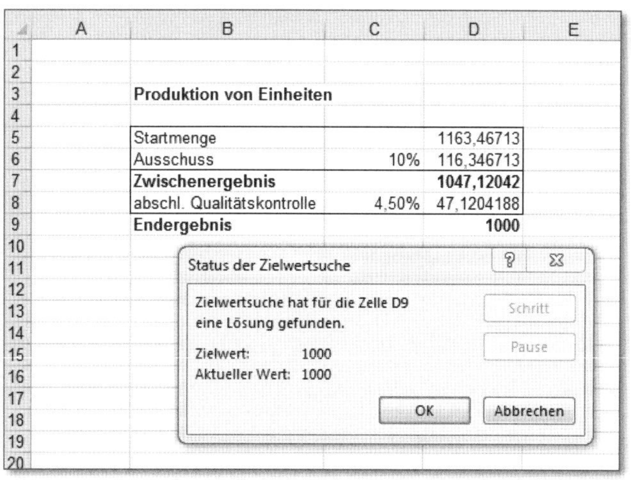

Abbildung 2.18 Die Zielwertsuche hat ein Ergebnis gefunden.

7. Klicken Sie in dem Ergebnisfenster, das Sie erhalten, auf OK (siehe Abbildung 2.18).

Die Zielwertsuche ermittelt die entsprechenden Werte.

Die Zielwertsuche ist abgeschlossen, und die entsprechenden Werte wurden in die Zellen geschrieben (siehe Abbildung 2.19).

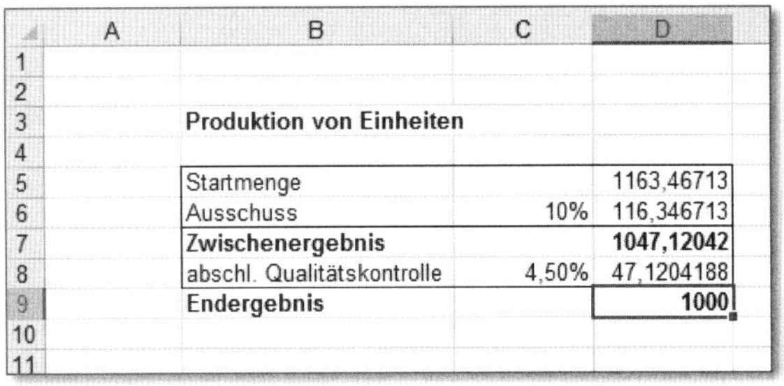

Abbildung 2.19 Um 1.000 Einheiten zu produzieren, müssen Sie mindestens 1.163,46713, also 1.164 Einheiten, produzieren.

Bei der Ermittlung des Wertes wird iterativ vorgegangen.

Bei der Zielwertsuche wird das gewünschte Ergebnis vorgegeben (*Zielwert*), das durch die Formel in der angegebenen Zelle (Zielzelle) errechnet werden soll. Der Parameter, der dazu variiert wird, befindet sich in der Zelle, die als veränderliche Zelle anzugeben ist. Bei der Ermittlung des Wertes wird iterativ vorgegangen, das heißt, das Ergebnis ist unter Umständen nur ein Nährungsergebnis.

Die Genauigkeit der Zielwertsuche hängt übrigens von der Einstellung ab, die Sie im Menüband DATEI unter OPTIONEN • FORMELN eingestellt haben (siehe Abbildung 2.20).

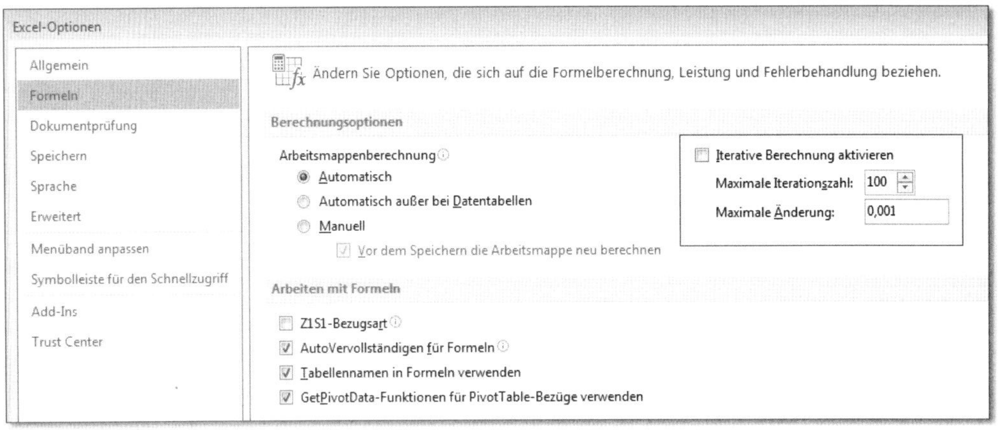

Abbildung 2.20 Die Iteration einstellen

Durch eine Änderung in diesem Bereich können Sie die Iteration bei der Zielwertsuche oder der Auflösung von Zirkelbezügen begrenzen. Standardmäßig stoppt Microsoft Excel entweder nach 100 Iterationen oder wenn alle Werte um weniger als 0,001 verändert wurden. Sie können die Iteration anpassen, indem Sie die Werte im Feld MAXIMALE ITERATIONSZAHL oder im Feld MAXIMALE ÄNDERUNG ändern. Eine Veränderung hier wirkt sich auf die Berechnungsgeschwindigkeit aus, das heißt, wenn Sie die Anzahl der Iterationen erhöhen, rechnet Excel zwar noch genauer, was auf der anderen Seite jedoch auch ein wenig länger dauern kann. In der Regel reicht es aus, die Standardeinstellungen von Excel beizubehalten.

Standardmäßig stoppt Excel nach 100 Iterationen.

2.2 Beispiele in der Kategorie Datum und Zeit

In diesem Abschnitt möchten wir Sie mit unseren Beispielen rund um die Themen Datum und Zeit bekannt machen. Lassen Sie sich überraschen, wie einfach große Lösungen sein können.

Beispiele

- einen Stundenplan erstellen
- mit negativen Stundenwerten arbeiten
- Zeiten umrechnen
- das Alter berechnen – eine Geburtstagsliste
- Zeitwerte kombinieren
- eine eigene Datumsleiste erstellen
- eine eigene Zeiterfassung erstellen

2.2.1 Einen Stundenplan erstellen

Im nächsten Beispiel soll eine Liste mit vollen Stunden erstellt werden. Dazu erfassen Sie in einer neuen Tabelle in Zelle A3 die Startuhrzeit, beispielsweise 7:00. Danach verfahren Sie wie folgt:

1. Markieren Sie den Zellenbereich A4:A14.
2. Erfassen Sie die Formel **=A3+(1/24)**.
3. Übertragen Sie diese Formel in alle anderen Zellen der Markierung, indem Sie die Tastenkombination `Strg` + `↵` drücken.
4. Rufen Sie den Dialog ZELLEN FORMATIEREN über die Tastenkombination `Strg` + `1` auf (siehe Abbildung 2.21).

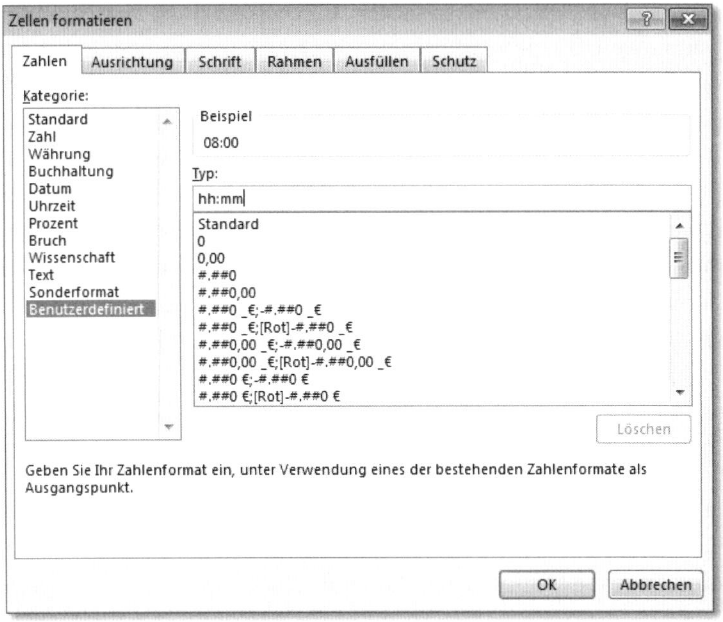

Abbildung 2.21 Das richtige Format zuweisen

5. Wählen Sie im Listenfeld KATEGORIE den Eintrag BENUTZERDEFINIERT.
6. Erfassen Sie im Feld TYP das benutzerdefinierte Format »hh:mm«.
7. Bestätigen Sie Ihre Einstellung mit OK.

Abbildung 2.22 zeigt das Ergebnis an.

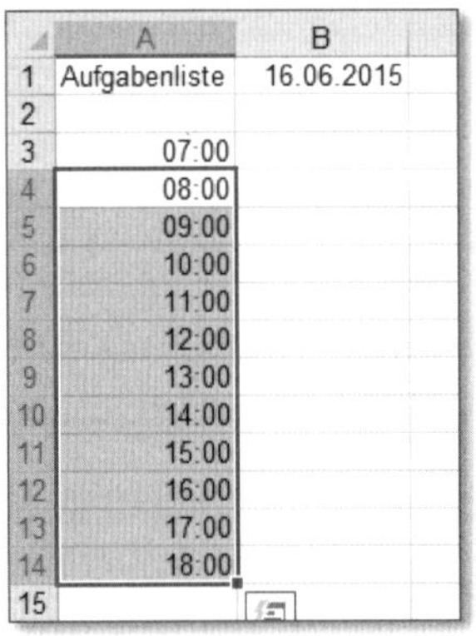

Abbildung 2.22 Die dynamische Laufleiste

Der Vorteil dieser Methode ist, dass Sie die Startzeit in Zelle A3 ändern können und damit automatisch die Zellen A4 bis A14 mit geändert werden.

2.2.2 Mit negativen Stundenwerten arbeiten

Problem mit negativen Stunden

Ein Sonderfall, der unbedingt angesprochen werden muss, ist der, dass Excel standardmäßig ein Problem hat, negative Zeitwerte anzuzeigen. Sehen Sie sich dazu einmal Abbildung 2.23 an.

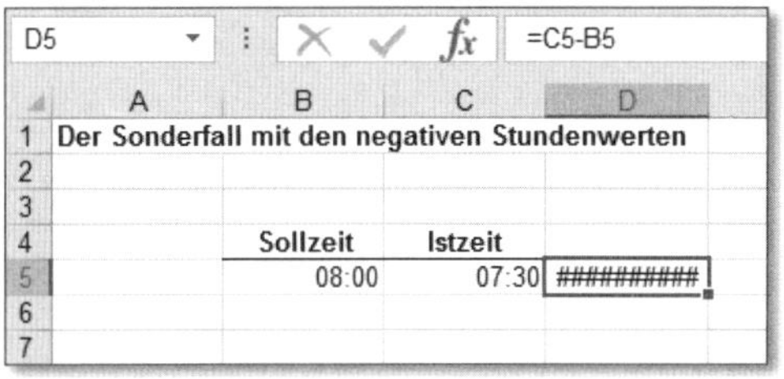

Abbildung 2.23 Die Formel liefert so einen Fehler.

Normalerweise müsste bei der Formel aus Abbildung 2.23 als Ergebnis -00:30 herauskommen. Excel zeigt jedoch nur Lattenzäune an. Um Excel zur Anzeige des richtigen Ergebnisses zu bewegen, befolgen Sie die nächsten Arbeitsschritte:

1. Wählen Sie aus dem Menüband DATEI den Befehl OPTIONEN.
2. Unter ERWEITERT finden Sie den Bereich BEIM BERECHNEN DIESER ARBEITSMAPPE.
3. Aktivieren Sie das Kontrollkästchen 1904-DATUMSWERTE.
4. Bestätigen Sie die Auswahl mit OK. Der Fehler ist behoben (siehe Abbildung 2.24).

1904-Datumswerte

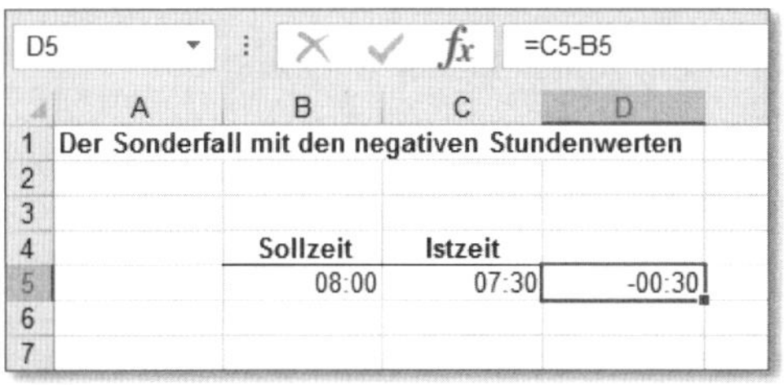

Abbildung 2.24 Jetzt wird das Ergebnis angezeigt.

Excel interpretiert Datumswerte als Zahlenwerte.

Microsoft Excel interpretiert Datumswerte intern als Zahlenwerte. Damit kann man leichter rechnen. Die Zeitzählung beginnt bei Excel standardmäßig am 01.01.1900. Dieses Datum entspricht der Zahl 1.

Wenn Sie zum Beispiel das Datum 10.12.2015 eingeben und diese Zahl dann mit dem Format Standard belegen, so liefert Ihnen Excel die Zahl 42348 zurück, sofern Sie das Kontrollkästchen 1904-DATUMSWERT *nicht* gesetzt haben. Ist jedoch das Feld 1904-DATUMSWERT gesetzt, beginnt die

Excel-Zeitrechnung erst mit dem 01.01.1904, und Sie erhalten in diesem Fall den Wert 40888 zurück.

Achtung

Beim Umstellen des Datumssystems ist aber höchste Vorsicht angebracht: Durch die Umstellung ändern sich automatisch auch alle erfassten Datumseingaben!

2.2.3 Zeiten umrechnen

In Abbildung 2.25 sind einige Zeiten abgebildet. Die Aufgabe besteht darin, die Zeiten in Minuten umzurechnen.

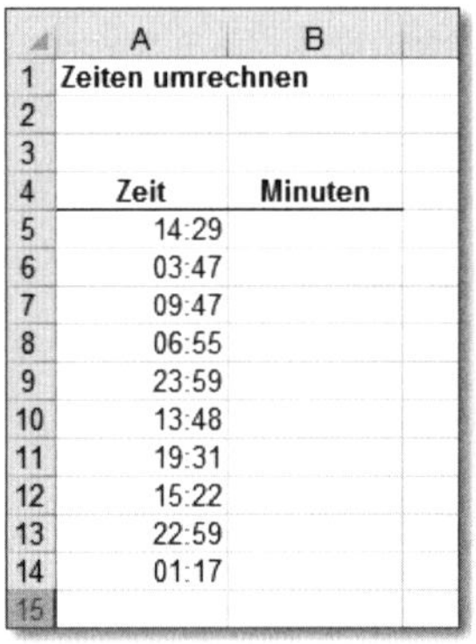

	A	B
1	Zeiten umrechnen	
2		
3		
4	Zeit	Minuten
5	14:29	
6	03:47	
7	09:47	
8	06:55	
9	23:59	
10	13:48	
11	19:31	
12	15:22	
13	22:59	
14	01:17	
15		

Abbildung 2.25 Die Zeiten sollen in Minuten umgerechnet werden.

Um diese Aufgabenstellung zu lösen, gehen Sie wie folgt vor:

1. Markieren Sie den Bereich B5:B14.
2. Erfassen Sie die Formel **=A5*24*60**.
3. Schließen Sie die Formel über die Tastenkombination [Strg] + [↵] ab.
4. Drücken Sie die rechte Maustaste, und es öffnet sich das Kontextmenü.

Zellen formatieren

5. Klicken Sie auf ZELLEN FORMATIEREN.
6. Wählen Sie auf der Registerkarte ZAHLEN die Kategorie STANDARD aus.
7. Bestätigen Sie diese Einstellung mit OK.

Das umgerechnete Ergebnis finden Sie in Abbildung 2.26.

Die Umrechnung der Zeiten (Stunden und Minuten) in Minuten erfolgte über die Formel **=A5*24*60**. Dabei bedeutet der Wert 24, dass von 24 Stunden = 1 Tag ausgegangen wird. Der Wert 60 bedeutet, dass 60 Minuten genau 1 Stunde ausmachen. Die auf die Umrechnung folgende Formatierung muss durchgeführt werden, da Sie sonst nur den Wert 0:00 in den Zellen sehen.

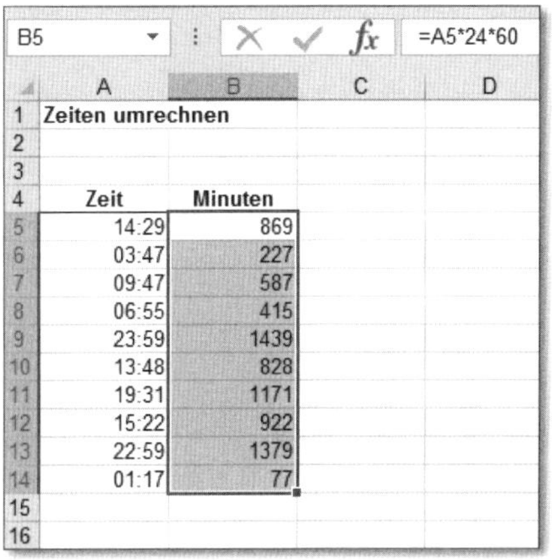

	A	B	C	D
1	Zeiten umrechnen			
2				
3				
4	Zeit	Minuten		
5	14:29	869		
6	03:47	227		
7	09:47	587		
8	06:55	415		
9	23:59	1439		
10	13:48	828		
11	19:31	1171		
12	15:22	922		
13	22:59	1379		
14	01:17	77		
15				
16				

Abbildung 2.26 Die Zeiten wurden in Minuten umgerechnet.

Hinweis

Alle Zeitangaben werden in Excel in Bruchteilen von Tagen intern behandelt und über die Zellenformatierung in das gewünschte Format gebracht. So gelten folgende Aussagen:

1 Tag = 1

1 Stunde = 1/24

1 Minute = 1/1440

1 Sekunde = 1/86400

Beim umgekehrten Fall liegen in einer Tabelle Zeiten in Minutenangabe vor (siehe Abbildung 2.27).

	A	B
1	Zeiten umrechnen	
2		
3	Minuten	Stunden
4	869	
5	227	
6	587	
7	415	
8	1439	
9	828	
10	1171	
11	922	
12	1379	
13	77	
14		

Abbildung 2.27 Die Minutenangaben sollen in Stunden/Minuten umgerechnet werden.

Um diese Aufgabe zu lösen, verfahren Sie wie folgt:

1. Markieren Sie den Zellenbereich B4:B13.
2. Schreiben Sie die Formel **=A4/24/60**.
3. Schließen Sie die Formel mit der Tastenkombination [Strg] + [↵] ab.

Das Ergebnis der Umrechnung sehen Sie in Abbildung 2.28.

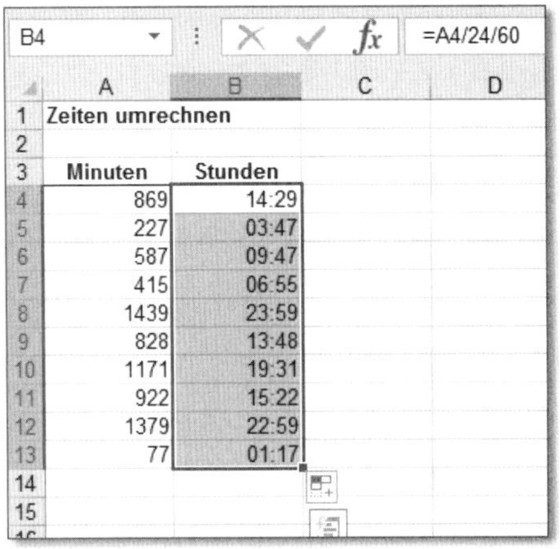
B4 =A4/24/60

	A	B	C	D
1	Zeiten umrechnen			
2				
3	Minuten	Stunden		
4	869	14:29		
5	227	03:47		
6	587	09:47		
7	415	06:55		
8	1439	23:59		
9	828	13:48		
10	1171	19:31		
11	922	15:22		
12	1379	22:59		
13	77	01:17		
14				
15				

Abbildung 2.28 Die Umrechnung wurde erfolgreich durchgeführt.

2.2.4 Das Alter berechnen – eine Geburtstagsliste

Alter errechnen

In der nächsten Aufgabe soll das Alter von verschiedenen Personen in Tagen errechnet werden. Sehen Sie dazu einmal Abbildung 2.29 an.

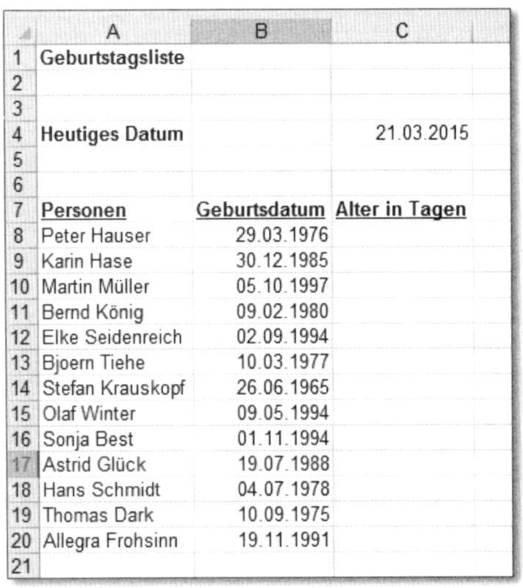

	A	B	C
1	Geburtstagsliste		
2			
3			
4	Heutiges Datum		21.03.2015
5			
6			
7	Personen	Geburtsdatum	Alter in Tagen
8	Peter Hauser	29.03.1976	
9	Karin Hase	30.12.1985	
10	Martin Müller	05.10.1997	
11	Bernd König	09.02.1980	
12	Elke Seidenreich	02.09.1994	
13	Bjoern Tiehe	10.03.1977	
14	Stefan Krauskopf	26.06.1965	
15	Olaf Winter	09.05.1994	
16	Sonja Best	01.11.1994	
17	Astrid Glück	19.07.1988	
18	Hans Schmidt	04.07.1978	
19	Thomas Dark	10.09.1975	
20	Allegra Frohsinn	19.11.1991	
21			

Abbildung 2.29 Die Geburtstagsliste

Das Datum aus Zelle C4 können Sie am schnellsten erfassen, indem Sie die Tastenkombination Strg + . drücken.

Alter einer Person

Um das Alter der einzelnen Personen zu ermitteln, befolgen Sie die nächsten Arbeitsschritte:

1. Markieren Sie den Zellenbereich C8:C20.
2. Erfassen Sie die Formel **=$C$4-B8**.
3. Drücken Sie die Tastenkombination Strg + ↵, um die Formel in den markierten Bereich einzufügen.

In Abbildung 2.30 wird nun das Alter in Tagen angezeigt.

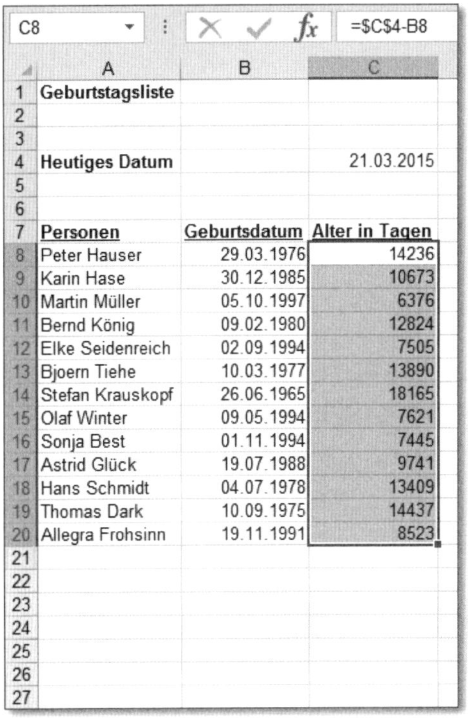

	A	B	C
1	**Geburtstagsliste**		
2			
3			
4	**Heutiges Datum**		21.03.2015
5			
6			
7	**Personen**	**Geburtsdatum**	**Alter in Tagen**
8	Peter Hauser	29.03.1976	14236
9	Karin Hase	30.12.1985	10673
10	Martin Müller	05.10.1997	6376
11	Bernd König	09.02.1980	12824
12	Elke Seidenreich	02.09.1994	7505
13	Bjoern Tiehe	10.03.1977	13890
14	Stefan Krauskopf	26.06.1965	18165
15	Olaf Winter	09.05.1994	7621
16	Sonja Best	01.11.1994	7445
17	Astrid Glück	19.07.1988	9741
18	Hans Schmidt	04.07.1978	13409
19	Thomas Dark	10.09.1975	14437
20	Allegra Frohsinn	19.11.1991	8523
21			
22			
23			
24			
25			
26			
27			

Abbildung 2.30 Stefan Krauskopf ist der Älteste.

Im weiteren Verlauf dieses Buches lernen Sie, wie Sie diese Aufgabe mit Hilfe von Tabellenfunktionen lösen können.

2.2.5 Zeitwerte kombinieren

Zeiten lassen sich kombinieren

Bei der folgenden Aufgabe werden Zeitwerte aus einer Tabelle miteinander kombiniert. Sehen Sie zu diesem Zweck einmal Abbildung 2.31 an.

	A	B	C	D	E
1	**Auswertung eines Wettkampfes für Läufer**				
2					
3					
4	**Platz**	**Name**	**Minuten**	**Sekunden**	**Zeit**
5	1	Glanz	12	50	
6	2	Schrube	12	56	
7	3	Dachs	13	10	
8	4	Bettinger	13	12	
9	5	Landsknecht	13	20	
10	6	Bär	13	25	
11	7	Braun	13	46	
12	8	Kirschner	14	11	
13					
14					
15					
16					
17					
18					
19					
20					

Abbildung 2.31 Die Minuten und Sekunden sollen zusammengefasst werden.

Minuten und Sekunden ausgeben

Die Spalten C und D wurden mit dem Format Zahl ohne Nachkommastellen formatiert. Die Aufgabe besteht nun darin, die Minuten und Sekunden zusammen in Spalte E auszugeben. Dazu gehen Sie folgendermaßen vor:

1. Markieren Sie den Zellenbereich E5:E12.
2. Erfassen Sie die Formel **=C5/1440+D5/86400**.
3. Schließen Sie die Formel mit der Tastenkombination [Strg] + [↵] ab.
4. Wählen Sie aus dem Menüband START den Bereich ZAHLEN, und dort klicken Sie bitte auf den kleinen Pfeil rechts von dem Begriff ZAHL (siehe Abbildung 2.32).

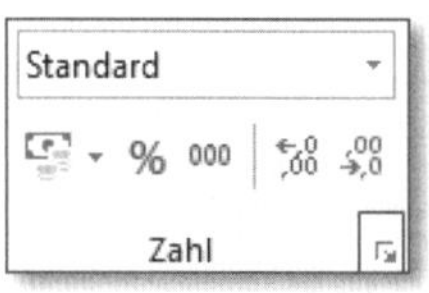

Abbildung 2.32 Direkteinstieg in den Bereich Zellen formatieren

5. Wechseln Sie auf den Reiter ZAHLEN.

Benutzerdefiniertes Format »hh:mm:ss«

6. Unter der Kategorie BENUTZERDEFINIERT geben Sie jetzt bitte unter TYP das benutzerdefinierte Format »hh:mm:ss« ein. Bestätigen Sie mit OK. Schon finden Sie das Ergebnis in Spalte E (siehe Abbildung 2.33).

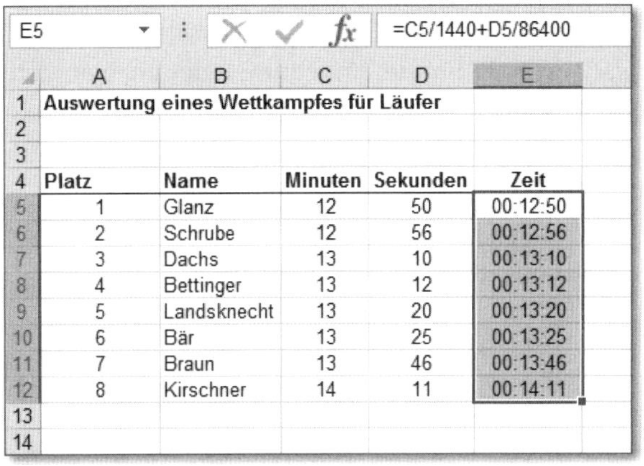

Platz	Name	Minuten	Sekunden	Zeit
1	Glanz	12	50	00:12:50
2	Schrube	12	56	00:12:56
3	Dachs	13	10	00:13:10
4	Bettinger	13	12	00:13:12
5	Landsknecht	13	20	00:13:20
6	Bär	13	25	00:13:25
7	Braun	13	46	00:13:46
8	Kirschner	14	11	00:14:11

Abbildung 2.33 Die Minuten und Sekunden wurden zusammengefasst.

2.2.6 Eine eigene Datumsleiste erstellen

Kalender darstellen

Möchten Sie gern einen Kalender in einer Excel-Tabelle darstellen, dann können Sie wie folgt vorgehen:

1. Setzen Sie den Cursor in Zelle A1.
2. Drücken Sie die Tastenkombination `Strg` + `.`, um das aktuelle Tagesdatum einzufügen.
3. In Zelle B1 schreiben Sie die Formel **=A1+1**.
4. Ziehen Sie das Ausfüllkästchen der Zelle B2 nach rechts bis zur Zelle G1 (siehe Abbildung 2.34).

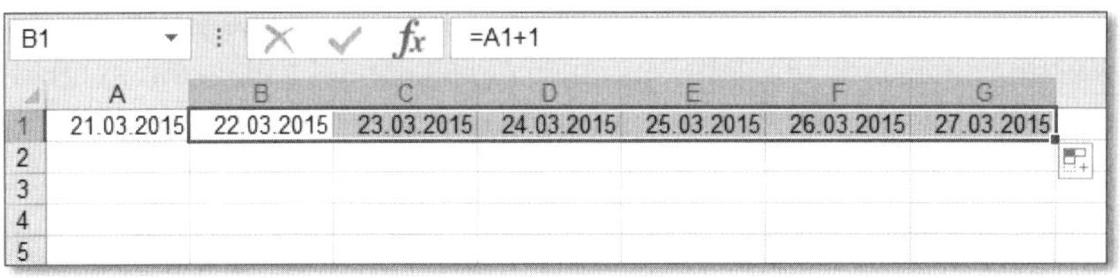

A	B	C	D	E	F	G
21.03.2015	22.03.2015	23.03.2015	24.03.2015	25.03.2015	26.03.2015	27.03.2015

Abbildung 2.34 Eine dynamische Datumsleiste in Excel

Die Schrittweite bestimmt die folgenden Felder.

Wenn Sie nun in Zelle A1 ein anderes Datum eingeben, werden die Zellen B1 bis G1 automatisch aktualisiert. Selbstverständlich können Sie auch eine andere Schrittweite angeben. Möchten Sie beispielsweise einen Wochenrhythmus, dann geben Sie in Zelle B1 die Formel **=A1+7** ein und ziehen diese Zelle erneut bis Zelle G1.

2.2.7 Eine eigene Zeiterfassung erstellen

Erstellung einer eigenen Zeiterfassung

Bei der nächsten Aufgabe geht es um die Erstellung einer eigenen Zeiterfassung. Mit möglichst wenigen Eingaben soll Ihre Arbeitszeit erfasst werden, und die Pausen sollen automatisch abgezogen werden. Sehen Sie sich dazu Abbildung 2.35 an.

	A	B	C	D	E
1	Zeiterfassung				
2					
3					
4					
5					
6	Tagesdatum	Arbeitsbeginn	Arbeitsende	Pause	Arbeitszeit Netto
7					
8					
9					
10					
11					
12					
13					

Abbildung 2.35 Die eigene Zeiterfassung

Tagesdatum

In der Spalte A wird das Tagesdatum eingetragen. Am einfachsten ist es, Sie machen sich eine Monatstabelle.

1. Schreiben Sie in Zelle A7 das Startdatum des Monats, in dem Sie die Tabelle nutzen wollen.
2. Ziehen Sie das Ausfüllkästchen nach unten, bis Sie alle Tage des Monats erstellt haben.
3. In den Spalten B, C und D erfassen Sie Ihren täglichen Arbeitsbeginn, Ihr Arbeitsende und Ihre Pausen. In der Spalte E soll dann automatisch die Netto-Arbeitszeit errechnet werden.

> **Hinweis**
>
> Sie fügen einen Zeilenumbruch in einer Zelle ein, indem Sie die Tastenkombination `Alt` + `↵` an der Stelle drücken, an der der Zeilenumbruch erstellt werden soll.

4. Markieren Sie alle Zellen in der Spalte E, die zu Ihrem Monat gehören.
5. Erfassen Sie jetzt die folgende Formel **=C7-B7-D7**.
6. Schließen Sie die Eingabe mit der Tastenkombination `Strg` + `↵` ab.

Das Zwischenergebnis sehen Sie in Abbildung 2.36.

	A	B	C	D	E
1	**Zeiterfassung**				
2					
3					
4					
5					
6	**Tagesdatum**	**Arbeitsbeginn**	**Arbeitsende**	**Pause**	**Arbeitszeit Netto**
7	01.10.2015				00:00
8	02.10.2015				00:00
9	03.10.2015				00:00
10	04.10.2015				00:00
11	05.10.2015				00:00
12	06.10.2015				00:00
13	07.10.2015				00:00
14	08.10.2015				00:00
15	09.10.2015				00:00
16	10.10.2015				00:00
17	11.10.2015				00:00
18	12.10.2015				00:00
19	13.10.2015				00:00
20	14.10.2015				00:00
21	15.10.2015				00:00
22	16.10.2015				00:00
23	17.10.2015				00:00
24	18.10.2015				00:00
25	19.10.2015				00:00
26	20.10.2015				00:00
27	21.10.2015				00:00
28	22.10.2015				00:00
29	23.10.2015				00:00
30	24.10.2015				00:00
31	25.10.2015				00:00
32	26.10.2015				00:00
33	27.10.2015				00:00
34	28.10.2015				00:00
35	29.10.2015				00:00
36	30.10.2015				00:00
37	31.10.2015				00:00
38					

Abbildung 2.36 Die Zeiterfassung ist vorbereitet.

Sobald Sie jetzt Arbeitsbeginn, Arbeitsende und die Dauer der Pause eingegeben haben, errechnet Excel automatisch Ihre Netto-Arbeitszeit (siehe Abbildung 2.37).

Netto-Arbeitszeit errechnen

E9 =C9-B9-D9

	A	B	C	D	E
1	**Zeiterfassung**				
2					
3					
4					
5					
6	**Tagesdatum**	**Arbeitsbeginn**	**Arbeitsende**	**Pause**	**Arbeitszeit Netto**
7	01.10.2015	08:00	18:00	00:20	09:40
8	02.10.2015	07:45	16:35	00:20	08:30
9	03.10.2015	07:45	16:51	00:25	08:41
10	04.10.2015				00:00
11	05.10.2015				00:00
12	06.10.2015				00:00

Abbildung 2.37 Jetzt können die Arbeitszeiten erfasst werden.

2.3 Beispiele in der Kategorie Produktion bzw. Beispiele aus der Praxis

Auch in der täglichen Produktion können Sie Excel ganz einfach einsetzen, ganz ohne komplizierte Formeln und Zaubertricks. Excel geht auch einfach – schauen Sie selbst.

Beispiele

- Stückzahlen errechnen
- Fertigstellungsgrad errechnen
- Berechnung des Bremsweges
- Benzinverbrauch ausrechnen
- Kilometerkontrolle
- Fahrtenbuch
- Autokauf
- Einheiten in der Schifffahrt
- amerikanische Maße umrechnen

2.3.1 Stückzahlen errechnen

Arbeitsleistung errechnen

Bei der folgenden Aufgabe soll die Arbeitsleistung verschiedener Mitarbeiter errechnet werden. Dazu sehen Sie sich einmal die Ausgangssituation in Abbildung 2.38 an.

	A	B	C	D
1	**Stückzahlen**			
2				
3				
4				
5	**Mitarbeiter**	**Zeit**	**Stückzahl**	**Stück/Stunde**
6	Bauer	04:49	617	
7	Landsknecht	05:37	551	
8	Finger	06:10	651	
9	Schmidt	04:31	638	
10	Müller	05:44	553	
11	Becker	05:31	621	
12	Heiden	05:26	638	
13	Bierhoff	06:12	654	
14	Riecken	06:01	650	
15	Meyer	05:59	629	
16	Strunz	04:57	637	
17	Schill	04:51	663	
18	Buchenholz	05:13	542	
19	Vorhand	05:45	670	
20	Milasch	05:35	570	
21				

Abbildung 2.38 Die Zeiten und Stückzahlen werden in einer Tabelle erfasst.

Stücke pro Stunde

Da die verschiedenen Mitarbeiter unterschiedlich lang gearbeitet haben, muss jetzt errechnet werden, wie viele Stücke pro Stunde jeder einzelne Mitarbeiter hergestellt hat. Um diese Aufgabe zu lösen, gehen Sie wie folgt vor:

1. Markieren Sie den Zellenbereich D6:D20.
2. Erfassen Sie die Formel **=C6/(B6*24)**.
3. Schließen Sie die Formeleingabe mit der Tastenkombination `Strg` + `↵` ab.

In Abbildung 2.39 finden Sie das Ergebnis.

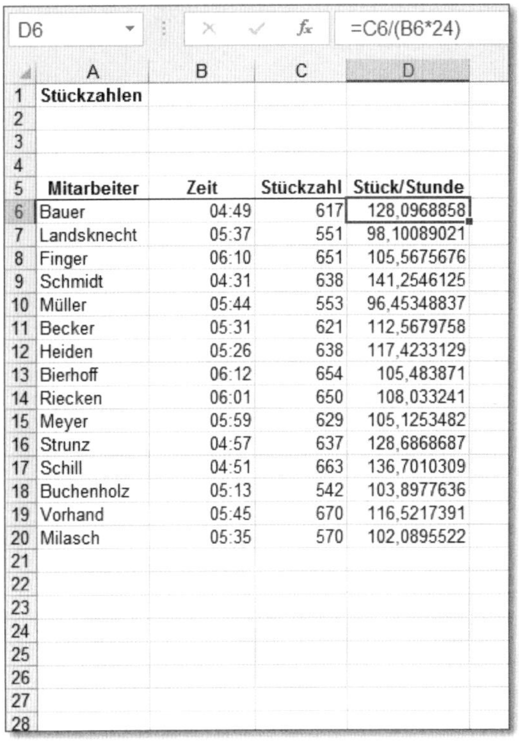

D6 =C6/(B6*24)

	A	B	C	D
1	**Stückzahlen**			
2				
3				
4				
5	**Mitarbeiter**	**Zeit**	**Stückzahl**	**Stück/Stunde**
6	Bauer	04:49	617	128,0968858
7	Landsknecht	05:37	551	98,10089021
8	Finger	06:10	651	105,5675676
9	Schmidt	04:31	638	141,2546125
10	Müller	05:44	553	96,45348837
11	Becker	05:31	621	112,5679758
12	Heiden	05:26	638	117,4233129
13	Bierhoff	06:12	654	105,483871
14	Riecken	06:01	650	108,033241
15	Meyer	05:59	629	105,1253482
16	Strunz	04:57	637	128,6868687
17	Schill	04:51	663	136,7010309
18	Buchenholz	05:13	542	103,8977636
19	Vorhand	05:45	670	116,5217391
20	Milasch	05:35	570	102,0895522
21				
22				
23				
24				
25				
26				
27				
28				

Abbildung 2.39 Auswertung Stück pro Stunde

Der Arbeiter Schmidt produziert am meisten Teile pro Stunde.

2.3.2 Fertigstellungsgrad errechnen

Fertigstellungsgrad einer Produktion

In der folgenden Aufgabe soll der Fertigstellungsgrad einer Produktion errechnet werden, Dazu sehen Sie sich einmal Abbildung 2.40 an.

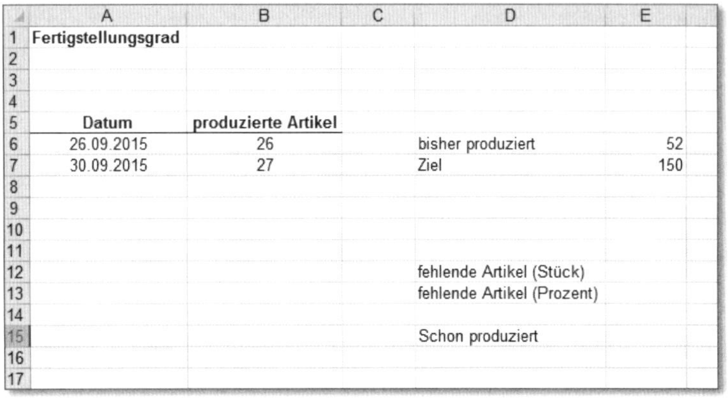

Abbildung 2.40 Wie viel Prozent fehlen noch?

Um nun auszurechnen, wie viel Arbeit noch geleistet werden muss, um das Gesamtziel von 150 Artikeln zu produzieren, verfahren Sie wie folgt:

1. Schreiben Sie in Zelle E12 die Formel **=E7-E6**.
2. In Zelle E13 erfassen Sie die Formel **=1-E6/E7**.
3. In Zelle E15 geben Sie die Formel **=100%-E13** ein.
4. Setzen Sie den Cursor in Zelle E13.
5. Drücken Sie die rechte Maustaste, und wählen Sie aus dem Kontextmenü den Eintrag ZELLEN FORMATIEREN.
6. Wechseln Sie auf die Registerkarte ZAHLEN.
7. Im Listenfeld KATEGORIE stellen Sie den Eintrag PROZENT ein.
8. Bestätigen Sie diese Formatierung mit OK.

Abbildung 2.41 zeigt das Ergebnis der Berechnung.

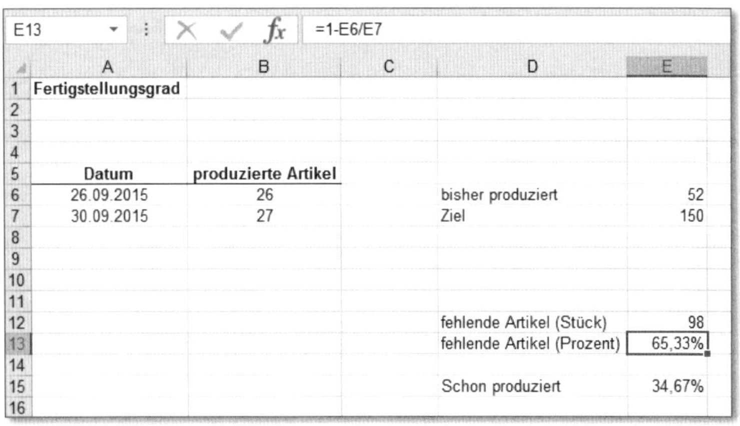

Abbildung 2.41 Es müssen noch 98 Artikel bzw. 65 % produziert werden.

2.3.3 Berechnung des Bremsweges

Bremsweg eines Autos

Der Bremsweg eines Autos berechnet sich aus drei Einzelformeln:

Reaktionsweg = **(Geschwindigkeit (km/h)/10)*3**

Bremsweg = **Geschwindigkeit (in km/h)/10)^2**

Anhalteweg = **Reaktionsweg + Bremsweg**

Beim Reaktionsweg wird die Reaktionsdauer von 1 Sekunde unterstellt. Diese Prämisse gilt aber nur für Autofahrer in guter körperlicher Verfassung. Müdigkeit, Alkohol, Ablenkung, etwa durch laute Musik, verlängern de Reaktionszeit.

Bremsweg meint die Strecke zwischen dem Ansprechen der Bremsen bis zum absoluten Stillstand des Autos. Ganz grob kann man sagen, dass sich mit einer Verdopplung der Geschwindigkeit der Bremsweg vervierfacht.

Der Anhalteweg ergibt sich aus der Addition von Reaktionsweg und Bremsweg. Dieser Sachverhalt soll in einer Excel-Tabelle dargestellt werden (siehe Abbildung 2.42).

J31

	A	B	C	D
1	**Die Berechnung des Bremsweges**			
2				
3				
4				
5	**Geschwindigkeit in km/h**	**Reaktionsweg**	**Bremsweges**	**Anhalteweg**
6	10			
7	20			
8	30			
9	40			
10	50			
11	60			
12	70			
13	80			
14	90			
15	100			
16	110			
17	120			
18	130			
19	140			
20	150			
21	160			
22	170			
23	180			
24	190			
25	200			
26	210			
27	220			
28				

Abbildung 2.42 Die Berechnung des Bremsweges

Um nun die einzelnen Wege zu berechnen, verfahren Sie wie folgt:

1. Markieren Sie den Zellenbereich B6:B27.
2. Erfassen Sie die Formel **=(A6/10)*3**.
3. Schließen Sie die Formeleingabe mit der Tastenkombination Strg + ↵ ab.
4. Markieren Sie den Zellenbereich C6:C27.
5. Erfassen Sie die Formel **=(A6/10)^2**.
6. Schließen Sie die Formel über die Tastenkombination Strg + ↵ ab.
7. Markieren Sie anschließend den Zellenbereich D6:D27.
8. Erfassen Sie die Formel **=B6+C6**.
9. Schließen Sie die Formeleingabe mit der Tastenkombination Strg + ↵ ab.

In Abbildung 2.43 sehen Sie nun den errechneten Anhalteweg.

D6 =B6+C6

	A	B	C	D
1	Die Berechnung des Bremsweges			
2				
3				
4				
5	Geschwindigkeit in km/h	Reaktionsweg	Bremsweges	Anhalteweg
6	10	3	1	4
7	20	6	4	10
8	30	9	9	18
9	40	12	16	28
10	50	15	25	40
11	60	18	36	54
12	70	21	49	70
13	80	24	64	88
14	90	27	81	108
15	100	30	100	130
16	110	33	121	154
17	120	36	144	180
18	130	39	169	208
19	140	42	196	238
20	150	45	225	270
21	160	48	256	304
22	170	51	289	340
23	180	54	324	378
24	190	57	361	418
25	200	60	400	460
26	210	63	441	504
27	220	66	484	550
28				

Abbildung 2.43 Bei 100 km/h braucht ein Pkw 130 Meter, bis er zum Stillstand kommt.

Bremsweg Der Bremsweg ist selbstverständlich auch von der Beschaffenheit der Reifen sowie dem Zustand der Bremsen abhängig. Alle in Abbildung 2.43 dargestellten Werte beziehen sich auf optimale Bedingungen, also trockene Fahrbahn. Ist die Straße nass, dann wird der Bremsweg verdoppelt. Bei Straßen mit Laub, Schnee, Rollsplitt oder Erde wird der Bremsweg vervierfacht. Bei vereisten Straßen verzehnfacht sich der Bremsweg!

Automobil- und Reifenhersteller bemühen sich intensiv, den Bremsweg von Autos zu verkürzen. Das gelingt mitunter ganz gut, so dass es heute schon ganz spezielle Reifen gibt, die unter optimalen Bedingungen einen Bremsweg bei 100 km/h von 30–35 Metern erreichen können.

2.3.4 Benzinverbrauch ausrechnen

Durchschnittlicher Benzinverbrauch

Bei der nächsten Aufgabe soll der durchschnittliche Benzinverbrauch auf 100 Kilometer ausgerechnet werden (siehe Abbildung 2.44).

	A	B	C	D
1	**Benzinverbrauch**			
2				
3				
4				
5	**Datum**	**Kilometer**	**Liter**	**Verbrauch auf 100 km**
6	30.11.2015	660	37,24	
7	12.12.2015	714	37,32	
8	24.12.2015	682	33,79	
9	05.01.2016	617	30,26	
10	17.01.2016	637	33,00	
11	29.01.2016	614	31,42	
12	10.02.2016	585	30,80	
13	22.02.2016	650	37,22	
14	05.03.2016	632	33,46	
15	17.03.2016	688	33,34	
16	29.03.2016	657	30,82	
17	10.04.2016	507	38,13	
18	22.04.2016	610	31,01	
19	04.05.2016	571	36,59	
20	16.05.2016	591	37,23	
21				

Abbildung 2.44 Wie viele Liter werden auf 100 Kilometer gebraucht?

Um diese Aufgabe zu lösen, verfahren Sie wie folgt:

1. Markieren Sie den Zellenbereich D6:D20.
2. Schreiben Sie die Formel **=C6/B6*100**.
3. Bestätigen Sie die Eingabe der Formel mit der Tastenkombination [Strg] + [↵].
4. Rufen Sie das Kontextmenü über die rechte Maustaste auf.
5. Gehen Sie auf ZELLEN FORMATIEREN.
6. In dem Register ZAHLEN wählen Sie die Kategorie ZAHL.
7. Achten Sie darauf, dass in dem Feld DEZIMALSTELLEN eine 2 steht.
8. Bestätigen Sie Ihre Eingabe mit OK.

In Abbildung 2.45 können Sie den errechneten Verbrauch ablesen.

D6 =C6/B6*100

	A	B	C	D
1	Benzinverbrauch			
2				
3				
4				
5	Datum	Kilometer	Liter	Verbrauch auf 100 km
6	30.11.2015	660	37,24	5,64
7	12.12.2015	714	37,32	5,23
8	24.12.2015	682	33,79	4,95
9	05.01.2016	617	30,26	4,90
10	17.01.2016	637	33,00	5,18
11	29.01.2016	614	31,42	5,12
12	10.02.2016	585	30,80	5,26
13	22.02.2016	650	37,22	5,73
14	05.03.2016	632	33,46	5,29
15	17.03.2016	688	33,34	4,85
16	29.03.2016	657	30,82	4,69
17	10.04.2016	507	38,13	7,52
18	22.04.2016	610	31,01	5,08
19	04.05.2016	571	36,59	6,41
20	16.05.2016	591	37,23	6,30
21				

Abbildung 2.45 Der Verbrauch liegt zwischen 5 und 7 Litern.

2.3.5 Kilometerkontrolle

Wie viele Kilometer fahren Sie im Schnitt?

Stellen Sie sich vor, Sie haben vor 2 Jahren ein neues Auto gekauft. Seit dieser Zeit sind Sie insgesamt 34.567 Kilometer gefahren. Wie stellen Sie nun fest, wie viele Kilometer Sie im Schnitt fahren? Sehen Sie dazu Abbildung 2.46 an.

	A	B
1	Kilometerkontrolle	
2		
3		
4		
5	Heutiges Datum	16.10.2015
6	Kaufdatum	01.10.2013
7	gefahrene Kilometer	34567
8		
9		
10	Durchschnitt/Tag	
11		

Abbildung 2.46 Wie viele Kilometer fahren Sie am Tag?

1. Markieren Sie Zelle B10.
2. Erfassen Sie nun die Formel **=B7/(B5-B6)**.
3. Rufen Sie das Kontextmenü über die rechte Maustaste auf.
4. Unter dem Reiter ZELLEN FORMATIEREN finden Sie in dem Register ZAHLEN die Kategorie ZAHL.

5. Achten Sie darauf, dass bei DEZIMALSTELLEN eine *2* steht.
6. Bestätigen Sie mit OK.

Tipp 1

Wenn Sie Zelle B10 markieren und danach die Taste F2 drücken, werden alle an der Formel beteiligten Zellen in verschiedenen Farben umrandet (siehe Abbildung 2.47).

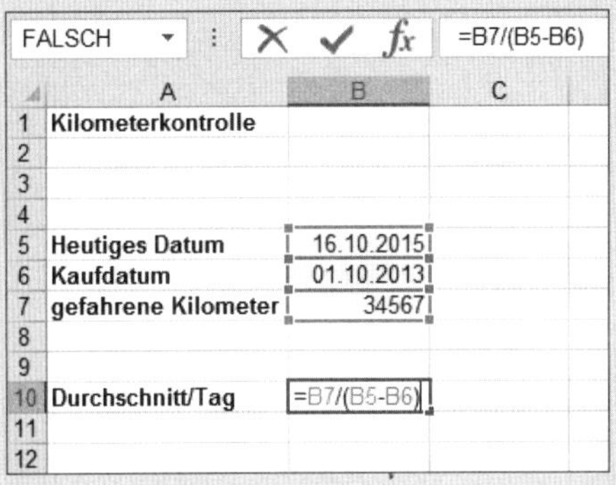

Abbildung 2.47 Über den Trick mit der Taste F2 können Formeln nachträglich noch einmal kontrolliert werden.

Tipp 2

Anstatt das Wort Durchschnitt zu schreiben, können Sie auch das Symbol ø nutzen. Dieses finden Sie, wenn Sie im Menüband EINFÜGEN im Bereich SYMBOLE den Befehl SYMBOL anklicken. Unter WEITERE SYMBOLE öffnet sich ein neues Fenster. Scrollen Sie ein wenig nach unten, und Sie finden das Symbol ø (siehe Abbildung 2.48). Klicken Sie auf EINFÜGEN, und das Symbol steht in der von Ihnen gewählten Zelle.

Abbildung 2.48 Hier finden Sie die notwendigen Symbole.

2.3.6 Fahrtenbuch

Fahrtenbuch führen

Ein Fahrtenbuch dokumentiert die Strecken, die Sie mit einem Fahrzeug zurückgelegt haben. Die minimalen Anforderungen an ein Fahrtenbuch können Sie der Auflistung entnehmen:

- Datum
- Fahrer
- Abfahrtsort
- Reiseziel
- Reisezweck und Geschäftspartner/Kunde
- Kilometerstand Abfahrt
- Kilometerstand Ankunft
- gefahrene Kilometer

Schauen Sie sich dazu Abbildung 2.49 an.

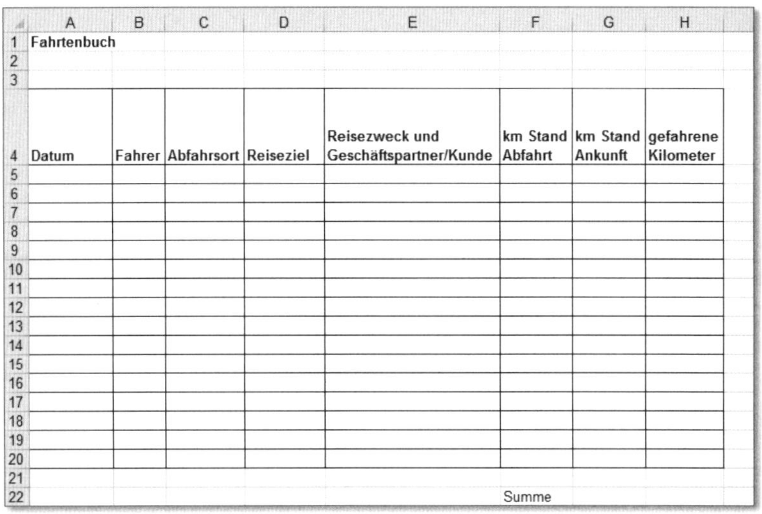

	A	B	C	D	E	F	G	H
1	Fahrtenbuch							
2								
3								
4	Datum	Fahrer	Abfahrsort	Reiseziel	Reisezweck und Geschäftspartner/Kunde	km Stand Abfahrt	km Stand Ankunft	gefahrene Kilometer
5								
6								
7								
8								
9								
10								
11								
12								
13								
14								
15								
16								
17								
18								
19								
20								
21								
22						Summe		

Abbildung 2.49 So kann ein Fahrtenbuch in Excel aussehen.

Letztendlich funktioniert dieses Fahrtenbuch mit wenigen Formeln. Diese rechnen die gefahrenen Kilometer aus.

1. Erfassen Sie in Zelle H5 die Formel **=G5-F5**.
2. Beenden Sie die Formel mit [↵], und klicken Sie erneut in die Zelle.
3. Ziehen Sie das Ausfüllkästchen bis Zeile 20.
4. In Zelle H22 erfassen Sie die folgende Formel (siehe Abbildung 2.50): **=H5+H6+H7+H8+H9+H10+H11+H12+H13+H14+H15+H16+H17+H18+H19+H20**

H22 =H5+H6+H7+H8+H9+H10+H11+H12+H13+H14+H15+H16+H17+H18+H19+H20

	A	B	C	D	E	F	G	H
1	Fahrtenbuch							
2								
3								
4	Datum	Fahrer	Abfahrsort	Reiseziel	Reisezweck und Geschäftspartner/Kunde	km Stand Abfahrt	km Stand Ankunft	gefahrene Kilometer
5								0
6								0
7								0
8								0
9								0
10								0
11								0
12								0
13								0
14								0
15								0
16								0
17								0
18								0
19								0
20								0
21								
22						Summe		0
23								

Abbildung 2.50 Das Fahrtenbuch ist jetzt fertig.

> **Hinweis**
>
> Um Ihnen die Eingabe zu erleichtern, können Sie hier bei der Benutzung des Fahrtenbuches eine weitere Tastenkombination sinnvoll einsetzen: Strg + . schreibt in die Zelle, in der Sie sich gerade befinden, das aktuelle Tagesdatum.

2.3.7 Autokauf

Wie teuer ist ein Auto?

Stellen Sie sich vor, Sie möchten ein neues Auto kaufen. Das Auto kostet 15.000 €. Dazu kommt noch die Mehrwertsteuer von 19 %. Der Händler gibt Ihnen einen Rabatt von 8 %. Wie teuer ist letztendlich das Auto? Die Ausgangslage ist in der Tabelle in Abbildung 2.51 angelegt.

	A	B
1	Autokauf	
2		
3		
4		
5	Listenpreis	15.000,00 €
6	MwSt.	19%
7	Rabatt	8%
8		
9		
10	Endpreis	
11		
12		

Abbildung 2.51 Hier wird der Endpreis berechnet.

1. Schreiben Sie in Zelle B10 die folgende Formel: **=((B5*B6)+B5)*(1-B7)**
2. Bestätigen Sie die Eingabe mit [↵].

Eine Antwort auf die Fragestellung wird nun in Abbildung 2.52 gegeben.

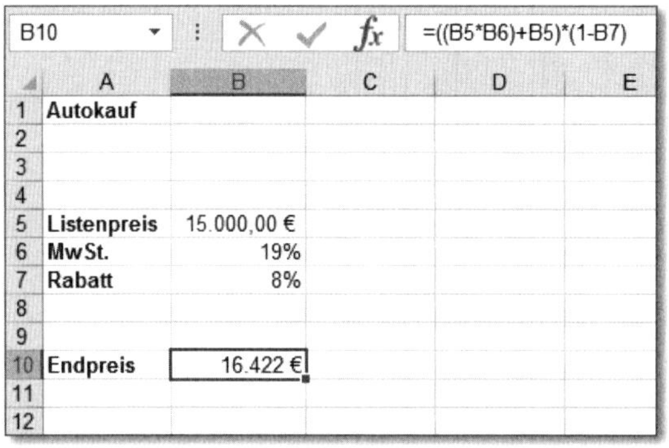

Abbildung 2.52 Der Endpreis beträgt 16.422 €.

Eine Alternative Formel lautet: **=B5*1,19*0,92**. Sie können genauso gut die Formel umdrehen **=B5*0,92*1,19**. Das Endergebnis ist gleich.

Da die 19 % auf den Nettopreis addiert werden müssen, können Sie den Nettopreis mit dem Faktor 1,19 multiplizieren. Der Rabatt geht in die andere Richtung, was bedeutet, dass Sie die 8 % gedanklich von 100 % abziehen müssen, und 92 % entspricht dem Faktor 0,92. Indem Sie den Preis mit 0,92 multiplizieren, wird der Rabatt gerechnet.

2.3.8 Einheiten in der Schifffahrt

Geschwindigkeit eines Schiffes messen

Auch bei der Schifffahrt gibt es diverse Einheiten wie Seemeilen, um die Entfernung von einem Ort zum anderen wiederzugeben. Eine weitere typische Einheit bei der Schifffahrt sind Knoten. Damit kann man die Geschwindigkeit eines Schiffes messen.

Seemeilen in Knoten umrechnen

Eine Seemeile, die aus dem Äquatorumfang der Erde abgeleitet wurde, entspricht 1.852 Metern. Dabei entspricht 1 Seemeile genau 1 Bogenminute auf dem Umfang des Äquators, das heißt, der Umfang der Erde von ca. 40.000 Kilometern geteilt durch 360 Grad geteilt durch 60 Minuten ergibt den Wert 1,852 Kilometer. In der Tabelle in Abbildung 2.53 wird eine solche Wertetabelle dargestellt.

	A	B	C
1	**Seemeilen in Kilometer umrechnen**		
2			
3			
4			
5	**Seemeilen**	**Kilometer**	
6	10		
7	100		
8	500		
9	1.000		
10	5.000		
11	10.000		
12	15.000		
13			

Abbildung 2.53 Seemeilen in Kilometer umrechnen

Um die Seemeilen jetzt in Kilometer umzurechnen, verfahren Sie wie folgt:

1. Erfassen Sie in Zelle E1 den Umrechnungsfaktor 1,852.
2. Markieren Sie den Zellenbereich B6:B12.
3. Erfassen Sie die Formel **=A6*E1**, und drücken Sie danach sofort die Taste [F4]. Dadurch wird Zelle E1 absolut adressiert.
4. Bestätigen Sie die Eingabe über die Tastenkombination [Strg] + [↵].

Abbildung 2.54 zeigt die umgerechneten Kilometerangaben.

B6 | fx =A6*$E$1

	A	B	C	D	E
1	**Seemeilen in Kilometer umrechnen**				1,852
2					
3					
4					
5	**Seemeilen**	**Kilometer**			
6	10	18,52			
7	100	185,2			
8	500	926			
9	1.000	1852			
10	5.000	9260			
11	10.000	18520			
12	15.000	27780			
13					
14					

Abbildung 2.54 Die Seemeilen wurden über den Umrechnungsfaktor 1,852 in Kilometer umgerechnet.

Kilometer in Seemeilen

Möchten Sie Kilometer in Seemeilen umrechnen, dann dividieren Sie die Kilometer durch den Divisor 1,852.

> **Hinweis**
>
> Die englische *nautical mile* beträgt umgerechnet 1.853 Meter.

Knoten in km/h umrechnen

Geschwindigkeit in Knoten umrechnen

Diese ursprünglich sehr alte Messmethode zur Bestimmung der Geschwindigkeit von Schiffen wurde früher über eine mit Knoten markierte Leine gemessen, die ins Wasser gehängt wurde und die man während der Fahrt durch die Hand gleiten ließ. Durch den Widerstand blieb die Leine fast am gleichen Ort über dem Grund. Über die gezählten Knoten auf der Leine, die pro Zeiteinheit gemessen wurden, konnte man bestimmen, wie schnell ein Schiff fuhr.

Über Knoten wird also die Geschwindigkeit eines Schiffes bestimmt. Dabei bedeutet ein Knoten eine Seemeile pro Stunde und entspricht damit 1,852 km/h. Eine Segeljacht schafft so im Schnitt zwischen 5–8 Knoten. Ein kleines Motorboot bringt es immerhin auf 15–20 Knoten. Richtige Rennboote können bis zu 100 Knoten fahren. In Abbildung 2.55 sind einige Schiffsgeschwindigkeiten der gängigsten Schiffstypen dargestellt.

	A	B	C
1	**Knoten in km/h umrechnen**		
2			
3			
4			
5	**Schiffstyp**	**Max. Knoten**	**km/h**
6	Segeljacht	8	
7	Frachtschiff	18	
8	Freizeit-Motorboot	20	
9	Kreuzfahrtschiff	24	
10	Tanker	25	
11	Profi-Motorboot	40	
12	Rennboot	100	
13			
14			

Abbildung 2.55 Wie schnell fährt welches Schiff?

Knoten in km/h

Um nun die Knoten in km/h umzurechnen, führen Sie diese Aufgabe durch, indem Sie einen Namen vergeben und den Umrechnungsfaktor hinterlegen. Dabei verfahren Sie wie folgt:

1. Drücken Sie die Tastenkombination [Strg] + [F3], um den Dialog NAMEN DEFINIEREN aufzurufen.
2. Drücken Sie im Namens-Manager auf NEU.
3. Geben Sie im sich öffnenden Dialog im Feld NAME den Namen »SM« ein (siehe Abbildung 2.56).
4. Im Feld BEZIEHT SICH AUF geben Sie den Umrechnungsfaktor »1,852« ein.
5. Bestätigen Sie die Eingabe mit OK.
6. Den Namens-Manager verlassen Sie über den Button SCHLIESSEN.

Abbildung 2.56 Den Umrechnungsfaktor als Namen hinterlegen

7. Markieren Sie den Bereich C6:C12.
8. Fügen Sie die Formel **=B6*SM** ein, und bestätigen Sie die Eingabe über die Tastenkombination [Strg] + [↵].

Das Ergebnis sehen Sie in Abbildung 2.57.

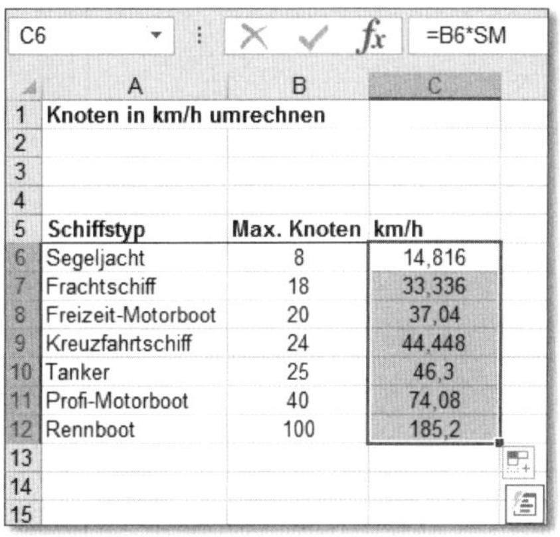

	A	B	C
1	**Knoten in km/h umrechnen**		
2			
3			
4			
5	**Schiffstyp**	**Max. Knoten**	**km/h**
6	Segeljacht	8	14,816
7	Frachtschiff	18	33,336
8	Freizeit-Motorboot	20	37,04
9	Kreuzfahrtschiff	24	44,448
10	Tanker	25	46,3
11	Profi-Motorboot	40	74,08
12	Rennboot	100	185,2
13			
14			
15			

Abbildung 2.57 Die Umrechnung von Knoten in km/h

2.3.9 Amerikanische Maße umrechnen

Umrechnung amerikanischer Maße

Spätestens beim nächsten Urlaub in den USA werden Sie statt mit km/h mit mph *(miles per hour)* konfrontiert. Diese Einheiten können über Formeln in Excel-Tabellen umgerechnet werden.

Geschwindigkeit umrechnen

mph

Die in Deutschland gebrauchte Einheit zur Messung von Geschwindigkeiten ist Kilometer pro Stunde (km/h). In den USA wird die Geschwindigkeit in Meilen pro Stunde (mph) angegeben. Dabei entspricht 1 Kilometer genau 0,621371 Meilen. Diese Umrechnung können Sie in einer Excel-Tabelle schnell umsetzen. Sehen Sie dazu einmal Abbildung 2.58 an.

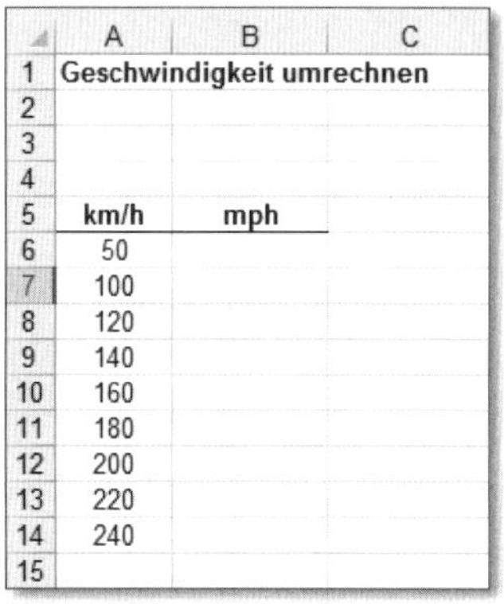

	A	B	C
1	Geschwindigkeit umrechnen		
2			
3			
4			
5	km/h	mph	
6	50		
7	100		
8	120		
9	140		
10	160		
11	180		
12	200		
13	220		
14	240		
15			

Abbildung 2.58 Kilometer in Meilen umrechnen

km/h in mph Um nun die km/h in mph umzurechnen, gehen Sie wie folgt vor:

1. Markieren Sie den Bereich B6:B14.
2. Erfassen Sie die Formel **=A6*0,621371**.
3. Schließen Sie die Formel mit der Tastenkombination `Strg` + `↵` ab.
4. Formatieren Sie den Zellenbereich B6:B14, indem Sie die rechte Maustaste drücken und im Kontextmenü den Punkt ZAHLEN FORMATIEREN auswählen.
5. Auf dem Reiter ZAHLEN finden Sie in der Kategorie ZAHL den Punkt DEZIMALSTELLEN.
6. Stellen Sie sicher, dass hier eine 2 steht, und schließen Sie das Fenster mit OK.

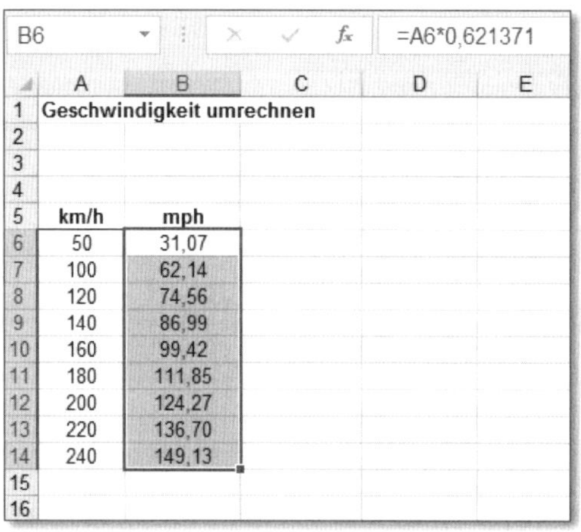

B6 =A6*0,621371

	A	B	C	D	E
1	Geschwindigkeit umrechnen				
2					
3					
4					
5	km/h	mph			
6	50	31,07			
7	100	62,14			
8	120	74,56			
9	140	86,99			
10	160	99,42			
11	180	111,85			
12	200	124,27			
13	220	136,70			
14	240	149,13			
15					
16					

Abbildung 2.59 100 km/h entsprechen 62 mph.

Konstante einen Namen zuzuweisen

Bei der Lösung aus Abbildung 2.59 wird die Konstante 0,621371 in jeder Zelle verwendet. Eine andere Möglichkeit ist, dieser Konstante einen Namen zuzuweisen und diesen dann in der Formel zu verwenden. Um diese Lösung umzusetzen, befolgen Sie bitte die nächsten Arbeitsschritte:

1. Wählen Sie aus dem Menüband FORMELN den Bereich DEFINIERTE NAMEN, und klicken Sie auf NAMEN DEFINIEREN.
2. Im Dialog NEUER NAME geben Sie im Eingabefeld NAME den Begriff »MeilenFaktor« ein (siehe Abbildung 2.60).
3. Im Feld BEZIEHT SICH AUF geben Sie den Faktor »0,62371« ein.

Abbildung 2.60 Den Faktor als Namen definieren

4. Bestätigen Sie mit OK.
5. Markieren Sie den Zellenbereich C6:C14.
6. Erfassen Sie jetzt die Formel **=A6*MeilenFaktor**.
7. Schließen Sie die Formel mit der Tastenkombination [Strg] + [↵] ab.

In Abbildung 2.61 sehen Sie das Ergebnis der Umrechnung.

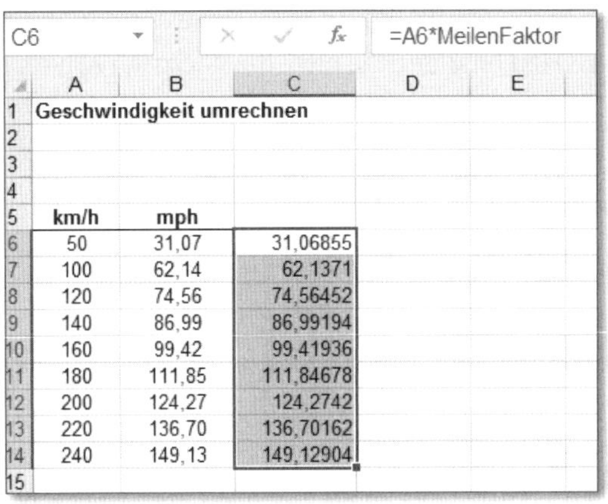

C6 | =A6*MeilenFaktor

	A	B	C	D	E
1	Geschwindigkeit umrechnen				
2					
3					
4					
5	km/h	mph			
6	50	31,07	31,06855		
7	100	62,14	62,1371		
8	120	74,56	74,56452		
9	140	86,99	86,99194		
10	160	99,42	99,41936		
11	180	111,85	111,84678		
12	200	124,27	124,2742		
13	220	136,70	136,70162		
14	240	149,13	149,12904		
15					

Abbildung 2.61 Multiplizieren über Name

Hinweis

Um den umgekehrten Vorgang, also mph in km/h, umzurechnen, multiplizieren Sie die Meilen mit dem Faktor 1,609344.

fpm

Neben den mph gibt es eine weitere typisch amerikanische Einheit zur Messung von Geschwindigkeiten. Die Einheit heißt *feet per minute* (fpm). In Deutschland spricht man eher von Metern pro Sekunde (m/s). 1 m/s wird dabei in 196,85 fpm umgerechnet. 1 Fuß (*feet*) entspricht übrigens genau 0,30479 Metern. In Abbildung 2.62 wird eine typische Umrechnungstabelle dargestellt.

	A	B	C	D	E
1	Umrechnung von Metern pro Sekunde in Feet per minute				
2					
3					
4					
5	m/s	fpm			
6	5				
7	10				
8	15				
9	20				
10	25				
11	30				
12	35				
13	40				
14	45				
15	50				
16	55				
17	60				

Abbildung 2.62 Meter pro Sekunde sollen in feet per minute umgerechnet werden.

Absolut adressieren

Sie können diese Aufgabe wie die letzte Aufgabe lösen, indem Sie den Umrechnungsfaktor in eine Zelle schreiben und diese Zelle dann in Ihrer Formel absolut adressieren. Dazu befolgen Sie bitte die nächsten Arbeitsschritte:

1. Schreiben Sie in Zelle D5 den Umrechnungsfaktor 196,858144.
2. Schreiben Sie in Zelle B6 die Formel **=A6*D5**.
3. Drücken Sie anschließend die Taste F4, um Zelle D5 in der Formel absolut zu adressieren.
4. Führen Sie einen Doppelklick auf das Ausfüllkästchen der Zelle B6 durch, um die Formel nach unten zu kopieren.

Abbildung 2.63 zeigt die umgerechneten Ergebnisse.

B6 =A6*$D$5

	A	B	C	D	E
1	Umrechnung von Metern pro Sekunde in Feet per minute				
2					
3					
4					
5	m/s	fpm		196,585144	
6	5	982,92572			
7	10	1965,85144			
8	15	2948,77716			
9	20	3931,70288			
10	25	4914,6286			
11	30	5897,55432			
12	35	6880,48004			
13	40	7863,40576			
14	45	8846,33148			
15	50	9829,2572			
16	55	10812,1829			
17	60	11795,1086			
18					

Abbildung 2.63 Eine Zelle mit Absolutbezug in die Formel einbinden

Zentimeter in Inch umrechnen

Sehr geläufig in den USA ist auch die Einheit Inch (Zoll), um eine kurze Entfernung anzugeben. 1 Inch entspricht dabei 2,54 Zentimetern. In der Tabelle von Abbildung 2.64 sollen Umrechnungen in beide Richtungen durchgeführt werden.

Inch

	A	B	C	D	E
1	Zentimeter in Inch umrechnen				
2					
3					
4					
5	Zentimeter	Inch		Inch	Zentimeter
6	10			10	
7	50			20	
8	100			30	
9	150			40	
10	200			50	
11	250			60	
12	300			70	
13	350			80	
14	400			90	
15	450			100	
16	500			110	
17	550			120	
18	600			130	
19	650			140	
20	700			150	
21					

Abbildung 2.64 Die Umrechnungstabelle

Bauen Sie die Umrechnungstabelle aus Abbildung 2.64 aus, indem Sie wie folgt vorgehen:

1. Wählen Sie aus dem Menüband FORMELN im Bereich DEFINIERTE NAMEN die Schaltfläche NAMEN DEFINIEREN aus.

2. In dem Dialog NAME geben Sie den Namen »ZeZuIn« ein.
3. Im Feld BEZIEHT SICH AUF erfassen Sie den Umrechnungsfaktor »0,3937«.
4. Klicken Sie auf OK.
5. Wiederholen Sie den Vorgang, nur dass Sie jetzt in dem Dialog NAME den Begriff »InZuZe« eingeben.
6. In dem Feld BEZIEHT SICH AUF erfassen Sie den Umrechnungsfaktor »2,54«.
7. Klicken Sie erneut auf OK.

Nachdem Sie beide Umrechnungsfaktoren als Namen angelegt haben, wenden Sie diese in Ihrer Tabelle an. Dabei gehen Sie wie folgt vor:

1. Markieren Sie den Zellenbereich B6:B20.
2. Erfassen Sie die Formel **=B6*ZeZuIn**.
3. Schließen Sie die Formeleingabe mit der Tastenkombination `Strg` + `↵` ab.
4. Markieren Sie den Zellenbereich E6:E20.
5. Erfassen Sie die Formel **=D6*InZuZe**.
6. Schließen Sie die Formeleingabe mit der Tastenkombination `Strg` + `↵` ab.
7. Die Tabelle in Abbildung 2.65 liefert nun eine Umrechnung in beide Richtungen.

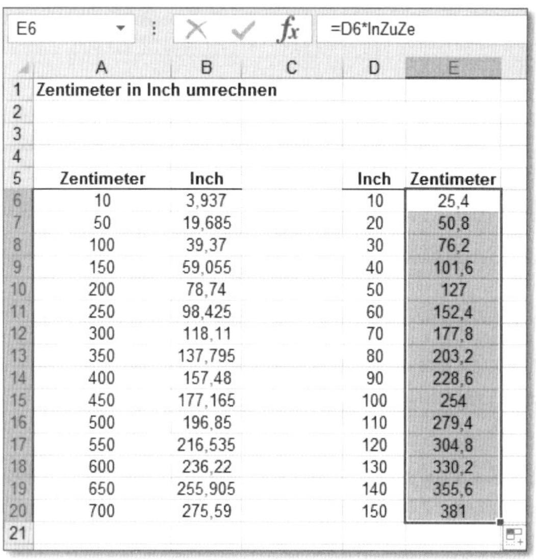
E6 | =D6*InZuZe

	A	B	C	D	E
1	Zentimeter in Inch umrechnen				
2					
3					
4					
5	Zentimeter	Inch		Inch	Zentimeter
6	10	3,937		10	25,4
7	50	19,685		20	50,8
8	100	39,37		30	76,2
9	150	59,055		40	101,6
10	200	78,74		50	127
11	250	98,425		60	152,4
12	300	118,11		70	177,8
13	350	137,795		80	203,2
14	400	157,48		90	228,6
15	450	177,165		100	254
16	500	196,85		110	279,4
17	550	216,535		120	304,8
18	600	236,22		130	330,2
19	650	255,905		140	355,6
20	700	275,59		150	381
21					

Abbildung 2.65 Die Umrechnung ist beendet.

Hinweis

Wenn Sie die von Ihnen angelegten Namen wieder löschen, dann sind die Formeln unbrauchbar.

Hohlmaße berechnen

Amerikanische Hohlmaße

Wissen Sie, wie viele Liter 1 Barrel oder 1 Gallone sind? Wenn nicht, dann hilft Ihnen Tabelle 2.3 sicher weiter.

Amerikanische Einheit	In Liter
1 barrel	158,98722
1 gallon	3,7854100
1 quart	0,9663525
1 pint	0,4731763
1 fl. OZ	0,0295735

Tabelle 2.3 Amerikanische Hohlmaße in Liter umgerechnet

Liter umrechnen

In der Excel-Tabelle aus Abbildung 2.66 soll eine Litereingabe in die amerikanischen Einheiten umgerechnet werden.

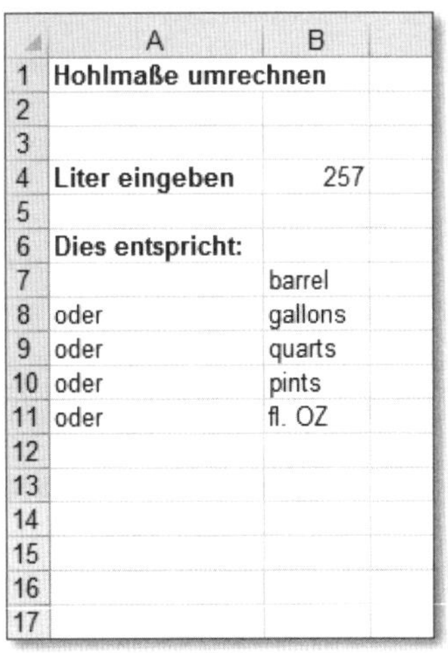

	A	B
1	**Hohlmaße umrechnen**	
2		
3		
4	**Liter eingeben**	257
5		
6	**Dies entspricht:**	
7		barrel
8	oder	gallons
9	oder	quarts
10	oder	pints
11	oder	fl. OZ
12		
13		
14		
15		
16		
17		

Abbildung 2.66 Wie viel entsprechen 257 Liter umgerechnet in amerikanische Hohlmaße?

Erfassen Sie nun die Formeln aus Abbildung 2.67 in der Tabelle.

Zelle	Formel
C7	=$B$4/158,98722
C8	=$B$4/3,78541
C9	=$B$4/0,9663525
C10	=$B$4/0,4731763
C11	=$B$4/0,0295735

Abbildung 2.67 Die zur Umrechnung benötigten Formeln

Das Ergebnis der Umrechnung sehen Sie in Abbildung 2.68.

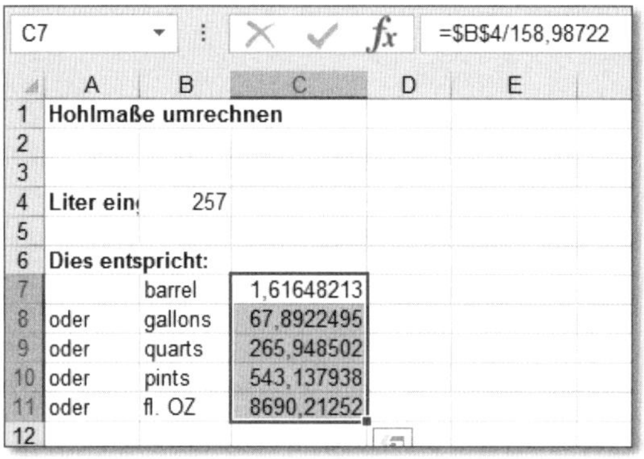

Abbildung 2.68 257 Liter entsprechen ca. 68 Gallonen.

Von Celsius zu Fahrenheit

Umrechnung von Celsius zu Fahrenheit

In den meisten Ländern der Erde wird die Einheit Celsius zur Messung von Temperatur verwendet. Celsius war übrigens ein schwedischer Wissenschaftler, der im Jahr 1742 die Skala zwischen dem Gefrierpunkt von Wasser als Nullwert und dem kochenden Wasser bei 100 definierte. In den meisten englischsprachigen Ländern hingegen wird die Einheit Fahrenheit genutzt. Diese Einheit erfand übrigens ein Deutscher. Daniel Gabriel Fahrenheit legte seine Skala im Jahr 1714 fest. Bei seiner Skala wurde der Nullpunkt über ein Salz-Eis-Gemisch festgelegt, über das er die kälteste Temperatur manuell erzeugen konnte. Der zweite Punkt wurde bei ihm durch die normale Körpertemperatur, die bei 98,6°F liegt, bestimmt. Beide Einheiten sollen in einer Excel-Tabelle dargestellt werden und umgerechnet werden können (siehe Abbildung 2.69).

Gradzeichen

Um das Gradzeichen in der Tabelle einzufügen, muss ein benutzerdefiniertes Format erstellt werden. Dazu verfahren Sie wie folgt:

1. Markieren Sie den Zellenbereich A6:A20.
2. Drücken Sie die rechte Maustaste, um in das Kontextmenü zu gelangen.
3. Hier wählen Sie den Eintrag ZELLEN FORMATIEREN.

4. Wechseln Sie auf den Reiter ZELLEN, und wählen Sie die Kategorie BENUTZERDEFINIERT.
5. Geben Sie im Feld TYP das benutzerdefinierte Format »#0°C« ein, und bestätigen Sie mit OK (siehe Abbildung 2.70).

Benutzerdefiniertes Format »#0°C«

6. Führen Sie im Anschluss auch die benutzerdefinierte Formatierung für die Einheit Fahrenheit durch.

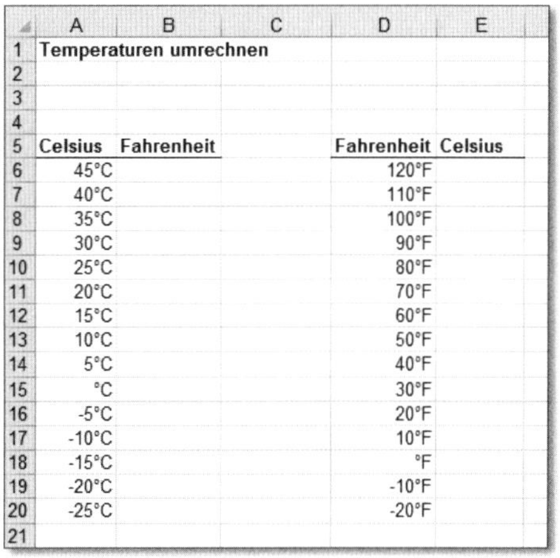

	A	B	C	D	E
1	Temperaturen umrechnen				
2					
3					
4					
5	Celsius	Fahrenheit		Fahrenheit	Celsius
6	45°C			120°F	
7	40°C			110°F	
8	35°C			100°F	
9	30°C			90°F	
10	25°C			80°F	
11	20°C			70°F	
12	15°C			60°F	
13	10°C			50°F	
14	5°C			40°F	
15	°C			30°F	
16	-5°C			20°F	
17	-10°C			10°F	
18	-15°C			°F	
19	-20°C			-10°F	
20	-25°C			-20°F	
21					

Abbildung 2.69 Celsius und Fahrenheit in einer Liste vereint

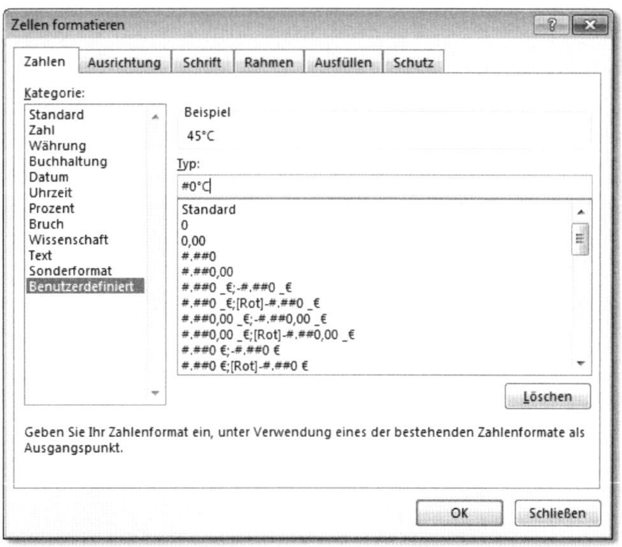

Abbildung 2.70 Ein benutzerdefiniertes Format

Rechnen Sie nun die Temperaturen um, indem Sie die nächsten Arbeitsschritte durchführen:

1. Markieren Sie den Zellenbereich B6:B20.
2. Erfassen Sie die Formel **=(A6*9/5)+32**.
3. Schließen Sie die Formel mit der Tastenkombination `Strg` + `↵` ab.
4. Markieren Sie den Zellenbereich E6:E20.
5. Erfassen Sie die Formel **=(D6-32)*5/9**.
6. Schließen Sie die Formel mit der Tastenkombination `Strg` + `↵` ab.

Format übertragen

Übertragen Sie das Format der Spalten A und D auf die Spalten B und E. Dazu markieren Sie Zelle A6 und wählen aus dem Menüband START im Bereich der ZWISCHENABLAGE den Befehl FORMAT ÜBERTRAGEN. Markieren Sie anschließend sofort den Zellenbereich E6:E20. Wiederholen Sie die Formatübertragung auch für die Spalte B. Danach erhalten Sie ein Ergebnis wie in Abbildung 2.71.

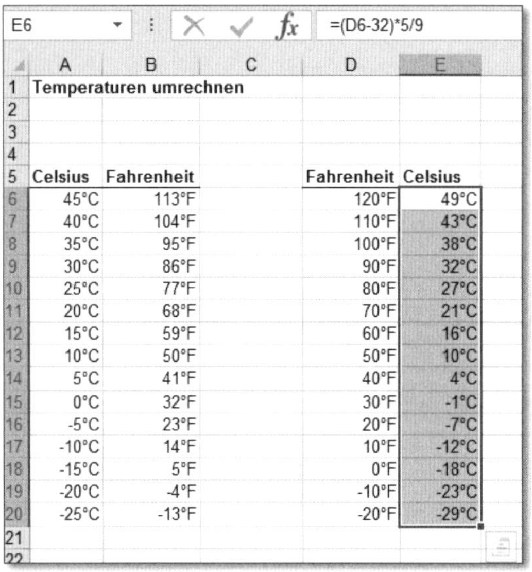

	A	B	C	D	E
1	Temperaturen umrechnen				
2					
3					
4					
5	Celsius	Fahrenheit		Fahrenheit	Celsius
6	45°C	113°F		120°F	49°C
7	40°C	104°F		110°F	43°C
8	35°C	95°F		100°F	38°C
9	30°C	86°F		90°F	32°C
10	25°C	77°F		80°F	27°C
11	20°C	68°F		70°F	21°C
12	15°C	59°F		60°F	16°C
13	10°C	50°F		50°F	10°C
14	5°C	41°F		40°F	4°C
15	0°C	32°F		30°F	-1°C
16	-5°C	23°F		20°F	-7°C
17	-10°C	14°F		10°F	-12°C
18	-15°C	5°F		0°F	-18°C
19	-20°C	-4°F		-10°F	-23°C
20	-25°C	-13°F		-20°F	-29°C
21					
22					

Abbildung 2.71 Die fertige Umrechnungstabelle für Celsius und Fahrenheit

2.4 Sonstige Beispiele

Hier folgen nun noch einige Beispiele, die zu keiner der oben aufgeführten Gruppen passen.

2.4.1 Beim Kuchenbäcker – Kalkulation der Preise

Preise kalkulieren

Der folgenden Aufgabe liegt folgender Sachverhalt zugrunde: In einer Bäckerei wird erwogen, den Umfang der bisherigen Torten von 35 auf

40 cm zu erhöhen. Die Höhe der Torte und die Zutaten werden dabei nicht geändert. Dabei kostet die 35er Torte 5 €. Wie viel muss dann die 40er Torte kosten, damit kein Verlust beim Tortenverkauf gemacht wird?

Als kleine Vorarbeit legen Sie einmal eine Tabelle nach dem Vorbild aus Abbildung 2.72 an.

	A	B	C	D
1	Tortenkalkulation			
2				
3				
4		Preis	Größe	Fläche
5	Torte vorher	5,00 €	35 cm	
6	Torte nachher	7,00 €	40 cm	
7				
8				
9	Aufschlag Preis			
10				
11	Aufschlag Fläche			
12				

Abbildung 2.72 Welche Torte ist wirtschaftlicher?

Vergleich der Wirtschaftlichkeit

Um nun zu ermitteln, welcher Tortenumfang wirtschaftlicher ist, errechnen Sie die Flächen der Torten. Diese Flächen setzen Sie dann in Relation zueinander und ermitteln danach den Preis- bzw. den Flächenaufschlag.

Diese Aufgabe lösen Sie Schritt für Schritt, indem Sie wie folgt vorgehen:

1. Markieren Sie den Zellenbereich D5:D6.
2. Erfassen Sie die Formel **=(C5/2)^2**.
3. Schließen Sie die Eingabe über die Tastenkombination [Strg] + [↵] ab.
4. Errechnen Sie den Preisaufschlag, indem Sie in Zelle B9 die Formel **=1-(B6/B5)** eingeben.
5. Errechnen Sie den Flächenaufschlag, indem Sie in Zelle B11 die Formel **=1-(D6/D5)** eingeben.

In Abbildung 2.73 sehen Sie das Ergebnis.

	A	B	C	D
1	Tortenkalkulation			
2				
3				
4		Preis	Größe	Fläche
5	Torte vorher	5,00 €	35 cm	306,25
6	Torte nachher	7,00 €	40 cm	400
7				
8				
9	Aufschlag Preis	-40,00%		
10				
11	Aufschlag Fläche	-30,61%		
12				
13				

Abbildung 2.73 Das Ergebnis der Kalkulation

Die Preiserhöhung von 5 € auf 7 € entspricht einer Preisanhebung um 40 %. Dagegen wird nur ca. 30 % an Fläche zugelegt. In diesem Beispiel würde der Tortenbäcker einen Gewinn aus der Vergrößerung seiner Torten erzielen.

Preis-Leistungs-Verhältnis

Wie aber kann er das Verhältnis zwischen Mehrpreis und Mehrfläche im Gleichgewicht halten? Den für den Größenzuwachs der Torte entsprechenden Preis können Sie errechnen, indem Sie folgende Formel in Zelle B13 eingeben.

=B5-B5*B11

Wenn Sie das Ergebnis dieser Rechnung in Zelle B6 einsetzen, sind Preisanstieg und Tortenumfanganstieg im Einklang (siehe Abbildung 2.74).

	A	B	C	D
1	Tortenkalkulation			
2				
3				
4		Preis	Größe	Fläche
5	Torte vorher	5,00 €	35 cm	306,25
6	Torte nachher	6,53 €	40 cm	400
7				
8				
9	Aufschlag Preis	-30,60%		
10				
11	Aufschlag Fläche	-30,61%		
12				
13	Preis im Gleichgewicht	6,53 €		
14				
15				

Abbildung 2.74 Das Preis-Leistungs-Verhältnis stimmt.

Hinweis

Dieses Beispiel können Sie auch auf Pizza, Brötchen, Brot oder sonstige Lebensmittel anwenden.

2.4.2 Schachbrett und Reiskorn

Verdoppelung berechnen

Nach einer Sage soll der Erfinder des Schachspiels für seine Erfindung folgenden Lohn verlangt haben: Auf das erste Feld des Schachbretts wird ein Reiskorn gelegt. Auf die darauffolgenden Felder wird jeweils das Doppelte des vorhergehenden Feldes an Reiskörner gelegt. Wie viel Reis mag das wohl insgesamt sein? Vielleicht werden Sie einen etwas größeren Sack Reis schätzen. Aber weit gefehlt! Es sind bei 64 Feldern 9.223.372.036.854.775.808 Reiskörner. Das sind ausgesprochen neun Trillionen, zweihundertdreiundzwanzig Billiarden, dreihundertzweiundsiebzig Billionen, sechsunddreißig Milliarden, achthundertvierundfünfzig Millionen, siebenhundertfünfundsiebzigtausend und achthundertacht Reiskörner.

Beweisen kann man diesen Sachverhalt mit einer Excel-Tabelle, bei der die 64 Felder eines Schachbretts in einer Spalte dargestellt werden. Diese Aufgabe lösen Sie, wenn Sie wie folgt verfahren:

1. Schreiben Sie in Zelle A1 »1«.
2. In Zelle A2 schreiben Sie »2«, und in Zelle B2 schreiben Sie die Formel **=A2+A2**.
3. In Zelle A3 schreiben Sie die Formel **=B2**.
4. Ziehen Sie das Ausfüllkästchen der Zelle A3 nach unten, bis Sie Zelle A64 erreicht haben.
5. Verfahren Sie mit dem Ausfüllkästchen der Zelle B2 analog, allerdings nur bis zur Zelle B63 (siehe Abbildung 2.75).

B2 | fx =A2+A2

	A	B
1	1	
2	2	4
3	4	8
4	8	16
5	16	32
6	32	64
7	64	128
8	128	256
9	256	512
10	512	1.024
11	1.024	2.048
12	2.048	4.096
13	4.096	8.192
14	8.192	16.384
15	16.384	32.768
16	32.768	65.536
17	65.536	131.072
18	131.072	262.144
19	262.144	524.288
20	524.288	1.048.576
21	1.048.576	2.097.152
22	2.097.152	4.194.304
23	4.194.304	8.388.608
24	8.388.608	16.777.216
25	16.777.216	33.554.432
26	33.554.432	67.108.864
27	67.108.864	134.217.728
28	134.217.728	268.435.456
29	268.435.456	536.870.912
30	536.870.912	1.073.741.824
31	1.073.741.824	2.147.483.648
32	2.147.483.648	4.294.967.296

Abbildung 2.75 Hilfsspalten erleichtern die Arbeit.

Formatieren Sie die Spalte A mit dem Zahlenformat unter Verwendung des Tausenderpunktes. Microsoft Excel rechnet ab dem 51. Feld nicht mehr ganz korrekt. Durch Rundungsfehler sind auf dem 64. Feld insgesamt 4.192 Reiskörner zu viel (siehe Abbildung 2.76). Aber was sind bei dieser Größenordnung schon 4.192 Reiskörner?

	A	B
49	281.474.976.710.656	562.949.953.421.312
50	562.949.953.421.312	1.125.899.906.842.620
51	1.125.899.906.842.620	2.251.799.813.685.250
52	2.251.799.813.685.250	4.503.599.627.370.500
53	4.503.599.627.370.500	9.007.199.254.740.990
54	9.007.199.254.740.990	18.014.398.509.482.000
55	18.014.398.509.482.000	36.028.797.018.964.000
56	36.028.797.018.964.000	72.057.594.037.927.900
57	72.057.594.037.927.900	144.115.188.075.856.000
58	144.115.188.075.856.000	288.230.376.151.712.000
59	288.230.376.151.712.000	576.460.752.303.423.000
60	576.460.752.303.423.000	1.152.921.504.606.850.000
61	1.152.921.504.606.850.000	2.305.843.009.213.690.000
62	2.305.843.009.213.690.000	4.611.686.018.427.390.000
63	4.611.686.018.427.390.000	9.223.372.036.854.780.000
64	9.223.372.036.854.780.000	
65		

Abbildung 2.76 Excel hat leichte Rundungsdifferenzen.

Interessant wäre jetzt noch, wie schwer denn die Reiskörner sind, die auf dem 64. Feld liegen. Dazu gehen Sie von der Prämisse aus, dass ca. 40 Reiskörner 1 Gramm wiegen (siehe Abbildung 2.77). Die dafür notwendigen Formeln finden Sie hier:

- Zelle D1: **=A64**
- Zelle E3: **=A64/40**
- Zelle E5: **=E3/1000**
- Zelle E7: **=E5/1000**

E3 fx =D1/40

	A	B	C	D	E
1	1			9.223.372.036.854.780.000	
2	2	4			
3	4	8		Gramm	230.584.300.921.369.000
4	8	16			
5	16	32		Kilogramm	230.584.300.921.369
6	32	64			
7	64	128		Tonnen	230.584.300.921
8	128	256			
9	256	512			
10	512	1.024			
11	1.024	2.048			
12	2.048	4.096			
13	4.096	8.192			
14	8.192	16.384			
15	16.384	32.768			

Abbildung 2.77 Können Sie sich das Gewicht vorstellen?

2.4.3 Das Normal- und das Idealgewicht

Normal- und Idealgewicht berechnen

Um das Normal- bzw. das Idealgewicht einer Person zu bestimmen, gibt es mehrere Möglichkeiten. Bei der am meisten eingesetzten Methode wird die Körpergröße als benötigtes Kriterium benötigt. Als Ausgangssituation sehen Sie sich einmal Abbildung 2.78 an.

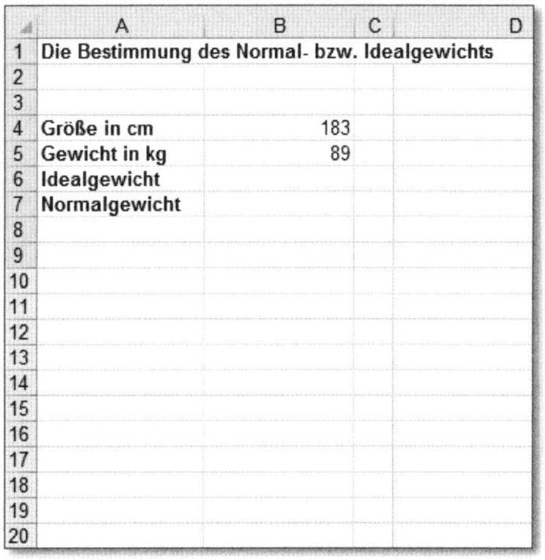

	A	B	C	D
1	Die Bestimmung des Normal- bzw. Idealgewichts			
2				
3				
4	Größe in cm	183		
5	Gewicht in kg	89		
6	Idealgewicht			
7	Normalgewicht			
8				
9				
10				
11				
12				
13				
14				
15				
16				
17				
18				
19				
20				

Abbildung 2.78 Die Bestimmung des Ideal- und des Normalgewichts

Um nun das Ideal- bzw. das Normalgewicht zu bestimmen, verfahren Sie wie folgt:

1. Schreiben Sie in Zelle B6 die Formel **=(B4-100)*0,9**.
2. In Zelle B7 tragen Sie die Formel **=B4-100** ein.
3. In Zelle D6 ermitteln Sie die absolute Abweichung vom Idealgewicht über die Formel **=B5-B6**.
4. In Zelle E6 ermitteln Sie die prozentuale Abweichung vom Idealgewicht über die Formel **=1-B5/B6**.
5. In Zelle D7 ermitteln Sie die absolute Abweichung vom Normalgewicht über die Formel **=B5-B7**.
6. In Zelle E7 ermitteln Sie die prozentuale Abweichung vom Normalgewicht über die Formel **=1-B5/B7**.
7. Markieren Sie die beiden Zellen E6 und E7, klicken Sie die rechte Maustaste an, um in das Kontextmenü zu gelangen.
8. Unter ZELLEN FORMATIEREN finden Sie auf dem Reiter ZAHLEN die Kategorie PROZENT.
9. Wählen Sie diese an, und bestätigen Sie Ihre Auswahl mit OK.

Abbildung 2.79 bringt die Fakten ans Licht.

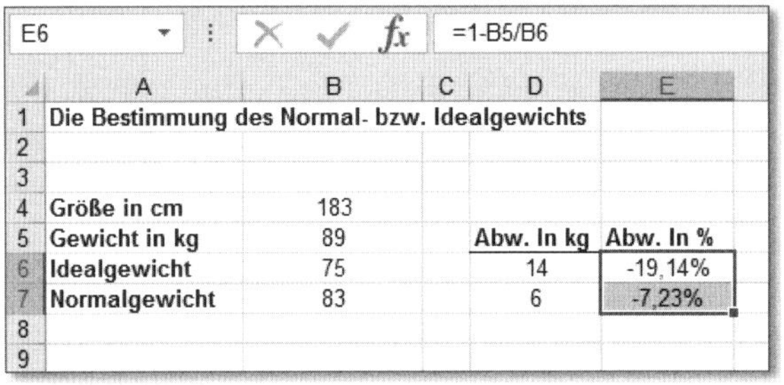

E6 =1-B5/B6

	A	B	C	D	E
1	Die Bestimmung des Normal- bzw. Idealgewichts				
2					
3					
4	Größe in cm	183			
5	Gewicht in kg	89		Abw. In kg	Abw. In %
6	Idealgewicht	75		14	-19,14%
7	Normalgewicht	83		6	-7,23%
8					
9					

Abbildung 2.79 Schwarz auf weiß – die Testperson ist übergewichtig.

2.5 Beispiele in der Kategorie Wirtschaftlichkeitskennzahlen

Beispiele

- Kosten und Leistung miteinander vergleichen
- Kosten-Wirtschaftlichkeit errechnen
- Arbeitszeit-Produktivität erhöhen
- Rohstoff-Produktivität errechnen

Zu den wichtigsten Themen in Unternehmen gehört die Kosten- und Leistungsrechnung. Dabei werden die Kosten einer abgelaufenen Periode erfasst und abgerechnet. Dazu ist es wichtig, dass die Daten richtig erfasst werden. Achten Sie darauf, dass Sie zeitgenau buchen und die Kosten und Leistungen verursachergerecht den einzelnen Kostenstellen/Produkten zuordnen.

Fixe und variable Kosten

Eine wichtige Unterscheidung der Kosten findet zwischen fixen und variablen Kosten statt. Die variablen Kosten steigen bzw. sinken mit zunehmenden bzw. sinkenden Produktionsmengen. Die fixen Kosten sind mengenunabhängig und bleiben, wie der Name schon sagt, konstant. Im Fachjargon spricht man daher gerne von *Eh-da-Kosten*.

Wirtschaftlichkeit

Selbstverständlich gehört zu diesem Thema auch die Frage nach der Wirtschaftlichkeit von Produkten und ihrer Produktivität, die Sie über Kennzahlen ermitteln können. Die Ermittlung von Kennzahlen ist eines der wichtigsten Instrumente eines Unternehmens, um den Plan-Ist-Vergleich zu erleichtern, indem sie als Frühwarnsystem dienen. Sie geben Auskunft über Schwachstellen und Ihnen somit die Möglichkeit zu einem rechtzeitigen Gegensteuern. Kennzahlen gelten als Orientierungsgrößen, Vorgabe- sowie Stellgrößen für die Unternehmensführung. Sie geben durch

Vergleich der Unternehmensdaten ein sehr genaues Bild der Entwicklung des Betriebs und einzelner Teilbereiche des Unternehmens.

2.5.1 Kosten und Leistung miteinander vergleichen (Wirtschaftlichkeit)

Kosten und Leistung vergleichen

Um die Wirtschaftlichkeit von Produkten errechnen zu können, müssen selbstverständlich Daten vorliegen. Das gängigste Beispiel hierfür ist die Wirtschaftlichkeitsrechnung, die aus Kosten und der dazugehörigen Leistung errechnet wird. Dabei werden diese beiden Informationen miteinander verglichen, und daraus wird eine Kennzahl gebildet.

Erfassen Sie zunächst ein paar Daten, und orientieren Sie sich dabei an Abbildung 2.80.

	A	B	C	D	E
1	Wirtschaftlichkeit aus Vergleich von Kosten und Leistung				
2					
3					
4					
5	Produkt	Kosten 2015	Leistung 2015		
6	Produkt 1	12.553,00 €	13.372,00 €		
7	Produkt 2	20.167,00 €	34.758,00 €		
8	Produkt 3	23.597,00 €	13.014,00 €		
9	Produkt 4	12.035,00 €	20.522,00 €		
10	Produkt 5	17.261,00 €	27.221,00 €		
11	Produkt 6	10.515,00 €	29.554,00 €		
12	Produkt 7	17.684,00 €	13.516,00 €		
13	Produkt 8	16.330,00 €	14.640,00 €		
14	Produkt 9	22.587,00 €	21.395,00 €		
15	Produkt 10	17.096,00 €	34.249,00 €		
16					
17					
18					

Abbildung 2.80 Kennzahlen für die Wirtschaftlichkeit bilden

Die *Wirtschaftlichkeit* errechnen Sie, indem Sie die nächsten Arbeitsschritte durchführen:

1. Schreiben Sie in Zelle D5 den Text »Kennzahl«.
2. Markieren Sie den Zellenbereich D6:D15.
3. Erfassen Sie die Formel **=C6:B6**.
4. Schließen Sie die Eingabe mit der Tastenkombination [Strg] + [↵] ab.

Abbildung 2.81 zeigt die errechneten Kennzahlen.

Die Kennzahlen werden wie folgt interpretiert: Die Kennzahl muss auf jeden Fall über 1 liegen. Alle Kennzahlen darunter bedeuten, dass die Kosten überwiegen und die Produktion unrentabel ist. Je höher die Kennzahl, desto besser ist die Wirtschaftlichkeit des Produkts. Produkt 6 ist daher am wirtschaftlichsten.

D6 | fx =C6/B6

	A	B	C	D
1	**Wirtschaftlichkeit aus Vergleich der Plan- und Ist-Kosten**			
2				
3				
4				
5	**Produkt**	**Ist-Kosten 2015**	**Plan-Kosten 2015**	**Kennzahl**
6	Produkt 1	10.836,00 €	17.294,00 €	1,59597638
7	Produkt 2	14.966,00 €	23.751,00 €	1,58699719
8	Produkt 3	14.129,00 €	15.112,00 €	1,06957322
9	Produkt 4	13.712,00 €	22.383,00 €	1,63236581
10	Produkt 5	12.824,00 €	20.222,00 €	1,57688709
11	Produkt 6	15.926,00 €	17.782,00 €	1,11653899
12	Produkt 7	17.623,00 €	24.043,00 €	1,36429666
13	Produkt 8	14.082,00 €	24.931,00 €	1,77041613
14	Produkt 9	15.621,00 €	21.210,00 €	1,35778759
15	Produkt 10	13.136,00 €	17.926,00 €	1,36464677
16				
17				

Abbildung 2.81 Das Produkt 6 ist das wirtschaftlichste.

2.5.2 Kosten-Wirtschaftlichkeit errechnen

Kosten-Wirtschaftlichkeit

Im nächsten Beispiel errechnen Sie die Kosten-Wirtschaftlichkeit von Produkten. Dabei stehen Ihnen als Voraussetzung für diese Aufgabe Plan- sowie tatsächliche Ist-Kosten zur Verfügung. Anhand dieser beiden Angaben errechnen Sie die Kosten-Wirtschaftlichkeit, indem Sie die Plan-Kosten durch die Ist-Kosten dividieren und somit eine Kennzahl erhalten. Sehen Sie dazu Abbildung 2.82 an.

	A	B	C	D
1	**Wirtschaftlichkeit aus Vergleich der Plan- und Ist-Kosten**			
2				
3				
4				
5	**Produkt**	**Ist-Kosten 2015**	**Plan-Kosten 2015**	
6	Produkt 1	10.836,00 €	17.294,00 €	
7	Produkt 2	14.966,00 €	23.751,00 €	
8	Produkt 3	14.129,00 €	15.112,00 €	
9	Produkt 4	13.712,00 €	22.383,00 €	
10	Produkt 5	12.824,00 €	20.222,00 €	
11	Produkt 6	15.926,00 €	17.782,00 €	
12	Produkt 7	17.623,00 €	24.043,00 €	
13	Produkt 8	14.082,00 €	24.931,00 €	
14	Produkt 9	15.621,00 €	21.210,00 €	
15	Produkt 10	13.136,00 €	17.926,00 €	
16				

Abbildung 2.82 Die Kostenwirtschaftlichkeit ermitteln

Um die Kostenwirtschaftlichkeit zu ermitteln, verfahren Sie wie folgt:

1. Schreiben Sie in Zelle D5 den Text »Kennzahl«.
2. Markieren Sie den Zellenbereich D6:D15.

3. Erfassen Sie die Formel **=C6:B6**.
4. Schließen Sie die Eingabe mit der Tastenkombination [Strg] + [↵] ab.

In Abbildung 2.83 sehen Sie die errechneten Kennzahlen.

D6 | =PlanKosten/IstKosten

	A	B	C	D	E
1	**Wirtschaftlichkeit aus Vergleich der Plan- und Ist-Kosten**				
2					
3					
4					
5	**Produkt**	**Ist-Kosten 2015**	**Plan-Kosten 2015**	**Kennzahl**	
6	Produkt 1	10.836,00 €	17.294,00 €	1,595976375	
7	Produkt 2	14.966,00 €	23.751,00 €	1,586997194	
8	Produkt 3	14.129,00 €	15.112,00 €	1,069573218	
9	Produkt 4	13.712,00 €	22.383,00 €	1,632365811	
10	Produkt 5	12.824,00 €	20.222,00 €	1,576887087	
11	Produkt 6	15.926,00 €	17.782,00 €	1,116538993	
12	Produkt 7	17.623,00 €	24.043,00 €	1,364296658	
13	Produkt 8	14.082,00 €	24.931,00 €	1,770416134	
14	Produkt 9	15.621,00 €	21.210,00 €	1,357787594	
15	Produkt 10	13.136,00 €	17.926,00 €	1,364646772	
16					
17					

Abbildung 2.83 Produkt 8 ist am wirtschaftlichsten.

Sprechende Namen

Auch hier können Sie die Kennzahlen wie folgt interpretieren: Die höchste Kostenwirtschaftlichkeit trägt das Produkt 8. Bei diesem Produkt wurden im Vergleich zum Plan am wenigsten Kosten erzeugt. Alle Kennzahlen, die niedriger als der Wert 1 sind, sind nicht wirtschaftlich.

Möchten Sie nicht mit Zellbezügen rechnen, sondern mit sprechenden Namen, beispielsweise Plan-Kosten und Ist-Kosten, dann können Sie in Excel Namen definieren und damit rechnen:

1. Markieren Sie die Spalte B, indem Sie auf die Spaltenbeschriftung klicken.
2. Schreiben Sie in das Namensfeld (links oben) den Begriff »IstKosten« (siehe Abbildung 2.84).
3. Bestätigen Sie mit [↵].
4. Markieren Sie jetzt die Spalte C.
5. Schreiben Sie in das Namensfeld »PlanKosten«.
6. Bestätigen Sie mit [↵].

Setzen Sie den Cursor in Zelle D6, und erfassen Sie die Formel:
=PlanKosten/IstKosten

Alle eingesetzten Namen in einer Arbeitsmappe können Sie sich ganz schnell anzeigen lassen, indem Sie in der Bearbeitungsleiste das Namensfeld anklicken. Wenn Sie aus diesem Namensfeld einen Namen auswählen, dann markiert Excel automatisch den dazugehörenden Zellenbereich in der Tabelle.

D6 fx =PlanKosten/IstKosten

	A	B	C	D
1	**Wirtschaftlichkeit aus Vergleich der Plan- und Ist-Kosten**			
2				
3				
4				
5	**Produkt**	**Ist-Kosten 2015**	**Plan-Kosten 2015**	**Kennzahl**
6	Produkt 1	10.836,00 €	17.294,00 €	1,59597638
7	Produkt 2	14.966,00 €	23.751,00 €	1,58699719
8	Produkt 3	14.129,00 €	15.112,00 €	1,06957322
9	Produkt 4	13.712,00 €	22.383,00 €	1,63236581
10	Produkt 5	12.824,00 €	20.222,00 €	1,57688709
11	Produkt 6	15.926,00 €	17.782,00 €	1,11653899
12	Produkt 7	17.623,00 €	24.043,00 €	1,36429666
13	Produkt 8	14.082,00 €	24.931,00 €	1,77041613
14	Produkt 9	15.621,00 €	21.210,00 €	1,35778759
15	Produkt 10	13.136,00 €	17.926,00 €	1,36464677
16				
17				

Abbildung 2.84 Eine etwas verständlichere Formel erstellen

2.5.3 Arbeitszeit-Produktivität erhöhen

Produktivität von Produkten

Im nächsten Beispiel errechnen Sie die Produktivität von Produkten. Dabei stehen Ihnen jeweils die Stückzahlen sowie die dafür benötigten Arbeitsstunden als Daten zur Verfügung. Sehen Sie sich dazu einmal folgende Tabelle aus Abbildung 2.85 an.

	A	B	C	D	E
1	**Produktivität aus Gegenüberstellung Stückzahl und Arbeitsstunden**				
2					
3					
4					
5		**2013**	**2014**	**2015**	
6	Stückzahl	98.000	101.900	113.500	
7	Fertigungsstunden	9.005	9.250	9.450	
8					
9					
10	Produktivität				
11					

Abbildung 2.85 Die Arbeitszeit-Produktivität ermitteln

Um die Arbeitszeit-Produktivität zu ermitteln, befolgen Sie die nächsten Arbeitsschritte:

1. Markieren Sie den Zellenbereich C8:E8.
2. Erfassen Sie die Formel **=B6/B7**.
3. Schließen Sie die Formel über die Tastenkombination [Strg] + [↵] ab.

B10 =B6/B7

	A	B	C	D	E
1	**Produktivität aus Gegenüberstellung Stückzahl und Arbeitsstunden**				
2					
3					
4					
5		**2013**	**2014**	**2015**	
6	Stückzahl	98.000	101.900	113.500	
7	Fertigungsstunden	9.005	9.250	9.450	
8					
9					
10	Produktivität	10,88	11,02	12,01	
11					

Abbildung 2.86 Im Jahr 2015 wurde wirtschaftlicher produziert.

Wie Sie in Abbildung 2.86 sehen, wurden im Jahr 2015 12,01 Stück/Stunde produziert. Dieser Wert ist produktiver als der Wert der Jahre zuvor.

2.5.4 Rohstoff-Produktivität errechnen

Produktivität des Materialeinsatzes

Eine andere Art der Produktivitätsrechnung ist es, die Produktivität des Materialeinsatzes auszuweisen. Für diese Aufgabe stehen Ihnen die Stückzahlen sowie das dafür eingesetzte Material als auswertbare Daten zur Verfügung. Sehen Sie sich dazu die Tabelle in Abbildung 2.87 an.

	A	B	C	D	E
1	**Produktivität aus Gegenüberstellung Stückzahl mit Rohstoffverbrauch**				
2					
3					
4					
5		**2013**	**2014**	**2015**	
6	Stückzahl	98.000	101.900	113.500	
7	Rohstoffverbrauch	12.450	13.520	14.900	
8					
9					
10	Produktivität				
11					
12					
13					
14					
15					
16					

Abbildung 2.87 Die Rohstoffproduktivität ausrechnen

Um die Produktivität des Rohstoffeinsatzes zu ermitteln, gehen Sie wie folgt vor:

1. Markieren Sie den Zellenbereich C8:E8.
2. Erfassen Sie die Formel **=B6/B7**.
3. Schließen Sie die Formel über die Tastenkombination [Strg] + [↵] ab.

Im Beispiel in Abbildung 2.88 wurde im Jahr 2013 eine bessere Produktion erreicht. Es wurden ca. acht Produkte aus einer Rohstoffeinheit erzeugt.

	A	B	C	D	E
1	**Produktivität aus Gegenüberstellung Stückzahl mit Rohstoffverbrauch**				
5		**2013**	**2014**	**2015**	
6	Stückzahl	98.000	101.900	113.500	
7	Rohstoffverbrauch	12.450	13.520	14.900	
10	Produktivität	7,87	7,54	7,62	

Abbildung 2.88 Im Jahr 2013 wurde am wirtschaftlichsten produziert.

Kapitel 3
Mit Tabellenfunktionen arbeiten

Excel stellt standardmäßig einige hundert Tabellenfunktionen zur Verfügung. Einige davon sind in sogenannten Add-ins gespeichert, die erst noch in Excel eingebunden werden müssen. Die meisten Tabellenfunktionen allerdings können Sie direkt und ohne weiteres Vorbereiten einsetzen.

Eine Funktion ist eine fertige Formel

Was versteht man unter einer Tabellenfunktion? Jede Tabellenfunktion in einer Zelle beginnt immer mit einem »=«. Sie müssen sich bei einer Funktion jedoch keine Gedanken darüber machen, welche Berechnungen Sie mit den Werten durchführen wollen, wie Sie das bei einer Formel tun müssen. Eine Tabellenfunktion ist praktisch schon eine fertige Formel, die an den entsprechenden Stellen für Ihre individuellen Werte noch Platz gelassen hat. Diese Werte übergeben Sie an die Funktion, und diese liefert Ihnen das Ergebnis der Berechnung automatisch zurück.

3.1 Funktionen auf die Schnelle aufrufen

Grundlegende Excel-Funktionen

Nicht immer müssen Funktionen in Zellen erfasst werden. Wenn Sie beispielsweise die Summe einiger Zellen auf die Schnelle ausrechnen möchten, gehen Sie folgendermaßen vor:

1. Markieren Sie die Zellen auf der Tabelle, die Sie summieren möchten.
2. Werfen Sie einen Blick in die Statusleiste von Excel.

In der Statusleiste wird standardmäßig die Summe der markierten Zellen angezeigt, sofern es sich um Zahlenwerte handelt (siehe Abbildung 3.1). Wenn Sie mit der rechten Maustaste auf diesen Eintrag in der Statusleiste klicken, wird das Kontextmenü angezeigt, das Sie in Abbildung 3.2 sehen.

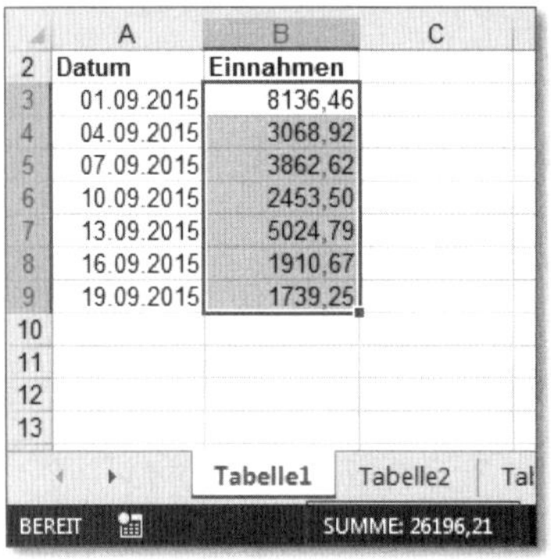

Abbildung 3.1 Die markierten Daten werden in der Statusleiste summiert.

Abbildung 3.2 Die wichtigsten Funktionen auf einen Blick

Sie bestimmen die Kurzinformationen

Sie entscheiden, welche Kurzinformationen Ihnen wichtig sind. Sobald Sie einen Eintrag aus dem Kontextmenü angewählt haben, wird Ihnen diese Information zusätzlich zu den bisherigen angezeigt. Dabei erfolgt kein

Einfügen der Funktion in der Tabelle. Somit dient diese Funktion in erster Linie der Kurzinformation.

Zusammenhängende Zellenbereiche können Sie bequem mit der Maus markieren. Um nicht zusammenhängende Zellen bzw. Bereiche zu markieren, gehen Sie folgendermaßen vor:

1. Markieren Sie die erste Zelle bzw. den ersten Bereich mit Hilfe der Maus.
2. Drücken Sie die Taste [Strg], und halten Sie diese gedrückt.
3. Mit der Maus können Sie jetzt weitere Zellen oder Bereiche markieren.

3.2 Tabellenfunktionen über den Funktionsassistenten einfügen

Funktion in eine Zelle einfügen

Um eine Funktion in eine Zelle einzufügen, klicken Sie in der Bearbeitungsleiste das Symbol FUNKTION EINFÜGEN. Abbildung 3.3 zeigt das Fenster des Funktionsassistenten, das sich daraufhin öffnet.

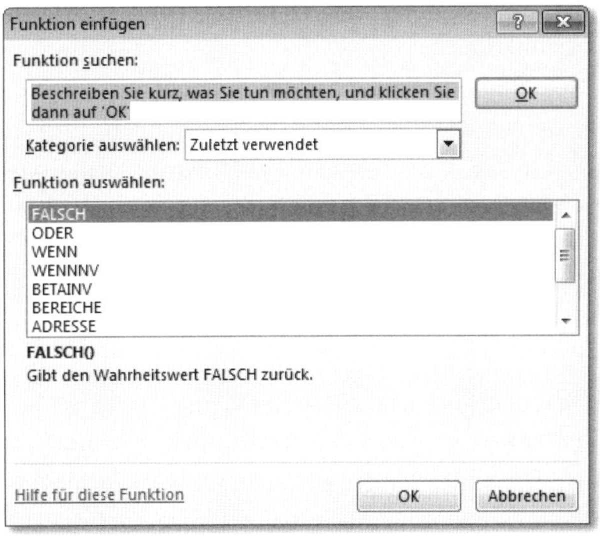

Abbildung 3.3 Der Funktionsassistent

Alle Funktionen sind in bestimmten Kategorien gespeichert. Dabei ist im Dialog FUNKTION EINFÜGEN die Kategorie ZULETZT VERWENDET eingestellt. In dieser Kategorie werden die Funktionen, die Sie zuletzt verwendet haben, festgehalten.

Funktionskategorien

Neben dieser Kategorie existieren die folgenden Funktionskategorien, die im Verlauf des Buches noch näher ausgeführt werden:

- ALLE: In dieser Kategorie werden alle in Excel verfügbaren Funktionen angeboten.
- FINANZMATHEMATIK: In dieser Kategorie finden Sie typische Funktionen wie die Zinsberechnung oder diverse Abschreibungsmethoden.
- DATUM & ZEIT: In dieser Kategorie sind alle Funktionen verzeichnet, die mit Datums- und Zeitwerten rechnen können. Unter anderem sind dies Funktionen zur Anzeige des Wochentages oder zur Errechnung eines Fälligkeitstermins.
- MATH. & TRIGONOM.: In dieser Kategorie ist die am häufigsten eingesetzte Funktion, die Tabellenfunktion SUMME(), hinterlegt. Neben dieser Funktion finden Sie weitere Funktionen für das Runden von Werten und sonstige weitere mathematischen Funktionen.
- STATISTIK: In dieser Kategorie finden Sie, wie der Name schon sagt, Funktionen für statistische Zwecke, unter anderem solche zur Häufigkeitsermittlung oder zu Rangfolgen.
- MATRIX: In dieser Kategorie finden Sie Funktionen, mit deren Hilfe Sie Matrizen auswerten können. Unter anderem gibt es hier diverse Such- sowie Auswertungsfunktionen.
- DATENBANK: In dieser Rubrik werden Tabellenfunktionen angeboten, über die Sie große Datenmengen sehr gut auswerten können.
- TEXT: In der Kategorie Text finden Sie klassische Textfunktionen wieder. Unter anderem können Sie mit diesen Funktionen Texte manipulieren und vergleichen.
- LOGIK: Die Funktionen dieser Kategorie werden oft in Verbindung mit anderen Funktionen eingesetzt. Funktionen wie UND und ODER sprechen hierbei für sich.
- INFORMATION: Diese Kategorie enthält Funktionen, über die Sie beispielsweise Zellinhalte wie Texte oder Zahlen identifizieren können.
- BENUTZERDEFINIERT: In dieser Kategorie werden alle eigenen Funktionen, die Sie über VBA-Programmierung erstellen können, gespeichert.
- TECHNISCH: In dieser Kategorie wurden teilweise Funktionen verschoben, die bisher in anderen Kategorien zu finden waren. Teilweise wurden diese Funktionen auch erneuert.
- CUBE: Mit diesen Funktionen haben Sie die Möglichkeit, von Excel aus auf Daten zuzugreifen, die in mehrdimensionalen Datenstrukturen auf einem separaten Datenbankserver gehalten werden.

- KOMPATIBILITÄT: Die Funktionen, die in dieser Kategorie vorhanden sind, wurden durch neuere Funktionen ersetzt, die Sie heute in den Kategorien Statistik oder Mathematik und Trigonometrie finden.
- WEB: In dieser Kategorie finden Sie die Funktionen, mit denen Sie Arbeiten in den Bereichen URL, Web und XML erledigen können.

Im Dialog FUNKTION EINFÜGEN wählen Sie am besten zu Beginn die Kategorie ALLE aus, markieren danach die gewünschte Funktion im Listenfeld und klicken die Schaltfläche OK.

Hinweis

Den Dialog FUNKTION EINFÜGEN können Sie übrigens ganz schnell über die Tastenkombination [⇧] + [F3] aufrufen.

3.3 Tabellenfunktionen suchen

Sie haben jedoch auch die Möglichkeit, eine Funktion über einen Suchbegriff zu ermitteln. So möchten Sie beispielsweise in einer Tabelle in Spalte A den größten Wert heraussuchen. Dazu gehen Sie wie folgt vor: **Suchbegriff**

1. Drücken Sie die Tastenkombination [⇧] + [F3].
2. Im Dialog FUNKTION EINFÜGEN geben Sie im Feld FUNKTION SUCHEN den Suchtext »größten Wert finden« ein.
3. Bestätigen Sie mit einem Klick auf die Schaltfläche OK.

Abbildung 3.4 Die gesuchte Funktion wurde gefunden.

4. Im Listenfeld FUNKTION AUSWÄHLEN werden daraufhin die gefundenen Funktionen angeboten (siehe Abbildung 3.4). Wählen Sie dort die Funktion MAX.
5. Klicken Sie auf OK, um die Funktion einzufügen.

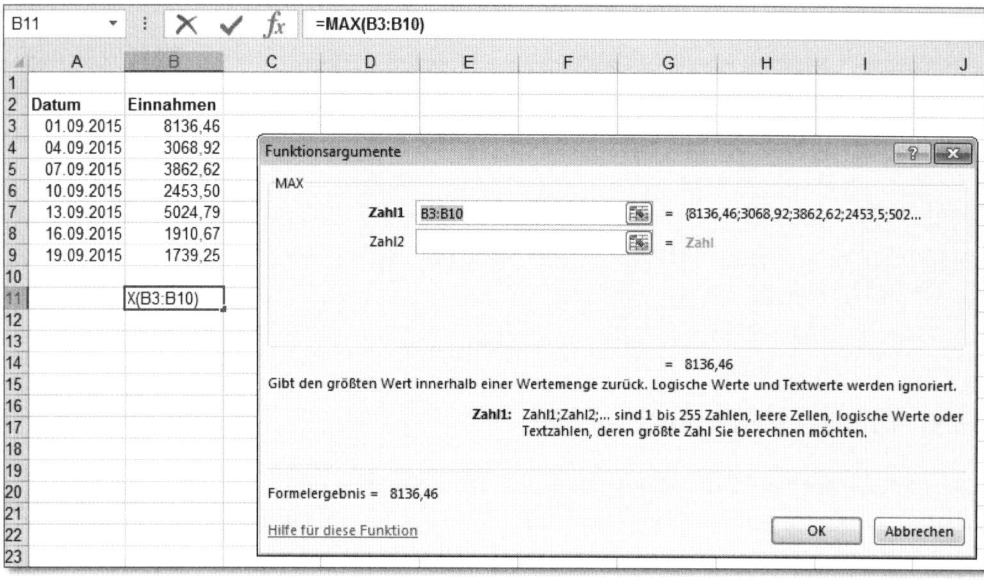

Abbildung 3.5 Excel versucht, den Bereich automatisch zu ermitteln.

6. Kontrollieren Sie den Zellbezug im Feld ZAHL1 (siehe Abbildung 3.5). Sollte dort ein falscher Zellbezug stehen, dann können Sie diesen löschen und den korrekten Bereich im Hintergrund auf Ihrer Tabelle markieren. Excel übernimmt diese Markierung dann automatisch in das Feld ZAHL1.
7. Klicken Sie auf OK, um die Funktion in die Tabelle einzufügen (siehe Abbildung 3.6).

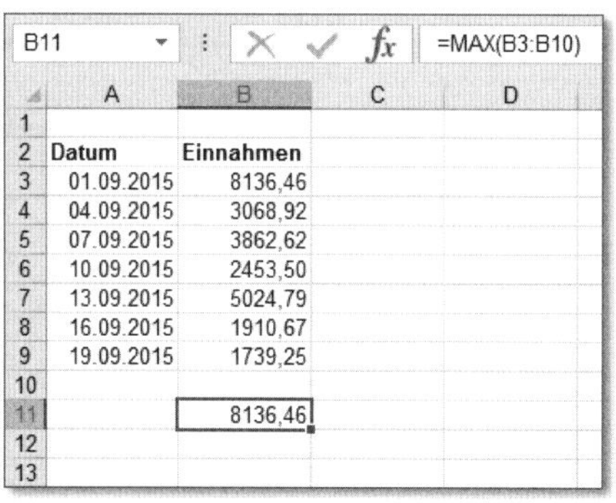

Abbildung 3.6 Die Funktion wurde in die Zelle eingefügt.

Hinweis

Funktion überprüfen

Möchten Sie die Funktion noch einmal kontrollieren, beispielsweise welche Zellbezüge in der Funktion verwendet werden, dann markieren Sie die Zelle mit der Funktion und drücken die Taste [F2]. Dadurch werden alle an der Funktion beteiligten Zellen mit unterschiedlichen Farben umrahmt.

Tipp

Wenn Sie im Dialog Funktion einfügen die Kategorie Alle eingestellt und den Cursor in das Listenfeld Verfügbare Funktionen gesetzt haben, können Sie durch die Eingabe eines Buchstabens, beispielsweise »S«, automatisch in der Liste nach unten blättern, ohne die vertikalen Laufleisten bedienen zu müssen. Danach wird die erste Funktion im Listenfeld eingestellt, die mit dem Buchstaben S beginnt (siehe Abbildung 3.7).

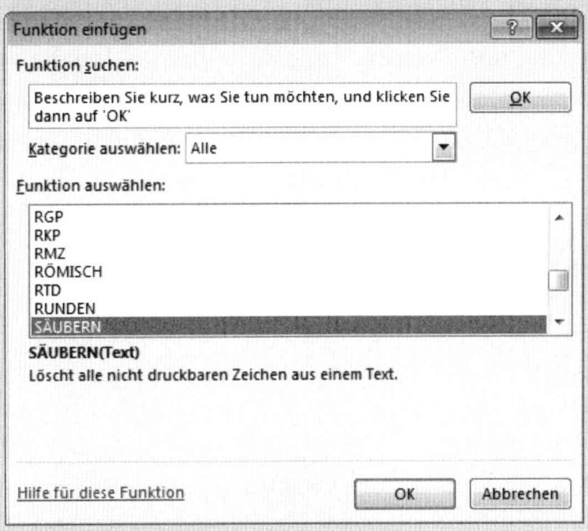

Abbildung 3.7 Schnelles Aktivieren von Funktionen

Bei der schnellen Eingabe der Buchstaben »SU« wird beispielsweise die Funktion SUCHEN von Excel im Listenfeld angeboten. Dazu müssen Sie diese beiden Buchstaben aber sehr schnell hintereinander eingeben.

3.4 Tabellenfunktionen selbst erfassen

Wenn Sie nach und nach mehr Routine im Umgang mit Funktionen haben, dann können Sie die Funktionen auch direkt in die Zellen schreiben.

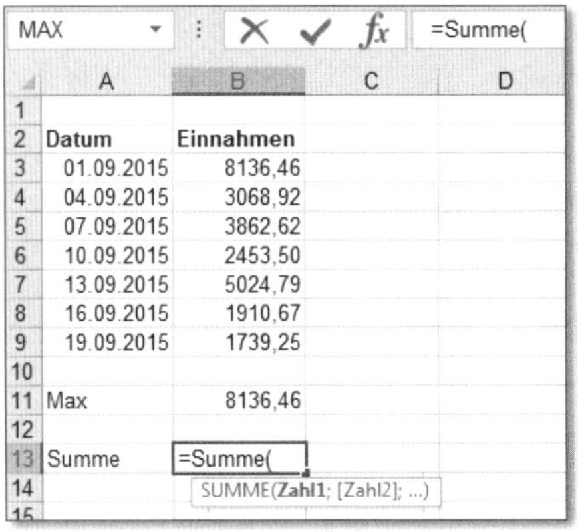

Abbildung 3.8 Funktionen manuell eingeben

Notwendige Argumente für die Funktion

Nachdem Sie in Zelle B13 bereits einen Teil der Funktion eingegeben haben, erscheint automatisch ein kleines Info-Fensterchen, das die notwendigen Argumente für die Funktion anzeigt (siehe Abbildung 3.8). Jetzt können Sie die Markierung des Zellenbereichs B3:B9 in der Tabelle vornehmen. Die Bezüge werden automatisch in die bisherige Formel integriert. Am Ende geben Sie noch eine schließende Klammer ein und bestätigen die Eingabe mit [↵] (siehe Abbildung 3.9).

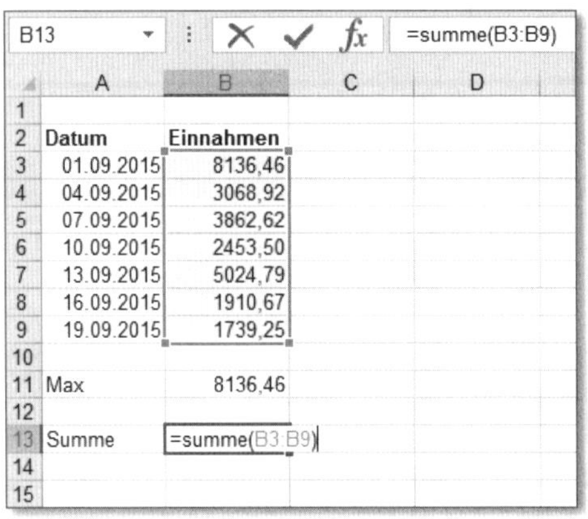

Abbildung 3.9 Mit Enter die Formel bestätigen

3.5 Fragen zu Tabellenfunktionen beantworten

Excel-Hilfe

Wenn Sie zu einer bestimmten Tabellenfunktion Fragen haben, dann können Sie den Namen der Tabellenfunktion einfach über die Excel-Hilfe eingeben, und Microsoft liefert Ihnen die fehlenden Hinweise.

Um die Hinweise zu erhalten, gehen Sie wie folgt vor:

1. Drücken Sie in Excel die Taste [F1].
2. Die EXCEL-HILFE öffnet sich.
3. In das Feld IN DER ONLINEHILFE SUCHEN geben Sie den Namen Ihrer Tabellenfunktion ein und drücken [↵] (siehe Abbildung 3.10).

Abbildung 3.10 Die Excel-Hilfe

4. Als Ergebnis Ihrer Frage erhalten Sie eine Liste mit vielen Einträgen.
5. Suchen Sie den Eintrag, der zu Ihrer Funktion passt, und klicken Sie den blau markierten Link an.
6. Das Ergebnis ist eine ausführliche Beschreibung der Funktion (siehe Abbildung 3.11).

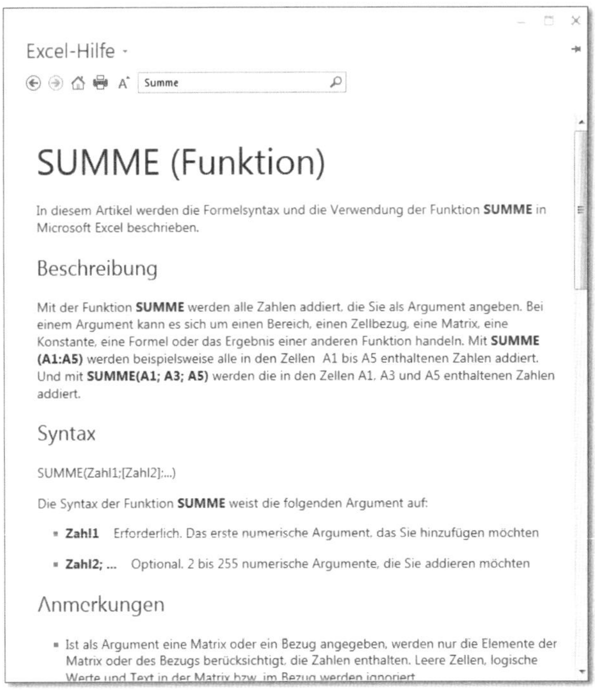

Abbildung 3.11 Hier werden alle Funktionen ausführlich erklärt.

3.6 Funktionen aufspüren

Funktionen anzeigen lassen

Wenn Sie eine Tabelle von einem Kunden oder Kollegen bekommen und sich darin zurechtfinden müssen, dann ist es ein Vorteil zu wissen, in welchen Zellen die Formeln und Tabellenfunktionen stecken. Um sich beispielsweise alle in der Tabelle verwendeten Zellen markieren zu lassen, die Funktionen enthalten, verfahren Sie folgendermaßen:

1. Drücken Sie die Taste [F5], um den Dialog GEHE ZU aufzurufen.
2. Im Dialog GEHE ZU klicken Sie die Schaltfläche INHALTE.

Abbildung 3.12 Zellen mit Funktionen markieren

3. Im Dialog INHALTE AUSWÄHLEN markieren Sie die Option FORMELN. Über die entsprechenden Kontrollkästchen können Sie die Markierung auch noch einschränken und beispielsweise nur Zellen markieren, die als Ergebnis eine Zahl enthalten (siehe Abbildung 3.12).
4. Klicken Sie OK, um den Vorgang abzuschließen.

In der Tabelle in Abbildung 3.13 finden Sie sofort die Zellen, die Formeln enthalten.

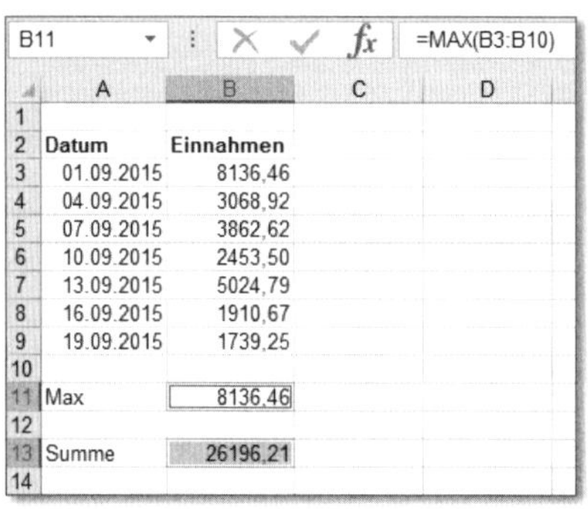

	A	B	C	D
1				
2	Datum	Einnahmen		
3	01.09.2015	8136,46		
4	04.09.2015	3068,92		
5	07.09.2015	3862,62		
6	10.09.2015	2453,50		
7	13.09.2015	5024,79		
8	16.09.2015	1910,67		
9	19.09.2015	1739,25		
10				
11	Max	8136,46		
12				
13	Summe	26196,21		
14				

Abbildung 3.13 Alle Zellen mit Funktionen wurden markiert.

Tipp

Anschließend können Sie mit einem Klick auf das Symbol FÜLLFARBE aus dem Menüband START, Bereich SCHRIFTART, alle momentan markierten Formelzellen dauerhaft kennzeichnen.

Diese Vorgehensweise hat sich bewährt, da fremde oder auch eigene Tabellen oft sehr kompliziert sein können.

Kapitel 4
Logikfunktionen

In diesem Kapitel lernen Sie die Logikfunktionen von Excel kennen. Keine Angst – das hört sich schwerer an, als es wirklich ist. Das Besondere an den Logikfunktionen ist, dass sie oft zusammen mit anderen Funktionen eingesetzt werden.

Deutsch	Englisch	ab Version	Grundwissen
UND	AND	2003	X
WENN	IF	2003	X
ODER	OR	2003	X
FALSCH	FALSE	2003	
WAHR	TRUE	2003	
NICHT	NOT	2003	
WENNFEHLER	IFERROR	2007	
WENNNV	IFNA	2010	
XODER	XOR	2010	

Tabelle 4.1 Übersicht der Logikfunktionen von Excel

4.1 Die Tabellenfunktion UND

Deutsch:	UND
Syntax:	**=UND(Wahrheitswert1;Wahrheitswert2;...)**
Englisch:	AND
Syntax:	**=AND(condition1,condition2, ...)**

255 Bedingungen Mit der Funktion UND können bis zu 255 Bedingungen geprüft werden. Hierbei müssen alle Bedingen erfüllt sein. Diese Funktion wird oft im Zusammenspiel mit der Tabellenfunktion WENN eingesetzt, die in Abschnitt 4.2 beschrieben ist.

Argumente	Inhalte
Wahrheitswert 1	Ist erforderlich; das Argument Wahrheitswert 1 wird einzeln überprüft. Als Rückgabe erhalten Sie entweder den Wert WAHR oder FALSCH.
Wahrheitswert 2	Ist optional; das Argument Wahrheitswert 2 wird einzeln überprüft. Als Rückgabe erhalten Sie entweder den Wert WAHR oder FALSCH.

Tabelle 4.2 Die Argumente der Funktion UND

Bei dieser Funktion müssen alle Bedingungen erfüllt werden. Im Folgenden finden Sie einige Beispiele.

4.1.1 Auf Wertgrenzen prüfen

Zellinhalte > 50 In dieser Aufgabe soll mit der Funktion UND geprüft werden, ob die Zellinhalte der beiden Spalten A und B jeweils > 50 sind.

Je nach Ergebnis der Prüfung wird in Spalte C entweder ein WAHR oder FALSCH ausgegeben.

1. Markieren Sie den Datenbereich C5:C17.
2. Erfassen Sie die Formel **=UND(A5>50;B5>50)**.
3. Schließen Sie die Formel über die Tastenkombination `Strg` + `↵`.

Das Ergebnis des Beispiels finden Sie in Abbildung 4.1.

Nur insgesamt sechs Zeilen enthalten sowohl in Spalte A als auch in Spalte B Werte, die größer als 50 sind. In diesen Fällen wird der Wert WAHR in die entsprechenden Zeilen eingefügt. Entspricht nur eine oder gar keine Zelle der Bedingung (>50), wird der Wert FALSCH zurückgegeben.

	A	B	C
1	Die Tabellenfunktion UND		
2			
3			
4	Wert1	Wert2	Funktion
5	25	70	FALSCH
6	84	77	WAHR
7	95	83	WAHR
8	34	10	FALSCH
9	93	80	WAHR
10	96	29	FALSCH
11	31	16	FALSCH
12	75	78	WAHR
13	6	15	FALSCH
14	81	15	FALSCH
15	72	79	WAHR
16	28	1	FALSCH
17	90	80	WAHR
18			

Abbildung 4.1 Die beiden Spalten A und B werden mit der Funktion UND geprüft.

4.1.2 Umsätze im bestimmten Zeitraum erkennen

Umsätze in einem Zeitraum

Beim nächsten Beispiel liegt eine Liste mit Umsätzen wie in Abbildung 4.2 vor. Diese Liste enthält in Spalte A Datumsangaben und in Spalte B Umsätze. Nun sollen alle Umsätze, die in einem bestimmten Zeitraum gemacht wurden, gekennzeichnet werden.

	A	B	C
1	Die Tabellenfunktion UND		
2			
3	Startdatum	24.09.2015	
4	Enddatum	30.09.2015	
5			
6	Datum	Umsatz	Funktion
7	16.09.2015	79,00 €	
8	17.09.2015	245,00 €	
9	18.09.2015	80,00 €	
10	19.09.2015	212,00 €	
11	20.09.2015	235,00 €	
12	21.09.2015	237,00 €	
13	22.09.2015	319,00 €	
14	23.09.2015	113,00 €	
15	24.09.2015	84,00 €	
16	25.09.2015	192,00 €	
17	26.09.2015	106,00 €	
18	27.09.2015	191,00 €	
19	28.09.2015	289,00 €	
20	29.09.2015	128,00 €	
21	30.09.2015	352,00 €	
22	01.10.2015	240,00 €	
23	02.10.2015	57,00 €	
24			

Abbildung 4.2 Welche Umsätze liegen in dem festgelegten Zeitraum?

In Zelle B3 wird das Startdatum geschrieben, ab dem die darunterliegende Liste untersucht werden soll. Zelle B4 enthält das Enddatum für die Überprüfung der Liste.

In Spalte C soll nun angezeigt werden, welche Umsätze im Zeitraum zwischen dem 24.09.2015 und dem 30.09.2015 liegen. Um diese Aufgabe zu lösen, verfahren Sie wie folgt:

1. Markieren Sie den Zellenbereich C7:C23.
2. Erfassen Sie die Formel **=UND(A7>$B$3;A7<$B$4)**.
3. Schließen Sie die Formel über die Tastenkombination [Strg] + [↵] ab.

Abbildung 4.3 zeigt das Ergebnis.

	A	B	C	D
1	**Die Tabellenfunktion UND**			
2				
3	Startdatum	24.09.2015		
4	Enddatum	30.09.2015		
5				
6	**Datum**	**Umsatz**	**Funktion**	
7	16.09.2015	79,00 €	FALSCH	
8	17.09.2015	245,00 €	FALSCH	
9	18.09.2015	80,00 €	FALSCH	
10	19.09.2015	212,00 €	FALSCH	
11	20.09.2015	235,00 €	FALSCH	
12	21.09.2015	237,00 €	FALSCH	
13	22.09.2015	319,00 €	FALSCH	
14	23.09.2015	113,00 €	FALSCH	
15	24.09.2015	84,00 €	FALSCH	
16	25.09.2015	192,00 €	WAHR	
17	26.09.2015	106,00 €	WAHR	
18	27.09.2015	191,00 €	WAHR	
19	28.09.2015	289,00 €	WAHR	
20	29.09.2015	128,00 €	WAHR	
21	30.09.2015	352,00 €	FALSCH	
22	01.10.2015	240,00 €	FALSCH	
23	02.10.2015	57,00 €	FALSCH	
24				
25				

Abbildung 4.3 Nur fünf Umsätze liegen innerhalb des vorgegebenen Zeitraums.

Im vorherigen Beispiel wurde weder der Umsatz vom 24.09.2015 noch der vom 30.09.2015 mit WAHR gekennzeichnet. Diese beiden Zeilen wurden ausgeschlossen, da wir nach > bzw. < abgefragt haben. Wenn diese beiden Zeilen ebenfalls markiert werden sollen, müssen Sie die Formel entsprechend anpassen:

=UND(A7>=$B$3;A7<=$B$4)

Autofilter von Excel

Tipp

Um jetzt alle außerhalb des definierten Bereichs liegenden Datensätze auszublenden, können Sie den Autofilter von Excel nutzen. Dazu verfahren Sie wie folgt:

1. Setzen Sie den Cursor in eine beliebige Zelle im Zellenbereich A7:C23.

2. Wählen Sie im Menüband START, Bereich BEARBEITEN, die Schaltfläche SORTIEREN UND FILTERN.
3. Die Autofilter werden anschließend sofort als kleine Dreiecke angezeigt.
4. Klicken Sie auf das Dropdown-Symbol in Zelle C6, und wählen Sie aus der Dropdown-Liste den Eintrag WAHR.

4.2 Die Tabellenfunktion WENN

Deutsch:	WENN
Syntax:	**=WENN(Prüfung;Dann_Wert;Sonst_Wert)**
Englisch:	IF
Syntax:	**=IF(condition,value_if_true,value_if_false)**

Mit der Funktion WENN können Sie Werte und Formeln prüfen.

Argumente	Inhalte
Prüfung	Ist erforderlich; das Argument Prüfung ist ein beliebiger Wert oder Ausdruck, der entweder zutrifft (WAHR) oder nicht (FALSCH).
Dann-Wert	Ist erforderlich; im Fall einer zutreffenden Prüfung wird die Aktion DANN_WERT durchgeführt.
Sonst-Wert	Ist optional; im Fall einer negativen Prüfung wird die Aktion SONST_WERT ausgeführt.

Tabelle 4.3 Die Argumente der Funktion WENN

4.2.1 Zahlenreihen vergleichen

Spalte mit den größeren Wert bestimmen

In der ersten Aufgabe für die Tabellenfunktion WENN sollen zwei Spalten (Spalten A und B) miteinander verglichen werden. In Spalte C soll ausgegeben werden, welche Spalte den größeren Wert enthält. Sind beide Werte gleich groß, so soll Spalte A als größere Spalte ausgegeben werden. Abbildung 4.4 zeigt den Ausgangspunkt des Beispiels.

	A	B	C
1	Die Tabellenfunktion WENN		
2			
3			
4	Wert 1	Wert 2	Funktion
5	97	13	
6	90	20	
7	73	73	
8	90	55	
9	46	46	
10	48	73	
11	16	100	
12	81	36	
13	14	75	
14	68	58	
15	19	95	
16	73	48	
17	41	54	
18	54	59	
19	47	28	
20	22	33	
21			

Abbildung 4.4 Welche Spalte ist größer?

Um diese Aufgabe zu lösen, verfahren Sie folgendermaßen:

1. Markieren Sie den Zellenbereich C5:C20.
2. Erfassen Sie die Formel **=WENN(A5>=B5;"Spalte ist größer oder gleich";"Spalte B ist größer")**.
3. Kopieren Sie die Formel in die Zellen C6 bis C20.

In Abbildung 4.5 finden Sie die Auswertung des Spaltenvergleichs.

	A	B	C
1	Die Tabellenfunktion WENN		
2			
3			
4	Wert 1	Wert 2	Funktion
5	97	13	Spalte A ist größer oder gleich groß
6	90	20	Spalte A ist größer oder gleich groß
7	73	73	Spalte A ist größer oder gleich groß
8	90	55	Spalte A ist größer oder gleich groß
9	46	46	Spalte A ist größer oder gleich groß
10	48	73	Spalte B ist größer
11	16	100	Spalte B ist größer
12	81	36	Spalte A ist größer oder gleich groß
13	14	75	Spalte B ist größer
14	68	58	Spalte A ist größer oder gleich groß
15	19	95	Spalte B ist größer
16	73	48	Spalte A ist größer oder gleich groß
17	41	54	Spalte B ist größer
18	54	59	Spalte B ist größer
19	47	28	Spalte A ist größer oder gleich groß
20	22	33	Spalte B ist größer
21			
22			

Abbildung 4.5 Der Spaltenvergleich wurde durchgeführt.

Wertgleichheit

Im vorherigen Beispiel wurde bei Wertgleichheit in den Spalten A und B die Meldung zugunsten der Spalte A ausgegeben. Möchten Sie eine dritte Meldung »Beide Spalten sind gleich« in die Formel integrieren, dann müssen Sie die Formel schachteln. Dazu setzen Sie die folgende Formel ein (siehe Abbildung 4.6):

Formel schachteln

=WENN(A5>B5;"Spalte A ist größer";WENN(A5=B5;"Beide Spalten sind gleich";"Spalte B ist größer"))

	A	B	C
1	**Die Tabellenfunktion WENN**		
2			
3			
4	**Wert 1**	**Wert 2**	**Funktion**
5	97	13	Spalte A ist größer
6	90	20	Spalte A ist größer
7	73	73	Beide Spalten sind gleich groß
8	90	55	Spalte A ist größer
9	46	46	Beide Spalten sind gleich groß
10	48	73	Spalte B ist größer
11	16	100	Spalte B ist größer
12	81	36	Spalte A ist größer
13	14	75	Spalte B ist größer
14	68	58	Spalte A ist größer
15	19	95	Spalte B ist größer
16	73	48	Spalte A ist größer
17	41	54	Spalte B ist größer
18	54	59	Spalte B ist größer
19	47	28	Spalte A ist größer
20	22	33	Spalte B ist größer
21			
22			

Abbildung 4.6 Die Formel wurde geschachtelt.

4.2.2 Zahlenbereich prüfen

Zusammenspiel von WENN und UND

Im folgenden Beispiel wird das Zusammenspiel der beiden Logikfunktionen WENN und UND demonstriert. In einer Tabelle liegen in Spalte A Zahlen vor. Diese Zahlen sollen kleiner oder gleich 20 und größer oder gleich 10 sein. In Abbildung 4.7 sehen Sie die Ausgangssituation.

	A	B	C
1	**Die Tabellenfunktionen WENN und UND**		
2			
3			
4	**Wert 1**	**Funktion**	
5	15		
6	5		
7	11		
8	35		
9	51		
10	59		
11			

Abbildung 4.7 Die Ausgangssituation

Prüfen Sie nun, welche Zahlen im gültigen Bereich liegen. Dabei verfahren Sie wie folgt:

1. Markieren Sie den Zellenbereich B5:B10.
2. Erfassen Sie die Formel **=WENN(UND(A5<=20;A5>=10);"Zahl ist korrekt";"Zahl ist falsch")**.
3. Schließen Sie die Formel über die Tastenkombination Strg + ↵ ab.

Wie gut das funktioniert, zeigt Abbildung 4.8.

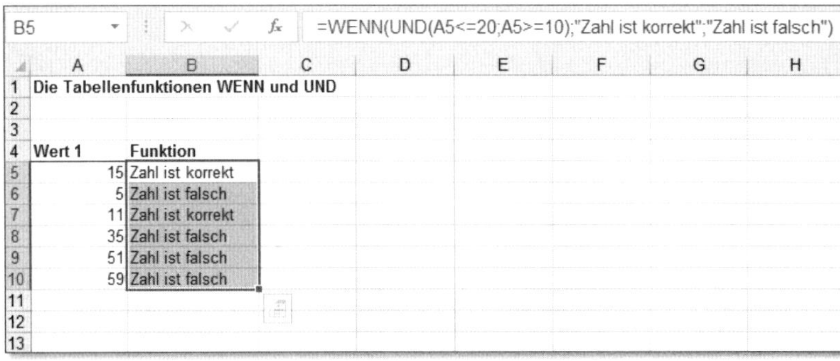
B5 =WENN(UND(A5<=20;A5>=10);"Zahl ist korrekt";"Zahl ist falsch")

	A	B
1	Die Tabellenfunktionen WENN und UND	
2		
3		
4	Wert 1	Funktion
5	15	Zahl ist korrekt
6	5	Zahl ist falsch
7	11	Zahl ist korrekt
8	35	Zahl ist falsch
9	51	Zahl ist falsch
10	59	Zahl ist falsch

Abbildung 4.8 Zahlenprüfung über WENN und UND

4.2.3 Mengenrabatte gewähren

Soll ein Mengenrabatt gewährt werden oder nicht?

Im nächsten Beispiel liegt eine Tabelle vor, in der entschieden werden soll, ob ein Mengenrabatt gewährt werden soll oder nicht. Sehen Sie sich dazu einmal Abbildung 4.9 an.

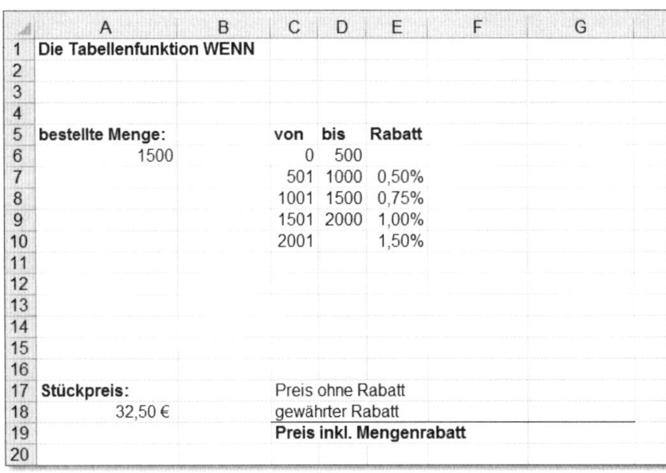

	A	B	C	D	E
1	Die Tabellenfunktion WENN				
5	bestellte Menge:		von	bis	Rabatt
6	1500		0	500	
7			501	1000	0,50%
8			1001	1500	0,75%
9			1501	2000	1,00%
10			2001		1,50%
17	Stückpreis:		Preis ohne Rabatt		
18	32,50 €		gewährter Rabatt		
19			Preis inkl. Mengenrabatt		

Abbildung 4.9 Mengenrabatt

In den Zellen B6:B10 soll nun eine Formel erstellt werden, die die Eingabe in Zelle A6 auswertet und dabei die Bedingungen in den Zellen C6:D10 überprüft. Je nach Menge soll dann im Zielbereich B6:B10 ein Kreuzchen gesetzt werden.

Lösen Sie diese Teilaufgabe, indem Sie wie folgt vorgehen:

1. Erfassen Sie in Zelle B6 die Formel **=WENN(UND($A$6>$C$6;$A$6<=$D$6);"X";"")**.
2. In Zelle B7 schreiben Sie die Formel **=WENN(UND($A$6>$C$7;$A$6<=$D$7);"X";"")**.
3. Zelle B8 wird mit der Formel **=WENN(UND($A$6>$C$8;$A$6<=$D$8);"X";"")** gefüllt.
4. In Zelle B9 schreiben Sie die Formel **=WENN(UND($A$6>$C$9;$A$6<=$D$9);"X";"")**.
5. Und zum Schluss schreiben Sie in Zelle B10 die Formel **=WENN($A$6>$C$10;"X";"")**.

Abbildung 4.10 zeigt den Zwischenschritt.

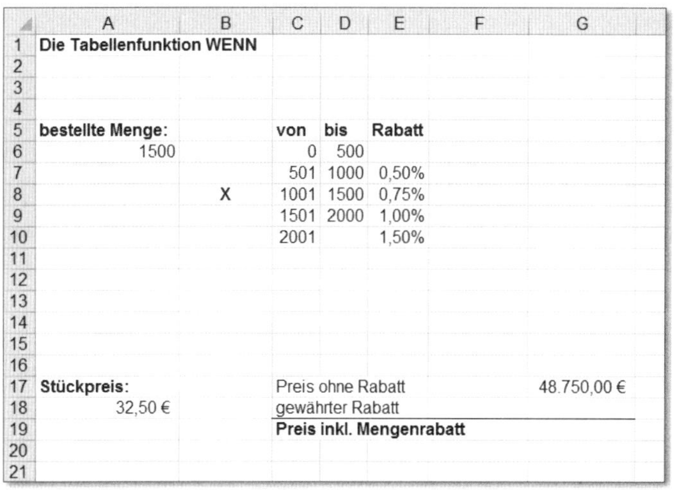

	A	B	C	D	E	F	G
1	**Die Tabellenfunktion WENN**						
2							
3							
4							
5	**bestellte Menge:**		**von**	**bis**	**Rabatt**		
6	1500		0	500			
7			501	1000	0,50%		
8		X	1001	1500	0,75%		
9			1501	2000	1,00%		
10			2001		1,50%		
11							
12							
13							
14							
15							
16							
17	**Stückpreis:**		Preis ohne Rabatt				48.750,00 €
18	32,50 €		gewährter Rabatt				
19			**Preis inkl. Mengenrabatt**				
20							
21							

Abbildung 4.10 Das Kreuzchen wird automatisch je nach Eingabe in Zelle A6 gesetzt.

Preis ohne Rabattierung

Was nun noch fehlt, ist die Auswertung des zutreffenden Rabattsatzes. Dazu muss in Zelle G18 der entsprechende Rabattsatz aus dem Zellenbereich C6:E10 kopiert werden. In Zelle G17 wurde der Preis ohne Rabattierung bereits durch die Formel **=A18*A6** (Stückpreis × bestellte Menge) errechnet. Komplettieren Sie jetzt die noch fehlenden Formeln, indem Sie wie folgt vorgehen:

1. Erfassen Sie in Zelle G18 die Formel **=WENN(B6="X";"";WENN(B7="X";E7;WENN(B8="X";E8;WENN(B9="X";E9;WENN(B10="X";E10)))))**.
2. In Zelle G19 berücksichtigen Sie den gültigen Rabatt über die Formel =G17-(G17*G18).

Die endgültige Rabattierung des Beispiels sehen Sie in Abbildung 4.11.

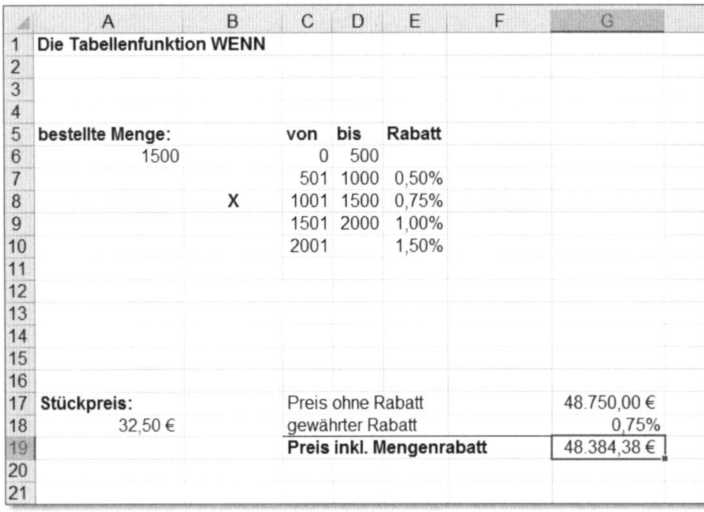

	A	B	C	D	E	F	G
1	**Die Tabellenfunktion WENN**						
2							
3							
4							
5	**bestellte Menge:**		**von**	**bis**	**Rabatt**		
6	1500		0	500			
7			501	1000	0,50%		
8		X	1001	1500	0,75%		
9			1501	2000	1,00%		
10			2001		1,50%		
11							
12							
13							
14							
15							
16							
17	**Stückpreis:**		Preis ohne Rabatt				48.750,00 €
18	32,50 €		gewährter Rabatt				0,75%
19			**Preis inkl. Mengenrabatt**				48.384,38 €
20							
21							

Abbildung 4.11 Die Rabattrechnung wurde durchgeführt.

4.2.4 Die Quartalsauswertung

Die Funktion WENN kann 64-mal geschachtelt werden

Die Tabellenfunktion WENN können Sie standardmäßig bis zu 64-mal schachteln. In der folgenden Aufgabe wird diese Tabellenfunktion mehrmals im Zusammenspiel mit der Funktion ODER geschachtelt. Anhand der Eingabe eines Monatsnamens soll das entsprechende Quartal ausgegeben werden. Die komplette Formel dazu lautet:

**=WENN(ODER(A7="Januar";A7="Februar";A7="März");"1. Quartal";
WENN(ODER(A7="April";A7="Mai";A7="Juni");"2. Quartal";
WENN(ODER(A7="Juli";A7="August";A7="September");"3. Quartal";
"4. Quartal")))**

Mal ehrlich, möchten Sie die in Abbildung 4.12 angezeigte Formel per Hand eintippen? Wenn ja, dann müssen Sie darauf achten, dass die Anzahl der geöffneten Klammern genau der Anzahl der geschlossenen Klammern entspricht. Außerdem müssen Semikola und doppelte Apostrophen richtig gesetzt werden – eine nicht ganz leichte Aufgabe.

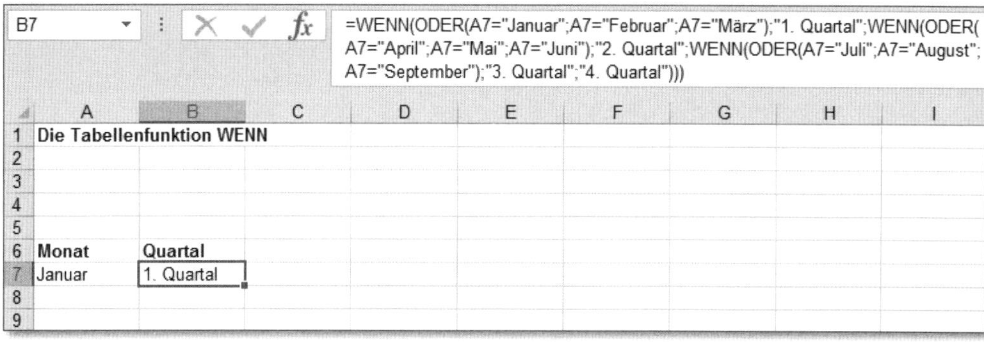

Abbildung 4.12 Die Quartalsauswertung

Mit dem Funktionsassistenten arbeiten

Besser ist es, wenn Sie von Anfang an mit dem Funktionsassistenten arbeiten. Und das geht so:

1. Setzen Sie den Cursor in Zelle B7 der Beispieltabelle aus Abbildung 4.13.
2. Im Menüband START finden Sie links neben der Bearbeitungsleiste die Schaltfläche FORMELN EINFÜGEN.

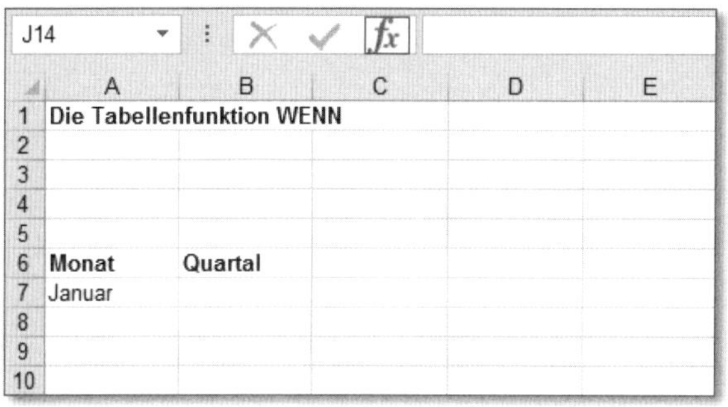

Abbildung 4.13 Der Funktionsassistent

3. Im Dialog FUNKTION SUCHEN suchen Sie die Funktion **WENN** und bestätigen mit OK (siehe Abbildung 4.14).
4. Unter FUNKTION AUSWÄHLEN erscheint jetzt die von Ihnen gesuchte Funktion. Bestätigen Sie die Auswahl mit OK, und es öffnet sich ein Dialogfenster, in dem Sie die Funktionsargumente eingeben können.
5. Aber wir brauchen ja noch die Funktion ODER. Diese können Sie zusätzlich selektieren, wenn Sie im Hintergrund auf das Dropdown-Feld klicken und die Funktion ODER aktivieren bzw. über WEITERE FUNKTION suchen.

Abbildung 4.14 Kombination der Funktionen WENN und ODER

6. Füllen Sie den Dialog wie in Abbildung 4.15 aus.

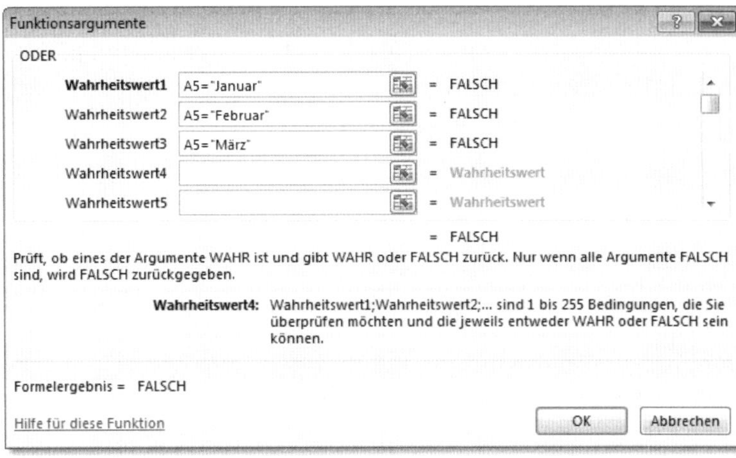

Abbildung 4.15 Die Bedingungen erfassen

7. Setzen Sie danach den Cursor in der Bearbeitungsleiste ganz an das Ende. Dadurch wird der Funktions-Dialog wieder umgeschaltet (siehe Abbildung 4.16).
8. Erfassen Sie im Feld DANN_WERT den Text »"1. Quartal"«.
9. Setzen Sie den Cursor in das Feld SONST_WERT. Nun müssen Sie die zweite **WENN**-Funktion integrieren.
10. Wählen Sie dazu in der Bearbeitungsleiste die Funktion **WENN** aus dem Dropdown-Feld aus.

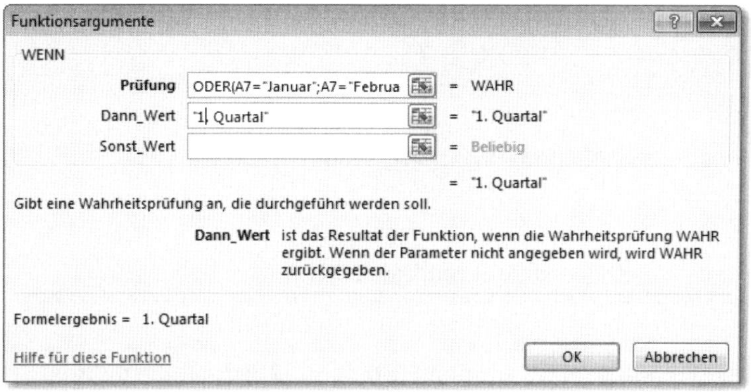

Abbildung 4.16 Den Dann-Wert eintragen

11. Wiederholen Sie nun die Anweisungen ab Schritt 5 so lange, bis Sie alle Monatsnamen eingetragen haben (siehe Abbildung 4.17). Achten Sie darauf, dass Sie beim Setzen des Cursors in der Bearbeitungsleiste jeweils um eine Position nach vorne rücken.

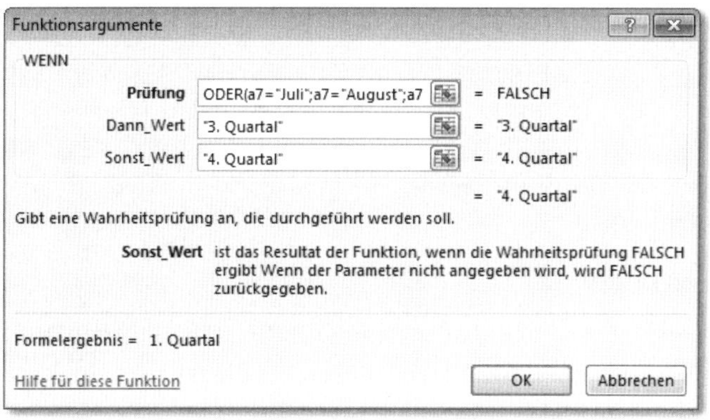

Abbildung 4.17 Der Abschluss

12. Bestätigen Sie die lange Formel mit OK.

4.2.5 Anzahl Verschachtelungen

Ab Version Excel 2007 kann die WENN-Funktion 64-mal verschachtelt werden. In älteren Versionen sind nur sieben Verschachtelungen möglich.

4.3 Die Tabellenfunktion ODER

Deutsch:	ODER
Syntax:	**=ODER(Wahrheitswert1;Wahrheitswert2;...)**
Englisch:	OR
Syntax:	**=OR(condition1,condition2,...)**

255 Bedingungen

Mit der Funktion ODER können Sie bis zu 255 Bedingungen prüfen. Hierbei muss jeweils nur eine Bedingung erfüllt sein.

Argumente	**Inhalte**
Wahrheitswert 1	Ist erforderlich; die Funktion liefert WAHR, wenn ein Argument wahr ist, und FALSCH, wenn alle Argumente falsch sind.
Wahrheitswert 2	Ist optional; die Funktion liefert WAHR, wenn ein Argument wahr ist, und FALSCH, wenn alle Argumente falsch sind.

Tabelle 4.4 Die Argumente der Funktion ODER

4.3.1 Zahlen prüfen

Im ersten Beispiel zur Tabellenfunktion ODER sollen Eingaben auf ihre Richtigkeit hin geprüft werden. Dabei liegen die Eingaben in Spalte A bereits vor. Orientieren Sie sich an Abbildung 4.18.

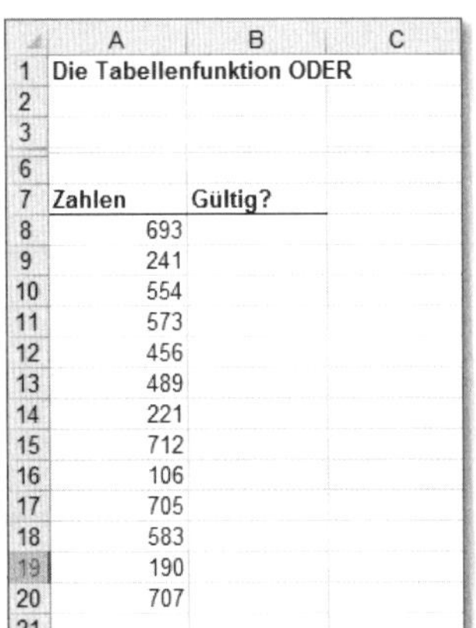

	A	B	C
1	Die Tabellenfunktion ODER		
2			
3			
6			
7	Zahlen	Gültig?	
8	693		
9	241		
10	554		
11	573		
12	456		
13	489		
14	221		
15	712		
16	106		
17	705		
18	583		
19	190		
20	707		
21			

Abbildung 4.18 Eingaben überprüfen

Ermitteln Sie jetzt die Zahlen, die größer als 600 oder kleiner als 200 sind. Außerdem ist auch die Zahl 554 gültig. Gehen Sie wie folgt vor:

1. Markieren Sie den Zellenbereich B8:B20.
2. Erfassen Sie die Formel **=ODER(A8<200;A8>600;A8=554)**.
3. Schließen Sie die Formel über die Tastenkombination [Strg] + [↵] ab.

Abbildung 4.19 zeigt das Ergebnis unseres Beispiels.

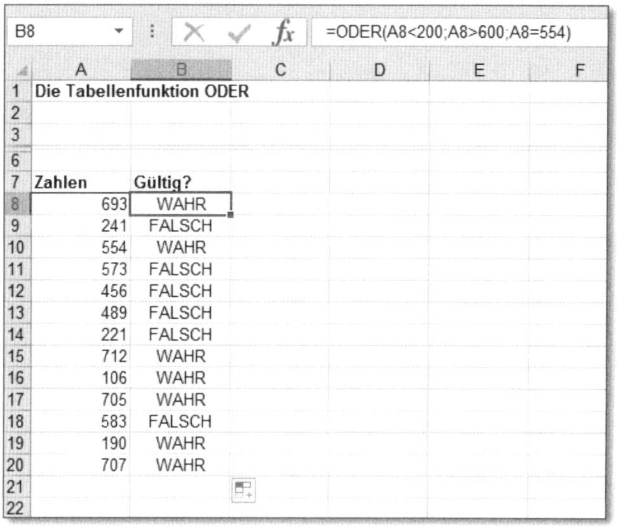

B8 =ODER(A8<200;A8>600;A8=554)

	A	B	C	D	E	F
1	Die Tabellenfunktion ODER					
2						
3						
6						
7	Zahlen	Gültig?				
8	693	WAHR				
9	241	FALSCH				
10	554	WAHR				
11	573	FALSCH				
12	456	FALSCH				
13	489	FALSCH				
14	221	FALSCH				
15	712	WAHR				
16	106	WAHR				
17	705	WAHR				
18	583	FALSCH				
19	190	WAHR				
20	707	WAHR				
21						
22						

Abbildung 4.19 Mehrere alternative Bedingungen können zutreffen.

4.3.2 Eingabecheck durchführen

Dateneingabe überwachen

Im nächsten Beispiel soll eine Dateneingabe in Zelle A4 überwacht werden. Die Eingabe A, B, C oder 1 ist eine gültige Eingabe. In diesem Fall soll in Zelle C4 der Text WAHR ausgegeben werden. Werden andere Buchstaben oder Zahlen eingegeben, soll in Zelle C4 der Text FALSCH erscheinen. Sehen Sie sich dazu Abbildung 4.20 an.

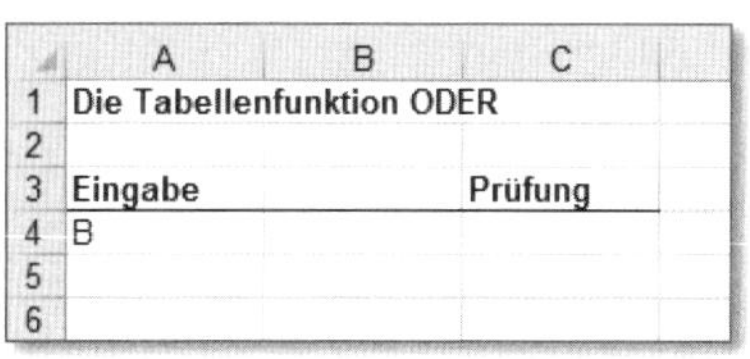

	A	B	C
1	Die Tabellenfunktion ODER		
2			
3	Eingabe		Prüfung
4	B		
5			
6			

Abbildung 4.20 Die Eingabe überwachen

Um nun zu prüfen, ob der in Zelle A4 eingegebene Wert ein erlaubter ist, verfahren Sie wie folgt:

1. Setzen Sie den Cursor in Zelle C4.
2. Erfassen Sie die folgende Formel:
   =ODER(A4="A";A4="B";A4="C";A4="1")

Hinweis

Bei dieser Formel wird nicht zwischen Groß- und Kleinschreibung unterschieden. So bedingt die Eingabe des Buchstabens a dasselbe Ergebnis wie die Eingabe von A.

Automatische Gültigkeitsprüfung

Möchten Sie von vornherein nur bestimmte Buchstaben in Zelle A4 zulassen, dann können Sie dies auch alternativ über die Funktion Gültigkeit definieren. Um die automatische Gültigkeitsprüfung durchzuführen, befolgen Sie die nächsten Arbeitsschritte:

1. Setzen Sie den Cursor in Zelle A4.
2. Wählen Sie aus dem Menüband den Bereich DATEN aus.
3. Klicken Sie auf die Schaltfläche DATENÜBERPRÜFUNG im Bereich DATENTOOLS, woraufhin sich der Dialog DATENÜBERPRÜFUNG öffnet (siehe Abbildung 4.21).

Abbildung 4.21 Datenüberprüfung bzw. Gültigkeitsprüfung

4. Wählen Sie dort auf der Registerkarte EINSTELLUNGEN im Bereich GÜLTIGKEITSKRITERIEN den Eintrag LISTE aus der Dropdown-Liste ZULASSEN aus (siehe Abbildung 4.22).
5. Geben Sie im Feld QUELLE die erlaubten Eingaben, getrennt durch Semikolon, ein.

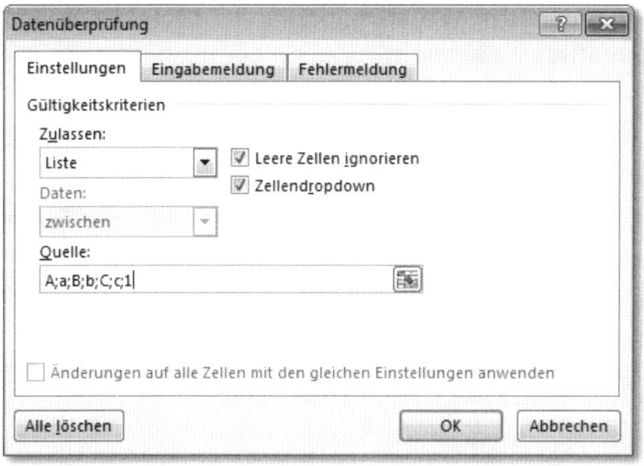

Abbildung 4.22 Nur bestimmte Werte zulassen

6. Wechseln Sie auf die Registerkarte EINGABEMELDUNG (siehe Abbildung 4.23).
7. Geben Sie im Feld TITEL einen Titel für Ihre Eingabemeldung an.
8. Im Feld EINGABEMELDUNG können Sie einen begleitenden Text erfassen, der automatisch angezeigt wird, wenn der Anwender den Cursor in Zelle A4 setzt.

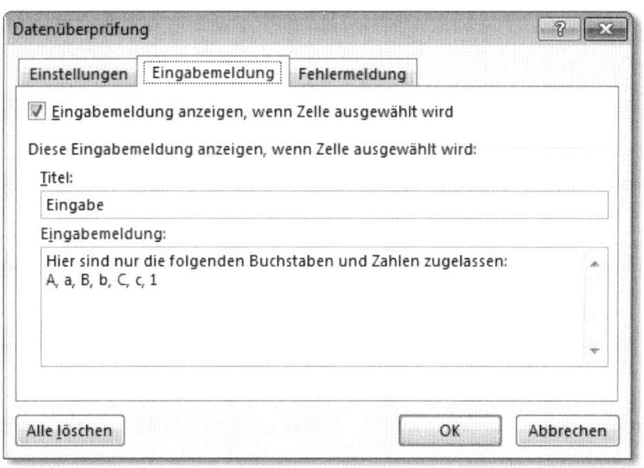

Abbildung 4.23 Die Eingabemeldung erscheint automatisch, wenn Zelle A4 ausgewählt wird.

9. Wechseln Sie auf die Registerkarte FEHLERMELDUNG (siehe Abbildung 4.24).
10. Geben Sie im Feld TITEL einen Titel für Ihre Fehlermeldung ein.

11. Im Feld FEHLERMELDUNG können Sie einen begleitenden Text erfassen, der automatisch angezeigt wird, wenn der Anwender in Zelle A4 eine ungültige Eingabe vornimmt.
12. Im Kombinationsfeld TYP stellen Sie den Eintrag auf STOPP ein. Damit wird eine falsche Eingabe unter keinen Umständen zugelassen. Die Typen INFORMATION bzw. WARNUNG würden zwar über eine Falscheingabe informieren, die Eingabe aber trotzdem zulassen.

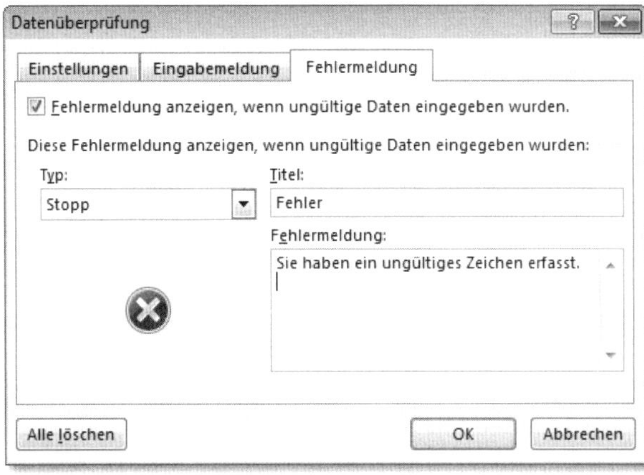

Abbildung 4.24 Die Fehlermeldung wird angezeigt, wenn Sie ein falsches Zeichen erfassen.

13. Bestätigen Sie Ihre Eingaben mit OK.

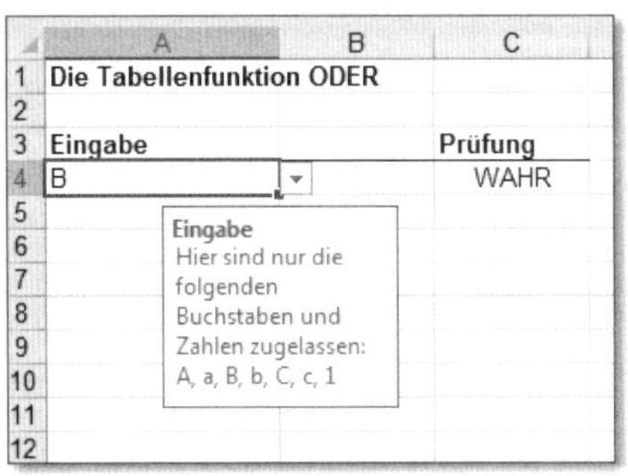

Abbildung 4.25 Der Anwender kann über die Gültigkeitsfunktion in der Tabelle geführt werden.

Zellen-Dropdown

Immer wenn Sie den Cursor in Zelle A4 setzen, erscheint automatisch das QuickInfo-Fenster (siehe Abbildung 4.25). Zusätzlich wird ein sogenanntes Zellen-Dropdown angeboten, aus dem Sie die vorher definierten Werte bequem auswählen können. Bei einer Falscheingabe erscheint die angelegte Fehlermeldung (siehe Abbildung 4.26).

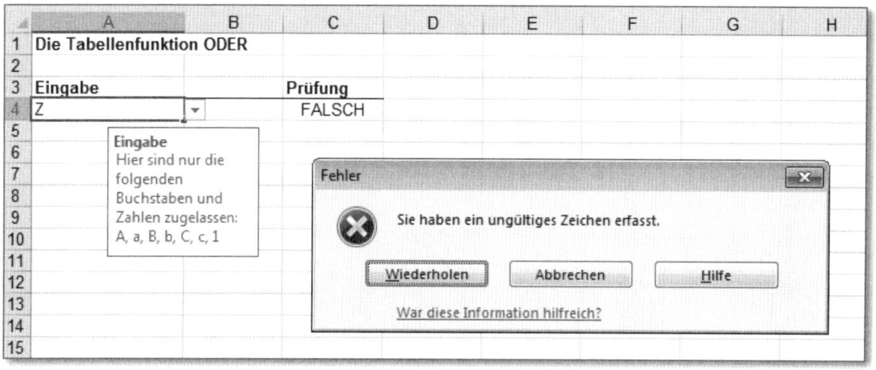

Abbildung 4.26 Fehlerhafte Eingaben werden nicht zugelassen.

4.4 Die Tabellenfunktion FALSCH

Deutsch:	FALSCH
Syntax:	**=FALSCH()**
Englisch:	FALSE
Syntax:	**=FALSE()**

FALSCH und WAHR gehören zum Datentyp BOOLEAN

Die Tabellenfunktion FALSCH gehört ebenfalls wie die Funktion WAHR zum Datentyp BOOLEAN. Das Ergebnis der Funktion lautet FALSCH. Diese Funktion wird eher selten eingesetzt. Bei dieser Funktion werden keine Argumente eingegeben.

Nutzungsbeispiel: Sie haben in einer Tabelle eine Reihe von Zahlen und wollen jetzt prüfen, ob die Werte >50 sind. Das Ergebnis soll in Spalte B ausgegeben werden.

1. Markieren Sie den Datenbereich B6:B20.
2. Erfassen Sie die folgende Formel:
   =WENN(A6>50;WAHR();FALSCH())
3. Schließen Sie die Formel mit der Tastenkombination [Strg] + [↵] ab.

Abbildung 4.27 zeigt das Ergebnis an.

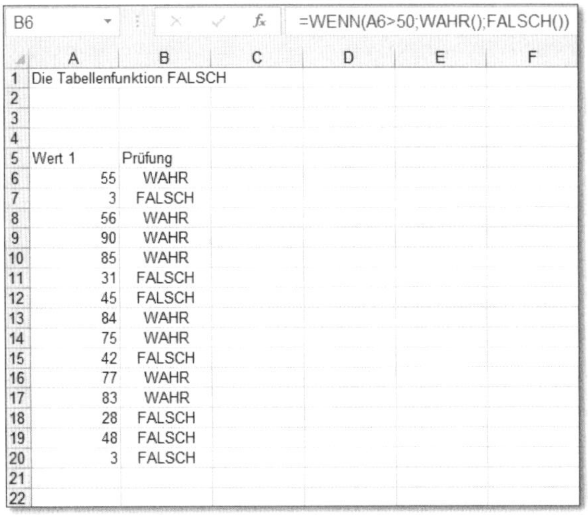

B6 | =WENN(A6>50;WAHR();FALSCH())

	A	B	C	D	E	F
1	Die Tabellenfunktion FALSCH					
2						
3						
4						
5	Wert 1	Prüfung				
6	55	WAHR				
7	3	FALSCH				
8	56	WAHR				
9	90	WAHR				
10	85	WAHR				
11	31	FALSCH				
12	45	FALSCH				
13	84	WAHR				
14	75	WAHR				
15	42	FALSCH				
16	77	WAHR				
17	83	WAHR				
18	28	FALSCH				
19	48	FALSCH				
20	3	FALSCH				
21						
22						

Abbildung 4.27 Nutzungsbeispiel der Funktion FALSCH

4.5 Die Tabellenfunktion WAHR

Deutsch:	WAHR
Syntax:	**=WAHR()**
Englisch:	TRUE
Syntax:	**=TRUE()**

Das Ergebnis der Funktion lautet WAHR

Die Tabellenfunktion WAHR gehört ebenfalls wie die Funktion FALSCH zum Datentyp BOOLEAN. Das Ergebnis der Funktion lautet WAHR. Diese Funktion wird eher selten eingesetzt. Bei dieser Funktion werden keine Argumente eingegeben.

Nutzungsbeispiel: Sie haben in einer Tabelle eine Reihe von Zahlen und wollen jetzt prüfen, ob die Werte >50 sind. Das Ergebnis soll in Spalte B ausgegeben werden.

1. Markieren Sie den Datenbereich B6:B20.
2. Erfassen Sie die folgende Formel:
   =WENN(A6>50;WAHR();FALSCH())
3. Schließen Sie die Formel mit der Tastenkombination `Strg` + `↵` ab.

Wie das Ergebnis dann aussieht, sehen Sie in Abbildung 4.28.

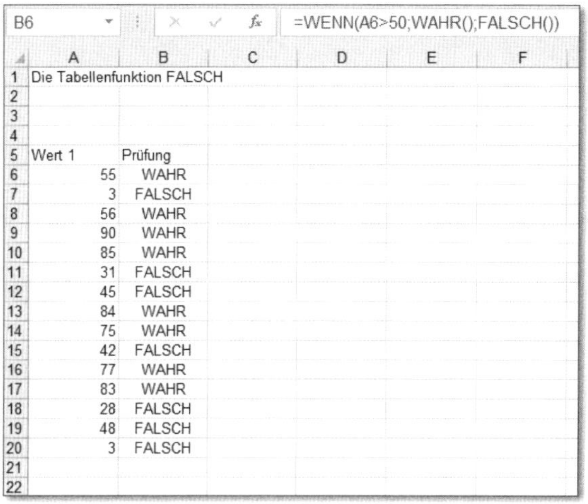

Abbildung 4.28 Nutzungsbeispiel der Funktion WAHR

4.6 Die Tabellenfunktion NICHT

Deutsch:	NICHT
Syntax:	**=NICHT(Wahrheitswert)**
Englisch:	NOT
Syntax:	**=NOT(logical_value)**

Wahrheitswert feststellen

Die Tabellenfunktion NICHT wird genutzt, um den Wahrheitswert festzustellen. Als Ergebnis erhalten Sie FALSCH, wenn das gesuchte Ergebnis gefunden wurde. Sie erhalten als Ergebnis WAHR, wenn das gesuchte Ergebnis nicht gefunden wurde.

Argument	Inhalt
Wahrheitswert	Ist erforderlich; das Argument Wahrheitswert ist der Bereich, der überprüft werden soll. Achtung: Sie arbeiten hier mit einer umgekehrten Logik!

Tabelle 4.5 Die Argumente der Funktion NICHT

Beispiel: Sie möchten in einer Tabelle prüfen, ob eine Zelle einen bestimmten Wert enthält (siehe Abbildung 4.29).

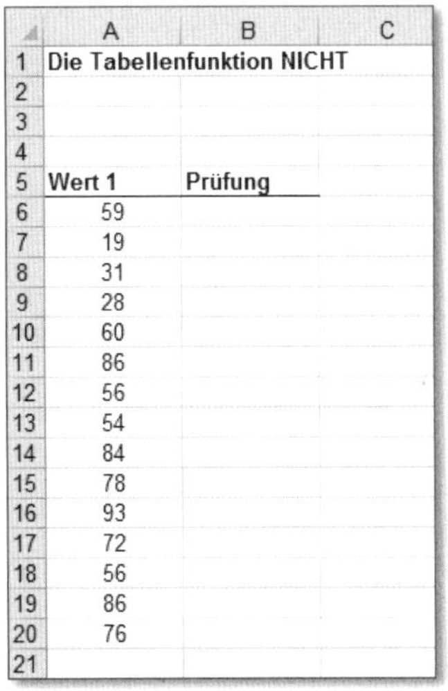

	A	B	C
1	Die Tabellenfunktion NICHT		
2			
3			
4			
5	Wert 1	Prüfung	
6	59		
7	19		
8	31		
9	28		
10	60		
11	86		
12	56		
13	54		
14	84		
15	78		
16	93		
17	72		
18	56		
19	86		
20	76		
21			

Abbildung 4.29 Die Tabellenfunktion NICHT

1. Markieren Sie den Bereich B6:B20.
2. Erfassen Sie die Formel **=NICHT(A6=19)**.
3. Schließen Sie die Formel mit der Tastenkombination [Strg] + [↵] ab.

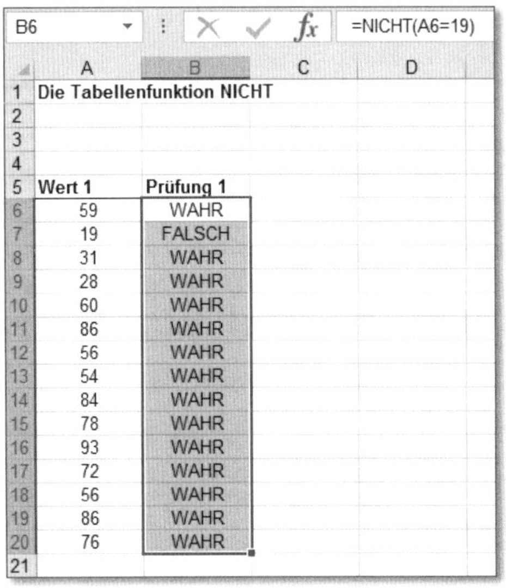

B6 =NICHT(A6=19)

	A	B	C	D
1	Die Tabellenfunktion NICHT			
2				
3				
4				
5	Wert 1	Prüfung 1		
6	59	WAHR		
7	19	FALSCH		
8	31	WAHR		
9	28	WAHR		
10	60	WAHR		
11	86	WAHR		
12	56	WAHR		
13	54	WAHR		
14	84	WAHR		
15	78	WAHR		
16	93	WAHR		
17	72	WAHR		
18	56	WAHR		
19	86	WAHR		
20	76	WAHR		
21				

Abbildung 4.30 Das Ergebnis der Tabellenfunktion NICHT

Hier das Ergebnis (siehe Abbildung 4.30): Sie fragen über die Formel **=NICHT(A6=19)** ab, ob der Zellinhalt *nicht* 19 ist. Als Ergebnis erhalten Sie einmal FALSCH und vierzehnmal WAHR.

4.7 Die Tabellenfunktion WENNFEHLER

Deutsch:	WENNFEHLER
Syntax:	**=WENNFEHLER(Wert;Wert_falls_Fehler)**
Englisch:	IFERROR
Syntax:	**=IFERROR(value,value_if_error)**

Fehler abfangen

Die Tabellenfunktion WENNFEHLER kam 2007 neu dazu. Die Tabellenfunktion kann dafür genutzt werden, Fehler abzufangen und einen individuellen Fehlertext auszugeben. Der Nutzen hält sich in Grenzen, da die gleichen Funktionen auch mit anderen Tabellenfunktionen möglich sind.

Argumente	Inhalte
Wert	Ist erforderlich; das Argument, das auf einen Fehler geprüft werden soll.
Wert falls Fehler	Ist erforderlich; der Wert, der zurückgegeben wird, wenn die Formel einen Fehler ergibt.

Tabelle 4.6 Die Argumente der Funktion WENNFEHLER

Beispiel: Sie haben eine Tabelle, in der Sie die Zellen der Spalte A mit denen der Spalte B addieren wollen (siehe Abbildung 4.31). Um eine sprechende Fehlermeldung zu erhalten, setzen Sie die Funktion WENNFEHLER ein.

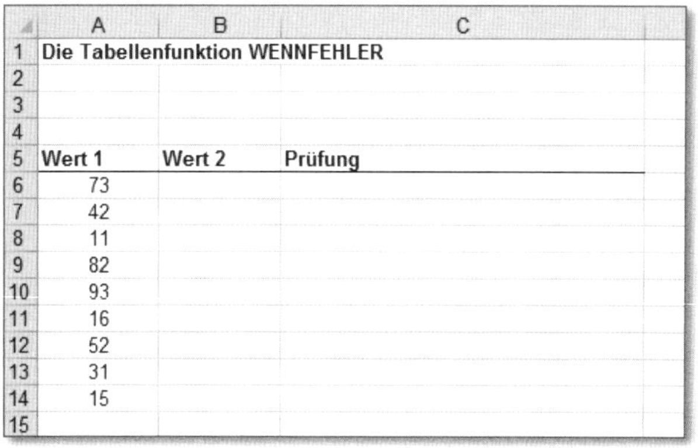

	A	B	C
1	Die Tabellenfunktion WENNFEHLER		
2			
3			
4			
5	Wert 1	Wert 2	Prüfung
6	73		
7	42		
8	11		
9	82		
10	93		
11	16		
12	52		
13	31		
14	15		
15			

Abbildung 4.31 Die Tabellenfunktion WENNFEHLER

1. Markieren Sie den Tabellenbereich C6:C14.
2. Erfassen Sie die folgende Formel:
   =WENNFEHLER(A6+B6;"WENNFEHLER - Bitte Zahlen eingeben")
3. Schließen Sie die Formel mit der Tastenkombination `Strg` + `↵` ab.
4. Schreiben Sie jetzt in die jeweiligen Zellen der Spalte B Zahlen oder Text. Die Formel in Spalte **C** wird Ihre Eingabe bewerten (siehe Abbildung 4.32).

	A	B	C
1	Die Tabellenfunktion WENNFEHLER		
2			
3			
4			
5	Wert 1	Wert 2	Prüfung
6	73	100	173
7	42	0	42
8	11	a	WENNFEHLER - Bitte Zahlen eingeben
9	82	z10	WENNFEHLER - Bitte Zahlen eingeben
10	93	10	103
11	16	Peter	WENNFEHLER - Bitte Zahlen eingeben
12	52	13	65
13	31	55	86
14	15	51	66
15			
16			

Abbildung 4.32 Eine individuelle Fehlermeldung innerhalb der Tabellenfunktion WENNFEHLER

4.8 Die Tabellenfunktion WENNNV

Deutsch:	WENNNV
Syntax:	**=WENNNV(Wert;Wert_bei_NV)**
Englisch:	IFNA
Syntax:	**=IFNA(value, value_if_na)**

Fehler #NV abfangen

Die Tabellenfunktion WENNNV wird genutzt, um den Fehler #NV abzufangen. Eine typische Situation für diesen Fehler ist die Funktion SVERWEIS.

Argumente	Inhalte
Wert	Ist erforderlich; das Argument, das auf den Fehlerwert #NV geprüft wird.

Tabelle 4.7 Die Argumente der Funktion WENNNV

Argumente	Inhalte
Wert bei NV	Ist erforderlich; der zurückgegebene Wert, wenn die Formel #NV ausgibt.

Tabelle 4.7 Die Argumente der Funktion WENNNV (Forts.)

SVERWEIS

Beispiel: Sie haben eine Liste mit den Geburtstagen Ihrer Freunde. Sie wollen jetzt per SVERWEIS die jeweiligen Datumsfelder in eine andere Tabelle übertragen und gleichzeitig prüfen, ob Ihre neuesten Freunde schon in der alten Auflistung vorhanden sind.

1. Erfassen Sie die Daten, wie in Abbildung 4.33 ersichtlich.

	A	B
1	**Die Tabellenfunktion WENNNV**	
2		
3		
4	Peter	
5	Heinz	
6	Stefan	
7	Silke	
8	Alexander	
9	Udo	
10		
11		
12		
13		
14	Peter	19.10.1970
15	Heinz	30.11.1978
16	Inge	13.04.1965
17	Silke	21.01.1986
18	Thomas	09.06.1990
19		

Abbildung 4.33 Ausgangssituation für die Tabellenfunktion WENNNV

2. Sie suchen in den Zellen B4:B9 die Geburtstage Ihrer Freunde, die Sie in den Zellen A14:B18 aufgelistet haben. Dafür markieren Sie die Zellen B4:B9.
3. Erfassen Sie die folgende Formel:
   =WENNNV(SVERWEIS(A4;A14:B18;2;FALSCH);"WENNNV - Wert nicht vorhanden")
4. Schließen Sie die Formeleingabe mit der Tastenkombination [Strg] + [↵] ab.

Das Ergebnis Ihrer Suche (siehe Abbildung 4.34): Drei Ihrer Freunde sind in Ihrer Geburtstagsliste nicht enthalten.

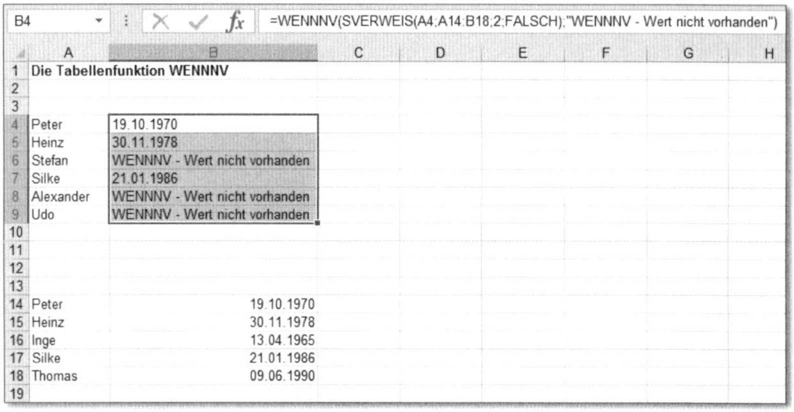

Abbildung 4.34 Das Ergebnis der Tabellenfunktion WENNNV

Mit SVERWEIS Daten in anderen Tabellen suchen

Typischerweise erhalten Sie das Ergebnis #NV, wenn Sie mit der Tabellenfunktion SVERWEIS Daten von einer Tabelle in eine andere übertragen wollen und der Suchbegriff in der Quelltabelle nicht vorhanden ist. Mit der Tabellenfunktion **WENNNV** haben wir genau hier eingegriffen. Sie erhalten als Fehlermeldung »WENNNV – Wert nicht vorhanden« statt der kryptischen Fehlermeldung #NV.

4.9 Die Tabellenfunktion XODER

Deutsch:	XODER
Syntax:	**=XODER(Wahrheitswert1;Warheitswert2;...)**
Englisch:	XOR
Syntax:	**=XOR(logical1,logical2,...)**

Die Tabellenfunktion XODER bringt als Ergebnis ein WAHR, wenn eines der Argumente korrekt ist. Ansonsten lautet das Ergebnis FALSCH. Das heißt, wenn Sie drei Argumente prüfen und eines oder alle drei Argumente sind korrekt, dann erhalten Sie WAHR, ansonsten FALSCH.

Argumente	Inhalte
Wahrheitswert 1	Ist erforderlich; das Argument, das die Funktion prüfen soll.

Tabelle 4.8 Die Argumente der Funktion XODER

Argumente	Inhalte
Wahrheitswert 2	Ist optional; das Argument, das die Funktion prüfen soll. Es können 1 bis 254 Bedingungen geprüft werden.

Tabelle 4.8 Die Argumente der Funktion XODER (Forts.)

4.9.1 Prüfen, ob ein Argument korrekt ist

Zahlenreihen vergleichen

In diesem Beispiel vergleichen wir drei Zahlenreihen miteinander (siehe Abbildung 4.35).

	A	B	C	D
1	Die Tabellenfunktion XODER			
2				
3				
4	Wert 1	Wert 2	Wert 3	Prüfung
5	63	41	47	
6	90	30	28	
7	95	30	55	
8	48	92	55	
9	66	86	93	
10	44	17	54	
11	20	62	85	
12	99	73	43	
13	70	96	36	
14	34	41	65	
15	43	43	44	
16	35	35	50	
17	68	17	58	
18	39	77	56	
19	97	21	57	
20	15	29	50	
21				

Abbildung 4.35 Die Tabellenfunktion XODER

Identifizieren Sie die Zeilen, in denen entweder die Zelle in Spalte A >20 ist, die Zelle in Spalte B <70 oder in der Zelle in Spalte C die Zahl 44 steht. Gehen Sie wie folgt vor:

1. Markieren Sie den Zellenbereich D5:D20.
2. Erfassen Sie die Formel **=XODER(A5>20;B5<70;C5=44)**.
3. Schließen Sie die Formel mit der Tastenkombination [Strg] + [↵] ab.

Das Ergebnis der Funktion XODER, das Sie in Abbildung 4.36 sehen, funktioniert wie folgt: Sie erhalten WAHR, wenn eines oder alle Argumente korrekt sind, und Sie erhalten FALSCH, wenn eines oder alle Argumente nicht korrekt sind.

D5 =XODER(A5>20;B5<70;C5=44)

	A	B	C	D	E	F
1	Die Tabellenfunktion XODER					
2						
3						
4	Wert 1	Wert 2	Wert 3	Prüfung		
5	63	41	47	FALSCH		
6	90	30	28	FALSCH		
7	95	30	55	FALSCH		
8	48	92	55	WAHR		
9	66	86	93	WAHR		
10	44	17	54	FALSCH		
11	20	62	85	WAHR		
12	99	73	43	WAHR		
13	70	96	36	WAHR		
14	34	41	65	FALSCH		
15	43	43	44	WAHR		
16	35	35	50	FALSCH		
17	68	17	58	FALSCH		
18	39	77	56	WAHR		
19	97	21	57	FALSCH		
20	15	29	50	WAHR		
21						
22						

Abbildung 4.36 Das Ergebnis der Funktion XODER

Unterschied zwischen ODER und XODER

Den Unterschied zur Funktion ODER können Sie in Abbildung 4.37 sehen.

E5 =ODER(A5>20;B5<70;C5=44)

	A	B	C	D	E
1	Die Tabellenfunktion XODER				
2					
3					
4	Wert 1	Wert 2	Wert 3	Ergebnis Funktion XODER	Ergbnis Funktion ODER
5	63	41	47	FALSCH	WAHR
6	90	30	28	FALSCH	WAHR
7	95	30	55	FALSCH	WAHR
8	48	30	55	FALSCH	WAHR
9	66	86	93	WAHR	WAHR
10	44	17	54	FALSCH	WAHR
11	20	62	85	WAHR	WAHR
12	99	73	43	WAHR	WAHR
13	70	96	36	WAHR	WAHR
14	34	41	65	FALSCH	WAHR
15	43	43	44	WAHR	WAHR
16	35	35	50	FALSCH	WAHR
17	68	17	58	FALSCH	WAHR
18	39	77	56	WAHR	WAHR
19	97	21	57	FALSCH	WAHR
20	15	29	50	WAHR	WAHR
21					

Abbildung 4.37 Vergleich der Funktionen XODER und ODER

Hätten Sie die Aufgabe mit der Funktion ODER gemacht, hätten Sie als Ergebnis immer ein WAHR erhalten.

Kapitel 5
Textfunktionen

Textfunktionen werden eingesetzt, um Texte in Tabellen zu bearbeiten oder um diese zu verarbeiten. Vermutlich sind Textfunktionen die am häufigsten genutzten Tabellenfunktion überhaupt.

Deutsch	Englisch	ab Version	Grundwissen
ASC	ASC	2003	
BAHTTEXT	BAHTTEXT	2003	
CODE	CODE	2003	
DM	DOLLAR	2003	
ERSETZEN	REPLACE	2003	X
ERSETZENB	REPLACEB	2003	
FEST	FIXED	2003	
FINDEN	FIND	2003	X
FINDENB	FINDB	2003	
GLÄTTEN	TRIM	2003	X
GROSS	UPPER	2003	
GROSS2	PROPER	2003	
IDENTISCH	EXACT	2003	X
KLEIN	LOWER	2003	
LÄNGE	LEN	2003	X
LÄNGEB	LENB	2003	
LINKS	LEFT	2003	X

Tabelle 5.1 Übersicht der Textfunktionen von Excel

Deutsch	Englisch	ab Version	Grundwissen
LINKSB	LEFTB	2003	
PHONETIC	PHONETIC	2003	
RECHTS	RIGHT	2003	X
RECHTSB	RIGHTB	2003	
SÄUBERN	CLEAN	2003	X
SUCHEN	SEARCH	2003	X
SUCHENB	SEARCHB	2003	
TEIL	MID	2003	X
TEILB	MIDB	2003	
TEXT	TEXT	2003	
UNICODE	UNICODE	2013	
UNIZEICHEN	UNICHAR	2013	
VERKETTEN	CONCATENATE	2003	X
WECHSELN	SUBSTITUTE	2003	
WERT	VALUE	2003	
WIEDERHOLEN	REPT	2003	
ZAHLENWERT	NUMBERVALUE	2013	
ZEICHEN	CHAR	2003	

Tabelle 5.1 Übersicht der Textfunktionen von Excel (Forts.)

5.1 Die Tabellenfunktion ASC

Deutsch:	ASC
Syntax:	**=ASC(Text)**
Englisch:	ASC
Syntax:	**=ASC(text)**

Die Tabellenfunktion ASC wandelt Buchstaben mit einer doppelten Breite (Double-Byte-Zeichen) innerhalb einer Zeichenfolge in Zeichen mit halber Breite (Single-Byte-Zeichen) um.

Double-Byte-Zeichen

Argument	Inhalt
Text	Ist erforderlich; das Argument beinhaltet entweder den Text oder den Zellbezug, der umgewandelt werden soll.

Tabelle 5.2 Das Argument der Funktion ASC

Wenn Sie zum Beispiel **=ASC("Hallo")** in Excel eingeben, so werden Sie als Ergebnis Hallo erhalten. Das liegt daran, dass wir bereits Zeichen mit halber Breite (Single-Byte-Zeichen) nutzen.

Zeichen mit halber Breite

Anders sieht es jedoch aus, wenn Sie zum Beispiel chinesische, japanische oder koreanische Schriften nutzen. Diese Schriften verwenden genau 2 Byte zur Darstellung eines Zeichens. Durch die Tabellenfunktion ASC werden diese als 1-Byte-Zeichen ausgegeben, das heißt, die Zeichen werden kleiner und rücken näher zusammen.

5.2 Die Tabellenfunktion BAHTTEXT

Deutsch:	BAHTTEXT
Syntax:	**=BAHTTEXT(Zahl)**
Englisch:	BAHTTEXT
Syntax:	**=BAHTTEXT(number)**

Die Tabellenfunktion BAHTTEXT wandelt eine Zahl in einen Thai-Text um.

Thai-Text

Argument	Inhalt
Zahl	Ist erforderlich; in dem Argument Zahl können Sie entweder direkt eine Zahl schreiben, oder Sie verweisen auf eine Zelle, in der eine Zahl steht.

Tabelle 5.3 Das Argument der Funktion BAHTTEXT

Sehen Sie sich dazu Abbildung 5.1 an.

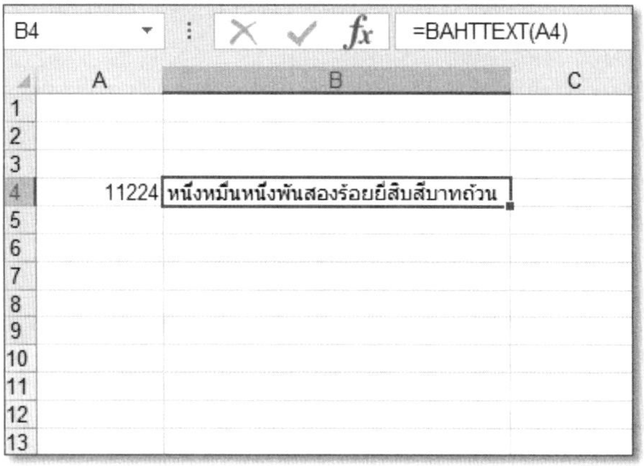

Abbildung 5.1 Die Anwendung der Tabellenfunktion Bahttext

5.3 Die Tabellenfunktion CODE

Deutsch:	CODE
Syntax:	**=CODE(Text)**
Englisch:	CODE
Syntax:	**=CODE(text)**

Codezahl Die Tabellenfunktion CODE gibt als Ergebnis die Codezahl des ersten Zeichens aus einer Zeichenfolge zurück.

Argument	Inhalte
Text	Ist erforderlich; das Argument Text bezieht sich entweder auf die Direkteingabe eines Textes in der Tabellenfunktion oder aber auf eine Zelle.

Tabelle 5.4 Das Argument der Funktion CODE

Schauen Sie sich Abbildung 5.2 an. Die hier dargestellten Zeichen sollen mit der Tabellenfunktion CODE umgewandelt werden.

	A	B	C	D	E	F
1	**Die Tabellenfunktion CODE**					
2						
3						
4						
5	**Text**	**Codezahl**	**Text**	**Codezahl**	**Text**	**Codezahl**
6	A		a		0	
7	B		b		1	
8	C		c		2	
9	D		d		3	
10	E		e		4	
11	F		f		5	
12	G		g		6	
13	H		h		7	
14	I		i		8	
15	J		j		9	
16	K		k		+	
17	L		l		-	
18	M		m		*	
19	N		n		/	
20	O		o			
21	P		p		_	
22	Q		q		;	
23	R		r		:	
24	S		s		>	
25	T		t		<	
26	U		u				
27	V		v		#	
28	W		w		!	
29	X		x		^	
30	Y		y		;	
31	Z		z		:	
32						

Abbildung 5.2 Diese Zeichen sollen als Codezahl ausgegeben werden.

Um die Zeichen umzuwandeln, verfahren Sie wie folgt:

1. Markieren Sie den Ergebnisbereich B6:B31.
2. Erfassen Sie die Formel **=CODE(A6)**.
3. Beenden Sie die Formelerfassung mit der Tastenkombination [Strg] + [↵].
4. Den jetzt immer noch markierten Ergebnisbereich B6:B31 kopieren Sie mit der Tastenkombination [Strg] + [C].
5. Positionieren Sie Ihren Mauszeiger auf Zelle D6, und drücken Sie die Tastenkombination [Strg] + [V].
6. Setzen Sie anschließend Ihren Mauszeiger auf Zelle F6, und drücken Sie erneut die Tastenkombination [Strg] + [V].

Die Codezahlen der umgewandelten Zeichen finden Sie in Abbildung 5.3.

F6 =CODE(E6)

	A	B	C	D	E	F
1	Die Tabellenfunktion CODE					
2						
3						
4						
5	Text	Codezahl	Text	Codezahl	Text	Codezahl
6	A	65	a	97	0	48
7	B	66	b	98	1	49
8	C	67	c	99	2	50
9	D	68	d	100	3	51
10	E	69	e	101	4	52
11	F	70	f	102	5	53
12	G	71	g	103	6	54
13	H	72	h	104	7	55
14	I	73	i	105	8	56
15	J	74	j	106	9	57
16	K	75	k	107	+	43
17	L	76	l	108	-	45
18	M	77	m	109	*	42
19	N	78	n	110	/	47
20	O	79	o	111		32
21	P	80	p	112	_	95
22	Q	81	q	113	;	59
23	R	82	r	114	:	58
24	S	83	s	115	>	62
25	T	84	t	116	<	60
26	U	85	u	117	|	124
27	V	86	v	118	#	35
28	W	87	w	119	!	33
29	X	88	x	120	^	94
30	Y	89	y	121	;	59
31	Z	90	z	122	:	58
32						
33						

Abbildung 5.3 Alle Zeichen wurden umgewandelt.

ANSI-Code Die Codezahl bezieht sich unter Windows auf den ANSI-Code. Das bedeutet, der Code beginnt bei 1 und endet bei 255.

5.4 Die Tabellenfunktion DM

Deutsch:	DM
Syntax:	**=DM(Zahl;Dezimalstellen)**
Englisch:	DOLLAR
Syntax:	**=DOLLAR(number,decimal_places)**

Zahl in Text umwandeln

Die Tabellenfunktion DM wandelt eine Zahl in einen Text in dem unter Windows festgelegten Währungsformat um.

Argumente	Inhalte
Zahl	Ist erforderlich; kann entweder direkt beim Schreiben der Tabellenfunktion eingegeben werden oder kann auch über eine Zelle als Zellbezug genutzt werden.
Dezimalstellen	Ist optional; dient dazu, die Anzahl der Dezimalstellen darzustellen.

Tabelle 5.5 Die Argumente der Funktion DM

Wie die Tabellenfunktion DM eingesetzt wird, sehen Sie in Abbildung 5.4.

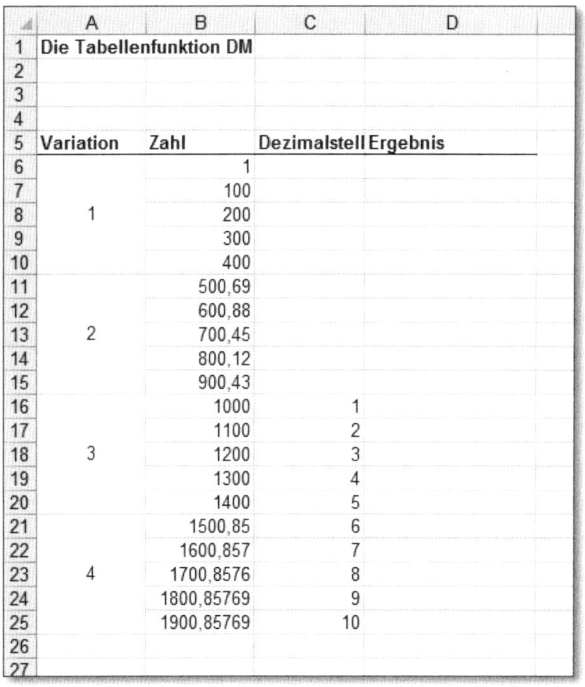

	A	B	C	D
1	Die Tabellenfunktion DM			
2				
3				
4				
5	Variation	Zahl	Dezimalstell	Ergebnis
6		1		
7		100		
8	1	200		
9		300		
10		400		
11		500,69		
12		600,88		
13	2	700,45		
14		800,12		
15		900,43		
16		1000	1	
17		1100	2	
18	3	1200	3	
19		1300	4	
20		1400	5	
21		1500,85	6	
22		1600,857	7	
23	4	1700,8576	8	
24		1800,85769	9	
25		1900,85769	10	
26				
27				

Abbildung 5.4 Diese Zahlen sollen umgewandelt werden.

Dazu gehen Sie wie folgt vor:

1. Markieren Sie den Ergebnisbereich D6:D25.
2. Erfassen Sie die Formel **=DM(B6;C6)**.

3. Schließen Sie die Formeleingabe durch die Tastenkombination [Strg] + [↵] ab.

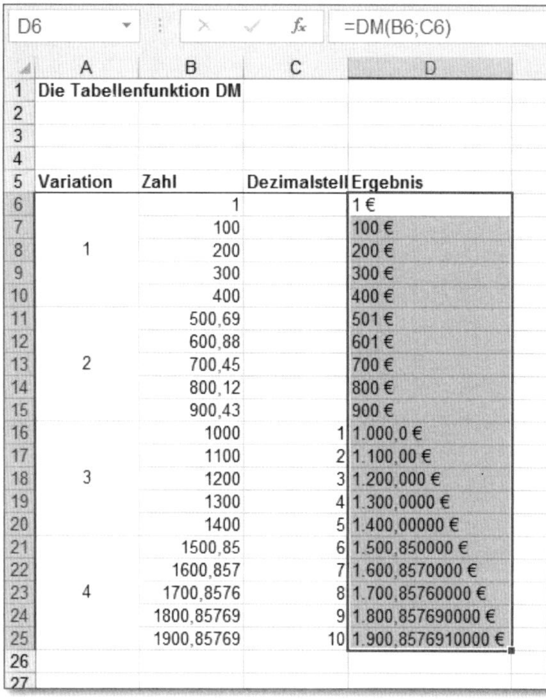

D6 =DM(B6;C6)

	A	B	C	D
1	Die Tabellenfunktion DM			
2				
3				
4				
5	Variation	Zahl	Dezimalstell	Ergebnis
6		1		1 €
7		100		100 €
8	1	200		200 €
9		300		300 €
10		400		400 €
11		500,69		501 €
12		600,88		601 €
13	2	700,45		700 €
14		800,12		800 €
15		900,43		900 €
16		1000	1	1.000,0 €
17		1100	2	1.100,00 €
18	3	1200	3	1.200,000 €
19		1300	4	1.300,0000 €
20		1400	5	1.400,00000 €
21		1500,85	6	1.500,850000 €
22		1600,857	7	1.600,8570000 €
23	4	1700,8576	8	1.700,85760000 €
24		1800,85769	9	1.800,857690000 €
25		1900,85769	10	1.900,8576910000 €
26				
27				

Abbildung 5.5 Die Tabellenfunktion DM wandelt Zahlen in Text um.

Rundungsszenarien

In Abbildung 5.5 werden verschiedene Szenarien durchgespielt. Hier die Erklärungen:

- VARIATION 1
  Ganze Zahlen ohne Nachkommastellen werden in Text gewandelt. Diese haben keine Dezimalstellen, da diese weder in der ursprünglichen Zahl noch als Argument in der Tabellenfunktion vorkommen.
- VARIATION 2
  Zahlen mit zwei Nachkommastellen. Diese zwei Nachkommastellen werden nicht angezeigt, da keine Dezimalstellen als Argument übergeben worden sind. Sie finden als Rundung Berücksichtigung.
- VARIATION3
  In dem nächsten Zahlenblock werden Zahlen mit einer bis zu fünf Nachkommastellen gezeigt. Da das Argument Zahl selbst keine Nachkommastellen hatte, werden hier auch nur Nullen ausgegeben.

- VARIATION 4
  Hier hat das Argument Zahl Nachkommastellen geliefert. Gleichzeitig hat das Argument Dezimalstellen Angaben erhalten, wie viele Dezimalstellen das Ergebnis der Tabellenfunktion haben soll.

5.5 Die Tabellenfunktion ERSETZEN

Deutsch:	ERSETZEN
Syntax:	**=ERSETZEN(Alter_Text;Erstes_Zeichen;Anzahl_Zeichen; Neuer_Text)**
Englisch:	REPLACE
Syntax:	**=REPLACE(old_text,start,number_of_chars,ew_text)**

Teile eines Textes ersetzen

Die Tabellenfunktion ERSETZEN wird genutzt, um bestimmte Teile eines Textes in einer Zelle durch einen anderen Text zu ersetzen. Dabei ersetzt die Tabellenfunktion die Zeichen auf Grundlage der Anzahl von Zeichen, die Sie in der Tabellenfunktion angeben.

Argumente	Inhalte
Alter Text	Ist erforderlich; beinhaltet entweder den Text, in dem Veränderungen durchgeführt werden sollen, oder aber einen Zellbezug.
Erstes Zeichen	Ist erforderlich; durch die Positionsangabe des ersten Zeichens legen Sie fest, welche Zeichen geändert werden sollen. Sie können alle Zeichen oder nur wenige Zeichen ändern.
Anzahl Zeichen	Ist erforderlich; Anzahl der Zeichen, die ausgetauscht werden sollen.
Neuer Text	Ist erforderlich; dieser Text ersetzt den bisherigen Text.

Tabelle 5.6 Die Argumente der Funktion ERSETZEN

Sehen Sie sich dazu Abbildung 5.6 an.

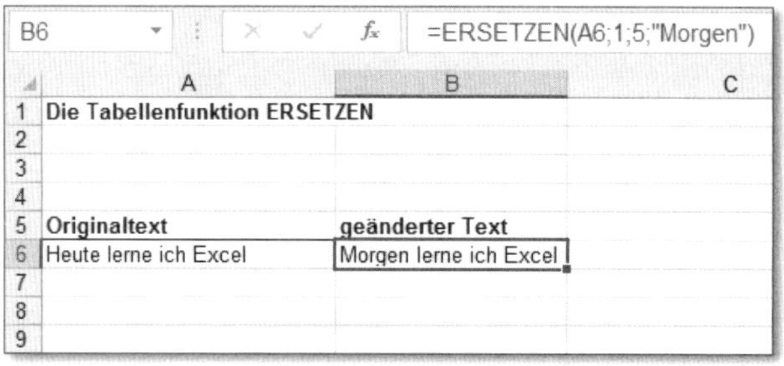

B6 | =ERSETZEN(A6;1;5;"Morgen")

	A	B	C
1	**Die Tabellenfunktion ERSETZEN**		
2			
3			
4			
5	**Originaltext**	**geänderter Text**	
6	Heute lerne ich Excel	Morgen lerne ich Excel	
7			
8			
9			

Abbildung 5.6 Hier wird das Argument Alter Text durch einen Zellbezug versorgt.

ERSETZEN mit Tabellenfunktionen kombinieren

Die Tabellenfunktion ERSETZEN funktioniert ausgezeichnet in Kombination mit anderen Tabellenfunktionen, wie Sie am folgenden Beispiel nachvollziehen können.

5.5.1 Variable Rechnungsnamen

Stellen Sie sich folgenden Sachverhalt vor. Es liegt eine Tabelle mit Rechnungen vor, die einen dynamischen Namen haben. Der Name setzt sich aus einem Datum und dem eigentlichen Sachverhalt zusammen. Sehen Sie sich dazu einmal Abbildung 5.7 an.

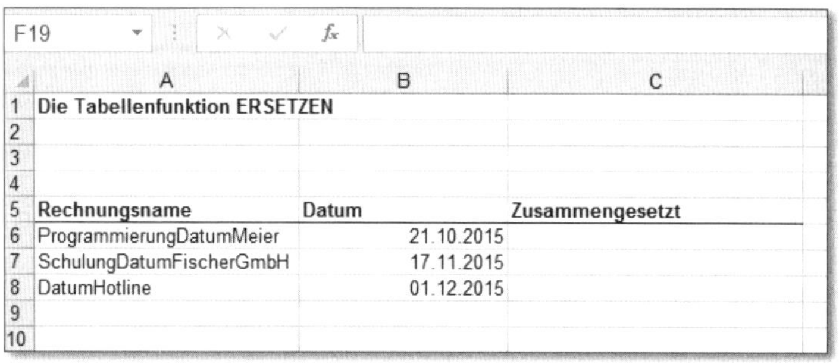

F19

	A	B	C
1	**Die Tabellenfunktion ERSETZEN**		
2			
3			
4			
5	**Rechnungsname**	**Datum**	**Zusammengesetzt**
6	ProgrammierungDatumMeier	21.10.2015	
7	SchulungDatumFischerGmbH	17.11.2015	
8	DatumHotline	01.12.2015	
9			
10			

Abbildung 5.7 Variable Rechnungsnamen erzeugen

In Spalte B wird jeweils das Datum der Rechnungsstellung erfasst. Dieses Datum soll nun den bisherigen Platzhaltertext »Datum« aus Spalte A ersetzen. Um diese Aufgabe zu lösen, verfahren Sie wie folgt:

1. Markieren Sie den Zellenbereich B6:B8.
2. Erfassen Sie die Formel:
   =ERSETZEN(A6;FINDEN("Datum";A6;1);5;TEXT(B6;"TTMMJJJJ"))
3. Bestätigen Sie die Eingabe über die Tastenkombination [Strg] + [↵].

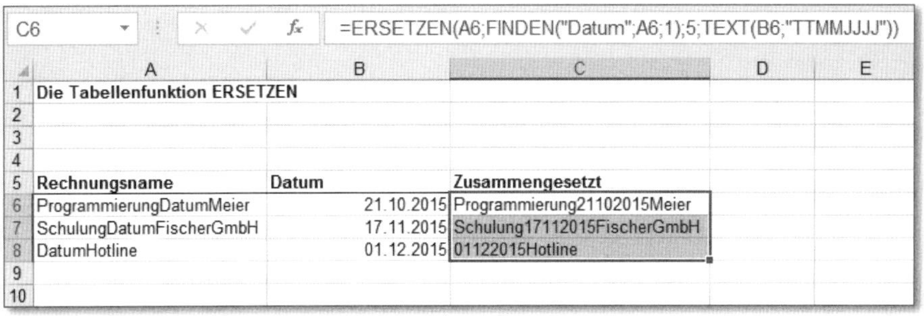

C6 =ERSETZEN(A6;FINDEN("Datum";A6;1);5;TEXT(B6;"TTMMJJJJ"))

	A	B	C	D	E
1	Die Tabellenfunktion ERSETZEN				
2					
3					
4					
5	Rechnungsname	Datum	Zusammengesetzt		
6	ProgrammierungDatumMeier	21.10.2015	Programmierung21102015Meier		
7	SchulungDatumFischerGmbH	17.11.2015	Schulung17112015FischerGmbH		
8	DatumHotline	01.12.2015	01122015Hotline		
9					
10					

Abbildung 5.8 Die Rechnungen wurden in Abhängigkeit zu Spalte B berechnet.

Tabellenfunktion SUCHEN

Tabellenfunktion TEXT

Egal, an welcher Stelle der Platzhalter »Datum« steht: Über die Tabellenfunktion SUCHEN wird die Fundstelle ermittelt, und anschließend wird dann die Fundstelle (5 Zeichen) mit dem Datum aus Spalte B über die Tabellenfunktion ERSETZEN ausgetauscht (siehe Abbildung 5.8). Über die Tabellenfunktion TEXT muss die Datumsausgabe noch in das richtige Format gebracht werden. Dazu aber später mehr.

> **Tipp**
>
> Wenn Sie ein Datum in Ihre Bezeichnung aufnehmen, dann sollten Sie das Datum in dem Format »JJJJMMTT« nutzen und an den Anfang des Namens Ihrer Datei oder Ihres Ordners stellen. Dadurch haben Sie die Möglichkeit, Ihre Dateien und Ordner nach Datum zu sortieren.

5.6 Die Tabellenfunktion ERSETZENB

Deutsch:	ERSETZENB
Syntax:	**=ERSETZENB(Alter_Text;Erstes_Zeichen;Anzahl_Bytes; Neuer_Text)**
Englisch:	REPLACEB
Syntax:	**=REPLACEB(old_text,start_num,num_bytes,new_text)**

Double-Byte-Zeichen

Die Tabellenfunktion ERSETZENB funktioniert genauso wie die Tabellenfunktion ERSETZEN, mit der Ausnahme, dass mit dieser Tabellenfunktion auch Double-Byte-Zeichen ersetzt werden können. Jedes Double-Byte-Zeichen wird hier als 2 Zeichen gezählt.

5.7 Die Tabellenfunktion FEST

Deutsch:	FEST
Syntax:	**=FEST(Zahl;Dezimalstellen;Keine_Punkte)**
Englisch:	FIXED
Syntax:	=**FIXED(number,decimal_places,no_commas)**

Mit Hilfe der Tabellenfunktion FEST können Sie eine Zahl als Text mit einer festen Anzahl von Nachkommastellen umwandeln.

Argumente	Inhalte
Zahl	Ist erforderlich; hier geben Sie die Zahl oder einen Bezug zu einer Zelle ein, die Sie runden möchten.
Dezimal-stellen	Ist optional; hier können Sie die Anzahl der Ziffern rechts vom Dezimalkomma festlegen. Wenn dieses Argument mit einem negativen Vorzeichen eingegeben wird, dann werden die Stellen des Arguments Zahl links vom Dezimalkomma gerundet.
Keine Punkte	Ist optional; durch Ihren Eintrag hier können Sie bestimmen, ob bei der Umwandlung Tausenderpunkte eingefügt werden sollen. Wird dieses Argument nicht angegeben, dann werden die Tausenderpunkte automatisch eingefügt. Wird das Argument Keine_Punkte auf den Wert WAHR gesetzt, dann fügt die Tabellenfunktion im Ergebnis keine Tausenderpunkte ein.

Tabelle 5.7 Die Argumente der Funktion FEST

5.7.1 Zahlen in formatierten Text umwandeln

Zahlen in Text umwandeln

Bei der folgenden Aufgabe sollen Zahlen in Text umgewandelt und dabei noch gerundet und mit dem Tausendertrennzeichen ausgestattet werden. Sehen Sie sich vorher Abbildung 5.9 an.

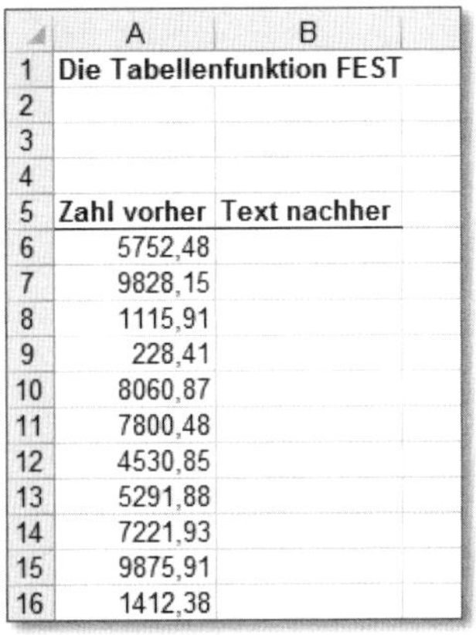

	A	B
1	Die Tabellenfunktion FEST	
2		
3		
4		
5	Zahl vorher	Text nachher
6	5752,48	
7	9828,15	
8	1115,91	
9	228,41	
10	8060,87	
11	7800,48	
12	4530,85	
13	5291,88	
14	7221,93	
15	9875,91	
16	1412,38	

Abbildung 5.9 Diese Zahlen sollen in einen formatierten Text umgewandelt werden.

Um die Zahlen aus Abbildung 5.9 in Texte mit Formatierung zu konvertieren und dabei noch eine Rundung durchzuführen, verfahren Sie folgendermaßen:

1. Markieren Sie den Zellenbereich B6:B16.
2. Erfassen Sie die Formel **=FEST(A6;-1;Falsch)**.
3. Bestätigen Sie die Eingabe der Formel über die Tastenkombination [Strg] + [↵].

B6 =FEST(A6;-1;FALSCH)

	A	B	C	D	E
1	Die Tabellenfunktion FEST				
2					
3					
4					
5	Zahl vorher	Text nachher			
6	5752,48	5.750			
7	9828,15	9.830			
8	1115,91	1.120			
9	228,41	230			
10	8060,87	8.060			
11	7800,48	7.800			
12	4530,85	4.530			
13	5291,88	5.290			
14	7221,93	7.220			
15	9875,91	9.880			
16	1412,38	1.410			
17					
18					

Abbildung 5.10 Die Zahlen wurden in einen lesbaren Text umgewandelt.

10er- und 100er-Basis runden

Indem Sie im zweiten Argument der Tabellenfunktion FEST den Wert »-1« angegeben haben, werden alle Ergebnisse vor dem Komma auf 10er-Basis gerundet (siehe Abbildung 5.10). Soll das Ergebnis auf 100er-Basis gerundet werden, dann geben Sie im zweiten Argument den Wert »-2« an.

5.8 Die Tabellenfunktion FINDEN

Deutsch:	FINDEN
Syntax:	**=FINDEN(Suchtext;Text;Erstes_Zeichen)**
Englisch:	FIND
Syntax:	**=FIND(substring,string,start_position)**

Position des ersten Zeichens

Die Tabellenfunktion FINDEN wird genutzt, um eine Zeichenfolge innerhalb einer anderen Zeichenfolge zu finden. Findet die Tabellenfunktion die gesuchte Zeichenfolge, wird als Ergebnis die Position des ersten Zeichens der gesuchten Zeichenfolge ausgegeben. Die Suche beginnt bei dem ersten Zeichen der Zeichenfolge, in der gesucht wird.

Argumente	Inhalte
Suchtext	Ist erforderlich; das ist die Zeichenfolge, die gesucht wird. Diese kann aus einem oder mehreren Zeichen bestehen.
Text	Ist erforderlich; die Zeichenfolge oder der Text, in dem der Suchtext gesucht werden soll.
Erstes Zeichen	Ist optional; definiert den Startpunkt der Suche innerhalb des Textfeldes. Wenn dieser nicht gefüllt ist, beginnt die Suche bei dem ersten Zeichen.

Tabelle 5.8 Die Argumente der Funktion FINDEN

Sehen Sie sich dazu Abbildung 5.11 an.

	A	B
1	**Die Tabellenfunktion FINDEN**	
2		
3	**Suchtext**	ist
4		
5	**Text**	**Position des Suchtextes**
6	Heute ist schönes Wetter.	
7	Das Wasser ist kalt.	
8	Ich kaufe ein neues Auto	
9	Ist es draußen kalt?	
10		
11		
12		

Abbildung 5.11 Hier soll die Zeichenfolge »ist« gesucht werden.

Um die Tabellenfunktion anzuwenden, verfahren Sie wie folgt:

1. Markieren Sie die Zellen B6:B9.
2. Erfassen Sie die Formel **=FINDEN(»ist«,A6)**.
3. Schließen Sie die Formeleingabe mit der Tastenkombination [Strg] + [↵] ab.

B6 | =FINDEN("ist";A6)

	A	B	C
1	**Die Tabellenfunktion FINDEN**		
2			
3	**Suchtext**	ist	
4			
5	**Text**	**Position des Suchtextes**	
6	Heute ist schönes Wetter.	7	
7	Das Wasser ist kalt.	12	
8	Ich kaufe ein neues Auto	#WERT!	
9	Ist es draußen kalt?	#WERT!	
10			
11			

Abbildung 5.12 Die Zeichenfolge »ist« wurde genau zweimal gefunden.

Sie sehen an dem Ergebnis, dass bei dieser Tabellenfunktion zwischen Groß- und Kleinschreibung unterschieden wird (siehe Abbildung 5.12). Wenn der Suchtext nicht zu 100 % gefunden wird, kommt als Ergebnis #WERT! zurück.

Der Suchtext muss zu 100% übereinstimmen.

Tipp

Anstatt den Suchbegriff per Hand einzugeben, können Sie diesen auch in eine Zelle schreiben und in der Formel auf diese Zelle verweisen. So können Sie sich eine flexible kleine Suche bauen.

5.9 Die Tabellenfunktion FINDENB

Deutsch:	FINDENB
Syntax:	**=FINDENB(Suchtext;Text;Erstes_Zeichen)**
Englisch:	FINDB
Syntax:	**=FINDB(find_text,within_text, start_num)**

Double-Byte-Zeichen

Die Tabellenfunktion FINDENB funktioniert wie die Tabellenfunktion FINDEN. Der einzige Unterschied ist, dass die Tabellenfunktion FINDENB für Sprachen mit dem Double-Byte-Zeichensatz gedacht ist. In dieser Tabellenfunktion wird jedes Double-Byte-Zeichen als 2 Zeichen gezählt, sofern ein Double-Byte-Zeichensatz genutzt wird. Sprachen, die Double-Byte-Zeichensätze nutzen, sind Chinesisch, Japanisch und Koreanisch.

5.10 Die Tabellenfunktion GLÄTTEN

Deutsch:	GLÄTTEN
Syntax:	**=GLÄTTEN(Text)**
Englisch:	TRIM
Syntax:	**=TRIM(text)**

Die Tabellenfunktion GLÄTTEN wird genutzt, um Leerzeichen aus einem vorhandenen Text zu entfernen. Dabei werden die Trennleerzeichen zwischen den einzelnen Wörtern nicht gelöscht.

Argument	Inhalt
Text	Ist erforderlich; beinhaltet entweder den Text, der »geglättet« werden soll, oder einen Zellbezug.

Tabelle 5.9 Das Argument der Funktion GLÄTTEN

Überflüssige Leerzeichen entfernen

In der Praxis kommt es immer wieder vor, dass Texte verarbeitet werden müssen, in denen mehr Leerzeichen vorhanden sind als nötig. Teilweise stehen diese Leerzeichen vor dem eigentlichen Text oder dahinter. Eine mögliche Ursache dafür ist ein Datenabzug aus einem anderen System.

In dem folgenden Beispiel haben wir an unterschiedlichen Stellen innerhalb eines Feldes Leerzeichen eingefügt. Schauen Sie sich Abbildung 5.13 an.

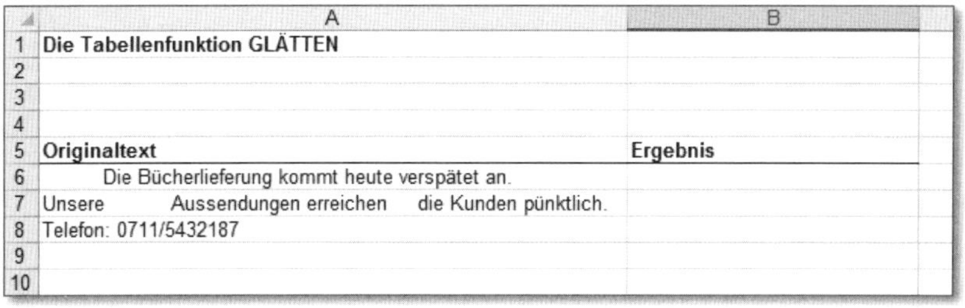

Abbildung 5.13 Hier müssen die Leerzeichen entfernt werden.

Gehen Sie wie folgt vor:

1. Markieren Sie den Ergebnisbereich B6:B8.
2. Erfassen Sie die Formel **=GLÄTTEN(A6)**.
3. Beenden Sie Ihre Eingabe mit der Tastenkombination Strg + ↵.

Das Ergebnis sehen Sie in Abbildung 5.14.

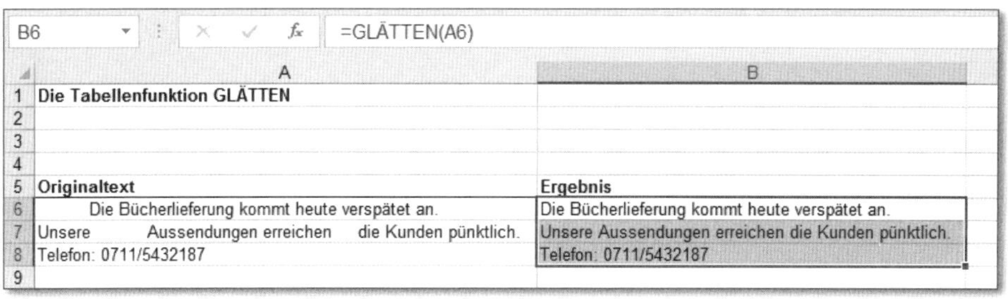

Abbildung 5.14 Die jeweiligen Texte wurden mit der Tabellenfunktion GLÄTTEN bearbeitet.

5.11 Die Tabellenfunktion GROSS

Deutsch:	GROSS
Syntax:	**=GROSS(Text)**
Englisch:	UPPER
Syntax:	**=PROPER(text)**

Großbuchstaben erzeugen

Die Tabellenfunktion GROSS wir genutzt, um klein geschriebene Zeichen in Großbuchstaben umzuwandeln.

Argument	Inhalt
Text	Ist erforderlich; beinhaltet entweder den Text, der groß geschrieben werden soll, oder einen Zellbezug zu einer Zelle, deren Inhalt groß geschrieben werden soll.

Tabelle 5.10 Das Argument der Funktion GROSS

An dem folgenden Beispiel können Sie den Einsatz dieser Tabellenfunktion üben. Schauen Sie sich dazu Abbildung 5.15 an.

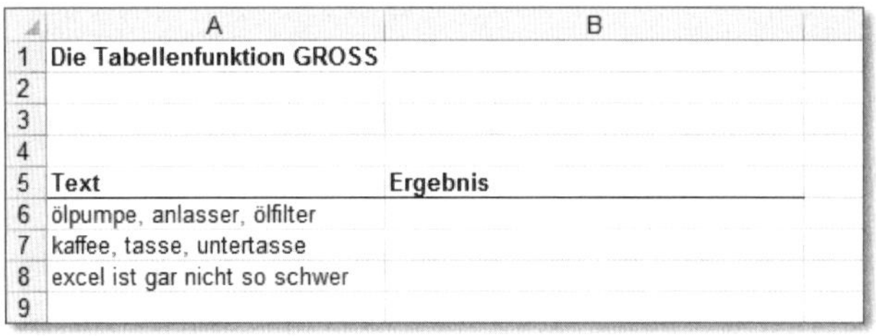

	A	B
1	Die Tabellenfunktion GROSS	
2		
3		
4		
5	Text	Ergebnis
6	ölpumpe, anlasser, ölfilter	
7	kaffee, tasse, untertasse	
8	excel ist gar nicht so schwer	
9		

Abbildung 5.15 Diese Texte sollen alle groß geschrieben werden.

Um die Tabellenfunktion jetzt zu nutzen, verfahren Sie wie folgt:

1. Markieren Sie den Ergebnisbereich B6:B8.
2. Erfassen Sie die Formel **=GROSS(A6)**.
3. Schließen Sie die Formeleingabe mit der Tastenkombination [Strg] + [↵] ab.

Die jetzt erzeugten groß geschriebenen Texte (B6:B8) sind das Ergebnis einer Formel. Sobald die Formel gelöscht oder verändert wird, ist der groß geschriebene Begriff weg.

Formelergebnis in einen festen Wert verwandeln

Sie können das Formelergebnis in einen festen Wert verwandeln, indem Sie wie folgt verfahren:

1. Markieren Sie den Ergebnisbereich B6:B8.
2. Positionieren Sie den Mauszeiger auf dem rechten Rand der Markierung.
3. Drücken Sie die rechte Maustaste, und halten Sie diese gedrückt.
4. Ziehen Sie die Markierung eine Spalte nach rechts und sofort wieder zurück.

5. Im Anschluss daran öffnet sich ein Fenster mit diversen Auswahlmöglichkeiten (siehe Abbildung 5.16).

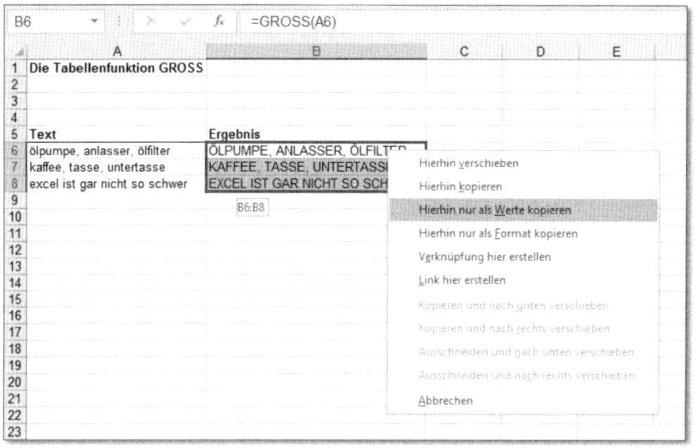

Abbildung 5.16 So können Formeln in Werte umgewandelt werden.

6. Wählen Sie hier HIERHIN NUR ALS WERTE KOPIEREN, und die Formeln werden zu festen Werten umgewandelt.

5.12 Die Tabellenfunktion GROSS2

Deutsch:	GROSS2
Syntax:	**=GROSS2(Text)**
Englisch:	UPPER2
Syntax:	**=UPPER2(text)**

Das erste Zeichen eines Wortes großschreiben

Die Tabellenfunktion GROSS2 funktioniert ähnlich wie die Tabellenfunktion GROSS, mit einer wichtigen Unterscheidung: Die Tabellenfunktion GROSS2 schreibt nur jeweils das erste Zeichen eines Wortes groß (siehe Abbildung 5.17).

Argument	Inhalt
Text	Ist erforderlich; beinhaltet entweder den Text, der großgeschrieben werden soll, oder einen Zellbezug zu einer Zelle, deren Inhalt großgeschrieben werden soll.

Tabelle 5.11 Das Argument der Funktion GROSS2

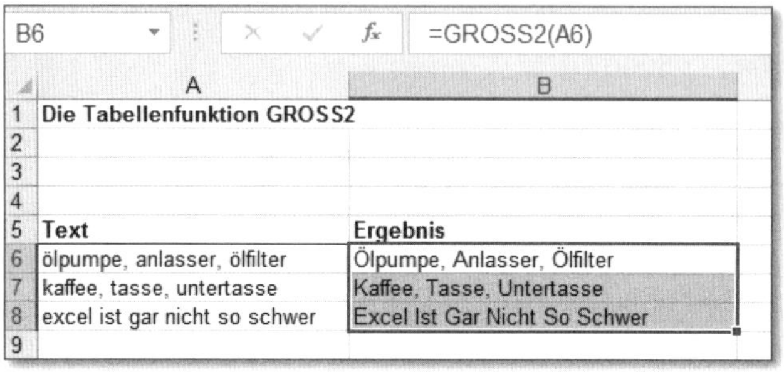

B6 =GROSS2(A6)

	A	B
1	**Die Tabellenfunktion GROSS2**	
2		
3		
4		
5	**Text**	**Ergebnis**
6	ölpumpe, anlasser, ölfilter	Ölpumpe, Anlasser, Ölfilter
7	kaffee, tasse, untertasse	Kaffee, Tasse, Untertasse
8	excel ist gar nicht so schwer	Excel Ist Gar Nicht So Schwer
9		

Abbildung 5.17 GROSS2 schreibt nur jeweils den ersten Buchstaben eines Wortes groß.

5.13 Die Tabellenfunktion IDENTISCH

Deutsch:	IDENTISCH
Syntax:	**=IDENTISCH(Text1;Text2)**
Englisch:	EXACT
Syntax:	**=EXACT(text1,text2)**

100%ige Gleichheit

Die Tabellenfunktion IDENTISCH vergleicht eine Zeichenfolge mit einer anderen. Wenn eine 100%ige Gleichheit festgestellt wird, gibt sie den Wert WAHR zurück. Wenn die Zeichenfolgen nicht identisch sind, erhalten Sie FALSCH als Ergebnis.

Argumente	Inhalte
Text1	Ist erforderlich; Zeichenfolge oder Bezug zu einer Zelle.
Text2	Ist erforderlich; Zeichenfolge oder Bezug zu einer Zelle.

Tabelle 5.12 Die Argumente der Funktion IDENTISCH

Die Tabellenfunktion IDENTISCH beachtet – genauso wie die Tabellenfunktion FINDEN oder FINDENB – die Groß- bzw. Kleinschreibung der beiden Texte.

Zum besseren Verständnis sehen Sie sich das folgende Beispiel in Abbildung 5.18 an.

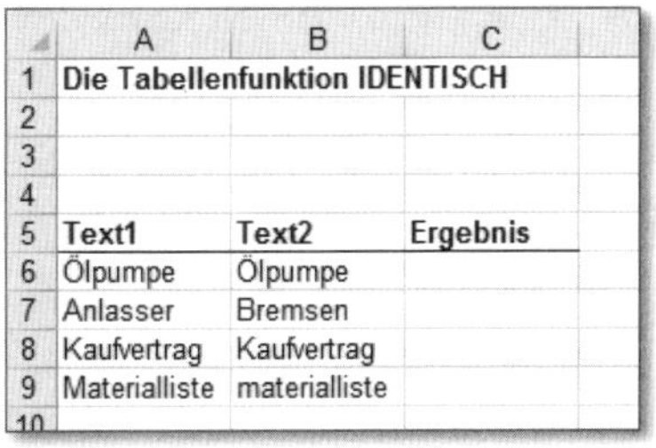

Abbildung 5.18 Sind diese beiden Texte identisch oder nicht?

Um jetzt die Prüfung durchzuführen, verfahren Sie wie folgt:

1. Markieren Sie den Ergebnisbereich C6:C9.
2. Erfassen Sie Die Formel **=IDENTISCH(A6;B6)**.
3. Beenden Sie die Formeleingabe durch Drücken der Tastenkombination [Strg] + [↵].

Abbildung 5.19 zeigt das Ergebnis.

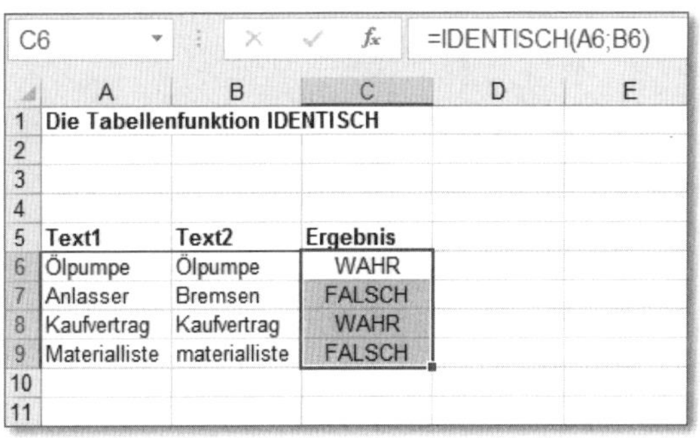

Abbildung 5.19 Es sind nicht alle Werte identisch.

5.14 Die Tabellenfunktion KLEIN

Deutsch:	KLEIN
Syntax:	**=KLEIN(Text)**
Englisch:	LOWER
Syntax:	**=LOWER(text)**

Mit Hilfe der Tabellenfunktion KLEIN können Sie einen Text in Kleinbuchstaben umwandeln.

Argument	Inhalt
Text	Ist erforderlich; Zeichenfolge (Text) oder Bezug zu einer Zelle.

Tabelle 5.13 Das Argument der Funktion KLEIN

In Kleinbuchstaben konvertieren

Liegt beispielsweise ein Artikelstamm, den Sie aus einer anderen Anwendung in Excel importiert haben, in Großbuchstaben vor, dann können Sie diesen Artikelstamm ohne große Mühe in Kleinbuchstaben konvertieren. Abbildung 5.20 zeigt die Ausgangslage eines Beispiels.

	A	B
1	Die Tabellenfunktion KLEIN	
2		
3		
4		
5	Artikel	neue Artikelbezeichnung
6	ÖLFILTER	
7	LUFTPUMPE	
8	SCHEIBENKLAR	
9	GLÜHBIRNE	
10	ANLASSER	
11	VENTIL	
12	REIFEN	
13	GETRIEBE	
14		
15		
16		
17		
18		
19		
20		
21		
22		
23		
24		
25		

Abbildung 5.20 In Excel importierte Bezeichnungen

Konvertieren Sie nun die Daten aus Spalte A in Kleinbuchstaben, und fügen Sie die neuen Artikelbezeichnungen in Spalte B ein.

1. Markieren Sie den Zellenbereich B6:B13.
2. Erfassen Sie die Formel **=KLEIN(A6)**.
3. Bestätigen Sie die Eingabe der Formel mit der Tastenkombination [Strg] + [↵].

Das Ergebnis der Umwandlung sehen Sie in Abbildung 5.21.

Abbildung 5.21 Alle Bezeichnungen wurden in Kleinbuchstaben umgesetzt.

5.15 Die Tabellenfunktion LÄNGE

Deutsch:	LÄNGE
Syntax:	**=LÄNGE**
Englisch:	LEN
Syntax:	**=LEN(text)**

Die Tabellenfunktion LÄNGE können Sie nutzen, um die Länge der jeweiligen Zellinhalte festzustellen.

Argument	Inhalt
Text	Ist erforderlich; das Argument Text beinhaltet entweder den zu prüfenden Text oder aber einen Zellbezug.

Tabelle 5.14 Das Argument der Funktion LÄNGE

Länge von Zellinhalten bestimmen

Stellen Sie sich vor, Sie haben eine Adressliste in Excel erstellt. Diese wollen Sie jetzt in ein anderes Programm übertragen. Leider sind in diesem anderen Programm die Spaltengrößen fest definiert. Das würde bedeuten, dass Texte, die zu lang sind, Fehler produzieren würden. Um zu prüfen, ob Ihre Excel-Datei geladen werden kann, verwenden Sie die Tabellenfunktion LÄNGE. Abbildung 5.22 zeigt die Situation in einem Beispiel.

	A	B	C
1	**Die Tabellenfunktion LÄNGE**		
2			
3			
4			
5	**Namen**	**Straße**	**PLZ / Ort**
6	Thorben Schmidt	Landsberger Allee 34	08125 Mosel
7	Stefan Groß	Koepenicker Str. 14	68519 Viernheim
8	Gabi Wiesen	Inge Beisheim Platz 59	27632 Padingbüttel
9	Karin Pahl	Brandenburgische Straße 49	26605 Naumburg
10	Charles Welke	Charlottenstrasse 51	41749 Viersen Hagenbroich
11	Simone Michelsen	Spresstrasse 95	10787 Berlin Schöneberg
12	Christian Peters	Luebecker Strasse 59	41749 Viersen Hagenbroich
13	Peter Peters	Reeperbahn 26	41468 Neuss Gnadental
14	David Wiesen	Brandenburgische Straße 49	27632 Padingbüttel
15	Marek Hagen	Schönwalder Allee 96	09204 Limbach-Oberfrohna
16	Charles Heller	Spresstrasse 95	61194 Niddatal
17	Martin Schulz	Gotzkowskystraße 35	08125 Mosel
18	Petra Lammert	Prenzlauer Allee 98	83713 Miesbach
19	Christian Meier	Schönwalder Allee 50	89285 Bellenberg
20	Bernd Voigt	Gotzkowskystraße 35	68519 Viernheim

Abbildung 5.22 Die Excel-Liste soll in ein anderes Programm geladen werden.

Textlänge

Um die jeweilige Textlänge der Namen in Spalte A zu prüfen, verfahren Sie wie folgt (siehe Abbildung 5.23):

1. Markieren Sie den Zeilenbereich D6:D20.
2. Erfassen Sie die Formel **=LÄNGE(A6)**.
3. Beenden Sie die Formeleingabe durch die Tastenkombination Strg + ↵.

D6 =LÄNGE(A6)

	A	B	C	D
1	**Die Tabellenfunktion LÄNGE**			
2				
3	Maximale Länge	25		
4				
5	**Namen**	**Straße**	**PLZ / Ort**	**Länge Namen**
6	Thorben Schmidt	Landsberger Allee 34	08125 Mosel	15
7	Stefan Groß	Koepenicker Str. 14	68519 Viernheim	11
8	Gabi Wiesen	Inge Beisheim Platz 59	27632 Padingbüttel	11
9	Karin Pahl	Brandenburgische Straße 49	26605 Naumburg	10
10	Charles Welke	Charlottenstrasse 51	41749 Viersen Hagenbroich	13
11	Simone Michelsen	Spresstrasse 95	10787 Berlin Schöneberg	16
12	Christian Peters	Luebecker Strasse 59	41749 Viersen Hagenbroich	16
13	Peter Peters	Reeperbahn 26	41468 Neuss Gnadental	12
14	David Wiesen	Brandenburgische Straße 49	27632 Padingbüttel	12
15	Marek Hagen	Schönwalder Allee 96	09204 Limbach-Oberfrohna	11
16	Charles Heller	Spresstrasse 95	61194 Niddatal	14
17	Martin Schulz	Gotzkowskystraße 35	08125 Mosel	13
18	Petra Lammert	Prenzlauer Allee 98	83713 Miesbach	13
19	Christian Meier	Schönwalder Allee 50	89285 Bellenberg	15
20	Bernd Voigt	Gotzkowskystraße 35	68519 Viernheim	11
21				

Abbildung 5.23 Sie haben jetzt die jeweilige Länge der Namen ermittelt.

Um diese Formel jetzt auch auf die Spalten E und F zu kopieren, können Sie so vorgehen:

1. Markieren Sie den Ergebnisbereich D6:D20.
2. Klicken Sie das AUSFÜLLKÄSTCHEN an und halten Sie es gedrückt (siehe Abbildung 5.24).

Ausfüllkästchen

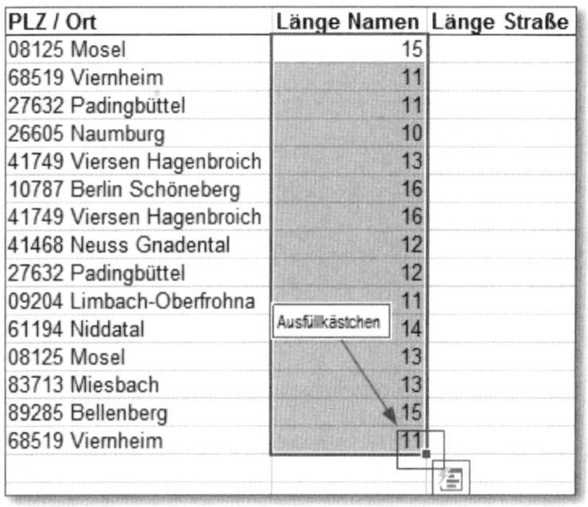

PLZ / Ort	Länge Namen	Länge Straße
08125 Mosel	15	
68519 Viernheim	11	
27632 Padingbüttel	11	
26605 Naumburg	10	
41749 Viersen Hagenbroich	13	
10787 Berlin Schöneberg	16	
41749 Viersen Hagenbroich	16	
41468 Neuss Gnadental	12	
27632 Padingbüttel	12	
09204 Limbach-Oberfrohna	11	
61194 Niddatal	14	
08125 Mosel	13	
83713 Miesbach	13	
89285 Bellenberg	15	
68519 Viernheim	11	

Abbildung 5.24 Ausfüllkästchen, anklicken und Maustaste gedrückt halten

3. Ziehen Sie nun das Ausfüllkästchen in die Spalten E und F.

Jetzt liegt das Ergebnis vor: Bei einer angenommenen maximalen Textlänge von 25 Zeichen werden wir Probleme bei den Straßennamen der Zeilen 9 und 14 kriegen. Dort beträgt die Zeichenlänge jeweils 26 Zeichen (siehe Abbildung 5.25).

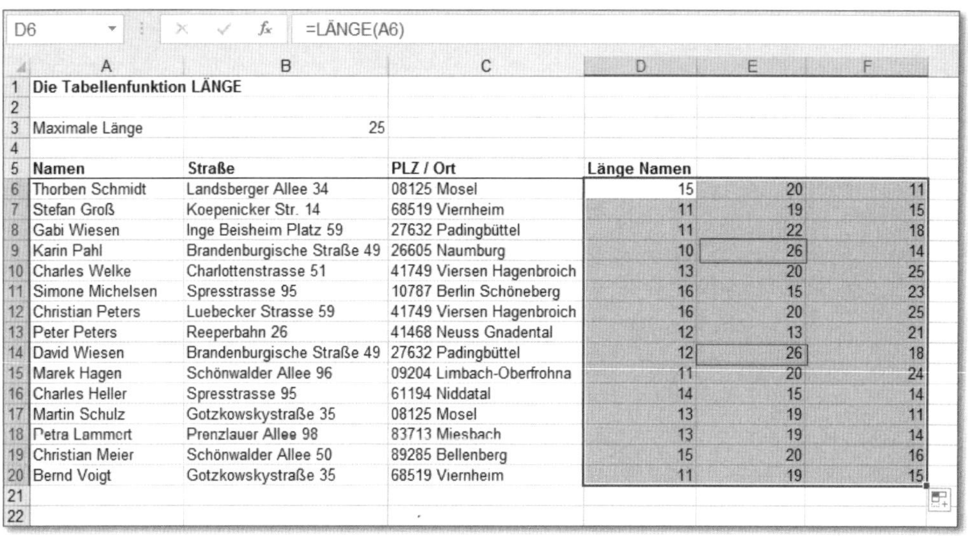

D6 =LÄNGE(A6)

	A	B	C	D	E	F
1	Die Tabellenfunktion LÄNGE					
2						
3	Maximale Länge	25				
4						
5	Namen	Straße	PLZ / Ort	Länge Namen		
6	Thorben Schmidt	Landsberger Allee 34	08125 Mosel	15	20	11
7	Stefan Groß	Koepenicker Str. 14	68519 Viernheim	11	19	15
8	Gabi Wiesen	Inge Beisheim Platz 59	27632 Padingbüttel	11	22	18
9	Karin Pahl	Brandenburgische Straße 49	26605 Naumburg	10	26	14
10	Charles Welke	Charlottenstrasse 51	41749 Viersen Hagenbroich	13	20	25
11	Simone Michelsen	Spresstrasse 95	10787 Berlin Schöneberg	16	15	23
12	Christian Peters	Luebecker Strasse 59	41749 Viersen Hagenbroich	16	20	25
13	Peter Peters	Reeperbahn 26	41468 Neuss Gnadental	12	13	21
14	David Wiesen	Brandenburgische Straße 49	27632 Padingbüttel	12	26	18
15	Marek Hagen	Schönwalder Allee 96	09204 Limbach-Oberfrohna	11	20	24
16	Charles Heller	Spresstrasse 95	61194 Niddatal	14	15	14
17	Martin Schulz	Gotzkowskystraße 35	08125 Mosel	13	19	11
18	Petra Lammert	Prenzlauer Allee 98	83713 Miesbach	13	19	14
19	Christian Meier	Schönwalder Allee 50	89285 Bellenberg	15	20	16
20	Bernd Voigt	Gotzkowskystraße 35	68519 Viernheim	11	19	15
21						
22						

Abbildung 5.25 Das Ergebnis der Tabellenfunktion LÄNGE

5.16 Die Tabellenfunktion LÄNGEB

Deutsch:	LÄNGEB
Syntax:	**=LÄNGEB(Text)**
Englisch:	LENB
Syntax:	**=LENB(text)**

Double-Byte-Zeichen

Die Tabellenfunktion LÄNGEB funktioniert wie die Tabellenfunktion LÄNGE. Der einzige Unterschied ist, dass die Tabellenfunktion LÄNGEB für Sprachen mit dem Double-Byte-Zeichensatz gedacht ist.

5.17 Die Tabellenfunktion LINKS

Deutsch:	LINKS
Syntax:	**=LINKS(Text;Anzahl_Zeichen)**
Englisch:	LEFT
Syntax:	**=LEFT(text,number_of_characters)**

Vom linken Rand eines Textes

Mit Hilfe der Tabellenfunktion LINKS lassen sich Texte bearbeiten. Dabei wird vom linken Rand eines Textes eine bestimmte Anzahl von Zeichen übertragen.

Argumente	Inhalte
Text	Ist erforderlich; hier ist die Zeichenfolge bzw. der Zellinhalt gemeint, der übertragen werden soll.
Anzahl Zeichen	Ist erforderlich; hier geben Sie an, wie viele Zeichen, vom linken Rand aus gesehen, übertragen werden sollen.

Tabelle 5.15 Die Argumente der Funktion LINKS

5.17.1 Zellinhalte extrahieren

Zeichen übertragen

Im ersten Beispiel zur Tabellenfunktion LINKS soll eine Spalte, die sowohl die Kostenstellen als auch eine Kontierung enthält, auseinandergenommen werden. Dabei soll die Kostenstelle in Spalte B eingefügt werden (siehe Abbildung 5.26). In unserem Beispiel hat die Kostenstelle eine Länge von 4 Zeichen.

	A	B
1	Die Tabellenfunktion LINKS	
2		
3		
4		
5	Kst. / Kontierung	KST
6	4655544567	
7	6035807342	
8	7048061052	
9	7697253496	
10	6336337893	
11	7083802617	
12	6908025697	
13	7678185025	
14	7259595814	
15	5947418838	
16	7163326884	
17	5009395274	
18	8512203156	
19	8352855258	
20	6112839244	
21		

Abbildung 5.26 Noch sind Kst. und Kontierung zusammen.

1. Markieren Sie den Ergebnisbereich B6:B20.
2. Erfassen Sie die Formel **=LINKS(A6;4)**.
3. Beenden Sie die Formelerfassung durch Drücken der Tastenkombination [Strg] + [↵], und Spalte B wird gefüllt (siehe Abbildung 5.27).

B6 | =LINKS(A6;4)

	A	B	C
1	Die Tabellenfunktion LINKS		
2			
3			
4			
5	Kst. / Kontierung	KST	
6	4655544567	4655	
7	6035807342	6035	
8	7048061052	7048	
9	7697253496	7697	
10	6336337893	6336	
11	7083802617	7083	
12	6908025697	6908	
13	7678185025	7678	
14	7259595814	7259	
15	5947418838	5947	
16	7163326884	7163	
17	5009395274	5009	
18	8512203156	8512	
19	8352855258	8352	
20	6112839244	6112	
21			

Abbildung 5.27 Die Kostenstellen sind jetzt auch in der richtigen Spalte vorhanden.

5.17.2 Bestimmte Längen variabel übertragen

Abhängigkeit von der Länge eines Textes

Beim vorherigen Beispiel wurden immer genau 4 Zeichen übertragen. Oft müssen aber auch in Abhängigkeit von der Länge eines Textes bzw. eines Zellwertes Daten übertragen werden. Im folgenden Beispiel liegt eine Liste mit Artikelnummern vor. Dabei sollen nun die unterschiedlich langen Artikelnummern jeweils bis zum vorletzten Zeichen in die Nebenspalte übertragen werden. Sehen Sie sich dazu einmal Abbildung 5.28 an.

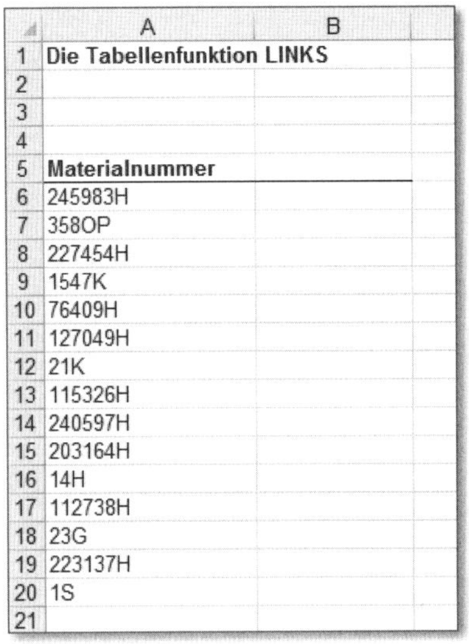

	A	B
1	**Die Tabellenfunktion LINKS**	
2		
3		
4		
5	**Materialnummer**	
6	245983H	
7	358OP	
8	227454H	
9	1547K	
10	76409H	
11	127049H	
12	21K	
13	115326H	
14	240597H	
15	203164H	
16	14H	
17	112738H	
18	23G	
19	223137H	
20	1S	
21		

Abbildung 5.28 Ausgangsbasis

Um nun die Artikelnummern aus Spalte A, wie vorher beschrieben, in die Spalte B zu übertragen, verfahren Sie wie folgt:

1. Markieren Sie den Zellenbereich B6:B20.
2. Erfassen Sie die Formel **=LINKS(A6;LÄNGE(A6)-1)**.
3. Bestätigen Sie die Eingabe über die Tastenkombination [Strg] + [↵].

Das Ergebnis finden Sie in Abbildung 5.29.

Tabellenfunktion LÄNGE

In diesem Beispiel wurde die Tabellenfunktion LÄNGE eingesetzt. Diese Tabellenfunktion gibt Ihnen die Anzahl der Zeichen in einer Zelle oder auch in einem Text zurück. So meldet die Formel **=LÄNGE("Das ist ein etwas längerer Satz!")** zum Beispiel den Wert 32 zurück. Diese Tabellenfunktion wird sehr oft in Verbindung mit anderen Tabellenfunktionenen eingesetzt. Beispiele hierfür werden Sie im Buch noch sehr viele entdecken.

B6 =LINKS(A6;LÄNGE(A6)-1)

	A	B	C	D
1	**Die Tabellenfunktion LINKS**			
2				
3				
4				
5	**Materialnummer**			
6	245983H	245983		
7	358OP	358O		
8	227454H	227454		
9	1547K	1547		
10	76409H	76409		
11	127049H	127049		
12	21K	21		
13	115326H	115326		
14	240597H	240597		
15	203164H	203164		
16	14H	14		
17	112738H	112738		
18	23G	23		
19	223137H	223137		
20	1S	1		
21				

Abbildung 5.29 Die Buchstaben wurden entfernt.

5.17.3 Vornamen extrahieren

Vornamen extrahieren

Beim nächsten Beispiel liegt eine Tabelle mit Namen vor. Dabei wurde in Spalte A sowohl der Vorname als auch der Nachname eingegeben. Ihre Aufgabe besteht nun darin, die Vornamen aus Spalte A zu extrahieren und in Spalte B zu überführen. Sehen Sie sich aber zunächst die Ausgangstabelle in Abbildung 5.30 an.

	A	B
1	**Die Tabellenfunktion LINKS**	
2		
3		
4		
5	**Vorname / Zuname**	**Vorname**
6	Hans Voigt	
7	Gabi Welke	
8	Detlef Voigt	
9	Gabi Winkler	
10	Gabi Winkler	
11	Petra Altmann	
12	Petra Pahl	
13	Detlef Holmes	
14	Thorben Klein	
15	Thomas Winkler	
16	Bjoern Scott	
17	Stefan Groß	
18	Marek Landsknecht	
19	Peter Hagen	
20	Andreas Schmidt	
21		

Abbildung 5.30 Diese Namensliste soll bearbeitet werden.

Um die Vornamen aus Spalte A in Spalte B zu übertragen, befolgen Sie die nächsten Arbeitsschritte:

1. Markieren Sie den Zellenbereich B6:B20.
2. Erfassen Sie die Formel **=LINKS(A6;SUCHEN(" ";A6)-1)**.
3. Bestätigen Sie die Eingabe über die Tastenkombination [Strg] + [↵].

Die gelungene Extraktion zeigt Abbildung 5.31.

B6 =LINKS(A6;SUCHEN(" ";A6)-1)

	A	B	C	D	E
1	**Die Tabellenfunktion LINKS**				
2					
3					
4					
5	**Vorname / Zuname**	**Vorname**			
6	Hans Voigt	Hans			
7	Gabi Welke	Gabi			
8	Detlef Voigt	Detlef			
9	Gabi Winkler	Gabi			
10	Gabi Winkler	Gabi			
11	Petra Altmann	Petra			
12	Petra Pahl	Petra			
13	Detlef Holmes	Detlef			
14	Thorben Klein	Thorben			
15	Thomas Winkler	Thomas			
16	Bjoern Scott	Bjoern			
17	Stefan Groß	Stefan			
18	Marek Landsknecht	Marek			
19	Peter Hagen	Peter			
20	Andreas Schmidt	Andreas			
21					

Abbildung 5.31 Die Vornamen wurden extrahiert.

Festwerte erzeugen

Hinweis

Um nun die in Spalte B verwendeten Formeln in Festwerte umzuwandeln, können Sie mit der rechten Maustaste auf den rechten Rand der Markierung klicken, die Maustaste gedrückt halten, die Markierung kurz nach rechts und wieder zurück nach links ziehen, die Maustaste wieder loslassen und aus dem Kontextmenü den Befehl HIERHIN NUR ALS WERTE KOPIEREN auswählen.

SUCHEN

In diesem Beispiel wurde die Tabellenfunktion SUCHEN eingesetzt, um die Stelle des Leerzeichens in Spalte A zu ermitteln. Die Syntax der Tabellenfunktion SUCHEN lautet:

=SUCHEN(Suchtext;Text;Erstes_Zeichen)

Argument	Inhalte
Suchtext	Ist erforderlich; das Argument Suchtext ist der Text, nach dem Sie suchen möchten. Eine als Suchtext angegebene Zeichenfolge kann die Platzhalterzeichen Fragezeichen (?) und Sternchen (*) enthalten. Ein Fragezeichen ersetzt ein Zeichen, ein Sternchen ersetzt eine beliebige Zeichenfolge. Suchen Sie nach einem Fragezeichen oder Sternchen, müssen Sie vor dem zu suchenden Zeichen eine Tilde (~) eingeben. Im letzten Beispiel war das das Leerzeichen.
Text	Ist erforderlich; das Argument Text ist der Text bzw. die Zelle, in dem bzw. der Sie nach Suchtext suchen möchten.
Erstes Zeichen	Ist erforderlich; im Argument Erstes_Zeichen ist die Nummer des Zeichens im Text gemeint, ab der Sie mit der Suche beginnen möchten. Dieses Argument wurde im letzten Beispiel nicht gebraucht, daher erfolgte die Suche beim ersten Zeichen in der jeweiligen Zelle.

Tabelle 5.16 Die Argumente der Funktion SUCHEN

Wenn Sie beispielsweise die Formel **=SUCHEN(" ";A6)** einsetzen, dann meldet Ihnen diese Formel den Wert 5 zurück, das heißt, die Stelle des Leerzeichens im Text »Hans Voigt« ist die Stelle 5.

5.18 Die Tabellenfunktion LINKSB

Deutsch:	LINKSB
Syntax:	**=LINKSB(Text;Anzahl_Bytes)**
Englisch:	LEFTB
Syntax:	**=LEFTB(text,num_bytes)**

Double-Byte-Zeichen

Diese Tabellenfunktion funktioniert bei Sprachen, die einen Double-Byte-Zeichensatz verwenden. Das sind zum Beispiel Chinesisch, Japanisch oder Koreanisch.

Argumente	Inhalte
Text	Ist erforderlich; enthält entweder die Zeichenfolge, die extrahiert werden soll, oder einen Zellbezug.
Anzahl Bytes	Ist erforderlich; gibt die Anzahl der Zeichen an, die links extrahiert werden sollen.

Tabelle 5.17 Die Argumente der Funktion LINKSB

5.19 Die Tabellenfunktion PHONETIC

Deutsch:	PHONETIC
Syntax:	**=PHONETIC(Bezug)**
Englisch:	PHONETIC
Syntax:	**=PHONETIC(reference)**

Phonetische Zeichen

Bei dieser Tabellenfunktion werden die phonetischen (Furigana-)Zeichen aus einer Textzeichenfolge extrahiert.

Argument	Inhalt
Bezug	Ist erforderlich; eine Textzeichenfolge oder ein Verweis auf eine einzelne Zelle bzw. einen Zellenbereich, die bzw. der eine Furigana-Textzeichenfolge enthält.

Tabelle 5.18 Das Argument der Funktion PHONETIC

Bei Furigana-Zeichen handelt es sich um japanische Zeichen.

5.20 Die Tabellenfunktion RECHTS

Deutsch:	RECHTS
Syntax:	**=RECHTS(Text;Anzahl_Zeichen)**

Englisch:	RIGHT
Syntax:	**=RIGHT(text,number_of_characters)**

Vom rechten Rand eines Textes

Mit Hilfe der Tabellenfunktion RECHTS lassen sich Texte bearbeiten. Dabei wird vom rechten Rand eines Textes eine bestimmte Anzahl von Zeichen übertragen.

Argument	Inhalt
Text	Ist erforderlich; beinhaltet entweder die Zeichenfolge, die bearbeitet werden soll, oder einen Zellbezug.
Anzahl Zeichen	Ist erforderlich; hier wird die Anzahl der Zeichen angegeben, die, vom rechten Rand aus gesehen, übertragen werden sollen.

Tabelle 5.19 Die Argumente der Funktion RECHTS

5.20.1 Auf Minuszeichen prüfen

Zahlenwerte mit einem Minuszeichen

Im ersten Beispiel zur Tabellenfunktion RECHTS wird eine Liste mit Daten überarbeitet. Dabei sind in Spalte A unter anderem Zahlenwerte enthalten, die ein Minuszeichen am rechten Rand der Zelle stehen haben. Mit diesen Zahlenwerten kann Excel nichts anfangen, da sie als Texte interpretiert werden. Sehen Sie sich zur Verdeutlichung einmal Abbildung 5.32 an.

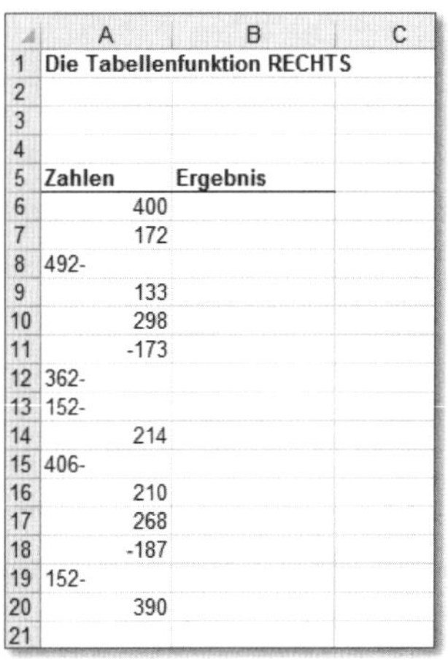

	A	B	C
1	Die Tabellenfunktion RECHTS		
2			
3			
4			
5	Zahlen	Ergebnis	
6	400		
7	172		
8	492-		
9	133		
10	298		
11	-173		
12	362-		
13	152-		
14	214		
15	406-		
16	210		
17	268		
18	-187		
19	152-		
20	390		
21			

Abbildung 5.32 Die ungültigen Daten sollen gekennzeichnet werden.

Ungültige Daten kennzeichnen

Um jetzt die ungültigen Daten zu kennzeichnen, verfahren Sie wie folgt:

1. Markieren Sie den Zellenbereich B6:B20.
2. Erfassen Sie die Formel:
   =WENN(RECHTS(A6;1)="-";"Ungültiger Wert!";A6)
3. Bestätigen Sie die Eingabe über die Tastenkombination [Strg] + [↵].

Wie das im Beispiel aussieht, zeigt Abbildung 5.33.

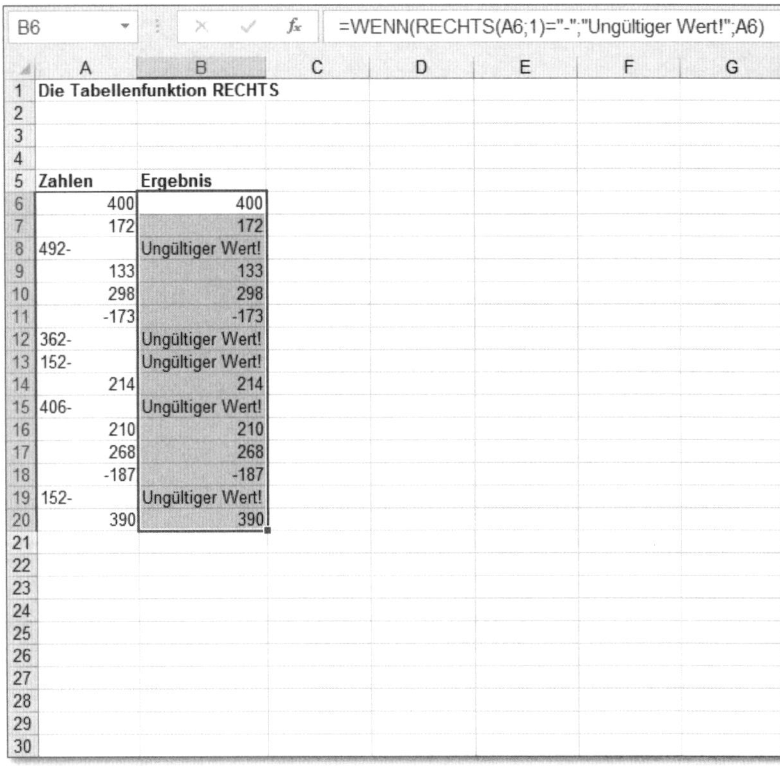

Abbildung 5.33 Die ungültigen Werte wurden gekennzeichnet.

Ungültige Werte umwandeln

Möchten Sie noch einen Schritt weitergehen und die ungültigen Werte umwandeln, so dass das Minuszeichen nach vorne gesetzt wird, dann befolgen Sie die nächsten Arbeitsschritte:

1. Markieren Sie den Zellenbereich B6:B20.
2. Erfassen Sie die Formel:
   =WENN(RECHTS(A6;1)="-";("-"&LINKS(A6;LÄNGE(A6)-1))*1;A6)
3. Bestätigen Sie die Eingabe über die Tastenkombination [Strg] + [↵]. Nun sitzen die Minuszeichen dort, wo sie hingehören (siehe Abbildung 5.34).

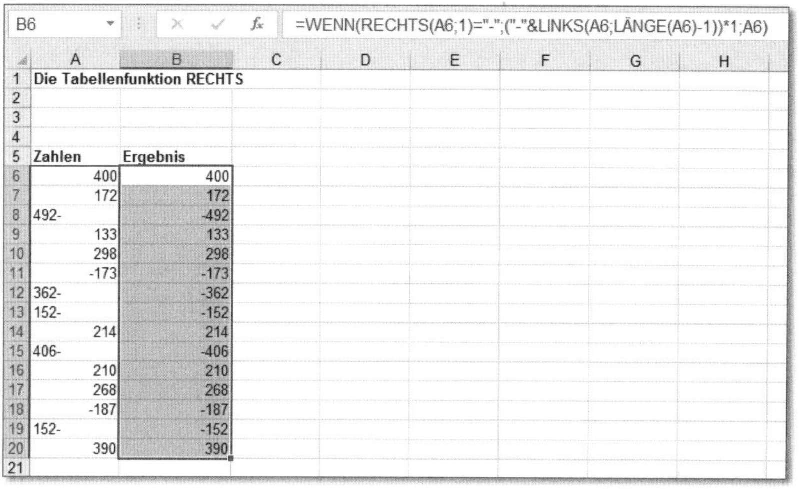

B6 | =WENN(RECHTS(A6;1)="-";("-"&LINKS(A6;LÄNGE(A6)-1))*1;A6)

	A	B	C	D	E	F	G	H
1	**Die Tabellenfunktion RECHTS**							
2								
3								
4								
5	**Zahlen**	**Ergebnis**						
6	400	400						
7	172	172						
8	492-	-492						
9	133	133						
10	298	298						
11	-173	-173						
12	362-	-362						
13	152-	-152						
14	214	214						
15	406-	-406						
16	210	210						
17	268	268						
18	-187	-187						
19	152-	-152						
20	390	390						
21								

Abbildung 5.34 Das Minuszeichen an den linken Rand befördern

Zusammenspiel der einzelnen Tabellenfunktionen

An diesem Beispiel können Sie sehr gut erkennen, wie das Zusammenspiel der einzelnen Tabellenfunktionen miteinander das gewünschte Ergebnis bringt. In dem Fall, dass am rechten Rand der Zelle ein Minuszeichen erkannt wird, muss im ersten Schritt ein Minuszeichen an den linken Zellenrand eingefügt werden. Dazu setzen Sie das Minuszeichen gleich in Anführungszeichen und setzen den Verkettungsoperator & ein, um den nächsten Teil der Formel zu erfassen. Jetzt holen Sie sich mit Hilfe der Tabellenfunktion LINKS vom linken Rand der Zelle die einzelnen Zeichen, bis auf das letzte Zeichen, da dieses ein Minuszeichen ist und daher nicht gebraucht wird. Multiplizieren Sie den kompletten Teil noch mit dem Multiplikator 1, damit Excel diesen Text in eine gültige Zahl umwandeln kann.

5.20.2 Nachnamen extrahieren – Variante I

Nachnamen extrahieren

Erinnern Sie sich an die Namensliste aus Abbildung 5.31 in diesem Kapitel? In Spalte A waren Vor- sowie Nachnamen eingegeben worden. Die Vornamen wurden bereits mit Hilfe der Tabellenfunktion LINKS sowie der Tabellenfunktion SUCHEN in Spalte B übertragen. Ergänzen Sie nun noch die Spalte C um die Nachnamen, und gehen Sie dabei wie folgt vor:

1. Markieren Sie den Zellenbereich C6:C20.
2. Erfassen Sie die Formel **=RECHTS(A6;LÄNGE(A6)-(SUCHEN(" ";A6)))**.
3. Bestätigen Sie die Eingabe über die Tastenkombination [Strg] + [↵].

In Abbildung 5.35 sehen Sie das Ergebnis.

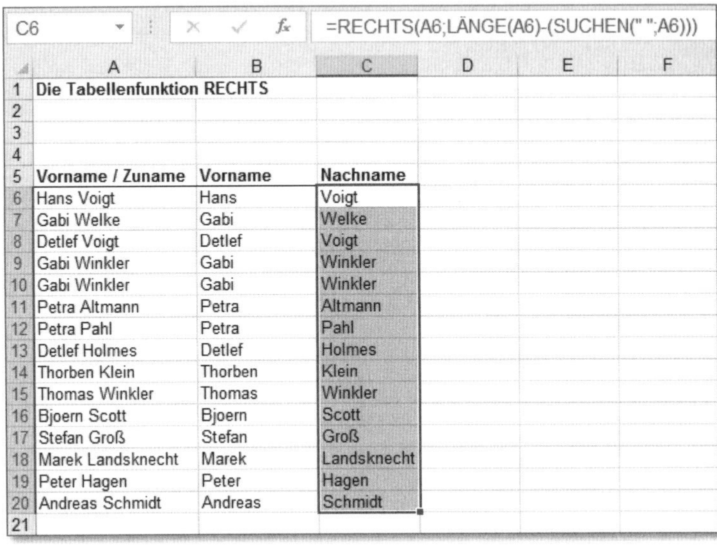

Abbildung 5.35 Die Nachnamen wurden nun auch extrahiert.

Subtrahieren über Position

Um die richtige Anzahl von Zeichen vom rechten Zellenrand zu übertragen, nehmen Sie die Gesamtlänge der jeweiligen Zelle in Spalte A und subtrahieren davon die über die Tabellenfunktion **SUCHEN** ermittelte Position des Leerzeichens. Dadurch ermitteln Sie die Anzahl der zu übertragenden Zeichen.

5.21 Die Tabellenfunktion RECHTSB

Deutsch:	RECHTSB
Syntax:	**=RECHTSB(Text;Anzahl_Bytes)**
Englisch:	RIGHTB
Syntax:	**=RIGHTB(text,num_bytes)**

Mit der Tabellenfunktion RECHTSB können in Double-Byte-Zeichensätzen die Zeichen ganz rechts aus einem Textwert zurückgegeben werden. Jedes Double-Byte Zeichen wird als 2 Zeichen gezählt.

Argumente	Inhalte
Text	Ist erforderlich; das Argument Text beinhaltet entweder den zu untersuchenden Text oder einen Verweis auf eine andere Zelle.
Anzahl Bytes	Ist erforderlich; hier wird die Anzahl der Zeichen angegeben, die, vom rechten Rand aus gesehen, übertragen werden sollen.

Tabelle 5.20 Die Argumente der Funktion RECHTSB

5.22 Die Tabellenfunktion SÄUBERN

Deutsch:	SÄUBERN
Syntax:	**=SÄUBERN(Text)**
Englisch:	CLEAN
Syntax:	**=CLEAN(text)**

Nicht druckbare Zeichen aus einem Text entfernen

Mit Hilfe der Tabellenfunktion SÄUBERN können Sie alle nicht druckbaren Zeichen aus einem Text entfernen. Diese Tabellenfunktion kommt für Texte aus anderen Anwendungen in Frage, die in Excel importiert wurden und Zeichen enthalten können, die das von Ihnen verwendete Betriebssystem nicht drucken kann. Unter anderem kann man die Tabellenfunktion SÄUBERN verwenden, um maschinennahen Code zu entfernen, der sich häufig am Anfang und Ende einer Datendatei befindet und der nicht gedruckt werden kann.

Argumente	Inhalte
Text	Ist erforderlich; das Argument Text beinhaltet entweder den zu prüfenden Text oder einen Verweis auf eine andere Zelle.

Tabelle 5.21 Das Argument der Funktion SÄUBERN

5.23 Die Tabellenfunktion SUCHEN

Deutsch:	SUCHEN
Syntax:	**=SUCHEN(Suchtext;Text;Erstes_Zeichen)**
Englisch:	FIND
Syntax:	**=SEARCH(substring,string,start_position)**

Zeichenfolge suchen

Die Tabellenfunktion SUCHEN sucht eine Zeichenfolge innerhalb eines bestimmten Textes. Bei einem Treffer wird als Ergebnis die Position des ersten Zeichens des gefundenen Suchtextes zurückgegeben.

Argumente	Inhalte
Suchtext	Ist erforderlich; nach diesem String wird gesucht.
Text	Ist erforderlich; in diesem Text wird der Suchtext gesucht.
Erstes Zeichen	Ist erforderlich; definiert die Position, an der die Suche begonnen wird.

Tabelle 5.22 Die Argumente der Funktion SUCHEN

Sehen Sie sich das folgende Beispiel an.

5.23.1 Suchen nach Wörtern

Wörter suchen

In dem Beispiel in Abbildung 5.36 wird nach dem Suchtext »ist« gesucht.

	A	B
1	**Die Tabellenfunktion SUCHEN**	
2		
3	**Suchtext**	ist
4		
5	**Beispiel**	**Ergebnis**
6	Die Material**liste** **ist** unvollständig.	
7	Der Anlasser des Pkw **ist** defekt.	
8	Die Windschutzscheibe we**ist** Risse auf.	
9	Die Batterie **ist** leer.	
10	Der Pkw muss in die Werkstatt.	
11	Dieses Zeichenformat **ist** kein Double-Byte-Zeichensatz.	
12		

Abbildung 5.36 Der Suchtext lautet hier »ist«.

Um diese Aufgabe zu lösen, gehen Sie wie folgt vor:

1. Markieren Sie den Ergebnisbereich B6:B11.
2. Erfassen Sie die Formel **=SUCHEN(»ist«;A6;1)**.
3. Beenden Sie die Formeleingabe durch die Tastenkombination `Strg` + `↵`.

Abbildung 5.37 zeigt das Ergebnis.

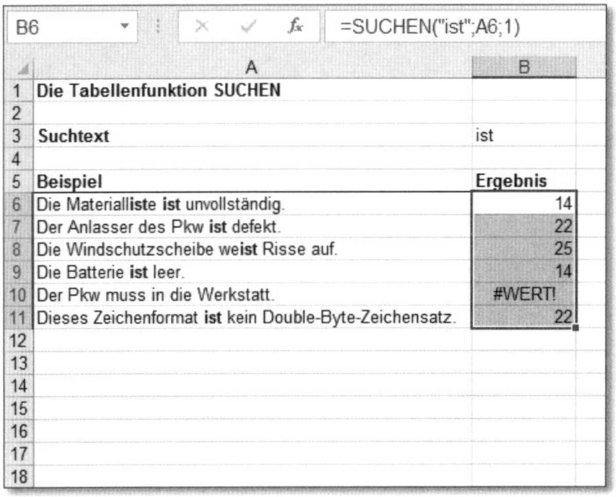

B6 =SUCHEN("ist";A6;1)

	A	B
1	**Die Tabellenfunktion SUCHEN**	
2		
3	**Suchtext**	ist
4		
5	**Beispiel**	**Ergebnis**
6	Die Material**iste** **ist** unvollständig.	14
7	Der Anlasser des Pkw **ist** defekt.	22
8	Die Windschutzscheibe we**ist** Risse auf.	25
9	Die Batterie **ist** leer.	14
10	Der Pkw muss in die Werkstatt.	#WERT!
11	Dieses Zeichenformat **ist** kein Double-Byte-Zeichensatz.	22
12		
13		
14		
15		
16		
17		
18		

Abbildung 5.37 Der Begriff »ist« wurde viermal gefunden.

Hinweis

Bei der Tabellenfunktion SUCHEN wird nicht zwischen Groß- und Kleinschreibung unterschieden.

Ist es Ihnen aufgefallen? In unserem Beispiel in Abbildung 5.37 haben wir in Zelle A6 zweimal die Zeichenkombination »ist«. Einmal kommt diese Kombination in dem Wort Material**iste** vor und zum anderen ist das Wort »ist« im Text vorhanden. Die Tabellenfunktion SUCHEN findet die erste Position – daher auch das Ergebnis 14. Zählen Sie nach!

5.23.2 Suchen nach Zahlen

Zahlen suchen

Aber diese Tabellenfunktion kann auch nach Zahlen suchen (siehe Abbildung 5.38).

Um jetzt nach der Zahl 6 zu suchen, müssen Sie Ihre Formel nur ein klein wenig verändern. Sie müssen lediglich den Suchtext »ist« durch den neuen Suchtext »6« ersetzen.

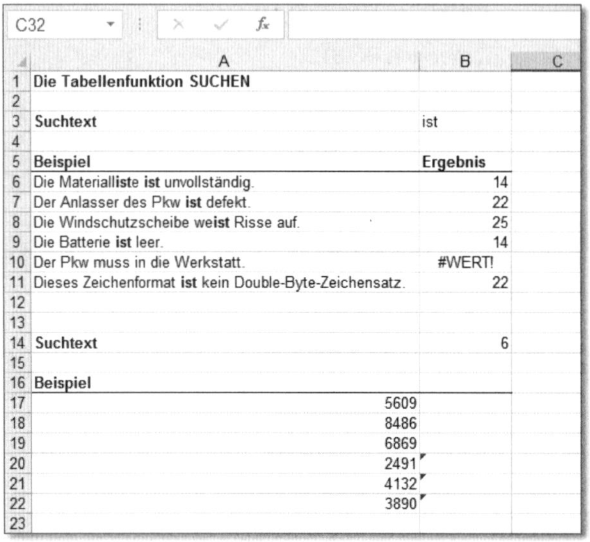

C32

	A	B	C
1	**Die Tabellenfunktion SUCHEN**		
2			
3	**Suchtext**	ist	
4			
5	**Beispiel**	**Ergebnis**	
6	Die Material**liste** **ist** unvollständig.	14	
7	Der Anlasser des Pkw **ist** defekt.	22	
8	Die Windschutzscheibe we**ist** Risse auf.	25	
9	Die Batterie **ist** leer.	14	
10	Der Pkw muss in die Werkstatt.	#WERT!	
11	Dieses Zeichenformat **ist** kein Double-Byte-Zeichensatz.	22	
12			
13			
14	**Suchtext**	6	
15			
16	**Beispiel**		
17	5609		
18	8486		
19	6869		
20	2491		
21	4132		
22	3890		
23			

Abbildung 5.38 Nachdem der gesuchte Text gefunden wurde, suchen wir jetzt nach der Zahl 6.

Um diese Formel nicht noch einmal komplett zu erfassen, kopieren wir die Formel einfach.

1. Markieren Sie Zelle B11.
2. Drücken Sie die Tastenkombination Strg + C (siehe Abbildung 5.39).

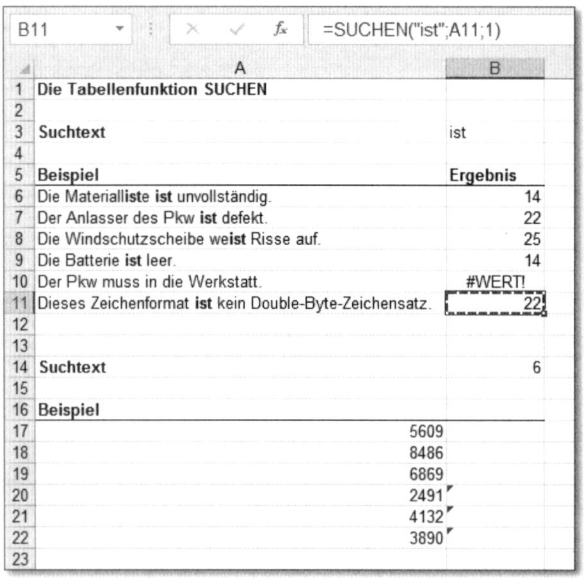

B11 =SUCHEN("ist";A11;1)

	A	B
1	**Die Tabellenfunktion SUCHEN**	
2		
3	**Suchtext**	ist
4		
5	**Beispiel**	**Ergebnis**
6	Die Material**liste** **ist** unvollständig.	14
7	Der Anlasser des Pkw **ist** defekt.	22
8	Die Windschutzscheibe we**ist** Risse auf.	25
9	Die Batterie **ist** leer.	14
10	Der Pkw muss in die Werkstatt.	#WERT!
11	Dieses Zeichenformat **ist** kein Double-Byte-Zeichensatz.	22
12		
13		
14	**Suchtext**	6
15		
16	**Beispiel**	
17	5609	
18	8486	
19	6869	
20	2491	
21	4132	
22	3890	
23		

Abbildung 5.39 Der Zellinhalt der Zelle B11 wurde in die Zwischenablage kopiert.

3. Gehen Sie in Zelle B17, und drücken Sie die Tastenkombination [Strg] + [V]. Die Formel wirft sofort das Ergebnis #WERT aus (siehe Abbildung 5.40). Das ist momentan noch das richtige Ergebnis, da wir ja immer noch nach dem Suchtext »ist« suchen.

Ergebnis #WERT

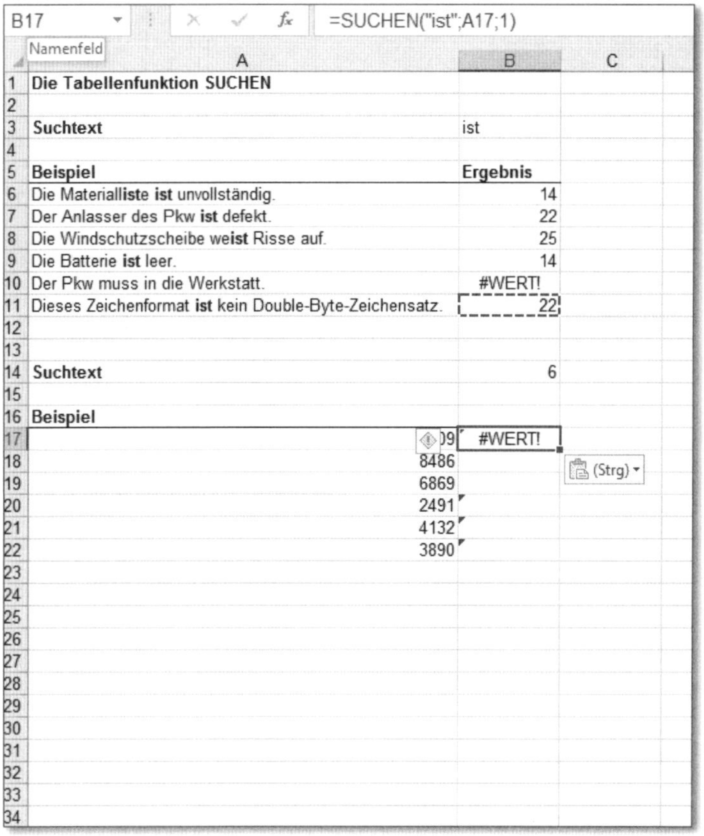

Abbildung 5.40 Die Formel aus Zelle B11 steht jetzt auch in der neuen Zelle B17.

4. Gehen Sie in die Bearbeitungsleiste, und ersetzen Sie den Suchtext durch die Zahl 6.
5. Drücken Sie [↵], um die Formeleingabe zu beenden.
6. Markieren Sie Zelle B17 erneut, und ziehen Sie mit Hilfe des Ausfüllkästchens und gedrückter linker Maustaste Zelle B17 bis in Zelle B22.

Unsere Tabellenfunktion SUCHEN sucht immer die erste Position des Suchtextes, in diesem Fall die Zahl 6 (siehe Abbildung 5.41).

B17 =SUCHEN("6";A17;1)

	A	B
1	**Die Tabellenfunktion SUCHEN**	
2		
3	**Suchtext**	ist
4		
5	**Beispiel**	**Ergebnis**
6	Die Materialliste ist unvollständig.	14
7	Der Anlasser des Pkw ist defekt.	22
8	Die Windschutzscheibe weist Risse auf.	25
9	Die Batterie ist leer.	14
10	Der Pkw muss in die Werkstatt.	#WERT!
11	Dieses Zeichenformat ist kein Double-Byte-Zeichensatz.	22
12		
13		
14	**Suchtext**	6
15		
16	**Beispiel**	
17	5609	2
18	8486	4
19	6869	1
20	2491	#WERT!
21	4132	#WERT!
22	3890	#WERT!
23		
24		
25		

Abbildung 5.41 Auch Zahlen können ein Suchtext sein.

5.24 Die Tabellenfunktion SUCHENB

Deutsch:	SUCHENB
Syntax:	**=SUCHENB(Suchtext;Text;Erstes_Zeichen)**
Englisch:	SEARCHB
Syntax:	**=SEARCHB(find_text,within_text,start_num)**

Double-Byte-Zeichensatz

Die Tabellenfunktion SUCHENB funktioniert nur, wenn Sie einen Double-Byte-Zeichensatz nutzen. Das sind zum Beispiel Japanisch, Koreanisch und Chinesisch.

5.25 Die Tabellenfunktion TEIL

Deutsch:	TEIL
Syntax:	**=TEIL(Text;Erstes_Zeichen;Anzahl_Zeichen)**

Englisch:	MID
Syntax:	**=MID(text,start_position,number_of_characters)**

Nach den beiden Tabellenfunktion LINKS und RECHTS fehlt nun noch eine Tabellenfunktion, mit der Sie einen Teil einer Zelle extrahieren können. Mit Hilfe der Tabellenfunktion TEIL lassen sich Texte weiterverarbeiten. Dabei wird von einer bestimmten Stelle eines Textes an eine bestimmte Anzahl von Zeichen übertragen.

Einen Teil einer Zelle extrahieren

Argumente	Inhalte
Text	Ist erforderlich; damit ist die Zeichenfolge bzw. der Zellinhalt gemeint, der übertragen werden soll.
Erstes Zeichen	Ist erforderlich; hiermit ist die Position des ersten Zeichens, das Sie aus dem Text kopieren möchten, gemeint. Für das erste Zeichen des Arguments Text gilt, dass Erstes_Zeichen den Wert 1 hat usw.
Anzahl Zeichen	Ist erforderlich; unter Anzahl_Zeichen versteht man die Anzahl der Zeichen, die die Tabellenfunktion aus Text übertragen soll.

Tabelle 5.23 Die Argumente der Funktion TEIL

5.25.1 Nachnamen extrahieren – Variante II

Die Namensliste aus Abbildung 5.35 können Sie übrigens auch mit Hilfe der Tabellenfunktion TEIL weiterbearbeiten. So können Sie zur Ermittlung der Nachnamen auch in Spalte A nach dem Leerzeichen suchen und beginnend von dieser Position die restlichen Zeichen übertragen. Dabei gehen Sie folgendermaßen vor:

Nachnamen extrahieren

1. Markieren Sie den Zellenbereich D6:D20.
2. Erfassen Sie die Formel **=TEIL(A6;SUCHEN(" ";A6)+1;LÄNGE(A6))**.
3. Bestätigen Sie die Eingabe über die Tastenkombination [Strg] + [↵].

Dass die Tabellenfunktion TEIL zu demselben Ergebnis führt wie die Tabellenfunktion LINKS, sehen Sie in Abbildung 5.42.

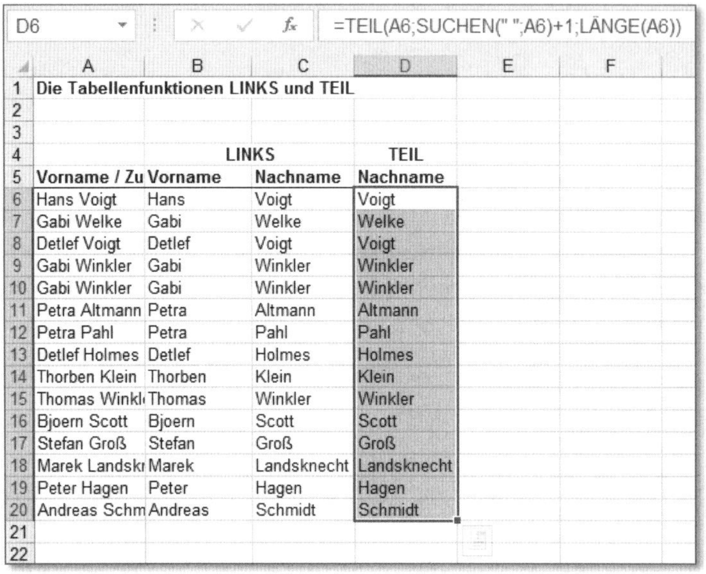

D6 =TEIL(A6;SUCHEN(" ";A6)+1;LÄNGE(A6))

	A	B	C	D	E	F
1	**Die Tabellenfunktionen LINKS und TEIL**					
2						
3						
4			**LINKS**	**TEIL**		
5	**Vorname / Zu**	**Vorname**	**Nachname**	**Nachname**		
6	Hans Voigt	Hans	Voigt	Voigt		
7	Gabi Welke	Gabi	Welke	Welke		
8	Detlef Voigt	Detlef	Voigt	Voigt		
9	Gabi Winkler	Gabi	Winkler	Winkler		
10	Gabi Winkler	Gabi	Winkler	Winkler		
11	Petra Altmann	Petra	Altmann	Altmann		
12	Petra Pahl	Petra	Pahl	Pahl		
13	Detlef Holmes	Detlef	Holmes	Holmes		
14	Thorben Klein	Thorben	Klein	Klein		
15	Thomas Winkl	Thomas	Winkler	Winkler		
16	Bjoern Scott	Bjoern	Scott	Scott		
17	Stefan Groß	Stefan	Groß	Groß		
18	Marek Landskr	Marek	Landsknecht	Landsknecht		
19	Peter Hagen	Peter	Hagen	Hagen		
20	Andreas Schm	Andreas	Schmidt	Schmidt		
21						
22						

Abbildung 5.42 Auch die Tabellenfunktion TEIL kann den Nachnamen extrahieren.

> **Hinweis**
>
> Übrigens können Sie die Tabellenfunktion SUCHEN im letzten Beispiel auch durch die Tabellenfunktion FINDEN ersetzen, da beide Tabellenfunktion dieselbe Aufgabe durchführen können.

Aus

=TEIL(A6;SUCHEN(" ";A6)+1;LÄNGE(A6))

wird

=TEIL(A6;FINDEN(" ";A6)+1;LÄNGE(A6))

Beide Tabellenfunktionenen liefern dasselbe Ergebnis.

5.25.2 Vorwahl und Durchwahl trennen

Liste mit Telefonnummern bearbeiten

In der folgenden Aufgabe liegt eine Liste mit Telefonnummern vor. Dabei wurden die Vorwahl sowie die Durchwahl in einer Spalte erfasst. Als Trennzeichen zwischen der Vor- und Durchwahl wird das Zeichen »/« verwendet. Ihre Aufgabe besteht nun darin, die beiden Nummern in unterschiedlichen Spalten auszugeben. Sehen Sie sich aber vorher erst Abbildung 5.43 an.

	A	B	C
1	Die Tabellenfunktion TEIL		
2			
3			
4			
5	Telefon	Vorwahl	Durchwahl
6	0711/456789		
7	0531/2020471		
8	0611/982417		
9	0160/554127		
10	03547/6543217		
11	089/852147		
12	040/9513578		
13	030/445376174		
14			

Abbildung 5.43 Ihre Aufgabe: Vorwahl und Durchwahl in getrennte Zellen schreiben

Separieren Sie Vor- und Durchwahl, indem Sie die nächsten Arbeitsschritte befolgen:

1. Markieren Sie den Zellenbereich B6:B13.
2. Erfassen Sie die Formel **=LINKS(A6;SUCHEN("/";A6)-1)**.
3. Bestätigen Sie die Eingabe über die Tastenkombination `Strg` + `↵`.
4. Markieren Sie den Zellenbereich C6:C13.
5. Erfassen Sie die Formel **=TEIL(A6;SUCHEN("/";A6)+1;LÄNGE(A6))**.
6. Bestätigen Sie die Eingabe über die Tastenkombination `Strg` + `↵`.

Abbildung 5.44 führt das Ergebnis vor.

B6 =LINKS(A6;SUCHEN("/";A6)-1)

	A	B	C	D	E
1	Die Tabellenfunktion TEIL				
2					
3					
4					
5	Telefon	Vorwahl	Durchwahl		
6	0711/456789	0711	456789		
7	0531/2020471	0531	2020471		
8	0611/982417	0611	982417		
9	0160/554127	0160	554127		
10	03547/6543217	03547	6543217		
11	089/852147	089	852147		
12	040/9513578	040	9513578		
13	030/445376174	030	445376174		
14					
15					

Abbildung 5.44 Vor- und Durchwahl wurden getrennt.

5.25.3 Eine Quersumme berechnen

Quersumme einer Zahl errechnen

Im nächsten Beispiel soll die Quersumme einer Zahl errechnet werden. Bei einer Quersumme werden die einzelnen Zeichen einer Zahl addiert.

So ist die Quersumme von 123 genau 6. Sehen Sie sich dazu einmal Abbildung 5.45 an.

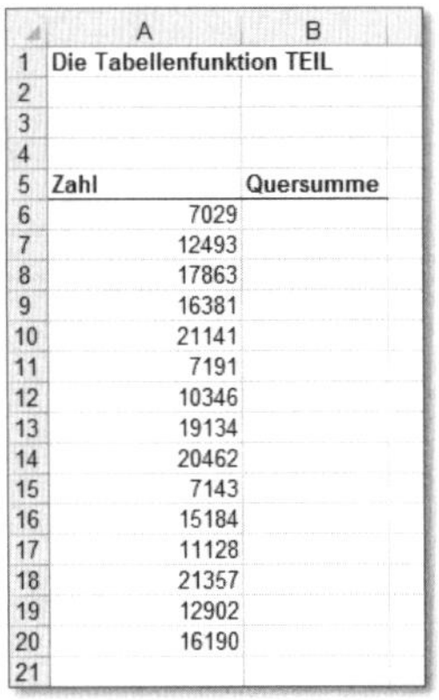

	A	B
1	Die Tabellenfunktion TEIL	
2		
3		
4		
5	Zahl	Quersumme
6	7029	
7	12493	
8	17863	
9	16381	
10	21141	
11	7191	
12	10346	
13	19134	
14	20462	
15	7143	
16	15184	
17	11128	
18	21357	
19	12902	
20	16190	
21		

Abbildung 5.45 Die Quersummen berechnen

Um die Quersummen der Spalte A zu berechnen und in Spalte B auszugeben, verfahren Sie wie folgt:

1. Markieren Sie den Zellenbereich B6:B20.
2. Erfassen Sie die Formel:
   =TEIL(A6;1;1)+TEIL(A6;2;1)+TEIL(A6;3;1)+TEIL(A6;4;1)
3. Bestätigen Sie die Eingabe über die Tastenkombination Strg + ↵.

Wie Sie in Abbildung 5.46 sehen können, können mit der Tabellenfunktion TEIL auch Quersummen berechnet werden.

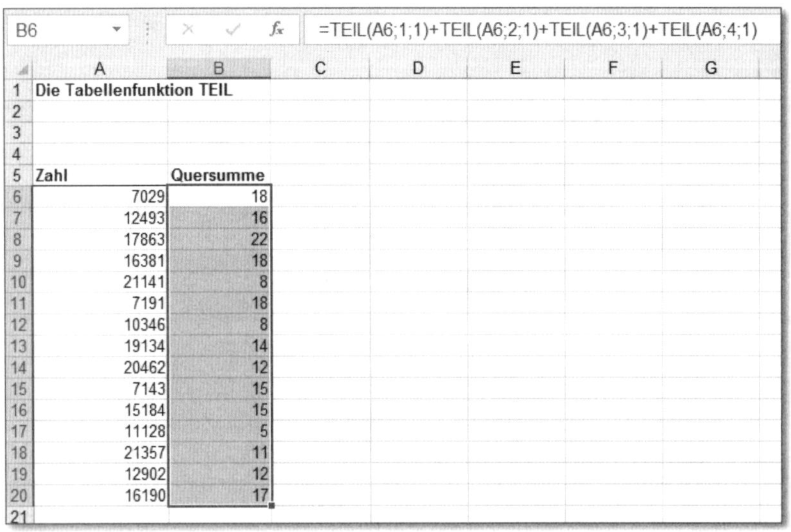

B6 =TEIL(A6;1;1)+TEIL(A6;2;1)+TEIL(A6;3;1)+TEIL(A6;4;1)

	A	B	C	D	E	F	G
1	Die Tabellenfunktion TEIL						
2							
3							
4							
5	Zahl	Quersumme					
6	7029	18					
7	12493	16					
8	17863	22					
9	16381	18					
10	21141	8					
11	7191	18					
12	10346	8					
13	19134	14					
14	20462	12					
15	7143	15					
16	15184	15					
17	11128	5					
18	21357	11					
19	12902	12					
20	16190	17					
21							

Abbildung 5.46 Auch Quersummen können mit TEIL berechnet werden.

5.26 Die Tabellenfunktion TEILB

Deutsch:	TEILB
Syntax:	**=TEILB(Text;Erstes_Zeichen;Anzahl_Bytes)**
Englisch:	MIDB
Syntax:	**=MIDB(text,start_num,num_bytes)**

Double-Byte-Zeichen

Die Tabellenfunktion TEILB ist für Zeichensätze, die nach dem Double-Byte-Zeichensatz arbeiten. Dazu gehören die Sprachen Chinesisch, Koreanisch und Japanisch.

5.27 Die Tabellenfunktion TEXT

Deutsch:	TEXT
Syntax:	**=TEXT(Wert;Textformat)**
Englisch:	TEXT
Syntax:	**=TEXT(value,format)**

Zahl in Text umwandeln

Die Tabellenfunktion TEXT formatiert eine Zahl in einen Text um.

Argumente	Inhalte
Wert	Ist erforderlich; beinhaltet entweder einen numerischen Wert oder einen Zellbezug auf eine Zelle, in der eine Zahl steht.
Textformat	Ist erforderlich; mit diesem Parameter legen Sie fest, wie der Ausgabetext formatiert sein soll.

Tabelle 5.24 Die Argumente der Funktion TEXT

5.27.1 Zahlen in Euro-Textfelder umwandeln

Euro-Beträge

Stellen Sie sich vor, Sie haben eine Tabelle mit lauter Zahlen erhalten, die eigentlich Euro-Beträge enthalten sollten. Entweder schreiben Sie die Währung in die Felder hinein, oder aber Sie nutzen die Tabellenfunktion TEXT. Sehen Sie sich dazu Abbildung 5.47 an.

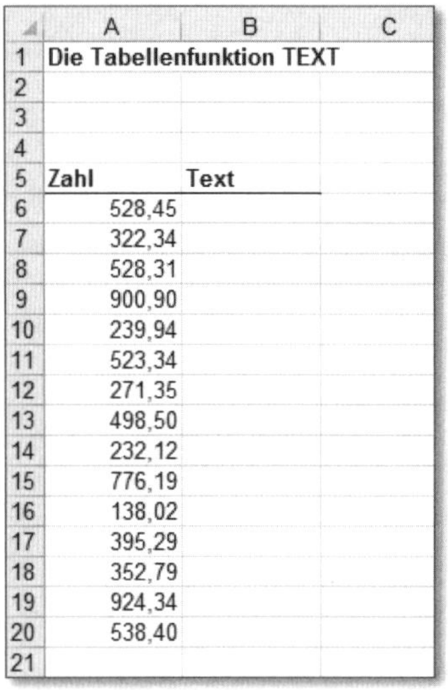

	A	B	C
1	Die Tabellenfunktion TEXT		
2			
3			
4			
5	Zahl	Text	
6	528,45		
7	322,34		
8	528,31		
9	900,90		
10	239,94		
11	523,34		
12	271,35		
13	498,50		
14	232,12		
15	776,19		
16	138,02		
17	395,29		
18	352,79		
19	924,34		
20	538,40		
21			

Abbildung 5.47 Die Zahlen sollten eigentlich Euro-Beträge sein.

Sie können diese Aufgabe wie folgt lösen:

1. Markieren Sie den Bereich B6:B20.
2. Erfassen Sie nun die Formel **=TEXT(A6;«#,#0 €«)**.
3. Beenden Sie die Formeleingabe durch die Tastenkombination [Strg] + [↵].

In Abbildung 5.48 sehen Sie das Ergebnis der Umwandlung.

Hinweis

Sie haben das Format #,#0 verwendet. Dadurch wird sichergestellt, dass Zahlen, deren zweite Dezimalstelle eine 0 ist, diese auch nach der Umwandlung behalten.

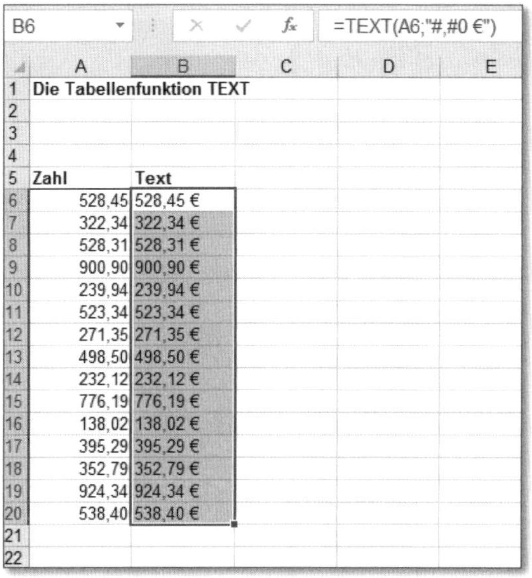

Abbildung 5.48 Alle Zahlen wurden in Text umgewandelt.

5.28 Die Tabellenfunktion UNICODE

Deutsch:	UNICODE
Syntax:	**=UNICODE(Text)**
Englisch:	UNICODE
Syntax:	**=UNICODE(text)**

Die Tabellenfunktion UNICODE gibt die Zahl (Codepoint) zurück, die dem ersten Zeichen des Textes entspricht.

Codepoint

Argument	Inhalt
Text	Ist erforderlich; der Parameter Text enthält entweder das Zeichen, das Sie mit UNICODE umwandeln wollen, oder einen Zellbezug.

Tabelle 5.25 Das Argument der Funktion UNICODE

Sehen Sie dazu Abbildung 5.49.

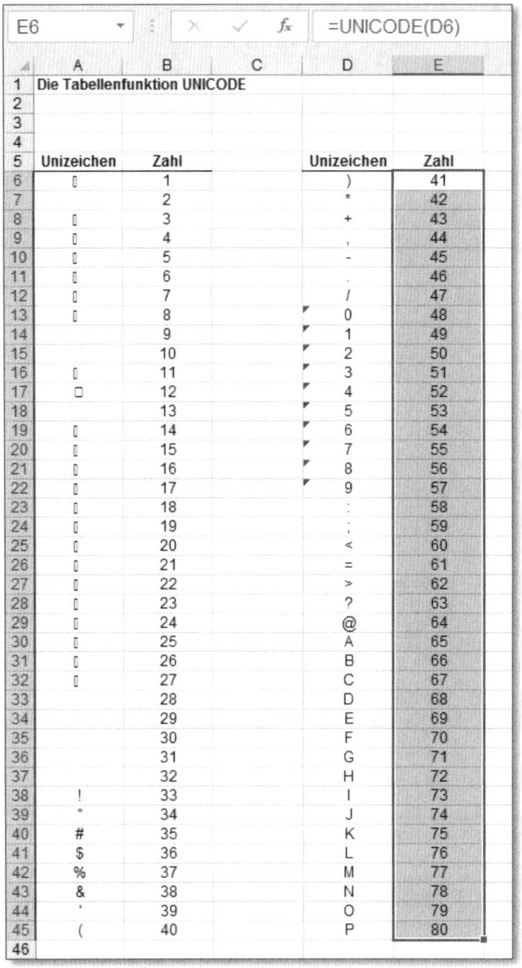

E6 =UNICODE(D6)

	A	B	C	D	E
1	Die Tabellenfunktion UNICODE				
2					
3					
4					
5	Unizeichen	Zahl		Unizeichen	Zahl
6	□	1		)	41
7		2		*	42
8	□	3		+	43
9	□	4		,	44
10	□	5		-	45
11	□	6		.	46
12	□	7		/	47
13	□	8		0	48
14		9		1	49
15		10		2	50
16	□	11		3	51
17	□	12		4	52
18		13		5	53
19	□	14		6	54
20	□	15		7	55
21	□	16		8	56
22	□	17		9	57
23	□	18		:	58
24	□	19		;	59
25	□	20		<	60
26	□	21		=	61
27	□	22		>	62
28	□	23		?	63
29	□	24		@	64
30	□	25		A	65
31	□	26		B	66
32	□	27		C	67
33		28		D	68
34		29		E	69
35		30		F	70
36		31		G	71
37		32		H	72
38	!	33		I	73
39	"	34		J	74
40	#	35		K	75
41	$	36		L	76
42	%	37		M	77
43	&	38		N	78
44	'	39		O	79
45	(	40		P	80
46					

Abbildung 5.49 Das Ergebnis der Tabellenfunktion UNNICODE

Die beiden Tabellenfunktion UNICODE und UNIZEICHEN arbeiten entgegengesetzt.

5.29 Die Tabellenfunktion UNIZEICHEN

Deutsch:	UNIZEICHEN
Syntax:	**=UNIZEICHEN(Zahl)**
Englisch:	UNICHAR
Syntax:	**=UNICHAR(number)**

Die Tabellenfunktion UNIZEICHEN gibt das Unicode-Zeichen zurück, das durch den angegebenen Zahlenwert bezeichnet wird. **Unicode-Zeichen**

Argument	Inhalt
Zahl	Ist erforderlich; beinhaltet entweder einen numerischen Wert oder einen Zellbezug.

Tabelle 5.26 Das Argument der Funktion UNIZEICHEN

Sehen Sie dazu Abbildung 5.50.

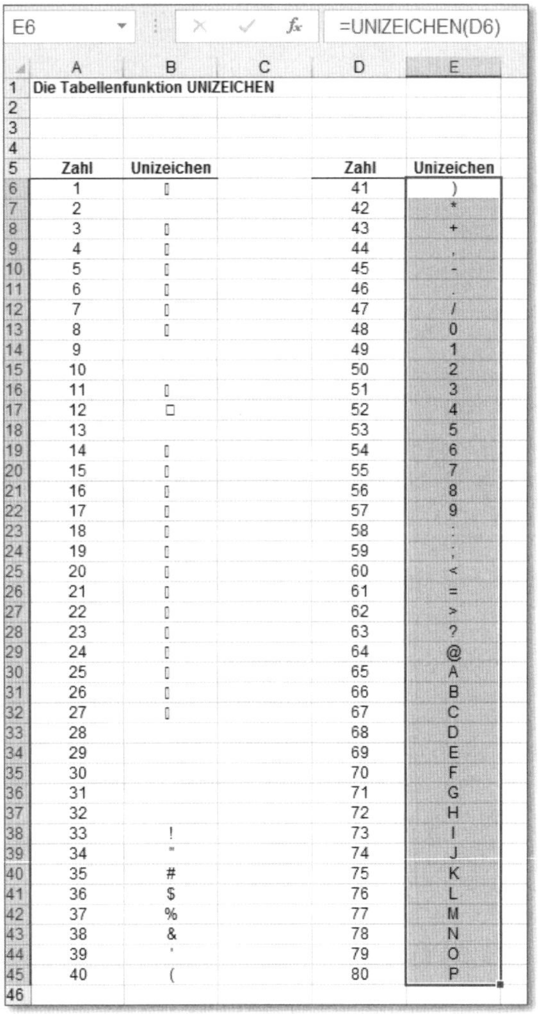

Zahl	Unizeichen	Zahl	Unizeichen
1	□	41	)
2		42	*
3	□	43	+
4	□	44	,
5	□	45	-
6	□	46	.
7	□	47	/
8	□	48	0
9		49	1
10		50	2
11	□	51	3
12	□	52	4
13		53	5
14	□	54	6
15	□	55	7
16	□	56	8
17	□	57	9
18	□	58	:
19	□	59	;
20	□	60	<
21	□	61	=
22	□	62	>
23	□	63	?
24	□	64	@
25	□	65	A
26	□	66	B
27	□	67	C
28		68	D
29		69	E
30		70	F
31		71	G
32		72	H
33	!	73	I
34	"	74	J
35	#	75	K
36	$	76	L
37	%	77	M
38	&	78	N
39	'	79	O
40	(	80	P

Abbildung 5.50 Das Ergebnis der Tabellenfunktion UNIZEICHEN

UNICODE und UNIZEICHEN

Die beiden Tabellenfunktion UNICODE und UNIZEICHEN arbeiten entgegengesetzt.

5.30 Die Tabellenfunktion VERKETTEN

Deutsch:	VERKETTEN
Syntax:	**=VERKETTEN(Text1;Text2;...)**
Englisch:	CONCATENATE
Syntax:	**=CONCATENATE(text1,text2,...,text_n)**

Textfelder verknüpfen

Die Tabellenfunktion VERKETTEN verknüpft mehrere Textfelder miteinander.

Argumente	Inhalte
Text1	Ist erforderlich; beinhaltet den Text oder einen Zellbezug zu einem Textfeld. Dieser Text soll mit dem Textfeld2 verbunden werden.
Text2	Ist erforderlich; beinhaltet den Text oder einen Zellbezug zu einem Textfeld. Dieser Text soll mit dem Textfeld1 verbunden werden.

Tabelle 5.27 Die Argumente der Funktion VERKETTEN

5.30.1 Verbinden von Vornamen und Zunamen

Vor- und Nachnamen verbinden

Stellen Sie sich vor, Sie haben eine Liste mit Vornamen und Zunamen. Sie möchten aber beide Namensteile zusammen in einer Zelle unterbringen, und zwar zuerst den Nachnamen, dann ein Komma und anschließend den Vornamen. Sehen Sie dazu Abbildung 5.51.

Um diese Aufgabe zu lösen, verfahren Sie bitte wie folgt:

1. Markieren Sie den Bereich C6:C20.
2. Erfassen Sie die Formel **=VERKETTEN(B6;", ";A6)**.
3. Beenden Sie die Formelerfassung durch Drücken der Tastenkombination [Strg] + [↵].

	A	B	C
1	**Die Tabellenfunktion VERKETTEN**		
2			
3			
4			
5	**Vorname**	**Nachname**	**Ergebnis**
6	Gerd	Kuschke	
7	Peter	Meier	
8	Susanne	Hagen	
9	Julius	Stolte	
10	Gabi	Landsknecht	
11	Karin	Runge	
12	Martin	Pahl	
13	Bernd	Welke	
14	Johannes	Kuschke	
15	Michael	Michelsen	
16	Rüdiger	Albert	
17	Sebastian	Hagen	
18	Kathrin	Runge	
19	Thomas	Lammert	
20	Kim	Peters	

Abbildung 5.51 Noch sind die Namen getrennt.

Beachten Sie bitte, dass zwischen dem Komma und dem folgenden Anführungszeichen ein Leerzeichen steht. Wenn Sie das vergessen, haben Sie keine kleine Lücke zwischen den beiden Namensteilen (siehe Abbildung 5.52).

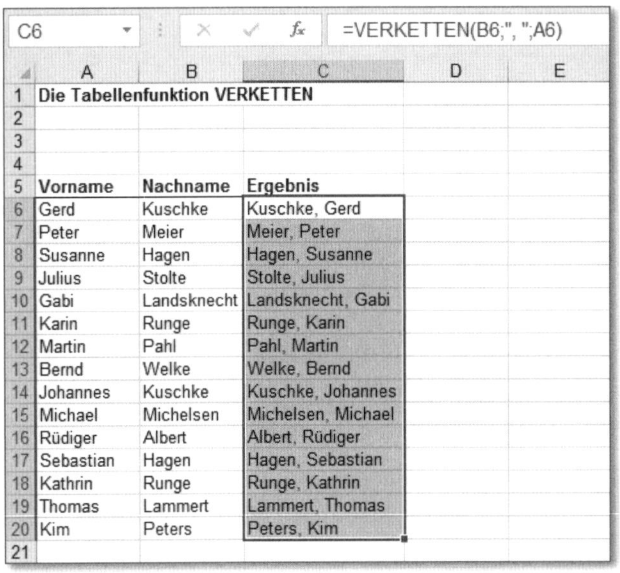

C6 =VERKETTEN(B6;", ";A6)

	A	B	C	D	E
1	**Die Tabellenfunktion VERKETTEN**				
2					
3					
4					
5	**Vorname**	**Nachname**	**Ergebnis**		
6	Gerd	Kuschke	Kuschke, Gerd		
7	Peter	Meier	Meier, Peter		
8	Susanne	Hagen	Hagen, Susanne		
9	Julius	Stolte	Stolte, Julius		
10	Gabi	Landsknecht	Landsknecht, Gabi		
11	Karin	Runge	Runge, Karin		
12	Martin	Pahl	Pahl, Martin		
13	Bernd	Welke	Welke, Bernd		
14	Johannes	Kuschke	Kuschke, Johannes		
15	Michael	Michelsen	Michelsen, Michael		
16	Rüdiger	Albert	Albert, Rüdiger		
17	Sebastian	Hagen	Hagen, Sebastian		
18	Kathrin	Runge	Runge, Kathrin		
19	Thomas	Lammert	Lammert, Thomas		
20	Kim	Peters	Peters, Kim		
21					

Abbildung 5.52 Nachname und Vorname, getrennt durch ein Komma

5.31 Die Tabellenfunktion WECHSELN

Deutsch:	WECHSELN
Syntax:	**=WECHSELN(Text;Alter_Text;Neuer_Text;ntes_Auftreten)**
Englisch:	SUBSTITUTE
Syntax:	**=SUBSTITUTE(text,old_text,new_text,nth_appearance)**

Text ersetzen

Die Tabellenfunktion WECHSELN ersetzt einen alten Text durch neuen Text. Diese Tabellenfunktion wird eingesetzt, wenn Sie innerhalb eines Textes eine bestimmte Zeichenfolge austauschen möchten.

Argumente	Inhalte
Text	Ist erforderlich; hinter dem Argument Text ist der in Anführungszeichen gesetzte Text oder Bezug auf eine Zelle, die den Text enthält, gemeint, in dem Zeichen ausgetauscht werden sollen.
Alter Text	Ist erforderlich; das Argument Alter_Text repräsentiert den Text, den Sie ersetzen möchten.
Neuer Text	Ist erforderlich; im Argument Neuer_Text wird der Text, mit dem Sie das Argument Alter_Text ersetzen möchten, angegeben.
ntes Auftreten	Ist optional; im Argument ntes_Auftreten können Sie angeben, an welchen Stellen Alter_Text durch Neuer_Text ersetzt werden soll. Wenn Sie ntes_Auftreten angeben, wird nur dieses Vorkommen von Alter_Text ersetzt; andernfalls wird Alter_Text an jeder Stelle, an der er in Text vorkommt, durch Neuer_Text ersetzt.

Tabelle 5.28 Die Argumente der Funktion WECHSELN

5.31.1 Punkte durch Kommas ersetzen

Kommas anstatt Punkte

Nach einem Datenimport aus einem anderen Programm liegen die Daten in der Form vor, dass Zahlenwerte statt des Dezimalkommas einen Punkt aufweisen. Sehen Sie sich dazu einmal Abbildung 5.53 an.

	A	B	C
1	Die Tabellenfunktion WECHSELN		
2			
3			
4			
5	**Text alt**	**Text neu**	
6	59.31		
7	204.55		
8	6.978		
9	70.789		
10	57.80		
11	112.897		
12	556.35		
13	66.98		
14	4233.5		
15			

Abbildung 5.53 Die Zahlenwerte sind in Excel so nicht verwertbar.

Um nun die Punkte durch Dezimalkommas auszutauschen, verfahren Sie wie folgt:

1. Markieren Sie den Datenbereich B6:B14.
2. Erfassen Sie die Formel **=WERT(WECHSELN(A6;".";","))**.
3. Bestätigen Sie die Eingabe über die Tastenkombination [Strg] + [↵].

Abbildung 5.54 zeigt das Ergebnis der Ersetzung.

B6 =WECHSELN(A6;".";",")*1

	A	B	C	D	E
1	Die Tabellenfunktion WECHSELN				
2					
3					
4					
5	**Text alt**	**Text neu**			
6	59.31	59,31			
7	204.55	204,55			
8	6.978	6,978			
9	70.789	70,789			
10	57.80	57,8			
11	112.897	112,897			
12	556.35	556,35			
13	66.98	66,98			
14	4233.5	4233,5			
15					
16					

Abbildung 5.54 Die Punkte sind durch Kommas ersetzt.

Zahlenwerte erzeugen

Nachdem die Punkte in Excel durch Kommas ersetzt worden sind, kann Excel noch nicht automatisch erkennen, dass es sich nun um Zahlenwerte handeln soll. Setzen Sie zu diesem Zweck die Tabellenfunktion WERT ein. Diese Tabellenfunktion versucht, einen Text automatisch in eine Zahl umzuwandeln.

5.32 Die Tabellenfunktion WERT

Deutsch:	WERT
Syntax:	**=WERT(Text)**
Englisch:	VALUE
Syntax:	**=VALUE(text)**

Text in eine Zahl umwandeln

Die Tabellenfunktion WERT wandelt ein Textargument in eine Zahl um.

Argument	Inhalt
Text	Ist erforderlich; hinter dem Argument Text steht der in Anführungszeichen gesetzte Text oder der Bezug auf eine Zelle, die den Text enthält.

Tabelle 5.29 Das Argument der Funktion WECHSELN

Im nächsten Beispiel sehen Sie eine kleine Tabelle mit verschiedenen Texten in den Zellen A6 bis A10. Diese Texte haben verschiedene Formatierungssymbole. Aufgabe ist es, aus diesen formatierten Textfeldern reine Zahlenfelder zu machen. Sehen Sie dazu Abbildung 5.55.

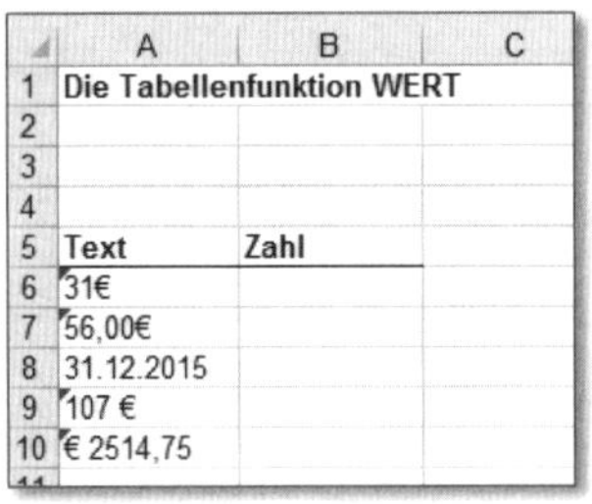

	A	B	C
1	Die Tabellenfunktion WERT		
2			
3			
4			
5	Text	Zahl	
6	31€		
7	56,00€		
8	31.12.2015		
9	107 €		
10	€ 2514,75		

Abbildung 5.55 Diese Texte sollen in Zahlen umgewandelt werden.

1. Markieren Sie den Zellenbereich B6:B10.
2. Erfassen Sie die Formel **=WERT(A6)**.
3. Beenden Sie die Formeleingabe durch Drücken der Tastenkombination [Strg] + [↵].

WERT findet sicher die Zahlen

Egal, wie verteilt die Symbole sind, die Tabellenfunktion WERT findet sicher die Zahlen innerhalb des Textformats und wandelt sie in das Zahlenformat um (siehe Abbildung 5.56).

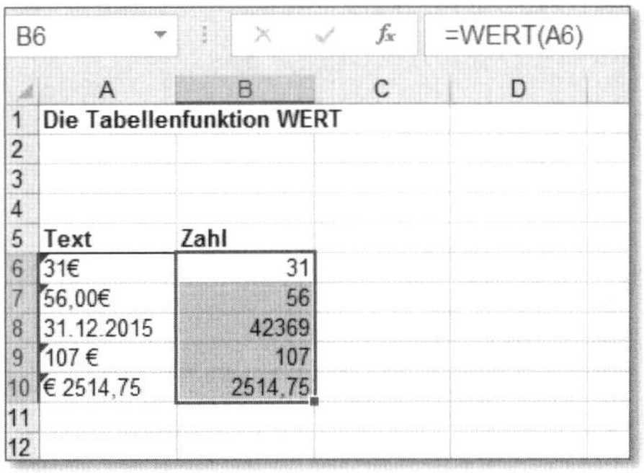

Abbildung 5.56 Aus dem Format Text wurde das Format Zahl.

5.33 Die Tabellenfunktion WIEDERHOLEN

Deutsch:	WIEDERHOLEN
Syntax:	**=WIEDERHOLEN(Text;Multiplikator)**
Englisch;	REPT
Syntax:	**=REPT(text,number)**

Text wiederholen

Mit Hilfe der Tabellenfunktion WIEDERHOLEN können Sie einen Text so oft wiederholen, wie angegeben.

Argumente	Inhalte
Text	Ist erforderlich; hier geben Sie den Text an, den Sie wiederholen möchten, oder verweisen auf eine Zelle.
Multiplikator	Ist erforderlich; das Argument Multiplikator legt fest, wie oft das Argument Text wiederholt werden soll.

Tabelle 5.30 Die Argumente der Funktion WIEDERHOLEN

5.33.1 Würfelergebnisse grafisch darstellen

In der folgenden Aufgabe in Abbildung 5.57 liegt eine Liste mit Würfelergebnissen vor. In Spalte A sind dabei jeweils zwischen 1 und 6 Punkten je Wurf dargestellt.

Abbildung 5.57 Die Würfelergebnisse liegen vor.

Grafische Darstellung der Würfelergebnisse

Um nun eine grafische Darstellung der Würfelergebnisse zu erhalten, befolgen Sie die nächsten Arbeitsschritte:

1. Markieren Sie den Zellenbereich B6:B20.
2. Erfassen Sie die Formel **=WIEDERHOLEN("n";A6)**.
3. Bestätigen Sie die Eingabe über die Tastenkombination [Strg] + [↵].
4. Wählen Sie aus dem Menüband START, im Bereich SCHRIFTART die Schrift WINDINGS.

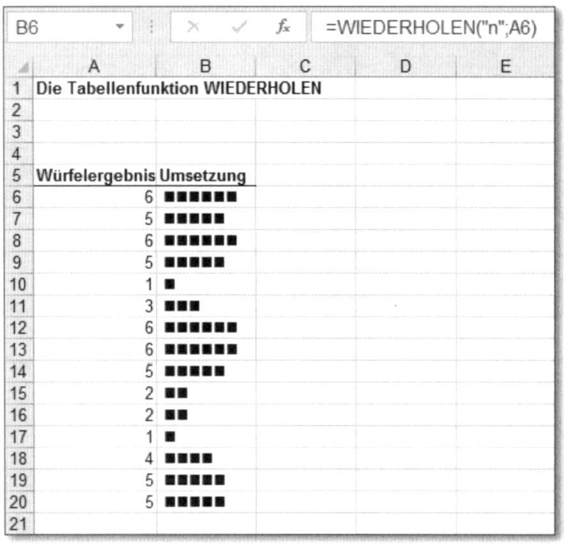

Abbildung 5.58 Die Würfelergebnisse werden grafisch dargestellt.

Der Kleinbuchstabe n entspricht in der Schriftart Wingdings einem schwarzen Quadrat, so dass das Ergebnis aus Abbildung 5.58 die Folge ist.

Schriftart Wingdings

5.34 Die Tabellenfunktion ZAHLENWERT

Deutsch:	ZAHLENWERT
Syntax:	**=ZAHLENWERT(Text;Dezimaltrennzeichen;Gruppentrenn-zeichen)**
Englisch:	NUMBERVALUE
Syntax:	**=NUMBERVALUE(text,decimal_separator,group_separator)**

Die Tabellenfunktion ZAHLENWERT konvertiert Text in Zahlen, abhängig vom Gebietsschema.

Text in Zahlen konvertieren

Argumente	Inhalte
Text	Ist erforderlich; der Text, der umgewandelt werden soll.
Dezimal-trennzeichen	Ist optional; mit welchem Dezimaltrennzeichen sollen die Nachkom-mastellen von den ganzen Zahlen getrennt werden?
Gruppen-trennzeichen	Ist optional; welches Zeichen soll genutzt werden, um Zahlengruppen (Hunderter, Tausender, Millionen, ...) zu trennen?

Tabelle 5.31 Die Argumente der Funktion ZAHLENWERT

5.35 Die Tabellenfunktion ZEICHEN

Deutsch:	ZEICHEN
Syntax:	**=ZEICHEN(Zahl)**
Englisch:	CHAR
Syntax:	**=CHAR(ascii_value)**

Diese Tabellenfunktion gibt das der Codezahl entsprechende Zeichen zurück. Das so erzeugte Zeichen wird in den Symbolschriftarten unterschiedlich dargestellt.

Argument	Inhalt
Zahl	Ist erforderlich; als Argument müssen Sie der Tabellenfunktion ZEICHEN eine Zahl zwischen 1 und 255 mitgeben, die das von Ihnen gewünschte Zeichen angibt. Das jeweilige Zeichen ist Bestandteil des Zeichensatzes, der auf Ihrem Computer verwendet wird.

Tabelle 5.32 Das Argument der Funktion ZEICHEN

5.35.1 Symbolübersicht erstellen

Symbol-Übersetzungstabelle

Im folgenden Beispiel wollen wir eine Symbol-Übersetzungstabelle erstellen. Schauen Sie sich dazu Abbildung 5.59 an.

	A	B	C	D	E	F	G
1	Die Tabellenfunktion ZEICHEN						
2							
3							
4							
5	Zahlen	Symbol	Wingdings	Wingdings 2	Wingdings 3	Webdings	
6	0033						
7	0034						
8	0035						
9	0036						
10	0037						
11	0038						
12	0039						
13	0040						
14	0041						
15	0042						
16	0043						
17	0044						
18	0045						
19	0046						
20	0047						
21	0048						
22	0049						
23	0050						
24	0051						
25	0052						
26	0053						
27	0054						
28	0055						
29	0056						
30	0057						
31	0058						
32	0059						
33	0060						
34	0061						
35	0062						
36	0063						
37	0064						

Abbildung 5.59 Die Ausgangsbasis

Symbol, Windings, Webdings

In dem hier aufgeführten Beispiel arbeiten wird mit den Schriftarten Symbol, Windings, Windings2, Windings3 und Webdings. Sollte bei Ihnen die eine oder andere Schriftart fehlen, macht das gar nichts. Lassen Sie die Spalte dann einfach leer.

Um diese Aufgabe zu lösen, verfahren Sie wie folgt:

1. Markieren Sie den Bereich B6:B37.
2. Erfassen Sie die Formel **=ZEICHEN($A6)**.
3. Beenden Sie die Formeleingabe durch die Tastenkombination [Strg] + [↵].
4. Drücken Sie jetzt die Tastenkombination [Strg] + [C], um den gesamten Bereich zu kopieren.
5. Gehen Sie auf Zelle C6, und drücken Sie [Strg] + [V].
6. Verfahren Sie in den Zellen D6, E6 und F6 genauso, so dass Ihre Tabelle aussieht wie in Abbildung 5.60.

B6 =ZEICHEN($A6)

	A	B	C	D	E	F
1	**Die Tabellenfunktion ZEICHEN**					
2						
3						
4						
5	**Zahlen**	**Symbol**	**Wingdings**	**Wingdings 2**	**Wingdings 3**	**Webdings**
6	0033	!	!	!	!	!
7	0034	"	"	"	"	"
8	0035	#	#	#	#	#
9	0036	$	$	$	$	$
10	0037	%	%	%	%	%
11	0038	&	&	&	&	&
12	0039	'	'	'	'	'
13	0040	(	(	(	(	(
14	0041	)	)	)	)	)
15	0042	*	*	*	*	*
16	0043	+	+	+	+	+
17	0044	,	,	,	,	,
18	0045	-	-	-	-	-
19	0046	.	.	.	.	.
20	0047	/	/	/	/	/
21	0048	0	0	0	0	0
22	0049	1	1	1	1	1
23	0050	2	2	2	2	2
24	0051	3	3	3	3	3
25	0052	4	4	4	4	4
26	0053	5	5	5	5	5
27	0054	6	6	6	6	6
28	0055	7	7	7	7	7
29	0056	8	8	8	8	8
30	0057	9	9	9	9	9
31	0058	:	:	:	:	:
32	0059	;	;	;	;	;
33	0060	<	<	<	<	<
34	0061	=	=	=	=	=
35	0062	>	>	>	>	>
36	0063	?	?	?	?	?
37	0064	@	@	@	@	@

Abbildung 5.60 Ihre Tabelle sollte jetzt so aussehen.

7. Markieren Sie den Zellenbereich B6:B37 erneut.
8. Wählen Sie im Menüband START im Bereich SCHRIFTART die Schrift SYMBOL aus.
9. In den Spalten C–F selektieren Sie die jeweilige Schriftart, die über Ihrem Ergebnisbereich steht. Nun sollten Sie die Zeichen erhalten, die Sie in Abbildung 5.61 sehen.

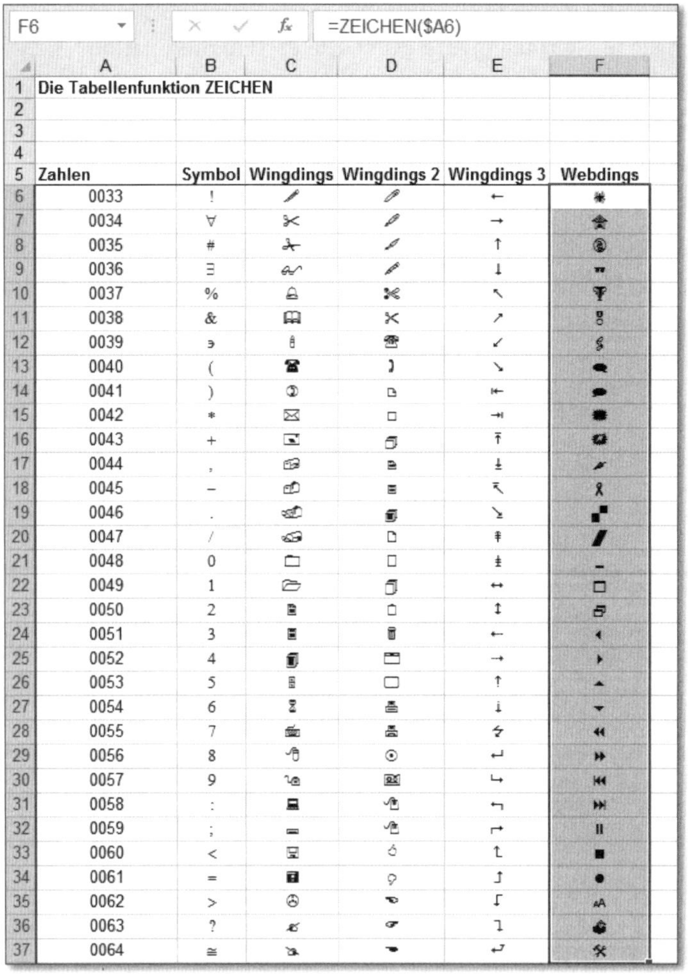

Zahlen	Symbol
0033	!
0034	∀
0035	#
0036	∃
0037	%
0038	&
0039	∋
0040	(
0041	)
0042	∗
0043	+
0044	,
0045	−
0046	.
0047	/
0048	0
0049	1
0050	2
0051	3
0052	4
0053	5
0054	6
0055	7
0056	8
0057	9
0058	:
0059	;
0060	<
0061	=
0062	>
0063	?
0064	≅

Abbildung 5.61 Das fertige Ergebnis

Die Tabellenfunktion ZEICHEN können Sie übrigens auch manuell über den Tastenblock Ihrer Tastatur eingeben. Wenn Sie zum Beispiel die Schriftart Arial eingestellt haben, dann können Sie einfach das Copyright-Zeichen eingeben, indem Sie die Taste [Alt] gedrückt halten und dann die Zahl 0169 eingeben.

Kapitel 6

Datum- und Zeitfunktionen

Datums- und Zeitfunktionen sind ein essenzieller Bestandteil von Excel. Die wesentlichen Funktionen werden Ihnen anhand von Beispielen erläutert.

Deutsch	Englisch	ab Version	Grundwissen
ARBEITSTAG	WORKDAY	2007	
ARBEITSTAG.INTL	WORKDAY.INTL	2010	
BRTEILJAHRE	YEARFRAC	2007	
DATUM	DATE	2003	X
DATWERT	DATEVALUE	2003	
EDATUM	EDATE	2007	
HEUTE	TODAY	2003	X
ISOKALENDER-WOCHE	ISOWEEKNUM	2013	
JAHR	YEAR	2003	X
JETZT	NOW	2003	X
KALENDERWOCHE	WEEKNUM	2007	
MINUTE	MINUTE	2003	
MONAT	MONTH	2003	
MONATSENDE	EOMONTH	2007	
NETTOARBEITS-TAGE	NETWORKDAYS	2007	

Tabelle 6.1 Übersicht der Datum- und Zeitfunktionen von Excel

Deutsch	Englisch	ab Version	Grundwissen
NETTOARBEITS-TAGE.INTL	NETWORK-DAYS.INTL	2010	
SEKUNDE	SECOND	2003	
STUNDE	HOUR	2003	
TAG	DAY	2003	X
TAGE	DAYS	2013	
TAGE360	DAYS360	2003	
WOCHENTAG	WEEKDAY	2003	
ZEIT	TIME	2003	X
ZEITWERT	TIMEVALUE	2003	

Tabelle 6.1 Übersicht der Datum- und Zeitfunktionen von Excel (Forts.)

6.1 Die Datumssysteme in Excel

Lattenzäune (####)

Vielleicht haben Sie auch schon einmal folgende Erfahrung gemacht: Sie subtrahieren zwei Datumswerte voneinander, und als Ergebnis werden in der Zelle nur Lattenzäune (####) ausgegeben. Egal, wie breit Sie die Spalte dann vergrößern, jeweils die gesamte Zelle wird mit Lattenzäunen aufgefüllt. Stoßen Sie auf dieses Problem, dann können Sie wie folgt vorgehen:

1. Wählen Sie aus dem Menüband DATEI den Befehl OPTIONEN.
2. In den EXCEL-OPTIONEN gehen Sie auf ERWEITERT.
3. In dem Bereich BEIM BERECHNEN DIESER ARBEITSMAPPE aktivieren Sie das Kontrollkästchen 1904-DATUMSWERTE.
4. Bestätigen Sie diese Einstellung mit OK.

1904-Datumswerte

Zeitzählung ab den 01.01.1904

Excel bietet hier also ein weiteres Datumssystem an. Diese Variante erlaubt es, auch mit negativen Zeiten zu rechnen. Bei der 1904-Variante beginnt die Zeitzählung beim 01.01.1904.

6.2 Die Tabellenfunktion ARBEITSTAG

Deutsch:	ARBEITSTAG
Syntax:	**=ARBEITSTAG(Ausgangsdatum;Tage;Freie_Tage)**
Englisch:	WORKDAY
Syntax:	**=WORKDAY(start_date,days,holidays)**

Zukünftige oder vergangene Daten errechnen

Mit der Tabellenfunktion ARBEITSTAG können Sie zukünftige oder vergangene Daten errechnen. Basis dafür sind ein Ausgangsdatum und eine Anzahl von Tagen.

Argument	Inhalt
Ausgangsdatum	Ist erforderlich; Startdatum
Tage	Ist erforderlich; die Anzahl der Tage, die dem Ausgangsdatum hinzugerechnet oder von diesem abgezogen werden soll. Nicht mitgezählt werden Wochenenden und Feiertage. Positive Werte bedeuten ein zukünftiges Datum, negative Werte ergeben ein zurückliegendes Datum.
Freie Tage	Ist optional; eine Auflistung mehrerer Datumsangaben, die freie Tage repräsentieren.

Tabelle 6.2 Die Argumente der Funktion ARBEITSTAG

6.2.1 Zahlbar bis

Nehmen wir an, Sie haben eine EDV-Beratung und schreiben Ihren Kunden regelmäßig Rechnungen über erbrachte Leistungen. Sie räumen jedem Kunden ein Zahlungsziel von 14 Tagen ein. Um zu prüfen, ob Ihre Kunden wie erwartet zahlen, können Sie die Tabellenfunktion ARBEITSTAG verwenden.

Schauen Sie sich Abbildung 6.1 an.

	A	B	C	D	E	F
1	**Die Tabellenfunktion ARBEITSTAG**					**Freie Tage**
2						25.12.2015
3	Zahlungsziel	14	Kalendertage			26.12.2015
4						01.01.2016
5	**Rechnungsempfänger**	**Rechnungsdatum**	**Rechnungsbetrag**	**Enddatum**		
6	Schulz	12.10.2015	4.837,48 €			
7	Kuschke	14.10.2015	3.254,72 €			
8	Spieler	15.10.2015	1.724,17 €			
9	Michelsen	22.10.2015	904,69 €			
10	Lammert	30.10.2015	1.628,19 €			
11	Meier	04.11.2015	4.542,97 €			
12	Klein	09.11.2015	1.360,35 €			
13	Klein	11.11.2015	1.908,36 €			
14	Altmann	17.11.2015	1.788,57 €			
15	Landsknecht	20.11.2015	3.804,54 €			
16	Meyer	01.12.2015	3.360,52 €			
17	Michelsen	02.12.2015	3.929,65 €			
18	Peters	11.12.2015	1.828,08 €			
19	Holmes	25.12.2015	2.456,77 €			
20	Holmes	28.12.2015	1.939,04 €			
21						
22						

Abbildung 6.1 Wann müssen die Kunden zahlen?

1. Markieren Sie den Ergebnisbereich D6:D20.
2. Erfassen Sie die Formel **=ARBEITSTAG(B6;$B$3;$F$2:$F$4)**.
3. Beenden Sie die Formeleingabe mit der Tastenkombination [Strg] + [↵].

Das Ergebnis sehen Sie in Abbildung 6.2.

D6 =ARBEITSTAG(B6;$B$3;$F$2:$F$4)

	A	B	C	D	E	F
1	**Die Tabellenfunktion ARBEITSTAG**					**Freie Tage**
2						25.12.2015
3	Zahlungsziel	14	Kalendertage			26.12.2015
4						01.01.2016
5	**Rechnungsempfänger**	**Rechnungsdatum**	**Rechnungsbetrag**	**Enddatum**		
6	Schulz	12.10.2015	4.837,48 €	30.10.2015		
7	Kuschke	14.10.2015	3.254,72 €	03.11.2015		
8	Spieler	15.10.2015	1.724,17 €	04.11.2015		
9	Michelsen	22.10.2015	904,69 €	11.11.2015		
10	Lammert	30.10.2015	1.628,19 €	19.11.2015		
11	Meier	04.11.2015	4.542,97 €	24.11.2015		
12	Klein	09.11.2015	1.360,35 €	27.11.2015		
13	Klein	11.11.2015	1.908,36 €	01.12.2015		
14	Altmann	17.11.2015	1.788,57 €	07.12.2015		
15	Landsknecht	20.11.2015	3.804,54 €	10.12.2015		
16	Meyer	01.12.2015	3.360,52 €	21.12.2015		
17	Michelsen	02.12.2015	3.929,65 €	22.12.2015		
18	Peters	11.12.2015	1.828,08 €	04.01.2016		
19	Holmes	25.12.2015	2.456,77 €	15.01.2016		
20	Holmes	28.12.2015	1.939,04 €	18.01.2016		
21						
22						

Abbildung 6.2 Das jeweilige Datum wurde berechnet.

6.3 Die Tabellenfunktion ARBEITSTAG.INTL

Deutsch:	ARBEITSTAG.INTL
Syntax:	**=ARBEITSTAG.INTL(Ausgangsdatum;Tage;Wochenende;Freie_Tage)**
Englisch:	WORKDAY.INTL
Syntax:	**=WORKDAY.INTL(start_date,days,weekend,holidays)**

Die Tabellenfunktion ARBEITSTAG.INTL ist eine Neufassung der Tabellenfunktion ARBEITSTAG.

Argument	Inhalt
Ausgangsdatum	Ist erforderlich; Startdatum
Tage	Ist erforderlich; die Anzahl der Tage, die dem Ausgangsdatum hinzugerechnet oder von diesem abgezogen werden soll. Nicht mitgezählt werden Wochenenden und Feiertage. Positive Werte bedeuten ein zukünftiges Datum, negative Werte ergeben ein zurückliegendes Datum.
Wochenende	Ist optional; Eingabe der definierten Wochenenden, Eingabe erfolgt über Werteliste.
Freie Tage	Ist optional; eine Auflistung mehrerer Datumsangaben, die freie Tage repräsentieren

Tabelle 6.3 Die Argumente der Funktion ARBEITSTAG.INTL

6.3.1 Arbeitstage auf anderem Weg

Erinnern Sie sich noch an unsere Aufgabe aus Abschnitt 6.2.1, »Zahlbar bis«? Wir haben berechnet, wann unsere Kunden zahlen müssen. Genau diese Aufgabe werden wir auch hier nutzen. Sehen Sie sich dazu noch einmal die Ausgangslage in Tabelle 6.3 an.

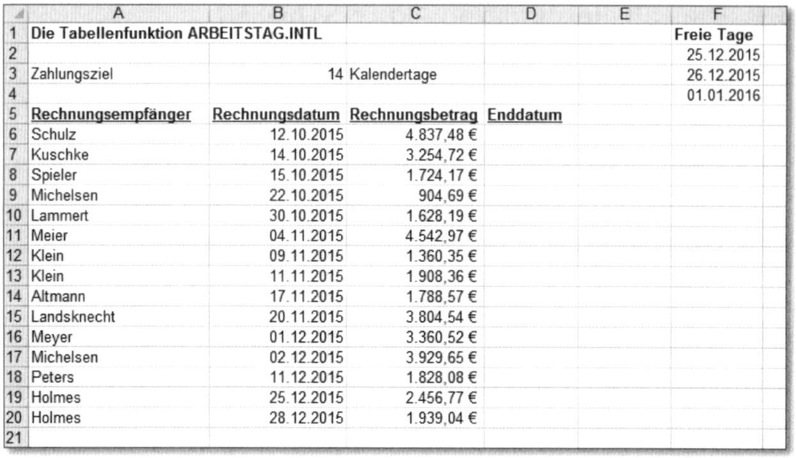

	A	B	C	D	E	F
1	**Die Tabellenfunktion ARBEITSTAG.INTL**					**Freie Tage**
2						25.12.2015
3	Zahlungsziel	14	Kalendertage			26.12.2015
4						01.01.2016
5	**Rechnungsempfänger**	**Rechnungsdatum**	**Rechnungsbetrag**	**Enddatum**		
6	Schulz	12.10.2015	4.837,48 €			
7	Kuschke	14.10.2015	3.254,72 €			
8	Spieler	15.10.2015	1.724,17 €			
9	Michelsen	22.10.2015	904,69 €			
10	Lammert	30.10.2015	1.628,19 €			
11	Meier	04.11.2015	4.542,97 €			
12	Klein	09.11.2015	1.360,35 €			
13	Klein	11.11.2015	1.908,36 €			
14	Altmann	17.11.2015	1.788,57 €			
15	Landsknecht	20.11.2015	3.804,54 €			
16	Meyer	01.12.2015	3.360,52 €			
17	Michelsen	02.12.2015	3.929,65 €			
18	Peters	11.12.2015	1.828,08 €			
19	Holmes	25.12.2015	2.456,77 €			
20	Holmes	28.12.2015	1.939,04 €			
21						

Abbildung 6.3 Diese Aufgabe kann auch mit der Tabellenfunktion ARBEITS-TAG.INTL gelöst werden.

Um diese Aufgabe zu lösen, gehen Sie wie folgt vor:

1. Markieren Sie den Ergebnisbereich D6:D20.
2. Erfassen Sie die Formel **=ARBEITSTAG.INTL(B6;$B$3;1;$F$2:$F$4)**.
3. Beenden Sie die Formeleingabe durch die Tastenkombination [Strg] + [↵].

Wochenend-kombinationen

Ist es Ihnen aufgefallen? Bei der Formeleingabe erscheint ein Auswahlfenster, das die möglichen Wochenendkombinationen beinhaltet (siehe Abbildung 6.4).

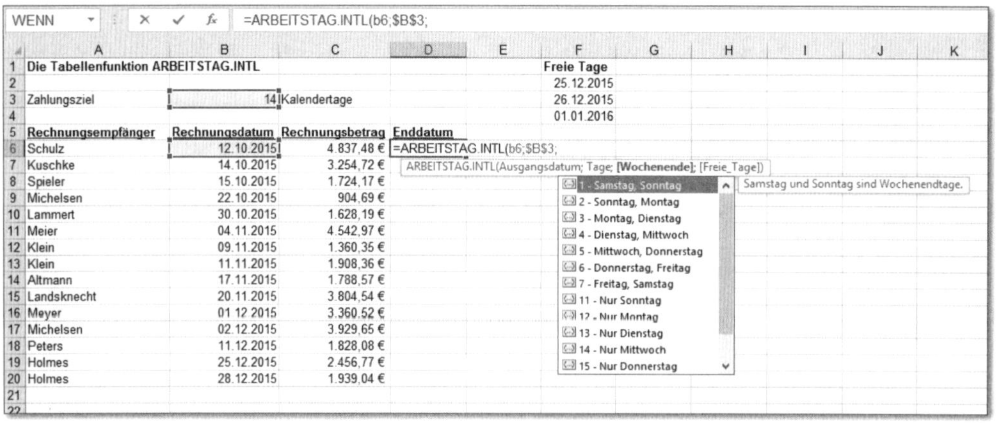

	A	B	C	D	F
1	**Die Tabellenfunktion ARBEITSTAG.INTL**				**Freie Tage**
2					25.12.2015
3	Zahlungsziel	14	Kalendertage		26.12.2015
4					01.01.2016
5	**Rechnungsempfänger**	**Rechnungsdatum**	**Rechnungsbetrag**	**Enddatum**	
6	Schulz	12.10.2015	4.837,48 €	=ARBEITSTAG.INTL(b6;$B$3;	
7	Kuschke	14.10.2015	3.254,72 €		
8	Spieler	15.10.2015	1.724,17 €		
9	Michelsen	22.10.2015	904,69 €		
10	Lammert	30.10.2015	1.628,19 €		
11	Meier	04.11.2015	4.542,97 €		
12	Klein	09.11.2015	1.360,35 €		
13	Klein	11.11.2015	1.908,36 €		
14	Altmann	17.11.2015	1.788,57 €		
15	Landsknecht	20.11.2015	3.804,54 €		
16	Meyer	01.12.2015	3.360,52 €		
17	Michelsen	02.12.2015	3.929,65 €		
18	Peters	11.12.2015	1.828,08 €		
19	Holmes	25.12.2015	2.456,77 €		
20	Holmes	28.12.2015	1.939,04 €		
21					

Abbildung 6.4 Auswahlfenster mit Wochenendkombinationen

Das fertige Ergebnis Ihrer Formeleingabe finden Sie in Abbildung 6.5.

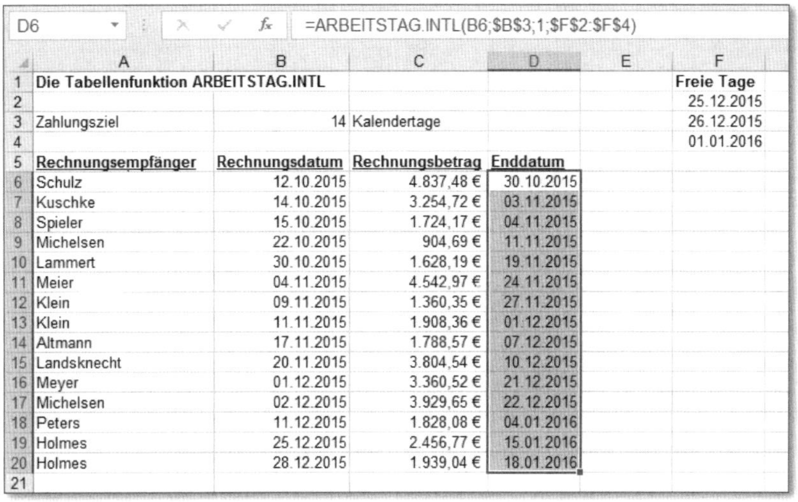

D6 =ARBEITSTAG.INTL(B6;$B$3;1;$F$2:$F$4)

	A	B	C	D	E	F
1	Die Tabellenfunktion ARBEITSTAG.INTL					Freie Tage
2						25.12.2015
3	Zahlungsziel	14	Kalendertage			26.12.2015
4						01.01.2016
5	Rechnungsempfänger	Rechnungsdatum	Rechnungsbetrag	Enddatum		
6	Schulz	12.10.2015	4.837,48 €	30.10.2015		
7	Kuschke	14.10.2015	3.254,72 €	03.11.2015		
8	Spieler	15.10.2015	1.724,17 €	04.11.2015		
9	Michelsen	22.10.2015	904,69 €	11.11.2015		
10	Lammert	30.10.2015	1.628,19 €	19.11.2015		
11	Meier	04.11.2015	4.542,97 €	24.11.2015		
12	Klein	09.11.2015	1.360,35 €	27.11.2015		
13	Klein	11.11.2015	1.908,36 €	01.12.2015		
14	Altmann	17.11.2015	1.788,57 €	07.12.2015		
15	Landsknecht	20.11.2015	3.804,54 €	10.12.2015		
16	Meyer	01.12.2015	3.360,52 €	21.12.2015		
17	Michelsen	02.12.2015	3.929,65 €	22.12.2015		
18	Peters	11.12.2015	1.828,08 €	04.01.2016		
19	Holmes	25.12.2015	2.456,77 €	15.01.2016		
20	Holmes	28.12.2015	1.939,04 €	18.01.2016		
21						

Abbildung 6.5 Errechnen der jeweiligen Daten mit der Tabellenfunktion ARBEITSTAG.INTL

6.4 Die Tabellenfunktion BRTEILJAHRE

Deutsch:	BRTEILJAHRE
Syntax:	**=BRTEILJAHRE(Ausgangsdatum;Enddatum;Basis)**
Englisch:	YEARFRAC
Syntax:	**=YEARFRAC(start_date,end_date,basis)**

Datumsdifferenzen in Jahresbruchteilen

Mit Hilfe der Tabellenfunktion BRTEILJAHRE können Sie Datumsdifferenzen in Jahresbruchteilen ausgeben. Benötigt werden dazu ein Start- und ein Endtermin. Das Ergebnis wird mit Dezimalstellen ausgegeben.

Argument	Inhalt
Ausgangsdatum	Ist erforderlich; Startdatum
Enddatum	Ist erforderlich; Enddatum

Tabelle 6.4 Die Argumente der Funktion BRTEILJAHRE

Argument	Inhalt
Basis	Ist optional; hier legen Sie die Genauigkeit bzw. Zählweise an. Dazu stehen folgende Basiswerte zur Verfügung: ▸ 0 USA (NASD) 30/360 ▸ 1 taggenau/taggenau (ACT/ACT) ▸ 2 taggenau/360 (ACT/360) ▸ 3 taggenau/365 Zinsberechnungs-methode (ACT/365) ▸ 4 Europa 30/360

Tabelle 6.4 Die Argumente der Funktion BRTEILJAHRE (Forts.)

6.4.1 Das Alter auf den Tag genau bestimmen

Taggenaue Ausgabe des Alters

In der folgenden Aufgabe liegt eine Liste mit Geburtstagen vor (siehe Abbildung 6.6). Dabei wird das Geburtsdatum einer Person jeweils mit dem heutigen Datum verglichen. Als Ergebnis soll dabei eine taggenaue Ausgabe des Alters ermittelt werden.

	A	B	C	D
1	Die Tabellenfunktion BRTEILJAHRE			
2				
3				
4				
5	Name	Startdatum	Enddatum	Alter
6	Bjoern Groß	30.04.1967	31.10.2015	
7	Martin Landsknecht	31.12.1966	31.10.2015	
8	Hans Schmidt	03.09.1992	31.10.2015	
9	Andreas Meier	05.04.1960	31.10.2015	
10	Kai Winkler	18.05.1961	31.10.2015	
11	Carolin Winkler	19.02.1984	31.10.2015	
12	Karin Peters	25.06.1996	31.10.2015	
13	Michael Albert	28.11.1984	31.10.2015	
14	Olaf Hagen	14.10.1989	31.10.2015	
15	Kai Welke	14.01.1970	31.10.2015	
16	Christian Schmidt	06.09.1966	31.10.2015	
17	Uwe Hagen	11.11.1985	31.10.2015	
18	Petra Michelsen	28.03.1998	31.10.2015	
19	Uwe Spieler	30.10.1975	31.10.2015	
20	Olaf Schmidt	25.03.1965	31.10.2015	
21				
22				

Abbildung 6.6 Das Alter soll taggenau berechnet werden.

Um diese Aufgabe zu lösen, befolgen Sie die nächsten Arbeitsschritte:

1. Markieren Sie den Zellenbereich D6:D20.
2. Erfassen Sie die Formel **=BRTEILJAHRE(B6;C6;3)**.

3. Schließen Sie die Formel über die Tastenkombination [Strg] + [↵] ab.

Zahlen mit zwei Nachkommastellen formatieren

Formatieren Sie die Zahlen jetzt mit zwei Nachkommastellen:

1. Markieren Sie den Ergebnisbereich D6:D20.
2. Klicken Sie mit der rechten Maustaste in die Markierung.
3. Selektieren Sie ZELLEN FORMATIEREN.
4. Indem Register ZAHLEN finden Sie in der Kategorie ZAHL die DEZIMALSTELLEN. Stellen Sie hier zwei Dezimalstellen ein, und bestätigen Sie die Eingabe mit der Taste OK.

Das Ergebnis sehen Sie in Abbildung 6.7.

D6 =BRTEILJAHRE(B6;C6;3)

	A	B	C	D	E
1	**Die Tabellenfunktion BRTEILJAHRE**				
2					
3					
4					
5	**Name**	**Startdatum**	**Enddatum**	**Alter**	
6	Bjoern Groß	30.04.1967	31.10.2015	48,54	
7	Martin Landsknecht	31.12.1966	31.10.2015	48,87	
8	Hans Schmidt	03.09.1992	31.10.2015	23,17	
9	Andreas Meier	05.04.1960	31.10.2015	55,61	
10	Kai Winkler	18.05.1961	31.10.2015	54,49	
11	Carolin Winkler	19.02.1984	31.10.2015	31,72	
12	Karin Peters	25.06.1996	31.10.2015	19,36	
13	Michael Albert	28.11.1984	31.10.2015	30,94	
14	Olaf Hagen	14.10.1989	31.10.2015	26,06	
15	Kai Welke	14.01.1970	31.10.2015	45,82	
16	Christian Schmidt	06.09.1966	31.10.2015	49,18	
17	Uwe Hagen	11.11.1985	31.10.2015	29,99	
18	Petra Michelsen	28.03.1998	31.10.2015	17,61	
19	Uwe Spieler	30.10.1975	31.10.2015	40,03	
20	Olaf Schmidt	25.03.1965	31.10.2015	50,64	
21					
22					

Abbildung 6.7 Das genaue Alter wurde ermittelt.

6.5 Die Tabellenfunktion DATUM

Deutsch:	DATUM
Syntax:	**=DATUM(Jahr;Monat;Tag)**
Englisch:	DATE
Syntax:	**=DATE(year,month,day)**

Fortlaufende Zahl

Die Tabellenfunktion DATUM gibt die fortlaufende Zahl zurück, die ein bestimmtes Datum darstellt. Mit Hilfe dieser Tabellenfunktion können Sie Datumsangaben aus mehreren Zellen zusammenbauen.

Argument	Inhalt
Jahr	Ist erforderlich; hier können Sie ein bis vier Stellen angeben. Microsoft Excel interpretiert das Argument Jahr entsprechend dem Datumssystem, das Sie verwenden. Standardmäßig verwendet Excel für Windows das 1900-Datumssystem.
Monat	Ist erforderlich; mit diesem Argument wird die Zahl dargestellt, die den Monat des Jahres repräsentiert.
Tag	Ist erforderlich; Eingabe einer Zahl, die den Tag des Monats darstellt.

Tabelle 6.5 Die Argumente der Funktion DATUM

6.5.1 Ein Datum zusammensetzen

Mehrere Zellinhalte zusammensetzen

Im folgenden Beispiel wird ein Datum aus mehreren Zellinhalten zusammengesetzt. Sehen Sie sich vorher Abbildung 6.8 an.

	A	B	C	D
1	Die Tabellenfunktion DATUM			
2				
3				
4				
5	Jahr	Monat	Tag	Ergebnis
6	2013	3	2	
7	2012	8	22	
8	2020	8	14	
9	2013	9	20	
10	2013	1	9	
11	2014	10	25	
12	2020	2	27	
13	2019	7	11	
14	2014	6	22	
15	2012	12	5	
16	2015	2	19	
17	2020	8	26	
18	2013	8	24	
19	2018	12	10	
20	2019	1	8	
21				

Abbildung 6.8 Ausgangsbasis: Das Datum soll zusammengesetzt werden.

Kombinieren Sie jetzt die Zellinhalte der Spalten A, B und C, und geben Sie in Spalte D ein gültiges, erkennbares Datum aus (siehe Abbildung 6.9). Dabei befolgen Sie die nächsten Arbeitsschritte:

1. Markieren Sie den Zellenbereich D6:D20.
2. Erfassen Sie die Formel **=DATUM(A6;B6;C6)**.
3. Schließen Sie die Formel über die Tastenkombination Strg + ↵ ab.

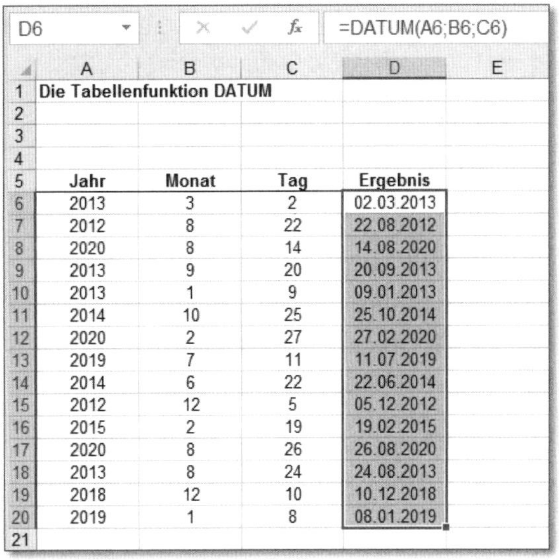

	A	B	C	D	E
1	Die Tabellenfunktion DATUM				
2					
3					
4					
5	Jahr	Monat	Tag	Ergebnis	
6	2013	3	2	02.03.2013	
7	2012	8	22	22.08.2012	
8	2020	8	14	14.08.2020	
9	2013	9	20	20.09.2013	
10	2013	1	9	09.01.2013	
11	2014	10	25	25.10.2014	
12	2020	2	27	27.02.2020	
13	2019	7	11	11.07.2019	
14	2014	6	22	22.06.2014	
15	2012	12	5	05.12.2012	
16	2015	2	19	19.02.2015	
17	2020	8	26	26.08.2020	
18	2013	8	24	24.08.2013	
19	2018	12	10	10.12.2018	
20	2019	1	8	08.01.2019	
21					

Abbildung 6.9 Das Datum wurde zusammengesetzt.

6.6 Die Tabellenfunktion DATWERT

Deutsch:	DATWERT
Syntax:	**=DATWERT(Datumstext)**
Englisch:	DATEVALUE
Syntax:	**=DATEVALUE(date)**

Ein als Text vorliegendes Datum in eine fortlaufende Zahl umwandeln

Mit Hilfe der Tabellenfunktion DATWERT können Sie nicht erkannte Datumsangaben, die beispielsweise nach einem Import von Fremddaten in Excel eingefügt wurden, in ein lesbares Excel-Datum wandeln. Die Tabellenfunktion DATWERT wandelt ein als Text vorliegendes Datum in eine fortlaufende Zahl um.

Argument	Inhalt
Datumstext	Ist erforderlich; im Argument Datumstext wird der Text bzw. der Zellbezug, der ein Datum enthalten soll, angegeben. Entspricht das Argument Datumstext einem Datum, das außerhalb dieses Bereichs liegt, gibt DATWERT den Fehlerwert #WERT! zurück. Ist in Datumstext kein Jahr angegeben, verwendet DATWERT die Jahresangabe, die von der in Ihrem Computer eingebauten Uhr zur Verfügung gestellt wird.

Tabelle 6.6 Das Argument der Funktion DATWERT

6.6.1 Importdatum in lesbares Datum umwandeln

In der folgenden Aufgabe liegt eine Tabelle mit einigen sehr unterschiedlichen Datumsangaben vor, die aber in Excel so leider nicht erkannt wurden (siehe Abbildung 6.10).

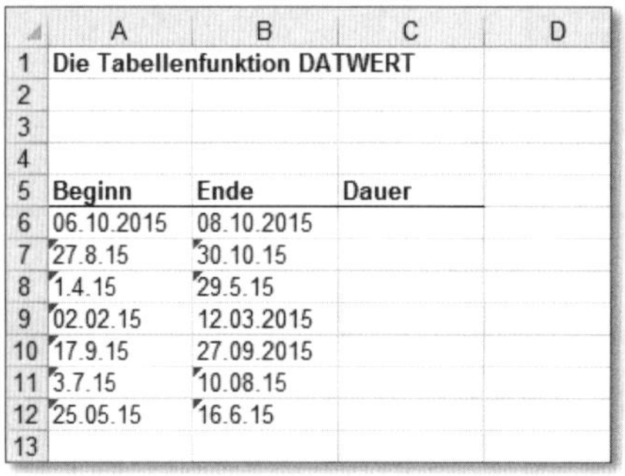

	A	B	C	D
1	Die Tabellenfunktion DATWERT			
2				
3				
4				
5	Beginn	Ende	Dauer	
6	06.10.2015	08.10.2015		
7	27.8.15	30.10.15		
8	1.4.15	29.5.15		
9	02.02.15	12.03.2015		
10	17.9.15	27.09.2015		
11	3.7.15	10.08.15		
12	25.05.15	16.6.15		
13				

Abbildung 6.10 Diese Daten werden von Excel nicht erkannt.

Mit Datumsangaben rechnen

Ihre Aufgabe besteht nun darin, mit diesen Datumsangaben zu rechnen, und zwar sollen die Tage, die zwischen dem Beginn- und dem Enddatum liegen, in Spalte C ausgegeben werden. Um diese Aufgabe zu lösen, verfahren Sie wie folgt:

1. Markieren Sie den Zellenbereich C6:C12.
2. Erfassen Sie die Formel **=DATWERT(B6)-DATWERT(A6)**.
3. Schließen Sie die Formel über die Tastenkombination [Strg] + [↵] ab.

Das Ergebnis sehen Sie in Abbildung 6.11.

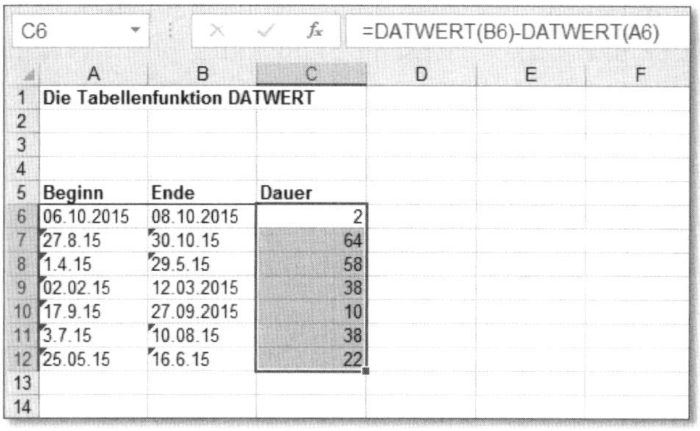

C6 =DATWERT(B6)-DATWERT(A6)

	A	B	C	D	E	F
1	Die Tabellenfunktion DATWERT					
2						
3						
4						
5	Beginn	Ende	Dauer			
6	06.10.2015	08.10.2015	2			
7	27.8.15	30.10.15	64			
8	1.4.15	29.5.15	58			
9	02.02.15	12.03.2015	38			
10	17.9.15	27.09.2015	10			
11	3.7.15	10.08.15	38			
12	25.05.15	16.6.15	22			
13						
14						

Abbildung 6.11 Mit der Tabellenfunktion DATWERT werden auch diese Daten erkannt.

6.7 Die Tabellenfunktion EDATUM

Deutsch:	EDATUM
Syntax:	**=EDATUM(Ausgangsdatum;Monate)**
Englisch:	EDATE
Syntax:	**=EDATE(start_date, months)**

Add-in Analyse-Funktionen

Mit Hilfe der Tabellenfunktion EDATUM aus dem Add-in Analyse-Funktionen können Sie ausgehend von einem Datum einen Termin errechnen, der eine bestimmte Anzahl von Monaten vor bzw. nach dem angegebenen Datum (Ausgangsdatum) liegt.

Argument	Inhalt
Ausgangsdatum	Ist erforderlich; hier geben Sie das Ausgangsdatum an.

Tabelle 6.7 Das Argument der Funktion EDATUM

6.7.1 Fälligkeitstermine errechnen

In der nächsten Aufgabe soll ausgehend von einem Startdatum ein Datum in der Zukunft oder auch in der Vergangenheit berechnet werden. Dabei soll angegeben werden können, wie viele Monate in die Zukunft bzw. in die Vergangenheit gegangen werden soll (siehe Abbildung 6.12).

Die Spalte B wurde mit einem benutzerdefinierten Format belegt. Dazu wurde der Bereich B6:B16 markiert. Anschließend wurde über das Kontextmenü – Klick mit der rechten Maustaste auf die markierten Zellen – ZELLEN FORMATIEREN ausgewählt. Auf der Registerkarte ZAHLEN wurde die Kategorie BENUTZERDEFINIERT und im Feld TYP das benutzerdefinierte Format »0 "Monat(e)"« erfasst.

	A	B	C
1	Die Tabellenfunktion EDATUM		
2			
3			
4			
5	Start	Ende	Ergebnis
6	10.10.2015	1 Monat(e)	
7	10.10.2015	5 Monat(e)	
8	10.10.2015	6 Monat(e)	
9	10.10.2015	12 Monat(e)	
10	10.10.2015	36 Monat(e)	
11	10.10.2015	-1 Monat(e)	
12	10.10.2015	-5 Monat(e)	
13	10.10.2015	-6 Monat(e)	
14	10.10.2015	-12 Monat(e)	
15	10.10.2015	-36 Monat(e)	
16	10.10.2015	-48 Monat(e)	
17			

Abbildung 6.12 Es wird immer vom gleichen Datum ausgegangen.

Termine errechnen

Um die Termine in der Zukunft bzw. der Vergangenheit zu errechnen, verfahren Sie wie folgt:

1. Markieren Sie den Zellenbereich C6:C16.
2. Erfassen Sie die Formel **=EDATUM(A6;B6)**.
3. Schließen Sie die Formel über die Tastenkombination [Strg] + [↵] ab.

Abbildung 6.13 zeigt das Ergebnis an.

C6 | =EDATUM(A6;B6)

	A	B	C	D	E
1	Die Tabellenfunktion EDATUM				
2					
3					
4					
5	Start	Ende	Ergebnis		
6	10.10.2015	1 Monat(e)	10.11.2015		
7	10.10.2015	5 Monat(e)	10.03.2016		
8	10.10.2015	6 Monat(e)	10.04.2016		
9	10.10.2015	12 Monat(e)	10.10.2016		
10	10.10.2015	36 Monat(e)	10.10.2018		
11	10.10.2015	-1 Monat(e)	10.09.2015		
12	10.10.2015	-5 Monat(e)	10.05.2015		
13	10.10.2015	-6 Monat(e)	10.04.2015		
14	10.10.2015	-12 Monat(e)	10.10.2014		
15	10.10.2015	-36 Monat(e)	10.10.2012		
16	10.10.2015	-48 Monat(e)	10.10.2011		
17					
18					

Abbildung 6.13 Die Tabellenfunktion EDATUM kann vorwärts und rückwärts rechnen.

6.8 Die Tabellenfunktion HEUTE

Deutsch:	HEUTE
Syntax:	**=HEUTE()**
Englisch:	TODAY
Syntax:	**=TODAY()**

Aktuelles Tagesdatum einfügen

Mit Hilfe der Tabellenfunktion HEUTE können Sie das aktuelle Tagesdatum in eine Zelle einfügen. Dabei wird diese Tabellenfunktion bei jedem Öffnen der Arbeitsmappe aktualisiert. Excel orientiert sich bei dieser Tabellenfunktion am aktuellen Tag, der in der Systemsteuerung von Windows eingestellt ist.

6.8.1 Einen Wochenplan erstellen

Wochenplan

In der ersten Aufgabe soll in einer Excel-Tabelle ein kleiner Wochenplan erstellt werden. Dieser Wochenplan soll in Zelle A6 mit dem aktuellen Tagesdatum beginnen und jeweils eine Woche, also 7 Tage, nach unten anbieten.

Um diese Aufgabe durchzuführen, verfahren Sie wie folgt (siehe Abbildung 6.14):

1. Erfassen Sie in Zelle A6 die Formel **=HEUTE()**.
2. In Zelle A7 schreiben Sie die Formel **=A6+1**.
3. Ziehen Sie das Ausfüllkästchen mit der linken Maustaste bis in Zelle A12 herunter.

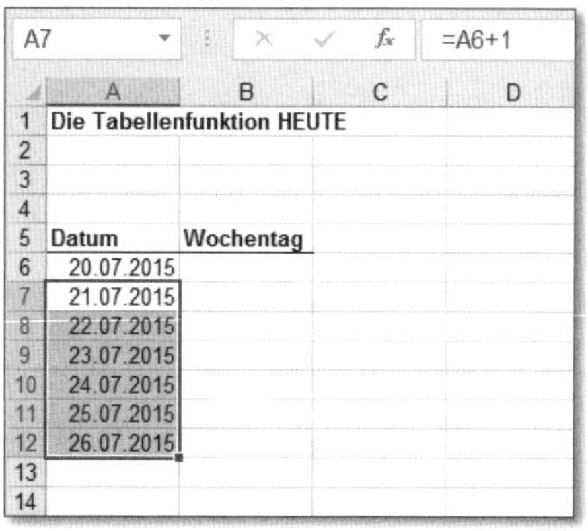

Abbildung 6.14 Eine fortlaufende Datumsleiste

Wochentage ergänzen

In der Spalte B soll jetzt automatisch der dazugehörige Wochentag geschrieben werden. Dazu verfahren Sie folgendermaßen:

1. Markieren Sie den Zellenbereich B6:B12.
2. Erfassen Sie die Formel **=A6**.
3. Schließen Sie die Formel über die Tastenkombination Strg + ↵ ab.
4. Öffnen Sie das Kontextmenü, indem Sie mit der rechten Maustaste auf die Markierung klicken.
5. Unter ZELLEN FORMATIEREN finden Sie in dem Register ZAHLEN den Begriff BENUTZERDEFINIERT (siehe Abbildung 6.15).

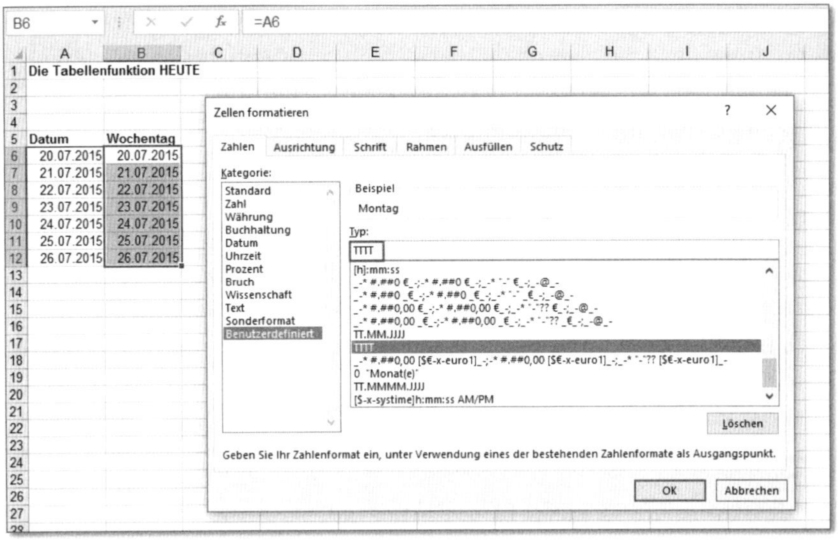

Abbildung 6.15 Die benutzerdefinierte Formatierung

6. Tragen Sie unter TYP das Format »TTTT« ein.
7. Bestätigen Sie Ihre Eingabe mit der Taste OK.

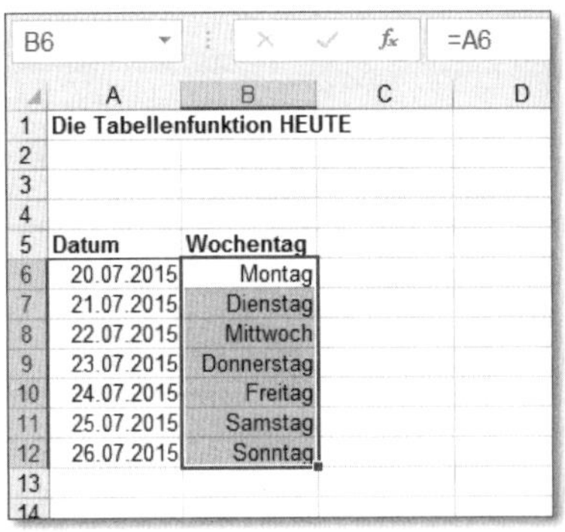

Abbildung 6.16 So werden Wochentage ermittelt.

Durch das benutzerdefinierte Format TTTT wird der Tagesnamen eines Datums in voller Form ausgegeben (06.10.2003 = Montag, siehe Abbildung 6.16). Beim Format TTT wird der Tagesnamen abgekürzt (06.10.2003 = Mo). Wird das benutzerdefinierte Format TT angegeben, dann wird nur der Tag in numerischer Form angegeben (06.10.2003 = 6).

Benutzerdefiniertes Format TTTT

Eine ähnliche Wirkungsweise können Sie beim benutzerdefinierten Format MMMM beobachten. Bei diesem Format wird aus 06.10.2003 = Oktober. Über das benutzerdefinierte Format MMM wird das Datum wie folgt umgesetzt: 06.10.2003 = Okt. Das Format MM hat zur Folge, dass beim Datum nur der Monat in numerischer Form angegeben wird (06.10.2003 = 10).

Benutzerdefiniertes Format MMMM

Tipp

Soll das Datum in eine Zelle eingefügt werden, ohne dass es aktualisiert wird, dann drücken Sie die Tastenkombination [Strg] + [.].

6.9 Die Tabellenfunktion ISOKALENDERWOCHE

Deutsch:	ISOKALENDERWOCHE
Syntax:	**=ISOKALENDERWOCHE(Datum)**
Englisch:	ISOWEEKNUM
Syntax:	**=ISOWEEKNUM(date)**

Mit Hilfe der Tabellenfunktion ISOKALENDERWOCHE können Sie ausgehend von einem bestimmten Datum die Kalenderwoche ermitteln.

Kalenderwoche ermitteln

Argument	Inhalt
Datum	Ist erforderlich; der Zeitpunkt, der von Excel für die Berechnung der Kalenderwoche genutzt wird. Standardmäßig fängt jede Woche mit einem Montag an.

Tabelle 6.8 Das Argument der Funktion ISOKALENDERWOCHE

6.9.1 Eine Kalenderwochenübersicht nach ISO

Alles was Sie für diese Aufgabe benötigen, bietet Ihnen Excel. Schauen Sie sich die folgende Aufgabenstellung in Abbildung 6.17 an.

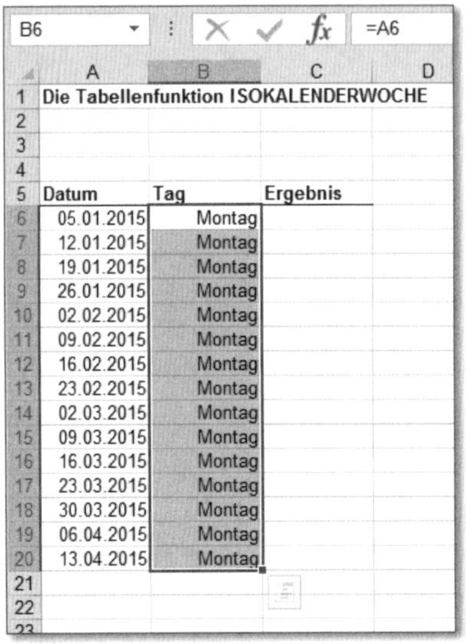

B6 =A6

	A	B	C	D
1	Die Tabellenfunktion ISOKALENDERWOCHE			
2				
3				
4				
5	Datum	Tag	Ergebnis	
6	05.01.2015	Montag		
7	12.01.2015	Montag		
8	19.01.2015	Montag		
9	26.01.2015	Montag		
10	02.02.2015	Montag		
11	09.02.2015	Montag		
12	16.02.2015	Montag		
13	23.02.2015	Montag		
14	02.03.2015	Montag		
15	09.03.2015	Montag		
16	16.03.2015	Montag		
17	23.03.2015	Montag		
18	30.03.2015	Montag		
19	06.04.2015	Montag		
20	13.04.2015	Montag		
21				
22				

Abbildung 6.17 Eine Kalenderwochenübersicht nach ISO

Benutzerdefiniertes Format TTTT

Wie Sie es bereits kennen, haben wir in den Zellen B6:B20 das benutzerdefinierte Format TTTT angelegt. So werden uns hier die jeweiligen Wochentage angezeigt. Um jetzt die Aufgabe zu lösen, verfahren Sie wie folgt:

1. Markieren Sie den Ergebnisbereich C6:C20.
2. Erfassen Sie die Formel **=ISOKALENDERWOCHE(A6)**.
3. Schließen Sie die Formel über die Tastenkombination [Strg] + [↵] ab.

In Abbildung 6.18 finden Sie das Ergebnis.

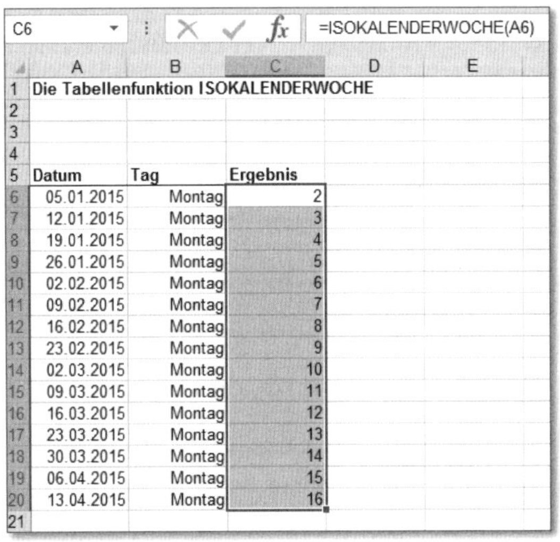

C6 =ISOKALENDERWOCHE(A6)

	A	B	C	D	E
1	Die Tabellenfunktion ISOKALENDERWOCHE				
2					
3					
4					
5	Datum	Tag	Ergebnis		
6	05.01.2015	Montag	2		
7	12.01.2015	Montag	3		
8	19.01.2015	Montag	4		
9	26.01.2015	Montag	5		
10	02.02.2015	Montag	6		
11	09.02.2015	Montag	7		
12	16.02.2015	Montag	8		
13	23.02.2015	Montag	9		
14	02.03.2015	Montag	10		
15	09.03.2015	Montag	11		
16	16.03.2015	Montag	12		
17	23.03.2015	Montag	13		
18	30.03.2015	Montag	14		
19	06.04.2015	Montag	15		
20	13.04.2015	Montag	16		
21					

Abbildung 6.18 Die fertige Übersicht ist erstellt.

6.10 Die Tabellenfunktion JAHR

Deutsch:	JAHR
Syntax:	**=JAHR(Zahl)**
Englisch:	YEAR
Syntax:	**=YEAR(date_value)**

Fortlaufende Zahl in eine Jahreszahl umwandeln

Mit Hilfe der Tabellenfunktion JAHR können Sie eine fortlaufende Zahl in eine Jahreszahl umwandeln oder auch aus einem bereits erfassten Datum das Jahr extrahieren. Das Jahr wird als ganze Zahl zurückgegeben, die einen Wert von 1900 bis 9999 annehmen kann.

Argument	Inhalt
Zahl	Ist erforderlich; im Argument Zahl geben Sie das Datum bzw. die Zahl an, dessen Jahr Sie ermitteln möchten.

Tabelle 6.9 Das Argument der Funktion JAHR

6.10.1 Die Jahreszahl ermitteln

Jahreszahl auslesen

Stellen Sie sich vor, Sie haben eine Tabelle mit verschiedenen Daten erhalten. Sie wollen jetzt aus der Spalte A die Jahreszahl ermitteln. Sehen Sie sich dazu Abbildung 6.19 an.

	A	B	C	D
1	Die Tabellenfunktionen JAHR / MONAT / TAG			
2				
3				
4				
5	Datum	JAHR	MONAT	TAG
6	17.09.2022			
7	21.01.2016			
8	02.09.2018			
9	09.09.2024			
10	01.01.2028			
11	11.10.2020			
12	30.09.2017			
13	20.03.2019			
14	29.11.2023			
15	25.07.2018			
16	26.05.2017			
17	27.05.2021			
18	02.11.2030			
19	13.07.2025			
20	11.07.2018			
21				

Abbildung 6.19 Diese Tabelle ist Basis für drei Tabellenfunktionen.

Um jetzt die Jahreszahl zu extrahieren, gehen Sie wie folgt vor:

1. Markieren Sie den Ergebnisbereich B6:B20.
2. Erfassen Sie die Formel **=JAHR(A6)**.
3. Schließen Sie die Formel über die Tastenkombination `Strg` + `↵` ab.

Abbildung 6.20 zeigt die ermittelten Jahreszahlen an. Wie Sie nun noch die jeweiligen Monate und Tage aus dem Datum isolieren, lesen Sie in den Abschnitten 6.14.1 und 6.20.1.

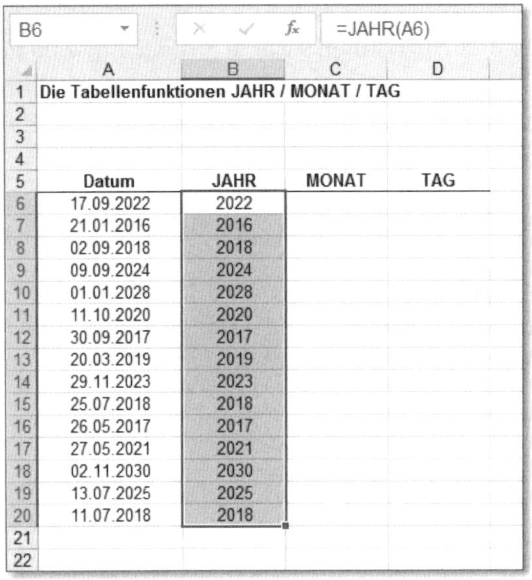

B6 =JAHR(A6)

	A	B	C	D
1	**Die Tabellenfunktionen JAHR / MONAT / TAG**			
2				
3				
4				
5	**Datum**	**JAHR**	**MONAT**	**TAG**
6	17.09.2022	2022		
7	21.01.2016	2016		
8	02.09.2018	2018		
9	09.09.2024	2024		
10	01.01.2028	2028		
11	11.10.2020	2020		
12	30.09.2017	2017		
13	20.03.2019	2019		
14	29.11.2023	2023		
15	25.07.2018	2018		
16	26.05.2017	2017		
17	27.05.2021	2021		
18	02.11.2030	2030		
19	13.07.2025	2025		
20	11.07.2018	2018		
21				
22				

Abbildung 6.20 Die Jahreszahl wurde extrahiert.

6.11 Die Tabellenfunktion JETZT

Deutsch:	JETZT
Syntax:	**=JETZT()**
Englisch:	NOW
Syntax:	**=NOW()**

Aktuelles Datum, aktuelle Uhrzeit

Mit Hilfe der Tabellenfunktion JETZT können Sie das aktuelle Datum sowie die aktuelle Uhrzeit in eine Zelle einfügen. Dabei wird diese Tabellenfunktion bei jedem Öffnen der Arbeitsmappe aktualisiert. Excel orientiert sich bei dieser Tabellenfunktion an der aktuellen Uhrzeit, die in der Systemsteuerung von Windows eingestellt ist.

6.11.1 Nur die Uhrzeit einfügen

Datum und Uhrzeit

Standardmäßig wird bei der Tabellenfunktion JETZT sowohl das Datum als auch die Uhrzeit eingefügt (siehe Abbildung 6.21).

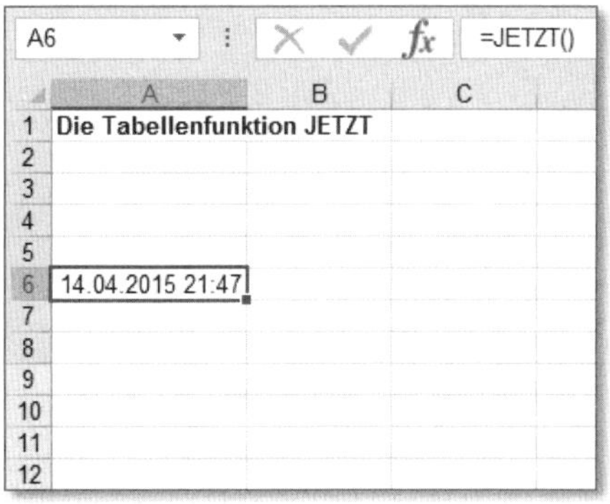

Abbildung 6.21 Datum und Uhrzeit werden gemeinsam ausgegeben.

Nur die Uhrzeit ausgeben

Möchten Sie über die Tabellenfunktion JETZT nur die Uhrzeit in einer Zelle ausgeben, dann befolgen Sie die nächsten Arbeitsschritte:

1. Fügen Sie die Tabellenfunktion **=JETZT()** in eine beliebige Zelle ein.
2. Wählen Sie aus dem Menüband START im Bereich ZAHL die Schaltfläche ZAHLENFORMAT aus (siehe Abbildung 6.22).

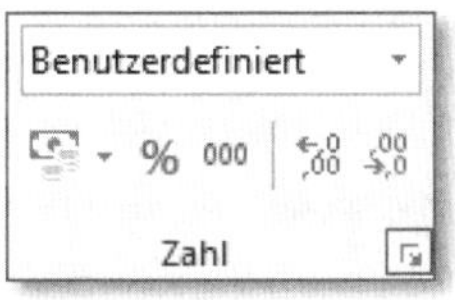

Abbildung 6.22 Hier können Sie das Zahlenformat anpassen.

Format hh:mm

3. Wechseln Sie auf die Registerkarte ZAHLEN.
4. Entfernen Sie in der Kategorie BENUTZERDEFINIERT im Feld TYP einen Teil der benutzerdefinierten Formatierung (TT:MM.JJJJ). Es soll nur das Format hh:mm stehen bleiben (siehe Abbildung 6.23).
5. Bestätigen Sie mit OK.

Wie Sie in Abbildung 6.24 sehen können, wird jetzt nur noch die Uhrzeit angezeigt.

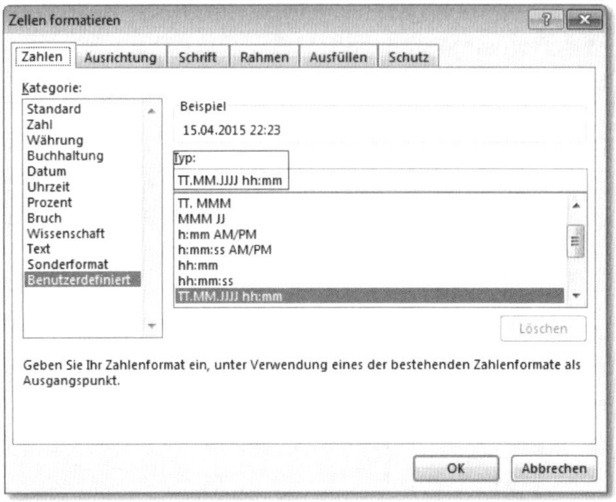

Abbildung 6.23 Bearbeitung der benutzerdefinierten Formatierung

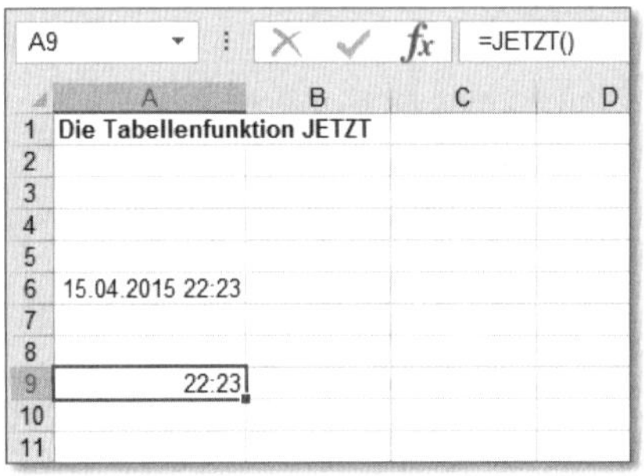

Abbildung 6.24 Nun zeigt die Tabellenfunktion JETZT nur noch die Uhrzeit an.

6.12 Die Tabellenfunktion KALENDERWOCHE

Deutsch:	KALENDERWOCHE
Syntax:	**=KALENDERWOCHE(Fortlaufende_Zahl;Zahl_Typ)**
Englisch:	WEEKNUM
Syntax:	**=WEEKNUM(serial_number,return_type)**

Kalenderwoche ermitteln

Eine weitere interessante Tabellenfunktion finden Sie im Add-in Analyse-Funktionen mit dem Namen KALENDERWOCHE. Mit Hilfe dieser Tabellenfunktion können Sie ausgehend von einem bestimmten Datum die Kalenderwoche ermitteln.

Argument	Inhalt
Fortlaufende Zahl	Ist erforderlich; in diesem Argument geben Sie das Datum an, zu dem Sie die dazugehörige Kalenderwoche ermitteln möchten.
Zahl Typ	Ist optional; im Argument Zahl_Typ geben Sie eine Zahl an, durch die festgelegt wird, mit welchem Tag eine Woche beginnt. Die Standardeinstellung ist 1. Bei dieser Einstellung beginnt die Woche am Sonntag. Die Wochentage sind dabei von 1 bis 7 nummeriert. Beim Wert 2 beginnt eine Woche am Montag. Die Wochentage sind von 1 bis 7 nummeriert.

Tabelle 6.10 Die Argumente der Funktion KALENDERWOCHE

6.12.1 Die Kalenderwoche bestimmen

Erinnern Sie sich noch an die Tabellenfunktion ISOKALENDERWOCHE?

Kalenderwochenübersicht

Wir haben mit dieser Tabellenfunktion eine Kalenderwochenübersicht hergestellt. Diese Vorlage wollen wir nutzen, um mit Hilfe der Tabellenfunktion KALENDERWOCHE ebenfalls eine Kalenderwochenübersicht herzustellen. Sehen Sie sich dazu noch einmal Abbildung 6.25 an.

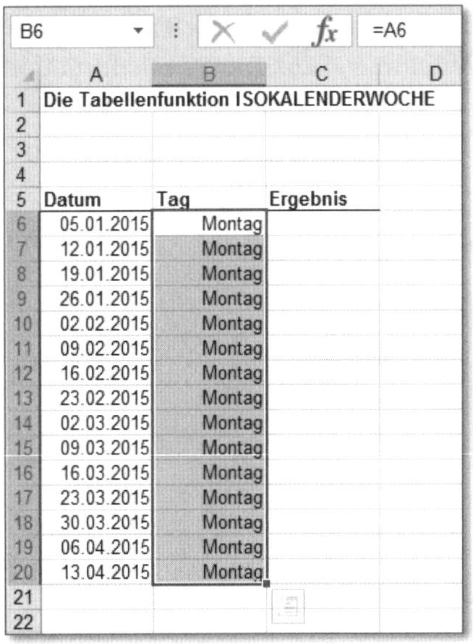

Abbildung 6.25 So sieht unsere Ausgangsbasis aus.

Um jetzt in den Ergebniszeilen C6:C20 die Kalenderwochen auszufüllen, verfahren Sie wie folgt:

1. Markieren Sie den Ergebnisbereich C6:C20.
2. Erfassen Sie die Formel **=KALENDERWOCHE(A6;2)**.
3. Schließen Sie die Formel über die Tastenkombination [Strg] + [↵] ab.

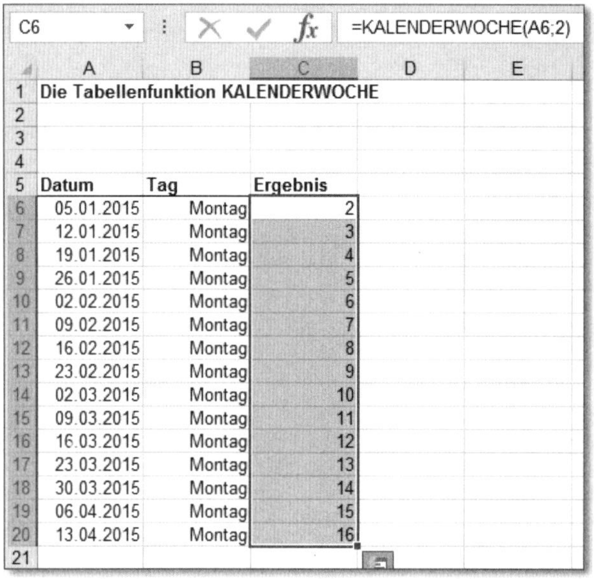

C6 | =KALENDERWOCHE(A6;2)

	A	B	C	D	E
1	Die Tabellenfunktion KALENDERWOCHE				
2					
3					
4					
5	Datum	Tag	Ergebnis		
6	05.01.2015	Montag	2		
7	12.01.2015	Montag	3		
8	19.01.2015	Montag	4		
9	26.01.2015	Montag	5		
10	02.02.2015	Montag	6		
11	09.02.2015	Montag	7		
12	16.02.2015	Montag	8		
13	23.02.2015	Montag	9		
14	02.03.2015	Montag	10		
15	09.03.2015	Montag	11		
16	16.03.2015	Montag	12		
17	23.03.2015	Montag	13		
18	30.03.2015	Montag	14		
19	06.04.2015	Montag	15		
20	13.04.2015	Montag	16		
21					

Abbildung 6.26 So einfach kann eine Kalenderwochenübersicht aussehen.

Flexibler Wochenanfang mit KALENDERWOCHE

Jetzt haben wir eine Kalenderwochenübersicht erstellt, in der jede Woche mit einem Montag beginnt (siehe Abbildung 6.26). Die Tabellenfunktion KALENDERWOCHE ist, was den ersten Tag der Woche angeht, völlig flexibel – im Gegensatz zur Tabellenfunktion ISOKALENDERWOCHE. Hier beginnt die Woche immer mit einem Montag.

6.13 Die Tabellenfunktion MINUTE

Deutsch:	MINUTE
Syntax:	**=MINUTE(Zahl)**
Englisch:	MINUTE
Syntax:	**=MINUTE(serial_number)**

Wert von 0 bis 59

Mit Hilfe der Tabellenfunktion MINUTE können Sie die Minute einer Zeitangabe ermitteln. Die Minute wird als ganze Zahl ausgegeben, die einen Wert von 0 bis 59 annehmen kann.

Argument	Inhalt
Zahl	Ist erforderlich; im Argument Zahl geben Sie die Zeitangabe mit der Minute an, die Sie ermitteln möchten.

Tabelle 6.11 Das Argument der Funktion MINUTE

6.13.1 Die Minutenzahl ermitteln

Unterschiedliche Datumsformate

Sie haben von einem Kollegen eine Excel-Tabelle erhalten, in der die unterschiedlichsten Formatierungen in Bezug auf die Uhrzeit vorhanden ist. Teilweise wird mit Datum angegeben, teilweise nicht. Ihre Aufgabe ist es jetzt, aus diesen verschiedenen Formatierungen die Minuten zu extrahieren. Sehen Sie sich dazu Abbildung 6.27 an.

	A	B	C	D
1	Die Tabellenfunktionen STUNDE / MINUTE / SEKUNDE			
2				
3				
4				
5	**Uhrzeit**	**STUNDE**	**MINUTE**	**SEKUNDE**
6	13:30:25			
7	21:10:20			
8	01:01:01			
9	13:17:19			
10	06:12:24 Okt.07.2016			
11	18:00:19 Mai.07.2016			
12	22:05:31 Jun.20.2016			
13	06.01.2016 05:00:31 PM			
14	20.07.2016 01:00:55 AM			
15	27.04.2016 12:00:00 AM			
16	27.12.2016 01:40:17 PM			
17	(Dienstag) 29.03.2016 23:00:15			
18	(Montag) 04.04.2016 01:17:00			
19	(Samstag) 30.04.2016 12:50:36			
20	(Sonntag) 15.05.2016 00:00:01			
21				
22				

Abbildung 6.27 Jetzt sollen die Minuten extrahiert werden.

Um die Minuten in die Spalte C zu extrahieren, gehen Sie wie folgt vor:

1. Markieren Sie den Ergebnisbereich C6:C20.
2. Erfassen Sie die Formel **=MINUTE(A6)**.
3. Schließen Sie die Formel über die Tastenkombination `Strg` + `↵` ab.

Nun haben Sie die Minuten isoliert (siehe Abbildung 6.28). Wie Sie die Stunden und auch die Sekunden extrahieren, lesen Sie in den Abschnitten 6.19.1 und 6.18.1.

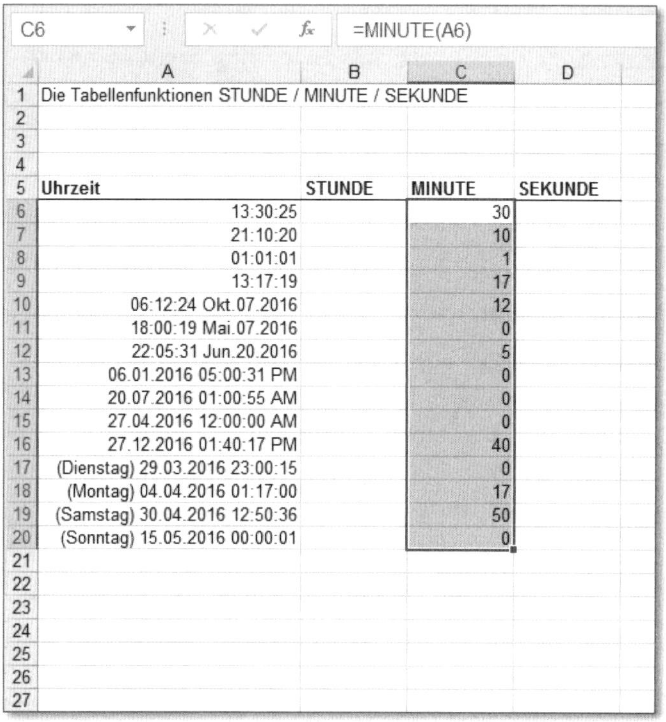
C6 =MINUTE(A6)

	A	B	C	D
1	Die Tabellenfunktionen STUNDE / MINUTE / SEKUNDE			
2				
3				
4				
5	**Uhrzeit**	**STUNDE**	**MINUTE**	**SEKUNDE**
6	13:30:25		30	
7	21:10:20		10	
8	01:01:01		1	
9	13:17:19		17	
10	06:12:24 Okt.07.2016		12	
11	18:00:19 Mai.07.2016		0	
12	22:05:31 Jun.20.2016		5	
13	06.01.2016 05:00:31 PM		0	
14	20.07.2016 01:00:55 AM		0	
15	27.04.2016 12:00:00 AM		0	
16	27.12.2016 01:40:17 PM		40	
17	(Dienstag) 29.03.2016 23:00:15		0	
18	(Montag) 04.04.2016 01:17:00		17	
19	(Samstag) 30.04.2016 12:50:36		50	
20	(Sonntag) 15.05.2016 00:00:01		0	
21				
22				
23				
24				
25				
26				
27				

Abbildung 6.28 Jetzt wurden die Minuten extrahiert.

6.14 Die Tabellenfunktion MONAT

Deutsch:	MONAT
Syntax:	**=MONAT(Zahl)**
Englisch:	MONTH
Syntax:	**=MONTH(date_value)**

Aus einem erfassten Datum den Monat extrahieren

Mit Hilfe der Tabellenfunktion MONAT können Sie eine fortlaufende Zahl in eine Monatszahl umwandeln oder auch aus einem bereits erfassten Datum den Monat extrahieren. Der Monat wird als ganze Zahl ausgegeben, die einen Wert von 1 (Januar) bis 12 (Dezember) annehmen kann.

Argument	Inhalt
Zahl	Ist erforderlich; im Argument Zahl geben Sie das Datum bzw. die Zahl an, dessen Monat Sie ermitteln möchten.

Tabelle 6.12 Das Argument der Funktion MONAT

6.14.1 Die Monatszahl ermitteln

Monatszahl auslesen

Stellen Sie sich vor, Sie haben eine Tabelle mit verschiedenen Daten erhalten. Sie wollen jetzt aus der Spalte A die Monatszahl ermitteln. Sehen Sie sich dazu Abbildung 6.29 an.

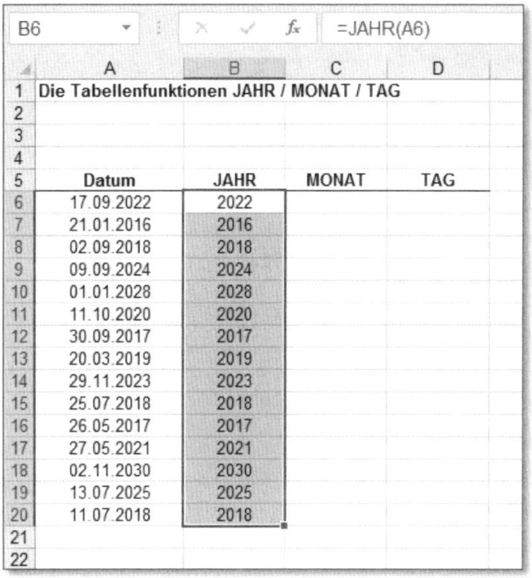
B6 =JAHR(A6)

	A	B	C	D
1	Die Tabellenfunktionen JAHR / MONAT / TAG			
2				
3				
4				
5	Datum	JAHR	MONAT	TAG
6	17.09.2022	2022		
7	21.01.2016	2016		
8	02.09.2018	2018		
9	09.09.2024	2024		
10	01.01.2028	2028		
11	11.10.2020	2020		
12	30.09.2017	2017		
13	20.03.2019	2019		
14	29.11.2023	2023		
15	25.07.2018	2018		
16	26.05.2017	2017		
17	27.05.2021	2021		
18	02.11.2030	2030		
19	13.07.2025	2025		
20	11.07.2018	2018		
21				
22				

Abbildung 6.29 Die Jahreszahl haben wir bereits ermittelt.

Um jetzt die Monatszahl in den Zellenbereich C6:C20 zu schreiben, verfahren Sie wie folgt:

1. Markieren Sie den Ergebnisbereich C6:C20.
2. Erfassen Sie die Formel **=MONAT(A6)**.
3. Schließen Sie die Formel über die Tastenkombination [Strg] + [↵] ab.

Neben den Jahren erscheinen nun auch die Monate in einer eigenen Spalte in Abbildung 6.30. Wie Sie die Jahreszahlen und Tage aus dem Datum isolieren, lesen Sie in den Abschnitten 6.10.1 und 6.20.1.

C6 | =MONAT(A6)

	A	B	C	D
1	Die Tabellenfunktionen JAHR / MONAT / TAG			
2				
3				
4				
5	Datum	JAHR	MONAT	TAG
6	17.09.2022	2022	9	
7	21.01.2016	2016	1	
8	02.09.2018	2018	9	
9	09.09.2024	2024	9	
10	01.01.2028	2028	1	
11	11.10.2020	2020	10	
12	30.09.2017	2017	9	
13	20.03.2019	2019	3	
14	29.11.2023	2023	11	
15	25.07.2018	2018	7	
16	26.05.2017	2017	5	
17	27.05.2021	2021	5	
18	02.11.2030	2030	11	
19	13.07.2025	2025	7	
20	11.07.2018	2018	7	
21				

Abbildung 6.30 Die Monate wurden jetzt extrahiert.

6.15 Die Tabellenfunktion MONATSENDE

Deutsch:	MONATSENDE
Syntax:	**=MONATSENDE(Ausgangsdatum;Monate)**
Englisch:	EOMONTH
Syntax:	**=EOMONTH(start_date,months)**

Add-in Analyse-Funktionen

Bevor Sie die Tabellenfunktion MONATSENDE einsetzen können, müssen Sie das Add-in Analyse-Funktionen über den Add-Ins-Manager einbinden. Dazu gehen Sie wie folgt vor:

1. Gehen Sie im Menüband auf DATEI.
2. Unter den EXCEL-OPTIONEN finden Sie im Bereich ADD-INS die Verwaltungsoptionen (siehe Abbildung 6.31).
3. Wählen Sie EXCEL-ADD-INS aus, und klicken Sie auf GEHE ZU.
4. Nun werden Ihnen diverse Add-ins angezeigt.

Analyse-Funktionen

5. Klicken Sie die ANALYSE-FUNKTIONEN an, und bestätigen Sie mit OK.

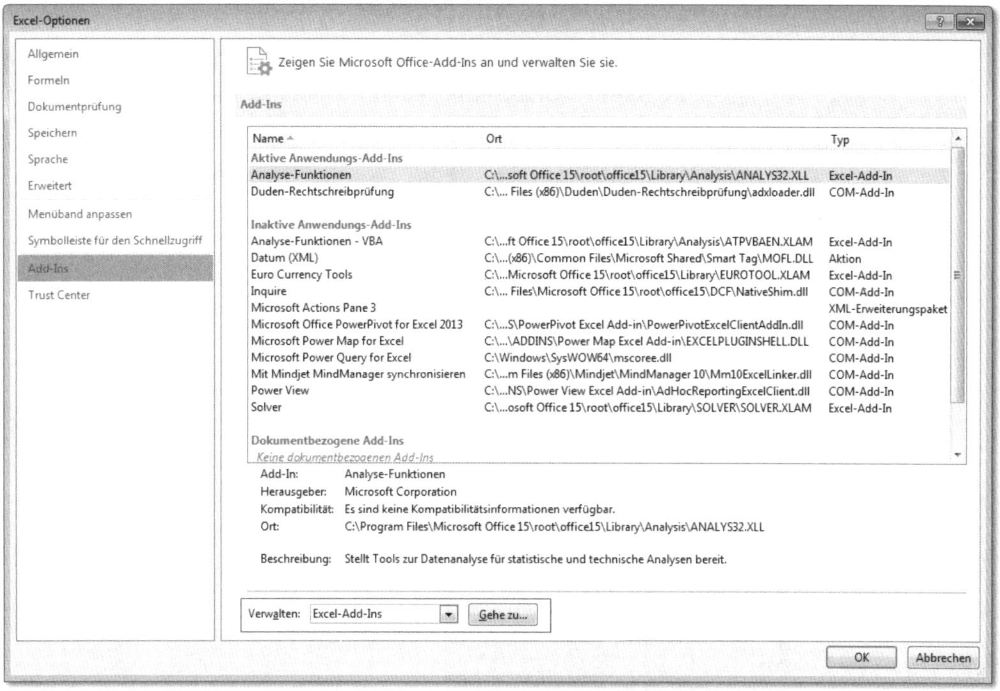

Abbildung 6.31 Die Excel-Optionen

Monatsende bestimmen

Mit Hilfe der Tabellenfunktion MONATSENDE können Sie das Monatsende eines Datums berechnen. Dabei haben Sie die Möglichkeit, auch mit einem mehrmonatigen Versatz in die Zukunft bzw. die Vergangenheit die Monatsenden abzufragen.

Argument	Inhalt
Ausgangsdatum	Ist erforderlich; im Argument Ausgangsdatum wird ein Datum angegeben, das dem Anfangsdatum entspricht.
Monate	Ist erforderlich; im Argument Monate haben Sie die Möglichkeit anzugeben, wie viele Monate vor oder nach dem Ausgangsdatum liegen sollen. Ein positiver Wert für Monate ergibt ein in der Zukunft, ein negativer Wert ein in der Vergangenheit liegendes Datum.

Tabelle 6.13 Die Argumente der Funktion MONATSENDE

6.15.1 Monatsende-Termine errechnen

In der folgenden Aufgabe liegt eine Tabelle mit Startterminen in Spalte A vor. In Spalte B sind Monate angegeben, die auf das Startdatum aufaddiert bzw. subtrahiert werden sollen (siehe Abbildung 6.32).

	A	B	C
1	Die Tabellenfunktion MONATSENDE		
2			
3			
4			
5	Datum	Versatz	Monatsende
6	18.02.2015	-13	
7	27.04.2015	-13	
8	11.05.2015	21	
9	12.05.2015	0	
10	14.05.2015	20	
11	20.05.2015	15	
12	21.05.2015	-9	
13	15.06.2015	18	
14	18.06.2015	22	
15	18.06.2015	-6	
16	09.07.2015	7	
17	11.08.2015	4	
18	03.10.2015	2	
19	10.10.2015	-14	
20	10.10.2015	22	
21			
22			
23			
24			
25			
26			
27			

Abbildung 6.32 Die Monatsenden sollen berechnet werden.

Um die Monatsenden unter Berücksichtigung der in Spalte B erfassten Monate zu ermitteln, gehen Sie folgendermaßen vor:

1. Markieren Sie den Zellenbereich C6:C20.
2. Erfassen Sie die Formel **=MONATSENDE(A6;B6)**.
3. Schließen Sie die Formel über die Tastenkombination `Strg` + `↵` ab.
4. Klicken Sie mit der rechten Maustaste auf den markierten Zellenbereich C6:C20.
5. Wählen Sie ZELLEN FORMATIEREN.
6. Auf dem Reiter ZAHLEN in der Kategorie BENUTZERDEFINIERT definieren Sie jetzt unter TYP das Format »TT.MMMM.JJJJ«.
7. Klicken Sie auf OK.

Das Ergebnis zeigt Abbildung 6.33.

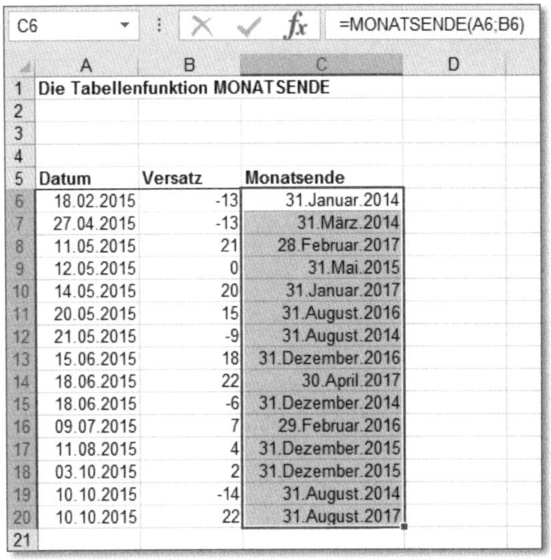

C6 | =MONATSENDE(A6;B6)

	A	B	C	D
1	Die Tabellenfunktion MONATSENDE			
2				
3				
4				
5	Datum	Versatz	Monatsende	
6	18.02.2015	-13	31.Januar.2014	
7	27.04.2015	-13	31.März.2014	
8	11.05.2015	21	28.Februar.2017	
9	12.05.2015	0	31.Mai.2015	
10	14.05.2015	20	31.Januar.2017	
11	20.05.2015	15	31.August.2016	
12	21.05.2015	-9	31.August.2014	
13	15.06.2015	18	31.Dezember.2016	
14	18.06.2015	22	30.April.2017	
15	18.06.2015	-6	31.Dezember.2014	
16	09.07.2015	7	29.Februar.2016	
17	11.08.2015	4	31.Dezember.2015	
18	03.10.2015	2	31.Dezember.2015	
19	10.10.2015	-14	31.August.2014	
20	10.10.2015	22	31.August.2017	
21				

Abbildung 6.33 Jetzt haben wir das Ergebnis in einem von uns definierten Datumsformat.

6.16 Die Tabellenfunktion NETTOARBEITSTAGE

Deutsch:	NETTOARBEITSTAGE
Syntax:	**=NETTOARBEITSTAGE(Ausgangsdatum;Enddatum; Freie_Tage)**
Englisch:	NETWORKDAYS
Syntax:	**=NETWORKDAYS(start_date,end_date,holidays)**

NETTOARBEITSTAGE aus dem Analyse-Add-in

Mit Hilfe der Tabellenfunktion NETTOARBEITSTAGE aus dem Analyse-Add-in können Sie die Anzahl der Arbeitstage in einem Zeitintervall (Start- und Enddatum) ermitteln. Nicht zu den Arbeitstagen gezählt werden Wochenenden sowie die Tage, die als Ferien (Feiertage) angegeben sind.

Argument	Inhalt
Ausgangsdatum	Ist erforderlich; hier geben Sie das Startdatum an.

Tabelle 6.14 Die Argumente der Funktion NETTOARBEITSTAGE

Argument	Inhalt
Enddatum	Ist erforderlich; hier geben Sie das Enddatum an.
Freie Tage	Ist optional; im Argument Freie_Tage kann eine Liste einer oder mehrerer Datumsangaben angegeben werden, die arbeitsfreie Tage oder Ferientage repräsentiert, die ausgeschlossen werden sollen.

Tabelle 6.14 Die Argumente der Funktion NETTOARBEITSTAGE (Forts.)

6.16.1 Lohnabrechnung über einen bestimmten Zeitraum

Arbeitstage ermitteln

Im nächsten Beispiel liegt eine Tabelle mit einem etwas längeren Projektverlauf vor. Das Projekt ist in drei Phasen aufgeteilt. Die Aufgabe besteht nun darin, die tatsächlichen Arbeitstage zwischen den jeweiligen Start- und Enddaten zu ermitteln und daraus den Lohn zu errechnen. Sehen Sie sich zunächst Abbildung 6.34 an.

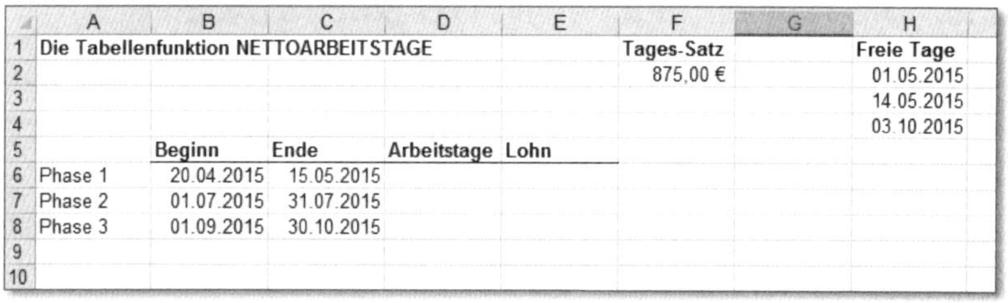

	A	B	C	D	E	F	G	H
1	Die Tabellenfunktion NETTOARBEITSTAGE					Tages-Satz		Freie Tage
2						875,00 €		01.05.2015
3								14.05.2015
4								03.10.2015
5		Beginn	Ende	Arbeitstage	Lohn			
6	Phase 1	20.04.2015	15.05.2015					
7	Phase 2	01.07.2015	31.07.2015					
8	Phase 3	01.09.2015	30.10.2015					
9								
10								

Abbildung 6.34 Die Arbeitstage sollen ermittelt werden.

Um die Arbeitstage zwischen den Beginn- und Endterminen auszurechnen und anschließend den Lohn zu ermitteln, verfahren Sie wie folgt:

1. Markieren Sie den Zellenbereich D6:D8.
2. Erfassen Sie die Formel **=NETTOARBEITSTAGE(B6;C6;$H$2:$H$4)**.
3. Schließen Sie die Formel über die Tastenkombination [Strg] + [↵] ab.
4. Markieren Sie den Zellenbereich E6:E8.
5. Erfassen Sie die Formel **=D6*$F$2**.
6. Schließen Sie die Formel über die Tastenkombination [Strg] + [↵] ab.

Das Ergebnis sehen Sie in Abbildung 6.35

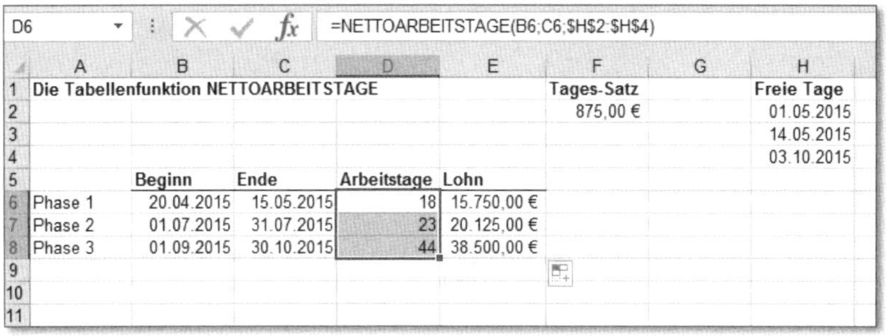

Abbildung 6.35 Die Arbeitstage und der Lohn wurden unter Berücksichtigung der freien Tage errechnet.

6.17 Die Tabellenfunktion NETTOARBEITSTAGE.INTL

Deutsch:	NETTOARBEITSTAGE.INTL
Syntax:	**=NETTOARBEITSTAGE.INTL(Ausgangsdatum;Enddatum; Wochenende;Freie_Tage)**
Englisch:	NETWORKDAYS.INTL
Syntax:	**=NETWORKDAYS.INTL(start_date,end_date,weekend, holidays)**

Neuere Version der Tabellenfunktion NETTOARBEITS-TAGE

Die Tabellenfunktion ist eine neuere Version der bereits bekannten Tabellenfunktion NETTOARBEITSTAGE. Durch die Differenzierung der Wochenenden kann diese Tabellenfunktion wesentlich besser eingesetzt werden.

Argument	Inhalt
Ausgangsdatum	Ist erforderlich; hier geben Sie das Startdatum an.
Enddatum	Ist erforderlich; hier geben Sie das Enddatum an.
Wochenende	Ist optional; über definierte Nummernkreise können die Tage des Wochenendes in der Tabellenfunktion behandelt werden.

Tabelle 6.15 Die Argumente der Funktion NETTOARBEITSTAGE.INTL

Argument	Inhalt
Freie Tage	Ist optional; im Argument Freie_Tage kann eine Liste einer oder mehrerer Datumsangaben angegeben werden, die arbeitsfreie Tage oder Ferientage repräsentiert, die ausgeschlossen werden sollen.

Tabelle 6.15 Die Argumente der Funktion NETTOARBEITSTAGE.INTL (Forts.)

6.17.1 Nettoarbeitstage ausrechnen

Schauen Sie sich die folgende Tabelle in Abbildung 6.36 an. Hier wurden jeweils ein Startdatum und ein Enddatum eingestellt.

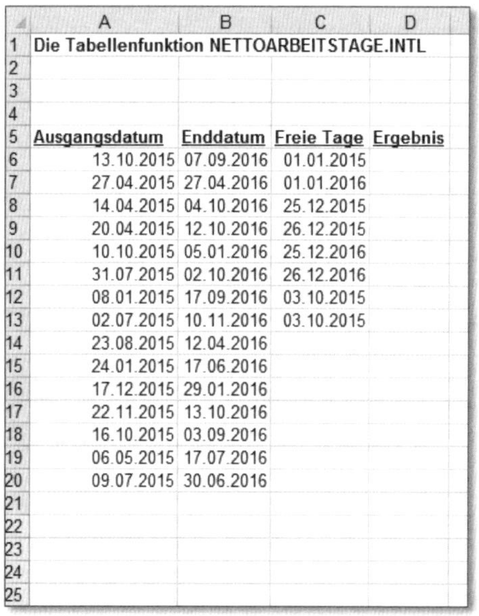

	A	B	C	D
1	Die Tabellenfunktion NETTOARBEITSTAGE.INTL			
2				
3				
4				
5	Ausgangsdatum	Enddatum	Freie Tage	Ergebnis
6	13.10.2015	07.09.2016	01.01.2015	
7	27.04.2015	27.04.2016	01.01.2016	
8	14.04.2015	04.10.2016	25.12.2015	
9	20.04.2015	12.10.2016	26.12.2015	
10	10.10.2015	05.01.2016	25.12.2016	
11	31.07.2015	02.10.2016	26.12.2016	
12	08.01.2015	17.09.2016	03.10.2015	
13	02.07.2015	10.11.2016	03.10.2015	
14	23.08.2015	12.04.2016		
15	24.01.2015	17.06.2016		
16	17.12.2015	29.01.2016		
17	22.11.2015	13.10.2016		
18	16.10.2015	03.09.2016		
19	06.05.2015	17.07.2016		
20	09.07.2015	30.06.2016		
21				
22				
23				
24				
25				

Abbildung 6.36 Wie viele Arbeitstage liegen zwischen Start- und Enddatum?

Um die Aufgabe zu lösen, verfahren Sie wie folgt:

1. Markieren Sie den Ergebnisbereich D6:D20.
2. Erfassen Sie die Formel:
   =NETTOARBEITSTAGE.INTL(A6;B6;1;$C$6:$C$13)
3. Schließen Sie die Formel über die Tastenkombination [Strg] + [↵] ab.

Abbildung 6.37 hat die errechneten Nettoarbeitstage.

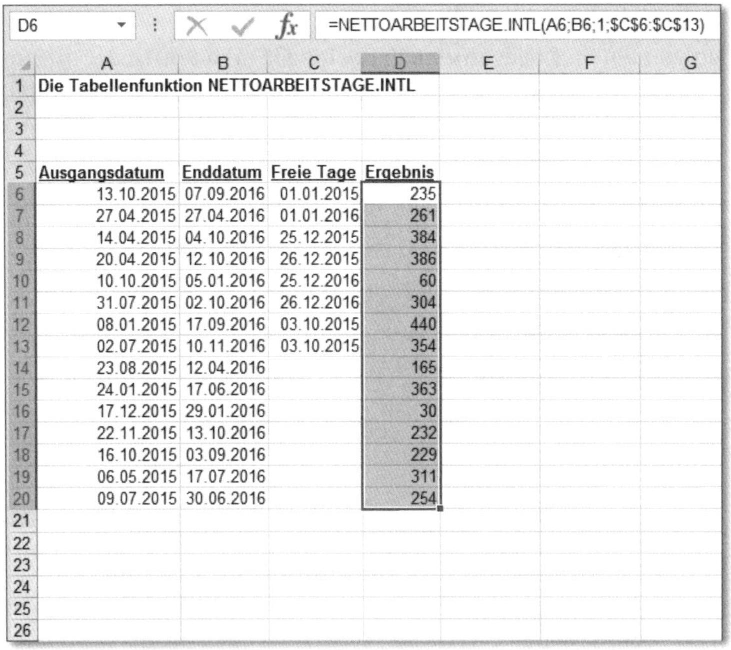

D6 =NETTOARBEITSTAGE.INTL(A6;B6;1;$C$6:$C$13)

Die Tabellenfunktion NETTOARBEITSTAGE.INTL

Ausgangsdatum	Enddatum	Freie Tage	Ergebnis
13.10.2015	07.09.2016	01.01.2015	235
27.04.2015	27.04.2016	01.01.2016	261
14.04.2015	04.10.2016	25.12.2015	384
20.04.2015	12.10.2016	26.12.2015	386
10.10.2015	05.01.2016	25.12.2016	60
31.07.2015	02.10.2016	26.12.2016	304
08.01.2015	17.09.2016	03.10.2015	440
02.07.2015	10.11.2016	03.10.2015	354
23.08.2015	12.04.2016		165
24.01.2015	17.06.2016		363
17.12.2015	29.01.2016		30
22.11.2015	13.10.2016		232
16.10.2015	03.09.2016		229
06.05.2015	17.07.2016		311
09.07.2015	30.06.2016		254

Abbildung 6.37 Die Nettoarbeitstage wurden errechnet.

6.18 Die Tabellenfunktion SEKUNDE

Deutsch:	SEKUNDE
Syntax:	**=SEKUNDE(Zahl)**
Englisch:	SECOND
Syntax:	**=SECOND(serial_number)**

Mit Hilfe der Tabellenfunktion SEKUNDE können Sie die Sekunden einer Zeitangabe ermitteln. Die Sekunde wird als ganze Zahl ausgegeben, die einen Wert von 0 (Null) bis 59 annehmen kann.

Argument	Inhalt
Zahl	Ist erforderlich; im Argument Zahl geben Sie die Zeitangabe mit der Sekunde an, die Sie ermitteln möchten.

Tabelle 6.16 Das Argument der Funktion SEKUNDE

6.18.1 Die Sekundenzahl ermitteln

Sekunden extrahieren

Sie haben von einem Kollegen eine Excel-Tabelle erhalten, in der die unterschiedlichsten Formatierungen in Bezug auf die Uhrzeit vorhanden sind. Teilweise wird mit Datum angegeben, teilweise nicht. Ihre Aufgabe ist es jetzt, aus diesen verschiedenen Formatierungen die Sekunden zu extrahieren. Sehen Sie sich dazu Abbildung 6.38 an.

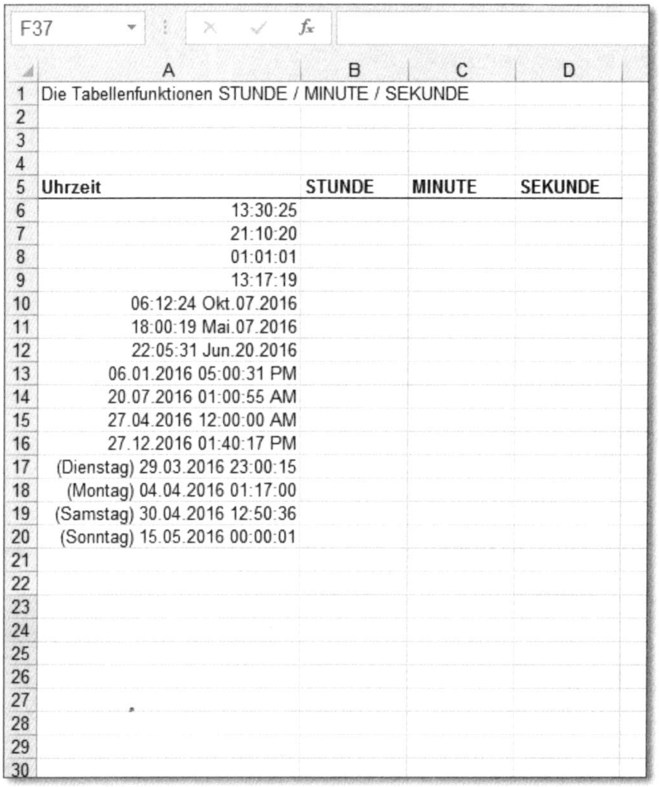
F37

	A	B	C	D
1	Die Tabellenfunktionen STUNDE / MINUTE / SEKUNDE			
2				
3				
4				
5	**Uhrzeit**	**STUNDE**	**MINUTE**	**SEKUNDE**
6	13:30:25			
7	21:10:20			
8	01:01:01			
9	13:17:19			
10	06:12:24 Okt.07.2016			
11	18:00:19 Mai.07.2016			
12	22:05:31 Jun.20.2016			
13	06.01.2016 05:00:31 PM			
14	20.07.2016 01:00:55 AM			
15	27.04.2016 12:00:00 AM			
16	27.12.2016 01:40:17 PM			
17	(Dienstag) 29.03.2016 23:00:15			
18	(Montag) 04.04.2016 01:17:00			
19	(Samstag) 30.04.2016 12:50:36			
20	(Sonntag) 15.05.2016 00:00:01			
21				
22				
23				
24				
25				
26				
27				
28				
29				
30				

Abbildung 6.38 Jetzt sollen die Sekunden extrahiert werden.

Um die Sekunden in die Spalte D zu extrahieren, gehen Sie wie folgt vor:

1. Markieren Sie den Ergebnisbereich D6:D20.
2. Erfassen Sie die Formel **=SEKUNDE(A6)**.
3. Schließen Sie die Formel über die Tastenkombination Strg + ↵ ab.

Abbildung 6.39 zeigt das Ergebnis. Wie Sie die Stunden und Minuten extrahieren, lesen Sie in den Abschnitten 6.19.1 und 6.13.1.

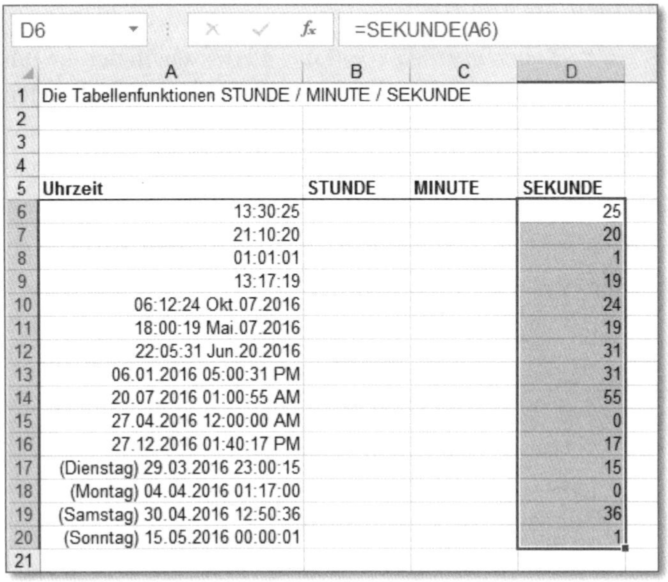

D6 =SEKUNDE(A6)

	A	B	C	D
1	Die Tabellenfunktionen STUNDE / MINUTE / SEKUNDE			
2				
3				
4				
5	**Uhrzeit**	**STUNDE**	**MINUTE**	**SEKUNDE**
6	13:30:25			25
7	21:10:20			20
8	01:01:01			1
9	13:17:19			19
10	06:12:24 Okt.07.2016			24
11	18:00:19 Mai.07.2016			19
12	22:05:31 Jun.20.2016			31
13	06.01.2016 05:00:31 PM			31
14	20.07.2016 01:00:55 AM			55
15	27.04.2016 12:00:00 AM			0
16	27.12.2016 01:40:17 PM			17
17	(Dienstag) 29.03.2016 23:00:15			15
18	(Montag) 04.04.2016 01:17:00			0
19	(Samstag) 30.04.2016 12:50:36			36
20	(Sonntag) 15.05.2016 00:00:01			1
21				

Abbildung 6.39 Jetzt wurden auch die Sekunden extrahiert.

6.19 Die Tabellenfunktion STUNDE

Deutsch:	STUNDE
Syntax:	**=STUNDE(Zahl)**
Englisch:	HOUR
Syntax:	**=Hour(serial_number)**

Stunde als ganze Zahl

Mit Hilfe der Tabellenfunktion STUNDE können Sie die Stunde einer Zeitangabe ermitteln. Die Stunde wird als ganze Zahl ausgegeben und kann einen Wert von 0 (0 Uhr) bis 23 (23 Uhr) annehmen.

Argument	Inhalt
Zahl	Ist erforderlich; im Argument Zahl geben Sie die Zeitangabe mit der Stunde an, die Sie ermitteln möchten.

Tabelle 6.17 Das Argument der Funktion STUNDE

6.19.1 Die Stundenzahl ermitteln

Unterschiedliche Uhrzeitformate

Sie haben von einem Kollegen eine Excel-Tabelle erhalten, in der die unterschiedlichsten Formatierungen in Bezug auf die Uhrzeit vorhanden sind. Teilweise wird mit Datum angegeben, teilweise nicht. Ihre Aufgabe ist es jetzt, aus diesen verschiedenen Formatierungen die Stunden zu extrahieren. Sehen Sie sich dazu Abbildung 6.40 an.

	A	B	C	D
1	Die Tabellenfunktionen STUNDE / MINUTE / SEKUNDE			
2				
3				
4				
5	**Uhrzeit**	**STUNDE**	**MINUTE**	**SEKUNDE**
6	13:30:25			
7	21:10:20			
8	01:01:01			
9	13:17:19			
10	06:12:24 Okt.07.2016			
11	18:00:19 Mai.07.2016			
12	22:05:31 Jun.20.2016			
13	06.01.2016 05:00:31 PM			
14	20.07.2016 01:00:55 AM			
15	27.04.2016 12:00:00 AM			
16	27.12.2016 01:40:17 PM			
17	(Dienstag) 29.03.2016 23:00:15			
18	(Montag) 04.04.2016 01:17:00			
19	(Samstag) 30.04.2016 12:50:36			
20	(Sonntag) 15.05.2016 00:00:01			
21				
22				
23				
24				
25				
26				
27				
28				
29				
30				

Abbildung 6.40 Die Uhrzeit ist unterschiedlich formatiert.

Um die Stunden in die Spalte B zu extrahieren, gehen Sie wie folgt vor:

1. Markieren Sie den Ergebnisbereich B6:B20.
2. Erfassen Sie die Formel **=STUNDE(A6)**.
3. Schließen Sie die Formel über die Tastenkombination `Strg` + `↵` ab.

In Abbildung 6.41 sehen Sie das Ergebnis der ermittelten Stunden. Wie Sie dazu auch die Minuten und Sekunden extrahieren, lesen Sie in den Abschnitten 6.13.1 und 6.18.1.

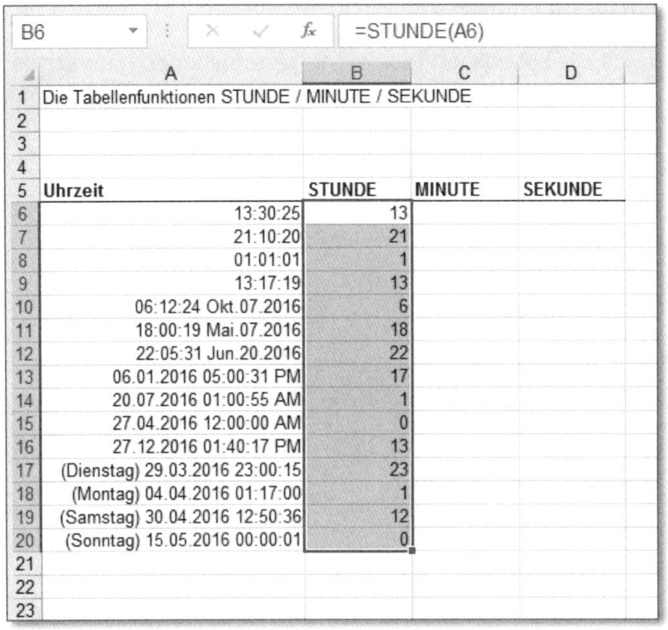

B6 =STUNDE(A6)

	A	B	C	D
1	Die Tabellenfunktionen STUNDE / MINUTE / SEKUNDE			
2				
3				
4				
5	Uhrzeit	STUNDE	MINUTE	SEKUNDE
6	13:30:25	13		
7	21:10:20	21		
8	01:01:01	1		
9	13:17:19	13		
10	06:12:24 Okt.07.2016	6		
11	18:00:19 Mai.07.2016	18		
12	22:05:31 Jun.20.2016	22		
13	06.01.2016 05:00:31 PM	17		
14	20.07.2016 01:00:55 AM	1		
15	27.04.2016 12:00:00 AM	0		
16	27.12.2016 01:40:17 PM	13		
17	(Dienstag) 29.03.2016 23:00:15	23		
18	(Montag) 04.04.2016 01:17:00	1		
19	(Samstag) 30.04.2016 12:50:36	12		
20	(Sonntag) 15.05.2016 00:00:01	0		
21				
22				
23				

Abbildung 6.41 Die Stunden wurden extrahiert.

6.20 Die Tabellenfunktion TAG

Deutsch:	TAG
Syntax:	**=TAG(Zahl)**
Englisch:	DAY
Syntax:	**=DAY(date_value)**

Fortlaufende Zahl in eine Tageszahl umwandeln

Mit Hilfe der Tabellenfunktion TAG können Sie eine fortlaufende Zahl in eine Tageszahl umwandeln oder auch aus einem bereits erfassten Datum den Tag extrahieren. Der Tag wird als ganze Zahl im Bereich von 1 bis 31 ausgegeben.

Argument	Inhalt
Zahl	Ist erforderlich; im Argument Zahl geben Sie das Datum bzw. die Zahl an, dessen Tag Sie ermitteln möchten.

Tabelle 6.18 Das Argument der Funktion TAG

6.20.1 Die Tageszahl ermitteln

Tageszahl ermitteln

Stellen Sie sich vor, Sie haben eine Tabelle mit verschiedenen Daten erhalten. Sie wollen jetzt aus der Spalte A die Tageszahl ermitteln. Sehen Sie sich dazu Abbildung 6.42 an.

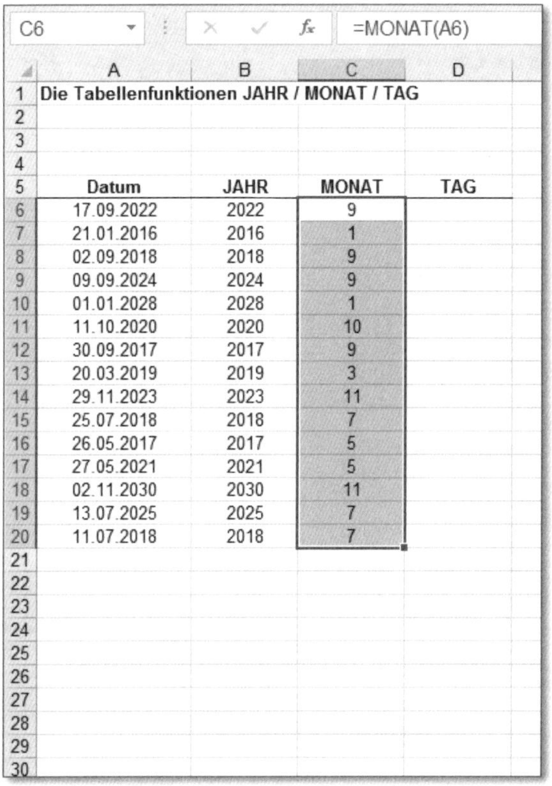

C6 =MONAT(A6)

	A	B	C	D
1	Die Tabellenfunktionen JAHR / MONAT / TAG			
2				
3				
4				
5	Datum	JAHR	MONAT	TAG
6	17.09.2022	2022	9	
7	21.01.2016	2016	1	
8	02.09.2018	2018	9	
9	09.09.2024	2024	9	
10	01.01.2028	2028	1	
11	11.10.2020	2020	10	
12	30.09.2017	2017	9	
13	20.03.2019	2019	3	
14	29.11.2023	2023	11	
15	25.07.2018	2018	7	
16	26.05.2017	2017	5	
17	27.05.2021	2021	5	
18	02.11.2030	2030	11	
19	13.07.2025	2025	7	
20	11.07.2018	2018	7	
21				
22				
23				
24				
25				
26				
27				
28				
29				
30				

Abbildung 6.42 Jahres- und Monatszahl sind bereits ermittelt.

Um jetzt die Tageszahl in die Zellen D6:D20 zu schreiben, verfahren Sie wie folgt:

1. Markieren Sie den Ergebnisbereich D6:D20.
2. Erfassen Sie die Formel **=TAG(A6)**.
3. Schließen Sie die Formel über die Tastenkombination [Strg] + [↵] ab.

Damit ist dieses Beispiel nun vollständig (siehe Abbildung 6.43). Wie Sie die Jahreszahlen und Monate aus dem Datum isolieren, lesen Sie in den Abschnitten 6.10.1 und 6.14.1.

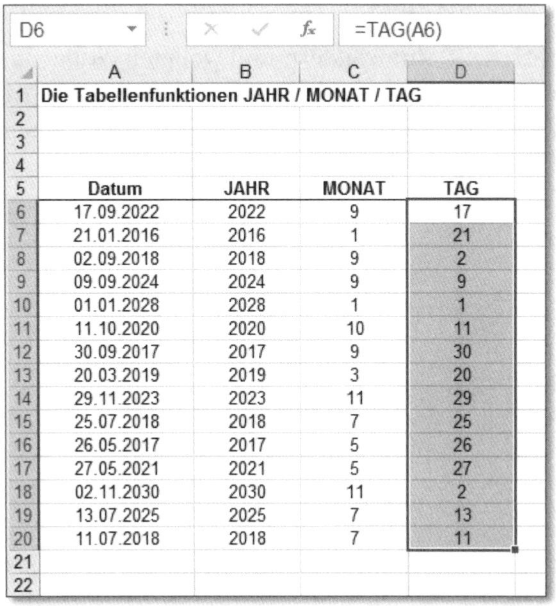

D6 =TAG(A6)

	A	B	C	D
1	Die Tabellenfunktionen JAHR / MONAT / TAG			
2				
3				
4				
5	Datum	JAHR	MONAT	TAG
6	17.09.2022	2022	9	17
7	21.01.2016	2016	1	21
8	02.09.2018	2018	9	2
9	09.09.2024	2024	9	9
10	01.01.2028	2028	1	1
11	11.10.2020	2020	10	11
12	30.09.2017	2017	9	30
13	20.03.2019	2019	3	20
14	29.11.2023	2023	11	29
15	25.07.2018	2018	7	25
16	26.05.2017	2017	5	26
17	27.05.2021	2021	5	27
18	02.11.2030	2030	11	2
19	13.07.2025	2025	7	13
20	11.07.2018	2018	7	11
21				
22				

Abbildung 6.43 Auch die Tage wurden jetzt extrahiert.

6.21 Die Tabellenfunktion TAGE

Deutsch:	TAGE
Syntax:	**=TAGE(Zieldatum;Ausgangsdatum)**
Englisch:	DAYS
Syntax:	**=DAYS(end_date, start_date)**

Die Tabellenfunktion TAGE ermittelt die Anzahl der Tage, die zwischen einem Startdatum und einem Enddatum liegen.

Argument	Inhalt
Zieldatum	Ist erforderlich; das Zieldatum ist der von Ihnen gewählte Endtermin.
Ausgangsdatum	Ist erforderlich; das Ausgangsdatum ist der von Ihnen bestimmte Ausgangswert.

Tabelle 6.19 Die Argumente der Funktion TAGE

6.21.1 Die Anzahl der Tage ermitteln

Anzahl der Tage zwischen Start und Ende

Sie haben eine Liste mit zwei Datumsfeldern und wollen jetzt die dazwischenliegende Zeit ausrechnen. Mit der Tabellenfunktion TAGE ist das kein Problem. Schauen Sie sich das folgende Beispiel in Abbildung 6.44 an.

G32

	A	B	C
1	Die Tabellenfunktion TAGE		
2			
3			
4			
5	Zieldatum	Ausgangsdatum	Ergebnis
6	06.10.2016	17.05.2015	
7	08.05.2016	29.12.2015	
8	30.06.2016	29.05.2015	
9	11.04.2016	17.06.2015	
10	10.07.2016	09.02.2015	
11	24.03.2016	20.12.2015	
12	16.10.2016	05.11.2015	
13	31.12.2016	04.01.2015	
14	16.06.2016	10.12.2015	
15	15.10.2016	27.10.2015	
16	28.08.2016	07.10.2015	
17	03.10.2016	29.03.2015	
18	31.12.2016	09.09.2015	
19	08.02.2016	28.04.2015	
20	18.05.2016	22.03.2015	
21			

Abbildung 6.44 Wie viele Tage liegen zwischen Start- und Enddatum?

Um die Aufgabe zu lösen, verfahren Sie wie folgt:

1. Markieren Sie den Ergebnisbereich C6:C20.
2. Erfassen Sie die Formel **=TAGE(A6;B6)**.
3. Schließen Sie die Formel über die Tastenkombination [Strg] + [↵] ab.

6.22 Die Tabellenfunktion TAGE360

Deutsch:	TAGE360
Syntax:	**=TAGE360(Ausgangsdatum;Enddatum;Methode)**
Englisch:	DAYS360
Syntax:	**=DAYS360(start_date,end_date,method)**

30-Tage-Monat

Mit Hilfe der Tabellenfunktion TAGE360 können Sie die Anzahl der zwischen zwei Tagesdaten liegenden Tage errechnen. Dabei geht diese Tabellenfunktion von der Prämisse aus, dass jeder Monat genau 30 Tage hat. Diese Tabellenfunktion wurde aus Kompatibilitätsgründen in Excel integriert, da es Systeme gibt, die genau mit dieser Methode arbeiten.

Argument	Inhalt
Ausgangsdatum	Ist erforderlich; hier geben Sie das Startdatum an.
Enddatum	Ist erforderlich; hier geben Sie das Enddatum an.
Methode	Ist optional; bei der amerikanischen Methode, die standardmäßig verwendet und über den Wahrheitswert FALSCH eingestellt wird, wird wie folgt vorgegangen: Ist das Ausgangsdatum der 31. eines Monats, wird dieses Datum zum 30. desselben Monats. Ist das Enddatum der 31. eines Monats und das Ausgangsdatum ein Datum vor dem 30. eines Monats, wird das Enddatum zum 1. des darauffolgenden Monats. In allen anderen Fällen wird das Enddatum zum 30. desselben Monats. Bei der europäischen Methode, die über den Wert WAHR eingestellt wird, erfolgt folgende Vorgehensweise: Jedes Ausgangs- und Enddatum, das auf den 31. eines Monats fällt, wird zum 30. desselben Monats.

Tabelle 6.20 Die Argumente der Funktion TAGE360

6.22.1 Datumsdifferenzen auf Basis TAGE360 errechnen

In der nächsten Aufgabe liegt die folgende Tabelle aus Abbildung 6.45 vor.

Um die Datumsdifferenz in Tagen zwischen dem Datum 1 und dem Datum 2 zu errechnen, wenden Sie die Tabellenfunktion TAGE360 wie folgt an:

1. Markieren Sie den Zellenbereich C6:C20.
2. Erfassen Sie die Formel **=TAGE360(A6;B6;WAHR)**.
3. Schließen Sie die Formel über die Tastenkombination `Strg` + `↵` ab.

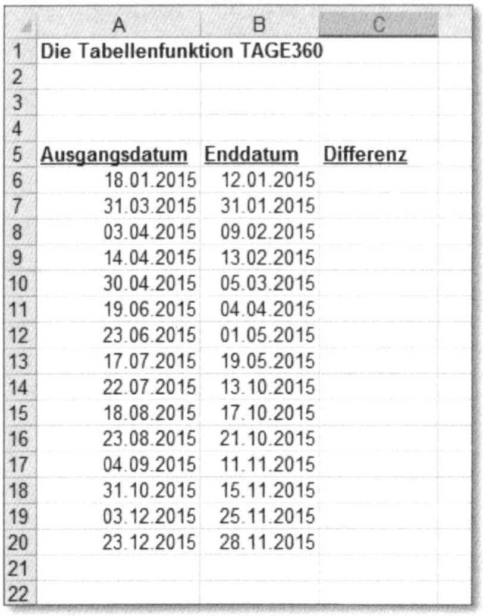

	A	B	C
1	Die Tabellenfunktion TAGE360		
2			
3			
4			
5	Ausgangsdatum	Enddatum	Differenz
6	18.01.2015	12.01.2015	
7	31.03.2015	31.01.2015	
8	03.04.2015	09.02.2015	
9	14.04.2015	13.02.2015	
10	30.04.2015	05.03.2015	
11	19.06.2015	04.04.2015	
12	23.06.2015	01.05.2015	
13	17.07.2015	19.05.2015	
14	22.07.2015	13.10.2015	
15	18.08.2015	17.10.2015	
16	23.08.2015	21.10.2015	
17	04.09.2015	11.11.2015	
18	31.10.2015	15.11.2015	
19	03.12.2015	25.11.2015	
20	23.12.2015	28.11.2015	
21			
22			

Abbildung 6.45 Die Datumsdifferenz soll ermittelt werden.

In Abbildung 6.46 sehen Sie die jeweils errechnete Differenz.

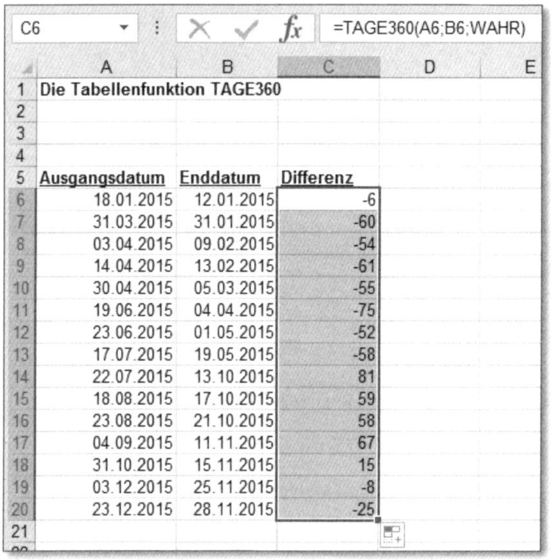

C6 =TAGE360(A6;B6;WAHR)

	A	B	C	D	E
1	Die Tabellenfunktion TAGE360				
2					
3					
4					
5	Ausgangsdatum	Enddatum	Differenz		
6	18.01.2015	12.01.2015	-6		
7	31.03.2015	31.01.2015	-60		
8	03.04.2015	09.02.2015	-54		
9	14.04.2015	13.02.2015	-61		
10	30.04.2015	05.03.2015	-55		
11	19.06.2015	04.04.2015	-75		
12	23.06.2015	01.05.2015	-52		
13	17.07.2015	19.05.2015	-58		
14	22.07.2015	13.10.2015	81		
15	18.08.2015	17.10.2015	59		
16	23.08.2015	21.10.2015	58		
17	04.09.2015	11.11.2015	67		
18	31.10.2015	15.11.2015	15		
19	03.12.2015	25.11.2015	-8		
20	23.12.2015	28.11.2015	-25		
21					

Abbildung 6.46 Die Datumsdifferenzen wurden berechnet.

Hinweis

Wenn das Argument Ausgangsdatum nach dem Argument Enddatum auftritt, gibt TAGE360 eine negative Zahl zurück.

6.23 Die Tabellenfunktion WOCHENTAG

Deutsch:	WOCHENTAG
Syntax:	**=WOCHENTAG(Zahl;Typ)**
Englisch:	WEEKDAY
Syntax:	**=WEEKDAY(serial_number,return_value)**

Arbeitstag oder Wochentag?

Mit Hilfe der Tabellenfunktion WOCHENTAG können Sie anhand eines Datums bestimmen, ob es sich umb einen Arbeitstag oder um einen Tag am Wochenende handelt. Der Tag wird standardmäßig als ganze Zahl ausgegeben, die einen Wert von 1 (Sonntag) bis 7 (Samstag) annehmen kann.

Argument	Inhalt
Zahl	Ist erforderlich; im Argument Datum wird das gewünschte Datum, zu dem Sie den Wochentag ermitteln möchten, eingegeben oder über einen Zellbezug hergestellt.
Typ	Ist optional; beim Argument Typ geben Sie eine Zahl an, die den Typ des Rückgabewertes bestimmt. Die möglichen Zahlenwerte werden Ihnen bei der Definition der Tabellenfunktion vorgestellt.

Tabelle 6.21 Die Argumente der Funktion WOCHENTAG

6.23.1 Unterschiedliche Stundensätze werktags und am Wochenende

Unterschiedliche Stundensätze

Bei der folgenden Aufgabe gelten in einem Unternehmen für Arbeit am Wochenende höhere Stundensätze als unter der Woche. Sehen Sie sich zur Einstimmung einmal Abbildung 6.47 an.

In Spalte B ist zur Kontrolle der jeweilige Wochentag angegeben. Formatieren Sie die Zeilen B6:B36 zur Sicherheit so, dass hier der Wochentag angezeigt wird.

	A	B	C	D	E	F	G
1	**Die Tabellenfunktion WOCHENTAG**						
2						Lohn Werktage	19,5
3						Lohn Wochenende	29,5
4							
5	**Datum**	**Wochentag**	**Stunden**	**Lohn**			
6	01.05.2015	Freitag	10				
7	02.05.2015	Samstag	7				
8	03.05.2015	Sonntag	6				
9	04.05.2015	Montag	8				
10	05.05.2015	Dienstag	3				
11	06.05.2015	Mittwoch	6				
12	07.05.2015	Donnerstag	5				
13	08.05.2015	Freitag	1				
14	09.05.2015	Samstag	5				
15	10.05.2015	Sonntag	6				
16	11.05.2015	Montag	8				
17	12.05.2015	Dienstag	2,5				
18	13.05.2015	Mittwoch	9				
19	14.05.2015	Donnerstag	3				
20	15.05.2015	Freitag	10				
21	16.05.2015	Samstag	7,5				
22	17.05.2015	Sonntag	10				
23	18.05.2015	Montag	8				
24	19.05.2015	Dienstag	3				
25	20.05.2015	Mittwoch	0,51				
26	21.05.2015	Donnerstag	5				
27	22.05.2015	Freitag	9				
28	23.05.2015	Samstag	7				
29	24.05.2015	Sonntag	10				
30	25.05.2015	Montag	2				
31	26.05.2015	Dienstag	7				
32	27.05.2015	Mittwoch	6				
33	28.05.2015	Donnerstag	2				
34	29.05.2015	Freitag	8				
35	30.05.2015	Samstag	1				
36	31.05.2015	Sonntag	5				
37							
39							
30							
31							
32							
33							
34							
35							

Abbildung 6.47 Die Ausgangstabelle mit den geleisteten Stunden

In den Zellen G2 und G3 sind die beiden unterschiedlichen Stundenlöhne erfasst worden. Um nun den Lohn für den jeweiligen Tag zu errechnen, gehen Sie wie folgt vor:

1. Markieren Sie den Zellenbereich D6:D36.
2. Erfassen Sie die Formel **=WENN(ODER(WOCHENTAG(A6)=1;WOCHENTAG(A6)=7);C5*$I$6;C5*$I$5)**.
3. Schließen Sie die Formel über die Tastenkombination [Strg] + [↵] ab.

Das Lohnergebnis für die einzelnen Tage sehen Sie in Abbildung 6.48.

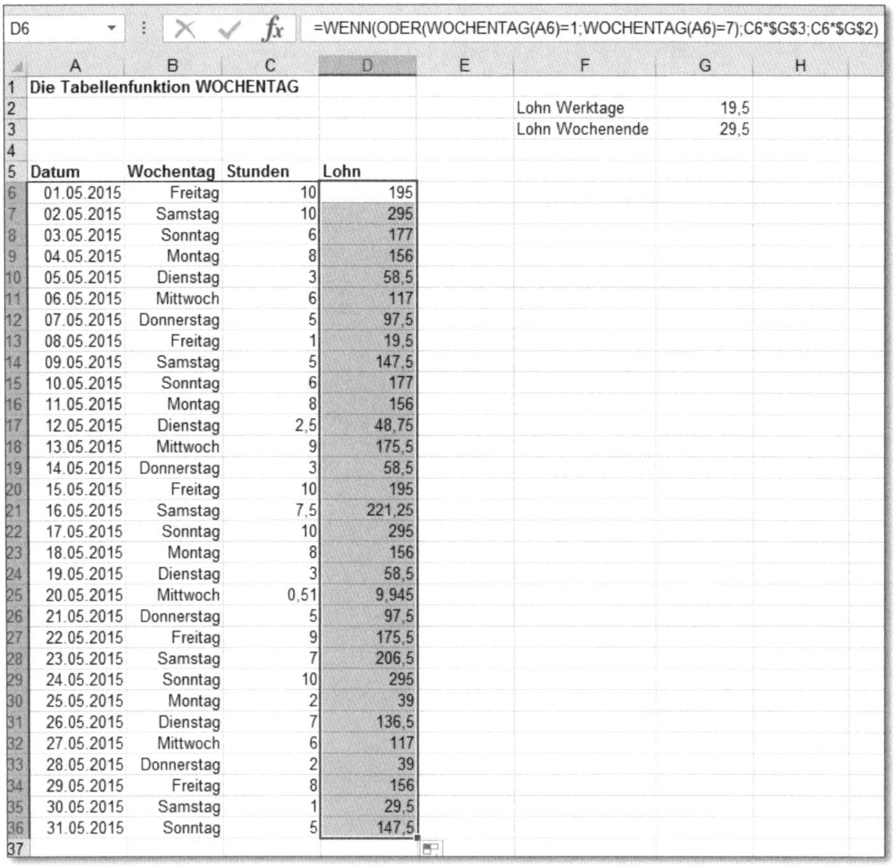

D6 =WENN(ODER(WOCHENTAG(A6)=1;WOCHENTAG(A6)=7);C6*$G$3;C6*$G$2)

	A	B	C	D	E	F	G	H
1	Die Tabellenfunktion WOCHENTAG							
2						Lohn Werktage	19,5	
3						Lohn Wochenende	29,5	
4								
5	Datum	Wochentag	Stunden	Lohn				
6	01.05.2015	Freitag	10	195				
7	02.05.2015	Samstag	10	295				
8	03.05.2015	Sonntag	6	177				
9	04.05.2015	Montag	8	156				
10	05.05.2015	Dienstag	3	58,5				
11	06.05.2015	Mittwoch	6	117				
12	07.05.2015	Donnerstag	5	97,5				
13	08.05.2015	Freitag	1	19,5				
14	09.05.2015	Samstag	5	147,5				
15	10.05.2015	Sonntag	6	177				
16	11.05.2015	Montag	8	156				
17	12.05.2015	Dienstag	2,5	48,75				
18	13.05.2015	Mittwoch	9	175,5				
19	14.05.2015	Donnerstag	3	58,5				
20	15.05.2015	Freitag	10	195				
21	16.05.2015	Samstag	7,5	221,25				
22	17.05.2015	Sonntag	10	295				
23	18.05.2015	Montag	8	156				
24	19.05.2015	Dienstag	3	58,5				
25	20.05.2015	Mittwoch	0,51	9,945				
26	21.05.2015	Donnerstag	5	97,5				
27	22.05.2015	Freitag	9	175,5				
28	23.05.2015	Samstag	7	206,5				
29	24.05.2015	Sonntag	10	295				
30	25.05.2015	Montag	2	39				
31	26.05.2015	Dienstag	7	136,5				
32	27.05.2015	Mittwoch	6	117				
33	28.05.2015	Donnerstag	2	39				
34	29.05.2015	Freitag	8	156				
35	30.05.2015	Samstag	1	29,5				
36	31.05.2015	Sonntag	5	147,5				
37								

Abbildung 6.48 Der Lohn wird abhängig vom Wochentag errechnet.

6.24 Die Tabellenfunktion ZEIT

Deutsch:	ZEIT
Syntax:	**=ZEIT(Stunde;Minute;Sekunde)**
Englisch:	TIME
Syntax:	**=TIME(hour,minute,second)**

Mit Hilfe der Tabellenfunktion ZEIT können Sie die Dezimalzahl einer bestimmten Uhrzeit ermitteln. Wenn für das Zellformat vor der Eingabe der Tabellenfunktion die Option ALLGEMEIN eingestellt war, wird das Ergebnis als Datum formatiert.

Argument	Inhalt
Stunde	Ist erforderlich; im Argument Stunde kann eine Zahl von 0 (null) bis 32767 angegeben werden, die die Stunde repräsentiert.
Minute	Ist erforderlich; im Argument Minute kann eine Zahl von 0 bis 32767 angegeben werden, die die Minute repräsentiert.
Sekunde	Ist erforderlich; im Argument Sekunde kann eine Zahl von 0 bis 32767 angegeben werden, die die Sekunde repräsentiert.

Tabelle 6.22 Die Argumente der Funktion ZEIT

6.24.1 Zeiten zusammensetzen

In der folgenden Aufgabe in Abbildung 6.49 liegt eine Tabelle mit Wettkampfergebnissen eines Laufwettbewerbs vor. Dabei wird die benötigte Zeit für die Laufstrecke in drei Spalten (Stunden, Minuten und Sekunden) eingetragen.

	A	B	C	D	E
1	**Die Tabellenfunktion ZEIT**				
2					
3					
4					
5	**Name**	**Stunden**	**Minuten**	**Sekunden**	**komplett**
6	Simone Klein	11	20	33	
7	Jürgen Schulz	11	19	53	
8	Nadine Heller	14	39	13	
9	Bjoern Albert	13	23	28	
10	David Altmann	14	59	24	
11	Uwe Scott	14	22	10	
12	Gabi Meyer	12	43	6	
13	Marek Altmann	12	38	45	
14	Bernd Scott	11	47	39	
15	Peter Pahl	14	26	54	
16	Nadine Winkler	13	38	1	
17	Peter Hagen	12	29	6	
18	Gabi Wiesen	10	6	11	
19	Kai Wiesen	11	54	12	
20	Bernd Peters	12	17	24	
21					

Abbildung 6.49 Aus drei Spalten soll jetzt eine werden.

Setzen Sie nun die Zeitangaben aus den Spalten B–D in der Spalte E zu einer kompletten Zeitangabe zusammen. Gehen Sie dazu wie folgt vor:

1. Markieren Sie den Zellenbereich E6:E20.
2. Erfassen Sie die Formel **=ZEIT(B6;C6;D6)**.
3. Schließen Sie die Formel über die Tastenkombination `Strg` + `↵` ab.
4. Formatieren Sie diesen Bereich mit einem gewünschten Zeitformat, zum Beispiel mit hh:mm:ss.

Die zusammengesetzten Zeitergebnisse zeigt Abbildung 6.50 an.

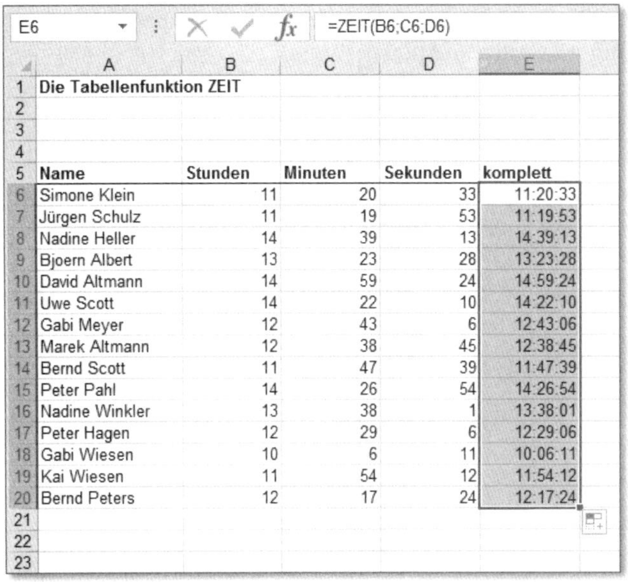

	A	B	C	D	E
1	**Die Tabellenfunktion ZEIT**				
2					
3					
4					
5	**Name**	**Stunden**	**Minuten**	**Sekunden**	**komplett**
6	Simone Klein	11	20	33	11:20:33
7	Jürgen Schulz	11	19	53	11:19:53
8	Nadine Heller	14	39	13	14:39:13
9	Bjoern Albert	13	23	28	13:23:28
10	David Altmann	14	59	24	14:59:24
11	Uwe Scott	14	22	10	14:22:10
12	Gabi Meyer	12	43	6	12:43:06
13	Marek Altmann	12	38	45	12:38:45
14	Bernd Scott	11	47	39	11:47:39
15	Peter Pahl	14	26	54	14:26:54
16	Nadine Winkler	13	38	1	13:38:01
17	Peter Hagen	12	29	6	12:29:06
18	Gabi Wiesen	10	6	11	10:06:11
19	Kai Wiesen	11	54	12	11:54:12
20	Bernd Peters	12	17	24	12:17:24
21					
22					
23					

Abbildung 6.50 In der Spalte E ist die Zeit jetzt in einem Feld untergebracht.

6.25 Die Tabellenfunktion ZEITWERT

Deutsch:	ZEITWERT
Syntax:	**=ZEITWERT(Zeit)**
Englisch:	TIMEVALUE
Syntax:	**=TIMEVALUE(time_value)**

Zeitangabe als Text

Mit Hilfe der Tabellenfunktion ZEITWERT können Sie eine als Text vorliegende Zeitangabe in eine fortlaufende Zahl umwandeln. Diese fortlaufende Zahl ist ein Wert im Bereich von 0 (Null) bis 0,99999999 und entspricht einer Uhrzeit von 0:00:00 (24:00:00) bis 23:59:59. Diese so umgewandelte Zahl muss anschließend noch mit dem Zeitformat formatiert werden.

Argument	Inhalt
Zeit	Ist erforderlich; im Argument Zeit liegt eine Zeitangabe vor, die in Excel aber nicht als Zeitformat direkt erkannt wird. Manchmal werden durch den Import von Daten gerade solche nicht erkannten Zeitdaten generiert, die umgewandelt werden müssen.

Tabelle 6.23 Das Argument der Funktion ZEITWERT

6.25.1 Zeitangaben erkennen

In der folgenden Liste liegen nach einem Datenimport Zeitangaben als Texte in einer Tabelle vor (siehe Abbildung 6.51).

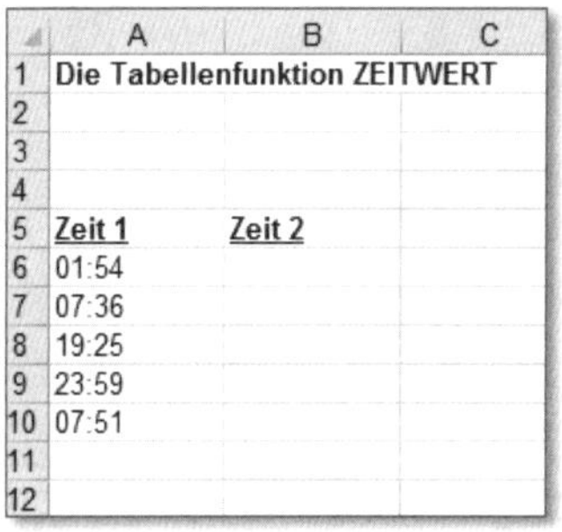

Abbildung 6.51 Diese Zeiten werden in Excel nicht erkannt.

Es ist schon verdächtig, wenn Zeitangaben in Excel am linken Zellenrand hängen. Damit werden die Zeitangaben nicht als Zahlenwerte, sondern als Texte interpretiert. Wandeln Sie nun diese nicht erkannten Zeitwerte in Excel-gerechte Zeitformate um. Gehen Sie dazu wie folgt vor:

1. Markieren Sie den Zellenbereich B6:B10.
2. Erfassen Sie die Formel **=ZEITWERT(A6)**.
3. Schließen Sie die Formel über die Tastenkombination [Strg] + [↵] ab.
4. Klicken Sie mit der rechten Maustaste auf die markierten Zellen.

Zellen formatieren

5. Sobald Sie ZELLEN FORMATIEREN gewählt haben, öffnet sich ein neues Fenster.
6. Wählen Sie in dem Register ZAHLEN unter KATEGORIE • UHRZEIT das Format, das Ihnen gefällt (siehe Abbildung 6.52).

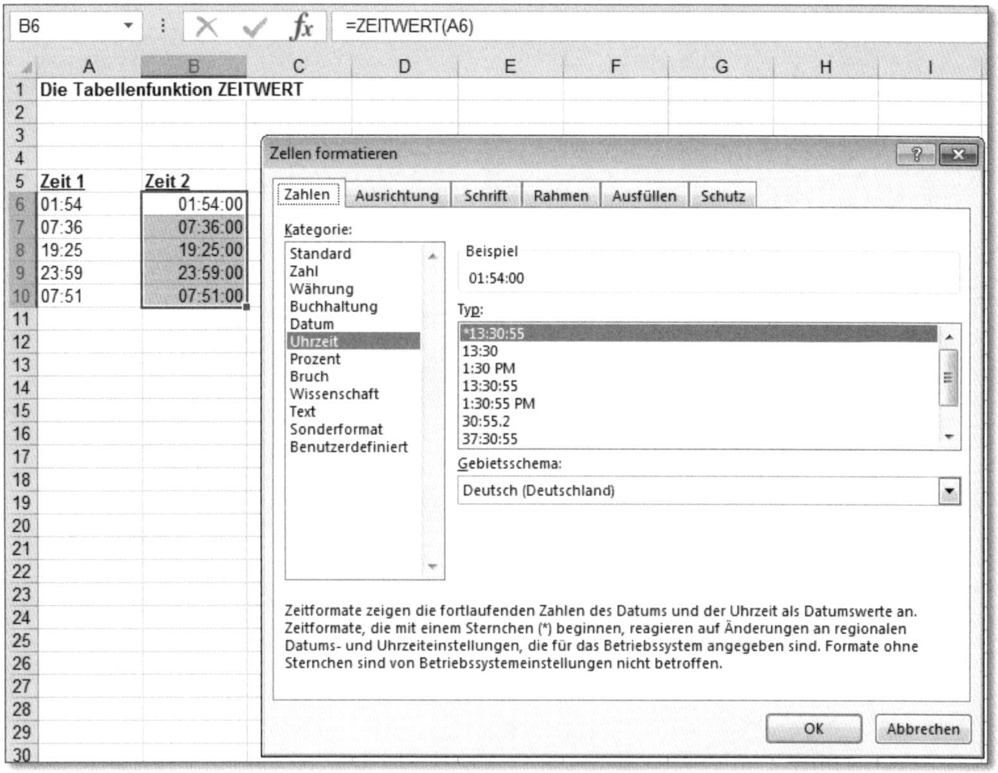

Abbildung 6.52 Sobald Excel Zeitangaben erkannt hat, werden diese rechtsbündig dargestellt.

Kapitel 7

Mathematik und Trigonometrie

In diesem Kapitel beschreiben wir die Tabellenfunktionen rund um das Thema Mathematik. Neben den Winkelfunktionen wird es dabei auch um das Rechnen mit Zahlen gehen. Sie werden hier eine der am häufigsten genutzten Tabellenfunktionen überhaupt wiederfinden: die Tabellenfunktion SUMME.

Deutsch	Englisch	ab Version	Grundwissen
ABRUNDEN	ROUNDDOWN	2003	X
ABS	ABS	2003	
AGGREGAT	AGGREGATE	2010	
ARABISCH	ARABIC	2013	
ARCCOS	ACOS	2003	
ARCCOSHYP	ACOSH	2003	
ARCCOT	ACOT	2013	
ARCCOTHYP	ACOTH	2013	
ARCSIN	ASIN	2003	
ARCSINHYP	ASINH	2003	
ARCTAN	ATAN	2003	
ARCTAN2	ATAN2	2003	
ARCTANHYP	ATANH	2003	
AUFRUNDEN	ROUNDUP	2003	X
BASIS	BASE	2013	

Tabelle 7.1 Übersicht der mathematischen Funktionen von Excel

Deutsch	Englisch	ab Version	Grundwissen
BOGENMASS	RADIANS	2003	
COS	COS	2003	
COSEC	CSC	2013	
COSECHYP	CSCH	2013	
COSHYP	COSH	2003	
COT	COT	2013	
COTHYP	COTH	2013	
DEZIMAL	DECIMAL	2013	
EXP	EXP	2003	
FAKULTÄT	FACT	2003	
GANZZAHL	INT	2003	
GERADE	EVEN	2003	
GGT	GCD	2007	
GRAD	DEGREES	2003	
ISO.OBERGRENZE	ISO.CEILING	2013	
KGV	LCM	2007	
KOMBINATIONEN	COMBIN	2003	
KOMBINATIONEN2	COMBINA	2013	
KÜRZEN	TRUNC	2003	
LN	LN	2003	
LOG	LOG	2003	
LOG10	LOG10	2003	
MDET	MDETERM	2003	
MEINHEIT	MUNIT	2013	
MINV	MINVERSE	2003	

Tabelle 7.1 Übersicht der mathematischen Funktionen von Excel (Forts.)

Deutsch	Englisch	ab Version	Grundwissen
MMULT	MMULT	2003	
OBERGRENZE	CEILING	2003	
OBER-GRENZE.GENAU	CEILING.PRECISE	2010	
OBER-GRENZE.MATHE-MATIK	CEILING.MATH	2013	
PI	PI	2003	
POLYNOMIAL	MULTINOMIAL	2007	
POTENZ	POWER	2003	
POTENZREIHE	SERIESSUM	2007	
PRODUKT	PRODUCT	2003	
QUADRATESUMME	SUMSQ	2003	
QUOTIENT	QUOTIENT	2007	
REST	MOD	2003	
RÖMISCH	ROMAN	2003	
RUNDEN	ROUND	2003	X
SEC	SEC	2013	
SECHYP	SECH	2013	
SIN	SIN	2003	
SINHYP	SINH	2003	
SUMME	SUM	2003	X
SUMMENPRODUKT	SUMPRODUCT	2003	
SUMMEWENN	SUMIF	2003	X
SUMMEWENNS	SUMIFS	2007	X
SUMMEX2MY2	SUMX2MY2	2003	

Tabelle 7.1 Übersicht der mathematischen Funktionen von Excel (Forts.)

Deutsch	Englisch	ab Version	Grundwissen
SUMMEX2PY2	SUMX2PY2	2003	
SUMMEXMY2	SUMXMY2	2003	
TAN	TAN	2003	
TANHYP	TANH	2003	
TEILERGEBNIS	SUBTOTAL	2003	
UNGERADE	ODD	2003	
UNTERGRENZE	FLOOR	2003	
UNTER-GRENZE.GENAU	FLOOR.PRECISE	2010	
UNTERGRENZE. MATHEMATIK	FLOOR.MATH	2013	
VORZEICHEN	SIGN	2003	
VRUNDEN	MROUND	2007	
WURZEL	SQRT	2003	
WURZELPI	SQRTPI	2007	
ZUFALLSBEREICH	RANDBETWEEN	2007	
ZUFALLSZAHL	RAND	2003	
ZWEIFAKULTÄT	FACTDOUBLE	2007	

Tabelle 7.1 Übersicht der mathematischen Funktionen von Excel (Forts.)

7.1 Die Tabellenfunktion ABRUNDEN

Deutsch:	ABRUNDEN
Syntax:	**=ABRUNDEN(Zahl;Anzahl_Stellen)**
Englisch:	ROUNDDOWN
Syntax:	**=ROUNDDOWN(number,digits)**

Bestimmte Anzahl an Stellen

Mit Hilfe der Tabellenfunktion ABRUNDEN können Sie eine Zahl auf eine bestimmte Anzahl Stellen abrunden.

Argument	Inhalt
Zahl	Ist erforderlich; geben Sie hier die Zahl oder den Zellbezug ein, den Sie abrunden möchten.
Anzahl Stellen	Ist erforderlich; hier geben Sie an, auf wie viele Dezimalstellen die Zahl abgerundet werden soll.

Tabelle 7.2 Die Argumente der Funktion ABRUNDEN

In Abbildung 7.1 sehen Sie einige Werte, die Sie mit der Funktion ABRUNDEN bearbeiten sollen. Die Funktionen AUFRUNDEN und RUNDEN sehen wir uns Abschnitt 7.14 bzw. Abschnitt 7.54 an.

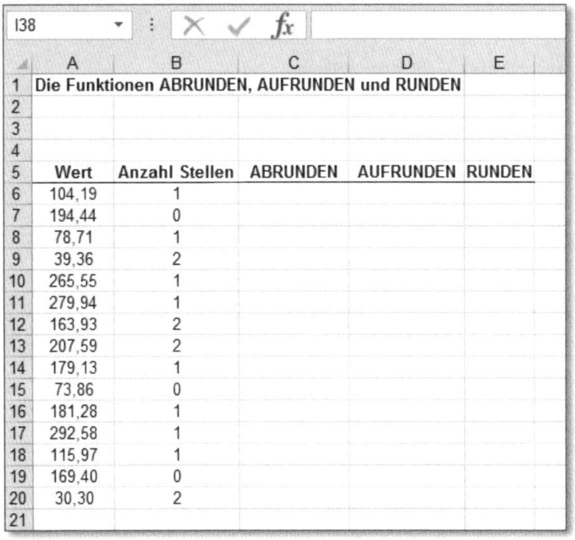

	A	B	C	D	E
1	Die Funktionen ABRUNDEN, AUFRUNDEN und RUNDEN				
2					
3					
4					
5	Wert	Anzahl Stellen	ABRUNDEN	AUFRUNDEN	RUNDEN
6	104,19	1			
7	194,44	0			
8	78,71	1			
9	39,36	2			
10	265,55	1			
11	279,94	1			
12	163,93	2			
13	207,59	2			
14	179,13	1			
15	73,86	0			
16	181,28	1			
17	292,58	1			
18	115,97	1			
19	169,40	0			
20	30,30	2			
21					

Abbildung 7.1 Die Ausgangsbasis

Um die Zahlen abzurunden, gehen Sie wie folgt vor:

1. Markieren Sie den Zellenbereich C6:C20.
2. Erfassen Sie die Formel **=ABRUNDEN($A6;$B6)**.
3. Schließen Sie die Formel über die Tastenkombination [Strg] + [↵] ab.

Die abgerundeten Ergebnisse finden Sie in Abbildung 7.2.

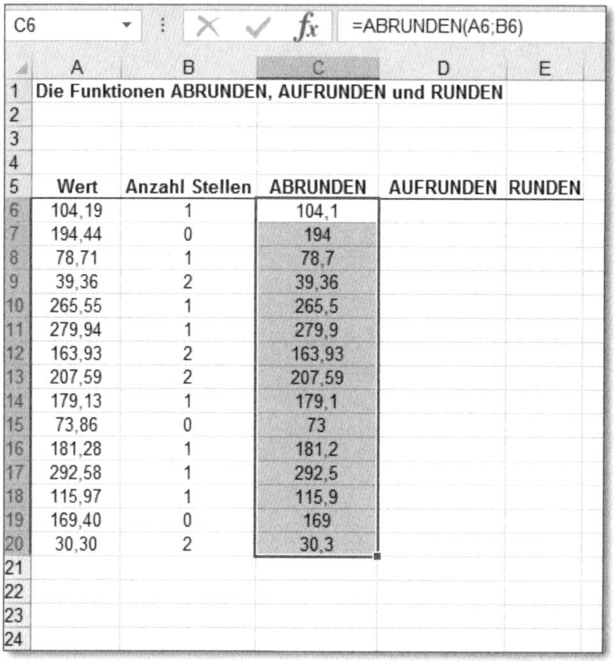

C6 =ABRUNDEN(A6;B6)

	A	B	C	D	E
1	Die Funktionen ABRUNDEN, AUFRUNDEN und RUNDEN				
2					
3					
4					
5	Wert	Anzahl Stellen	ABRUNDEN	AUFRUNDEN	RUNDEN
6	104,19	1	104,1		
7	194,44	0	194		
8	78,71	1	78,7		
9	39,36	2	39,36		
10	265,55	1	265,5		
11	279,94	1	279,9		
12	163,93	2	163,93		
13	207,59	2	207,59		
14	179,13	1	179,1		
15	73,86	0	73		
16	181,28	1	181,2		
17	292,58	1	292,5		
18	115,97	1	115,9		
19	169,40	0	169		
20	30,30	2	30,3		
21					
22					
23					
24					

Abbildung 7.2 Die Ergebnisse der Funktion ABRUNDEN

7.2 Die Tabellenfunktion ABS

Deutsch:	ABS
Syntax:	**=ABS(Zahl)**
Englisch:	ABS
Syntax:	**=ABS(number)**

Die Funktion ABS gibt den Absolutwert einer Zahl zurück.

Argument	Inhalt
Zahl	Ist erforderlich; das Argument Zahl ist die Ausgangsbasis. Von dieser Zahl oder dem Zellinhalt möchten Sie den Absolutwert ermitteln.

Tabelle 7.3 Das Argument der Funktion ABS

7.3 Die Tabellenfunktion AGGREGAT

Die Tabellenfunktion AGGREGAT wird unterschieden in eine Bezugsversion und in eine Matrixversion. In diesem Abschnitt werden beide Versionen vorgestellt.

Bezugsversion
Matrixversion

MATRIXVERSION	
Deutsch:	AGGREGAT
Syntax:	**=AGGREGAT(Funktion;Optionen;Array;k)**
Englisch:	AGGREGATE
Syntax:	**=AGGREGATE(function num,options,array,k)**

BEZUGSVERSION	
Deutsch:	AGGREGAT
Syntax:	**=AGGREGAT(Funktion;Optionen;Bezug1;Bezug2;...)**
Englisch:	AGGREGATE
Syntax:	**=AGGREGATE(function num,options,ref1,ref2,...)**

Mit Hilfe der Funktion AGGREGAT können Zellenbereiche auf unterschiedliche Weise ausgewertet werden. Der Vorteil der Funktion ist es, auf fehlerhafte Werte eingehen zu können.

Argument	Inhalt
Funktion	Ist erforderlich; hier werden die Funktionen eingegeben, mit denen die Funktion AGGREGAT arbeiten soll. Insgesamt sind 19 Funktionen möglich: ▶ MITTELWERT ▶ ANZAHL ▶ ANZAHL2 ▶ MAX ▶ MIN ▶ PRODUKT

Tabelle 7.4 Die Argumente der Funktion AGGREGAT

Argument	Inhalt
Funktion (Forts.)	▸ STAB.S ▸ STABW.N ▸ SUMME ▸ VAT.S ▸ VAR.P ▸ MEDIAN ▸ MODUS.EINF ▸ KGRÖSSTE ▸ KKLEINSTE ▸ QUNATIL.INKL ▸ QUARTILE.INKL ▸ QUANTIL.EXKL ▸ QUARTILE.EXKL
Optionen	Ist erforderlich; ein erforderliches Argument, das bestimmt, welche Werte im Berechnungsbereich ignoriert werden sollen: ▸ 0 oder Leer: geschachtelte TEILERGEBNIS- und AGGREGAT-Funktionen ignorieren ▸ 1: ausgeblendete Zeilen, geschachtelte TEILERGEBNIS- und AGGREGAT-Funktionen ▸ 2: Fehlerwerte, geschachtelte TEILERGEBNIS- und AGGREGAT-Funktionen ▸ 3: ausgeblendete Zeilen, Fehlerwerte, geschachtelte TEILERGEBNIS- und AGGREGAT-Funktionen ▸ 4: nichts ▸ 5: ausgeblendete Zeilen ▸ 6: Fehlerwerte ▸ 7: ausgeblendete Zeilen und Fehlerwerte
Array/Bezug1	Ist erforderlich; in diesem Argument geben Sie entweder den Zellenbereich oder das Array bzw. die Matrix an, für die Sie den Aggregatwert ermitteln möchten.
K/Bezug2	Ist optional.

Tabelle 7.4 Die Argumente der Funktion AGGREGAT (Forts.)

Schauen wir uns diese Funktion in der Praxis an. In Abbildung 7.3 sehen Sie unsere Ausgangssituation.

	A	B	C	D
1	**Die Tabellenfunktion** AGGREGAT			
2				
3	**Funktion**	9	Summe	
4	**Option**	7	ausgeblendete Zellen und Fehlerwerte ignorieren	
5				
6				
7	**Wertebereich**		Funktion AGGREGAT	Funktion SUMME
8	174			
9	323			
10	304			
11				
12	138			
13	#DIV/0!			
14	393			
15	261			
16	126			
17	459			
18	456			
19	447			
20	474			
21				
22				
23				
24				
25				
26				
27				

Abbildung 7.3 Die Funktionen AGGREGAT und SUMME reagieren unterschiedlich.

AGGREGAT vs. SUMME

Die Aufgabe besteht darin, den Bereich von A8:A20 zu summieren. Zur Verfügung haben wir die Funktionen AGGREGAT und SUMME.

Verfahren Sie wie folgt:

1. Markieren Sie den Ergebnisbereich C8:C20.
2. Erfassen Sie die Formel **=AGGREGAT(9;7;A8:A20)**.
3. Beenden Sie die Formeleingabe durch die Tastenkombination Strg + ↵.

   Jetzt müssen wir zum direkten Vergleich auch noch die SUMME-Funktion erfassen.
4. Markieren Sie den Ergebnisbereich D8:D20.
5. Erfassen Sie die Formel **=SUMME(A8:A20)**.
6. Beenden Sie die Formeleingabe durch die Tastenkombination Strg + ↵.

Abbildung 7.4 zeigt das Ergebnis der beiden Funktionen.

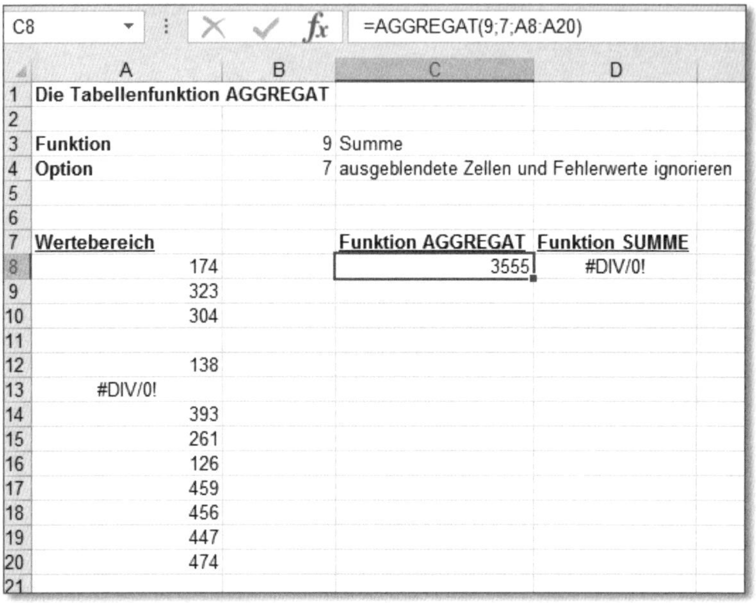

C8 =AGGREGAT(9;7;A8:A20)

	A	B	C	D
1	Die Tabellenfunktion AGGREGAT			
2				
3	Funktion	9	Summe	
4	Option	7	ausgeblendete Zellen und Fehlerwerte ignorieren	
5				
6				
7	Wertebereich		Funktion AGGREGAT	Funktion SUMME
8	174		3555	#DIV/0!
9	323			
10	304			
11				
12	138			
13	#DIV/0!			
14	393			
15	261			
16	126			
17	459			
18	456			
19	447			
20	474			
21				

Abbildung 7.4 Die Funktion SUMME liefert kein Ergebnis, da #DIV/0 in der Auflistung steht.

7.4 Die Tabellenfunktion ARABISCH

Deutsch:	ARABISCH
Syntax:	**=ARABISCH(Text)**
Englisch:	ARABIC
Syntax:	**=ARABIC(text)**

Die Funktion ARABISCH wandelt eine römische Zahl in eine arabische Zahl um.

Argument	Inhalt
Text	Ist erforderlich; der Text oder der Textbezug, der in eine arabische Zahl umgewandelt werden soll

Tabelle 7.5 Das Argument der Funktion ARABISCH

Wie die Funktion arbeitet, können Sie in Abbildung 7.5 sehen.

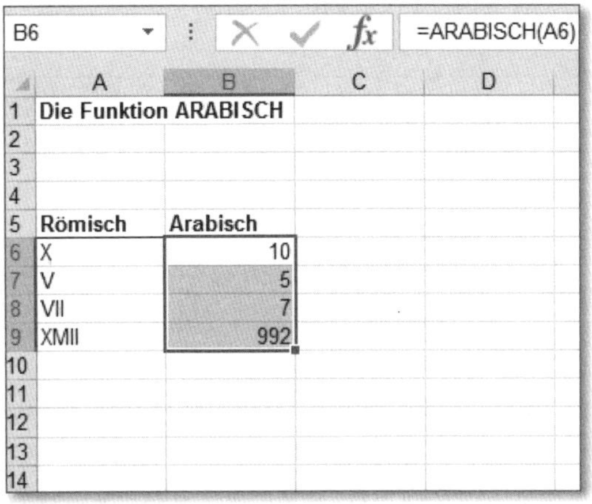

Abbildung 7.5 Umwandlung von römischen Zahlen in arabische

7.5 Die Tabellenfunktion ARCCOS

Deutsch:	ARCCOS
Syntax:	**=ARCCOS(Zahl)**
Englisch:	ACOS
Syntax:	**=ACOS(number)**

Umgekehrter Kosinus einer Zahl

Die Funktion ARCCOS gibt den Arkuskosinus oder auch umgekehrten Kosinus einer Zahl zurück.

Argument	Inhalt
Zahl	Ist erforderlich; der Kosinus des jeweiligen Winkels muss zwischen –1 und 1 liegen.

Tabelle 7.6 Das Argument der Funktion ARCCOS

Hinweis

Wenn Sie das Ergebnis in Grad umgerechnet haben, dann müssen Sie das hier ermittelte Ergebnis mit 180/PI() multiplizieren bzw. die Tabellenfunktion GRAD verwenden.

7.6 Die Tabellenfunktion ARCCOSHYP

Deutsch:	ARCCOSHYP
Syntax:	**=ARCCOSHYP(Zahl)**
Englisch:	ACOSH
Syntax:	**=ACOSH(number)**

Umgekehrter hyperbolischer Kosinus

Die Funktion ARCCOSHYP gibt den umgekehrten hyperbolischen Kosinus einer Zahl zurück. Die Zahl muss größer gleich 1 sein. Der umgekehrte hyperbolische Kosinus ist der Wert, dessen hyperbolischer Kosinus gleich dem Argument Zahl ist. Somit ist **ARCCOSHYP(COSHYP(Zahl))** gleich Zahl.

Argument	Inhalt
Zahl	Ist erforderlich; jede Zahl oder jeder Zellbezug, deren oder dessen Zellinhalt >=1 ist.

Tabelle 7.7 Das Argument der Funktion ARCCOSHYP

7.7 Die Tabellenfunktion ARCCOT

Deutsch:	ARCCOT
Syntax:	**=ARCCOT(Zahl)**
Englisch:	ACOT
Syntax:	**=ACOT(number)**

Hauptwert des Arkuskotangens

Gibt den Hauptwert des Arkuskotangens (Umkehrfunktion des Kotangens) einer Zahl zurück.

Argument	Inhalt
Zahl	Ist erforderlich; Zahl ist der Kotangens des Winkels, den Sie berechnen möchten.

Tabelle 7.8 Das Argument der Funktion ARCCOT

7.8 Die Tabellenfunktion ARCCOTHYP

Deutsch:	ARCCOTHYP
Syntax:	**=ARCTANHYP(Zahl)**
Englisch:	ACOTH
Syntax:	**=ATANH(number)**

Umgekehrter hyperbolischer Kotangens

Die Funktion ARCCOTHYP gibt den umgekehrten hyperbolischen Kotangens einer Zahl zurück.

Argument	Inhalt
Zahl	Ist erforderlich; der absolute Wert von Zahl muss >1 sein.

Tabelle 7.9 Das Argument der Funktion ARCCOTHYP

7.9 Die Tabellenfunktion ARCSIN

Deutsch:	ARCSIN
Syntax:	**=ARCSIN(Zahl)**
Englisch:	ASIN
Syntax:	**=ASIN(number)**

Umgekehrter Sinus

Bei Nutzung der Funktion ARCSIN erhalten Sie als Ergebnis den umgekehrten Sinus einer Zahl bzw. den Arkussinus.

Argument	Inhalt
Zahl	Ist erforderlich; der Sinus des jeweiligen Winkels, der zwischen –1 und 1 liegen muss.

Tabelle 7.10 Das Argument der Funktion ARCSIN

7.10 Die Tabellenfunktion ARCSINHYP

Deutsch:	ARCSINHYP
Syntax:	**=ARCSINHYP(Zahl)**
Englisch:	ASINH
Syntax:	**=ASINH(number)**

Umgekehrter hyperbolischer Sinus

Mit der Funktion ARCSINHYP errechnen Sie den umgekehrten hyperbolischen Sinus einer Zahl.

Argument	Inhalt
Zahl	Ist erforderlich; eine beliebige Zahl.

Tabelle 7.11 Das Argument der Funktion ARCSINHYP

7.11 Die Tabellenfunktion ARCTAN

Deutsch:	ARCTAN
Syntax:	**=ARCTAN(Zahl)**
Englisch:	ATAN
Syntax:	**=ATAN(number)**

Umgekehrter Tangens

Die Funktion ARCTAN errechnet den Arkustangens oder auch umgekehrten Tangens einer Zahl.

Argument	Inhalt
Zahl	Ist erforderlich; ist der Tangens des Winkels, den Sie berechnen möchten.

Tabelle 7.12 Das Argument der Funktion ARCTAN

7.12 Die Tabellenfunktion ARCTAN2

Deutsch:	ARCTAN2
Syntax:	=ARCTAN2(x Koordinate;y Koordinate)
Englisch:	ATAN2
Syntax:	=ATAN2(x-coordinate, y-coordinate)

Die Funktion ARCTAN2 errechnet den Arkustangens oder auch umgekehrten Tangens einer vorgegebenen xy-Koordinate.

Arkustangens

Argument	Inhalt
x Koordinate	Ist erforderlich; die entsprechende x-Koordinate.
y Koordinate	Ist erforderlich; die entsprechende y-Koordinate.

Tabelle 7.13 Die Argumente der Funktion ARCTAN2

7.13 Die Tabellenfunktion ARCTANHYP

Deutsch:	ARCTANHYP
Syntax:	**=ARCTANHYP(Zahl)**
Englisch:	ATANH
Syntax:	**=ATANH(number)**

Die Funktion ARCTANHYP errechnet den umgekehrten hyperbolischen Tangens einer Zahl.

Umgekehrter hyperbolischer Tangens

Argument	Inhalt
Zahl	Ist erforderlich; jede beliebige Zahl zwischen –1 und 1.

Tabelle 7.14 Das Argument der Funktion ARCTANHYP

7.14 Die Tabellenfunktion AUFRUNDEN

Deutsch:	AUFRUNDEN
Syntax:	**=AUFRUNDEN(Zahl;Anzahl Stellen)**
Englisch:	ROUNDUP
Syntax:	**=ROUNDUP(number,digits)**

Bestimmte Anzahl an Stellen aufrunden

Mit Hilfe der Tabellenfunktion AUFRUNDEN können Sie eine Zahl auf eine bestimmte Anzahl Stellen aufrunden.

Argument	Inhalt
Zahl	Ist erforderlich; geben Sie hier die Zahl oder den Zellbezug ein, den Sie abrunden möchten.
Anzahl Stellen	Ist erforderlich; hier geben Sie an, auf wie viele Dezimalstellen die Zahl abgerundet werden soll.

Tabelle 7.15 Die Argumente der Funktion AUFRUNDEN

Erweitern Sie jetzt das Beispiel aus Abschnitt 7.1, »Die Tabellenfunktion ABRUNDEN«. Sehen Sie sich dazu die Ausgangslage in Abbildung 7.6 an. Der Funktion RUNDEN widmen wir uns dann in Abschnitt 7.54.

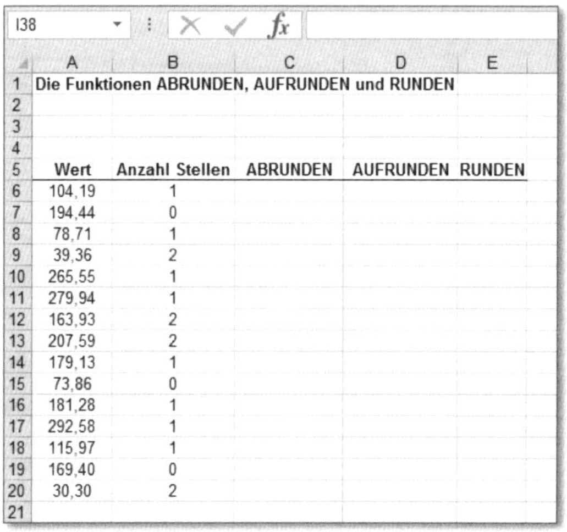
I38

	A	B	C	D	E
1	Die Funktionen ABRUNDEN, AUFRUNDEN und RUNDEN				
2					
3					
4					
5	Wert	Anzahl Stellen	ABRUNDEN	AUFRUNDEN	RUNDEN
6	104,19	1			
7	194,44	0			
8	78,71	1			
9	39,36	2			
10	265,55	1			
11	279,94	1			
12	163,93	2			
13	207,59	2			
14	179,13	1			
15	73,86	0			
16	181,28	1			
17	292,58	1			
18	115,97	1			
19	169,40	0			
20	30,30	2			
21					

Abbildung 7.6 Die Ausgangsbasis

Um die Zahlen aufzurunden, gehen Sie wie folgt vor:

1. Markieren Sie jetzt den Zellenbereich D6:D20.
2. Erfassen Sie die Formel **=AUFRUNDEN($A6;$B6)**.
3. Schließen Sie die Formel über die Tastenkombination [Strg] + [↵] ab.

In Abbildung 7.7 sehen Sie nun die aufgerundeten Ergebnisse.

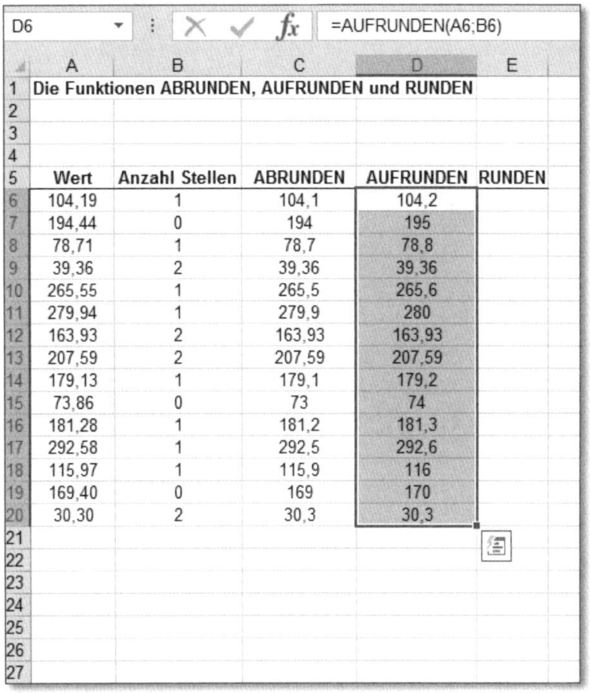

D6 | =AUFRUNDEN(A6;B6)

	A	B	C	D	E
1	Die Funktionen ABRUNDEN, AUFRUNDEN und RUNDEN				
2					
3					
4					
5	Wert	Anzahl Stellen	ABRUNDEN	AUFRUNDEN	RUNDEN
6	104,19	1	104,1	104,2	
7	194,44	0	194	195	
8	78,71	1	78,7	78,8	
9	39,36	2	39,36	39,36	
10	265,55	1	265,5	265,6	
11	279,94	1	279,9	280	
12	163,93	2	163,93	163,93	
13	207,59	2	207,59	207,59	
14	179,13	1	179,1	179,2	
15	73,86	0	73	74	
16	181,28	1	181,2	181,3	
17	292,58	1	292,5	292,6	
18	115,97	1	115,9	116	
19	169,40	0	169	170	
20	30,30	2	30,3	30,3	

Abbildung 7.7 Jetzt haben Sie aufgerundet.

7.15 Die Tabellenfunktion BASIS

Deutsch:	BASIS
Syntax:	**=BASIS(Zahl;Basis;Mindestlänge)**
Englisch:	BASE
Syntax:	**=BASE(number,radix,min length)**

Zahl in eine Textdarstellung wandeln

Die Funktion BASIS wandelt eine Zahl in eine Textdarstellung mit der angegebenen Basis um.

Argument	Inhalt
Zahl	Ist erforderlich; beinhaltet die Zahl, die Sie umwandeln möchten. Sie müssen hier eine ganze Zahl zwischen >=0 und <=2^53 angeben.
Basis	Ist erforderlich; entspricht der Zahl, in die Sie die Zahl umwandeln möchten. Basis muss zwischen >=2 und <=36 liegen.
Mindestlänge	Ist optional; hier wird eine ganze Zahl erwartet, die die Mindestlänge darstellt. >=0

Tabelle 7.16 Die Argumente der Funktion BASIS

7.16 Die Tabellenfunktion BOGENMASS

Deutsch:	BOGENMASS
Syntax:	**=BOGENMASS(Winkel)**
Englisch:	RADIANS
Syntax:	**=RADIANS(degrees)**

Gradzahlen in Bogenmaß wandeln

Die Funktion BOGENMASS wandelt Gradzahlen in Bogenmaß (Radiant) um.

Argument	Inhalt
Winkel	Ist erforderlich; hier geben Sie den Wert des Winkels ein, den Sie umgewandelt haben möchten.

Tabelle 7.17 Das Argument der Funktion BOGENMASS

7.17 Die Tabellenfunktion COS

Deutsch:	COS
Syntax:	**=COS(Zahl)**
Englisch:	COS
Syntax:	**=COS(number)**

Die Funktion COS gibt den Kosinus einer Zahl zurück. **Kosinus**

Argument	Inhalt
Zahl	Ist erforderlich; der im Bogenmaß angegebene Winkel, dessen Kosinus Sie berechnen möchten.

Tabelle 7.18 Das Argument der Funktion COS

7.18 Die Tabellenfunktion COSEC

Deutsch:	COSEC
Syntax:	**=COSEC(Zahl)**
Englisch:	CSC
Syntax:	**=CSC(number)**

Die Funktion errechnet den Kosekans eines im Bogenmaß angegebenen Winkels. **Kosekans**

Argument	Inhalt
Zahl	Ist erforderlich; die Zahl, die in den Kosekans umgerechnet werden soll.

Tabelle 7.19 Das Argument der Funktion COSEC

7.19 Die Tabellenfunktion COSECHYP

Deutsch:	COSECHYP
Syntax:	**=COSECHYP(Zahl)**
Englisch:	CSCH
Syntax:	**=CSCH(number)**

Hyperbolischer Kosekans

Die Funktion COSECHYP gibt den hyperbolischen Kosekans eines im Bogenmaß angegebenen Winkels zurück.

Argument	Inhalt
Zahl	Ist erforderlich; die Zahl, die Sie umgewandelt haben wollen.

Tabelle 7.20 Das Argument der Funktion COSECHYP

7.20 Die Tabellenfunktion COSHYP

Deutsch:	COSHYP
Syntax:	**=COSHYP(Zahl)**
Englisch:	COSH
Syntax:	**=COSH(number)**

Hyperbolischer Kosinus

Hier wird der hyperbolische Kosinus einer Zahl errechnet.

Argument	Inhalt
Zahl	Ist erforderlich; eine Zahl oder Verknüpfung auf eine Zelle, für die Sie den hyperbolischen Kosinus errechnen möchten.

Tabelle 7.21 Das Argument der Funktion COSHYP

7.21 Die Tabellenfunktion COT

Deutsch:	COT
Syntax:	**=COT(Zahl)**
Englisch:	COT
Syntax:	**=COT(number)**

Mit dieser Funktion errechnen Sie den Kotangens eines im Bogenmaß angegebenen Winkels.

Im Bogenmaß angegebener Winkel

Argument	Inhalt
Zahl	Ist erforderlich; die Winkelzahl, für die Sie den Kotangens berechnen möchten.

Tabelle 7.22 Das Argument der Funktion COT

7.22 Die Tabellenfunktion COTHYP

Deutsch:	COTHYP
Syntax:	**=COTHYP(Zahl)**
Englisch:	COTH
Syntax:	**=COTH(number)**

Gibt den hyperbolischen Kotangens eines hyperbolischen Winkels zurück.

Hyperbolischer Kotangens

Argument	Inhalt
Zahl	Ist erforderlich; die Zahl des hyperbolischen Winkels, der umgerechnet werden soll.

Tabelle 7.23 Das Argument der Funktion COTHYP

7.23 Die Tabellenfunktion DEZIMAL

Deutsch:	DEZIMAL
Syntax:	**=DEZIMAL(Zahl;Basis)**
Englisch:	DECIMAL
Syntax:	**=DECIMAL(text,radix)**

Text in eine Dezimalzahl wandeln

Die Funktion DEZIMAL konvertiert eine Zahl, die als Text formatiert ist, in eine Dezimalzahl.

Argument	Inhalt
Zahl	Ist erforderlich; die als Text formatierte Zahl oder eine Verknüpfung auf eine Zelle, die konvertiert werden soll.
Basis	Ist erforderlich; die Angabe muss >=2 und <=36 sein.

Tabelle 7.24 Die Argumente der Funktion DEZIMAL

7.24 Die Tabellenfunktion EXP

Deutsch:	EXP
Syntax:	**=EXP(Zahl)**
Englisch:	EXP
Syntax:	**=EXP(number)**

Logarithmus potenzieren

Mit der Funktion EXP können Sie die Basis des natürlichen Logarithmus (2,71828185845904) potenzieren.

Argument	Inhalt
Zahl	Ist erforderlich; der Exponent, mit dem die Basis des natürlichen Logarithmus potenziert werden soll.

Tabelle 7.25 Das Argument der Funktion EXP

7.25 Die Tabellenfunktion FAKULTÄT

Deutsch:	FAKULTÄT
Syntax:	**=FAKULTÄT(Zahl)**
Englisch:	FACT
Syntax:	**=FACT(number)**

Mit dieser Funktion können Sie die Fakultät einer Zahl errechnen.

Fakultät

Argument	Inhalt
Zahl	Ist erforderlich; eine Zahl oder ein Verweis auf eine Zelle mit einer Zahl, die nicht negativ sein darf. Nachkommastellen werden nicht beachtet.

Tabelle 7.26 Das Argument der Funktion FAKULTÄT

7.26 Die Tabellenfunktion GANZZAHL

Deutsch:	GANZZAHL
Syntax:	**=GANZZAHL(Zahl)**
Englisch:	INT
Syntax:	**=INT(expression)**

Mit der Funktion GANZZAHL werden Dezimalzahlen auf die nächstkleinere Ganzzahl abgerundet.

Dezimalzahlen abrunden

Argument	Inhalt
Zahl	Ist erforderlich; die Zahl oder der Verweis auf die Zelle, die die Zahl enthält, die abgerundet werden soll.

Tabelle 7.27 Das Argument der Funktion GANZZAHL

7.27 Die Tabellenfunktion GERADE

Deutsch:	GERADE
Syntax:	**=GERADE(Zahl)**
Englisch:	EVEN
Syntax:	**=EVEN(number)**

Auf gerade Zahl aufrunden

Mit Hilfe der Tabellenfunktion GERADE können Sie eine Zahl auf die nächste gerade ganze Zahl aufrunden.

Argument	Inhalt
Zahl	Ist erforderlich; der Wert, der auf die nächste gerade Zahl aufgerundet werden soll.

Tabelle 7.28 Das Argument der Funktion GERADE

Sehen Sie sich Abbildung 7.8 an. Die Funktion GERADE verwandelt die Werte in die nächsthöhere gerade Zahl.

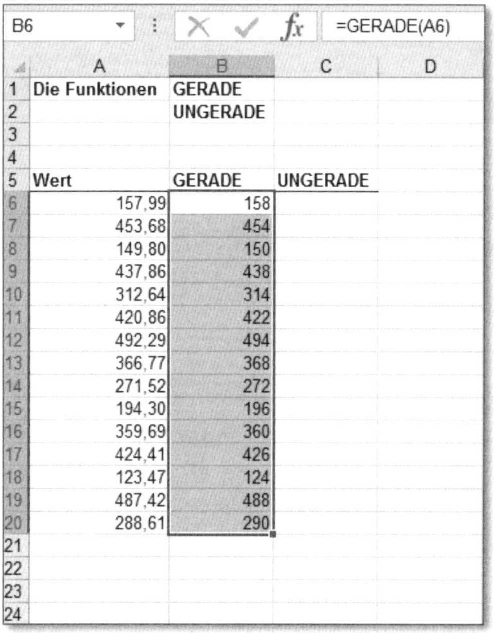

B6 =GERADE(A6)

	A	B	C	D
1	Die Funktionen	GERADE		
2		UNGERADE		
3				
4				
5	Wert	GERADE	UNGERADE	
6	157,99	158		
7	453,68	454		
8	149,80	150		
9	437,86	438		
10	312,64	314		
11	420,86	422		
12	492,29	494		
13	366,77	368		
14	271,52	272		
15	194,30	196		
16	359,69	360		
17	424,41	426		
18	123,47	124		
19	487,42	488		
20	288,61	290		
21				
22				
23				
24				

Abbildung 7.8 Die Funktion GERADE

7.28 Die Tabellenfunktion GGT

Deutsch:	GGT
Syntax:	**=GGT(Zahl1;Zahl2;...)**
Englisch:	GCD
Syntax:	**=GCD(number1,number2,...)**

Größter gemeinsamer Teiler

Mit Hilfe der Tabellenfunktion GGT können Sie den größten gemeinsamen Teiler der als Argumente angegebenen ganzen Zahlen ermitteln. Der größte gemeinsame Teiler ist die ganze Zahl, durch die sowohl Zahl1 als auch Zahl2 dividiert werden können, ohne dass ein Rest bleibt.

Argument	Inhalt
Zahl1	Ist erforderlich; hier geben Sie die Zahlen an, deren größten gemeinsamen Teiler Sie berechnen möchten. Zwischen 1 bis 255 Werte sind möglich.

Tabelle 7.29 Das Argument der Funktion GGT

Schauen Sie sich zur Verdeutlichung Abbildung 7.9 an.

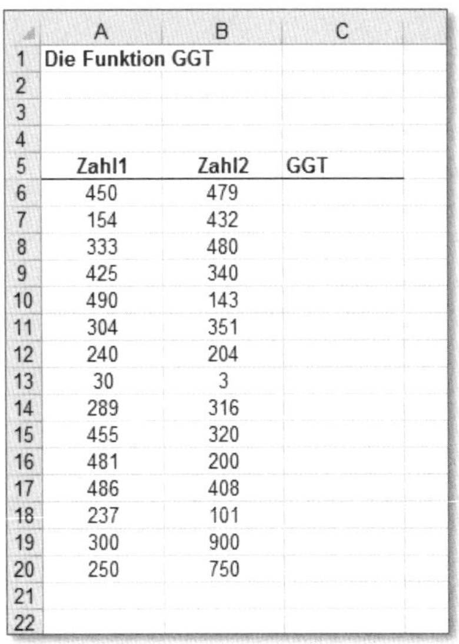

	A	B	C
1	Die Funktion GGT		
2			
3			
4			
5	Zahl1	Zahl2	GGT
6	450	479	
7	154	432	
8	333	480	
9	425	340	
10	490	143	
11	304	351	
12	240	204	
13	30	3	
14	289	316	
15	455	320	
16	481	200	
17	486	408	
18	237	101	
19	300	900	
20	250	750	
21			
22			

Abbildung 7.9 Die Ausgangssituation

Um die Aufgabe zu lösen, verfahren Sie wie folgt:

1. Markieren Sie den Ergebnisbereich C6:C20.
2. Erfassen Sie die Formel **=GGT(A6;B6)**.
3. Beenden Sie die Formelerfassung mit der Tastenkombination [Strg] + [↵].

In Abbildung 7.10 sehen Sie das Ergebnis.

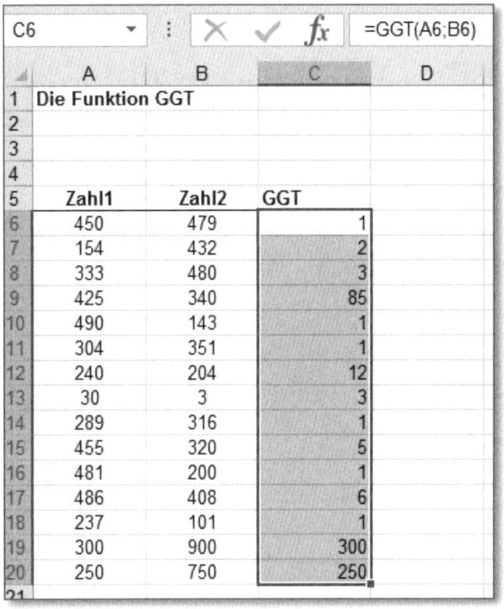

	A	B	C	D
1	Die Funktion GGT			
2				
3				
4				
5	Zahl1	Zahl2	GGT	
6	450	479	1	
7	154	432	2	
8	333	480	3	
9	425	340	85	
10	490	143	1	
11	304	351	1	
12	240	204	12	
13	30	3	3	
14	289	316	1	
15	455	320	5	
16	481	200	1	
17	486	408	6	
18	237	101	1	
19	300	900	300	
20	250	750	250	

Abbildung 7.10 Das Ergebnis

7.29 Die Tabellenfunktion GRAD

Deutsch:	GRAD
Syntax:	**=GRAD(Winkel)**
Englisch:	DEGREES
Syntax:	**=DEGREES(radians)**

Bogenmaß in Grad umgerechnen

Mit dieser Funktion werden die Daten, die in Bogenmaß (Radiant) vorhanden sind, in Grad umgerechnet.

Argument	Inhalt
Winkel	Ist erforderlich; der im Bogenmaß (Radiant) gegebene Winkel, den Sie umwandeln möchten.

Tabelle 7.30 Das Argument der Funktion GRAD

7.30 Die Tabellenfunktion ISO.OBERGRENZE

Deutsch:	ISO.OBERGRENZE
Syntax:	**=ISO.OBERGRENZE(Zahl;Schritt)**
Englisch:	ISO.CEILING
Syntax:	**=ISO.CEILING(number,significance)**

Ganzzahl

Die Funktion ISO.OBERGRENZE liefert eine Zahl zurück, die die nächste Ganzzahl ist oder die auf das kleinste Vielfache des Arguments Schritt gerundet wurde.

Argument	Inhalt
Zahl	Ist erforderlich; die Zahl oder die Verknüpfung auf die Zelle mit der Zahl, die aufgerundet werden soll.
Schritt	Ist optional; das Vielfache, auf das der Wert gerundet werden soll.

Tabelle 7.31 Die Argumente der Funktion ISO.OBERGRENZE

7.31 Die Tabellenfunktion KGV

Deutsch:	KGV
Syntax:	**=KGV(Zahl1;Zahl2;...)**
Englisch:	LCM
Syntax:	**=LCM(number1,number2,...)**

Kleinstes gemeinsames Vielfaches

Mit Hilfe der Tabellenfunktion KGV können Sie das kleinste gemeinsame Vielfache der als Argumente angegebenen ganzen Zahlen ermitteln.

Argument	Inhalt
Zahl1	Ist erforderlich; geben Sie in dem Argument Zahl1 die Zahlen an, deren kleinstes gemeinsames Vielfaches Sie berechnen möchten. Zwischen 1 und 255 Werte sind möglich.

Tabelle 7.32 Das Argument der Funktion KGV

Schauen Sie sich zur Verdeutlichung Abbildung 7.11 an.

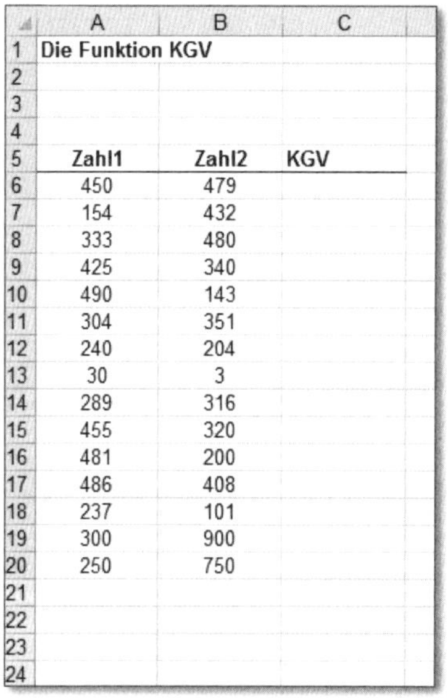

	A	B	C
1	Die Funktion KGV		
2			
3			
4			
5	Zahl1	Zahl2	KGV
6	450	479	
7	154	432	
8	333	480	
9	425	340	
10	490	143	
11	304	351	
12	240	204	
13	30	3	
14	289	316	
15	455	320	
16	481	200	
17	486	408	
18	237	101	
19	300	900	
20	250	750	
21			
22			
23			
24			

Abbildung 7.11 Die Ausgangslage

Um diese Aufgabe zu lösen, verfahren Sie wie folgt:

1. Markieren Sie den Ergebnisbereich **C6:C20**.
2. Erfassen Sie die Formel **=KGV(A6;B6)**.
3. Beenden Sie die Formeleingabe mit der Tastenkombination [Strg] + [↵].

Jetzt können Sie das Ergebnis in Spalte C in Abbildung 7.12 sehen.

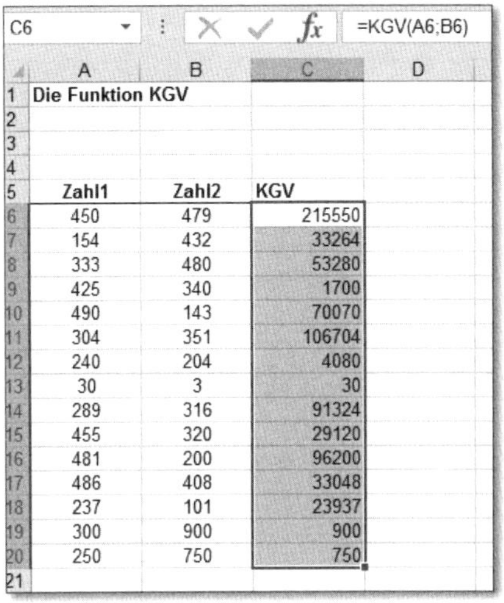

C6 =KGV(A6;B6)

	A	B	C	D
1	Die Funktion KGV			
2				
3				
4				
5	Zahl1	Zahl2	KGV	
6	450	479	215550	
7	154	432	33264	
8	333	480	53280	
9	425	340	1700	
10	490	143	70070	
11	304	351	106704	
12	240	204	4080	
13	30	3	30	
14	289	316	91324	
15	455	320	29120	
16	481	200	96200	
17	486	408	33048	
18	237	101	23937	
19	300	900	900	
20	250	750	750	
21				

Abbildung 7.12 Und so sieht das Ergebnis aus.

7.32 Die Tabellenfunktion KOMBINATIONEN

Deutsch:	KOMBINATIONEN
Syntax:	**=KOMBINATIONEN(n;k)**
Englisch:	COMBIN
Syntax:	**=COMBIN(number,chosen)**

Kombinationen ohne Wiederholung

Mit Hilfe der Tabellenfunktion KOMBINATIONEN können Sie die Anzahl der Kombinationen ohne Wiederholung einer bestimmten Anzahl von Elementen aus einer Gesamtmenge errechnen. Sie können die Funktion einsetzen, um zu berechnen, wie viele Gruppen aus einer bestimmten Anzahl von Elementen gebildet werden können.

Argument	Inhalt
n	Ist erforderlich; hier wird die Anzahl der Elemente angegeben.
k	Ist erforderlich; im Argument k geben Sie an, aus wie vielen Elementen jede Kombination bestehen soll.

Tabelle 7.33 Die Argumente der Funktion KOMBINATIONEN

Zur Verdeutlichung sehen Sie sich Abbildung 7.13 an.

	A	B	C
1	Die Funktion KOMBINATIONEN		
2			
3			
4			
5	Anzahl	Elemente	KOMBINATIONEN
6	8	2	
7	8	4	
8	6	2	
9	6	3	
10	12	6	
11	12	4	
12	12	3	
13	12	2	
14			

Abbildung 7.13 Die Kombinationsmöglichkeiten sollen berechnet werden.

In Spalte A finden Sie jeweils die Gesamtzahl einer Gruppe. In Spalte B wird die Anzahl der Elemente einer Gruppe erfasst. Ermitteln Sie jetzt die Kombinationsmöglichkeiten, die sich aus den Daten ergeben. Gehen Sie dabei wie folgt vor:

1. Markieren Sie den Zellenbereich C6:C13.
2. Erfassen Sie die Formel **=KOMBINATIONEN(A6;B6)**.
3. Schließen Sie die Formel über die Tastenkombination [Strg] + [↵] ab.

Abbildung 7.14 listet alle möglichen Kombinationen auf.

C6 =KOMBINATIONEN(A6;B6)

	A	B	C	D	E
1	Die Funktion KOMBINATIONEN				
2					
3					
4					
5	Anzahl	Elemente	KOMBINATIONEN		
6	8	2	28		
7	8	4	70		
8	6	2	15		
9	6	3	20		
10	12	6	924		
11	12	4	495		
12	12	3	220		
13	12	2	66		
14					
15					
16					
17					
18					

Abbildung 7.14 Alle möglichen Kombinationen

7.33 Die Tabellenfunktion KÜRZEN

Deutsch:	KÜRZEN
Syntax:	**=KÜRZEN(Zahl;Anzahl Stellen)**
Englisch:	TRUNC
Syntax:	**=TRUNC(number,digits)**

Nachkommastellen

Die Funktion KÜRZEN schneidet die Nachkommastellen einer Zahl entweder komplett ab oder lässt – je nach Angabe – x Nachkommazahlen an der Zahl.

Argument	Inhalt
Zahl	Ist erforderlich; die Zahl oder die Zelle mit dem Inhalt, deren Nachkommastellen abgeschnitten werden sollen.
Anzahl Stellen	Ist optional; eine Zahl, die angibt, wie viele Nachkommastellen erhalten bleiben sollen.

Tabelle 7.34 Die Argumente der Funktion KÜRZEN

7.34 Die Tabellenfunktion KOMBINATIONEN2

Deutsch:	KOMBINATIONEN2
Syntax:	**=KOMBINATIONEN2(Zahl;gewählte Zahl)**
Englisch:	COMBINA
Syntax:	**=COMBINA(number,chosen)**

Anzahl von Kombinationen

Gibt die Anzahl von Kombinationen (mit Wiederholungen) für eine bestimmte Anzahl von Elementen zurück.

Argument	Inhalt
Zahl	Ist erforderlich; eine Zahl, die >= 0 sein muss und auch größer als das Argument Gewählte Zahl.
Gewählte Zahl	Ist erforderlich; die Zahl muss > 0 sein. Es werden nur Ganzzahlen verarbeitet.

Tabelle 7.35 Die Argumente der Funktion KOMBINATIONEN2

7.35 Die Tabellenfunktion LN

Deutsch:	LN
Syntax:	**=LN(Zahl)**
Englisch:	LN
Syntax:	**=LN(number)**

Natürlicher Logarithmus

Gibt den natürlichen Logarithmus einer Zahl zurück. Natürliche Logarithmen haben die Konstante e (2,71828182845904) als Basis.

Argument	Inhalt
Zahl	Ist erforderlich; die positive Zahl, deren Logarithmus Sie berechnen wollen.

Tabelle 7.36 Die Argumente der Funktion LN

7.36 Die Tabellenfunktion LOG

Deutsch:	LOG
Syntax:	**=LOG(Zahl;Basis)**
Englisch:	LOG
Syntax:	**=LOG(number,base)**

Mit dieser Funktion errechnen Sie den Logarithmus einer Zahl zu einer angegebenen Basis zurück. **Logarithmus**

Argument	Inhalt
Zahl	Ist erforderlich; die positive Zahl oder die Verknüpfung auf die Zelle, für deren Inhalt Sie den Logarithmus berechnen wollen.
Basis	Ist optional; die Basis des Logarithmus. Wird hier nichts angegeben, wird die Basis automatisch auf 10 gesetzt.

Tabelle 7.37 Die Argumente der Funktion LOG

7.37 Die Tabellenfunktion LOG10

Deutsch:	LOG10
Syntax:	**=LOG10(Zahl)**
Englisch:	LOG10
Syntax:	**=LOG10(number)**

Die Funktion LOG10 gibt den Logarithmus einer Zahl zur Basis 10 zurück. **Logarithmus**

Argument	Inhalt
Zahl	Ist erforderlich; die positive Zahl, deren Logarithmus Sie zur Basis 10 berechnen wollen.

Tabelle 7.38 Das Argument der Funktion LOG10

7.38 Die Tabellenfunktion MDET

Deutsch:	MDET
Syntax:	**=MDET(Matrix)**
Englisch:	MDETERM
Syntax:	**=MDETERM(array)**

Determinante Mit der Funktion MEDT wird die Determinante einer Matrix errechnet.

Argument	Inhalt
Matrix	Ist erforderlich; als Eingabe wird hier eine quadratische Matrix verlangt. Das bedeutet, Sie können hier einen Range, eine Matrixkonstante oder den Namen eines Zellenbereichs angeben.

Tabelle 7.39 Das Argument der Funktion MDET

7.39 Die Tabellenfunktion MEINHEIT

Deutsch:	MEINHEIT
Syntax:	**=MEINHEIT(Größe)**
Englisch:	MUNIT
Syntax:	**=MUNIT(dimension)**

Mit dieser Funktion errechnen Sie die Einheitsmatrix für die von Ihnen angegebene Größe.

Argument	Inhalt
Größe	Ist erforderlich; hier definieren Sie die Größe für Ihre Einheitsmatrix. Die Größe muss >0 sein.

Tabelle 7.40 Das Argument der Funktion MEINHEIT

7.40 Die Tabellenfunktion MINV

Deutsch:	MINV
Syntax:	**=MINV(Matrix)**
Englisch:	MINVERSE
Syntax:	**=MINVERSE(array)**

Mit dieser Funktion errechnen Sie die Inverse einer Matrix. Mit anderen Worten, Sie erhalten die zu einer Matrix gehörende Kehrmatrix.

Inverse einer Matrix

Argument	Inhalt
Matrix	Ist erforderlich; eine quadratische Matrix. Diese kann entweder als Zellenbereich, Matrixkonstante oder als Name eingegeben werden.

Tabelle 7.41 Das Argument der Funktion MINV

7.41 Die Tabellenfunktion MMULT

Deutsch:	MMULT
Syntax:	**=MMULT(Array1;Array2)**
Englisch:	MMULT
Syntax:	**=MMULT(array1,array2)**

Die Funktion MMULT liefert Ihnen das Ergebnis (Produkt) zweier Matrizen. Das Ergebnis ist eine neue Matrix mit der Anzahl von Zeilen aus Matrix 1 und der Anzahl der Spalten aus Matrix 2.

Produkt zweier Matrizen

Argument	Inhalt
Array 1	Ist erforderlich; die Matrix1 für Ihre Multiplikation.
Array 2	Ist erforderlich; die Matrix2 für Ihre Multiplikation.

Tabelle 7.42 Die Argumente der Funktion MMULT

7.42 Die Tabellenfunktion OBERGRENZE

Deutsch:	OBERGRENZE
Syntax:	**=OBERGRENZE(Zahl;Schritt)**

Englisch:	CEILING
Syntax:	**=CEILING(number,significance)**

Aufrunden

Mit Hilfe der Funktion OBERGRENZE können Sie eine Zahl betragsmäßig auf das kleinste Vielfache aufrunden.

Argument	Inhalt
Zahl	Ist erforderlich; hier geben Sie den Wert an, den Sie runden möchten.
Schritt	Ist erforderlich; hier bestimmen Sie das Vielfache, auf das Sie runden möchten.

Tabelle 7.43 Die Argumente der Funktion OBERGRENZE

Sehen Sie sich dazu das folgende Beispiel in Abbildung 7.15 an. Wir befassen uns zunächst nur mit der Funktion OBERGRENZE.

	A	B	C	D
1	Die Funktionen	OBERGRENZE		
2		OBERGRENZE.GENAU		
3		OBERGRENZE.MATHEMATIK		
4				
5	Wert	OBERGRENZE	OBERGRENZE.GENAU	OBERGRENZE.MATHEMATIK
6	246,35 €			
7	142,60 €			
8	364,55 €			
9	276,86 €			
10	373,11 €			
11	444,87 €			
12	240,11 €			
13	411,37 €			
14	179,14 €			
15	243,25 €			
16	132,94 €			
17	424,57 €			
18	371,24 €			
19	279,02 €			
20	480,72 €			
21				

Abbildung 7.15 Es gibt drei Funktionen zum Thema Obergrenze.

Um diese Aufgabe zu lösen, gehen Sie wie folgt vor:

1. Markieren Sie den Ausgabebereich B6:B20.
2. Erfassen Sie die Formel **=OBERGRENZE(A6;100)**.
3. Beenden Sie die Formelerfassung mit der Tastenkombination [Strg] + [↵].

Wie das dann aussieht, zeigt Ihnen Abbildung 7.16.

B6 =OBERGRENZE(A6;100)

	A	B	C	D
1	Die Funktionen	OBERGRENZE		
2		OBERGRENZE.GENAU		
3		OBERGRENZE.MATHEMATIK		
4				
5	Wert	OBERGRENZE	OBERGRENZE.GENAU	OBERGRENZE.MATHEMATIK
6	246,35 €	300		
7	142,60 €	200		
8	364,55 €	400		
9	276,86 €	300		
10	373,11 €	400		
11	444,87 €	500		
12	240,11 €	300		
13	411,37 €	500		
14	179,14 €	200		
15	243,25 €	300		
16	132,94 €	200		
17	424,57 €	500		
18	371,24 €	400		
19	279,02 €	300		
20	480,72 €	500		
21				

Abbildung 7.16 Sie haben die Obergrenze auf den nächsten Hunderter festgelegt.

7.43 Die Tabellenfunktion OBERGRENZE.GENAU

Deutsch:	OBERGRENZE.GENAU
Syntax:	**=OBERGRENZE.GENAU(Zahl;Schritt)**
Englisch:	CEILING.PRECISE
Syntax:	**=CEILING.PRECISE(number,significance)**

Argument	Inhalt
Zahl	Ist erforderlich; hier geben Sie den Wert an, den Sie runden möchten.
Schritt	Ist optional; hier bestimmen Sie das Vielfache, auf das Sie runden möchten. Wenn Sie hier nichts eintragen, ist der Standardwert 1.

Tabelle 7.44 Die Argumente der Funktion OBERGRENZE.GENAU

Auch hier soll wieder die Funktion ausprobiert werden. Sehen Sie sich das schon bekannte Beispiel in Abbildung 7.17 an.

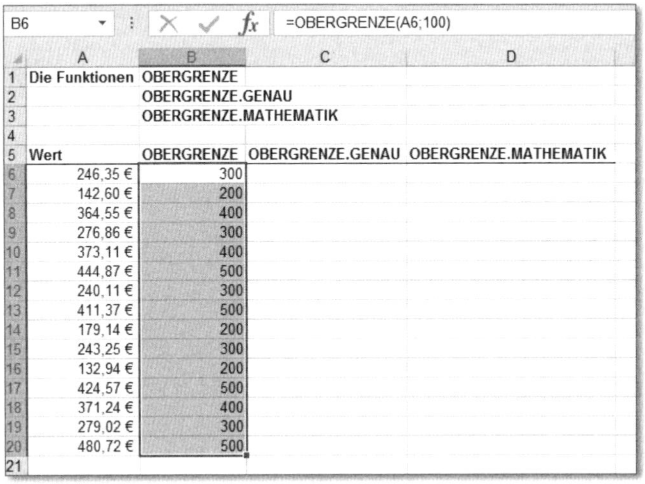
B6 =OBERGRENZE(A6;100)

	A	B	C	D
1	Die Funktionen	OBERGRENZE		
2		OBERGRENZE.GENAU		
3		OBERGRENZE.MATHEMATIK		
4				
5	Wert	OBERGRENZE	OBERGRENZE.GENAU	OBERGRENZE.MATHEMATIK
6	246,35 €	300		
7	142,60 €	200		
8	364,55 €	400		
9	276,86 €	300		
10	373,11 €	400		
11	444,87 €	500		
12	240,11 €	300		
13	411,37 €	500		
14	179,14 €	200		
15	243,25 €	300		
16	132,94 €	200		
17	424,57 €	500		
18	371,24 €	400		
19	279,02 €	300		
20	480,72 €	500		
21				

Abbildung 7.17 Jetzt soll die Funktion OBERGRENZE.GENAU eingesetzt werden.

Um diese Funktion auszuführen, gehen Sie wie folgt vor:

1. Markieren Sie den Ergebnisbereich C6:C20.
2. Erfassen Sie die Formel **=OBERGRENZE.GENAU(A6;)**.
3. Beenden Sie die Formeleingabe mit der Tastenkombination Strg + ↵.

Das Ergebnis sehen Sie in Abbildung 7.18.

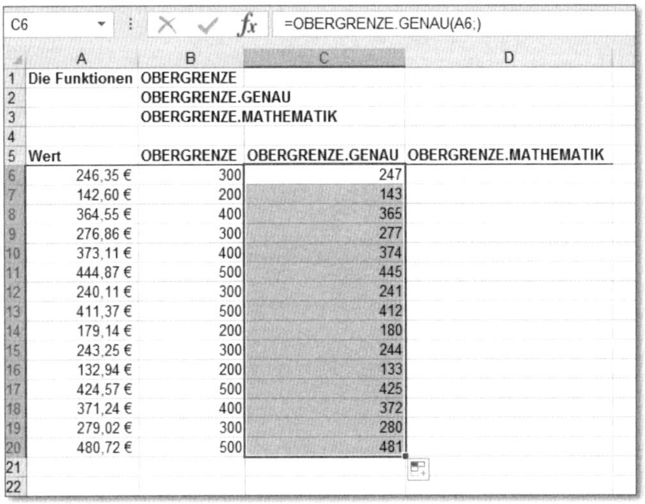
C6 =OBERGRENZE.GENAU(A6;)

	A	B	C	D
1	Die Funktionen	OBERGRENZE		
2		OBERGRENZE.GENAU		
3		OBERGRENZE.MATHEMATIK		
4				
5	Wert	OBERGRENZE	OBERGRENZE.GENAU	OBERGRENZE.MATHEMATIK
6	246,35 €	300	247	
7	142,60 €	200	143	
8	364,55 €	400	365	
9	276,86 €	300	277	
10	373,11 €	400	374	
11	444,87 €	500	445	
12	240,11 €	300	241	
13	411,37 €	500	412	
14	179,14 €	200	180	
15	243,25 €	300	244	
16	132,94 €	200	133	
17	424,57 €	500	425	
18	371,24 €	400	372	
19	279,02 €	300	280	
20	480,72 €	500	481	
21				
22				

Abbildung 7.18 Das Ergebnis der Funktion OBERGRENZE.GENAU

In diesem Beispiel wurde der Schritt ausgelassen. Standardmäßig wird hier dann mit 1 gerechnet. Die Werte wurden auf den nächsten Einer gerundet.

7.44 Die Tabellenfunktion OBERGRENZE.MATHEMATIK

Deutsch:	OBERGRENZE.MATHEMATIK
Syntax:	**=OBERGRENZE.MATHEMATIK(Zahl;Schritt;Modus)**
Englisch:	CEILING.MATH
Syntax:	**=CEILING(number,significance,mode)**

Argument	Inhalt
Zahl	Ist erforderlich; hier geben Sie den Wert an, den Sie runden möchten.
Schritt	Ist optional; hier bestimmen Sie das Vielfache, auf das Sie runden möchten. Wenn Sie hier nichts eintragen, ist der Standardwert 1.
Modus	Ist optional; das Argument Modus arbeitet nur mit negativen Werten. Positive werden ignoriert. Steuert, ob der Parameter Zahl in Richtung des größeren oder kleineren Wertes gerundet wird.

Tabelle 7.45 Die Argumente der Funktion OBERGRENZE.MATHEMATIK

Auch hier arbeiten wir wieder mit unserem bekannten Beispiel aus den letzten beiden Abschnitten. Allerdings müssen wir die vorhandenen Werte um negative Werte ergänzen. Schauen Sie sich die folgende Ausgangslage in Abbildung 7.19 an.

Um die Funktion zu testen, verfahren Sie bitte wie folgt:

1. Markieren Sie den Ergebnisbereich D6:D25.
2. Erfassen Sie die Formel **=OBERGRENZE.MATHEMATIK(A6;0,1;-1)**.
3. Schließen Sie die Formeleingabe mit der Tastenkombination [Strg] + [↵] ab.

Die Formel ist in den Feldern D6:D25 identisch. Trotzdem werden unterschiedliche Ergebnisse erzielt (siehe Abbildung 7.20).

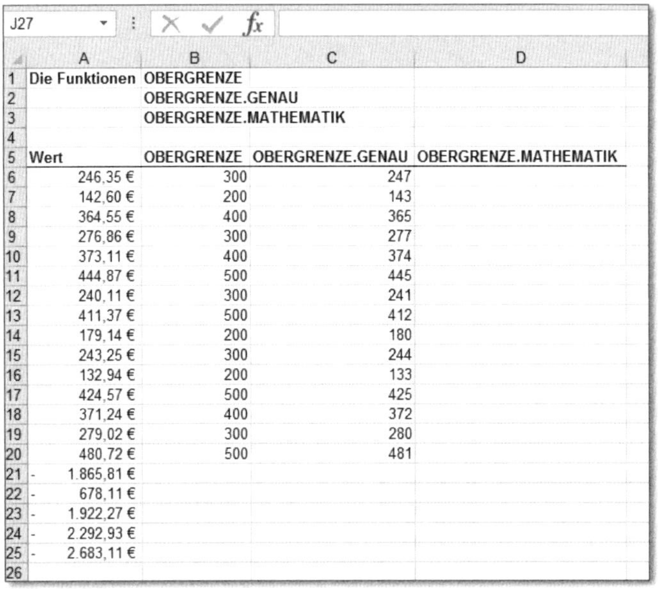

J27

	A	B	C	D
1	Die Funktionen	OBERGRENZE		
2		OBERGRENZE.GENAU		
3		OBERGRENZE.MATHEMATIK		
4				
5	Wert	OBERGRENZE	OBERGRENZE.GENAU	OBERGRENZE.MATHEMATIK
6	246,35 €	300	247	
7	142,60 €	200	143	
8	364,55 €	400	365	
9	276,86 €	300	277	
10	373,11 €	400	374	
11	444,87 €	500	445	
12	240,11 €	300	241	
13	411,37 €	500	412	
14	179,14 €	200	180	
15	243,25 €	300	244	
16	132,94 €	200	133	
17	424,57 €	500	425	
18	371,24 €	400	372	
19	279,02 €	300	280	
20	480,72 €	500	481	
21	- 1.865,81 €			
22	- 678,11 €			
23	- 1.922,27 €			
24	- 2.292,93 €			
25	- 2.683,11 €			
26				

Abbildung 7.19 Für die Funktion OBERGRENZE.MATEHAMTIK werden negative Werte benötigt.

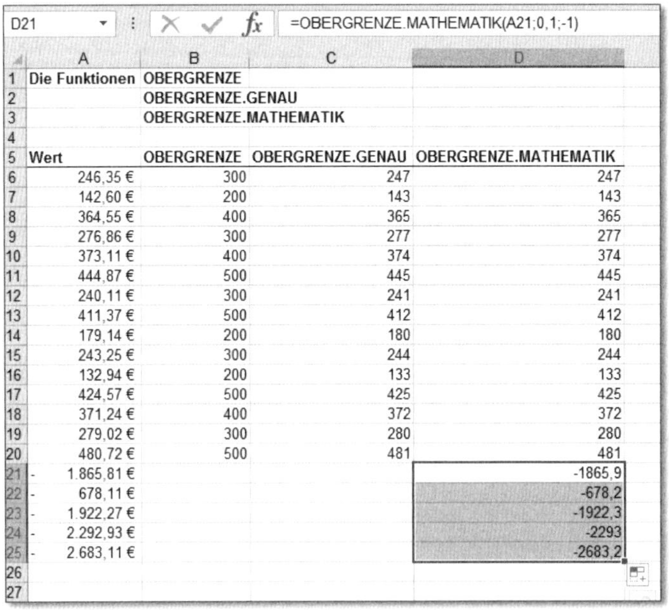

D21 =OBERGRENZE.MATHEMATIK(A21;0,1;-1)

	A	B	C	D
1	Die Funktionen	OBERGRENZE		
2		OBERGRENZE.GENAU		
3		OBERGRENZE.MATHEMATIK		
4				
5	Wert	OBERGRENZE	OBERGRENZE.GENAU	OBERGRENZE.MATHEMATIK
6	246,35 €	300	247	247
7	142,60 €	200	143	143
8	364,55 €	400	365	365
9	276,86 €	300	277	277
10	373,11 €	400	374	374
11	444,87 €	500	445	445
12	240,11 €	300	241	241
13	411,37 €	500	412	412
14	179,14 €	200	180	180
15	243,25 €	300	244	244
16	132,94 €	200	133	133
17	424,57 €	500	425	425
18	371,24 €	400	372	372
19	279,02 €	300	280	280
20	480,72 €	500	481	481
21	- 1.865,81 €			-1865,9
22	- 678,11 €			-678,2
23	- 1.922,27 €			-1922,3
24	- 2.292,93 €			-2293
25	- 2.683,11 €			-2683,2
26				
27				

Abbildung 7.20 Die Funktion OBERGRENZE.MATHEMATIK verlangt negative Werte.

7.45 Die Tabellenfunktion PI

Deutsch:	PI
Syntax:	**=PI()**
Englisch:	PI
Syntax:	**=PI()**

Die Funktion PI liefert Ihnen als Ergebnis die Zahl Pi mit einer Genauigkeit von 15 Stellen.

Zahl Pi

7.46 Die Tabellenfunktion POLYNOMIAL

Deutsch:	POLYNOMIAL
Syntax:	**=POLYNOMIAL(Zahl1;Zahl2;...)**
Englisch:	MULTINOMIAL
Syntax:	**=MULTINOMIAL(number1,number2,...)**

Mit der Funktion POLYNIMIAL können Sie den Polynominalkoeffizienten einer Zahl berechnen.

Polynominalkoeffizient berechnen

Argument	Inhalt
Zahl1	Ist erforderlich; die Zahl, für die Sie den Polynominalkoeffizienten berechnen möchten.
Zahl2	Ist optional; 1–255 Werte sind hier möglich.

Tabelle 7.46 Die Argumente der Funktion POLYNOMIAL

7.47 Die Tabellenfunktion POTENZ

Deutsch:	POTENZ
Syntax:	**=POTENZ(Zahl;Potenz)**

Englisch:	POWER
Syntax:	**=POWER(number,power)**

Zahl potenzieren

Mit Hilfe der Tabellenfunktion POTENZ können Sie eine Zahl potenzieren.

Argument	Inhalt
Zahl	Ist erforderlich; hier geben Sie die Zahl an, die Sie mit dem Exponenten potenzieren möchten.
Potenz	Ist erforderlich; hier geben Sie den Exponenten an, mit dem Sie die Zahl potenzieren möchten.

Tabelle 7.47 Die Argumente der Funktion POTENZ

7.47.1 Die Kubikwurzel einer Zahl errechnen

In der folgenden Tabelle in Abbildung 7.21 sollen die Kubikwurzeln einiger Zahlen errechnet werden.

	A	B
1	Die Funktion POTENZ	
2		
3		
4		
5	Zahl	Kubikwurzel
6	8	
7	9	
8	10	
9	11	
10	12	
11	13	
12	14	
13	15	
14	16	

Abbildung 7.21 Von diesen Zahlen soll die Kubikwurzel gezogen werden.

Um die Kubikwurzel zu ziehen, verfahren Sie wie folgt:

1. Markieren Sie den Zellenbereich B6:B14.
2. Erfassen Sie die Formel **=POTENZ((A6);1/3)**.
3. Schließen Sie die Formel über die Tastenkombination [Strg] + [↵] ab.

Abbildung 7.22 zeigt das Ergebnis.

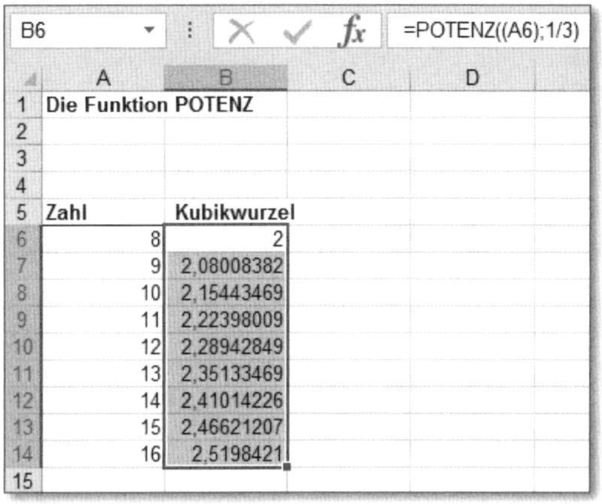

Abbildung 7.22 So einfach kann die Kubikwurzel gezogen werden.

7.48 Die Tabellenfunktion POTENZREIHE

Deutsch:	POTENZREIHE
Syntax:	**=POTENZREIHE(x;n;m;Koeffizienten)**
Englisch:	SERIESSUM
Syntax:	**=SERIESSUM(x,n,m,coefficients)**

Summe der Potenzen

Die Funktion POTENZREIHE gibt die Summe der Potenzen zurück.

Argument	Inhalt
x	Ist erforderlich; die unabhängigen Variablen der Potenzreihe.
n	Ist erforderlich; die Angangspotenz, in der Sie das Argument aus **x** errechnen möchten.
m	Ist erforderlich; das Inkrement, um das Sie n in jedem Glied der Reihe vergrößern möchten.

Tabelle 7.48 Die Argumente der Funktion POTENZREIHE

Argument	Inhalt
Koeffizienten	Ist erforderlich; eine Gruppe von Koeffizienten, mit denen die aufeinanderfolgenden Potenzen der Variablen x multipliziert werden.

Tabelle 7.48 Die Argumente der Funktion POTENZREIHE (Forts.)

7.49 Die Tabellenfunktion PRODUKT

Deutsch:	PRODUKT
Syntax:	**=PRODUKT(Zahl1;Zahl2;...)**
Englisch:	PRODUCT
Syntax:	**=PRODUCT(number1,number2,...)**

Argumente multiplizieren

Mit Hilfe der Tabellenfunktion PRODUKT aus dem Add-in Analyse-Funktionen können Sie mehrere Argumente miteinander multiplizieren.

Argument	Inhalt
Zahl1	Ist erforderlich; die Zahlen oder Zellbezüge, die Sie multiplizieren möchten.
Zahl2	Ist erforderlich; die Zahlen oder Zellbezüge, die Sie multiplizieren möchten.

Tabelle 7.49 Die Argumente der Funktion PRODUKT

7.49.1 Preiserhöhungen flexibel durchführen

Preise kalkulieren

In der folgenden Aufgabe sollen Preise aus einer Liste neu kalkuliert werden. Dabei soll in Zelle D3 der Multiplikator eingetragen werden, mit dem dann alle Preise in der Liste multipliziert werden sollen (siehe Abbildung 7.23).

	A	B	C	D
1	Die Funktion PRODUKT			
2				
3			Aufschlag	1,25
4				
5	Preis alt	Preis neu		
6	192,16 €			
7	119,01 €			
8	35,50 €			
9	66,33 €			
10	224,94 €			
11	157,36 €			
12	109,21 €			
13	192,95 €			
14	196,25 €			
15	40,46 €			
16	74,46 €			
17	106,90 €			
18	142,57 €			
19	37,02 €			
20	145,44 €			
21				

Abbildung 7.23 Neue Preise errechnen

Tabellenfunktion PRODUKT

Standardmäßig könnten Sie diese Aufgabe mit der Formel **=A6*$D$3** in Zelle B6 lösen. Eine alternative Vorgehensweise bietet die Tabellenfunktion PRODUKT an. Gehen Sie dabei wie folgt vor:

1. Markieren Sie den Zellenbereich B6:B20.
2. Erfassen Sie die Formel **=PRODUKT(A6;$D$3)**.
3. Schließen Sie die Formel mit der Tastenkombination [Strg] + [↵] ab.

Abbildung 7.24 hat das Ergebnis.

B6 — fx =PRODUKT(A6;$D$3)

	A	B	C	D	E
1	Die Funktion PRODUKT				
2					
3			Aufschlag	1,25	
4					
5	Preis alt	Preis neu			
6	192,16 €	240,2			
7	119,01 €	148,7625			
8	35,50 €	44,375			
9	66,33 €	82,9125			
10	224,94 €	281,175			
11	157,36 €	196,7			
12	109,21 €	136,5125			
13	192,95 €	241,1875			
14	196,25 €	245,3125			
15	40,46 €	50,575			
16	74,46 €	93,075			
17	106,90 €	133,625			
18	142,57 €	178,2125			
19	37,02 €	46,275			
20	145,44 €	181,8			
21					
22					

Abbildung 7.24 Ein einfacher Weg, um Preise flexibel anzuheben bzw. zu senken

7.50 Die Tabellenfunktion QUADRATESUMME

Deutsch:	QUADRATESUMME
Syntax:	**=QUADRATESUMME(Zahl1;Zahl2;...)**
Englisch:	SUMSQ
Syntax:	**=SUMSQ(value1,value2,...)**

Argumente quadrieren

Mit der Funktion QUADRATESUMME werden die angegebenen Argumente quadriert.

Argument	Inhalt
Zahl	Ist erforderlich; die Zahl, für die die Summe der Quadrate berechnet werden soll. Es sind zwischen 1 und 255 Zahlen möglich.

Tabelle 7.50 Das Argument der Funktion QUADRATESUMME

7.51 Die Tabellenfunktion QUOTIENT

Deutsch:	QUOTIENT
Syntax:	**=QUOTIENT(Zähler;Nenner)**
Englisch:	QUOTIENT
Syntax:	**=QUOTIENT(numerator,denominator)**

Ganzzahliger Anteil einer Division

Mit Hilfe der Tabellenfunktion QUOTIENT aus dem Add-in Analyse-Funktionen können Sie den ganzzahligen Anteil einer Division ermitteln. Diese Funktion können Sie immer dann verwenden, wenn Sie auf die Nachkommastellen (den Rest) einer Division keinen Wert legen.

Argument	Inhalt
Zähler	Ist erforderlich; im Argument Zähler geben Sie den Dividend an.
Nenner	Ist erforderlich; im Argument Nenner geben Sie den Divisor an.

Tabelle 7.51 Die Argumente der Funktion QUOTIENT

Sehen Sie sich Abbildung 7.25 an.

	A	B	C
1	Die Funktion	QUOTIENT	
2			
3			
4			
5	Zähler	Nenner	Ergebnis
6	100	25	
7	100	33	
8	100	49	
9	100	0	
10	100	110	
11	100	10	
12	100	20	
13	100	30	
14	100	-10	
15	100	-20	
16	100	61	
17	100	33	
18	100	26	
19	100	44	
20	100	100	
21			

Abbildung 7.25 Einige Beispiele zur Funktion QUOTIENT

Standardmäßig würden Sie die Aufgabe lösen, indem Sie in Zelle C6 die Formel **=A6/B6** schreiben und diese Formel nach unten kopieren. Dabei erhalten Sie aber zum Teil Ergebnisse mit einem Rest.

Bei der Verwendung der Tabellenfunktion QUOTIENT hingegen wird ein eventuell anfallender Rest nicht mit ausgegeben. Wenden Sie diese Funktion nun an, indem Sie die nächsten Arbeitsschritte durchführen:

1. Markieren Sie den Zellenbereich C6:C20.
2. Erfassen Sie die Formel **=QUOTIENT(A6;B6)**.
3. Schließen Sie die Formel über die Tastenkombination [Strg] + [↵] ab.

Das Ergebnis sehen Sie in Abbildung 7.26.

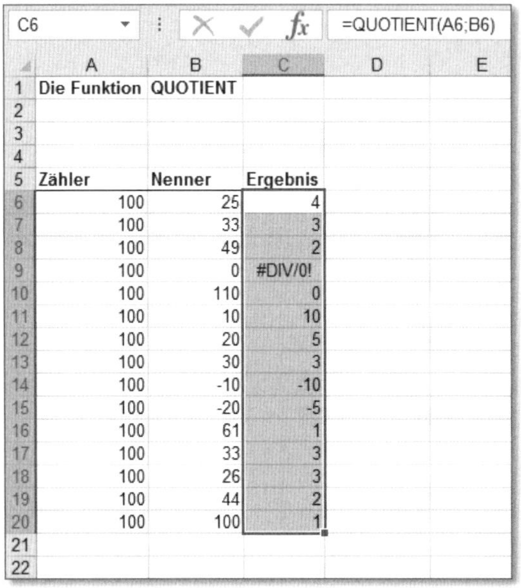

C6 =QUOTIENT(A6;B6)

	A	B	C	D	E
1	Die Funktion	QUOTIENT			
2					
3					
4					
5	Zähler	Nenner	Ergebnis		
6	100	25	4		
7	100	33	3		
8	100	49	2		
9	100	0	#DIV/0!		
10	100	110	0		
11	100	10	10		
12	100	20	5		
13	100	30	3		
14	100	-10	-10		
15	100	-20	-5		
16	100	61	1		
17	100	33	3		
18	100	26	3		
19	100	44	2		
20	100	100	1		
21					
22					

Abbildung 7.26 Das Ergebnis der Funktion QUOTIENT

7.52 Die Tabellenfunktion REST

Deutsch:	REST
Syntax:	**=REST(Zahl;Divisor)**
Englisch:	MOD
Syntax:	**=MOD(number,divisor)**

Rest einer Division ermitteln

Mit Hilfe der Tabellenfunktion REST können Sie den Rest aus einer Division ermitteln. Dabei hat das Ergebnis dasselbe Vorzeichen wie der Divisor.

Argument	Inhalt
Zahl	Ist erforderlich; hier geben Sie die Zahl an, für die der Rest einer Division gesucht wird.

Tabelle 7.52 Die Argumente der Funktion REST

Argument	Inhalt
Divisor	Ist erforderlich; im Argument Divisor geben Sie den Divisor an.

Tabelle 7.52 Die Argumente der Funktion REST (Forts.)

Bei dieser Aufgabe verwenden wir das Grundgerüst des letzten Abschnitts – tauschen Sie einfach die Überschriften wie folgt aus:

Zähler = Zahl

Nenner = Divisor

Markieren Sie nun den Zellenbereich C6:C20, erfassen die Formel **=REST(A6;B6)**, und schließen Sie die Eingabe ab, indem Sie die Tastenkombination [Strg] + [↵] drücken.

7.53 Die Tabellenfunktion RÖMISCH

Deutsch:	RÖMISCH
Syntax:	**=RÖMISCH(Zahl;Typ)**
Englisch:	ROMAN
Syntax:	**=ROMAN(number,type)**

Römische Zahlen

Mit Hilfe der Tabellenfunktion RÖMISCH können Sie eine arabische Zahl in eine römische Zahl als Text umwandeln.

Argument	Inhalt
Zahl	Ist erforderlich; hier geben Sie die arabische Zahl an, die Sie umwandeln möchten.
Typ	Ist optional; über das Argument Typ können Sie die Schreibweise der römischen Zahlen bestimmen: je höher der Typ(0–4), desto kürzer die Schreibweise.

Tabelle 7.53 Die Argumente der Funktion RÖMISCH

Sehen Sie sich Abbildung 7.27 an.

	A	B	C
1	Die Funktion RÖMISCH		
2			
3			
4			
5	Zahl	römische Zahl	römische Zahl
6	9		
7	19		
8	25		
9	31		
10	85		
11	135		
12	1978		
13	3500		
14			
15			

Abbildung 7.27 Die Ausgangssituation

Wandeln Sie jetzt die arabischen Zahlen aus Spalte A in römische Zahlen um. Verfahren Sie dabei wie folgt:

1. Markieren Sie den Zellenbereich B6:B13.
2. Erfassen Sie die Formel **=RÖMISCH(A6)**.
3. Schließen Sie die Formel über die Tastenkombination [Strg] + [↵] ab.
4. Markieren Sie den Zellenbereich C6:C13.
5. Erfassen Sie die Formel **=RÖMISCH(A6;4)**.
6. Schließen Sie die Formel über die Tastenkombination [Strg] + [↵] ab.

In Abbildung 7.28 sehen Sie das Ergebnis.

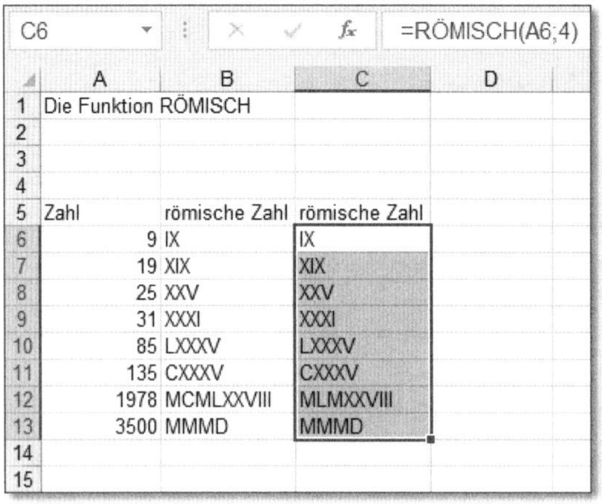

C6 =RÖMISCH(A6;4)

	A	B	C	D
1	Die Funktion RÖMISCH			
2				
3				
4				
5	Zahl	römische Zahl	römische Zahl	
6	9	IX	IX	
7	19	XIX	XIX	
8	25	XXV	XXV	
9	31	XXXI	XXXI	
10	85	LXXXV	LXXXV	
11	135	CXXXV	CXXXV	
12	1978	MCMLXXVIII	MLMXXVIII	
13	3500	MMMD	MMMD	
14				
15				

Abbildung 7.28 Die Zahlen wurden umgewandelt.

7.54 Die Tabellenfunktion RUNDEN

Deutsch:	RUNDEN
Syntax:	**=RUNDEN(Zahl;Anzahl Stellen)**
Englisch:	ROUND
Syntax:	**=ROUND(number,digits)**

Bestimmte Anzahl von Dezimalstellen

Mit Hilfe der Tabellenfunktion RUNDEN können Sie eine Zahl auf eine bestimmte Anzahl von Dezimalstellen runden.

Argument	Inhalt
Zahl	Ist erforderlich; geben Sie hier die Zahl oder den Zellbezug ein, den Sie abrunden möchten.
Anzahl Stellen	Ist erforderlich; hier geben Sie an, auf wie viele Dezimalstellen die Zahl abgerundet werden soll.

Tabelle 7.54 Die Argumente der Funktion RUNDEN

Erweitern Sie nun das Beispiel aus Abbildung 7.29. In Abschnitt 7.1 haben wir zuerst abgerundet und anschließend in Abschnitt 7.14 aufgerundet. Jetzt fehlt noch die Funktion RUNDEN.

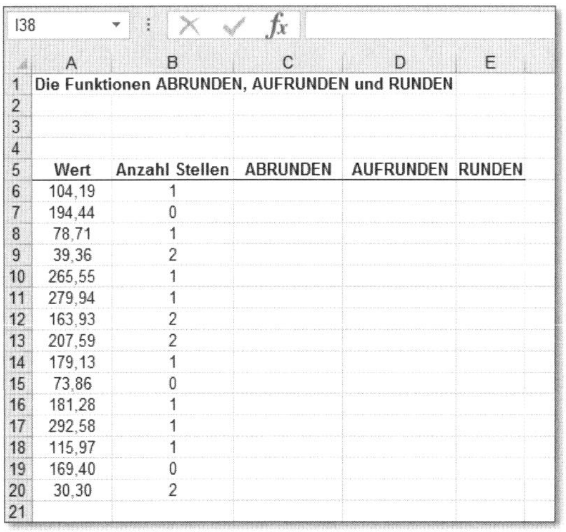

	A	B	C	D	E
1	Die Funktionen ABRUNDEN, AUFRUNDEN und RUNDEN				
2					
3					
4					
5	Wert	Anzahl Stellen	ABRUNDEN	AUFRUNDEN	RUNDEN
6	104,19	1			
7	194,44	0			
8	78,71	1			
9	39,36	2			
10	265,55	1			
11	279,94	1			
12	163,93	2			
13	207,59	2			
14	179,13	1			
15	73,86	0			
16	181,28	1			
17	292,58	1			
18	115,97	1			
19	169,40	0			
20	30,30	2			
21					

Abbildung 7.29 Die Ausgangsbasis

Um die Zahlen zu runden, gehen Sie wie folgt vor:

1. Markieren Sie den Zellenbereich E6:E20.
2. Erfassen Sie die Formel **=RUNDEN($A6;$B6)**.
3. Schließen Sie die Formel über die Tastenkombination [Strg] + [↵] ab.

Damit liegt auch das Ergebnis der Funktion RUNDEN in Abbildung 7.30 vor.

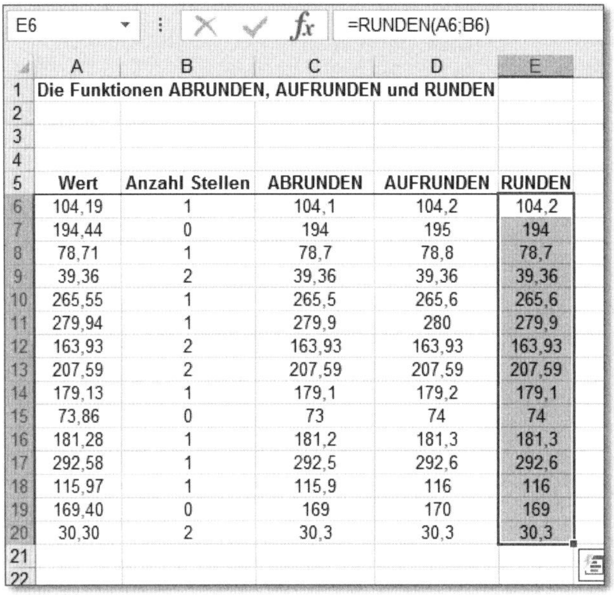
E6 =RUNDEN(A6;B6)

	A	B	C	D	E
1	Die Funktionen ABRUNDEN, AUFRUNDEN und RUNDEN				
2					
3					
4					
5	Wert	Anzahl Stellen	ABRUNDEN	AUFRUNDEN	RUNDEN
6	104,19	1	104,1	104,2	104,2
7	194,44	0	194	195	194
8	78,71	1	78,7	78,8	78,7
9	39,36	2	39,36	39,36	39,36
10	265,55	1	265,5	265,6	265,6
11	279,94	1	279,9	280	279,9
12	163,93	2	163,93	163,93	163,93
13	207,59	2	207,59	207,59	207,59
14	179,13	1	179,1	179,2	179,1
15	73,86	0	73	74	74
16	181,28	1	181,2	181,3	181,3
17	292,58	1	292,5	292,6	292,6
18	115,97	1	115,9	116	116
19	169,40	0	169	170	169
20	30,30	2	30,3	30,3	30,3
21					
22					

Abbildung 7.30 Jetzt haben Sie auch die Funktion RUNDEN abgeschlossen.

Auf- oder abgerunden

Der Unterschied zwischen den Funktionen RUNDEN, ABRUNDEN und AUFRUNDEN besteht darin, dass die beiden letzten Funktionen immer ab- bzw. aufrunden. Bei der Funktion RUNDEN wird anhand der Dezimale entschieden, ob auf- oder abgerundet werden soll (>= 0,5 führt zum Aufrunden, < 0,5 führt zum Abrunden).

Tipp

Übrigens können Sie auch vor dem Dezimalkomma runden. Über die Formel **=RUNDEN(A6;-1)** wird beispielsweise der Wert 104,19 auf den Wert 100 abgerundet. Die –1 steht dabei für 10er, –2 für 100er, 0 für Ganzzahlen usw.

7.55 Die Tabellenfunktion SEC

Deutsch:	SEC
Syntax:	**=SEC(Zahl)**
Englisch:	SEC
Syntax:	**=SEC(number)**

Die Funktion SEC gibt als Ergebnis den Sekans eines Winkels zurück.

Sekans

Argument	Inhalt
Zahl	Ist erforderlich; der im Bogenmaß angegebene Winkel, dessen Sekans Sie berechnen möchten.

Tabelle 7.55 Das Argument der Funktion SEC

7.56 Die Tabellenfunktion SECHYP

Deutsch:	SECHYP
Syntax:	**=SECHYP(Zahl)**
Englisch:	SECH
Syntax:	**=SECH(number)**

Die Funktion SECHYP gibt den hyperbolischen Sekans eines Winkels zurück.

Hyperbolischer Sekans

Argument	Inhalt
Zahl	Ist erforderlich; der im Bogenmaß angegebene Winkel, dessen hyperbolischen Sekans Sie berechnen möchten.

Tabelle 7.56 Das Argument der Funktion SECHYP

7.57 Die Tabellenfunktion SIN

Deutsch:	SIN
Syntax:	**=SIN(Zahl)**
Englisch:	SIN
Syntax:	**=SIN(number)**

Sinus Die Funktion SIN errechnet den Sinus einer Zahl.

Argument	Inhalt
Zahl	Ist erforderlich; die Größe des Winkels, für den Sie den Sinus berechnen möchten.

Tabelle 7.57 Das Argument der Funktion SIN

7.58 Die Tabellenfunktion SINHYP

Deutsch:	SINHYP
Syntax:	**=SINHYP(Zahl)**
Englisch:	SINH
Syntax:	**=SINH(number)**

Hyperbolischer Sinus Diese Funktion errechnet den hyperbolischen Sinus einer Zahl.

Argument	Inhalt
Zahl	Ist erforderlich; die Zahl, für die der hyperbolische Sinus errechnet werden soll.

Tabelle 7.58 Das Argument der Funktion SINHYP

7.59 Die Tabellenfunktion SUMME

Deutsch:	SUMME
Syntax:	**=SUMME(Zahl1;Zahl2;...)**
Englisch:	SUM
Syntax:	**=SUM(arg1,arg2,...)**

SUMME

Die wohl am häufigsten gebrauchte Funktion in Excel ist die Funktion SUMME. Aus diesem Grund ist dieser Funktion auch ein eigenes Symbol in der Menüleiste START gewidmet.

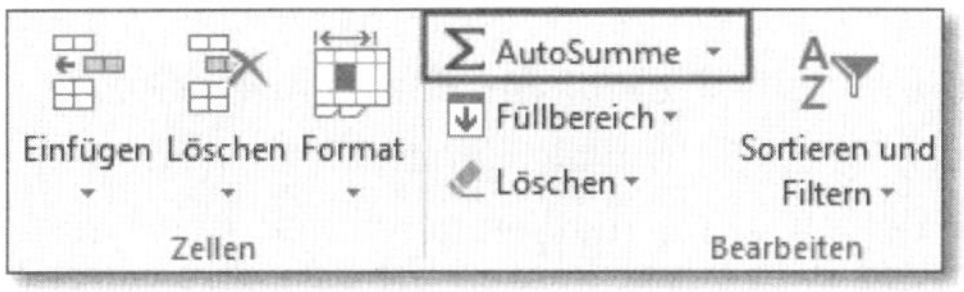

Abbildung 7.31 Die Funktion Summe in der Menüleiste

Argument	Inhalt
Zahl1	Ist erforderlich; die erste Zahl, die Sie addieren möchten. Sie können bis zu 255 Zahlen miteinander addieren.

Tabelle 7.59 Das Argument der Funktion SUMME

7.59.1 Einfache Summen bilden

Um diese Funktion zu erlernen, befolgen Sie die nächsten Arbeitsschritte:

1. Geben Sie beginnend von Zelle A1 bis zu Zelle A10 ein paar Beträge ein.
2. Setzen Sie Ihren Cursor in Zelle A11.
3. Klicken Sie auf das Symbol AUTOSUMME in der Menüleiste START.
4. Excel versucht nun automatisch den richtigen Bereich für die Summierung zu finden (siehe Abbildung 7.32).
5. Bestätigen Sie den gefundenen Summenbereich mit [↵].

Symbol »AutoSumme«

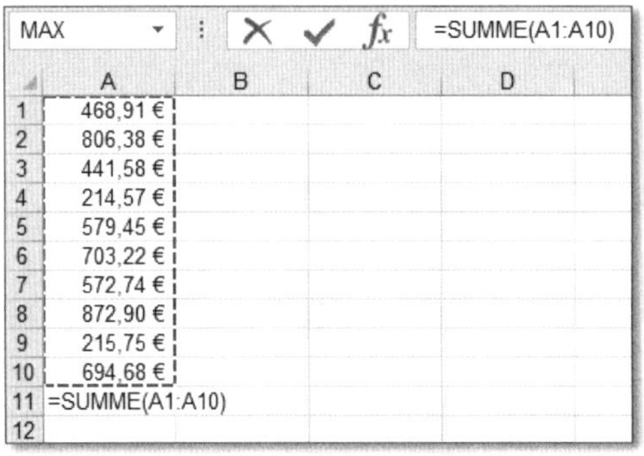

Abbildung 7.32 Eine Summe bilden

> **Hinweis**
>
> Wenn sich Excel einmal irrt und Ihnen einen falschen Bereich vorschlägt, können Sie Excel eines Besseren belehren. Um die vorgeschlagene Formel zu ändern, markieren Sie mit der Maus stattdessen den Bereich, den Sie addieren möchten, und drücken dann [↵].

7.59.2 Mehrere Bereiche summieren

Bereiche summieren

Wenn Sie möchten, können Sie mit der Funktion SUMME auch mehrere Bereiche summieren. Sehen Sie sich dazu Abbildung 7.33 an.

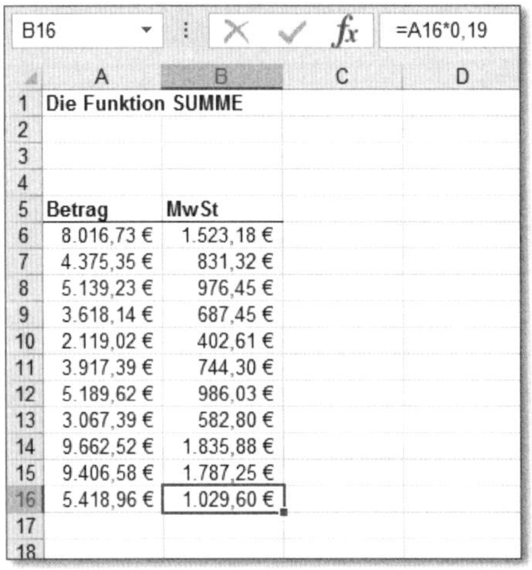

Abbildung 7.33 Summenbildung über mehrere Spalten

Es soll jetzt eine Gesamtsumme aller Netto- und Mehrwertsteuerbeträge gebildet werden. Dazu gehen Sie wie folgt vor:

1. Setzen Sie den Mauszeiger auf Zelle A18.
2. Klicken Sie auf das Symbol AutoSumme in der Menüleiste START. Der Bereich A6:A16 wird automatisch markiert.
3. Drücken Sie jetzt die Taste [Strg], und halten Sie diese gedrückt.
4. Markieren Sie zusätzlich Ihre neuen Werte in Spalte B, und lassen Sie die [Strg]-Taste wieder los (siehe Abbildung 7.34).

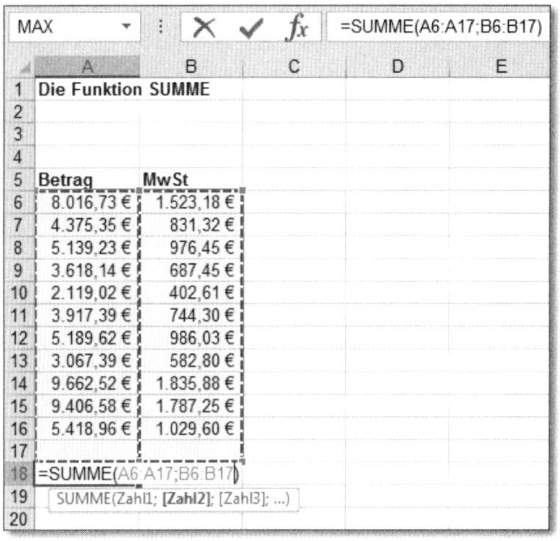

Abbildung 7.34 Mehrere Spalten sollen summiert werden.

5. Drücken Sie [↵], um die Aktion abzuschließen.

Abbildung 7.35 zeigt nun die Gesamtsumme aus Netto- und MwSt.-Beträgen an.

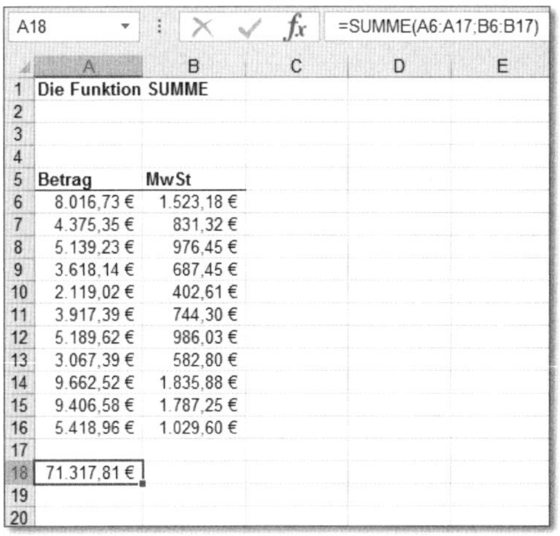

Abbildung 7.35 Die einzelnen Daten wurden summiert.

7.60 Die Tabellenfunktion SUMMENPRODUKT

Deutsch:	SUMMENPRODUKT
Syntax:	**=SUMMENPRODUKT(Array1;Array2;Array3;...)**
Englisch:	SUMPRODUCT
Syntax:	**=SUMPORODUCT(arg1,arg2,...)**

Elemente eines Arrays multiplizieren

Die Funktion SUMMENPRODUKT multipliziert die Elemente eines Arrays. Das Ergebnis dieser Multiplikation ist das Summenprodukt.

Argument	Inhalt
Array1	Ist erforderlich; das Array, für das Sie das Summenprodukt über die Elemente bilden möchten.
Array2	Ist optional; bis zu 255 Array-Argumente sind möglich.

Tabelle 7.60 Die Argumente der Funktion SUMMENPRODUKT

7.61 Die Tabellenfunktion SUMMEWENN

Deutsch:	SUMMEWENN
Syntax:	**=SUMMEWENN(Bereich;Suchkriterien;Summe Bereich)**
Englisch:	SUMIF
Syntax:	**=SUMIF(arg1asRange,arg2,arg3)**

Bestimmte Zahlen addieren

Mit der Tabellenfunktion SUMMEWENN können Sie Zahlen addieren, die mit bestimmten Suchkriterien übereinstimmen.

Argument	Inhalt
Bereich	Ist erforderlich; hiermit ist der Bereich gemeint, den Sie berechnen wollen.
Kriterien	Ist erforderlich; hier geben Sie die Bedingung ein, unter der addiert werden soll.
Summe Bereich	Ist optional; das letzte Argument gibt den Bereich an, in dem sich die tatsächlich zu addierenden Zellen befinden, falls dieser vom Argument Bereich abweicht.

Tabelle 7.61 Die Argumente der Funktion SUMMEWENN

7.61.1 Umsatz pro Arbeitsgruppe ermitteln

Produktivität ermitteln

In der folgenden Aufgabe soll die Produktivität von Arbeitsgruppen gemessen werden. Dazu liegt Ihnen folgende Tabelle aus Abbildung 7.36 vor.

	A	B	C	D	E	F
1	**Die Funktion SUMMEWENN**					
2						
3						
4						
5	**Gruppe**	**Name**	**Umsatz/Woche**		**Gruppe**	**Summe Gesamtumsatz**
6	A	Gabi Lammert	7.666,86 €		A	
7	B	Uwe Grobe	5.915,00 €		B	
8	C	Peter Kuschke	4.088,65 €		C	
9	A	Thomas Scott	1.929,87 €		D	
10	D	David Albert	8.645,09 €			
11	B	Martin Scott	6.086,88 €			
12	B	Detlef Pahl	8.232,94 €			
13	D	Detlef Ahrens	3.531,58 €			
14	E	Peter Ahrens	3.141,29 €			
15	E	Charles Voigt	7.986,32 €			
16	D	Marek Runge	7.001,18 €			
17	B	Astrid Ahrens	5.442,37 €			
18	A	Kai Nieder	5.108,15 €			
19	D	Christian Meier	5.164,32 €			
20	C	Stefan Scott	2.007,40 €			
21						

Abbildung 7.36 Die einzelnen Gruppen sollen ausgewertet werden.

Um diese Aufgabe zu lösen, verfahren Sie wie folgt:

1. Markieren Sie den Zellenbereich F6:F9.
2. Erfassen Sie die Formel **=SUMMEWENN($A$6:$A$20;E6;$C$6:$C$20)**.
3. Schließen Sie die Formel über die Tastenkombination [Strg] + [↵] ab.

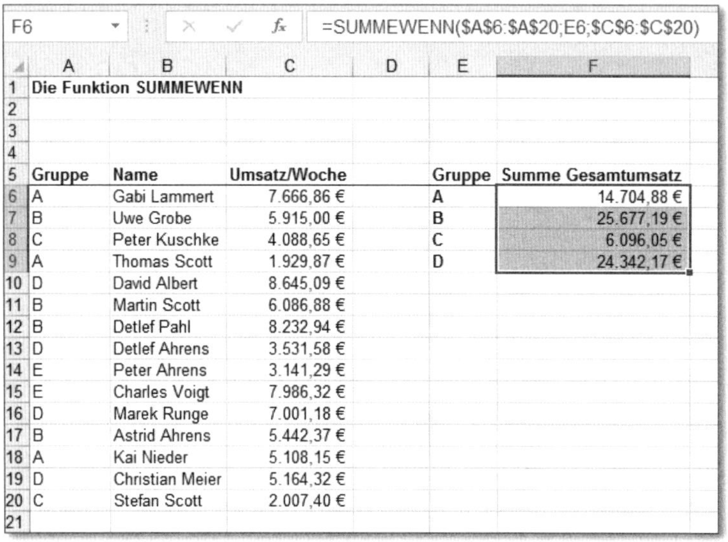

F6 | =SUMMEWENN($A$6:$A$20;E6;$C$6:$C$20)

	A	B	C	D	E	F
1	Die Funktion SUMMEWENN					
2						
3						
4						
5	Gruppe	Name	Umsatz/Woche		Gruppe	Summe Gesamtumsatz
6	A	Gabi Lammert	7.666,86 €		A	14.704,88 €
7	B	Uwe Grobe	5.915,00 €		B	25.677,19 €
8	C	Peter Kuschke	4.088,65 €		C	6.096,05 €
9	A	Thomas Scott	1.929,87 €		D	24.342,17 €
10	D	David Albert	8.645,09 €			
11	B	Martin Scott	6.086,88 €			
12	B	Detlef Pahl	8.232,94 €			
13	D	Detlef Ahrens	3.531,58 €			
14	E	Peter Ahrens	3.141,29 €			
15	E	Charles Voigt	7.986,32 €			
16	D	Marek Runge	7.001,18 €			
17	B	Astrid Ahrens	5.442,37 €			
18	A	Kai Nieder	5.108,15 €			
19	D	Christian Meier	5.164,32 €			
20	C	Stefan Scott	2.007,40 €			
21						

Abbildung 7.37 Gruppenbezogene Ergebnisse mit nur einer Formel

Mit nur einer Formel haben Sie den Umsatz je Gruppe errechnet (siehe Abbildung 7.37). Schneller geht es nicht.

7.62 Die Tabellenfunktion SUMMEWENNS

Deutsch:	SUMMEWENNS
Syntax:	**=SUMMEWENNS(Summe Bereich;Kriterien Bereich1; Kriterien1;...)**
Englisch:	SUMIFS
Syntax:	**=SUMIFS(arg1asRange,arg2asRange,arg,...)**

Summierung nach bestimmten Kriterien

Mit der Funktion SUMMEWENNS können Sie Summen über Daten bilden, die bestimmten Kriterien entsprechen. Das heißt, Sie können variable Summen bilden.

Argument	Inhalt
Summe Bereich	Ist erforderlich; der Bereich, der summiert werden soll.

Tabelle 7.62 Die Argumente der Funktion SUMMEWENNS

Argument	Inhalt
Kriterien Bereich1	Ist erforderlich; der Zellenbereich, in dem die Kriterien bzw. das Kriterium vorhanden sind.
Kriterien1	Ist erforderlich; das Kriterium, nach dem summiert werden soll.

Tabelle 7.62 Die Argumente der Funktion SUMMEWENNS (Forts.)

7.63 Die Tabellenfunktion SUMMEX2MY2

Deutsch:	SUMMEX2MY2
Syntax:	**=SUMMEX2MY2(Matrix x;Matrix y)**
Englisch:	SUMX2MY2
Syntax:	**=SUMX2MY2(array1,array2)**

Die Funktion SUMMEX2MY2 summiert für zusammengehörige Komponenten zweier Matrizen die Differenzen der Quadrate.

Argument	Inhalt
Matrix x	Ist erforderlich; die erste Matrix oder der erste Wertebereich.
Matrix y	Ist erforderlich; die zweite Matrix oder der zweite Wertebereich.

Tabelle 7.63 Die Argumente der Funktion SUMMEX2MY2

7.64 Die Tabellenfunktion SUMMEX2PY2

Deutsch:	SUMMEX2PY2
Syntax:	**=SUMMEX2PY2(Matrix x;Matrix y)**
Englisch:	SUMX2PY2
Syntax:	**=SUMX2PY2(array1,array2)**

Diese Funktion summiert die Summen der Quadrate für zusammengehörige Elemente zweier Matrizen.

Argument	Inhalt
Matrix x	Ist erforderlich; die erste Matrix oder der erste Wertebereich.
Matrix y	Ist erforderlich; die zweite Matrix oder der zweite Wertebereich.

Tabelle 7.64 Die Argumente der Funktion SUMMEX2PY2

7.65 Die Tabellenfunktion SUMMEXMY2

Deutsch:	SUMMEXMY2
Syntax:	**=SUMMEXMY2(Matrix x;Matrix y)**
Englisch:	SUMXMY2
Syntax:	**=SUMXMY2(array1,array2)**

Mit dieser Funktion können Sie eine Summe über die quadrierten Differenzen zweier Matrizen bilden.

Argument	Inhalt
Matrix x	Ist erforderlich; Wertebereich 1
Matrix y	Ist erforderlich; Wertebereich 2

Tabelle 7.65 Die Argumente der Funktion SUMMEXMY2

7.66 Die Tabellenfunktion TAN

Deutsch:	TAN
Syntax:	**=TAN(Zahl)**

Englisch:	TAN
Syntax:	**=TAN(number)**

Mit dieser Funktion errechnen Sie den Tangens keiner Zahl.

Tangens

Argument	Inhalt
Zahl	Ist erforderlich; die Zahl, für die Sie den Tangens berechnen möchten.

Tabelle 7.66 Das Argument der Funktion TAN

7.67 Die Tabellenfunktion TANHYP

Deutsch:	TANHYP
Syntax:	**=TANHYP(Zahl)**
Englisch:	TANH
Syntax:	**=TANH(number)**

Mit dieser Funktion können Sie den hyperbolischen Tangens einer Zahl bestimmen.

Hyperbolischer Tangens

Argument	Inhalt
Zahl	Ist erforderlich; die Zahl, für die Sie den hyperbolischen Tangens bestimmen möchten.

Tabelle 7.67 Das Argument der Funktion TANHYP

7.68 Die Tabellenfunktion TEILERGEBNIS

Deutsch:	TEILERGEBNIS
Syntax:	**=TEILERGEBNIS(Funktion;Bezug1;Bezug2,...)**

Englisch:	SUBTOTAL
Syntax:	**=SUBTOTAL(method,range1,range2,...)**

Variables Teilergebnis

Die Funktion TEILERGEBNIS filtert in einer Liste oder Datenbank und gibt ein Ergebnis zurück.

Argument	Inhalt
Funktion	Ist erforderlich; Zahlenwert entweder zwischen 1 und 11 oder zwischen 101 und 111. Je nach Nummer wird die Teilergebnisfunktion angewandt: ▶ 1 / 101 Mittelwert ▶ 2 / 102 Anzahl ▶ 3 / 103 Anzahl2 ▶ 4 / 104 Max ▶ 5 / 105 Min ▶ 6 / 106 Produkt ▶ 7 / 107 Stabw ▶ 8 / 108 Stabwn ▶ 9 / 109 Summe ▶ 10 / 110 Varianz ▶ 11 / 111 Varianzen Der Unterschied zwischen den beiden Nummerierungen liegt darin, dass die Zahlen zwischen 1 und 11 manuell ausgeblendete Zeilen einschließen und der Bereich 101 bis 111 diese Bereiche nicht beachtet.
Bezug1	Ist erforderlich; der erste Bereich, für den das gewählte Teilergebnis berechnet werden soll. Bezug1 kann auch ein Zellenbereich sein.
Bezug2	Ist optional; zwischen 1 und 254 Bereiche können hier aufgeführt werden.

Tabelle 7.68 Die Argumente der Funktion TEILERGEBNIS

7.69 Die Tabellenfunktion UNGERADE

Deutsch:	UNGERADE
Syntax:	**=UNGERADE(Zahl)**
Englisch:	ODD
Syntax:	**=ODD(number)**

Argument	Inhalt
Zahl	Ist erforderlich;
	der Wert, der auf die nächsthöhere ungerade Zahl gebracht werden soll.

Tabelle 7.69 Das Argument der Funktion UNGERADE

Unterschied von GERADE und UNGERADE

Sehen Sie sich dazu das Beispiel aus Abschnitt 7.27, »Die Tabellenfunktion GERADE«, an. Zum einfacheren Erkennen des Unterschieds stellen wir die beiden Funktionen GERADE und UNGERADE zusammen dar (siehe Abbildung 7.38).

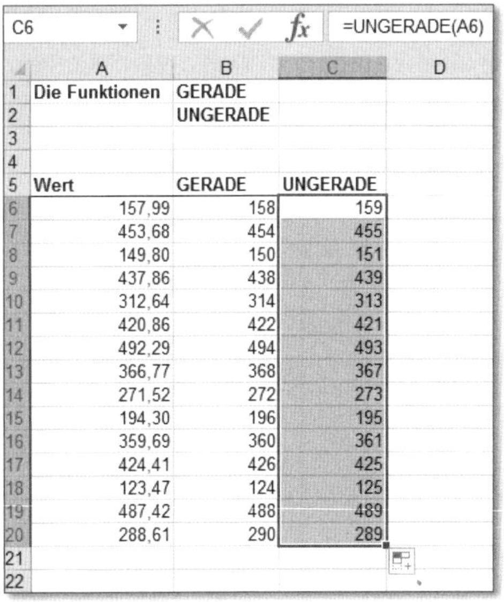
C6 =UNGERADE(A6)

	A	B	C	D
1	Die Funktionen	GERADE		
2		UNGERADE		
3				
4				
5	Wert	GERADE	UNGERADE	
6	157,99	158	159	
7	453,68	454	455	
8	149,80	150	151	
9	437,86	438	439	
10	312,64	314	313	
11	420,86	422	421	
12	492,29	494	493	
13	366,77	368	367	
14	271,52	272	273	
15	194,30	196	195	
16	359,69	360	361	
17	424,41	426	425	
18	123,47	124	125	
19	487,42	488	489	
20	288,61	290	289	
21				
22				

Abbildung 7.38 Beide Funktionen GERADE und UNGERADE im direkten Vergleich

7.70 Die Tabellenfunktion UNTERGRENZE

Deutsch:	UNTERGRENZE
Syntax:	**=UNTERGRENZE(Zahl;Schritt)**
Englisch:	FLOOR
Syntax:	**=FLOOR(number,significance)**

Auf das kleinste Vielfache abrunden

Mit Hilfe der Tabellenfunktion UNTERGRENZE können Sie eine Zahl betragsmäßig auf das kleinste Vielfache abrunden.

Argument	Inhalt
Zahl	Ist erforderlich; im Argument Zahl geben Sie den Wert an, den Sie runden möchten.
Schritt	Ist erforderlich; im Argument Schritt wird das Vielfache, auf das Sie runden möchten, bestimmt.

Tabelle 7.70 Die Argumente der Funktion UNTERGRENZE

Hier ein einfaches Beispiel, wie Sie die Funktion UNTERGRENZE anwenden können. Sehen Sie sich Abbildung 7.39 an.

	A	B	C
1	Die Funktion UNTERGRENZE		
2			
3			
4			
5	Zahl	Ergebnis	
6	1.017,62 €		
7	445,16 €		
8	596,37 €		
9	1.217,80 €		
10	164,97 €		
11	1.499,89 €		
12	1.278,07 €		
13	1.206,36 €		
14	438,31 €		
15	795,00 €		
16	967,49 €		
17	1.054,36 €		
18	696,97 €		
19	191,51 €		

Abbildung 7.39 Bei diesen Zahlen soll die Funktion UNTERGRENZE angewendet werden.

Sie können die Aufgabe lösen, indem Sie die folgenden Arbeitsschritte befolgen:

1. Markieren Sie den Ergebnisbereich B6:B19.
2. Erfassen Sie die Formel **=UNTERGRENZE(A6;100)**.
3. Beenden Sie die Formelerfassung mit der Tastenkombination [Strg] + [↵].

Das Ergebnis sehen Sie in Abbildung 7.40.

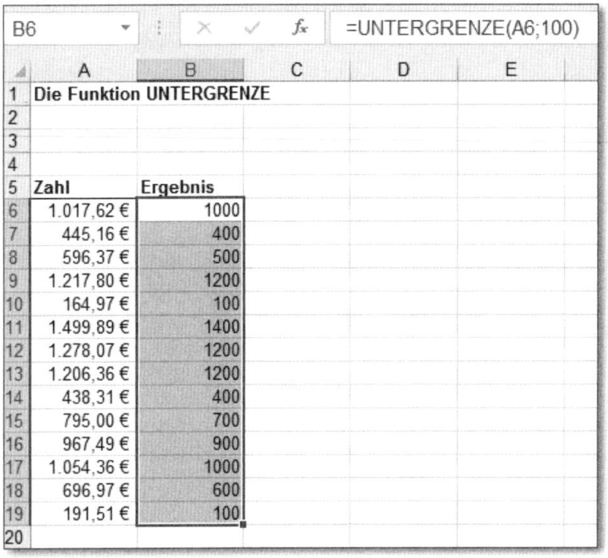
B6 =UNTERGRENZE(A6;100)

	A	B	C	D	E
1	Die Funktion UNTERGRENZE				
2					
3					
4					
5	Zahl	Ergebnis			
6	1.017,62 €	1000			
7	445,16 €	400			
8	596,37 €	500			
9	1.217,80 €	1200			
10	164,97 €	100			
11	1.499,89 €	1400			
12	1.278,07 €	1200			
13	1.206,36 €	1200			
14	438,31 €	400			
15	795,00 €	700			
16	967,49 €	900			
17	1.054,36 €	1000			
18	696,97 €	600			
19	191,51 €	100			
20					

Abbildung 7.40 Das Ergebnis der Funktion UNTERGRENZE

7.71 Die Tabellenfunktion UNTERGRENZE.GENAU

Deutsch:	UNTERGRENZE.GENAU
Syntax:	**=UNTERGRENZE.GENAU(Zahl;Schritt)**
Englisch:	FLOOR.PRECISE
Syntax:	**=FLOOR.PRECISE(number,significance)**

Runden

Die Funktion UNTERGRENZE.GENAU rundet eine Zahl auf die nächste ganze Zahl ab. Wenn das Argument Schritt gefüllt ist, wird auf das nächste Vielfache von Schritt abgerundet.

Argument	Inhalt
Zahl	Ist erforderlich; die Zahl, die abgerundet werden soll.
Schritt	Ist optional; wenn Sie hier das Argument eingeben, wird statt auf die nächstniedrigere Zahl auf das Vielfache von Schritt gerundet, das der Zahl am nächsten kommt.

Tabelle 7.71 Die Argumente der Funktion UNTERGRENZE.GENAU

7.72 Die Tabellenfunktion UNTERGRENZE.MATHEMATIK

Deutsch:	UNTERGRENZE.MATHEMATIK
Syntax:	**=UNTERGRENZE.MATHEMATIK(Zahl;Schritt;Modus)**
Englisch:	FLOOR.MATH
Syntax:	**=FLOOR.MATH(number,significance,mode)**

Eine Zahl runden

Die Funktion UNTERGRENZE.MATHEMATIK rundet eine Zahl auf die nächste ganze Zahl ab oder – wenn Schritt gefüllt ist – auf ein Vielfaches von Schritt.

Argument	Inhalt
Zahl	Ist erforderlich; die Zahl oder der Zellbezug, den Sie runden möchten.
Schritt	Ist optional; das Vielfache, auf das Sie runden möchten.
Modus	Ist optional; der Modus bestimmt die Richtung, in der die negativen Zahlen gerundet werden sollen, entweder hin zur 0 oder von ihr weg.

Tabelle 7.72 Die Argumente der Funktion UNTERGRENZE.MATHEMATIK

7.73 Die Tabellenfunktion VORZEICHEN

Deutsch:	VORZEICHEN
Syntax:	**=VORZEICHEN(Zahl)**
Englisch:	SIGN
Syntax:	**=SIGN(number)**

Vorzeichen einer Zahl

Die Funktion ermittelt das Vorzeichen einer Zahl. Folgende Ergebnisse liefert die Funktion:

1 = Die Zahl ist positiv.

0 = Die Zahl ist eine Null.

–1 = Die Zahl ist negativ.

Argument	Inhalt
Zahl	Ist erforderlich; die Zahl, die Sie durch die Funktion VORZEICHEN bearbeiten lassen wollen.

Tabelle 7.73 Das Argument der Funktion VORZEICHEN

7.74 Die Tabellenfunktion VRUNDEN

Deutsch:	VRUNDEN
Syntax:	**=VRUNDEN(Zahl;Vielfaches)**
Englisch:	MROUND
Syntax:	**=MROUND(number,multiple)**

Mit Hilfe der Tabellenfunktion VRUNDEN aus dem Add-in Analyse-Funktionen können Sie eine auf das gewünschte Vielfache gerundete Zahl ermitteln.

Argument	Inhalt
Zahl	Ist erforderlich; hier wird der Wert angegeben, der aufgerundet werden soll.
Vielfaches	Ist erforderlich; ist das Vielfache, auf das Sie die Zahl runden möchten.

Tabelle 7.74 Die Argumente der Funktion VRUNDEN

7.74.1 Runden auf 5 Cents

Bei der folgenden Aufgabe sollen Beträge auf 5-Cent-Basis gerundet werden. Sehen Sie sich dazu einmal Abbildung 7.41 an.

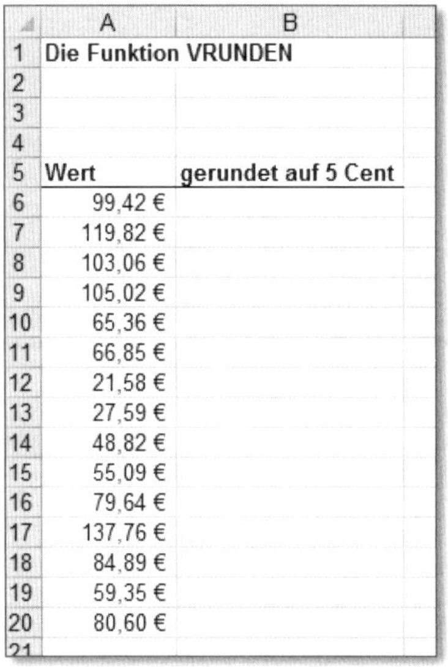

	A	B
1	Die Funktion VRUNDEN	
2		
3		
4		
5	Wert	gerundet auf 5 Cent
6	99,42 €	
7	119,82 €	
8	103,06 €	
9	105,02 €	
10	65,36 €	
11	66,85 €	
12	21,58 €	
13	27,59 €	
14	48,82 €	
15	55,09 €	
16	79,64 €	
17	137,76 €	
18	84,89 €	
19	59,35 €	
20	80,60 €	
21		

Abbildung 7.41 Diese Beträge sollen auf 5-Cent-Basis gerundet werden.

Um diese Aufgabe durchzuführen, verfahren Sie wie folgt:

1. Markieren Sie den Zellenbereich B6:B20.
2. Erfassen Sie die Formel **=VRUNDEN(A6;0,05)**.
3. Schließen Sie die Formel über die Tastenkombination [Strg] + [↵] ab.

Das Ergebnis sehen Sie in Abbildung 7.42.

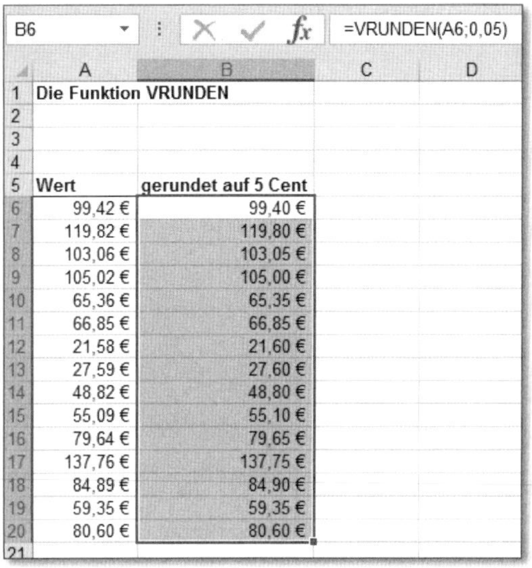

Abbildung 7.42 Die Beträge wurden exakt gerundet.

Möchten Sie die Beträge auf 25-Cent-Basis runden, dann verwenden Sie dazu die Formel **=VRUNDEN(A5;0,25)**.

7.75 Die Tabellenfunktion WURZEL

Deutsch:	WURZEL
Syntax:	**=WURZEL(Zahl)**
Englisch:	SQRT
Syntax:	**=SQRT(number)**

Mit dieser Funktion errechnen Sie die Quadratwurzel aus einer Zahl, die Sie angeben. **Quadratwurzel**

Argument	Inhalt
Zahl	Ist erforderlich; die Zahl, deren Quadratwurzel Sie berechnen möchten.

Tabelle 7.75 Das Argument der Funktion WURZEL

7.76 Die Tabellenfunktion WURZELPI

Deutsch:	WURZELPI
Syntax:	**=WURZELPI(Zahl)**
Englisch:	SQRTPI
Syntax:	**=SQRTPI(number)**

Gibt die Wurzel aus der mit Pi multiplizierten Zahl zurück.

Argument	Inhalt
Zahl	Ist erforderlich; die Zahl oder der Bezug auf die Zelle, in der die Zahl steht, die mit Pi multipliziert wird.

Tabelle 7.76 Das Argument der Funktion WURZELPI

7.77 Die Tabellenfunktion ZUFALLSBEREICH

Deutsch:	ZUFALLSBEREICH
Syntax:	**=ZUFALLSBEREICH(Untere Zahl;Obere Zahl)**
Englisch:	RANDBETWEEN
Syntax:	**=RANDBETWEEN(bottom,top)**

Zufallszahlen in einem Wertebereich

Mit der Tabellenfunktion ZUFALLSBEREICH haben Sie die Möglichkeit, ganz gezielt Zufallszahlen in einem vorgegebenen Wertebereich zu bilden (siehe Tabelle 7.77). Wichtig ist dabei, dass Sie diese Funktion über das Add-in Analyse-Funktionen verfügbar machen.

Argument	Inhalt
Untere Zahl	Ist erforderlich; hier geben Sie die kleinste ganze Zahl an, die als Zufallszahl gebildet werden soll.

Tabelle 7.77 Die Argumente der Funktion ZUFALLSBEREICH

Argument	Inhalt
Obere Zahl	Ist erforderlich; in diesem Argument geben Sie die größte ganze Zahl an, die als Zufallszahl gebildet werden soll.

Tabelle 7.77 Die Argumente der Funktion ZUFALLSBEREICH (Forts.)

Abbildung 7.43 Zufällige Zahlen erzeugen

Sehen Sie sich Abbildung 7.44 an. In dem markierten Bereich A6:A15 werden jetzt völlig zufällig Zahlen zwischen 100 und 500 erzeugt.

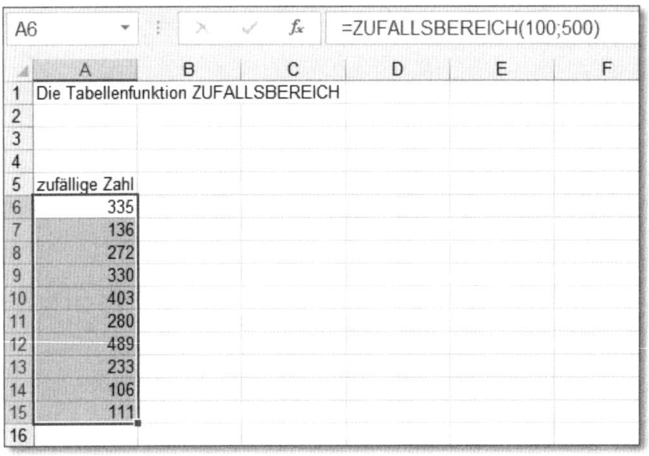

Abbildung 7.44 So einfach können Sie mit einer Funktion zufällige Zahlen erzeugen

Hinweis

Diese Funktion bietet sich geradezu an, um Testdaten zu generieren. Das heißt, wenn Sie eine Formel oder vielleicht einen Report testen wollen, dann können Sie mit der Funktion ZUFALLSBEREICH sehr einfach Testdaten erzeugen.

7.78 Die Tabellenfunktion ZUFALLSZAHL

Deutsch:	ZUFALLSZAHL
Syntax:	**=ZUFALLSZAHL()**
Englisch:	RAND
Syntax:	**=RAND()**

Wert zwischen 0 und 1

Mit Hilfe der Tabellenfunktion ZUFALLSZAHL können Sie sich einen Wert zwischen 0 und 1 erzeugen. Bei jeder Neuberechnung in der jeweiligen Tabelle wird eine neue Zufallszahl gezogen. Diese Funktion hat keine weiteren Argumente.

7.79 Die Tabellenfunktion ZWEIFAKULTÄT

Deutsch:	ZWEIFAKULTÄT
Syntax:	**=ZWEIFAKULTÄT(Zahl)**
Englisch:	FACTDOUBLE
Syntax:	**=FACTDOUBLE(number)**

Mit der Funktion ZWEIFAKULTÄT errechnen Sie die Fakultät zu Zahl mit einer Schrittlänge von 2.

Argument	Inhalt
Zahl	Ist erforderlich; die Zahl, für die die Fakultät errechnet werden soll.

Tabelle 7.78 Das Argument der Funktion ZWEIFAKULTÄT

Kapitel 8

Statistische Funktionen

In diesem Kapitel werden die statistischen Funktionen behandelt. Aktuell sind das 106 Funktionen. Diese Funktionen werden selten gebraucht, so dass wir uns dazu entschlossen haben, hier nur die wesentlichen zu beschreiben.

Deutsch	Englisch	ab Version	Grundwissen
ANZAHL	COUNT	2003	X
ANZAHL2	COUNTA	2003	X
ANZAHLLEERE-ZELLEN	COUNTBLANK	2003	X
HÄUFIGKEIT	FREQUENCY	2003	X
KGRÖSSTE	LARGE	2003	X
KKLEINSTE	SMALL	2003	X
MAX	MAX	2003	X
MAXA	MAXA	2003	X
MEDIAN	MEDIAN	2003	X
MIN	MIN	2003	X
MINA	MINA	2003	X
MITTELABW	AVEDEV	2003	X
MITTELWERT	AVERAGE	2003	X
MITTELWERTA	AVERAGEA	2003	X
MITTELWERTWENN	AVERAGEIF	2007	X

Tabelle 8.1 Übersicht der statistischen Funktionen von Excel

Deutsch	Englisch	ab Version	Grundwissen
MITTELWERT-WENNS	AVERAGEIFS	2007	X
RANG.GLEICH	RANK.EQ	2010	X
RANG.MITTELW	RANK.VG	2010	X
ZÄHLENWENN	COUNTIF	2003	X
ZÄHLENWENNS	COUNTIFS	2007	X

Tabelle 8.1 Übersicht der statistischen Funktionen von Excel (Forts.)

8.1 Die Tabellenfunktion ANZAHL

Deutsch:	ANZAHL
Syntax:	**=ANZAHL(Wert1;Wert2;...)**
Englisch:	COUNT
Syntax:	**=COUNT(argument1,argument2,...)**

Wie viele Zahlen enthält eine Liste von Argumenten?

Mit Hilfe der Tabellenfunktion ANZAHL können Sie ermitteln, wie viele Zahlen eine Liste von Argumenten enthält.

Argument	Inhalt
Wert1	Ist erforderlich; das erste Element, der Zellbezug oder der Bereich, in dem Zahlen ermittelt werden sollen.
Wert2;...	Ist optional; bis zu 255 zusätzliche Elemente, Zellbezüge oder Bereiche, in denen Zahlen ermittelt werden sollen.

Tabelle 8.2 Die Argumente der Funktion ANZAHL

Um die Tabellenfunktion einzusetzen, verfahren Sie wie folgt:

1. Markieren Sie in einer neuen Tabelle den Bereich A6:A20.
2. Erfassen Sie zufällige Zahlen im Bereich zwischen 1 und 100, indem Sie die Formel =**GANZZAHL(ZUFALLSZAHL()*100)** eingeben.

3. Schließen Sie die Formel über die Tastenkombination [Strg] + [↵] ab.
4. Schreiben Sie in Zelle B4 die Formel **=ANZAHL(A6:A20)**.

Das Ergebnis sehen Sie in Abbildung 8.1.

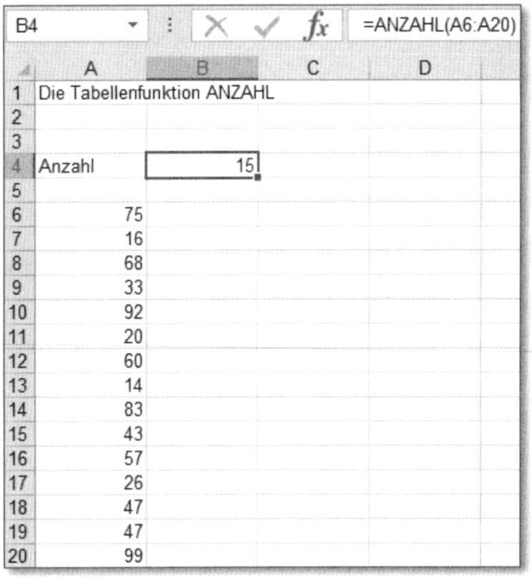

Abbildung 8.1 Das Ergebnis der Funktion ANZAHL beträgt in diesem Beispiel 15.

8.2 Die Tabellenfunktion ANZAHL2

Deutsch:	ANZAHL2
Syntax:	**=ANZAHL2(Wert1;Wert2;...)**
Englisch:	COUNTA
Syntax:	**=COUNTA(argument1,argument2,...)**

Anzahl der Werte einer Liste von Argumenten bestimmen

Mit Hilfe der Tabellenfunktion ANZAHL2 können Sie ermitteln, wie viele Werte eine Liste von Argumenten enthält. Dabei werden allerlei Eingaben gezählt.

Argument	Inhalt
Wert1	Ist erforderlich; das erste Argument, das die Werte angibt, die Sie in die Zählung einbeziehen möchten.

Tabelle 8.3 Die Argumente der Funktion ANZAHL2

Argument	Inhalt
Wert2;...	Ist optional; bis zu 255 zusätzliche Elemente, Zellbezüge oder Bereiche, in denen Zahlen ermittelt werden sollen.

Tabelle 8.3 Die Argumente der Funktion ANZAHL2 (Forts.)

Schauen Sie sich das folgende Beispiel in Abbildung 8.2 an:

1. Markieren Sie in einer neuen Tabelle den Bereich A6:A20.
2. Erfassen Sie zufällige Zahlen im Bereich zwischen 1 und 100, indem Sie die Formel **=GANZZAHL(ZUFALLSZAHL()*100)** eingeben.
3. Schließen Sie die Formel über die Tastenkombination [Strg] + [↵] ab.
4. Schreiben Sie in Zelle B4 die folgende Formel **=ANZAHL2(A6:A20)**.

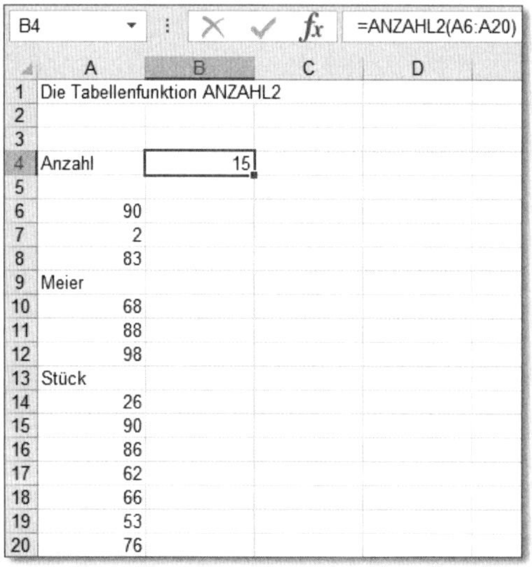

Abbildung 8.2 Die Tabellenfunktion ANZAHL2 zählt alle Werte bis auf leere Felder.

8.2.1 Anzahl der Textzellen zählen

ANZAHL und ANZAHL2

Um in einem Zellenbereich die Anzahl der Textzellen zu zählen, können Sie die beiden Tabellenfunktionen ANZAHL und ANZAHL2 gemeinsam einsetzen.

Erstellen Sie sich dazu das folgende Beispiel (siehe Abbildung 8.3):

1. Markieren Sie in einer neuen Tabelle den Bereich A6:A20.

2. Erfassen Sie zufällige Zahlen im Bereich zwischen 1 und 100, indem Sie die Formel **=GANZZAHL(ZUFALLSZAHL()*100)** eingeben.
3. Schließen Sie die Formel über die Tastenkombination [Strg] + [↵] ab.
4. Verändern Sie jetzt die so erstellten Zahlen, dass Sie neben den Zahlen auch Wörter und leere Zellen haben.
5. Um die Textzellen im Zellenbereich A6:A20 zu zählen, erfassen Sie in Zelle D5 die Formel: **=ANZAHL2(A6:A20)-ANZAHL(A6:A20)**.
6. Um alle Zellen, außer die Leerzellen, im Bereich A6:A20 zu zählen, erfassen Sie in Zelle D6 die folgende Formel: **=ANZAHL2(A6:A20)**.
7. Um die Zellen im Bereich A6:A20 zu zählen, schreiben Sie in Zelle D7 die Formel **=ANZAHL(A6:A20)**.

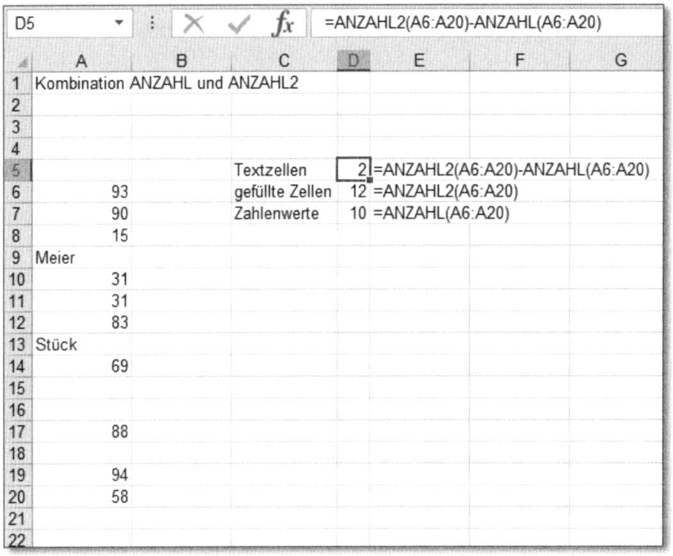

D5 =ANZAHL2(A6:A20)-ANZAHL(A6:A20)

	A	B	C	D	E	F	G
1	Kombination ANZAHL und ANZAHL2						
2							
3							
4							
5			Textzellen	2	=ANZAHL2(A6:A20)-ANZAHL(A6:A20)		
6	93		gefüllte Zellen	12	=ANZAHL2(A6:A20)		
7	90		Zahlenwerte	10	=ANZAHL(A6:A20)		
8	15						
9	Meier						
10	31						
11	31						
12	83						
13	Stück						
14	69						
15							
16							
17	88						
18							
19	94						
20	58						
21							
22							

Abbildung 8.3 Im Zellenbereich E5:E7 sind die Formeln aufgeführt, die im Zellenbereich D5:D7 verwendet werden.

8.3 Die Tabellenfunktion ANZAHLLEEREZELLEN

Deutsch:	ANZAHLLEEREZELLEN
Syntax:	**=ANZAHLLEEREZELLEN(Bereich)**
Englisch:	COUNTBLANK
Syntax:	**=COUNTBLANK(range)**

Leere Zellen zählen

Mit Hilfe der Tabellenfunktion ANZAHLLEEREZELLEN können Sie die Anzahl der leeren Zellen innerhalb einer Liste zählen.

Argument	Inhalt
Bereich	Ist erforderlich; hier definieren Sie den Bereich, den Sie untersucht haben möchten.

Tabelle 8.4 Das Argument der Funktion ANZAHLLEEREZELLEN

In Abschnitt 8.2.1, »Anzahl der Textzellen zählen«, haben wir die Anzahl der leeren Zellen in einem Bereich ermittelt, indem wir die beiden Tabellenfunktionen ANZAHL und ANZAHL2 kombiniert haben, das ist eine Möglichkeit. Eine andere Möglichkeit ist die Tabellenfunktion ANZAHL-LEEREZELLEN.

Nehmen Sie sich noch einmal die Tabelle aus Abschnitt 8.2.1 vor:

1. Löschen Sie die Formeln aus dem Bereich D5:D7.
2. Erfassen Sie in Zelle D5 die Formel **=ANZAHLLEEREZELLEN(A6:A20)**.

Das Ergebnis sehen Sie in Abbildung 8.4.

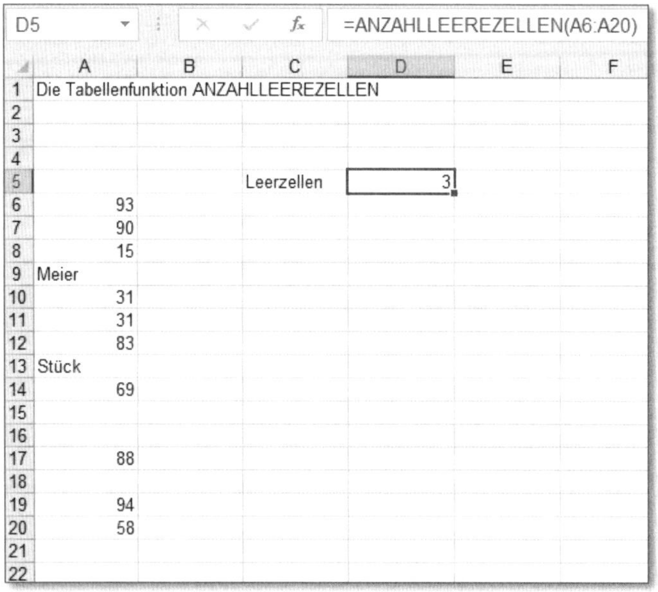

Abbildung 8.4 Die Tabellenfunktion ANZAHLLEEREZELLEN wurde genau dafür entwickelt, leere Zellen zu zählen.

8.4 Die Tabellenfunktion HÄUFIGKEIT

Deutsch:	HÄUFIGKEIT
Syntax:	**=HÄUFIGKEIT(Daten;Klassen)**
Englisch:	FREQUENCY
Syntax:	**=FREQUENCY(data,intervals)**

Häufigkeitsverteilung

Mit Hilfe der Tabellenfunktion HÄUFIGKEIT können Sie eine Häufigkeitsverteilung von Excel ausrechnen lassen.

Argument	Inhalt
Daten	Ist erforderlich; hier geben Sie den Bezug auf eine Wertmenge an, deren Häufigkeit Sie zählen möchten.
Klassen	Ist erforderlich; hier geben Sie die Intervallgrenzen an, nach denen Sie die in Daten enthaltenen Werte einordnen möchten.

Tabelle 8.5 Die Argumente der Funktion HÄUFIGKEIT

In der folgenden Aufgabe werden über einen längeren Zeitraum hinweg die täglich produzierten Stückzahlen von Teilen in einer Excel-Tabelle eingegeben.

Verteilung der Stückzahlen

In der Liste aus Abbildung 8.5 sind die täglich produzierten Stückzahlen von drei Maschinen eingetragen. Ihre Aufgabe besteht nun darin, die Verteilung der Stückzahlen innerhalb bestimmter Wertgruppen zu bestimmen. Dabei möchten Sie die Daten nach folgenden Gruppen auswerten:

- Stückzahlen bis 1800
- Stückzahlen bis 1900
- Stückzahlen bis 2000
- Stückzahlen bis 2200
- Stückzahlen bis 2500

Um diese Aufgabe zu lösen, verfahren Sie wie folgt:

1. Markieren Sie den Zellenbereich G7:G11.
2. Erfassen Sie die Matrixformel **=HÄUFIGKEIT(B$7:B$30;$F$7:$F$11)**.

3. Schließen Sie die Matrixformel über die Tastenkombination [Strg] + [⇧] + [↵] ab.
4. Ziehen Sie das Ausfüllkästchen aus Zelle G11 nach rechts bis in Zelle I11.

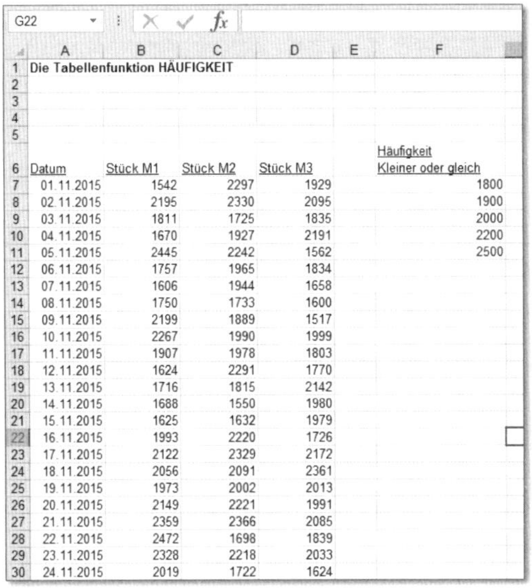

G22

	A	B	C	D	E	F
1	Die Tabellenfunktion HÄUFIGKEIT					
5						Häufigkeit
6	Datum	Stück M1	Stück M2	Stück M3		Kleiner oder gleich
7	01.11.2015	1542	2297	1929		1800
8	02.11.2015	2195	2330	2095		1900
9	03.11.2015	1811	1725	1835		2000
10	04.11.2015	1670	1927	2191		2200
11	05.11.2015	2445	2242	1562		2500
12	06.11.2015	1757	1965	1834		
13	07.11.2015	1606	1944	1658		
14	08.11.2015	1750	1733	1600		
15	09.11.2015	2199	1889	1517		
16	10.11.2015	2267	1990	1999		
17	11.11.2015	1907	1978	1803		
18	12.11.2015	1624	2291	1770		
19	13.11.2015	1716	1815	2142		
20	14.11.2015	1688	1550	1980		
21	15.11.2015	1625	1632	1979		
22	16.11.2015	1993	2220	1726		
23	17.11.2015	2122	2329	2172		
24	18.11.2015	2056	2091	2361		
25	19.11.2015	1973	2002	2013		
26	20.11.2015	2149	2221	1991		
27	21.11.2015	2359	2366	2085		
28	22.11.2015	2472	1698	1839		
29	23.11.2015	2328	2218	2033		
30	24.11.2015	2019	1722	1624		

Abbildung 8.5 Die täglich produzierten Stückzahlen

Das Ergebnis der Funktion HÄUFIGKEIT liegt jetzt vor (siehe Abbildung 8.6). Je Maschine können Sie jetzt ablesen, wie oft welche Stückzahlen erreicht wurden.

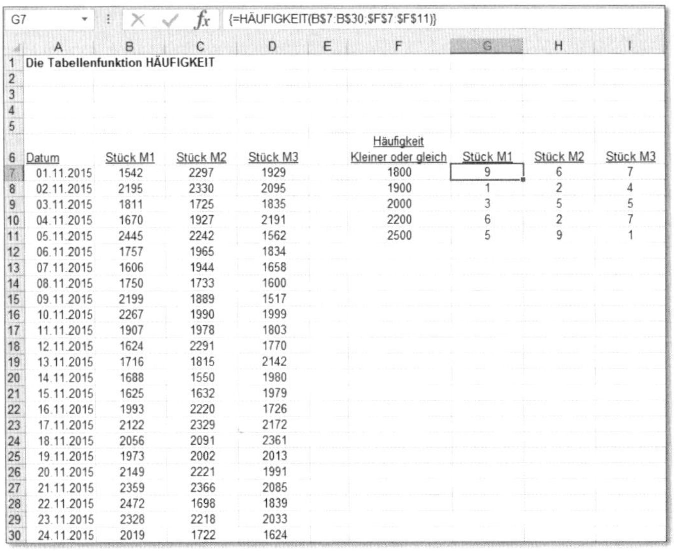

G7 {=HÄUFIGKEIT(B$7:B$30;$F$7:$F$11)}

	A	B	C	D	E	F	G	H	I
1	Die Tabellenfunktion HÄUFIGKEIT								
5						Häufigkeit			
6	Datum	Stück M1	Stück M2	Stück M3		Kleiner oder gleich	Stück M1	Stück M2	Stück M3
7	01.11.2015	1542	2297	1929		1800	9	6	7
8	02.11.2015	2195	2330	2095		1900	1	2	4
9	03.11.2015	1811	1725	1835		2000	3	5	5
10	04.11.2015	1670	1927	2191		2200	6	2	7
11	05.11.2015	2445	2242	1562		2500	5	9	1
12	06.11.2015	1757	1965	1834					
13	07.11.2015	1606	1944	1658					
14	08.11.2015	1750	1733	1600					
15	09.11.2015	2199	1889	1517					
16	10.11.2015	2267	1990	1999					
17	11.11.2015	1907	1978	1803					
18	12.11.2015	1624	2291	1770					
19	13.11.2015	1716	1815	2142					
20	14.11.2015	1688	1550	1980					
21	15.11.2015	1625	1632	1979					
22	16.11.2015	1993	2220	1726					
23	17.11.2015	2122	2329	2172					
24	18.11.2015	2056	2091	2361					
25	19.11.2015	1973	2002	2013					
26	20.11.2015	2149	2221	1991					
27	21.11.2015	2359	2366	2085					
28	22.11.2015	2472	1698	1839					
29	23.11.2015	2328	2218	2033					
30	24.11.2015	2019	1722	1624					

Abbildung 8.6 Das Ergebnis der Funktion HÄUFIGKEIT

8.5 Die Tabellenfunktion KGRÖSSTE

Deutsch:	KGRÖSSTE
Syntax:	**=KGRÖSSTE(Matrix;k)**
Englisch:	LARGE
Syntax:	**=LARGE(array,nth_position)**

Größter Wert

Mit Hilfe der Tabellenfunktion KGRÖSSTE können Sie die größten Werte einer Datengruppe ermitteln.

Argument	Inhalt
Matrix	Ist erforderlich; hier geben Sie den Datenbereich an, aus dem Sie den größten bzw. mehrere größten Werte bestimmen möchten.
K	Ist erforderlich; hier geben Sie den Rang an. Beispielsweise repräsentiert die Zahl 1 den höchsten Wert, die Zahl 2 den zweithöchsten Wert usw.

Tabelle 8.6 Die Argumente der Funktion KGRÖSSTE

Die fünf höchsten Tageswerte ermitteln

In der nächsten Aufgabe sollen die täglichen Maschinenauslastungen eines Monats ausgewertet werden. Dabei sollen die fünf höchsten Tageswerte ermittelt werden. Sehen Sie sich dazu Abbildung 8.7 an.

Die sechs höchsten Werte des Monats für jede Maschine

Ermitteln Sie jetzt die sechs höchsten Werte des Monats für jede Maschine, indem Sie wie folgt vorgehen:

1. Geben Sie in Zelle H7 den Wert 1 ein.
2. Ziehen Sie das Ausfüllkästchen bei gedrückter linker Maustaste nach unten bis in Zelle H12.
3. Markieren Sie den Zellenbereich I7:I12.
4. Erfassen Sie die Formel **=KGRÖSSTE(C$7:C$30;$H7)**.
5. Schließen Sie die Formel über die Tastenkombination `Strg` + `↵` ab.

	A	B	C	D	E	F
1	Die Funktion KGRÖSSTE					
2						
3						
4						
5						
6	Datum	Tag	M1	M2	M3	M4
7	01.11.2015	Sonntag	53	101	99	83
8	02.11.2015	Montag	62	40	50	45
9	03.11.2015	Dienstag	43	86	47	62
10	04.11.2015	Mittwoch	63	89	57	82
11	05.11.2015	Donnerstag	87	97	93	54
12	06.11.2015	Freitag	94	77	52	105
13	07.11.2015	Samstag	95	97	40	65
14	08.11.2015	Sonntag	93	71	51	98
15	09.11.2015	Montag	70	72	74	79
16	10.11.2015	Dienstag	38	38	75	85
17	11.11.2015	Mittwoch	54	51	99	47
18	12.11.2015	Donnerstag	40	46	104	66
19	13.11.2015	Freitag	78	55	36	59
20	14.11.2015	Samstag	70	93	104	93
21	15.11.2015	Sonntag	47	84	83	40
22	16.11.2015	Montag	103	67	49	89
23	17.11.2015	Dienstag	50	99	102	47
24	18.11.2015	Mittwoch	102	37	42	88
25	19.11.2015	Donnerstag	48	72	97	36
26	20.11.2015	Freitag	49	95	98	86
27	21.11.2015	Samstag	51	56	43	51
28	22.11.2015	Sonntag	55	76	64	103
29	23.11.2015	Montag	91	59	49	101
30	24.11.2015	Dienstag	69	73	40	85
31						

Abbildung 8.7 Die Maschinenauslastungen über einen bestimmten Zeitraum

Jetzt können Sie in Abbildung 8.8 ablesen, welche Maschine die höchste Auslastung hatte.

I7 =KGRÖSSTE(C$7:C$30;$H7)

	A	B	C	D	E	F	G	H	I	J	K	L
1	Die Funktion KGRÖSSTE											
2												
3												
4												
5												
6	Datum	Tag	M1	M2	M3	M4		KGRÖSSTE	M1	M2	M3	M4
7	01.11.2015	Sonntag	53	101	99	83		1	103	101	104	105
8	02.11.2015	Montag	62	40	50	45		2	102	99	104	103
9	03.11.2015	Dienstag	43	86	47	62		3	95	97	102	101
10	04.11.2015	Mittwoch	63	89	57	82		4	94	97	99	98
11	05.11.2015	Donnerstag	87	97	93	54		5	93	95	99	93
12	06.11.2015	Freitag	94	77	52	105		6	91	93	98	89
13	07.11.2015	Samstag	95	97	40	65						
14	08.11.2015	Sonntag	93	71	51	98						
15	09.11.2015	Montag	70	72	74	79						
16	10.11.2015	Dienstag	38	38	75	85						
17	11.11.2015	Mittwoch	54	51	99	47						
18	12.11.2015	Donnerstag	40	46	104	66						
19	13.11.2015	Freitag	78	55	36	59						
20	14.11.2015	Samstag	70	93	104	93						
21	15.11.2015	Sonntag	47	84	83	40						
22	16.11.2015	Montag	103	67	49	89						
23	17.11.2015	Dienstag	50	99	102	47						
24	18.11.2015	Mittwoch	102	37	42	88						
25	19.11.2015	Donnerstag	48	72	97	36						
26	20.11.2015	Freitag	49	95	98	86						
27	21.11.2015	Samstag	51	56	43	51						
28	22.11.2015	Sonntag	55	76	64	103						
29	23.11.2015	Montag	91	59	49	101						
30	24.11.2015	Dienstag	69	73	40	85						
31												

Abbildung 8.8 Die sechs höchsten Auslastungen je Maschine wurden ermittelt.

8.6 Die Tabellenfunktion KKLEINSTE

Deutsch:	KKLEINSTE
Syntax:	**=KKLEINSTE(Matrix;k)**
Englisch:	SMALL
Syntax:	**=SMALL(array,k)**

Kleinsten Wert ermitteln

Mit Hilfe der Tabellenfunktion KKLEINSTE können Sie die kleinsten Werte einer Datengruppe ermitteln.

Argument	Inhalt
Matrix	Ist erforderlich; hier geben Sie den Datenbereich an, aus dem Sie den kleinsten bzw. mehrere kleinste Werte bestimmen möchten.
K	Ist erforderlich; hier geben Sie den Rang an. Beispielsweise repräsentiert die Zahl 1 den kleinsten Wert, die Zahl 2 den zweitkleinsten Wert usw.

Tabelle 8.7 Die Argumente der Funktion KKLEINSTE

In der folgenden Aufgabe liegen zwei nicht zusammenhängende Bereiche vor, aus denen Sie die zwei kleinsten Werte ermitteln sollen. Sehen Sie sich dazu Abbildung 8.9 an.

Zwei Bereiche übergeben

Um diese Aufgabe zu lösen, müssen Sie der Funktion KKLEINSTE zwei Bereiche übergeben. Das klappt nur dann, wenn Sie die Klammersetzung beachten. Lösen Sie diese Aufgabe, indem Sie wie folgt vorgehen:

1. Erfassen Sie in Zelle F6 die Formel:
   =KKLEINSTE(($A$7:$A$25;$C$7:$C$25);1)
2. Geben Sie in Zelle F7 die Formel
   =KKLEINSTE(($A$7:$A$25;$C$7:$C$25);2) ein.

I14

	A	B	C	D	E
1	**Die Tabellenfunktion KKLEINSTE**				
2					
3					
4					
5					
6	Bereich 1		Bereich 2		kleinster Wert
7	34		147		2. kleinster Wert
8	146		106		
9	58		143		
10	124		79		
11	143		59		
12	87		104		
13	38		56		
14	70		28		
15	14		127		
16	29		71		
17	77		36		
18	133		34		
19	68		51		
20	115		125		
21	69		60		
22	116		135		
23	95		11		
24	138		86		
25	59		91		
26					

Abbildung 8.9 Aus beiden Bereichen sollen der kleinste und der zweitkleinste Wert herausgesucht werden.

Das Ergebnis sehen Sie Abbildung 8.10.

F6 =KKLEINSTE(($A$7:$A$25;$C$7:$C$25);1)

	A	B	C	D	E	F
1	**Die Tabellenfunktion KKLEINSTE**					
2						
3						
4						
5						
6	Bereich 1		Bereich 2		kleinster Wert	11
7	34		147		2. kleinster Wert	14
8	146		106			
9	58		143			
10	124		79			
11	143		59			
12	87		104			
13	38		56			
14	70		28			
15	14		127			
16	29		71			
17	77		36			
18	133		34			
19	68		51			
20	115		125			
21	69		60			
22	116		135			
23	95		11			
24	138		86			
25	59		91			
26						

Abbildung 8.10 Der kleinste Wert in beiden Bereichen ist die 11. Der zweitkleinste Wert ist die 14.

8.7 Die Tabellenfunktion MAX

Deutsch:	MAX
Syntax:	**=MAX(Zahl1;Zahl2;...)**
Englisch:	MAX
Syntax:	**=MAX(number1,number2,...)**

Größten Wert ermitteln

Mit Hilfe der Tabellenfunktion MAX können Sie den größten Wert innerhalb einer Argumentliste oder eines Zellenbereichs ermitteln.

Argument	Inhalt
Zahl1	Ist erforderlich; 1 bis 255 Zahlen, aus denen Sie den Maximalwert herausfinden möchten.
Zahl2;...	Ist optional.

Tabelle 8.8 Die Argumente der Funktion MAX

Lassen Sie uns das folgende Szenario aufbauen (siehe Abbildung 8.11):

1. Markieren Sie in einer neuen Tabelle den Bereich A7:F20.

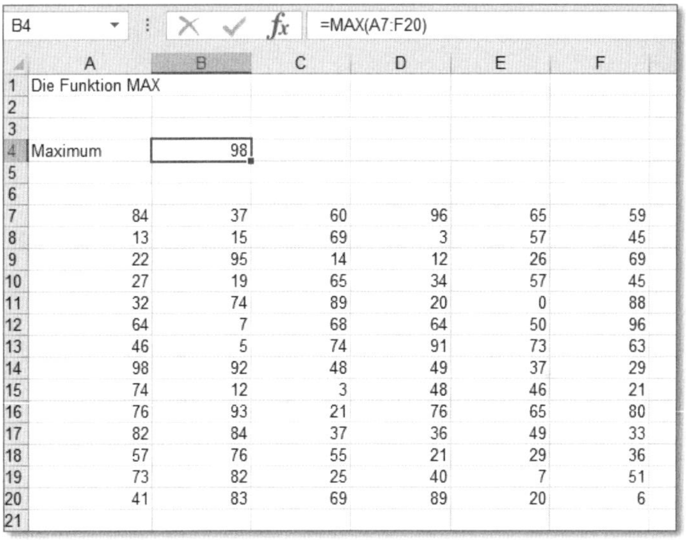
B4 =MAX(A7:F20)

	A	B	C	D	E	F
1	Die Funktion MAX					
2						
3						
4	Maximum	98				
5						
6						
7	84	37	60	96	65	59
8	13	15	69	3	57	45
9	22	95	14	12	26	69
10	27	19	65	34	57	45
11	32	74	89	20	0	88
12	64	7	68	64	50	96
13	46	5	74	91	73	63
14	98	92	48	49	37	29
15	74	12	3	48	46	21
16	76	93	21	76	65	80
17	82	84	37	36	49	33
18	57	76	55	21	29	36
19	73	82	25	40	7	51
20	41	83	69	89	20	6
21						

Abbildung 8.11 Die Tabellenfunktion MAX

2. Erfassen Sie zufällige Zahlen im Bereich zwischen 1 und 100, indem Sie die Formel **=GANZZAHL(ZUFALLSZAHL()*100)** eingeben.
3. Schließen Sie die Formel über die Tastenkombination [Strg] + [↵] ab.
4. Erfassen Sie in Zelle B4 die Formel **=MAX(A7:F20)**, und schließen Sie auch diese Formel mit der Tastenkombination [Strg] + [↵] ab.

Teuersten Artikel bestimmen

Das hier aufgebaute Beispiel lässt sich natürlich noch beliebig ausbauen. Stellen Sie sich vor, Sie haben eine Wareneingangsliste und wollen den teuersten Artikel herausfinden. Nutzen Sie einfach die Tabellenfunktion MAX.

8.8 Die Tabellenfunktion MAXA

Deutsch:	MAXA
Syntax:	**=MAXA(Wert1;Wert2;...)**
Englisch:	MAXA
Syntax:	**=MAXA(value1,value2,...)**

Text und Boolean-Werte vergleichen

Mit Hilfe der Tabellenfunktion MAXA können Sie den größten Wert aus einer Liste mit Argumenten herausfiltern. Anders als die Funktion MAX können hier auch Text und Boolean-Werte verglichen werden.

Argument	Inhalt
Wert1	Ist erforderlich; das erste numerische Argument, dessen größter Wert zurückgegeben werden soll. Aus 1 bis 255 Zahlen soll der höchste Wert ermittelt werden.
Wert2	Ist optional.

Tabelle 8.9 Die Argumente der Funktion MAXA

Schauen Sie sich dazu das folgende Beispiel in Abbildung 8.12 an.

H28

	A	B	C
1	**Die Tabellenfunktion MAXA**		
2			
3			
4			
5			
6	**höchster Wert**	**höchster Wert**	**höchster Wert**
7			
8			
9	239	125	FALSCH
10	442	219	FALSCH
11	433	383	FALSCH
12	198	101	FALSCH
13	155	205	FALSCH
14	134	448	FALSCH
15	215	241	WAHR
16	437	491	FALSCH
17	410	347	FALSCH
18	492	157	FALSCH
19	329	285	FALSCH
20	251	317	FALSCH
21	320	472	FALSCH
22	300	489	FALSCH
23	368	373	FALSCH
24	210	471	FALSCH
25	326	372	FALSCH
26			
27			
28			
29			
30			

Abbildung 8.12 Aus den jeweiligen Spalten sollen die höchsten Werte ermittelt werden.

In Spalte A stehen nur Zahlen. Diese sind ausschließlich als Zahl formatiert. In Spalte B stehen ebenfalls Zahlen. Einige von diesen sind aber als Text formatiert – das sehen Sie an der Ausrichtung am linken Rand. In Spalte C sind lediglich boolesche Werte eingefügt, und zwar FALSCH und WAHR.

1. Erfassen Sie in Zelle A7 folgende Formel **=MAXA(A9:A25)**.
2. Kopieren Sie die Formel in die Zellen B7 und C7.

Das Ergebnis sieht wie folgt aus (siehe Abbildung 8.13): In Spalte A wird der maximale Wert gefunden: 492. In Spalte B wird ebenfalls der maximale Wert gefunden, obwohl dieser als Text formatiert ist: 491. In Spalte C wird ebenfalls der höchste Wert gefunden: WAHR. Bei booleschen Werten bedeutet Falsch immer 0 und Wahr immer 1.

A7 | =MAXA(A9:A25)

	A	B	C	D
1	**Die Tabellenfunktion MAXA**			
2				
3				
4				
5				
6	**höchster Wert**	**höchster Wert**	**höchster Wert**	
7	492	491	1	
8				
9	239	125	FALSCH	
10	442	219	FALSCH	
11	433	383	FALSCH	
12	198	101	FALSCH	
13	155	205	FALSCH	
14	134	448	FALSCH	
15	215	241	WAHR	
16	437	491	FALSCH	
17	410	347	FALSCH	
18	492	157	FALSCH	
19	329	285	FALSCH	
20	251	317	FALSCH	
21	320	472	FALSCH	
22	300	489	FALSCH	
23	368	373	FALSCH	
24	210	471	FALSCH	
25	326	372	FALSCH	
26				
27				
28				
29				

Abbildung 8.13 In den Spalten A–C wurden die jeweils höchsten Werte ermittelt.

8.9 Die Tabellenfunktion MEDIAN

Deutsch:	MEDIAN
Syntax:	**=MEDIAN(Zahl1;Zahl2;...)**
Englisch:	MEDIAN
Syntax:	**=MEDIAN(number1,number2,...)**

Mit Hilfe der Tabellenfunktion MEDIAN können Sie sich die mittlere Zahl aus einer Zahlenreihe ausgeben lassen.

Zahl, die in der Mitte einer Zahlenreihe liegt

Unter dem Median versteht man die Zahl, die in der Mitte einer Zahlenreihe liegt. Das heißt, die eine Hälfte der Zahlen hat Werte, die kleiner sind als der MEDIAN, und die andere Hälfte hat Werte, die größer sind als der MEDIAN.

Argument	Inhalt
Zahl1	Ist erforderlich; den Median können 1 bis 255 Zahlen berechnen.
Zahl2	Ist optional.

Tabelle 8.10 Die Argumente der Funktion MEDIAN

Median berechnen

Schauen Sie sich dazu das folgende Beispiel in Abbildung 8.14 an. In diesem Beispiel wurden über die Monate verschiedene Stückzahlen produziert. Die Tabellenfunktion MEDIAN soll die mittlere Zahl berechnen.

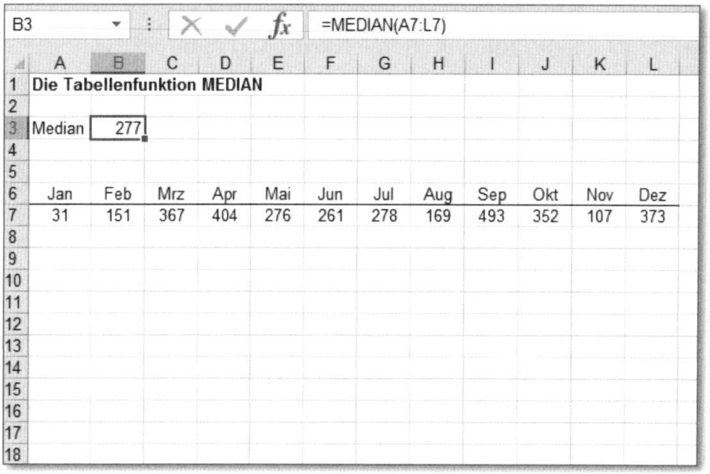

Abbildung 8.14 Der Median in unserem Beispiel liegt bei 277.

8.10 Die Tabellenfunktion MIN

Deutsch:	MIN
Syntax:	**=MIN(Zahl1;Zahl2;...)**
Englisch:	MIN
Syntax:	**=MIN(number1,number2,...)**

Kleinster Wert

Mit Hilfe der Tabellenfunktion MIN können Sie den kleinsten Wert aus einer Tabelle herausfinden.

Argument	Inhalt
Zahl1	Ist erforderlich; 1 bis 255 Zahlen können angegeben werden, aus denen MIN den niedrigsten heraussucht.
Zahl2;...	Ist optional.

Tabelle 8.11 Die Argumente der Funktion MIN

Ebenso wie bei der Funktion MAX bauen wir uns wieder eine Hilfstabelle (siehe Abbildung 8.15):

1. Markieren Sie in einer neuen Tabelle den Bereich A7:F20.
2. Erfassen Sie zufällige Zahlen im Bereich zwischen 1 und 100, indem Sie die Formel **=GANZZAHL(ZUFALLSZAHL()*100)** eingeben.
3. Schließen Sie die Formel über die Tastenkombination [Strg] + [↵] ab.
4. Erfassen Sie in Zelle B4 die Formel **=MIN(A7:F20)**, und schließen Sie auch diese Formel mit der Tastenkombination [Strg] + [↵] ab.

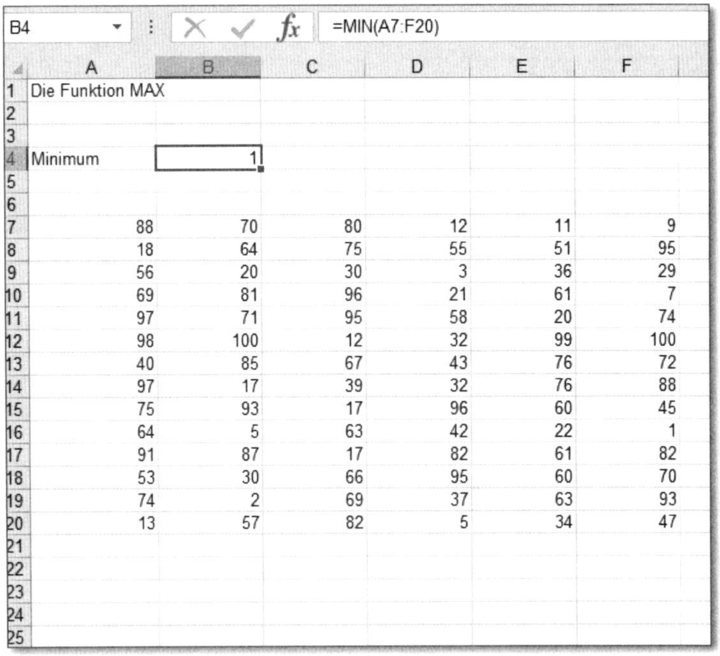
B4 =MIN(A7:F20)

	A	B	C	D	E	F
1	Die Funktion MAX					
2						
3						
4	Minimum	1				
5						
6						
7	88	70	80	12	11	9
8	18	64	75	55	51	95
9	56	20	30	3	36	29
10	69	81	96	21	61	7
11	97	71	95	58	20	74
12	98	100	12	32	99	100
13	40	85	67	43	76	72
14	97	17	39	32	76	88
15	75	93	17	96	60	45
16	64	5	63	42	22	1
17	91	87	17	82	61	82
18	53	30	66	95	60	70
19	74	2	69	37	63	93
20	13	57	82	5	34	47
21						
22						
23						
24						
25						

Abbildung 8.15 Die Tabellenfunktion MIN hat als niedrigsten Wert die 1 gefunden.

8.11 Die Tabellenfunktion MINA

Deutsch:	MINA
Syntax:	**=MINA(Wert1;Wert2;...)**
Englisch:	MINA
Syntax:	**=MINA(value1,value2,...)**

Text und Wahrheitswerte vergleichen

Mit Hilfe der Tabellenfunktion MINA können Sie den kleinsten Wert aus einer Liste von Argumenten ermitteln. Text und Wahrheitswerte werden hier ebenso verglichen, wie Zahlen.

Argument	Inhalt
Wert1	Ist erforderlich; 1 bis 255 Zahlen, aus denen der niedrigste Wert ausgelesen wird.
Wert2	Ist optional.

Tabelle 8.12 Die Argumente der Funktion MINA

Kleinsten Wert bestimmen

Im folgenden Beispiel in Abbildung 8.16 haben wir eine Liste mit Zahlen, Text und booleschen Werten. Die Aufgabe besteht darin, den niedrigsten Wert herauszufinden.

	A	B	C	D	E	F
1	**Die Funktion MINA**					
2						
3						
4						
5						
6	239	178	253	318	393	416
7	60	164	70	FALSCH	155	452
8	429	184	428	458	370	375
9	376	473	146	233	411	128
10	417	417	256	390	10	156
11	397	197	405	143	366	398
12	329	342	417	449	127	252
13	153	192	481	476	5	108
14	151	121	339	157	418	116
15	387	499	429	144	461	238
16	117	115	469	211	338	152
17						

Abbildung 8.16 Welches ist der kleinste Wert?

Um den Unterschied zwischen der Funktion MIN und MINA besser zu zeigen, haben wir in Abbildung 8.17 beide Funktionen aufgenommen.

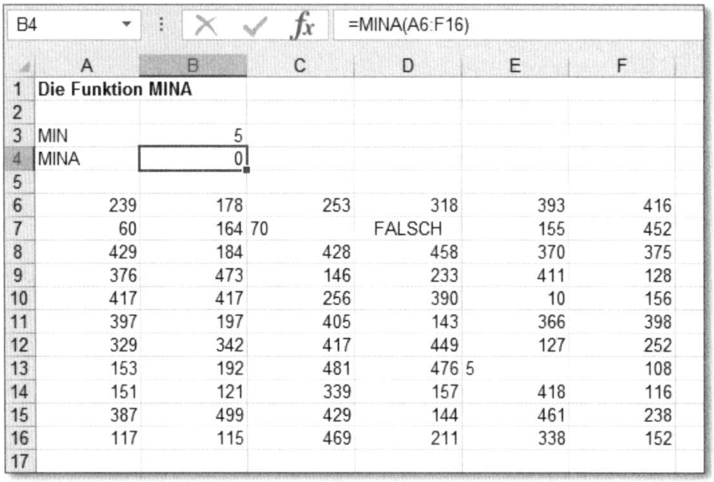

B4 =MINA(A6:F16)

	A	B	C	D	E	F
1	Die Funktion MINA					
2						
3	MIN	5				
4	MINA	0				
5						
6	239	178	253	318	393	416
7	60	164	70	FALSCH	155	452
8	429	184	428	458	370	375
9	376	473	146	233	411	128
10	417	417	256	390	10	156
11	397	197	405	143	366	398
12	329	342	417	449	127	252
13	153	192	481	476	5	108
14	151	121	339	157	418	116
15	387	499	429	144	461	238
16	117	115	469	211	338	152
17						

Abbildung 8.17 Die Funktion MINA kann neben Zahlen und Texten auch boolesche Werte verarbeiten.

8.12 Die Tabellenfunktion MITTELWERT

Deutsch:	MITTELWERT
Syntax:	**=MITTELWERT(Zahl1;Zahl2;...)**
Englisch:	AVERAGE
Syntax:	**=AVERAGE(number1,number2,...)**

Mittelwert ermitteln

Mit Hilfe der Tabellenfunktion MITTELWERT können Sie den Mittelwert der angegebenen Argumente bzw. Zellen ermitteln.

Argument	Inhalt
Zahl1	Ist erforderlich; zwischen 1 und 255 Zahlen können hier eingegeben werden.
Zahl2	Ist optional.

Tabelle 8.13 Die Argumente der Funktion MITTELWERT

Mittelwert über die höchsten Auslastungen

Im folgenden Beispiel in Abbildung 8.18 wollen wir die Funktion MITTELWERT gemeinsam mit der Funktion KGRÖSSTE anwenden. Ziel ist es, einen Mittelwert über die höchsten Auslastungen je Maschine zu erhalten. Aus einer Liste mit verschiedenen Maschinenauslastungsdaten sollen die drei größten Auslastungen ermittelt werden.

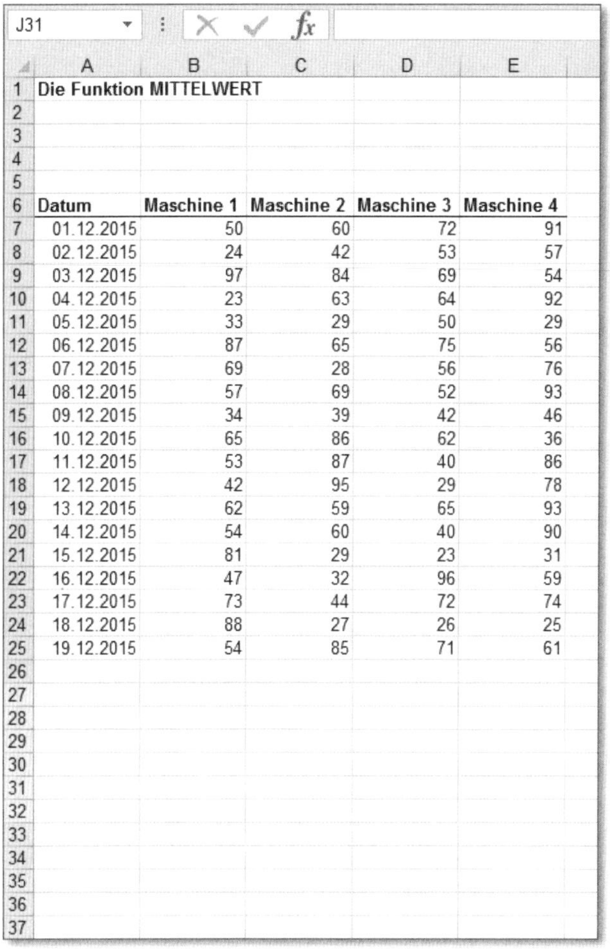
J31

	A	B	C	D	E
1	Die Funktion MITTELWERT				
2					
3					
4					
5					
6	Datum	Maschine 1	Maschine 2	Maschine 3	Maschine 4
7	01.12.2015	50	60	72	91
8	02.12.2015	24	42	53	57
9	03.12.2015	97	84	69	54
10	04.12.2015	23	63	64	92
11	05.12.2015	33	29	50	29
12	06.12.2015	87	65	75	56
13	07.12.2015	69	28	56	76
14	08.12.2015	57	69	52	93
15	09.12.2015	34	39	42	46
16	10.12.2015	65	86	62	36
17	11.12.2015	53	87	40	86
18	12.12.2015	42	95	29	78
19	13.12.2015	62	59	65	93
20	14.12.2015	54	60	40	90
21	15.12.2015	81	29	23	31
22	16.12.2015	47	32	96	59
23	17.12.2015	73	44	72	74
24	18.12.2015	88	27	26	25
25	19.12.2015	54	85	71	61

Abbildung 8.18 Die Basisdatei

Die beiden Funktionen werden wie folgt miteinander kombiniert:

1. Schreiben Sie in Zelle B3 die folgende Formel (siehe Abbildung 8.19):
   =MITTELWERT(KGRÖSSTE(B7:B25;1);KGRÖSSTE(C7:C25;1); KGRÖSSTE(D7:D25;1);KGRÖSSTE(E7:E25;1))
2. Beenden Sie Ihre Formeleingabe mit der Taste [↵].

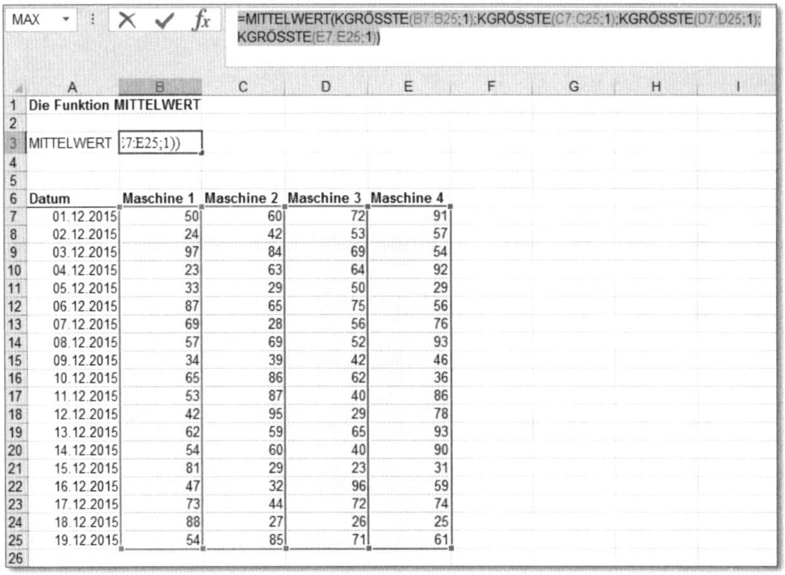

MAX | =MITTELWERT(KGRÖSSTE(B7:B25;1);KGRÖSSTE(C7:C25;1);KGRÖSSTE(D7:D25;1);KGRÖSSTE(E7:E25;1))

	A	B	C	D	E
1	Die Funktion MITTELWERT				
2					
3	MITTELWERT	:7:E25;1))			
4					
5					
6	Datum	Maschine 1	Maschine 2	Maschine 3	Maschine 4
7	01.12.2015	50	60	72	91
8	02.12.2015	24	42	53	57
9	03.12.2015	97	84	69	54
10	04.12.2015	23	63	64	92
11	05.12.2015	33	29	50	29
12	06.12.2015	87	65	75	56
13	07.12.2015	69	28	56	76
14	08.12.2015	57	69	52	93
15	09.12.2015	34	39	42	46
16	10.12.2015	65	86	62	36
17	11.12.2015	53	87	40	86
18	12.12.2015	42	95	29	78
19	13.12.2015	62	59	65	93
20	14.12.2015	54	60	40	90
21	15.12.2015	81	29	23	31
22	16.12.2015	47	32	96	59
23	17.12.2015	73	44	72	74
24	18.12.2015	88	27	26	25
25	19.12.2015	54	85	71	61
26					

Abbildung 8.19 Das Ergebnis des Mittelwertes beträgt in diesem Beispiel 95,25.

8.13 Die Tabellenfunktion MITTELWERTA

Deutsch:	MITTELWERTA
Syntax:	**=MITTELWERTA(Wert1;Wert2;...)**
Englisch:	AVERAGEA
Syntax:	**=AVERAGEA(number1,number2,...)**

Texte und Wahrheitswerte

Mit Hilfe der Tabellenfunktion MITTELWERTA können Sie den Mittelwert der Werte berechnen, die in einer Liste mit Argumenten stehen. Im Gegensatz zur Funktion MITTELWERT können mit der Funktion MITTELWERTA auch Texte und Wahrheitswerte berücksichtigt werden.

Argument	Inhalt
Wert1	Ist erforderlich; hier können Sie 1 bis 255 Werte zur Untersuchung vorgeben.
Wert2	Ist optional.

Tabelle 8.14 Die Argumente der Funktion MITTELWERTA

Im folgenden Beispiel in Abbildung 8.20 haben wir eine Tabelle vorbereitet. Spalte A enthält nur Zahlen, Spalte B enthält Zahlen und Text, und Spalte C enthält nur boolesche Werte – also WAHR und FALSCH. Die Aufgabe besteht darin, über alle drei Spalten jeweils den MITTELWERTA zu ziehen.

	A	B	C
1	Die Funktion MITTELWERTA		
2			
3			
4			
5			
6	Zahlen	Zahlen und Text	boolesche
7	325	459	FALSCH
8	498	158	FALSCH
9	244	452	FALSCH
10	349	318	FALSCH
11	353	464	FALSCH
12	196	122	FALSCH
13	133	463	FALSCH
14	151	467	WAHR
15	294	483	WAHR
16	448	456	WAHR
17	143	130	WAHR
18	398	434	FALSCH
19	228	284	FALSCH
20	341	235	FALSCH
21	174	109	FALSCH
22	442	340	FALSCH
23	192	303	FALSCH
24	221	444	FALSCH
25	325	308	FALSCH
26			
27			
28			
29			

Abbildung 8.20 Das ist die Ausgangsbasis.

Um die Aufgabe zu lösen, gehen Sie bitte wie folgt vor:

1. Markieren Sie den Zellenbereich A3:C3.
2. Schreiben Sie in Zelle A3 die Formel **=MITTELWERTA(A7:A25)**.
3. Beenden Sie die Formeleingabe mit der Tastenkombination [Strg] + [↵].

In Abbildung 8.21 sehen Sie das Ergebnis.

Tipp

Sie können Zahlen und Texte einfach an der Formatierung der Zelle erkennen. Zahlen werden rechtsbündig geschrieben, und Text wird linksbündig geschrieben.

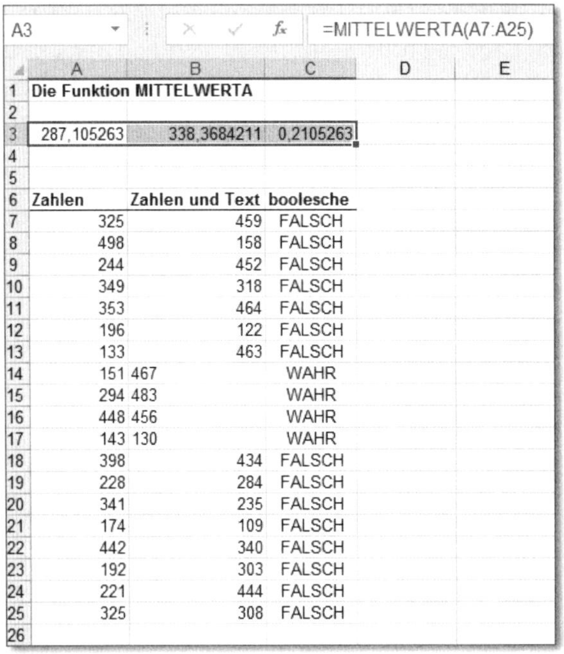

A3 =MITTELWERTA(A7:A25)

	A	B	C	D	E
1	**Die Funktion MITTELWERTA**				
2					
3	287,105263	338,3684211	0,2105263		
4					
5					
6	**Zahlen**	**Zahlen und Text**	**boolesche**		
7	325	459	FALSCH		
8	498	158	FALSCH		
9	244	452	FALSCH		
10	349	318	FALSCH		
11	353	464	FALSCH		
12	196	122	FALSCH		
13	133	463	FALSCH		
14	151	467	WAHR		
15	294	483	WAHR		
16	448	456	WAHR		
17	143	130	WAHR		
18	398	434	FALSCH		
19	228	284	FALSCH		
20	341	235	FALSCH		
21	174	109	FALSCH		
22	442	340	FALSCH		
23	192	303	FALSCH		
24	221	444	FALSCH		
25	325	308	FALSCH		
26					

Abbildung 8.21 Die Funktion MITTELWERTA berücksichtigt neben Zahlen auch Texte und boolesche Argumente.

8.14 Die Tabellenfunktion MITTELWERTWENN

Deutsch:	MITTELWERTWENN
Syntax:	**=MITTELWERTWENN(Bereich;Kriterien;Mittelwert_Bereich)**
Englisch:	AVERAGEIF
Syntax:	**=AVERAGEIF(range,criteria,average_range)**

Mittelwerte über bestimmte Argumente

Mit Hilfe der Tabellenfunktion MITTELWERTWENN können Sie Mittelwerte über bestimmte Argumente bilden.

Argument	Inhalt
Bereich	Ist erforderlich; der Zellenbereich, für den der Mittelwert berechnet werden soll.

Tabelle 8.15 Die Argumente der Funktion MITTELWERTWENN

Argument	Inhalt
Kriterien	Ist erforderlich; hier benennen Sie das Argument, für das der Mittelwert berechnet werden soll. Beispiel: 32, >32,«Montag«, ...
Mittelwert Bereich	Ist optional.

Tabelle 8.15 Die Argumente der Funktion MITTELWERTWENN (Forts.)

Schauen Sie sich zum besseren Verständnis das folgende Beispiel in Abbildung 8.22 an. Ein Unternehmen produziert mit vier Maschinen jeden Tag unterschiedliche Stückzahlen. Das Ergebnis der besten Maschine pro Tag wird festgehalten. In unserem Beispiel wollen wir jetzt ermitteln, wie viele Stückzahlen die Maschine M1 produziert.

	A	B	C
1	**Die Funktion MITTELWERTWENN**		
2			
3	Mittelwertwenn		
4			
5			
6	**Datum**	**Tag**	**Stückzahlen**
7	01.11.2015	M 3	177
8	02.11.2015	M 2	143
9	03.11.2015	M 2	136
10	04.11.2015	M 4	163
11	05.11.2015	M 1	132
12	06.11.2015	M 2	103
13	07.11.2015	M 1	131
14	08.11.2015	M 2	112
15	09.11.2015	M 4	115
16	10.11.2015	M 1	105
17	11.11.2015	M 4	106
18	12.11.2015	M 1	163
19	13.11.2015	M 2	108
20	14.11.2015	M 3	166
21	15.11.2015	M 3	171
22	16.11.2015	M 4	131
23	17.11.2015	M 2	144
24	18.11.2015	M 1	126
25	19.11.2015	M 4	152
26	20.11.2015	M 2	104
27	21.11.2015	M 3	119
28	22.11.2015	M 2	160
29	23.11.2015	M 4	152
30	24.11.2015	M 4	179
31	25.11.2015	M 2	158
32			

Abbildung 8.22 Übersicht über die Produktionszahlen je Tag für jeweils eine Maschine

Die Funktion MITTELWERTWENN wird wie folgt eingesetzt:

1. Schreiben Sie in Zelle B3 die Formel:
   =MITTELWERTWENN(B7:B31;"M 1";C7:C31)
2. Bestätigen Sie die Eingabe über die Tastenkombination [Strg] + [↵].

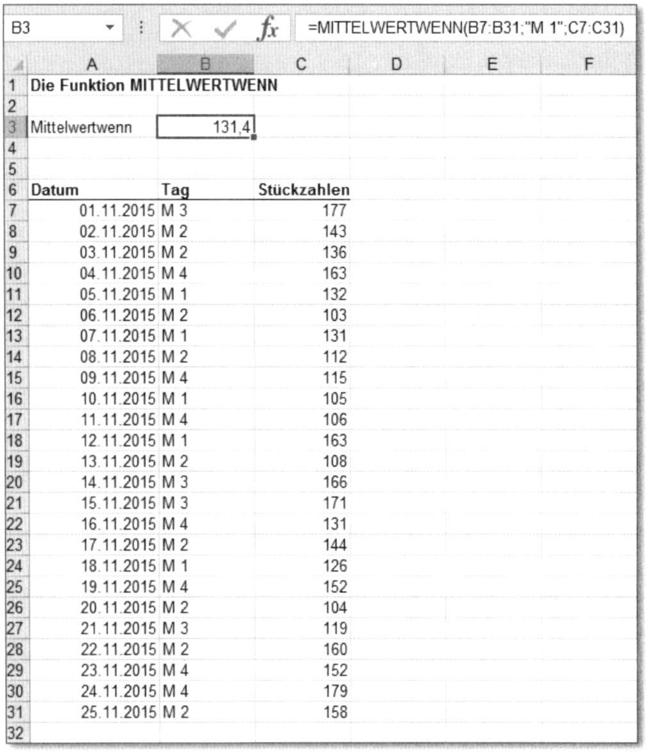

B3 =MITTELWERTWENN(B7:B31;"M 1";C7:C31)

	A	B	C	D	E	F
1	**Die Funktion MITTELWERTWENN**					
2						
3	Mittelwertwenn	131,4				
4						
5						
6	**Datum**	**Tag**	**Stückzahlen**			
7	01.11.2015	M 3	177			
8	02.11.2015	M 2	143			
9	03.11.2015	M 2	136			
10	04.11.2015	M 4	163			
11	05.11.2015	M 1	132			
12	06.11.2015	M 2	103			
13	07.11.2015	M 1	131			
14	08.11.2015	M 2	112			
15	09.11.2015	M 4	115			
16	10.11.2015	M 1	105			
17	11.11.2015	M 4	106			
18	12.11.2015	M 1	163			
19	13.11.2015	M 2	108			
20	14.11.2015	M 3	166			
21	15.11.2015	M 3	171			
22	16.11.2015	M 4	131			
23	17.11.2015	M 2	144			
24	18.11.2015	M 1	126			
25	19.11.2015	M 4	152			
26	20.11.2015	M 2	104			
27	21.11.2015	M 3	119			
28	22.11.2015	M 2	160			
29	23.11.2015	M 4	152			
30	24.11.2015	M 4	179			
31	25.11.2015	M 2	158			
32						

Abbildung 8.23 Die Funktion MITTELWERTWENN

Die Funktion MITTELWERTWENN hat ermittelt, dass die Maschine M1 durchschnittlich 131,4 Stücke pro Tag produziert (siehe Abbildung 8.23).

8.15 Die Tabellenfunktion MITTELWERTWENNS

Deutsch:	MITTELWERTWENNS
Syntax:	**=MITTELWERTWENNS(Mittelwert_Bereich;Kriterien_Bereich;Kriterien;...)**
Englisch:	AVERAGEIFS
Syntax:	**=AVERAGEIFS(average_range,criteria1_range,criteria1,...)**

Die Tabellenfunktion MITTELWERTWENNS funktioniert wie die Funktion MITTELWERT, nur dass Sie hier Zellen als Ergebnis erhalten, die mehreren Kriterien entsprechen.

Mittelwert nach mehreren Kriterien

Argument	Inhalt
Mittelwert Bereich	Ist erforderlich; der Bereich der Zellen, für den der Mittelwert berechnet werden soll.
Kriterien Bereich	Ist erforderlich; hier werden die Bereiche angegeben, für die die Kriterien ausgewertet werden sollen. Es können zwischen 1 und 127 Bereiche benannt werden.
Kriterien	Ist erforderlich; hier wird das Kriterium genannt, zu dem der Mittelwert berechnet werden soll. Es können bis zu 127 Kriterien benannt werden.

Tabelle 8.16 Die Argumente der Funktion MITTELWERTWENNS

Bei dem folgenden Beispiel in Abbildung 8.24 handelt es sich wieder um einen Produktionsbetrieb, der die produzierten Stückzahlen pro Tag erfasst.

	A	B	C	D	E	F
1	Die Funktion MITTELWERTWENNS					
2						
3						
4						
5						
6	Datum	Tag	M1	M2	M3	M4
7	01.11.2015	Sonntag	1706	1266	1182	1381
8	02.11.2015	Montag	1288	1563	1611	1093
9	03.11.2015	Dienstag	1728	1240	1203	1080
10	04.11.2015	Mittwoch	1673	1487	1022	1292
11	05.11.2015	Donnerstag	1587	1304	1633	1624
12	06.11.2015	Freitag	1260	1152	1684	1367
13	07.11.2015	Samstag	1033	1695	1063	1457
14	08.11.2015	Sonntag	1281	1274	1076	1151
15	09.11.2015	Montag	1661	1123	1124	1384
16	10.11.2015	Dienstag	1043	1067	1360	1505
17	11.11.2015	Mittwoch	1641	1641	1679	1422
18	12.11.2015	Donnerstag	1074	1384	1178	1121
19	13.11.2015	Freitag	1262	1720	1289	1361
20	14.11.2015	Samstag	1088	1429	1507	1411
21	15.11.2015	Sonntag	1622	1625	1699	1269
22	16.11.2015	Montag	1021	1591	1062	1280
23	17.11.2015	Dienstag	1189	1491	1710	1745
24	18.11.2015	Mittwoch	1522	1545	1078	1011
25	19.11.2015	Donnerstag	1208	1368	1104	1347
26	20.11.2015	Freitag	1472	1470	1602	1602
27	21.11.2015	Samstag	1654	1239	1526	1373
28	22.11.2015	Sonntag	1567	1281	1042	1480
29	23.11.2015	Montag	1075	1454	1444	1303
30	24.11.2015	Dienstag	1306	1206	1543	1647
31						

Abbildung 8.24 Erfassung der produzierten Stückzahlen je Maschine und Tag

In unserem Beispiel sollen jetzt die Mittelwerte je Maschine errechnet werden, allerdings sollen nur die Werte berechnet werden, die >= 1400 sind und die in dem Zeitraum 09.11.2015 bis 13.11.2015 produziert wurden.

Um diese Aufgabe zu lösen, verfahren Sie wie folgt:

1. Markieren Sie den Bereich C3:F3.
2. Erfassen Sie in Zelle C3 die folgende Formel:
   =MITTELWERTWENNS(C7:C30;$A$7:$A$30;">=09.11.2015";$A$7:$A$30;"<=13.11.2015";C7:C30;">=1400")
3. Schließen Sie die Formeleingabe mit der Tastenkombination [Strg] + [↵] ab.

Unsere Funktion MITTELWERTWENNS berechnet die Mittelwerte in Abhängigkeit des Datums und der produzierten Stückzahlen (siehe Abbildung 8.25).

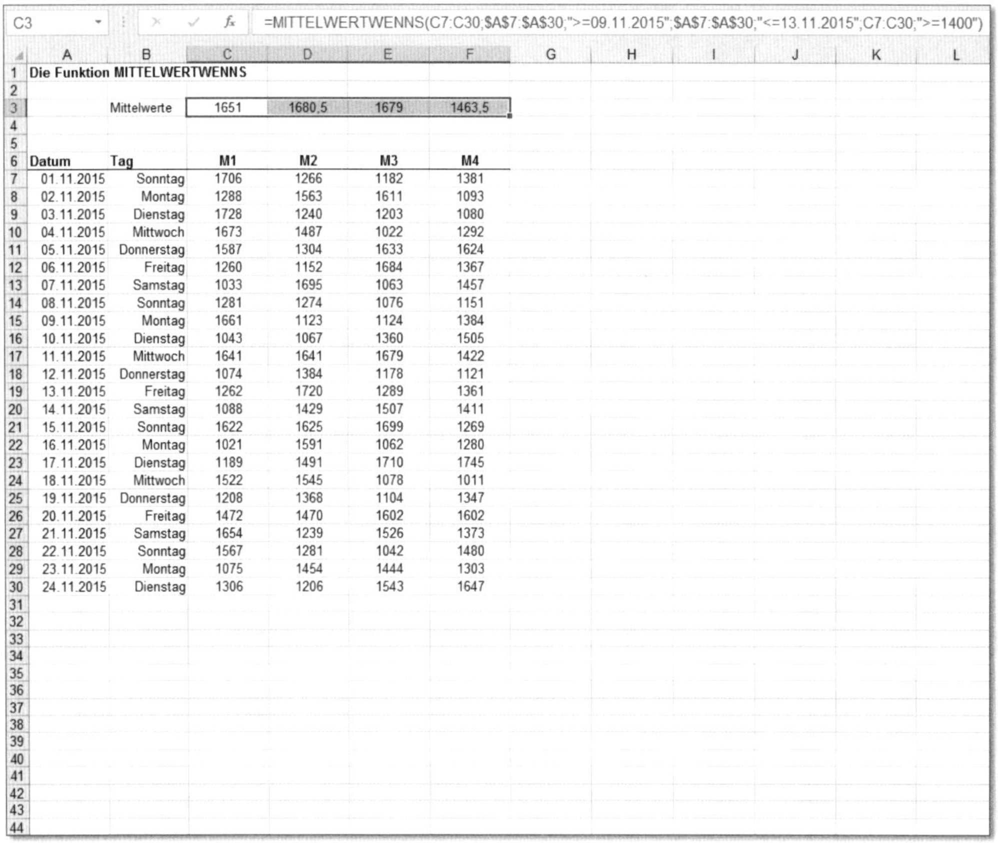

C3 =MITTELWERTWENNS(C7:C30;$A$7:$A$30;">=09.11.2015";$A$7:$A$30;"<=13.11.2015";C7:C30;">=1400")

	A	B	C	D	E	F
1	Die Funktion MITTELWERTWENNS					
2						
3		Mittelwerte	1651	1680,5	1679	1463,5
4						
5						
6	Datum	Tag	M1	M2	M3	M4
7	01.11.2015	Sonntag	1706	1266	1182	1381
8	02.11.2015	Montag	1288	1563	1611	1093
9	03.11.2015	Dienstag	1728	1240	1203	1080
10	04.11.2015	Mittwoch	1673	1487	1022	1292
11	05.11.2015	Donnerstag	1587	1304	1633	1624
12	06.11.2015	Freitag	1260	1152	1684	1367
13	07.11.2015	Samstag	1033	1695	1063	1457
14	08.11.2015	Sonntag	1281	1274	1076	1151
15	09.11.2015	Montag	1661	1123	1124	1384
16	10.11.2015	Dienstag	1043	1067	1360	1505
17	11.11.2015	Mittwoch	1641	1641	1679	1422
18	12.11.2015	Donnerstag	1074	1384	1178	1121
19	13.11.2015	Freitag	1262	1720	1289	1361
20	14.11.2015	Samstag	1088	1429	1507	1411
21	15.11.2015	Sonntag	1622	1625	1699	1269
22	16.11.2015	Montag	1021	1591	1062	1280
23	17.11.2015	Dienstag	1189	1491	1710	1745
24	18.11.2015	Mittwoch	1522	1545	1078	1011
25	19.11.2015	Donnerstag	1208	1368	1104	1347
26	20.11.2015	Freitag	1472	1470	1602	1602
27	21.11.2015	Samstag	1654	1239	1526	1373
28	22.11.2015	Sonntag	1567	1281	1042	1480
29	23.11.2015	Montag	1075	1454	1444	1303
30	24.11.2015	Dienstag	1306	1206	1543	1647

Abbildung 8.25 Das Ergebnis

8.16 Die Tabellenfunktion RANG

Deutsch:	RANG
Syntax:	**=RANG.GLEICH(Zahl;Bezug;Reihenfolge)**
Englisch:	RANK
Syntax:	**=RANK.EQ(number,ref,order)**

Funktion wurde ersetzt

Die Funktion RANG wurde von Microsoft durch die neuen Funktionen RANG.GLEICH und RANG.MITTELW ersetzt. Die Gründe dafür waren:

- größere Genauigkeit der neuen Funktionen
- Neue Funktionen bieten durch Ihre Benennung einen eindeutigeren Bezug.

Aktuell ist die Funktion RANG noch verfügbar, wird aber möglicherweise in Zukunft nicht mehr durch Microsoft supportet.

8.17 Die Tabellenfunktion RANG.GLEICH

Deutsch:	RANG.GLEICH
Syntax:	**=RANG.GLEICH(Zahl;Bezug;Reihenfolge)**
Englisch:	RANK.EQ
Syntax:	**=RANK.EQ(number,ref,order)**

Identischer Rang bei identischen Werten

Mit Hilfe der Tabellenfunktion RANG.GLEICH können Sie den Rang einer Zahl innerhalb einer Liste mit Zahlen bestimmen. Sollten mehrere identische Werte vorhanden sein, erhalten diese einen identischen Rang.

Argument	Inhalt
Zahl	Ist erforderlich;
	die Zahl, deren Rang bestimmt werden soll.

Tabelle 8.17 Die Argumente der Funktion RANG.GLEICH

Argument	Inhalt
Bezug	Ist erforderlich; hier muss eine Liste von Zahlen oder ein Bezug vorgegeben werden. Nicht numerische Daten werden übergangen.
Reihenfolge	Ist optional; Differenzierung, ob aufsteigend oder absteigend gewertet werden soll.

Tabelle 8.17 Die Argumente der Funktion RANG.GLEICH (Forts.)

In dem folgenden Beispiel in Abbildung 8.26 soll aus einer Umsatztabelle mit den Namen der Mitarbeiter der Mitarbeiter mit dem höchsten Umsatz herausgesucht werden.

	A	B	C	D
1	**Die Tabellenfunktion RANG.GLEICH**			
2				
3				
4				
5				
6	Nachname	Vorname	Umsatz	Rang
7	Bernd	Michelsen	5.215,17 €	
8	Susanne	Evans	3.575,52 €	
9	Hans	Schulz	6.169,19 €	
10	Leon	Klopp	6.665,23 €	
11	Jakob	Lambracht	2.277,68 €	
12	Tim	Schubert	5.950,08 €	
13	Thomas	Schmidt	2.057,56 €	
14	Erik	Voigt	6.577,23 €	
15	Noah	Lübeck	5.047,59 €	
16	Lea	Schuster	3.964,17 €	
17	Michael	Bosse	5.813,11 €	
18	Maren	Holmes	2.167,89 €	
19	Martin	Weinberg	6.797,11 €	
20	Oskar	Nieder	3.393,44 €	
21	Christian	Edgecomb	3.626,48 €	
22	Liam	Wildemann	6.416,66 €	
23	Ingo	Altmann	4.126,97 €	
24	Timo	Mc Cain	3.816,49 €	
25	Michael	Paul	2.217,61 €	
26	David	Landsknecht	6.401,29 €	
27	Greta	Landsknecht	2.190,19 €	
28	Christian	Krüger	3.217,59 €	
29	Christian	Spring	2.937,31 €	
30	Lina	Prinz	6.936,53 €	
31				

Abbildung 8.26 Aus dieser Tabelle soll der Mitarbeiter mit dem höchsten Umsatz herausgesucht werden.

Um die Aufgabe zu lösen, verfahren Sie wie folgt:

1. Markieren Sie den Ergebnisbereich D7:D30.
2. Erfassen Sie in Zelle D7 die folgende Formel:
   =RANG.GLEICH(C7;$C$7:$C$30)
3. Beenden Sie die Formeleingabe mit der Tastenkombination Strg + ↵.

Das Ergebnis sehen Sie in Abbildung 8.27.

D7 =RANG.GLEICH(C7;$C$7:$C$30)

	A	B	C	D
1	**Die Tabellenfunktion RANG.GLEICH**			
2				
3				
4				
5				
6	Nachname	Vorname	Umsatz	Rang
7	Bernd	Michelsen	5.215,17 €	10
8	Susanne	Evans	3.575,52 €	16
9	Hans	Schulz	6.169,19 €	7
10	Leon	Klopp	6.665,23 €	3
11	Jakob	Lambracht	2.277,68 €	20
12	Tim	Schubert	5.950,08 €	8
13	Thomas	Schmidt	2.057,56 €	24
14	Erik	Voigt	6.577,23 €	4
15	Noah	Lübeck	5.047,59 €	11
16	Lea	Schuster	3.964,17 €	13
17	Michael	Bosse	5.813,11 €	9
18	Maren	Holmes	2.167,89 €	23
19	Martin	Weinberg	6.797,11 €	2
20	Oskar	Nieder	3.393,44 €	17
21	Christian	Edgecomb	3.626,48 €	15
22	Liam	Wildemann	6.416,66 €	5
23	Ingo	Altmann	4.126,97 €	12
24	Timo	Mc Cain	3.816,49 €	14
25	Michael	Paul	2.217,61 €	21
26	David	Landsknecht	6.401,29 €	6
27	Greta	Landsknecht	2.190,19 €	22
28	Christian	Krüger	3.217,59 €	18
29	Christian	Spring	2.937,31 €	19
30	Lina	Prinz	6.936,53 €	1
31				
32				
33				
34				
35				

Abbildung 8.27 Die Mitarbeiterin Lina Prinz hat den meisten Umsatz gemacht.

Auf- oder absteigende Sortierung

Wenn wir das gleiche Beispiel um die aufsteigende oder absteigende Sortierung erweitern, dann sieht unser Ergebnis wie in Abbildung 8.28 aus.

Keine Reihenfolge = aufsteigend sortiert

Wenn Sie sich das Ergebnis ansehen, werden Sie feststellen, dass die Spalten D und E gleich sortiert sind. Das bedeutet also, wenn Sie keine Reihenfolge vorgeben, dann wird immer aufsteigend sortiert.

F7 =RANG.GLEICH(C7;$C$7:$C$30;1)

	A	B	C	D	E	F
1	**Die Tabellenfunktion RANG.GLEICH**					
2						
3						
4						
5						
6	Nachname	Vorname	Umsatz	Rang	Rang aufsteigend	Rang absteigend
7	Bernd	Michelsen	5.215,17 €	10	10	15
8	Susanne	Evans	3.575,52 €	16	16	9
9	Hans	Schulz	6.169,19 €	7	7	18
10	Leon	Klopp	6.665,23 €	3	3	22
11	Jakob	Lambracht	2.277,68 €	20	20	5
12	Tim	Schubert	5.950,08 €	8	8	17
13	Thomas	Schmidt	2.057,56 €	24	24	1
14	Erik	Voigt	6.577,23 €	4	4	21
15	Noah	Lübeck	5.047,59 €	11	11	14
16	Lea	Schuster	3.964,17 €	13	13	12
17	Michael	Bosse	5.813,11 €	9	9	16
18	Maren	Holmes	2.167,89 €	23	23	2
19	Martin	Weinberg	6.797,11 €	2	2	23
20	Oskar	Nieder	3.393,44 €	17	17	8
21	Christian	Edgecomb	3.626,48 €	15	15	10
22	Liam	Wildemann	6.416,66 €	5	5	20
23	Ingo	Altmann	4.126,97 €	12	12	13
24	Timo	Mc Cain	3.816,49 €	14	14	11
25	Michael	Paul	2.217,61 €	21	21	4
26	David	Landsknecht	6.401,29 €	6	6	19
27	Greta	Landsknecht	2.190,19 €	22	22	3
28	Christian	Krüger	3.217,59 €	18	18	7
29	Christian	Spring	2.937,31 €	19	19	6
30	Lina	Prinz	6.936,53 €	1	1	24
31						

Abbildung 8.28 Das gleiche Beispiel, jetzt auch mit aufsteigenden und absteigenden Rängen

8.18 Die Tabellenfunktion RANG.MITTELW

Deutsch:	RANG.MITTELW
Syntax:	**=RANG.MITTELW(Zahl;Bezug;Reihenfolge)**
Englisch:	RANK.VG
Syntax:	**=RANK.AVG(number,ref.,order)**

Durchschnittliche Rangzahl

Mit Hilfe der Tabellenfunktion RANG.MITTELW können Sie den Rang einer Zahl innerhalb einer Liste mit Zahlen bestimmen. Sollten mehrere identische Werte vorhanden sein, erhalten diese eine durchschnittliche Rangzahl.

Argument	Inhalt
Zahl	Ist erforderlich; die Zahl, deren Rang ermittelt werden soll.
Bezug	Ist erforderlich; ein Bezug auf eine Liste mit Zahlen oder ein Array. Nicht numerische Daten werden nicht berücksichtigt.
Reihenfolge	Ist optional; eine Zahl, die die Bestimmung des Ranges angibt.

Tabelle 8.18 Die Argumente der Funktion RANG.MITTELW

Sehen Sie sich das folgende Beispiel in Abbildung 8.29 an.

	A	B	C
1	**Die Funktion RANG.MITTELW**		
2			
3			
4			
5			
6	**Vorname**	**Nachname**	**Anzahl Verträge**
7	Lina	Gross	33
8	Lara	Pape	22
9	Ida	Fricke	9
10	Tim	Solo	95
11	Thomas	Gross	3
12	Anton	Unold	48
13	Lina	Ernst	62
14	Noah	Rudolf	10
15	Leon	Fricke	63
16	Leonie	Mac Alliste	57
17	Simone	Lambracht	86
18	Greta	Arnemann	61
19	Greta	Grobe	96
20	Hans	Hensen	65
21	Mia	Fink	25
22	Kathrin	Miele	42
23	Mats	Hagen	48
24	Felix	Grobe	45
25	Erik	Klopp	88
26	Johanna	Reisl	90
27	Johanna	Morton	72
28	Thomas	Paschke	19
29	Hans	Solo	46
30	Nadine	Ashton	95
31			
32			
33			
34			
35			

Abbildung 8.29 Diese Daten sollen mittels der Funktion RANG.MITTELW bearbeitet werden.

Die Funktion wird wie folgt angewendet:

1. Schreiben Sie die folgende Formel in Zelle D7:
   =RANG.MITTELW(C7;$C$7:$C$30).
2. Beenden Sie die Formeleingabe mit der Taste [↵].
3. Setzen Sie den Cursor erneut in die Zelle, und ziehen Sie den rechten unteren Punkt, bei gedrückter linker Maustaste, in Zelle D30.

Das Ergebnis sehen Sie in Abbildung 8.30.

D7 =RANG.MITTELW(C7;$C$7:$C$30)

	A	B	C	D	E
1	**Die Funktion RANG.MITTELW**				
2					
3					
4					
5					
6	**Vorname**	**Nachname**	**Anzahl Verträge**	**RANG.MITTELW**	
7	Lina	Gross	33	18	
8	Lara	Pape	22	20	
9	Ida	Fricke	9	23	
10	Tim	Solo	95	2,5	
11	Thomas	Gross	3	24	
12	Anton	Unold	48	13,5	
13	Lina	Ernst	62	10	
14	Noah	Rudolf	10	22	
15	Leon	Fricke	63	9	
16	Leonie	Mac Allister	57	12	
17	Simone	Lambracht	86	6	
18	Greta	Arnemann	61	11	
19	Greta	Grobe	96	1	
20	Hans	Hensen	65	8	
21	Mia	Fink	25	19	
22	Kathrin	Miele	42	17	
23	Mats	Hagen	48	13,5	
24	Felix	Grobe	45	16	
25	Erik	Klopp	88	5	
26	Johanna	Reisl	90	4	
27	Johanna	Morton	72	7	
28	Thomas	Paschke	19	21	
29	Hans	Solo	46	15	
30	Nadine	Ashton	95	2,5	
31					
32					
33					
34					
35					

Abbildung 8.30 In den Zeilennummern 10, 12, 23 und 30 sind die Werte doppelt vorhanden. RANG.MITTELW bildet in diesen Fällen eine durchschnittliche Rangzahl.

Damit der Unterschied zwischen den Funktionen RANG.MITTELW und RANG.GLEICH noch deutlicher wird, haben wir das Beispiel in Abbildung 8.31 noch einmal um die Funktion RANG.GLEICH ergänzt.

	A	B	C	D	E
1	**Die Funktion RANG.MITTELW**				
2					
3					
4					
5					
6	**Vorname**	**Nachname**	**Anzahl Verträge**	**RANG.MITTELW**	**RANG.GLEICH**
7	Lina	Gross	33	18	18
8	Lara	Pape	22	20	20
9	Ida	Fricke	9	23	23
10	Tim	Solo	95	2,5	2
11	Thomas	Gross	3	24	24
12	Anton	Unold	48	13,5	13
13	Lina	Ernst	62	10	10
14	Noah	Rudolf	10	22	22
15	Leon	Fricke	63	9	9
16	Leonie	Mac Allister	57	12	12
17	Simone	Lambracht	86	6	6
18	Greta	Arnemann	61	11	11
19	Greta	Grobe	96	1	1
20	Hans	Hensen	65	8	8
21	Mia	Fink	25	19	19
22	Kathrin	Miele	42	17	17
23	Mats	Hagen	48	13,5	13
24	Felix	Grobe	45	16	16
25	Erik	Klopp	88	5	5
26	Johanna	Reisl	90	4	4
27	Johanna	Morton	72	7	7
28	Thomas	Paschke	19	21	21
29	Hans	Solo	46	15	15
30	Nadine	Ashton	95	2,5	2
31					
32					
33					
34					
35					
36					

Abbildung 8.31 Hier können Sie die Unterschiede der beiden Funktionen RANG.GLEICH und RANG.MITTELW eindeutig erkennen.

8.19 Die Tabellenfunktion ZÄHLENWENN

Deutsch:	ZÄHLENWENN
Syntax:	**=ZÄHLENWENN(Bereich;Suchkriterien)**
Englisch:	COUNTIF
Syntax:	**=COUNTIF(range,criteria)**

Mit Hilfe der Tabellenfunktion ZÄHLENWENN können Sie die Anzahl der Zellen zählen, die eine bestimmte Bedingung erfüllen.

Zellen zählen

Argument	Inhalt
Bereich	Ist erforderlich; die Zellen oder der Bereich, in dem die Zählung erfolgen soll.
Suchkriterien	Ist erforderlich; das Element, nach dem gesucht werden soll. Mögliche Kriterien: Zahl, Text, Zellbezug.

Tabelle 8.19 Die Argumente der Funktion ZÄHLENWENN

Im folgenden Beispiel in Abbildung 8.32 werden wir die Funktion ZÄHLENWENN anwenden: Angenommen, Sie arbeiten bei einem Fruchtgroßhändler und ermitteln täglich, was am meisten nachgefragt wird.

	A	B	C	D	E
1	**Die Funktion ZÄHLENWENN**				
2					
3					
4					
5					
6	Datum	Obst	Gemüse		
7	01.11.2015	Äpfel	Bohnen		
8	02.11.2015	Kirschen	Grünkohl		
9	03.11.2015	Bananen	Wirsingkohl		
10	04.11.2015	Äpfel	Rotkohl		
11	05.11.2015	Kiwi	Blumenkohl		
12	06.11.2015	Himbeeren	Bohnen		
13	07.11.2015	Birnen	Kartoffeln		
14	08.11.2015	Pflaumen	Broccoli		
15	09.11.2015	Brombeeren	Spinat		
16	10.11.2015	Erdbeeren	Erbsen		
17	11.11.2015	Johannisbeeren	Erbsen		
18	12.11.2015	Erdbeeren	Bohnen		
19	13.11.2015	Johannisbeeren	Grünkohl		
20	14.11.2015	Melonen	Kartoffeln		
21	15.11.2015	Ananas	Gurken		
22	16.11.2015	Pfirsiche	Aubergine		
23	17.11.2015	Feigen	Zucchini		
24	18.11.2015	Mangos	China-Kohl		
25	19.11.2015	Äpfel	Paprika		
26	20.11.2015	Kirschen	Kürbis		
27	21.11.2015	Äpfel	Erbsen		
28	22.11.2015	Pflaumen	Erbsen		
29	23.11.2015	Grapefruit	Bohnen		
30	24.11.2015	Heidelbeeren	Grünkohl		
31	25.11.2015	Melonen	Kartoffeln		
32	26.11.2015	Karambole	Bohnen		
33	27.11.2015	Heidelbeeren	Grünkohl		
34	28.11.2015	Kiwi	Wirsingkohl		
35	29.11.2015	Zitronen	Zwiebeln		
36	30.11.2015	Himbeeren	Blumenkohl		
37	01.12.2015	Kiwi	Bohnen		
38	02.12.2015	Maracuja	Kartoffeln		
39	03.12.2015	Birnen	Broccoli		
40	04.12.2015	Brombeeren	Spinat		
41					

Abbildung 8.32 Tägliche Erfassung des Produkts, das am meisten nachgefragt wird

Mit der Funktion ZÄHLENWENN sollen Sie jetzt ermitteln, wie oft jedes Produkt tatsächlich am meisten nachgefragt wurde. Um diese Aufgabe zu lösen, verfahren Sie wie folgt:

1. Markieren Sie den Bereich B7:B40, und kopieren Sie diesen nach F1.
2. Markieren Sie den Bereich C7:C40, und kopieren Sie diesen nach I1.
3. Markieren Sie jetzt die Spalte F, und wählen Sie aus dem Menüband DATEN im Bereich DATENTOOLS das Symbol DUPLIKATE ENTFERNEN aus (siehe Abbildung 8.33).

Duplikate entfernen

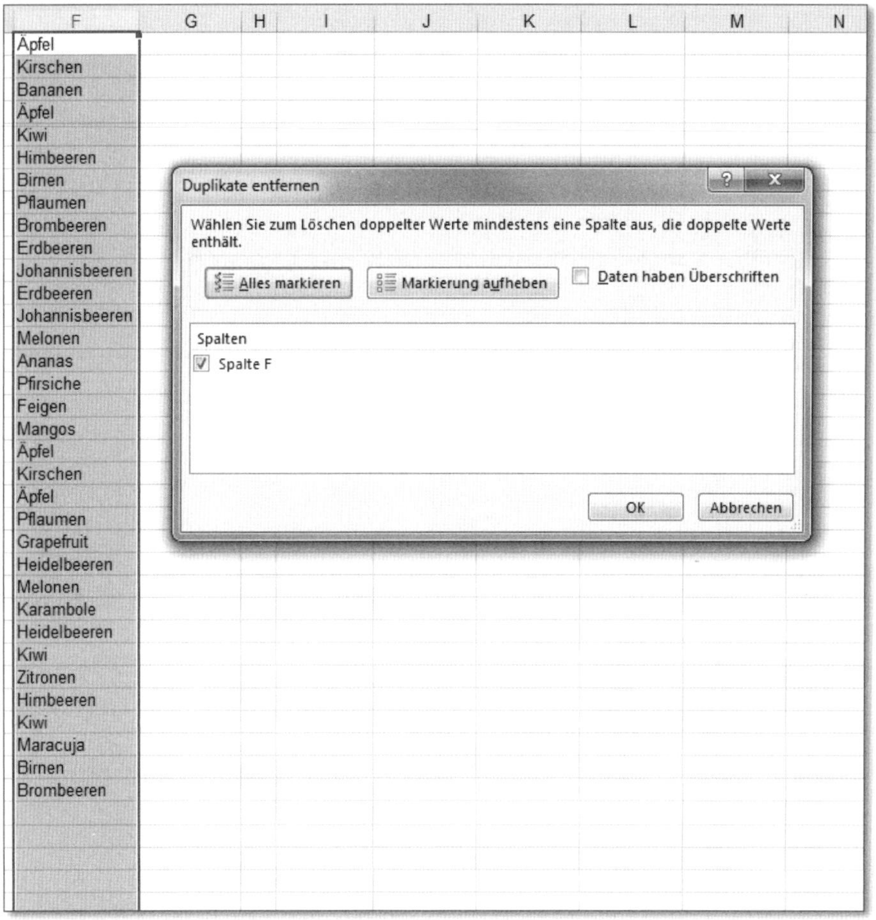

Abbildung 8.33 Jetzt werden unsere Obstsorten eindeutig gemacht.

4. Bestätigen Sie die Abfrage mit OK.
5. Für den Bereich Gemüse verfahren Sie analog der Anweisungen, nur dass Sie diesen Bereich nach I1 kopieren (siehe Abbildung 8.34).

	A	B	C	D	E	F	G	H	I
1	**Die Funktion ZÄHLENWENN**					Äpfel			Bohnen
2						Kirschen			Grünkohl
3						Bananen			Wirsingkohl
4						Kiwi			Rotkohl
5						Himbeeren			Blumenkohl
6	Datum	Obst	Gemüse			Birnen			Kartoffeln
7	01.11.2015	Äpfel	Bohnen			Pflaumen			Broccoli
8	02.11.2015	Kirschen	Grünkohl			Brombeeren			Spinat
9	03.11.2015	Bananen	Wirsingkohl			Erdbeeren			Erbsen
10	04.11.2015	Äpfel	Rotkohl			Johannisbeeren			Gurken
11	05.11.2015	Kiwi	Blumenkohl			Melonen			Aubergine
12	06.11.2015	Himbeeren	Bohnen			Ananas			Zucchini
13	07.11.2015	Birnen	Kartoffeln			Pfirsiche			China-Kohl
14	08.11.2015	Pflaumen	Broccoli			Feigen			Paprika
15	09.11.2015	Brombeeren	Spinat			Mangos			Kürbis
16	10.11.2015	Erdbeeren	Erbsen			Grapefruit			Zwiebeln
17	11.11.2015	Johannisbeeren	Erbsen			Heidelbeeren			
18	12.11.2015	Erdbeeren	Bohnen			Karambole			
19	13.11.2015	Johannisbeeren	Grünkohl			Zitronen			
20	14.11.2015	Melonen	Kartoffeln			Maracuja			
21	15.11.2015	Ananas	Gurken						
22	16.11.2015	Pfirsiche	Aubergine						
23	17.11.2015	Feigen	Zucchini						
24	18.11.2015	Mangos	China-Kohl						
25	19.11.2015	Äpfel	Paprika						
26	20.11.2015	Kirschen	Kürbis						
27	21.11.2015	Äpfel	Erbsen						
28	22.11.2015	Pflaumen	Erbsen						
29	23.11.2015	Grapefruit	Bohnen						
30	24.11.2015	Heidelbeeren	Grünkohl						
31	25.11.2015	Melonen	Kartoffeln						
32	26.11.2015	Karambole	Bohnen						
33	27.11.2015	Heidelbeeren	Grünkohl						
34	28.11.2015	Kiwi	Wirsingkohl						
35	29.11.2015	Zitronen	Zwiebeln						
36	30.11.2015	Himbeeren	Blumenkohl						
37	01.12.2015	Kiwi	Bohnen						
38	02.12.2015	Maracuja	Kartoffeln						
39	03.12.2015	Birnen	Broccoli						
40	04.12.2015	Brombeeren	Spinat						
41									

Abbildung 8.34 Ihre Tabelle sollte jetzt so aussehen.

Da wir jetzt jede Obst- und Gemüsesorte nur noch einmal haben, können wir mit der Funktion ZÄHLENWENN beginnen:

1. Markieren Sie dazu den Zellenbereich G1:G20.
2. Erfassen Sie in Zelle G1 die folgende Formel: **=ZÄHLENWENN($B$7:$B$40;F1)**
3. Beenden Sie die Formeleingabe mit der Tastenkombination [Strg] + [↵].
4. Markieren Sie jetzt den Bereich J1:J16.
5. Schreiben Sie in Zelle J1 die folgende Formel: **=ZÄHLENWENN($C$7:$C$40;I1)**

6. Beenden Sie die Formeleingabe mit der Tastenkombination [Strg] + [↵].

J1 =ZÄHLENWENN($C$7:$C$40;I1)

	A	B	C	D	E	F	G	H	I	J
1	**Die Funktion ZÄHLENWENN**					Äpfel	4		Bohnen	6
2						Kirschen	2		Grünkohl	4
3						Bananen	1		Wirsingkohl	2
4						Kiwi	3		Rotkohl	1
5						Himbeere	1		Blumenkohl	2
6	Datum	Obst	Gemüse			Birnen	1		Kartoffeln	4
7	01.11.2015	Äpfel	Bohnen			Pflaumen	2		Broccoli	2
8	02.11.2015	Kirschen	Grünkohl			Brombeeren	2		Spinat	2
9	03.11.2015	Bananen	Wirsingkohl			Erdbeeren	2		Erbsen	4
10	04.11.2015	Äpfel	Rotkohl			Johannisbeer	2		Gurken	1
11	05.11.2015	Kiwi	Blumenkohl			Melone	1		Aubergine	1
12	06.11.2015	Himbeere	Bohnen			Ananas	1		Zucchini	1
13	07.11.2015	Birnen	Kartoffeln			Guiave	1		China-Kohl	1
14	08.11.2015	Pflaumen	Broccoli			Feige	1		Paprika	1
15	09.11.2015	Brombeeren	Spinat			Mango	1		Kürbis	1
16	10.11.2015	Erdbeeren	Erbsen			Grapefruit	1		Zwiebeln	1
17	11.11.2015	Johannisbeeren	Erbsen			Heidelbeeren	2			
18	12.11.2015	Erdbeeren	Bohnen			Melnoe	1			
19	13.11.2015	Johannisbeeren	Grünkohl			Karambole	1			
20	14.11.2015	Melone	Kartoffeln			Zitronen	1			
21	15.11.2015	Ananas	Gurken			Himbeerem	1			
22	16.11.2015	Guiave	Aubergine			Maracuja	1			
23	17.11.2015	Feige	Zucchini			Birnem	1			
24	18.11.2015	Mango	China-Kohl							
25	19.11.2015	Äpfel	Paprika							
26	20.11.2015	Kirschen	Kürbis							
27	21.11.2015	Äpfel	Erbsen							
28	22.11.2015	Pflaumen	Erbsen							
29	23.11.2015	Grapefruit	Bohnen							
30	24.11.2015	Heidelbeeren	Grünkohl							
31	25.11.2015	Melnoe	Kartoffeln							
32	26.11.2015	Karambole	Bohnen							
33	27.11.2015	Heidelbeeren	Grünkohl							
34	28.11.2015	Kiwi	Wirsingkohl							
35	29.11.2015	Zitronen	Zwiebeln							
36	30.11.2015	Himbeerem	Blumenkohl							
37	01.12.2015	Kiwi	Bohnen							
38	02.12.2015	Maracuja	Kartoffeln							
39	03.12.2015	Birnem	Broccoli							
40	04.12.2015	Brombeeren	Spinat							

Abbildung 8.35 Das Ergebnis der Funktion ZÄHLENWENN

Als Ergebnis können Sie jetzt eindeutig sagen, welches Obst bzw. Gemüse an den meisten Tagen nachgefragt wurde (siehe Abbildung 8.35).

8.20 Die Tabellenfunktion ZÄHLENWENNS

Deutsch:	ZÄHLENWENNS
Syntax:	**=ZÄHLENWENNS(Kriterienbereich1;Kriterien1;[Kriterienbereich2; Kriterien2]...)**
Englisch:	COUNTIFS
Syntax:	**=COUNTIFS(criteria_range1,criteria1,criteria_range2, criteria2,...criteria_range_n,criteria_n)**

Häufigkeit eines Zellinhalts bestimmen

Mit Hilfe der Tabellenfunktion ZÄHLENWENNS können Sie ermitteln, wie oft ein Zellinhalt vorkommt. ZÄHLENWENNS erlaubt 1–127 verschiedene Kriterien.

Argument	Inhalt
Kriterien-bereich 1	Ist erforderlich; der erste Bereich, in dem die Kriterien passen müssen.
Kriterien 1	Ist erforderlich; die Kriterien, die eine positive Zählung auslösen. Es sind zwischen 1 und 127 Kriterien möglich.

Tabelle 8.20 Die Argumente der Funktion ZÄHLENWENNS

Als Grundlage nehmen wir das bekannte Beispiel aus dem letzten Abschnitt. Neben den Furcht- und Gemüsesorten werden jetzt auch die täglichen Kilogramm-Angaben notiert (siehe Abbildung 8.36). Ziel ist es, die Lebensmittel zu zählen, bei denen die Kilogramm-Zahl > 550 kg ist.

	A	B	C	D	E	F	G	H	I	J	K
1	Die Funktion ZÄHLENWENNS							Äpfel			Bohnen
2								Kirschen			Grünkohl
3								Bananen			Wirsingkohl
4								Kiwi			Rotkohl
5								Himbeeren			Blumenkohl
6	Datum	Obst	kg	Gemüse	kg			Birnen			Kartoffeln
7	01.11.2015	Äpfel	442 kg	Bohnen	673 kg			Pflaumen			Broccoli
8	02.11.2015	Kirschen	405 kg	Grünkohl	436 kg			Brombeeren			Spinat
9	03.11.2015	Bananen	628 kg	Wirsingkohl	382 kg			Erdbeeren			Erbsen
10	04.11.2015	Äpfel	550 kg	Rotkohl	437 kg			Johannisbeeren			Gurken
11	05.11.2015	Kiwi	592 kg	Blumenkohl	702 kg			Melonen			Aubergine
12	06.11.2015	Himbeeren	514 kg	Bohnen	453 kg			Ananas			Zucchini
13	07.11.2015	Birnen	548 kg	Kartoffeln	564 kg			Pfirsiche			China-Kohl
14	08.11.2015	Pflaumen	690 kg	Broccoli	531 kg			Feigen			Paprika
15	09.11.2015	Brombeeren	638 kg	Spinat	543 kg			Mangos			Kürbis
16	10.11.2015	Erdbeeren	664 kg	Erbsen	657 kg			Grapefruit			Zwiebeln
17	11.11.2015	Johannisbeeren	697 kg	Erbsen	475 kg			Heidelbeeren			
18	12.11.2015	Erdbeeren	380 kg	Bohnen	546 kg			Karambole			
19	13.11.2015	Johannisbeeren	478 kg	Grünkohl	517 kg			Zitronen			
20	14.11.2015	Melonen	568 kg	Kartoffeln	564 kg			Maracuja			
21	15.11.2015	Ananas	429 kg	Gurken	391 kg						
22	16.11.2015	Pfirsiche	474 kg	Aubergine	627 kg						
23	17.11.2015	Feigen	662 kg	Zucchini	616 kg						
24	18.11.2015	Mangos	563 kg	China-Kohl	678 kg						
25	19.11.2015	Äpfel	458 kg	Paprika	475 kg						
26	20.11.2015	Kirschen	666 kg	Kürbis	676 kg						
27	21.11.2015	Äpfel	684 kg	Erbsen	682 kg						
28	22.11.2015	Pflaumen	369 kg	Erbsen	716 kg						
29	23.11.2015	Grapefruit	657 kg	Bohnen	563 kg						
30	24.11.2015	Heidelbeeren	524 kg	Grünkohl	422 kg						
31	25.11.2015	Melonen	475 kg	Kartoffeln	543 kg						
32	26.11.2015	Karambole	665 kg	Bohnen	587 kg						
33	27.11.2015	Heidelbeeren	654 kg	Grünkohl	637 kg						
34	28.11.2015	Kiwi	689 kg	Wirsingkohl	411 kg						
35	29.11.2015	Zitronen	619 kg	Zwiebeln	393 kg						
36	30.11.2015	Himbeeren	527 kg	Blumenkohl	431 kg						
37	01.12.2015	Kiwi	631 kg	Bohnen	354 kg						
38	02.12.2015	Maracuja	633 kg	Kartoffeln	715 kg						
39	03.12.2015	Birnen	536 kg	Broccoli	596 kg						
40	04.12.2015	Brombeeren	357 kg	Spinat	417 kg						
41											

Abbildung 8.36 Das Beispiel aus dem letzten Abschnitt kann auch hier genutzt werden.

Um jetzt die Funktion ZÄHLENWENNS einzusetzen, gehen Sie wie folgt vor:

1. Markieren Sie den Ergebnisbereich I1:I20.
2. Schreiben Sie in Zelle I1 die folgende Formel:
   =ZÄHLENWENNS($B$7:$B$40;H1;$C$7:$C$40;">550 kg")
3. Beenden Sie die Formelerfassung durch Drücken der Tastenkombination `Strg` + `↵`.
4. Verfahren Sie bei den Gemüsesorten analog, nur dass Sie dort die Spalten D und E als Kriterienbereich ansetzen müssen.

Das Ergebnis sehen Sie in Abbildung 8.37.

I1 =ZÄHLENWENNS($B$7:$B$40;H1;$C$7:$C$40;">550 kg")

	A	B	C	D	E	F	G	H	I	J	K	L
1	Die Funktion ZÄHLENWENNS							Äpfel	1		Bohnen	3
2								Kirschen	1		Grünkohl	1
3								Bananen	1		Wirsingkohl	1
4								Kiwi	3		Rotkohl	1
5								Himbeeren	0		Blumenkohl	0
6	Datum	Obst	kg	Gemüse	kg			Birnen	0		Kartoffeln	0
7	01.11.2015	Äpfel	442 kg	Bohnen	673 kg			Pflaumen	1		Broccoli	1
8	02.11.2015	Kirschen	405 kg	Grünkohl	436 kg			Brombeeren	1		Spinat	1
9	03.11.2015	Bananen	628 kg	Wirsingkohl	382 kg			Erdbeeren	1		Erbsen	1
10	04.11.2015	Äpfel	550 kg	Rotkohl	437 kg			Johannisbeeren	1		Gurken	0
11	05.11.2015	Kiwi	592 kg	Blumenkohl	702 kg			Melonen	1		Aubergine	1
12	06.11.2015	Himbeeren	514 kg	Bohnen	453 kg			Ananas	0		Zucchini	0
13	07.11.2015	Birnen	548 kg	Kartoffeln	564 kg			Pfirsiche	0		China-Kohl	0
14	08.11.2015	Pflaumen	690 kg	Broccoli	531 kg			Feigen	1		Paprika	1
15	09.11.2015	Brombeeren	638 kg	Spinat	543 kg			Mangos	1		Kürbis	0
16	10.11.2015	Erdbeeren	664 kg	Erbsen	657 kg			Grapefruit	1		Zwiebeln	0
17	11.11.2015	Johannisbeeren	697 kg	Erbsen	475 kg			Heidelbeeren	1			
18	12.11.2015	Erdbeeren	380 kg	Bohnen	546 kg			Karambole	1			
19	13.11.2015	Johannisbeeren	478 kg	Grünkohl	517 kg			Zitronen	1			
20	14.11.2015	Melonen	568 kg	Kartoffeln	564 kg			Maracuja	1			
21	15.11.2015	Ananas	429 kg	Gurken	391 kg							
22	16.11.2015	Pfirsiche	474 kg	Aubergine	627 kg							
23	17.11.2015	Feigen	662 kg	Zucchini	616 kg							
24	18.11.2015	Mangos	563 kg	China-Kohl	678 kg							
25	19.11.2015	Äpfel	458 kg	Paprika	475 kg							
26	20.11.2015	Kirschen	666 kg	Kürbis	676 kg							
27	21.11.2015	Äpfel	684 kg	Erbsen	682 kg							
28	22.11.2015	Pflaumen	369 kg	Erbsen	716 kg							
29	23.11.2015	Grapefruit	657 kg	Bohnen	563 kg							
30	24.11.2015	Heidelbeeren	524 kg	Grünkohl	422 kg							
31	25.11.2015	Melonen	475 kg	Kartoffeln	543 kg							
32	26.11.2015	Karambole	665 kg	Bohnen	587 kg							
33	27.11.2015	Heidelbeeren	654 kg	Grünkohl	637 kg							
34	28.11.2015	Kiwi	689 kg	Wirsingkohl	411 kg							
35	29.11.2015	Zitronen	619 kg	Zwiebeln	393 kg							
36	30.11.2015	Himbeeren	527 kg	Blumenkohl	431 kg							
37	01.12.2015	Kiwi	631 kg	Bohnen	354 kg							
38	02.12.2015	Maracuja	633 kg	Kartoffeln	715 kg							
39	03.12.2015	Birnen	536 kg	Broccoli	596 kg							
40	04.12.2015	Brombeeren	357 kg	Spinat	417 kg							

Abbildung 8.37 Wenn auch noch die Kilogramm-Angabe zur Ergebnisselektion genutzt wird, verschiebt sich das bekannte Ergebnis der Funktion ZÄHLENWENN.

Kapitel 9

Funktionen für die Finanzmathematik

In diesem Kapitel schauen wir uns die finanzmathematischen Funktionen von Excel an. Auch wenn diese auf den ersten Blick sehr komplex wirken, sind es nur Funktionen, die darauf warten, mit den von Ihnen eingegebenen Daten zu rechnen.

Deutsch	Englisch	ab Version	Grundwissen
AMORDEGRK	AMORDEGRC	2007	
AMORLINEARK	AMORLINC	2007	
AUFGELZINS	ACCRINT	2007	
AUFGELZINSF	ACCRINTM	2007	
AUSZAHLUNG	RECEIVED	2007	
BW	PV	2003	X
DIA	SYD	2003	X
DISAGIO	DISC	2007	
DURATION	DURATION	2007	
EFFEKTIV	EFFECT	2007	
GDA	DDB	2003	X
GDA2	DB	2003	
IKV	IRR	2003	
ISPMT	ISPMT	2003	
KAPZ	PPMT	2003	X

Tabelle 9.1 Übersicht der finanzmathematischen Funktionen von Excel

Deutsch	Englisch	ab Version	Grundwissen
KUMKAPITAL	CUMPRINC	2007	
KUMZINSZ	CUMIPMT	2007	
KURS	PRICE	2007	
KURSDISAGIO	PRICEDISC	2007	
KURSFÄLLIG	PRICEMAT	2007	
LIA	SLN	2003	X
MDURATION	MDURATION	2007	
NBW	NPV	2003	
NOMINAL	NOMINAL	2007	
NOTIERUNGBRU	DOLLARFR	2007	
NOTIERUNGDEZ	DOLLARDE	2007	
PDURATION	PDURATION	2013	
QIKV	MIRR	2003	
RENDITE	YIELD	2007	
RENDITEDIS	YIELDDISC	2007	
RENDITEFÄLL	YIELDMAT	2007	
RMZ	PMT	2003	X
TBILLÄQUIV	TBILLEQ	2007	
TBILLKURS	TBILLPRICE	2007	
TBILLRENDITE	TBILLYIELD	2007	
UNREGER.KURS	ODDFPRICE	2007	
UNREGER.REND	ODDFYIELD	2007	
UNREGLE.KURS	ODDLPRICE	2007	
UNREGLE.REND	ODDLYIELD	2007	
VDB	VDB	2003	

Tabelle 9.1 Übersicht der finanzmathematischen Funktionen von Excel (Forts.)

Deutsch	Englisch	ab Version	Grundwissen
XINTZINSFUSS	XIRR	2007	
XKAPITALWERT	XNPV	2007	
ZINS	RATE	2003	
ZINSSATZ	INTRATE	2007	
ZINSTERMNZ	COUPNCD	2007	
ZINSTERMTAGE	COUPDAYS	2007	
ZINSTERMTAGNZ	COUPDAYSNC	2007	
ZINSTERMTAGVA	COUPDAYBS	2007	
ZINSTERMVZ	COUPPCD	2007	
ZINSTERMZAHL	COUPNUM	2007	
ZINSZ	IPMT	2003	X
ZSATZINVEST	RRI	2013	
ZW	FV	2003	X
ZW2	FVSCHEDULE	2007	
ZZR	NPER	2003	

Tabelle 9.1 Übersicht der finanzmathematischen Funktionen von Excel (Forts.)

9.1 Die Tabellenfunktion BW

Deutsch:	BW
Syntax:	**=BW(Zins;Zzr;Rmz;Zw;F)**
Englisch:	PV
Syntax:	**=PV(interest_rate,number_payments,payment,FV,type)**

Wert eines Darlehens oder einer Investition errechnen

Mit Hilfe der Tabellenfunktion BW (Barwert) können Sie den aktuellen Wert eines Darlehens oder einer Investition errechnen, wobei ein konstanter Zinssatz vorausgesetzt wird.

Argument	Inhalt
Zins	Ist erforderlich; hier erfassen Sie den Zinssatz je Zahlungsperiode bzw. Zahlungszeitraum.
Zzr	Ist erforderlich; Zzr = Anzahl der Zahlungszeiträume; in diesem Argument erfassen Sie die Anzahl der Zahlungsperioden.
Rmz	Ist erforderlich; Rmz = regelmäßige Zahlung; hier erfassen Sie den Betrag, der in der jeweiligen Zahlungsperiode geleistet wird. Wichtig ist, dass der Betrag konstant bleibt.
Zw	Ist optional; Zw = zukünftiger Wert; in diesem optionalen Feld geben Sie an, wie hoch der zukünftige Wert (Endwert) nach der letzten Zahlung sein wird.
F	Ist optional; F = Fälligkeit; mit diesem optionalen Argument steuern Sie, wie die Funktion BW arbeiten soll. Entweder sollen die Zinsen vorschüssig (1) oder nachschüssig (0) gezahlt werden.

Tabelle 9.2 Die Argumente der Funktion BW

9.1.1 Was darf eine Investition kosten?

In dem folgenden Beispiel wollen wir untersuchen, was eine Investition kosten darf. Folgende Grunddaten müssen von uns beachtet werden:

- Die Investition erwirtschaftet in den nächsten 5 Jahren einen jährlichen Ertrag von 155.000 €.
- Um die Investition zu tätigen, benötigen Sie einen Kredit zu einem Zinssatz von 7,5 %.

Um diese Aufgabe zu lösen, legen Sie sich die Tabelle aus Abbildung 9.1 an.

	A	B	C	D
1	**Die Funktion BW**			
2				
3				
4				
5				
6	**Investition in eine Produktionsmaschine**			
7				
8		Ertrag pro Jahr	155000	
9		Laufzeit	5	
10		Zinssatz	7,5%	
11				
12		Gesamtkosten der Anlage inkl. Zinsen		
13				

Abbildung 9.1 Welcher Betrag darf investiert werden?

Break-even

Erfassen Sie jetzt in Zelle C12 die folgende Formel: **=BW(C10;C9;C8)**. Als Ergebnis erhalten Sie den Betrag, der eine Investition maximal kosten darf, damit Sie keinen Verlust erleiden. Beim Betrag von 627.112,16 € machen Sie weder Gewinn noch Verlust mit Ihrer Investition. Das heißt, Sie haben hier den *Break-even*.

Jetzt prüfen wir, ob die Rechnung richtig war. Dazu müssen wir rückwärts rechnen. Orientieren Sie sich dabei an Abbildung 9.2.

F8 =C12

	A	B	C	D	E	F	G	H	I
1	**Die Funktion BW**								
2									
3									
4									
5									
6	**Investition in eine Produktionsmaschine**								
7					Laufzeit	Investition	Zinsen	Ertrag	Restwert
8		Ertrag pro Jahr	155.000,00 €		1	-627.112,16 €	-47.033,41 €	155.000,00 €	-519.145,57 €
9		Laufzeit	5		2	-519.145,57 €	-38.935,92 €	155.000,00 €	-403.081,49 €
10		Zinssatz	7,5%		3	-403.081,49 €	-30.231,11 €	155.000,00 €	-278.312,60 €
11					4	-278.312,60 €	-20.873,45 €	155.000,00 €	-144.186,05 €
12		Gesamtkosten der Anlage inkl. Zinsen	-627.112,16 €		5	-144.186,05 €	-10.813,95 €	155.000,00 €	0,00 €
13									
14									

Abbildung 9.2 So sieht der Zahlungsplan aus.

Erfassen Sie in Ihrer Tabelle die Formeln aus Tabelle 9.3.

Zelle	Formel
F8	**=C12**
G8	**=F8*$C$10**
H8	**=$C$8**

Tabelle 9.3 Übersicht über die Formeln in den jeweiligen Zellen

Zelle	Formel
I8	=F8+G8+H8
F9	=F9
G8	=F9*$C$10

Tabelle 9.3 Übersicht über die Formeln in den jeweiligen Zellen (Forts.)

Kopieren Sie die Formeln nach unten, bis die Laufzeit von 5 Jahren komplett erreicht ist. Wenn Sie alle Formeln richtig erfasst haben, dann muss in Zelle I12 der Wert 0,00 € stehen.

9.1.2 Investitionen vergleichen

Investitionen miteinander vergleichen

Eine andere Möglichkeit, mit der Funktion BW umzugehen, ist es, Investitionen miteinander zu vergleichen. Um dies zu tun, geben Sie die bekannten Informationen wie die Investitionssumme, den Zinssatz, die voraussichtliche Nutzungsdauer sowie den zu erwartenden jährlichen Ertrag der Investition in eine Tabelle ein (siehe Abbildung 9.3).

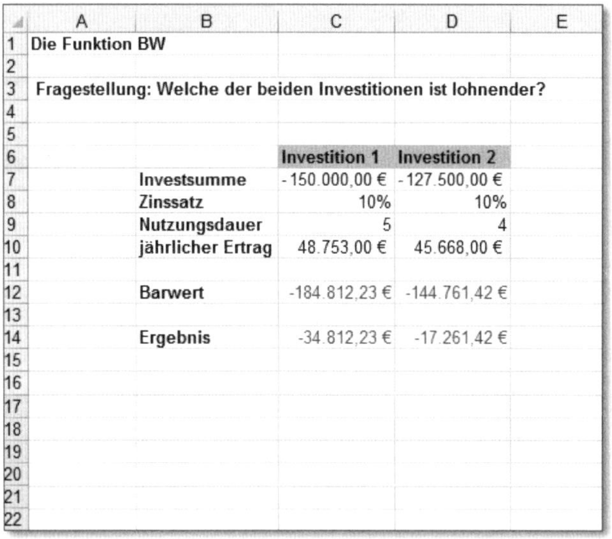

Abbildung 9.3 Der direkte Vergleich von Investitionen

Die lohnendere Investition ist die, die ein höheres Ergebnis liefert. Die Minuszeichen haben dabei keine Aussagekraft.

9.2 Die Tabellenfunktion DIA

Deutsch:	DIA
Syntax:	**=DIA(Ansch_Wert;Restwert;Nutzungsdauer;Zr)**
Englisch:	SYD
Syntax:	**=SYD(cost,salvage,life,period)**

Arithmetisch-degressive Abschreibung

Mit Hilfe der Tabellenfunktion DIA können Sie die arithmetisch-degressive Abschreibung eines Wirtschaftsgutes für eine bestimmte Periode ermitteln.

Argument	Inhalt
Ansch Wert	Ist erforderlich; die Anschaffungskosten eines Wirtschaftsgutes.
Restwert	Ist erforderlich; der Restwert am Ende der Nutzungsdauer.
Nutzungs-dauer	Ist erforderlich; die Anzahl der Perioden, über die das Wirtschaftsgut abgeschrieben wird. Nutzungsdauer und Zr müssen identische Zeiteinheiten haben.
Zr	Ist erforderlich; hier wird die Periode angegeben. Nutzungsdauer und Zr müssen identische Zeiteinheiten haben.

Tabelle 9.4 Die Argumente der Funktion DIA

9.2.1 Berechnung der degressiven Abschreibung

Degressive Abschreibung

In dem folgenden Beispiel wollen wir für eine Maschine die degressive Abschreibung ermitteln. Schauen Sie sich das folgende Beispiel in Abbildung 9.4 an.

	A	B	C	D	E
1	Die Funktion DIA				
2					
3	Degressive Abschreibung einer Maschine				
4					
5		Anschaffungskoster	249.000,00 €		
6		Nutzungsdauer	10 Jahre		
7		Restwert	1.000,00 €		
8					
9					
10	Jahr	Buchwert	Abschreibung	Restwert	
11	1				
12	2				
13	3				
14	4				
15	5				
16	6				
17	7				
18	8				
19	9				
20	10				
21					
22					
23					
24					
25					
26					
27					
28					
29					
30					
31					

Abbildung 9.4 Nach diesem Muster wollen wir uns die Abschreibung erarbeiten.

Um jetzt die Abschreibungsbeträge zu ermitteln, gehen Sie wie folgt vor:

1. Tragen Sie in Zelle B11 die Formel **=C5** ein.
2. In Zelle C11 ermitteln Sie den ersten Abschreibungsbetrag und erfassen dazu die Formel: **=DIA($C$5;$C$7;$C$6;A11)**.
3. In Zelle D11 wird der Restwert ermittelt. Schreiben Sie dazu in Zelle D11 die Formel **=B11-C11**.
4. Nun übertragen Sie den Restwert des ersten Jahres in Zelle B12 als Anfangsbuchwert für das zweite Jahr. Schreiben Sie in Zelle B12 die Formel **=D11**.
5. Ziehen Sie Zelle B12 mit Hilfe des Ausfüllkästchens bis in Zelle B20.
6. Die Formeln aus den Zellen C11 und D11 ziehen Sie ebenfalls bis in die Zellen C20 und D20.

Das Ergebnis sehen Sie in Abbildung 9.5.

C11 =DIA($C$5;$C$7;$C$6;A11)

	A	B	C	D	E
1	**Die Funktion DIA**				
2					
3	**Degressive Abschreibung einer Maschine**				
4					
5		**Anschaffungskosten**	249.000,00 €		
6		**Nutzungsdauer in Jahren**	10		
7		**Restwert**	1.000,00 €		
8					
9					
10	**Jahr**	**Buchwert**	**Abschreibung**	**Restwert**	
11	1	249.000,00 €	45.090,91 €	203.909,09 €	
12	2	203.909,09 €	40.581,82 €	163.327,27 €	
13	3	163.327,27 €	36.072,73 €	127.254,55 €	
14	4	127.254,55 €	31.563,64 €	95.690,91 €	
15	5	95.690,91 €	27.054,55 €	68.636,36 €	
16	6	68.636,36 €	22.545,45 €	46.090,91 €	
17	7	46.090,91 €	18.036,36 €	28.054,55 €	
18	8	28.054,55 €	13.527,27 €	14.527,27 €	
19	9	14.527,27 €	9.018,18 €	5.509,09 €	
20	10	5.509,09 €	4.509,09 €	1.000,00 €	
21					
22					
23					
24					
25					
26					
27					
28					
29					

Abbildung 9.5 Der Restwert beträgt exakt 1.000 €.

9.3 Die Tabellenfunktion GDA

Deutsch:	GDA
Syntax:	**=GDA(Ansch_Wert;Restwert;Nutzungsdauer;Periode;Faktor)**
Englisch:	DDB
Syntax:	**=DDB(cost,salvage,life,period,factor)**

Doppelraten-Abschreibung

Mit Hilfe der Tabellenfunktion GDA können Sie die Abschreibung eines Anlagegutes für einen angegebenen Zeitraum unter Verwendung der degressiven Doppelraten-Abschreibung oder eines anderen von Ihnen angegebenen Abschreibungsverfahrens anwenden. Die degressive Doppelraten-Abschreibung berechnet die Abschreibung mit einer beschleunigten Rate. Die Abschreibung ist in der ersten Periode am höchsten und nimmt in den nachfolgenden Perioden ab.

Argument	Inhalt
Anschaffungswert	Ist erforderlich; die Anschaffungskosten eines Wirtschaftsgutes.
Restwert	Ist erforderlich; der Restwert am Ende der Nutzungsdauer.
Nutzungsdauer	Ist erforderlich; die Anzahl der Perioden, über die das Wirtschaftsgut abgeschrieben wird. Nutzungsdauer und Periode müssen die gleiche Zeiteinheit haben.
Periode	Ist erforderlich; die Periode, deren Abschreibungsbetrag Sie berechnen möchten. Nutzungsdauer und Periode müssen die gleiche Zeiteinheit haben.
Faktor	Ist optional; das Maß, um das die Abschreibung abnimmt. Wenn hier kein Wert eingegeben wird, wird automatisch der Faktor 2 gesetzt.

Tabelle 9.5 Die Argumente der Funktion GDA

9.3.1 Die degressive Doppelraten-Abschreibung anwenden

In der nächsten Aufgabe wird von einer Maschine die degressive Doppelraten-Abschreibung ermittelt. Dabei liegen die Anschaffungskosten, die geplante Nutzungsdauer sowie der Restwert der Maschine vor. Orientieren Sie sich an Abbildung 9.6.

Um die Doppelraten-Abschreibung zu ermitteln, gehen Sie wie folgt vor:

1. Um den ersten Abschreibungsbetrag zu errechnen, geben Sie in Zelle C11 die Formel **=GDA($C$5;$C$7;$C$6;A11)** ein.
2. Den Restwert nach dem ersten Jahr in Zelle D11 ermitteln Sie über die Formel **=B11-C11**.
3. Übertragen Sie diesen Wert als Anfangswert für das folgende Jahr, indem Sie in Zelle B12 die Formel **=D11** eingeben.

4. Füllen Sie die Formel aus Zelle B12 nach unten aus, indem Sie das Ausfüllkästchen bis nach Zelle B20 ziehen.
5. Auch die Formeln aus den Zellen C11 und D11 werden über das Ausfüllkästchen bis in Zeile 20 hinuntergezogen.

Abbildung 9.7 zeigt das Ergebnis.

B11 =C5

	A	B	C	D
1	Die Funktion GDA			
2				
3	Degressive Doppeltraten-Abschreibung			
4				
5		Anschaffungskosten	125.000,00 €	
6		Nutzungsdauer in Jahren	10	
7		Restwert	15.000,00 €	
8				
9				
10	Jahr	Buchwert	Abschreibung	Restwert
11	1	125.000,00 €		
12	2			
13	3			
14	4			
15	5			
16	6			
17	7			
18	8			
19	9			
20	10			
21				

Abbildung 9.6 Die degressive Doppelraten-Abschreibung

C11 =GDA($C$5;$C$7;$C$6;A11)

	A	B	C	D
1	Die Funktion GDA			
2				
3	Degressive Doppeltraten-Abschreibung			
4				
5		Anschaffungskosten	125.000,00 €	
6		Nutzungsdauer in Jahren	10	
7		Restwert	15.000,00 €	
8				
9				
10	Jahr	Buchwert	Abschreibung	Restwert
11	1	125.000,00 €	25.000,00 €	100.000,00 €
12	2	100.000,00 €	20.000,00 €	80.000,00 €
13	3	80.000,00 €	16.000,00 €	64.000,00 €
14	4	64.000,00 €	12.800,00 €	51.200,00 €
15	5	51.200,00 €	10.240,00 €	40.960,00 €
16	6	40.960,00 €	8.192,00 €	32.768,00 €
17	7	32.768,00 €	6.553,60 €	26.214,40 €
18	8	26.214,40 €	5.242,88 €	20.971,52 €
19	9	20.971,52 €	4.194,30 €	16.777,22 €
20	10	16.777,22 €	1.777,22 €	15.000,00 €
21				

Abbildung 9.7 In den ersten Jahren ist die Abschreibung sehr hoch.

Hinweis

Möchten Sie die Tabellenfunktion GDA direkt anwenden, um beispielsweise den Abschreibungsbetrag im sechsten Jahr zu ermitteln, dann muss das letzte Argument mit angegeben werden. Die Formel lautet dann:

=GDA($C$5;$C$7;$C$6;6)

Taggenau

Die Tabellenfunktion GDA kann sogar taggenau verwendet werden. Um beispielsweise den Abschreibungsbetrag am ersten Tag der Abschreibung zu bestimmen, erfassen Sie die Formel:

=GDA($C$5;$C$7;$C$6*365;1)

Um den Abschreibungsbetrag im ersten Monat zu ermitteln, lautet die Formel:

=GDA($C$5;$C$7;$C$6*12;2)

9.4 Die Tabellenfunktion KAPZ

Deutsch:	KAPZ
Syntax:	**=KAPZ(Zins;Zr;Zzr;Bw;Zw;F)**
Englisch:	PPMT
Syntax:	**=PPMT(interest_rate,period,number payments,PV,FV,Type)**

Kapitalrückzahlung einer Investition

Die Funktion KAPZ errechnet die Kapitalrückzahlung einer Investition für eine angegebene Periode. Vorausgesetzt werden konstante Zahlungen und ein konstanter Zinssatz.

Argument	Inhalt
Zins	Ist erforderlich; der Zinssatz pro Periode.
ZR	Ist erforderlich; ZR = Zahlungszeitraum; hier geben Sie die Periode an. Dieser Wert muss zwischen 1 und dem Argument Zzr liegen.

Tabelle 9.6 Die Argumente der Funktion KAPZ

Argument	Inhalt
Zzr	Ist erforderlich; Zzr = Anzahl der Zahlungszeiträume; hier geben Sie an, über wie viele Perioden die jeweilige Annuität (Rente) gezahlt wird.
BW	Ist erforderlich; BW = Barwert; hier geben Sie den Barwert an.
ZW	Ist optional; ZW = zukünftiger Wert; hier geben Sie den zukünftigen Endwert ein, den Sie nach der letzten Zahlung erreicht haben möchten. Geben Sie hier nichts ein, wird automatisch 0 (null) gesetzt.
F	Ist optional; hier bestimmen Sie, ob die Zahlungen vorschüssig (1) oder nachschüssig (0) erfolgen. Fehlt das Argument, dann wird hier automatisch der Wert 0, also nachschüssig, angenommen.

Tabelle 9.6 Die Argumente der Funktion KAPZ (Forts.)

9.4.1 Tilgungsanteil für einen Kredit in einem bestimmten Zeitraum errechnen

In der folgenden Aufgabe in Abbildung 9.8 soll der Tilgungsanteil eines Kredits über 2 Jahre ausgerechnet werden.

	A	B	C	D
1	Die Funktion KAPZ			
2				
3				
4	Berechnet den Tilgungsanteil für einen Kredit in einem bestimmten Zeitraum			
5				
6		Zins	5,50%	
7		Zahlungszeitraum	1	
8		Anzahl der Zahlungszeiträume	24	
9		Kredit	120.000,00 €	
10				
11		Tilgungssumme im ersten Monat		
12				
13				

Abbildung 9.8 Wie hoch ist die Tilgung im ersten Monat?

Erfassen Sie dazu in Zelle C11 die folgende Formel (siehe Abbildung 9.9):
=KAPZ($C$6/12;C7;$C$8;$C$9)

Jahreszinssatz auf Monatsbasis herunterrechnen

Im ersten Argument geben Sie den Zinssatz an, den Sie für Ihren Kredit bezahlen müssen. Dabei müssen Sie diesen Jahreszinssatz auf Monatsbasis herunterrechnen. Im zweiten Argument geben Sie den Zahlungszeitraum an, für den Sie die Tilgung errechnen möchten. Im dritten Argument geben Sie die Gesamtzahl der Monate an, über die Ihr Kredit läuft. Im letzten Argument geben Sie die Gesamtsumme Ihres Kredits an.

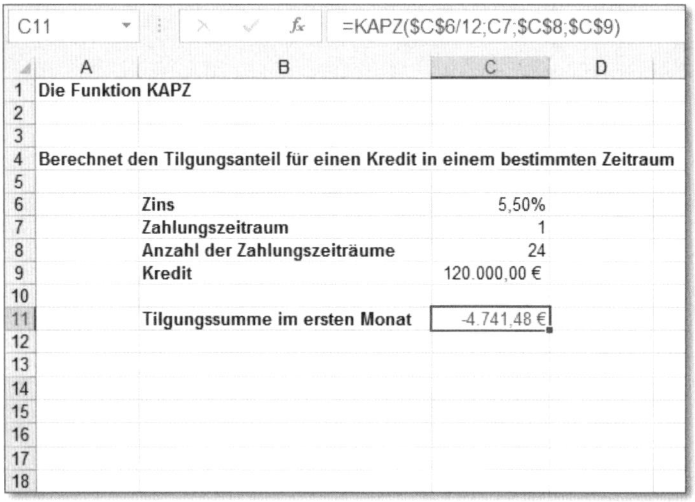

Abbildung 9.9 Im ersten Monat haben Sie eine Tilgung von 4.741 €.

9.5 Die Tabellenfunktion LIA

Deutsch:	LIA
Syntax:	**=LIA(Ansch_Wert;Restwert;Nutzungsdauer)**
Englisch:	SLN
Syntax:	**=SLN(cost,salvage,life)**

Lineare Abschreibung

Neben der Funktion DIA, die die degressive Abschreibung für ein Wirtschaftsgut berechnet, gibt es auch noch die Funktion LIA. Bei dieser Funktion wird die Abschreibung für ein Wirtschaftsgut linear berechnet.

Argument	Inhalt
Anschaf-fungswert	Ist erforderlich; hier werden die Anschaffungskosten des Wirtschafts-gutes angegeben.
Restwert	Ist erforderlich; hier definieren Sie den Restwert des Wirtschaftsgutes am Ende der Nutzungsdauer.
Nutzungs-dauer	Ist erforderlich; hier geben Sie die Anzahl der Perioden an, über die das Wirtschaftsgut abgeschrieben wird.

Tabelle 9.7 Die Argumente der Funktion LIA

9.5.1 Die lineare Abschreibung berechnen

In dem folgenden Beispiel wollen wir die lineare Abschreibung für eine Maschine berechnen. Schauen Sie sich dazu Abbildung 9.10 an.

	A	B	C	D
1	Die Funktion LIA			
2				
3	Lineare Abschreibung eines Wirtschaftsgutes			
4				
5				
6		Anschaffungskosten	249.000,00 €	
7		Nutzungsdauer in Jahren	10	
8		Restwert	1.000,00 €	
9				
10				
11	Jahr	Buchwert	Abschreibung	Restwert
12	1	249.000,00 €		
13	2			
14	3			
15	4			
16	5			
17	6			
18	7			
19	8			
20	9			
21	10			
22				

Abbildung 9.10 Unsere Ausgangsbasis, um die lineare Abschreibung zu berechnen

Um die lineare Abschreibung zu errechnen, verfahren Sie wie folgt:

1. Schreiben Sie in Zelle C12 die folgende Formel:
   =LIA($C$6;$C$8;$C$7)

2. Den Restwert in Zelle D12 errechnen Sie über die Formel **=B12-C12**.
3. Übertragen Sie den Restwert aus Zelle D12 in Zelle B13 mit der Formel **=D12**.
4. Ziehen Sie das Ausfüllkästchen der Zelle B13 bis in Zelle B21.
5. Markieren Sie die beiden Zellen C12:D12, und ziehen Sie das Ausfüllkästchen ebenfalls bis in die Zeile 21.

Das Ergebnis sehen Sie in Abbildung 9.11.

C12 | fx | =LIA($C$6;$C$8;$C$7)

	A	B	C	D
1	Die Funktion LIA			
2				
3	Lineare Abschreibung eines Wirtschaftsgutes			
4				
5				
6		Anschaffungskosten	249.000,00 €	
7		Nutzungsdauer in Jahren	10	
8		Restwert	1.000,00 €	
9				
10				
11	Jahr	Buchwert	Abschreibung	Restwert
12	1	249.000,00 €	24.800,00 €	224.200,00 €
13	2	224.200,00 €	24.800,00 €	199.400,00 €
14	3	199.400,00 €	24.800,00 €	174.600,00 €
15	4	174.600,00 €	24.800,00 €	149.800,00 €
16	5	149.800,00 €	24.800,00 €	125.000,00 €
17	6	125.000,00 €	24.800,00 €	100.200,00 €
18	7	100.200,00 €	24.800,00 €	75.400,00 €
19	8	75.400,00 €	24.800,00 €	50.600,00 €
20	9	50.600,00 €	24.800,00 €	25.800,00 €
21	10	25.800,00 €	24.800,00 €	1.000,00 €
22				

Abbildung 9.11 Unsere lineare Abschreibung wurde berechnet.

9.6 Die Tabellenfunktion RMZ

Deutsch:	RMZ
Syntax:	**=RMZ(Zins;Zzr;Bw;Zw;F)**
Englisch:	PMT
Syntax:	**=PMT(interest rate,number payments,PV,FV,type)**

Konstante Zahlung einer Annuität

Die Funktion RMZ berechnet die konstante Zahlung einer Annuität pro Periode, wobei identische Zahlungen und Zinsen vorausgesetzt werden.

Argument	Inhalt
Zins	Ist erforderlich; der Zinssatz pro Periode.
Zzr	Ist erforderlich; Zzr = Anzahl der Zahlungszeiträume; hier geben Sie an, über wie viele Perioden gezahlt wird.
Bw	Ist erforderlich; Bw = Barwert; hier geben Sie den Barwert an. Wird auch Kreditbetrag genannt.
Zw	Ist optional; Zw = zukünftiger Wert; hier wird der Wert angegeben, den Sie nach der letzten Zahlung erreicht haben möchten. Fehlt das Argument, wird 0 angenommen, das heißt, der Endwert eines Kredits ist 0.
F	Ist optional; F = Fälligkeit; Hier geben Sie an, ob Sie die Zahlungen vorschüssig (1) oder nachschüssig (0) vornehmen. Geben Sie hier nichts an, wird automatisch der Wert 0 angenommen.

Tabelle 9.8 Die Argumente der Funktion RMZ

9.6.1 Wie hoch ist die Zinsbelastung durch einen Kredit?

Belastung eines Kredits errechnen

In der folgenden Aufgabe wollen wir uns die Belastung eines Kredits errechnen. Vorgegeben sind der Kreditbetrag, der Zinssatz und die Laufzeit des Kredits. Sehen Sie sich dazu Abbildung 9.12 an.

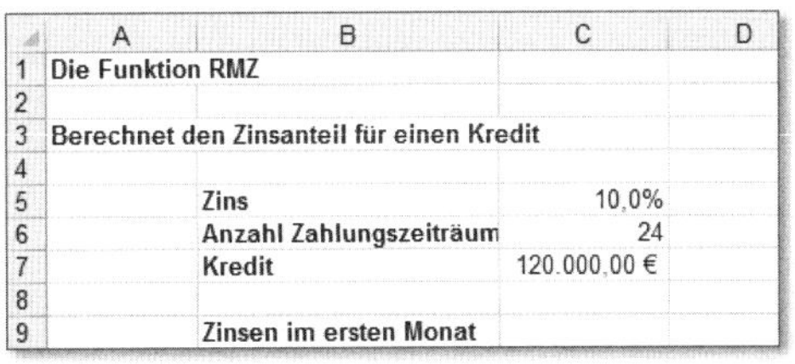

	A	B	C	D
1	Die Funktion RMZ			
2				
3	Berechnet den Zinsanteil für einen Kredit			
4				
5		Zins	10,0%	
6		Anzahl Zahlungszeiträum	24	
7		Kredit	120.000,00 €	
8				
9		Zinsen im ersten Monat		

Abbildung 9.12 Die Ausgangslage, um die Zinsen für den ersten Monat zu berechnen

Erfassen Sie in Zelle C9 die folgende Formel (siehe Abbildung 9.13):
=RMZ($C$5/12;C6;C7)

Zur Erklärung: Im ersten Argument geben Sie den Zinssatz an, heruntergerechnet auf 1 Monat. Im zweiten Argument geben Sie die Gesamtlaufzeit des Kredits an, und im letzten Argument erfassen Sie die Gesamtsumme des Kredits.

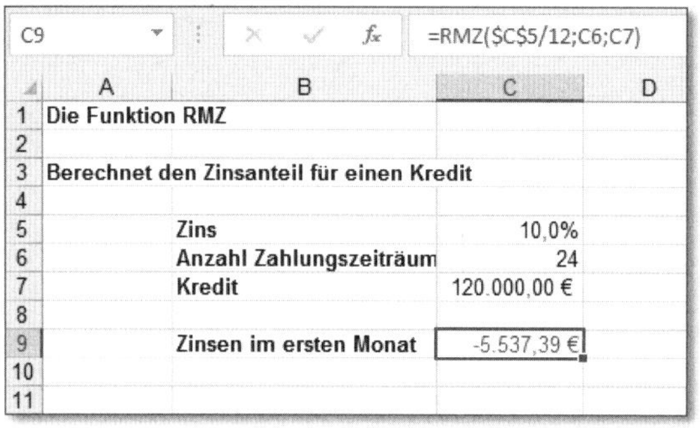

C9 =RMZ($C$5/12;C6;C7)

	A	B	C	D
1	Die Funktion RMZ			
2				
3	Berechnet den Zinsanteil für einen Kredit			
4				
5		Zins	10,0%	
6		Anzahl Zahlungszeiträum	24	
7		Kredit	120.000,00 €	
8				
9		Zinsen im ersten Monat	-5.537,39 €	
10				
11				

Abbildung 9.13 Bei nachschüssiger Zinszahlung werden im ersten Monat 5.537,39 € Zinsen fällig.

Aber wie verändert sich die Zinssumme, wenn wir statt nachschüssiger Zahlweise eine vorschüssige Zahlweise leisten müssen? Um dies darzustellen, werden wir unser Beispiel aus Abbildung 9.13 noch ein wenig erweitern. Erfassen Sie dazu in Zelle C11 die Formel **=RMZ(C5/12;C6;C7;;1)**. Das Ergebnis sehen Sie in Abbildung 9.14.

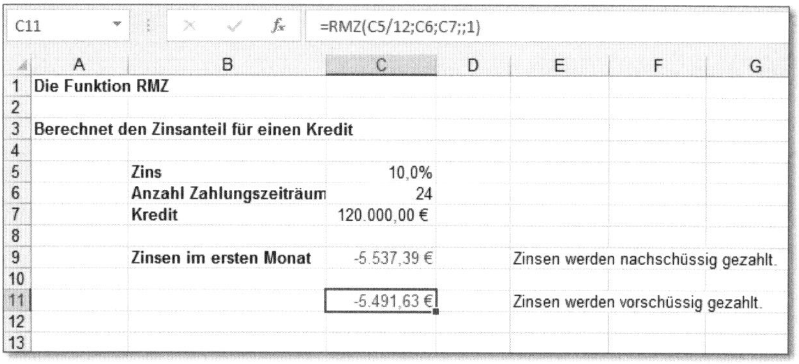

C11 =RMZ(C5/12;C6;C7;;1)

	A	B	C	D	E	F	G
1	Die Funktion RMZ						
2							
3	Berechnet den Zinsanteil für einen Kredit						
4							
5		Zins	10,0%				
6		Anzahl Zahlungszeiträum	24				
7		Kredit	120.000,00 €				
8							
9		Zinsen im ersten Monat	-5.537,39 €		Zinsen werden nachschüssig gezahlt.		
10							
11			-5.491,63 €		Zinsen werden vorschüssig gezahlt.		
12							
13							

Abbildung 9.14 Unterschied zwischen vorschüssiger und nachschüssiger Ratenzahlung

In unserem Beispiel bedeutet der Unterschied zwischen vorschüssiger und nachschüssiger Zinszahlung genau 45,76 € im ersten Monat.

9.7 Die Tabellenfunktion ZINS

Deutsch:	ZINS
Syntax:	**=ZINS(Zzr;Rmz;Bw;Zw;F;Schätzwert)**
Englisch:	RATE
Syntax:	**=RATE(number_payments,payment,PV,FV,type,estimate)**

Mit der Funktion ZINS können Sie den Zinssatz einer Annuität pro Periode errechnen.

Argument	Inhalt
Zzr	Ist erforderlich; Zzr = Anzahl der Zahlungszeiträume; gibt an, über wie viele Perioden die jeweilige Annuität gezahlt wird.
Rmz	Ist erforderlich; Rmz = regelmäßige Zahlung; der Betrag, der in jeder Periode gezahlt wird. Üblicherweise umfasst das Argument Rmz das Kapital und die Zinsen, nicht jedoch sonstige Gebühren oder Steuern.
Bw	Ist erforderlich; Bw = Barwert; der Gesamtbetrag oder auch Kreditbetrag.
Zw	Ist optional; Zw = zukünftiger Wert; der zukünftige Wert oder der Kassenstand, den Sie nach der letzten Zahlung erreicht haben möchten.
F	Ist optional; F = Fälligkeit; Unterschied zwischen vorschüssiger (1) oder nachschüssiger (0) Zahlweise der Zahlungen. Wird hier nichts angegeben, wird automatisch 0 (null) gezogen.
Schätzwert	Ist optional.

Tabelle 9.9 Die Argumente der Funktion ZINS

9.7.1 Den Zinssatz ausrechnen

Zinssatz einer Lebensversicherung ermitteln

Im folgenden Beispiel in Abbildung 9.15 liegt eine Tabelle vor, in der eine Lebensversicherung dargestellt wird. Dabei liegen die Laufzeit, die monatliche Einzahlung sowie der Endwert, der nach der Laufzeit erreicht wird, vor.

	A	B	C
1	Die Funktion ZINS		
2			
3			
4			
5	Zinssatz pro Jahr		
6	Laufzeit in Jahren	12	
7	mtl. Betrag	350,00 €	
8			
9	Gesamt inkl. Zins	75.000,00 €	
10			

Abbildung 9.15 Wie hoch ist der Zinssatz?

Um diese Aufgabe zu erfüllen, benötigen Sie die Funktion ZINS. Schreiben Sie in Zelle B5 die folgende Formel (siehe Abbildung 9.16):
=ZINS(B6*12;-B7;0;B9;0)*12

Zur Erklärung:

1. Im ersten Argument definieren Sie die Anzahl der Zahlungen insgesamt.
2. Im zweiten Argument geben Sie den monatlichen Betrag ein. Achten Sie darauf, dass dieser negativ ist, da ja Sie zahlen müssen.
3. Das dritte Argument bleibt leer.
4. Im vierten Argument geben Sie den Wert an, den Sie am Ende der Laufzeit erhalten werden.
5. Im fünften Argument definieren Sie die Fälligkeit der Zahlungen auf nachschüssig. Das heißt, Sie zahlen jeweils am Monatsende.
6. Das Ergebnis der Funktion müssen Sie mit 12 multiplizieren, um den jährlichen Zinssatz zu erhalten.

B5 | fx =ZINS(B6*12;-B7;0;B9;0)*12

	A	B	C	D	E
1	Die Funktion ZINS				
2					
3					
4					
5	Zinssatz pro Jahr	6,29%			
6	Laufzeit in Jahren	12			
7	mtl. Betrag	350,00 €			
8					
9	Gesamt inkl. Zins	75.000,00 €			
10					

Abbildung 9.16 Die Lebensversicherung wird mit 6,29 % Zinsen berechnet.

9.8 Die Tabellenfunktion ZW

Deutsch:	ZW
Syntax:	**=ZW(Zins;Zzr;Rmz;Bw;F)**
Englisch:	FV
Syntax:	**=FV(interest_ rate,number_ payments,payment,PV,type)**

Endwert einer Investition ermitteln

Mit Hilfe der Tabellenfunktion ZW können Sie den zukünftigen Wert (Endwert) einer Investition ermitteln. Die Berechnung basiert auf regelmäßigen, konstanten Zahlungen und einem konstanten Zinssatz.

Argument	Inhalt
Zins	Ist erforderlich; der Zinssatz pro Periode.
Zzr	Ist erforderlich; Zzr = Anzahl der Zahlungszeiträume; hier geben Sie an, über wie viele Perioden die jeweilige Annuität gezahlt wird.
Rmz	Ist erforderlich; Rmz = regelmäßige Zahlung; die regelmäßige Zahlung, die in jeder Periode gezahlt wird.
Bw	Ist optional; Bw = Barwert; im Argument Bw wird der Barwert oder der heutige Gesamtwert einer Reihe zukünftiger Zahlungen angegeben. Fehlt das Argument, wird es als 0 (null) angenommen, und Sie müssen das Argument Zw angeben.
F	Ist optional; F = Fälligkeit; Unterschied zwischen vorschüssiger (1) oder nachschüssiger (0) Zahlweise der Zahlungen. Wird hier nichts angegeben, wird automatisch 0 (null) gezogen.

Tabelle 9.10 Die Argumente der Funktion ZW

9.8.1 Geld ansparen

Welchen Betrag erhalte ich am Ende?

Im folgenden Beispiel in Abbildung 9.17 gehen Sie davon aus, dass Sie über einen Zeitraum von 18 Monaten jeden Monat 300 € auf ein Konto einzahlen. Der Zinssatz beträgt dabei 1,5 %. Wie viel Geld haben Sie dann insgesamt am Ende des Jahres?

B8 | =ZW(B4/12;B5;B6)

	A	B	C
1	Die Funktion ZW		
2			
3			
4	Zinssatz	1,50%	
5	Laufzeit in Monaten	18	
6	mtl. Betrag	300,00 €	
7			
8	Gesamtbetrag inkl. Zinsen	-5.457,76 €	
9			

Abbildung 9.17 Nach 18 Monaten erhalten Sie 5.457,76 €.

Die Formel setzt sich wie folgt zusammen:

- Im ersten Argument geben Sie den Zinssatz an, den Sie von Ihrer Bank erhalten. Dieser muss auf Monatsbasis umgerechnet sein.
- Im zweiten Argument übergeben Sie die Information, wie viele Einzahlungen Sie tätigen werden.
- Im dritten Argument übergeben Sie den monatlichen Sparbetrag.

9.8.2 Stimmt die Rechnung?

Um diese Rechnung zu prüfen, erweitern wir unser Beispiel um einige weitere Daten (siehe Abbildung 9.18).

	A	B	C	D	E	F	G	H
1	Die Funktion ZW				Monate	Betrag	Zinsen	Gesamt
2					1	350,00 €		
3					2			
4	Zinssatz	1,50%			3			
5	Laufzeit in Monaten	18			4			
6	mtl. Betrag	300,00 €			5			
7					6			
8	Gesamtbetrag inkl. Zinsen	-5.457,76 €			7			
9					8			
10					9			
11					10			
12					11			
13					12			
14					13			
15					14			
16					15			
17					16			
18					17			
19					18			
20								

Abbildung 9.18 Jetzt erfolgt die Prüfung.

Gehen Sie wie folgt vor:

1. Mit der Formel in Zelle G2 erfassen Sie die monatlichen Zinszahlungen: **=F2*($B$4/12)**.
2. Die Summe aus monatlichen Beträgen und Zinsen wird in Zelle H2 summiert: **=F2+G2**.
3. Diese Summe wird in Zelle F3 zu den neuen monatlichen Raten addiert: **=H2+$B$6**.
4. Diese Formeln ziehen Sie bitte bis in die Zeilen 19, indem Sie das Ausfüllkästchen nach unten ziehen (siehe Abbildung 9.19).

G18 | =F18*($B$4/12)

	A	B	C	D	E	F	G	H
1	**Die Funktion ZW**				Monate	Betrag	Zinsen	Gesamt
2					1	300,00 €	0,38 €	300,38 €
3					2	600,38 €	0,75 €	601,13 €
4	**Zinssatz**	1,50%			3	901,13 €	1,13 €	902,25 €
5	**Laufzeit in Monaten**	18			4	1.202,25 €	1,50 €	1.203,75 €
6	**mtl. Betrag**	300,00 €			5	1.503,75 €	1,88 €	1.505,63 €
7					6	1.805,63 €	2,26 €	1.807,89 €
8	**Gesamtbetrag inkl. Zinsen**	-5.457,76 €			7	2.107,89 €	2,63 €	2.110,53 €
9					8	2.410,53 €	3,01 €	2.413,54 €
10					9	2.713,54 €	3,39 €	2.716,93 €
11					10	3.016,93 €	3,77 €	3.020,70 €
12					11	3.320,70 €	4,15 €	3.324,85 €
13					12	3.624,85 €	4,53 €	3.629,38 €
14					13	3.929,38 €	4,91 €	3.934,30 €
15					14	4.234,30 €	5,29 €	4.239,59 €
16					15	4.539,59 €	5,67 €	4.545,26 €
17					16	4.845,26 €	6,06 €	4.851,32 €
18					17	5.151,32 €	6,44 €	5.157,76 €
19					18	5.457,76 €		
20								

Abbildung 9.19 Das Ergebnis unserer Prüfung ist positiv.

Der Endbetrag in Höhe von 5.457,76 € wurde auch hier erreicht.

Kapitel 10
Datenbankfunktionen

Excel ist ein multifunktionales Tool. Neben Formeln, Funktionen und VBA kann man Excel auch als Datenbank nutzen. Die wichtigsten Funktionen aus dem Bereich Datenbank stellen wir Ihnen hier mit Beispielen vor.

Deutsch	Englisch	ab Version	Grundwissen
DBANZAHL	DCOUNT	2003	X
DBANZAHL2	DCOUNTA	2003	X
DBAUSZUG	DGET	2003	X
DBMAX	DMAX	2003	X
DBMIN	DMIN	2003	X
DBMITTELWERT	DAVERAGE	2003	X
DBPRODUKT	DPRODUCT	2003	
DBSTDABW	DSTDEV	2003	
DBSTDABWN	DSTDEVP	2003	
DBSUMME	DSUM	2003	X
DBVARIANZ	DVAR	2003	
DBVARIANZEN	DVARP	2003	

Tabelle 10.1 Übersicht der finanzmathematischen Funktionen von Excel

10.1 Die Tabellenfunktion DBANZAHL

Deutsch:	DBANZAHL
Syntax:	**=DBANZAHL(Datenbank;Datenbankfeld;Suchkriterien)**

Englisch:	DCOUNT
Syntax:	**=DCOUNT(range,field,criteria)**

Die Funktion DBANZAHL ermittelt die Anzahl der Zellen in einem Feld (einer Spalte) mit Datensätzen in einer Liste oder Datenbank, die Zahlen enthalten und den von Ihnen angegebenen Bedingungen entsprechen.

Argument	Inhalt
Datenbank	Ist erforderlich; hier definieren Sie den Zellenbereich, der die auswertbaren Daten enthält.
Datenbankfeld	Ist erforderlich; das Argument Datenbankfeld gibt an, welches Feld in der jeweiligen Funktion verwendet werden soll. Dabei kann entweder ein Zellbezug angegeben werden oder ein Text der Spaltenbeschriftung, den Sie in doppelten Anführungszeichen erfassen. Beim Datenbankfeld muss es sich um numerische Werte handeln!
Suchkriterien	Ist erforderlich; das letzte Argument Suchkriterien gibt den Zellenbereich an, der die gewünschten Bedingungen enthält. Für das Argument Suchkriterien können Sie jeden Bereich verwenden, der mindestens eine Spaltenbeschriftung und eine Zelle, darunter zur Festlegung der Bedingung, enthält.

Tabelle 10.2 Die Argumente der Funktion DBANZAHL

10.1.1 Bücherliste auswerten

Schauen Sie sich das folgende Beispiel in Abbildung 10.1 an.

Fenster fixieren

Wenn Sie lange Listen haben, empfiehlt es sich, diese zu fixieren. Setzen Sie dazu den Mauszeiger auf Zelle A7, und wählen Sie aus dem Menüband das Thema ANSICHT. Im Bereich FENSTER wählen Sie den Befehl FENSTER FIXIEREN und dort den obersten Befehl FENSTER FIXIEREN. Sie können einfach einen Test machen und nach unten scrollen. Die Überschriftenzeile in Zeile 6 sollte jetzt immer zu sehen sein.

	A	B	C	D	E	F	G	H
1	**Die Funktion DBANZAHL**							
2								
3								
4								
5								
6	ISBN	Titel	Material	Kategorie	Autor	Seiten	Spielzeit	Preis
7	978-3-8362-3835-9	Excel-VBA-Reference	Buch	Programmierung	Bernd Held, Michael Eichhorn	448		19,90 €
8	978-3-8362-2579-3	VBA mit Excel: das umfassende Handbuch	Buch	Programmierung	Bernd Held	918		49,90 €
9	978-3-4464-4132-3	Computernetzwerke: Von den Grundlagen zur Funktion und Anwendung	Buch	Netzwerk	Rüdiger Schreiner	330		24,99 €
10	978-3-8362-3637-9	SAP Cloud	Buch	SAP	Andreas Hufgard, Stefanie Rauff, Rainer Zinow	469		69,90 €
11	978-3-8362-2873-2	Java ist auch eine Insel	Buch	Programmierung	Christian Ullenboom	1306		49,90 €
12	978-3-8362-3465-8	Die kreative Fotoschule	Buch	Fotografie	Markus Wäger	437		29,90 €
13	978-3-8362-3488-7	Photoshop Lightroom 6 und CC	Buch	Fotografie	István Velsz	996		49,90 €
14	978-3-8362-1962-4	Schwarzweiß-Fotografie. Die große Fotoschule	Buch	Fotografie	André Giogoli	322		39,90 €
15	978-3-8362-3651-5	Swift 2	Buch	Programmierung	Michael Kofler	761		39,90 €
16	978-3-8362-3473-3	IT-Handbuch für Fachinformatiker	Buch	Informatik	Sascha Kersken	1304		34,90 €
17	978-3-8362-2907-4	SAP für Anwender – Tipps & Tricks	Buch	SAP	Wolfgang Fitznar	418		29,90 €
18	978-3-8362-3908-0	Einführung in SAPUI5	Buch	Programmierung	Miroslav Antolovic	500		69,90 €
19	978-3-8362-3891-5	SAP S/4HANA	Buch	Programmierung	Ulf Koglin	300		59,90 €
20	978-3-8362-3683-6	Einstieg in CSS	Buch	Programmierung	Petra Müller	524		29,90 €
21	978-3-8362-3794-9	Programmieren lernen mit Java	Video	Programmierung	Thomas Theis		15 Stunden	39,90 €
22	978-3-8362-3980-6	Windows 10	Video	Betriebssystem	Harald Zinkann		10 Stunden	39,90 €
23	978-1-59229-390-2	Reporting with SAP Crystal Reports	Buch	SAP	Coy W. Yonce, III	338		49,95 €
24	978-3-8362-3717-8	Oracle SQL	Buch	Datenbank	Jürgen Sieben	1011		69,90 €
25	978-3-8362-1938-9	Schnelleinstieg SQL Server 2012	Buch	Datenbank	Daniel Caesar, Michael R. Friebel	722		29,90 €
26								

Abbildung 10.1 Diese Bücherliste soll ausgewertet werden.

Seitenumfang abfragen

Ihre Aufgabe besteht nun darin, zu beantworten, wie viele Programmierbücher es in dieser Liste gibt, die mehr als 650 Seiten haben und weniger als 50 € kosten.

Um diese Aufgabe zu lösen, befolgen Sie die nächsten Arbeitsschritte:

1. Markieren Sie den Zellenbereich A6:H6, und kopieren Sie diesen Datenbereich.
2. Setzen Sie den Mauszeiger auf Zelle A29, und drücken Sie die Tastenkombination [Strg] + [V], um die Überschriftenzeile einzufügen.
3. Geben Sie in Zelle D30 die erste Bedingung (Kategorie) ein, nämlich den Text »Programmierung«.
4. In Zelle F30 geben Sie an, wie viele Seiten das gesuchte Programmierbuch mindestens haben soll. Geben Sie dort den Wert »>650« ein.
5. Fügen Sie das dritte Kriterium (Preis) in Zelle H30 ein. Erfassen Sie dazu den Wert »<50«.
6. Erfassen Sie in Zelle B32 die Formel:
   =DBANZAHL(A6:H25;H29;A29:H30)
7. Bestätigen Sie mit [↵].

Sie können jetzt einfach ein wenig ausprobieren und die Kriterien in Zeile 30 ändern. Das Ergebnis werden Sie sofort sehen können (siehe Abbildung 10.2).

B32 =DBANZAHL(A6:H25;H29;A29:H30)

	A	B	C	D	E	F	G	H
1	**Die Funktion DBANZAHL**							
2								
3								
4								
5								
6	ISBN	Titel	Material	Kategorie	Autor	Seiten	Spielzeit	Preis
7	978-3-8362-3835-9	Excel-VBA-Reference	Buch	Programmierung	Bernd Held, Michael Eichhorn	448		19,90 €
8	978-3-8362-2579-3	VBA mit Excel: das umfassende Handbuch	Buch	Programmierung	Bernd Held	918		49,90 €
9	978-3-4464-4132-3	Computernetzwerke: Von den Grundlagen zur Funktion und Anwendung	Buch	Netzwerk	Rüdiger Schreiner	330		24,99 €
10	978-3-8362-3637-9	SAP Cloud	Buch	SAP	Andreas Hufgard, Stefanie Rauff, Rainer Zinow	469		69,90 €
11	978-3-8362-2873-2	Java ist auch eine Insel	Buch	Programmierung	Christian Ullenboom	1306		49,90 €
12	978-3-8362-3465-8	Die kreative Fotoschule	Buch	Fotografie	Markus Wäger	437		29,90 €
13	978-3-8362-3488-7	Photoshop Lightroom 6 und CC	Buch	Fotografie	István Velsz	996		49,90 €
14	978-3-8362-1962-4	Schwarzweiß-Fotografie. Die große Fotoschule	Buch	Fotografie	André Giogoli	322		39,90 €
15	978-3-8362-3651-5	Swift 2	Buch	Programmierung	Michael Kofler	761		39,90 €
16	978-3-8362-3473-3	IT-Handbuch für Fachinformatiker	Buch	Informatik	Sascha Kersken	1304		34,90 €
17	978-3-8362-2907-4	SAP für Anwender – Tipps & Tricks	Buch	SAP	Wolfgang Fitznar	418		29,90 €
18	978-3-8362-3908-0	Einführung in SAPUI5	Buch	Programmierung	Miroslav Antolovic	500		69,90 €
19	978-3-8362-3891-5	SAP S/4HANA	Buch	Programmierung	Ulf Koglin	300		59,90 €
20	978-3-8362-3683-6	Einstieg in CSS	Buch	Programmierung	Petra Müller	524		29,90 €
21	978-3-8362-3794-9	Programmieren lernen mit Java	Video	Programmierung	Thomas Theis		15 Stunden	39,90 €
22	978-3-8362-3980-6	Windows 10	Video	Betriebssystem	Harald Zinkann		10 Stunden	39,90 €
23	978-1-59229-390-2	Reporting with SAP Crystal Reports	Buch	SAP	Coy W. Yonce, III	338		49,95 €
24	978-3-8362-3717-8	Oracle SQL	Buch	Datenbank	Jürgen Sieben	1011		69,90 €
25	978-3-8362-1938-9	Schnelleinstieg SQL Server 2012	Buch	Datenbank	Daniel Caesar, Michael R. Friebel	722		29,90 €
26								
27								
28								
29	ISBN	Titel	Material	Kategorie	Autor	Seiten	Spielzeit	Preis
30				Programmierung		>650		<50
31								
32	DBANZAHL	3						
33								

Abbildung 10.2 Genau drei Bücher passen in unsere Selektion.

Hinweis

Bei der Festlegung der einzelnen Kriterien brauchen Sie sich zunächst um die Formatierung der Zellen überhaupt nicht zu kümmern. Wichtig sind hier nur die Kriterien, die Sie mit Hilfe von Operatoren wie < oder > angeben können.

Seitenumfang »von ... bis ...«

Wenn Sie diese Aufgabe noch ein wenig weiter ausbauen möchten und beispielsweise alle Programmierbücher, die zwischen 650 und 900 Seiten haben und weniger als 50 € kosten, zählen möchten, dann können Sie dieses wie folgt machen:

Erstellen Sie eine wie in Abbildung 10.3 angezeigte Kriterienleiste. Die Kategorie SEITEN ist dort zweimal angelegt.

1. Geben Sie in Zelle D30 den Text »Programmierung« ein.
2. Erfassen Sie in Zelle F30 den Text »>649«.
3. In Zelle G30 schreiben Sie »<900«.
4. In Zelle I30 geben Sie »<50« ein.
5. In Zelle B32 geben Sie die Formel **=DBANZAHL(A6:H25;I29;A29:I30)** ein.
6. Bestätigen Sie mit [↵].

Das Ergebnis sehen Sie in Abbildung 10.4.

	A	B	C	D	E	F	G	H	I
1	**Die Funktion DBANZAHL**								
2									
3									
4									
5									
6	ISBN	Titel	Material	Kategorie	Autor	Seiten	Spielzeit	Preis	
7	978-3-8362-3835-9	Excel-VBA-Reference	Buch	Programmierung	Bernd Held, Michael Eichhorn	448		19,90 €	
8	978-3-8362-2579-3	VBA mit Excel: das umfassende Handbuch	Buch	Programmierung	Bernd Held	918		49,90 €	
9	978-3-4464-4132-3	Computernetzwerke: Von den Grundlagen zur Funktion und Anwendung	Buch	Netzwerk	Rüdiger Schreiner	330		24,99 €	
10	978-3-8362-3637-9	SAP Cloud	Buch	SAP	Andreas Hufgard, Stefanie Rauff, Rainer Zinow	469		69,90 €	
11	978-3-8362-2873-2	Java ist auch eine Insel	Buch	Programmierung	Christian Ullenboom	1306		49,90 €	
12	978-3-8362-3465-8	Die kreative Fotoschule	Buch	Fotografie	Markus Wäger	437		29,90 €	
13	978-3-8362-3488-7	Photoshop Lightroom 6 und CC	Buch	Fotografie	István Velsz	996		49,90 €	
14	978-3-8362-1962-4	Schwarzweiß-Fotografie. Die große Fotoschule	Buch	Fotografie	André Giogoli	322		39,90 €	
15	978-3-8362-3651-5	Swift 2	Buch	Programmierung	Michael Kofler	761		39,90 €	
16	978-3-8362-3473-3	IT-Handbuch für Fachinformatiker	Buch	Informatik	Sascha Kersken	1304		34,90 €	
17	978-3-8362-2907-4	SAP für Anwender – Tipps & Tricks	Buch	SAP	Wolfgang Fitznar	418		29,90 €	
18	978-3-8362-3908-0	Einführung in SAPUI5	Buch	Programmierung	Miroslav Antolovic	500		69,90 €	
19	978-3-8362-3891-5	SAP S/4HANA	Buch	Programmierung	Ulf Koglin	300		59,90 €	
20	978-3-8362-3683-6	Einstieg in CSS	Buch	Programmierung	Petra Müller	524		29,90 €	
21	978-3-8362-3794-9	Programmieren lernen mit Java	Video	Programmierung	Thomas Theis		15 Stunden	39,90 €	
22	978-3-8362-3980-6	Windows 10	Video	Betriebssystem	Harald Zinkann		10 Stunden	39,90 €	
23	978-1-59229-390-2	Reporting with SAP Crystal Reports	Buch	SAP	Coy W. Yonce, III	338		49,95 €	
24	978-3-8362-3717-8	Oracle SQL	Buch	Datenbank	Jürgen Sieben	1011		69,90 €	
25	978-3-8362-1938-9	Schnelleinstieg SQL Server 2012	Buch	Datenbank	Daniel Caesar, Michael R. Friebel	722		29,90 €	
26									
27									
28									
29	ISBN	Titel	Material	Kategorie	Autor	Seiten	Seiten	Spielzeit	Preis
30									

Abbildung 10.3 Jetzt wird die Aufgabe erweitert.

B32 | =DBANZAHL(A6:H25;I29;A29:I30)

	A	B	C	D	E	F	G	H	I
1	**Die Funktion DBANZAHL**								
2									
3									
4									
5									
6	ISBN	Titel	Material	Kategorie	Autor	Seiten	Spielzeit	Preis	
7	978-3-8362-3835-9	Excel-VBA-Reference	Buch	Programmierung	Bernd Held, Michael Eichhorn	448		19,90 €	
8	978-3-8362-2579-3	VBA mit Excel: das umfassende Handbuch	Buch	Programmierung	Bernd Held	918		49,90 €	
9	978-3-4464-4132-3	Computernetzwerke: Von den Grundlagen zur Funktion und Anwendung	Buch	Netzwerk	Rüdiger Schreiner	330		24,99 €	
10	978-3-8362-3637-9	SAP Cloud	Buch	SAP	Andreas Hufgard, Stefanie Rauff, Rainer Zinow	469		69,90 €	
11	978-3-8362-2873-2	Java ist auch eine Insel	Buch	Programmierung	Christian Ullenboom	1306		49,90 €	
12	978-3-8362-3465-8	Die kreative Fotoschule	Buch	Fotografie	Markus Wäger	437		29,90 €	
13	978-3-8362-3488-7	Photoshop Lightroom 6 und CC	Buch	Fotografie	István Velsz	996		49,90 €	
14	978-3-8362-1962-4	Schwarzweiß-Fotografie. Die große Fotoschule	Buch	Fotografie	André Giogoli	322		39,90 €	
15	978-3-8362-3651-5	Swift 2	Buch	Programmierung	Michael Kofler	761		39,90 €	
16	978-3-8362-3473-3	IT-Handbuch für Fachinformatiker	Buch	Informatik	Sascha Kersken	1304		34,90 €	
17	978-3-8362-2907-4	SAP für Anwender – Tipps & Tricks	Buch	SAP	Wolfgang Fitznar	418		29,90 €	
18	978-3-8362-3908-0	Einführung in SAPUI5	Buch	Programmierung	Miroslav Antolovic	500		69,90 €	
19	978-3-8362-3891-5	SAP S/4HANA	Buch	Programmierung	Ulf Koglin	300		59,90 €	
20	978-3-8362-3683-6	Einstieg in CSS	Buch	Programmierung	Petra Müller	524		29,90 €	
21	978-3-8362-3794-9	Programmieren lernen mit Java	Video	Programmierung	Thomas Theis		15 Stunden	39,90 €	
22	978-3-8362-3980-6	Windows 10	Video	Betriebssystem	Harald Zinkann		10 Stunden	39,90 €	
23	978-1-59229-390-2	Reporting with SAP Crystal Reports	Buch	SAP	Coy W. Yonce, III	338		49,95 €	
24	978-3-8362-3717-8	Oracle SQL	Buch	Datenbank	Jürgen Sieben	1011		69,90 €	
25	978-3-8362-1938-9	Schnelleinstieg SQL Server 2012	Buch	Datenbank	Daniel Caesar, Michael R. Friebel	722		29,90 €	
26									
27									
28									
29	ISBN	Titel	Material	Kategorie	Autor	Seiten	Seiten	Spielzeit	Preis
30				Programmierung		>649	<900		<50
31									
32	DBANZAHL	1							
33									

Abbildung 10.4 Die Funktion DBANZAHL funktioniert auch mit Argumenten von … bis …

10.2 Die Tabellenfunktion DBANZAHL2

Deutsch:	DBANZAHL2
Syntax:	**=DBANZAHL2(Datenbank;Datenbankfeld;Suchkriterien)**
Englisch:	DCOUNTA
Syntax:	**=DCOUNTA(range,field,criteria)**

Anzahl nicht leerer Zellen

Die Funktion DBANZAHL2 ermittelt die Anzahl nicht leerer Zellen in einem Feld (einer Spalte) mit Datensätzen in einer Liste oder Datenbank, die den von Ihnen angegebenen Bedingungen entspricht.

Argument	Inhalt
Datenbank	Ist erforderlich; hier definieren Sie den Zellenbereich, der die auswertbaren Daten enthält.
Datenbankfeld	Ist optional; das Argument Datenbankfeld gibt an, welches Feld in der jeweiligen Funktion verwendet werden soll. Dabei kann entweder ein Zellbezug angegeben werden oder ein Text der Spaltenbeschriftung, den Sie in doppelten Anführungszeichen erfassen. Beim Datenbankfeld muss es sich um numerische Werte handeln!
Suchkriterien	Ist erforderlich; das letzte Argument Suchkriterien gibt den Zellenbereich an, der die gewünschten Bedingungen enthält. Für das Argument Suchkriterien können Sie jeden Bereich verwenden, der mindestens eine Spaltenbeschriftung und eine Zelle, darunter zur Festlegung der Bedingung, enthält.

Tabelle 10.3 Die Argumente der Funktion DBANZAHL2

10.2.1 Eine Liste über Stichworte durchsuchen

Alphanumerische Spalte auswerten

In der folgenden Aufgabe in Abbildung 10.5 gehen Sie wiederum von der Bücherliste aus. Dieses Mal soll aber keine numerische Spalte, sondern eine alphanumerische Spalte ausgewertet werden. Werten Sie daher die Spalte B (Buchtitel) aus.

Um beispielsweise alle Bücher zu zählen, die im Titel an einer beliebigen Stelle den Text »SAP« beinhalten, verfahren Sie folgendermaßen:

1. Setzen Sie den Cursor in Zelle B30.
2. Geben Sie den Text »*SAP*« ein.
3. Erfassen Sie in Zelle B32 die Formel:
   =DBANZAHL2(A6:H25;B29;A29:H30)

Alternativ können Sie die Formel auch so eingeben:

=DBANZAHL2(A6:H25;"Titel";A29:H30)

4. Bestätigen Sie mit [↵].

Das Ergebnis zeigt Abbildung 10.6.

	A	B	C	D	E	F	G	H
1	**Die Funktion DBANZAHL2**							
2								
3								
4								
5								
6	ISBN	Titel	Material	Kategorie	Autor	Seiten	Spielzeit	Preis
7	978-3-8362-3835-9	Excel-VBA-Reference	Buch	Programmierung	Bernd Held, Michael Eichhorn	448		19,90 €
8	978-3-8362-2579-3	VBA mit Excel: das umfassende Handbuch	Buch	Programmierung	Bernd Held	918		49,90 €
9	978-3-4464-4132-3	Computernetzwerke: Von den Grundlagen zur Funktion und Anwendung	Buch	Netzwerk	Rüdiger Schreiner	330		24,99 €
10	978-3-8362-3637-9	SAP Cloud	Buch	SAP	Andreas Hufgard, Stefanie Rauff, Rainer Zinow	469		69,90 €
11	978-3-8362-2873-2	Java ist auch eine Insel	Buch	Programmierung	Christian Ullenboom	1306		49,90 €
12	978-3-8362-3465-8	Die kreative Fotoschule	Buch	Fotografie	Markus Wäger	437		29,90 €
13	978-3-8362-3488-7	Photoshop Lightroom 6 und CC	Buch	Fotografie	István Velsz	996		49,90 €
14	978-3-8362-1962-4	Schwarzweiß-Fotografie. Die große Fotoschule	Buch	Fotografie	André Giogoli	322		39,90 €
15	978-3-8362-3651-5	Swift 2	Buch	Programmierung	Michael Kofler	761		39,90 €
16	978-3-8362-3473-3	IT-Handbuch für Fachinformatiker	Buch	Informatik	Sascha Kersken	1304		34,90 €
17	978-3-8362-2907-4	SAP für Anwender – Tipps & Tricks	Buch	SAP	Wolfgang Fitznar	418		29,90 €
18	978-3-8362-3908-0	Einführung in SAPUI5	Buch	Programmierung	Miroslav Antolovic	500		69,90 €
19	978-3-8362-3891-5	SAP S/4HANA	Buch	Programmierung	Ulf Koglin	300		59,90 €
20	978-3-8362-3683-6	Einstieg in CSS	Buch	Programmierung	Petra Müller	524		29,90 €
21	978-3-8362-3794-9	Programmieren lernen mit Java	Video	Programmierung	Thomas Theis		15 Stunden	39,90 €
22	978-3-8362-3980-6	Windows 10	Video	Betriebssystem	Harald Zinkann		10 Stunden	39,90 €
23	978-1-59229-390-2	Reporting with SAP Crystal Reports	Buch	SAP	Coy W. Yonce, III	338		49,95 €
24	978-3-8362-3717-8	Oracle SQL	Buch	Datenbank	Jürgen Sieben	1011		69,90 €
25	978-3-8362-1938-9	Schnelleinstieg SQL Server 2012	Buch	Datenbank	Daniel Caesar, Michael R. Friebel	722		29,90 €
26								

Abbildung 10.5 Jetzt soll nach einem Stichwort gesucht werden.

B32 fx =DBANZAHL2(A6:H25;B29;A29:H30)

	A	B	C	D	E	F	G	H
1	**Die Funktion DBANZAHL2**							
2								
3								
4								
5								
6	ISBN	Titel	Material	Kategorie	Autor	Seiten	Spielzeit	Preis
7	978-3-8362-3835-9	Excel-VBA-Reference	Buch	Programmierung	Bernd Held, Michael Eichhorn	448		19,90 €
8	978-3-8362-2579-3	VBA mit Excel: das umfassende Handbuch	Buch	Programmierung	Bernd Held	918		49,90 €
9	978-3-4464-4132-3	Computernetzwerke: Von den Grundlagen zur Funktion und Anwendung	Buch	Netzwerk	Rüdiger Schreiner	330		24,99 €
10	978-3-8362-3637-9	SAP Cloud	Buch	SAP	Andreas Hufgard, Stefanie Rauff, Rainer Zinow	469		69,90 €
11	978-3-8362-2873-2	Java ist auch eine Insel	Buch	Programmierung	Christian Ullenboom	1306		49,90 €
12	978-3-8362-3465-8	Die kreative Fotoschule	Buch	Fotografie	Markus Wäger	437		29,90 €
13	978-3-8362-3488-7	Photoshop Lightroom 6 und CC	Buch	Fotografie	István Velsz	996		49,90 €
14	978-3-8362-1962-4	Schwarzweiß-Fotografie. Die große Fotoschule	Buch	Fotografie	André Giogoli	322		39,90 €
15	978-3-8362-3651-5	Swift 2	Buch	Programmierung	Michael Kofler	761		39,90 €
16	978-3-8362-3473-3	IT-Handbuch für Fachinformatiker	Buch	Informatik	Sascha Kersken	1304		34,90 €
17	978-3-8362-2907-4	SAP für Anwender – Tipps & Tricks	Buch	SAP	Wolfgang Fitznar	418		29,90 €
18	978-3-8362-3908-0	Einführung in SAPUI5	Buch	Programmierung	Miroslav Antolovic	500		69,90 €
19	978-3-8362-3891-5	SAP S/4HANA	Buch	Programmierung	Ulf Koglin	300		59,90 €
20	978-3-8362-3683-6	Einstieg in CSS	Buch	Programmierung	Petra Müller	524		29,90 €
21	978-3-8362-3794-9	Programmieren lernen mit Java	Video	Programmierung	Thomas Theis		15 Stunden	39,90 €
22	978-3-8362-3980-6	Windows 10	Video	Betriebssystem	Harald Zinkann		10 Stunden	39,90 €
23	978-1-59229-390-2	Reporting with SAP Crystal Reports	Buch	SAP	Coy W. Yonce, III	338		49,95 €
24	978-3-8362-3717-8	Oracle SQL	Buch	Datenbank	Jürgen Sieben	1011		69,90 €
25	978-3-8362-1938-9	Schnelleinstieg SQL Server 2012	Buch	Datenbank	Daniel Caesar, Michael R. Friebel	722		29,90 €
26								
27								
28								
29	ISBN	Titel	Material	Kategorie	Autor	Seiten	Spielzeit	Preis
30		*SAP*						
31								
32	DBANZAHL2	5						
33								

Abbildung 10.6 Insgesamt fünf Bücher führen die drei Buchstaben »SAP« in Ihrem Titel.

10.3 Die Tabellenfunktion DBAUSZUG

Deutsch:	DBAUSZUG
Syntax:	**=DBAUSZUG(Datenbank;Datenbankfeld;Suchkriterien)**
Englisch:	DGET
Syntax:	**=DGET(database,field,criteria)**

Einzelnen Wert ausgeben

Die Funktion DBAUSZUG gibt einen einzelnen Wert aus einer Spalte, einer Liste oder Datenbank zurück, der den von Ihnen angegebenen Bedingungen entspricht.

Argument	Inhalt
Datenbank	Ist erforderlich; hier definieren Sie den Zellenbereich, der die auswertbaren Daten enthält.
Datenbankfeld	Ist erforderlich; das Argument Datenbankfeld gibt an, welches Feld in der jeweiligen Funktion verwendet werden soll. Dabei kann entweder ein Zellbezug angegeben werden oder ein Text der Spaltenbeschriftung, den Sie in doppelten Anführungszeichen erfassen. Beim Datenbankfeld muss es sich um numerische Werte handeln!
Suchkriterien	Ist erforderlich; das letzte Argument Suchkriterien gibt den Zellenbereich an, der die gewünschten Bedingungen enthält. Für das Argument Suchkriterien können Sie jeden Bereich verwenden, der mindestens eine Spaltenbeschriftung und eine Zelle, darunter zur Festlegung der Bedingung, enthält.

Tabelle 10.4 Die Argumente der Funktion DBAUSZUG

Hinweis

Stimmt kein Datensatz mit den Suchkriterien überein, dann gibt DBAUSZUG den Fehlerwert #WERT! zurück.

Stimmt mehr als ein Datensatz mit den Suchkriterien überein, gibt DBAUSZUG den Fehlerwert #ZAHL! zurück.

10.3.1 Ein Artikelsuchsystem einrichten

Genau ein Ergebnis erhalten

In dem folgenden Beispiel arbeiten wir mit einer kleinen Artikeldatenbank. Bitte bauen Sie sich die Tabelle aus Abbildung 10.7.

E17

	A	B	C
1	**Die Funktion DBAUSZUG**		
2			
3	Artikelnummer	Artikel	
4			
5			
6	Artikelnummer	Artikel	
7	MA- 336	PC	
8	MA- 450	Notebook	
9	MA- 354	Tastatur	
10	MA- 310	Maus	
11	MA- 173	Mauspad	
12	MA- 455	Netzteil	
13	MA- 293	Monitor - Röhre	
14	MA- 249	Monitor - LED	
15	MA- 367	Lautsprecher	
16	MA- 239	Software - Games	
17	MA- 435	Software	
18	MA- 444	Grafikkarte	
19	MA- 380	Arbeitsspeicher	
20	MA- 474	Mainboard	
21	MA- 273	Lüfter	
22	MA- 355	Gehäuse	
23	MA- 392	Festplatte	
24	MA- 153	SSD	
25	MA- 103	Soundkarte	
26	MA- 223	Externe Festplatte	
27	MA- 158	Tablet	
28	MA- 231	Prozessor - AMD	
29	MA- 200	Drucker - HP	
30	MA- 267	Drucker - Epson	
31	MA- 201	Patronen	
32	MA- 159	Prozessor - Intel	
33			

Abbildung 10.7 Die Artikeldatenbank

Die Überschriftenzeile, über die später die Suche stattfinden soll, wurde bereits eingerichtet. Nach der Eingabe einer Artikelnummer in Zelle A4 soll die dazugehörige Artikelbezeichnung aus dem Zellenbereich B7:B32 gesucht und in Zelle B4 übertragen werden. Um diese Aufgabe übersichtlich darzustellen, wurde daher eine eher kleinere Datenbank angelegt. Diese Lösung funktioniert aber genauso gut mit ein paar tausend Datensätzen.

Um diese Aufgabe zu lösen, verfahren Sie wie folgt:

1. Geben Sie in Zelle A4 beispielsweise die Artikelnummer »MA- 380« ein.
2. Erfassen Sie in Zelle B4 die Formel **=DBAUSZUG(A6:B32;B3;A3:A4)**.
3. Bestätigen Sie mit [↵].

Wie Sie in Abbildung 10.8 sehen können, funktioniert diese kleine Datenbank tadellos.

B4 =DBAUSZUG(A6:B32;B3;A3:A4)

	A	B	C	D
1	**Die Funktion DBAUSZUG**			
2				
3	Artikelnummer	Artikel		
4	MA- 380	Arbeitsspeicher		
5				
6	Artikelnummer	Artikel		
7	MA- 336	PC		
8	MA- 450	Notebook		
9	MA- 354	Tastatur		
10	MA- 310	Maus		
11	MA- 173	Mauspad		
12	MA- 455	Netzteil		
13	MA- 293	Monitor - Röhre		
14	MA- 249	Monitor - LED		
15	MA- 367	Lautsprecher		
16	MA- 239	Software - Games		
17	MA- 435	Software		
18	MA- 444	Grafikkarte		
19	MA- 380	Arbeitsspeicher		
20	MA- 474	Mainboard		
21	MA- 273	Lüfter		
22	MA- 355	Gehäuse		
23	MA- 392	Festplatte		
24	MA- 153	SSD		
25	MA- 103	Soundkarte		
26	MA- 223	Externe Festplatte		
27	MA- 158	Tablet		
28	MA- 231	Prozessor - AMD		
29	MA- 200	Drucker - HP		
30	MA- 267	Drucker - Epson		
31	MA- 201	Patronen		
32	MA- 159	Prozessor - Intel		
33				

Abbildung 10.8 Unsere kleine Datenbank funktioniert.

10.4 Die Tabellenfunktion DBMAX

Deutsch:	DBMAX
Syntax:	**=DBMAX(Datenbank;Datenbankfeld;Suchkriterien)**
Englisch:	DMAX
Syntax:	**=DMAX(arg1asRange,arg2,arg3)**

Den höchsten Wert bestimmen

Die Funktion DBMAX liefert Ihnen aus einem Feld oder einer Spalte den höchsten Wert zurück, der Ihren Selektionskriterien entspricht.

Argument	Inhalt
Datenbank	Ist erforderlich; hier definieren Sie den Zellenbereich, der die auswertbaren Daten enthält.
Datenbankfeld	Ist erforderlich; das Argument Datenbankfeld gibt an, welches Feld in der jeweiligen Funktion verwendet werden soll. Dabei kann entweder ein Zellbezug angegeben werden oder ein Text der Spaltenbeschriftung, den Sie in doppelten Anführungszeichen erfassen. Beim Datenbankfeld muss es sich um numerische Werte handeln!
Suchkriterien	Ist erforderlich; das letzte Argument Suchkriterien gibt den Zellenbereich an, der die gewünschten Bedingungen enthält. Für das Argument Suchkriterien können Sie jeden Bereich verwenden, der mindestens eine Spaltenbeschriftung und eine Zelle, darunter zur Festlegung der Bedingung, enthält.

Tabelle 10.5 Die Argumente der Funktion DBMAX

10.4.1 Den höchsten Preis ermitteln

Um diese Aufgabe zu lösen, erweitern wir die bekannte Tabelle aus Abbildung 10.8. Hinzugefügt werden Preise für die jeweiligen Artikel und eine interne Bewertungsnummer des jeweiligen Artikels (siehe Abbildung 10.9).

Beste Bewertung ermitteln

Die Aufgabe besteht darin, den Artikel zu selektieren, der die beste Bewertung hat. Um diese Aufgabe zu lösen, befolgen Sie die nächsten Arbeitsschritte:

1. Kopieren Sie den Zellenbereich A6:D6, und fügen Sie diesen Bereich in Zeile 3 ein.
2. Geben Sie in Zelle D4 die Bewertung 1 ein.
3. Erfassen Sie in Zelle G3 die Formel **=DBMAX(A6:D32;C6;A3:D4)**.
4. Bestätigen Sie mit [↵].

Das Ergebnis sehen Sie in Abbildung 10.10.

	A	B	C	D
1	**Die Funktion DBMAX**			
2				
3	Artikelnummer	Artikel	Preis	Bewertung
4				
5				
6	Artikelnummer	Artikel	Preis	Bewertung
7	MA- 330	PC	589,04 €	3
8	MA- 450	Notebook	575,53 €	1
9	MA- 354	Tastatur	28,75 €	1
10	MA- 310	Maus	16,28 €	4
11	MA- 173	Mauspad	9,99 €	5
12	MA- 455	Netzteil	101,99 €	5
13	MA- 293	Monitor - Röhre	177,28 €	1
14	MA- 249	Monitor - LED	178,86 €	1
15	MA- 367	Lautsprecher	62,94 €	4
16	MA- 239	Software - Games	55,99 €	4
17	MA- 435	Software	194,76 €	1
18	MA- 444	Grafikkarte	191,18 €	2
19	MA- 380	Arbeitsspeicher	66,88 €	1
20	MA- 474	Mainboard	275,65 €	1
21	MA- 273	Lüfter	25,61 €	5
22	MA- 355	Gehäuse	108,05 €	3
23	MA- 392	Festplatte	172,92 €	2
24	MA- 153	SSD	197,38 €	4
25	MA- 103	Soundkarte	80,47 €	1
26	MA- 223	Externe Festplatte	192,17 €	4
27	MA- 158	Tablet	470,52 €	1
28	MA- 231	Prozessor - AMD	254,19 €	4
29	MA- 200	Drucker - HP	179,65 €	3
30	MA- 267	Drucker - Epson	116,69 €	3
31	MA- 201	Patronen - HP	45,23 €	4
32	MA- 159	Prozessor - Intel	332,70 €	3

Abbildung 10.9 Die Artikeldatenbank

G3 =DBMAX(A6:D32;C6;A3:D4)

	A	B	C	D	E	F	G
1	**Die Funktion DBMAX**						
2							
3	Artikelnummer	Artikel	Preis	Bewertung		**Dbmax**	575,53 €
4				1			
5							
6	Artikelnummer	Artikel	Preis	Bewertung			
7	MA- 336	PC	589,04 €	3			
8	MA- 450	Notebook	575,53 €	1			
9	MA- 354	Tastatur	28,75 €	1			
10	MA- 310	Maus	16,28 €	4			
11	MA- 173	Mauspad	9,99 €	5			
12	MA- 455	Netzteil	101,99 €	5			
13	MA- 293	Monitor - Röhre	177,28 €	1			
14	MA- 249	Monitor - LED	178,86 €	1			
15	MA- 367	Lautsprecher	62,94 €	4			
16	MA- 239	Software - Games	55,99 €	4			
17	MA- 435	Software	194,76 €	1			
18	MA- 444	Grafikkarte	191,18 €	2			
19	MA- 380	Arbeitsspeicher	66,88 €	1			
20	MA- 474	Mainboard	275,65 €	1			
21	MA- 273	Lüfter	25,61 €	5			
22	MA- 355	Gehäuse	108,05 €	3			
23	MA- 392	Festplatte	172,92 €	2			
24	MA- 153	SSD	197,38 €	4			
25	MA- 103	Soundkarte	80,47 €	1			
26	MA- 223	Externe Festplatte	192,17 €	4			
27	MA- 158	Tablet	470,52 €	1			
28	MA- 231	Prozessor - AMD	254,19 €	4			
29	MA- 200	Drucker - HP	179,65 €	3			
30	MA- 267	Drucker - Epson	116,69 €	3			
31	MA- 201	Patronen - HP	45,23 €	4			
32	MA- 159	Prozessor - Intel	332,70 €	3			
33							

Abbildung 10.10 Die Funktion DBMAX hat uns den höchsten Wert selektiert, der die Bewertung 1 hat.

10.5 Die Tabellenfunktion DBMIN

Deutsch:	DBMIN
Syntax:	**=DBMIN(Datenbank;Datenbankfeld;Suchkriterien)**
Englisch:	DMIN
Syntax:	**=DMIN(database,field,criteria)**

Den kleinsten Wert bestimmen

Die Funktion DBMIN liefert uns den kleinsten Wert aus einem Feld oder einer Spalte einer Datenbank zurück, der mit unseren Selektionsparametern übereinstimmt.

Argument	Inhalt
Datenbank	Ist erforderlich; hier definieren Sie den Zellenbereich, der die auswertbaren Daten enthält.
Datenbankfeld	Ist erforderlich; das Argument Datenbankfeld gibt an, welches Feld in der jeweiligen Funktion verwendet werden soll. Dabei kann entweder ein Zellbezug angegeben werden oder ein Text der Spaltenbeschriftung, den Sie in doppelten Anführungszeichen erfassen. Beim Datenbankfeld muss es sich um numerische Werte handeln!
Suchkriterien	Ist erforderlich; das letzte Argument Suchkriterien gibt den Zellenbereich an, der die gewünschten Bedingungen enthält. Für das Argument Suchkriterien können Sie jeden Bereich verwenden, der mindestens eine Spaltenbeschriftung und eine Zelle, darunter zur Festlegung der Bedingung, enthält.

Tabelle 10.6 Die Argumente der Funktion DBMIN

10.5.1 Den Artikel mit dem niedrigsten Preis selektieren

Bei diesem Beispiel können wir prima die bereits aufgebauten Daten aus Abschnitt 10.4.1, »Den höchsten Preis ermitteln«, nehmen (siehe Abbildung 10.11).

	A	B	C	D	E	F
1	**Die Funktion DBMIN**					
2						
3	Artikelnummer	Artikel	Preis	Bewertung		**DBMIN**
4				1		
5						
6	Artikelnummer	Artikel	Preis	Bewertung		
7	MA- 336	PC	589,04 €	3		
8	MA- 450	Notebook	575,53 €	1		
9	MA- 354	Tastatur	28,75 €	1		
10	MA- 310	Maus	16,28 €	4		
11	MA- 173	Mauspad	9,99 €	5		
12	MA- 455	Netzteil	101,99 €	5		
13	MA- 293	Monitor - Röhre	177,28 €	1		
14	MA- 249	Monitor - LED	178,86 €	1		
15	MA- 367	Lautsprecher	62,94 €	4		
16	MA- 239	Software - Games	55,99 €	4		
17	MA- 435	Software	194,76 €	1		
18	MA- 444	Grafikkarte	191,18 €	2		
19	MA- 380	Arbeitsspeicher	66,88 €	1		
20	MA- 474	Mainboard	275,65 €	1		
21	MA- 273	Lüfter	25,61 €	5		
22	MA- 355	Gehäuse	108,05 €	3		
23	MA- 392	Festplatte	172,92 €	2		
24	MA- 153	SSD	197,38 €	4		
25	MA- 103	Soundkarte	80,47 €	1		
26	MA- 223	Externe Festplatte	192,17 €	4		
27	MA- 158	Tablet	470,52 €	1		
28	MA- 231	Prozessor - AMD	254,19 €	4		
29	MA- 200	Drucker - HP	179,65 €	3		
30	MA- 267	Drucker - Epson	116,69 €	3		
31	MA- 201	Patronen - HP	45,23 €	4		
32	MA- 159	Prozessor - Intel	332,70 €	3		

Abbildung 10.11 Welchen Preis hat der günstigste Artikel mit der Bewertung 5?

Günstigsten Artikel bestimmen

Die Aufgabe besteht darin, den Preis des Artikels herauszufinden, der am günstigsten ist und der die Bewertungsstufe 5 hat.

1. Ändern Sie in Zelle D4 die Bewertung auf 5.
2. In Zelle G3 erfassen Sie die folgende Formel:
   =DBMIN(A6:D32;C6;A3:D4)

In Abbildung 10.12 sehen Sie das Ergebnis.

G3 =DBMIN(A6:D32;C6;A3:D4)

	A	B	C	D	E	F	G
1	**Die Funktion DBMIN**						
2							
3	Artikelnummer	Artikel	Preis	Bewertung		**DBMIN**	9,99 €
4				5			
5							
6	Artikelnummer	Artikel	Preis	Bewertung			
7	MA- 336	PC	589,04 €	3			
8	MA- 450	Notebook	575,53 €	1			
9	MA- 354	Tastatur	28,75 €	1			
10	MA- 310	Maus	16,28 €	4			
11	MA- 173	Mauspad	9,99 €	5			
12	MA- 455	Netzteil	101,99 €	5			
13	MA- 293	Monitor - Röhre	177,28 €	1			
14	MA- 249	Monitor - LED	178,86 €	1			
15	MA- 367	Lautsprecher	62,94 €	4			
16	MA- 239	Software - Games	55,99 €	4			
17	MA- 435	Software	194,76 €	1			
18	MA- 444	Grafikkarte	191,18 €	2			
19	MA- 380	Arbeitsspeicher	66,88 €	1			
20	MA- 474	Mainboard	275,65 €	1			
21	MA- 273	Lüfter	25,61 €	5			
22	MA- 355	Gehäuse	108,05 €	3			
23	MA- 392	Festplatte	172,92 €	2			
24	MA- 153	SSD	197,38 €	4			
25	MA- 103	Soundkarte	80,47 €	1			
26	MA- 223	Externe Festplatte	192,17 €	4			
27	MA- 158	Tablet	470,52 €	1			
28	MA- 231	Prozessor - AMD	254,19 €	4			
29	MA- 200	Drucker - HP	179,65 €	3			
30	MA- 267	Drucker - Epson	116,69 €	3			
31	MA- 201	Patronen - HP	45,23 €	4			
32	MA- 159	Prozessor - Intel	332,70 €	3			

Abbildung 10.12 Der günstigste Preis mit der Bewertung 5 lautet 9,99 €.

10.5.2 Den ältesten Teilnehmer ermitteln

In der folgenden Aufgabe liegt eine Geburtstagsliste vor (siehe Abbildung 10.13). In dieser Liste sind die Namen der Personen, die Gruppenzugehörigkeit und ihr Alter erfasst.

	A	B	C	D
1	Die Funktion DBMIN			
2				
3				
4				
5				
6	Name	Nachname	Gruppe	Geburtstag
7	Lukas	Franke	5	04.01.1981
8	David	Prinz	5	03.11.1999
9	Greta	Klever	2	14.12.1978
10	Felix	Knoblauch	5	24.05.1997
11	Andreas	Hacke	5	07.09.1992
12	Anna	Sommer	3	28.01.1977
13	Bjoern	Schuster	5	27.02.1991
14	Maja	Wildemann	1	31.08.1972
15	Julian	Lübeck	2	29.07.1983
16	Niklas	Evans	3	26.02.1997
17	Lukas	Evans	1	16.03.1985
18	Lena	Kuschke	2	28.04.1973
19	David	Kunde	1	02.07.1969
20	Luca	Voigt	5	29.09.1993
21	Olaf	Schmidt	4	23.03.1973
22	Christian	Voigt	5	06.10.1996
23	Simone	Evans	3	01.03.1983
24	Maximilian	Welke	3	17.01.1981
25	Lea	Arnemann	2	13.02.1998
26	Timo	Voigt	5	29.05.1991
27	Clara	Knoblauch	4	03.01.1992
28	Michael	Gertz	1	26.10.1979
29	Leon	Kunde	3	17.07.1979

Abbildung 10.13 Unsere Geburtstagsliste

Die älteste Person finden

Die älteste Person wird über die Datenbankfunktion DBMIN ermittelt. Wenn Sie ein Datum in eine Zelle eingeben, dann wird dieses Datum intern in eine Zahl umgesetzt. Dabei entspricht die Zahl 1 dem 01.01.1900. Je weiter ein Datum also in die Zukunft geht, desto größer auch die Zahl, mit der Excel intern das Datum umsetzt. Um also die älteste Person zu ermitteln, muss nach dem Minimum gesucht werden.

Ermitteln Sie nun die älteste Person, die der Gruppe 1 angehört. Dazu verfahren Sie wie folgt:

1. Kopieren Sie die Überschrift aus dem Zellenbereich A6:D6, und fügen Sie sie in den Zellenbereich A3:D3 ein.
2. Geben Sie in Zelle C4 die Gruppe 1 ein.
3. Erfassen Sie in Zelle G3 die Formel **=DBMIN(A6:D29;D6;A3:D4)**.

In Abbildung 10.14 können Sie nun das Ergebnis ablesen.

Hinweis

Das Feld G3 liefert Ihnen den Wert 25386. Das heißt, das Geburtsdatum der ältesten Person ist der Tag 25386 nach dem 01.01.1900. Wandeln Sie Zelle G3 in das Datumsformat um, und Sie erhalten das Geburtsdatum 02.07.1969 (siehe Abbildung 10.15).

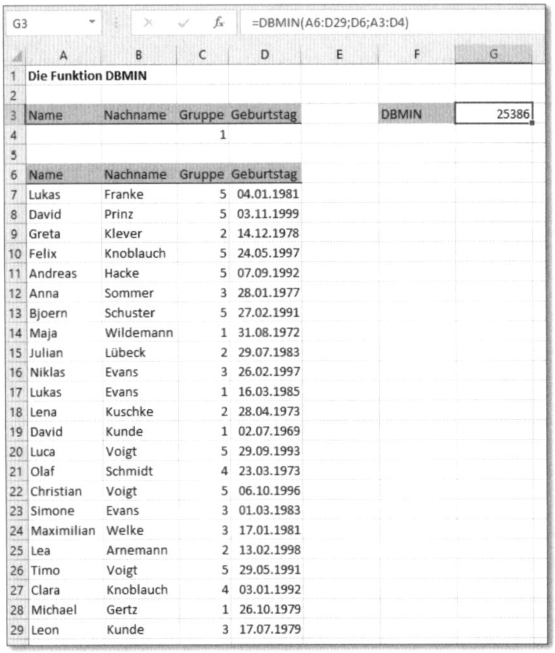

G3 =DBMIN(A6:D29;D6;A3:D4)

	A	B	C	D	E	F	G
1	**Die Funktion DBMIN**						
2							
3	Name	Nachname	Gruppe	Geburtstag		DBMIN	25386
4			1				
5							
6	Name	Nachname	Gruppe	Geburtstag			
7	Lukas	Franke	5	04.01.1981			
8	David	Prinz	5	03.11.1999			
9	Greta	Klever	2	14.12.1978			
10	Felix	Knoblauch	5	24.05.1997			
11	Andreas	Hacke	5	07.09.1992			
12	Anna	Sommer	3	28.01.1977			
13	Bjoern	Schuster	5	27.02.1991			
14	Maja	Wildemann	1	31.08.1972			
15	Julian	Lübeck	2	29.07.1983			
16	Niklas	Evans	3	26.02.1997			
17	Lukas	Evans	1	16.03.1985			
18	Lena	Kuschke	2	28.04.1973			
19	David	Kunde	1	02.07.1969			
20	Luca	Voigt	5	29.09.1993			
21	Olaf	Schmidt	4	23.03.1973			
22	Christian	Voigt	5	06.10.1996			
23	Simone	Evans	3	01.03.1983			
24	Maximilian	Welke	3	17.01.1981			
25	Lea	Arnemann	2	13.02.1998			
26	Timo	Voigt	5	29.05.1991			
27	Clara	Knoblauch	4	03.01.1992			
28	Michael	Gertz	1	26.10.1979			
29	Leon	Kunde	3	17.07.1979			

Abbildung 10.14 Die älteste Person wurde 25.386 Tage nach dem 01.01.1900 geboren.

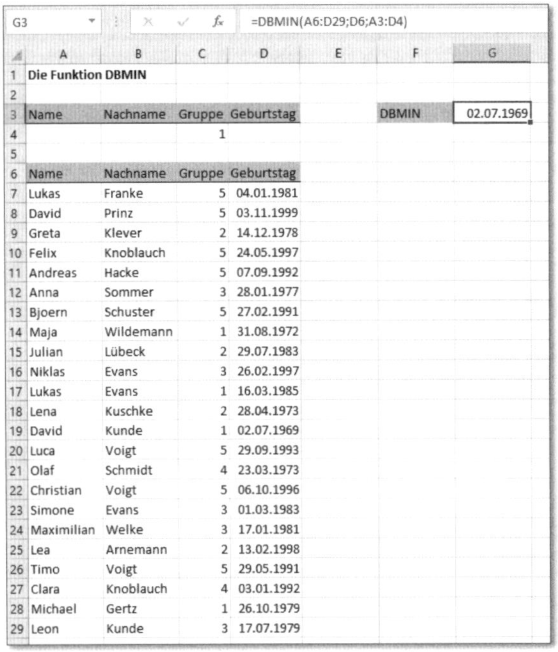

G3 =DBMIN(A6:D29;D6;A3:D4)

	A	B	C	D	E	F	G
1	**Die Funktion DBMIN**						
2							
3	Name	Nachname	Gruppe	Geburtstag		DBMIN	02.07.1969
4			1				
5							
6	Name	Nachname	Gruppe	Geburtstag			
7	Lukas	Franke	5	04.01.1981			
8	David	Prinz	5	03.11.1999			
9	Greta	Klever	2	14.12.1978			
10	Felix	Knoblauch	5	24.05.1997			
11	Andreas	Hacke	5	07.09.1992			
12	Anna	Sommer	3	28.01.1977			
13	Bjoern	Schuster	5	27.02.1991			
14	Maja	Wildemann	1	31.08.1972			
15	Julian	Lübeck	2	29.07.1983			
16	Niklas	Evans	3	26.02.1997			
17	Lukas	Evans	1	16.03.1985			
18	Lena	Kuschke	2	28.04.1973			
19	David	Kunde	1	02.07.1969			
20	Luca	Voigt	5	29.09.1993			
21	Olaf	Schmidt	4	23.03.1973			
22	Christian	Voigt	5	06.10.1996			
23	Simone	Evans	3	01.03.1983			
24	Maximilian	Welke	3	17.01.1981			
25	Lea	Arnemann	2	13.02.1998			
26	Timo	Voigt	5	29.05.1991			
27	Clara	Knoblauch	4	03.01.1992			
28	Michael	Gertz	1	26.10.1979			
29	Leon	Kunde	3	17.07.1979			

Abbildung 10.15 Die älteste Person wurde damit am 02.07.1969 geboren.

10.6 Die Tabellenfunktion DBMITTELWERT

Deutsch:	DBMITTELWERT
Syntax:	**=DBMITTELWERT(Datenbank;Datenbankfeld;Suchkriterien)**
Englisch:	DAVERAGE
Syntax:	**=DAVERAGE(range,field,criteria)**

Die Funktion DBMITTELWERT liefert Ihnen den Mittelwert aus den Werten eines Feldes oder einer Spalte mit Datensätzen, die aus einer Liste oder Datenbank kommen. Dabei bestimmen Sie die Selektionskriterien.

Mittelwert

Argument	Inhalt
Datenbank	Ist erforderlich; hier definieren Sie den Zellenbereich, der die auswertbaren Daten enthält.
Datenbankfeld	Ist erforderlich; das Argument Datenbankfeld gibt an, welches Feld in der jeweiligen Funktion verwendet werden soll. Dabei kann entweder ein Zellbezug angegeben werden oder ein Text der Spaltenbeschriftung, den Sie in doppelten Anführungszeichen erfassen. Beim Datenbankfeld muss es sich um numerische Werte handeln!
Suchkriterien	Ist erforderlich; das letzte Argument Suchkriterien gibt den Zellenbereich an, der die gewünschten Bedingungen enthält. Für das Argument Suchkriterien können Sie jeden Bereich verwenden, der mindestens eine Spaltenbeschriftung und eine Zelle, darunter zur Festlegung der Bedingung, enthält.

Tabelle 10.7 Die Argumente der Funktion DBMITTELWERT

10.6.1 Durchschnittliche Einnahmen pro Kategorie ermitteln

In unserer nächsten Aufgabe möchten wir aus einer bestehenden Umsatzdatenbank den Verkaufsmittelwert eines bestimmten Produkts je Auftrag ermitteln. Dabei liegt Ihnen die folgende Artikelliste aus Abbildung 10.16 vor.

Verkaufsmittelwert eines bestimmten Produkts

	A	B	C	D	E	F
1	**Die Funktion DBMITTELWERT**					
2						
3						
4						
5						
6	Verkaufsdatum	Artikelnr.	Artikel	Einzelpreis	Menge	Verkaufspreis
7	05.11.2015	MA-Nr 411	Notebook-Asus	877,00 €	2	1.754,00 €
8	12.11.2015	MA-Nr 100	NAS-Server	1.302,00 €	1	1.302,00 €
9	13.11.2015	MA-Nr 274	PC-System	1.040,00 €	2	2.080,00 €
10	17.11.2015	MA-Nr 130	PC-System	1.003,00 €	4	4.012,00 €
11	17.11.2015	MA-Nr 296	Laserdrucker	587,00 €	2	1.174,00 €
12	20.11.2015	MA-Nr 419	Drucker-Canon	183,00 €	2	366,00 €
13	20.11.2015	MA-Nr 324	Notebook-Asus	862,00 €	1	862,00 €
14	22.11.2015	MA-Nr 492	Monitor-LED	209,00 €	1	209,00 €
15	25.11.2015	MA-Nr 131	Notebook-HP	931,00 €	1	931,00 €
16	04.12.2015	MA-Nr 201	Laserdrucker	486,00 €	1	486,00 €
17	06.12.2015	MA-Nr 450	Laserdrucker	584,00 €	2	1.168,00 €
18	06.12.2015	MA-Nr 469	Drucker-Epson	118,00 €	2	236,00 €
19	07.12.2015	MA-Nr 266	Laserdrucker	517,00 €	3	1.551,00 €
20	09.12.2015	MA-Nr 137	NAS-Server	933,00 €	2	1.866,00 €
21	10.12.2015	MA-Nr 421	PC-System	1.117,00 €	4	4.468,00 €
22	12.12.2015	MA-Nr 180	Drucker-HP	119,00 €	2	238,00 €
23	20.12.2015	MA-Nr 396	PC-System	1.169,00 €	3	3.507,00 €
24						

Abbildung 10.16 Unsere Umsatzdatenbank

Um jetzt den durchschnittlichen Umsatz je Auftrag in der Kategorie PC-System zu errechnen, befolgen Sie die nächsten Arbeitsschritte:

1. Kopieren Sie den Zellenbereich A6:F6 in Zeile 3.
2. Schreiben Sie in das Feld C4 den Begriff »PC-System«.
3. Erfassen Sie in Zelle I3 die folgende Formel:
   =DBMITTELWERT(A6:F23;F6;A3:F4)
4. Schließen die die Formeleingabe mit [↵] ab.

Abbildung 10.17 zeigt das Ergebnis.

I3 | fx | =DBMITTELWERT(A6:F23;F6;A3:F4)

	A	B	C	D	E	F	G	H	I
1	**Die Funktion DBMITTELWERT**								
2									
3	Verkaufsdatum	Artikelnr.	Artikel	Einzelpreis	Menge	Verkaufspreis		**DBMITTELWERT**	3.516,75 €
4			PC-System						
5									
6	Verkaufsdatum	Artikelnr.	Artikel	Einzelpreis	Menge	Verkaufspreis			
7	05.11.2015	MA-Nr 411	Notebook-Asus	877,00 €	2	1.754,00 €			
8	12.11.2015	MA-Nr 100	NAS-Server	1.302,00 €	1	1.302,00 €			
9	13.11.2015	MA-Nr 274	PC-System	1.040,00 €	2	2.080,00 €			
10	17.11.2015	MA-Nr 130	PC-System	1.003,00 €	4	4.012,00 €			
11	17.11.2015	MA-Nr 296	Laserdrucker	587,00 €	2	1.174,00 €			
12	20.11.2015	MA-Nr 419	Drucker-Canon	183,00 €	2	366,00 €			
13	20.11.2015	MA-Nr 324	Notebook-Asus	862,00 €	1	862,00 €			
14	22.11.2015	MA-Nr 492	Monitor-LED	209,00 €	1	209,00 €			
15	25.11.2015	MA-Nr 131	Notebook-HP	931,00 €	1	931,00 €			
16	04.12.2015	MA-Nr 201	Laserdrucker	486,00 €	1	486,00 €			
17	06.12.2015	MA-Nr 450	Laserdrucker	584,00 €	2	1.168,00 €			
18	06.12.2015	MA-Nr 469	Drucker-Epson	118,00 €	2	236,00 €			
19	07.12.2015	MA-Nr 266	Laserdrucker	517,00 €	3	1.551,00 €			
20	09.12.2015	MA-Nr 137	NAS-Server	933,00 €	2	1.866,00 €			
21	10.12.2015	MA-Nr 421	PC-System	1.117,00 €	4	4.468,00 €			
22	12.12.2015	MA-Nr 180	Drucker-HP	119,00 €	2	238,00 €			
23	20.12.2015	MA-Nr 396	PC-System	1.169,00 €	3	3.507,00 €			
24									

Abbildung 10.17 Der Mittelwert je Auftrag beträgt 3.516,75 €.

10.7 Die Tabellenfunktion DBPRODUKT

Deutsch:	DBPRODUKT
Syntax:	**=DBPRODUKT(Datenbank;Datenbankfeld;Suchkriterien)**
Englisch:	DPRODUCT
Syntax:	**=DPRODUCT(database,field,criteria)**

Werte multiplizieren

Mit der Funktion DBPRODUKT können Sie die Werte aus einer Liste oder Datenbank multiplizieren, die Ihren Selektionsparametern entsprechen.

Argument	Inhalt
Datenbank	Ist erforderlich; hier definieren Sie den Zellenbereich, der die auswertbaren Daten enthält.
Datenbankfeld	Ist erforderlich; das Argument Datenbankfeld gibt an, welches Feld in der jeweiligen Funktion verwendet werden soll. Dabei kann entweder ein Zellbezug angegeben werden oder ein Text der Spaltenbeschriftung, den Sie in doppelten Anführungszeichen erfassen. Beim Datenbankfeld muss es sich um numerische Werte handeln!
Suchkriterien	Ist erforderlich; das letzte Argument Suchkriterien gibt den Zellenbereich an, der die gewünschten Bedingungen enthält. Für das Argument Suchkriterien können Sie jeden Bereich verwenden, der mindestens eine Spaltenbeschriftung und eine Zelle, darunter zur Festlegung der Bedingung, enthält.

Tabelle 10.8 Die Argumente der Funktion DBPRODUKT

10.8 Die Tabellenfunktion DBSTDABW

Deutsch:	DBSTDABW
Syntax:	**=DBSTDABW(Datenbank;Datenbankfeld;Suchkriterien)**

Englisch:	DSTDEV
Syntax:	**=DSTDEV(database,field,criteria)**

Standardabweichung schätzen

Die Funktion DBSTDABW schätzt die Standardabweichung einer Grundgesamtheit auf der Grundlage einer Stichprobe mit Hilfe der Werte in einem Feld (einer Spalte) mit Datensätzen in einer Liste oder Datenbank, die den von Ihnen angegebenen Bedingungen entsprechen.

Argument	Inhalt
Datenbank	Ist erforderlich; hier definieren Sie den Zellenbereich, der die auswertbaren Daten enthält.
Datenbankfeld	Ist erforderlich; das Argument Datenbankfeld gibt an, welches Feld in der jeweiligen Funktion verwendet werden soll. Dabei kann entweder ein Zellbezug angegeben werden oder ein Text der Spaltenbeschriftung, den Sie in doppelten Anführungszeichen erfassen. Beim Datenbankfeld muss es sich um numerische Werte handeln!
Suchkriterien	Ist erforderlich; das letzte Argument Suchkriterien gibt den Zellenbereich an, der die gewünschten Bedingungen enthält. Für das Argument Suchkriterien können Sie jeden Bereich verwenden, der mindestens eine Spaltenbeschriftung und eine Zelle, darunter zur Festlegung der Bedingung, enthält.

Tabelle 10.9 Die Argumente der Funktion DBSTDABW

10.9 Die Tabellenfunktion DBSTDABWN

Deutsch:	DBSTDABWN
Syntax:	**=DBSTDABWN(Datenbank;Datenbankfeld;Suchkriterien)**
Englisch:	DSTDEVP
Syntax:	**=DSTDEVP(database,field,criteria)**

Die Funktion DBSTDABWN berechnet die Standardabweichung auf der Grundlage der Grundgesamtheit mit Hilfe der Werte in einem Feld (einer Spalte) mit Datensätzen in einer Liste oder Datenbank, die den von Ihnen angegebenen Bedingungen entsprechen.

Standardabweichung berechnen

Argument	Inhalt
Datenbank	Ist erforderlich; hier definieren Sie den Zellenbereich, der die auswertbaren Daten enthält.
Datenbankfeld	Ist erforderlich; das Argument Datenbankfeld gibt an, welches Feld in der jeweiligen Funktion verwendet werden soll. Dabei kann entweder ein Zellbezug angegeben werden oder ein Text der Spaltenbeschriftung, den Sie in doppelten Anführungszeichen erfassen. Beim Datenbankfeld muss es sich um numerische Werte handeln!
Suchkriterien	Ist erforderlich; das letzte Argument Suchkriterien gibt den Zellenbereich an, der die gewünschten Bedingungen enthält. Für das Argument Suchkriterien können Sie jeden Bereich verwenden, der mindestens eine Spaltenbeschriftung und eine Zelle, darunter zur Festlegung der Bedingung, enthält.

Tabelle 10.10 Die Argumente der Funktion DBSTDABWN

10.10 Die Tabellenfunktion DBSUMME

Deutsch:	DBSUMME
Syntax:	**=DBSUMME(Datenbank;Datenbankfeld;Suchkriterien)**
Englisch:	DSUM
Syntax:	**=DSUM(range,field,criteria)**

Die Funktion DBSUMME summiert die Zahlen, die Sie per Selektionskriterien aus einer Liste oder Datenbank herausziehen.

Zahlen summieren

Argument	Inhalt
Datenbank	Ist erforderlich; hier definieren Sie den Zellenbereich, der die auswertbaren Daten enthält.
Datenbankfeld	Ist erforderlich; das Argument Datenbankfeld gibt an, welches Feld in der jeweiligen Funktion verwendet werden soll. Dabei kann entweder ein Zellbezug angegeben werden oder ein Text der Spaltenbeschriftung, den Sie in doppelten Anführungszeichen erfassen. Beim Datenbankfeld muss es sich um numerische Werte handeln!
Suchkriterien	Ist erforderlich; das letzte Argument Suchkriterien gibt den Zellenbereich an, der die gewünschten Bedingungen enthält. Für das Argument Suchkriterien können Sie jeden Bereich verwenden, der mindestens eine Spaltenbeschriftung und eine Zelle, darunter zur Festlegung der Bedingung, enthält.

Tabelle 10.11 Die Argumente der Funktion DBSUMME

10.10.1 Verkaufserlöse auswerten

In der folgenden Aufgabe beschäftigen wir uns mit der bekannten Umsatztabelle aus Abschnitt 10.6.1, »Durchschnittliche Einnahmen pro Kategorie ermitteln«. Sehen Sie sich dazu noch einmal die Grundtabelle in Abbildung 10.18 an.

5						
6	Verkaufsdatum	Artikelnr.	Artikel	Einzelpreis	Menge	Verkaufspreis
7	05.11.2015	MA-Nr 411	Notebook-Asus	877,00 €	2	1.754,00 €
8	12.11.2015	MA-Nr 100	NAS-Server	1.302,00 €	1	1.302,00 €
9	13.11.2015	MA-Nr 274	PC-System	1.040,00 €	2	2.080,00 €
10	17.11.2015	MA-Nr 130	PC-System	1.003,00 €	4	4.012,00 €
11	17.11.2015	MA-Nr 296	Laserdrucker	587,00 €	2	1.174,00 €
12	20.11.2015	MA-Nr 419	Drucker-Canon	183,00 €	2	366,00 €
13	20.11.2015	MA-Nr 324	Notebook-Asus	862,00 €	1	862,00 €
14	22.11.2015	MA-Nr 492	Monitor-LED	209,00 €	1	209,00 €
15	25.11.2015	MA-Nr 131	Notebook-HP	931,00 €	1	931,00 €
16	04.12.2015	MA-Nr 201	Laserdrucker	486,00 €	1	486,00 €
17	06.12.2015	MA-Nr 450	Laserdrucker	584,00 €	2	1.168,00 €
18	06.12.2015	MA-Nr 469	Drucker-Epson	118,00 €	2	236,00 €
19	07.12.2015	MA-Nr 266	Laserdrucker	517,00 €	3	1.551,00 €
20	09.12.2015	MA-Nr 137	NAS-Server	933,00 €	2	1.866,00 €
21	10.12.2015	MA-Nr 421	PC-System	1.117,00 €	4	4.468,00 €
22	12.12.2015	MA-Nr 180	Drucker-HP	119,00 €	2	238,00 €
23	20.12.2015	MA-Nr 396	PC-System	1.169,00 €	3	3.507,00 €
24						
25						

Abbildung 10.18 Diese bereits bekannte Tabelle wollen wir auch hier nutzen.

Umsatz für die Artikel einer Kategorie

Unsere Aufgabe ist es jetzt, den Umsatz für die Artikel der Kategorie »PC-System« zu ermitteln, die ab dem 01.12.2015 verkauft wurden.

1. Kopieren Sie den Zellenbereich A6:F6 in die Zeile 3.
2. Schreiben Sie in Zelle C4 den Begriff »PC-System«.
3. In Zelle A4 tragen Sie bitte »>=01.12.2015« ein.
4. Schreiben Sie in Zelle I3 die folgende Formel:
   =DBSUMME(A6:F23;F6;A3:F4)
5. Beenden Sie Ihre Eingabe mit [↵].

In Abbildung 10.19 sehen Sie das Ergebnis.

I3 =DBSUMME(A6:F23;F6;A3:F4)

	A	B	C	D	E	F	G	H	I
1	**Die Funktion DBSUMME**								
2									
3	Verkaufsdatum	Artikelnr.	Artikel	Einzelpreis	Menge	Verkaufspreis		**DBSUMME**	7.975,00 €
4	>=01.12.2015		PC-System						
5									
6	Verkaufsdatum	Artikelnr.	Artikel	Einzelpreis	Menge	Verkaufspreis			
7	05.11.2015	MA-Nr 411	Notebook-Asus	877,00 €	2	1.754,00 €			
8	12.11.2015	MA-Nr 100	NAS-Server	1.302,00 €	1	1.302,00 €			
9	13.11.2015	MA-Nr 274	PC-System	1.040,00 €	2	2.080,00 €			
10	17.11.2015	MA-Nr 130	PC-System	1.003,00 €	4	4.012,00 €			
11	17.11.2015	MA-Nr 296	Laserdrucker	587,00 €	2	1.174,00 €			
12	20.11.2015	MA-Nr 419	Drucker-Canon	183,00 €	2	366,00 €			
13	20.11.2015	MA-Nr 324	Notebook-Asus	862,00 €	1	862,00 €			
14	22.11.2015	MA-Nr 492	Monitor-LED	209,00 €	1	209,00 €			
15	25.11.2015	MA-Nr 131	Notebook-HP	931,00 €	1	931,00 €			
16	04.12.2015	MA-Nr 201	Laserdrucker	486,00 €	1	486,00 €			
17	06.12.2015	MA-Nr 450	Laserdrucker	584,00 €	2	1.168,00 €			
18	06.12.2015	MA-Nr 469	Drucker-Epson	118,00 €	2	236,00 €			
19	07.12.2015	MA-Nr 266	Laserdrucker	517,00 €	3	1.551,00 €			
20	09.12.2015	MA-Nr 137	NAS-Server	933,00 €	2	1.866,00 €			
21	10.12.2015	MA-Nr 421	PC-System	1.117,00 €	4	4.468,00 €			
22	12.12.2015	MA-Nr 180	Drucker-HP	119,00 €	2	238,00 €			
23	20.12.2015	MA-Nr 396	PC-System	1.169,00 €	3	3.507,00 €			
24									

Abbildung 10.19 Ab dem 01.12.2015 haben wir PC-Systeme im Wert von 7.975,00 € verkauft.

10.11 Die Tabellenfunktion DBVARIANZ

Deutsch:	DBVARIANZ
Syntax:	**=DBVARIANZ(Datenbank;Datenbankfeld;Suchkriterien)**
Englisch:	DVAR
Syntax:	**=DVAR(database,field,criteria)**

Varianz einer Gesamtmenge auf Basis einer Stichprobe schätzen

Die Funktion DBVARIANZ schätzt die Varianz einer Gesamtmenge auf Basis einer Stichprobe, wenn die von Ihnen vorgegebenen Selektionsparameter erfüllt werden. Die entsprechenden Daten befinden sich dabei in einer Liste oder Datenbank.

Argument	Inhalt
Datenbank	Ist erforderlich; hier definieren Sie den Zellenbereich, der die auswertbaren Daten enthält.
Datenbankfeld	Ist erforderlich; das Argument Datenbankfeld gibt an, welches Feld in der jeweiligen Funktion verwendet werden soll. Dabei kann entweder ein Zellbezug angegeben werden oder ein Text der Spaltenbeschriftung, den Sie in doppelten Anführungszeichen erfassen. Beim Datenbankfeld muss es sich um numerische Werte handeln!
Suchkriterien	Ist erforderlich; das letzte Argument Suchkriterien gibt den Zellenbereich an, der die gewünschten Bedingungen enthält. Für das Argument Suchkriterien können Sie jeden Bereich verwenden, der mindestens eine Spaltenbeschriftung und eine Zelle, darunter zur Festlegung der Bedingung, enthält.

Tabelle 10.12 Die Argumente der DBVARIANZ

10.12 Die Tabellenfunktion DBVARIANZEN

Deutsch:	DBVARIANZEN
Syntax:	**=DBVARIANZEN(Datenbank;Datenbankfeld;Suchkriterien)**
Englisch:	DVARP
Syntax:	**=DVARP(database,field,criteria)**

Varianz der Grundgesamtheit berechnen

Die Funktion DBVARIANZEN berechnet die Varianz der Grundgesamtheit. Dies geschieht mit Hilfe der Werte in einem Feld (Spalte) mit Datensätzen, die in einer Liste oder Datenbank stehen und Ihren Selektionsbedingungen entsprechen.

Argument	Inhalt
Datenbank	Ist erforderlich; hier definieren Sie den Zellenbereich, der die auswertbaren Daten enthält.
Datenbankfeld	Ist erforderlich; das Argument Datenbankfeld gibt an, welches Feld in der jeweiligen Funktion verwendet werden soll. Dabei kann entweder ein Zellbezug angegeben werden oder ein Text der Spaltenbeschriftung, den Sie in doppelten Anführungszeichen erfassen. Beim Datenbankfeld muss es sich um numerische Werte handeln!
Suchkriterien	Ist erforderlich; das letzte Argument Suchkriterien gibt den Zellenbereich an, der die gewünschten Bedingungen enthält. Für das Argument Suchkriterien können Sie jeden Bereich verwenden, der mindestens eine Spaltenbeschriftung und eine Zelle, darunter zur Festlegung der Bedingung, enthält.

Tabelle 10.13 Die Argumente der Funktion DBVARIANZEN

Kapitel 11
Funktionen aus der Kategorie Nachschlagen und Verweisen

Zur Rubrik Nachschlagen und Verweisen zählen unter anderem Tabellenfunktionen, mit deren Hilfe Sie Daten in Bereichen suchen und zuordnen können.

Deutsch	Englisch	ab Version	Grundwissen
SVERWEIS	VLOOKUP	2003	X
WVERWEIS	HLOOKUP	2003	X
VERWEIS	LOOKUP	2003	X
INDEX	INDEX	2003	X
INDIREKT	INDIRECT	2003	X
ADRESSE	ADDRESS	2003	X
BEREICH.VERSCHIEBEN	OFFSET	2003	X
HYPERLINK	HYPERLINK	2003	X
MTRANS	MTRANS	2003	X
SPALTE	COLUMN	2003	X
SPALTEN	COLUMNS	2003	X
ZEILE	ROW	2003	X
ZEILEN	ROWS	2003	X
WAHL	CHOOSE	2003	X

Tabelle 11.1 Übersicht der Funktionen aus der Kategorie Nachschlagen und Verweisen

In diesem Kapitel lernen Sie die Tabellenfunktionen aus der Funktionskategorie Nachschlagen und Verweisen kennen.

11.1 Die Tabellenfunktion SVERWEIS

Deutsch:	SVERWEIS
Syntax:	**=SVERWEIS(Suchkriterium;Matrix;Spaltenindex;[Bereich_Verweis])**
Englisch:	VLOOKUP
Syntax:	**=VLOOKUP(lookup_value,table_array;col_index_num,[range_lookup])**

Daten suchen

Mit der Tabellenfunktion SVERWEIS können Sie einen Wert über einen Suchbegriff aus einem Datenbereich ermitteln und ausgeben.

Argumente	Inhalte
Such-kriterium	Ist erforderlich; der Wert, der in der ersten Matrixspalte gefunden werden soll. Suchkriterium kann ein Wert, ein Bezug oder eine Textzeichenfolge sein.
Matrix	Ist erforderlich; das Argument Matrix ist die Tabelle mit Informationen, in der die Daten gesucht werden.
Spaltenindex	Ist erforderlich; das Argument Spaltenindex ist die Spaltennummer in Matrix, aus der der entsprechende Wert zurückgegeben werden muss. Ein Spaltenindex von 1 gibt den Wert der ersten Spalte in Matrix zurück; ein Spaltenindex von 2 gibt den Wert der zweiten Spalte von Matrix zurück.
Bereich Verweis	Ist optional; wenn dieses Argument WAHR ist, müssen die Werte in der ersten Spalte von Matrix in aufsteigender Reihenfolge angeordnet werden. Wenn das Argument Bereich_Verweis den Wert FALSCH aufweist, muss die Tabelle nicht sortiert vorliegen.

Tabelle 11.2 Die Argumente der Funktion SVERWEIS

11.1.1 Artikeldaten heraussuchen

Daten über einen Schlüssel finden

In der folgenden Aufgabe soll aus einer Artikeldatenbank ein bestimmter Satz herausgesucht werden. Sehen Sie sich dazu einmal die Tabelle aus Abbildung 11.1 an.

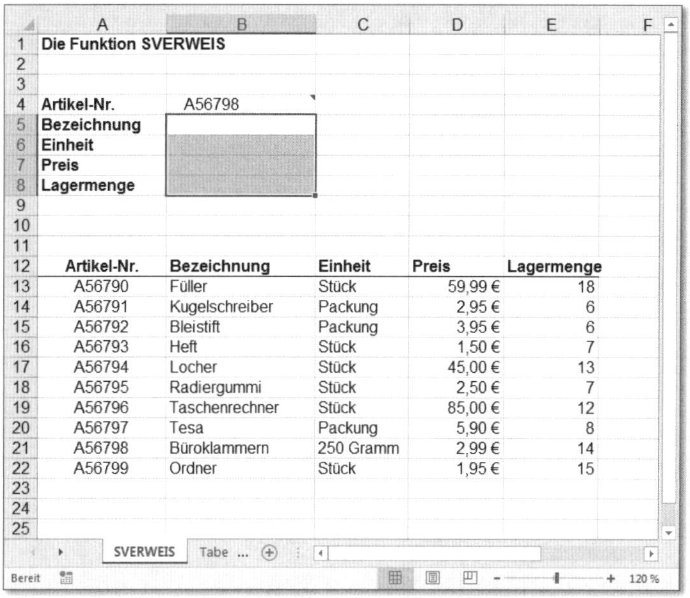

	A	B	C	D	E
1	**Die Funktion SVERWEIS**				
2					
3					
4	**Artikel-Nr.**	A56798			
5	**Bezeichnung**				
6	**Einheit**				
7	**Preis**				
8	**Lagermenge**				
9					
10					
11					
12	**Artikel-Nr.**	**Bezeichnung**	**Einheit**	**Preis**	**Lagermenge**
13	A56790	Füller	Stück	59,99 €	18
14	A56791	Kugelschreiber	Packung	2,95 €	6
15	A56792	Bleistift	Packung	3,95 €	6
16	A56793	Heft	Stück	1,50 €	7
17	A56794	Locher	Stück	45,00 €	13
18	A56795	Radiergummi	Stück	2,50 €	7
19	A56796	Taschenrechner	Stück	85,00 €	12
20	A56797	Tesa	Packung	5,90 €	8
21	A56798	Büroklammern	250 Gramm	2,99 €	14
22	A56799	Ordner	Stück	1,95 €	15

Abbildung 11.1 Die Tabelle mit den verfügbaren Daten

Ihre Aufgabe besteht nun darin, in Zelle B4 eine Artikelnummer einzugeben. Alle anderen Informationen zu dieser Artikelnummer sollen danach automatisch in den Zellenbereich B5:B8 eingefügt werden. Um diese Aufgabe zu lösen, verfahren Sie wie folgt:

1. Setzen Sie den Cursor in Zelle B5.
2. Erfassen Sie die Formel **=SVERWEIS($B$4;$A$13:$E$22;2;FALSCH)**.
3. Bestätigen Sie die Eingabe über [↵].

Mit Hilfe des Suchbegriffs aus Zelle B4 wird in Spalte A nach dem Auftreten dieser Artikelnummer gesucht. Wird die Artikelnummer gefunden, dann werden die Daten der Matrix übertragen (siehe Abbildung 11.2). Der Spaltenindex 2 bedeutet, dass der Wert der zweiten Spalte der Matrix A13:E22, also der Wert aus Spalte B, übertragen wird. Wenn Sie die Formel aus Zelle B4 nach unten kopieren, müssen Sie den Spaltenindex dabei jeweils anpassen. Entnehmen Sie die dazu notwendigen Formeln aus Tabelle 11.3.

Weitere Formeln

Zelle	Formel
B5	=SVERWEIS($B$4;$A$13:$E$22;2;FALSCH)
B6	=SVERWEIS($B$4;$A$13:$E$22;3;FALSCH)
B7	=SVERWEIS($B$4;$A$13:$E$22;4;FALSCH)
B8	=SVERWEIS($B$4;$A$13:$E$22;5;FALSCH)

Tabelle 11.3 Die weiteren verwendeten Formeln

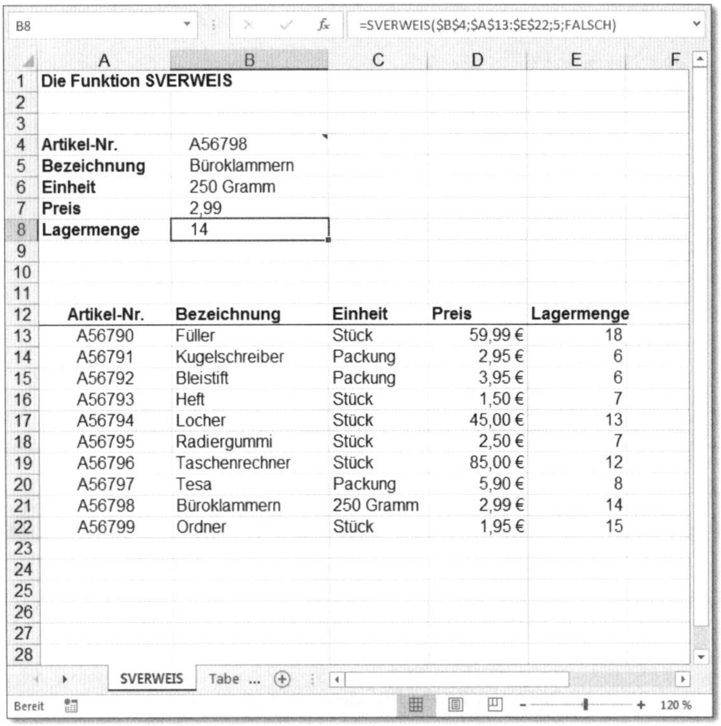

Artikel-Nr.	Bezeichnung	Einheit	Preis	Lagermenge
A56790	Füller	Stück	59,99 €	18
A56791	Kugelschreiber	Packung	2,95 €	6
A56792	Bleistift	Packung	3,95 €	6
A56793	Heft	Stück	1,50 €	7
A56794	Locher	Stück	45,00 €	13
A56795	Radiergummi	Stück	2,50 €	7
A56796	Taschenrechner	Stück	85,00 €	12
A56797	Tesa	Packung	5,90 €	8
A56798	Büroklammern	250 Gramm	2,99 €	14
A56799	Ordner	Stück	1,95 €	15

Abbildung 11.2 Mit SVERWEIS nach Daten suchen

11.1.2 Den richtigen Tarif abgreifen

Tariftyp zuordnen

In der folgenden Aufgabe soll aus einer Liste der richtige Tarif ermittelt werden. Dabei soll eine Eingabe zwischen 1 und 6 erfolgen. Excel muss danach aus einer Liste den zutreffenden Tarif auswählen. Sehen Sie sich dazu einmal Abbildung 11.3 an.

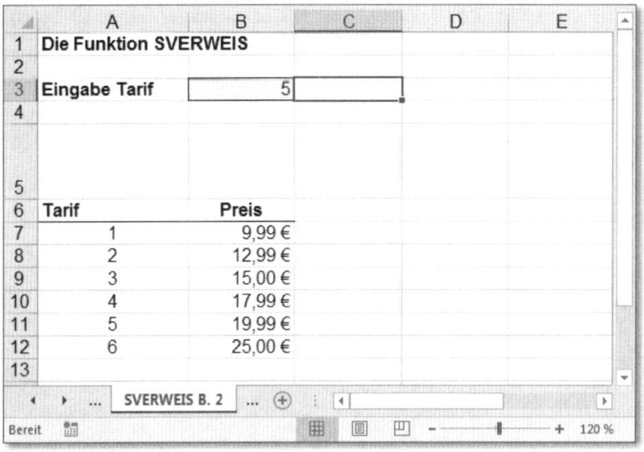

Abbildung 11.3 Die zugrunde liegende Tariftabelle

Um die Eingabe in Zelle B3 zu vereinfachen, können Sie dem Anwender ein Dropdown-Feld anbieten, aus dem der entsprechende Tarif ausgewählt werden kann. Dieses Dropdown-Feld wird immer dann angezeigt, wenn der Anwender den Mauszeiger auf Zelle B3 setzt.

Um ein solches Zellen-Dropdown einzurichten, verfahren Sie wie folgt:

Datenüberprüfung einstellen

1. Setzen Sie den Mauszeiger auf Zelle B3.
2. Klicken Sie im Menüband DATEN auf das Symbol DATENÜBERPRÜFUNG.
3. Auf der Registerkarte EINSTELLUNGEN wählen Sie aus dem Kombinationsfeld ZULASSEN den Befehl LISTE (siehe Abbildung 11.4).

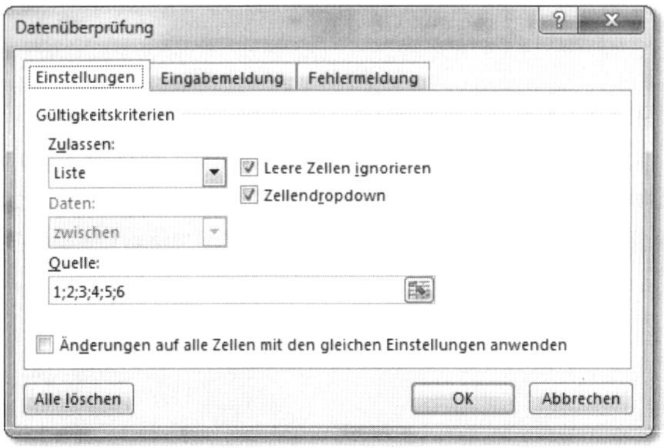

Abbildung 11.4 Die gültigen Werte eingeben

4. Erfassen Sie im Feld QUELLE die Werte, die Sie zulassen möchten.

5. Wechseln Sie auf die Registerkarte EINGABEMELDUNG, und definieren Sie eine Meldung, die automatisch erscheint, wenn Zelle B3 aktiviert wird.
6. Auf der Registerkarte FEHLERMELDUNG können Sie eine eigene Fehlermeldung definieren, die automatisch dann angezeigt wird, wenn eine ungültige Eingabe in Zelle B3 vorgenommen wird.
7. Bestätigen Sie Ihre Einstellungen mit OK.
8. Erfassen Sie in Zelle C3 die Formel:
   =SVERWEIS($B$3;$A$6:$B$12;2;FALSCH)
9. Bestätigen Sie mit [↵].

Wie das Eingabe-Dropdown der Zelle B3 nun aussieht, zeigt Abbildung 11.5.

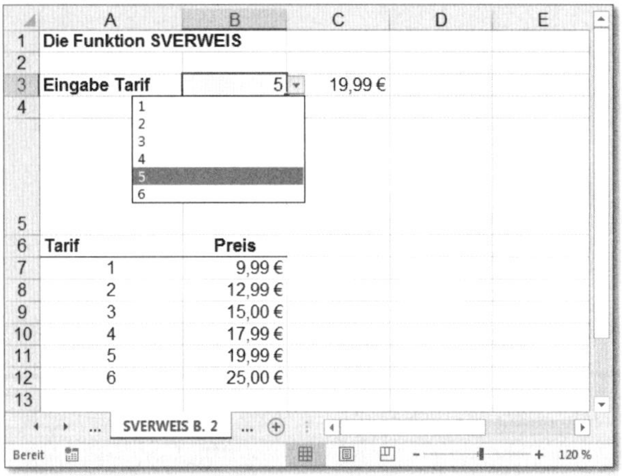

Abbildung 11.5 Schnelle und flexible Auswahl des Tarifs

In der nächsten Aufgabe wird der Tarif aus der Tabelle SVERWEIS B. 2 in einer anderen Tabelle abgefragt. Die Tabellenfunktion SVERWEIS muss zu diesem Zweck tabellenübergreifend arbeiten. Fügen Sie deshalb eine neue Tabelle ein, und gestalten Sie sie nach dem Vorbild von Abbildung 11.6.

Abbildung 11.6 Zugriff aus einer anderen Tabelle

In Zelle B6 soll nun die Tabellenfunktion SVERWEIS eingefügt werden. Dabei erfolgt in diesem Fall der Zugriff auf die Tabelle SVERWEIS B. 2, die die Tarifdaten enthält. Erfassen Sie daher die Formel **=SVERWEIS($B$5;'SVERWEIS B. 2'!$A$6:$B$12;2;FALSCH)** in Zelle B6.

Hinweis

Befindet sich das Datenblatt in einer anderen Arbeitsmappe, dann lautet die Syntax wie folgt:

=SVERWEIS($B$5;[Mappe.xlsx]Tabelle1!$A$6:$B$12;2;FALSCH)

11.2 Die Tabellenfunktion WVERWEIS

Deutsch:	WVERWEIS
Syntax:	**=WVERWEIS(Suchkriterium;Matrix;Zeilenindex;[Bereich_Verweis])**
Englisch:	HLOOKUP
Syntax:	**=HLOOKUP(hlookup_value,table_array;row_index_num,[range_hlookup])**

Daten suchen

Die Tabellenfunktion WVERWEIS ähnelt der soeben beschriebenen Funktion. Die Funktion sucht in der obersten Zeile einer Tabelle oder einer Matrix (Array) nach Werten und gibt dann in der gleichen Spalte einen Wert aus einer Zeile zurück, die Sie in der Tabelle oder Matrix angeben.

Argumente	Inhalte
Such-kriterium	Ist erforderlich; das Argument Suchkriterium ist der Wert, der in der ersten Zeile der Tabelle gefunden werden soll. Suchkriterium kann ein Wert, ein Bezug oder eine Textzeichenfolge sein.
Matrix	Ist erforderlich; das Argument Matrix ist eine Tabelle mit Informationen, in denen Daten nachgeschlagen werden sollen.

Tabelle 11.4 Die Argumente der Funktion WVERWEIS

Argumente	Inhalte
Zeilenindex	Ist erforderlich; mit dem Argument Zeilenindex ist die Nummer der Zeile in der Matrix gemeint, aus der der entsprechende Wert zurückgegeben wird. Ein Zeilenindex von 1 gibt den ersten Zeilenwert in Matrix zurück, ein Zeilenindex von 2 gibt den zweiten Zeilenwert in Matrix zurück usw.
Bereich_ Verweis	Ist optional; das letzte Argument Bereich_Verweis sagt aus, ob WVERWEIS eine genaue Entsprechung oder eine ungefähre Entsprechung suchen soll. Wenn dieses Argument WAHR ist oder weggelassen wird, wird eine ungefähre Entsprechung zurückgegeben. Wenn das Argument den Wert FALSCH annimmt, sucht die Funktion eine genaue Entsprechung. Wenn keine gefunden wird, wird der Fehlerwert #NV zurückgegeben.

Tabelle 11.4 Die Argumente der Funktion WVERWEIS (Forts.)

11.2.1 Kopfzahlen, Umsätze und Kosten darstellen

Daten anhand eines Schlüssels finden

In der folgenden Aufgabe aus Abbildung 11.7 werden in einer Tabelle die Kopfzahlen von Mitarbeitern, deren Umsatz sowie die Kosten dargestellt. Über die Eingabe der Kostenstelle sollen die zugehörigen Daten gefunden und angezeigt werden.

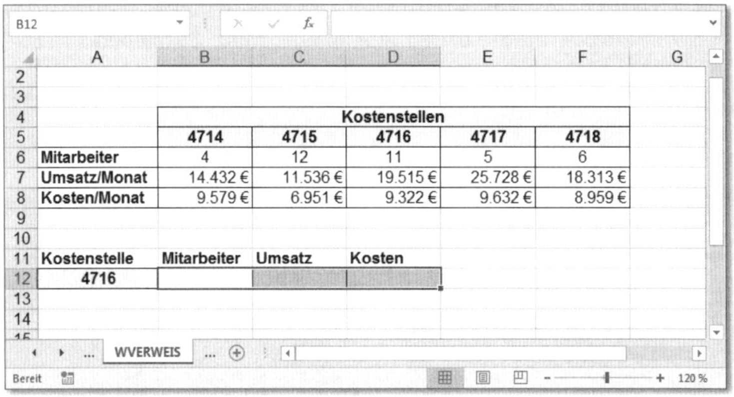

	A	B	C	D	E	F
4		Kostenstellen				
5		4714	4715	4716	4717	4718
6	Mitarbeiter	4	12	11	5	6
7	Umsatz/Monat	14.432 €	11.536 €	19.515 €	25.728 €	18.313 €
8	Kosten/Monat	9.579 €	6.951 €	9.322 €	9.632 €	8.959 €
11	Kostenstelle	Mitarbeiter	Umsatz	Kosten		
12	4716					

Abbildung 11.7 Zur Eingabe in Zelle A12 sollen die zugehörigen Daten gefunden werden.

Nach Eingabe der gewünschten Kostenstelle in Zelle A12 sollen die zugehörigen Daten in der darüberliegenden Tabelle gesucht und in die Zellen B12 bis D12 übertragen werden. Um diese Aufgabe zu lösen, befolgen Sie die nächsten Arbeitsschritte:

1. Geben Sie in Zelle A12 zunächst eine beliebige Kostenstelle aus dem Zellenbereich B5:F5 ein.
2. Erfassen Sie in Zelle B12 die Formel:
   =WVERWEIS($A$12;$B$5:$F$8;2;FALSCH)
3. In Zelle C12 geben Sie die Formel:
   =WVERWEIS($A$12;$B$5:$F$8;3;FALSCH) ein.
4. Zelle D12 wird mit der Formel **=WVERWEIS($A$12;$B$5:$F$8;4;FALSCH)** ausgestattet.
5. Zunächst werden die Daten noch unformatiert übertragen. Übertragen Sie daher unter Verwendung des Format-Pinsels die entsprechenden Formate.

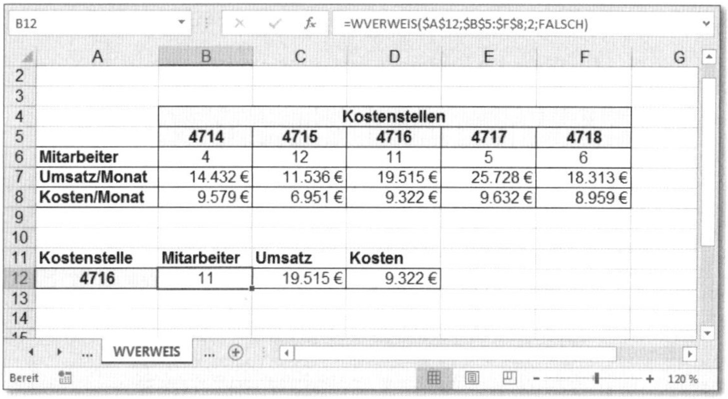

	A	B	C	D	E	F	G
2							
3							
4				Kostenstellen			
5		4714	4715	4716	4717	4718	
6	Mitarbeiter	4	12	11	5	6	
7	Umsatz/Monat	14.432 €	11.536 €	19.515 €	25.728 €	18.313 €	
8	Kosten/Monat	9.579 €	6.951 €	9.322 €	9.632 €	8.959 €	
9							
10							
11	Kostenstelle	Mitarbeiter	Umsatz	Kosten			
12	4716	11	19.515 €	9.322 €			
13							
14							

Abbildung 11.8 Dynamisches Suchen von Kennzahlen

Mit Hilfe des Suchbegriffs aus Zelle A12 wird in Zeile 5 nach dem Auftreten der Kostenstelle gesucht (siehe Abbildung 11.8). Wird die Kostenstelle gefunden, dann werden die Daten der Matrix übertragen. Der Zeilenindex 2 bedeutet, dass der Wert aus der zweiten Zeile der Matrix B5:F8, also in diesem Fall die Zeile 6 übertragen wird.

11.2.2 Zahlen dynamisch aus Matrix heraussuchen

Zahlen ermitteln

In der folgenden Aufgabe liegt eine Tabelle, wie in Abbildung 11.9 abgebildet, vor.

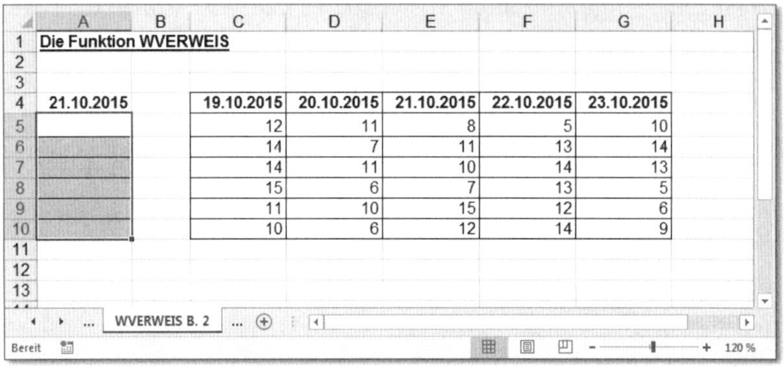

Die Funktion WVERWEIS

21.10.2015		19.10.2015	20.10.2015	21.10.2015	22.10.2015	23.10.2015
		12	11	8	5	10
		14	7	11	13	14
		14	11	10	14	13
		15	6	7	13	5
		11	10	15	12	6
		10	6	12	14	9

Abbildung 11.9 Die aktuellen Zahlen sollen ermittelt werden.

Nach der Eingabe des Datums in Zelle A4 sollen im Bereich A5:A10 die zum eingegebenen Datum zugehörigen Zahlen eingefügt werden. Um diese Aufgabe zu lösen, verfahren Sie wie folgt:

1. Markieren Sie den Zellenbereich A5:A10.
2. Erfassen Sie die Formel **=WVERWEIS($A$4;$C$4:$G$10;(ZEILE()-3))**.
3. Bestätigen Sie die Eingabe, indem Sie die Tastenkombination Strg + ↵ drücken.

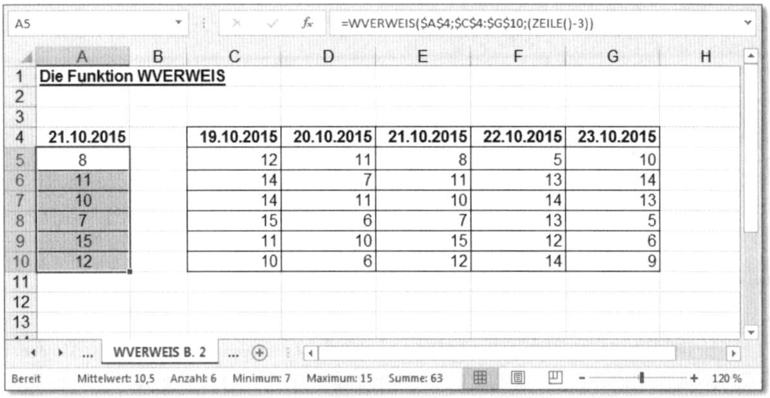

=WVERWEIS($A$4;$C$4:$G$10;(ZEILE()-3))

Die Funktion WVERWEIS

21.10.2015		19.10.2015	20.10.2015	21.10.2015	22.10.2015	23.10.2015
8		12	11	8	5	10
11		14	7	11	13	14
10		14	11	10	14	13
7		15	6	7	13	5
15		11	10	15	12	6
12		10	6	12	14	9

Abbildung 11.10 Die Daten zum eingegebenen Datum wurden gefunden.

Mit Hilfe des Datums aus Zelle A4 wird im Zellenbereich C4:G10 gesucht. Dabei wird das gesuchte Datum in der ersten Zeile in diesem Zellenbereich mit den angebotenen Datumswerten abgeglichen. Wird die richtige Zelle gefunden, dann wird mit Hilfe der Tabellenfunktion ZEILE die aktive Zeile ermittelt. Von dieser Zeile muss der Wert 3 subtrahiert werden, da im Beispiel die ersten drei Zeilen nicht verwendet werden. Das Ergebnis zeigt Abbildung 11.10.

11.3 Die Tabellenfunktion VERWEIS

Deutsch:	VERWEIS
Syntax:	**=VERWEIS(Suchkriterium;Suchvektor;[Ergebnisvektor])**
Syntax:	**=VERWEIS(Suchkriterium;Matrix)**
Englisch:	LOOKUP
Syntax:	**=LOOKUP(lookup_value,lookup_vector,[result_vector])**
Syntax:	**=LOOKUP(lookup_value,array)**

Werte finden

Mit Hilfe der Tabellenfunktion VERWEIS können Sie die Werte eines Vektors oder einer Matrix durchsuchen. Für diese Funktion gibt es zwei Syntaxversionen: die Vektor- und die Matrixversion. Ein Vektor ist eine Matrix, die aus nur einer Zeile oder Spalte besteht. Die Vektorversion von VERWEIS sucht in einem Bereich, der aus nur einer Zeile oder Spalte besteht (Vektor), nach einem bestimmten Wert und gibt einen Wert aus derselben Position in einem zweiten Vektor zurück. Die Matrixversion von VERWEIS sucht in der ersten Zeile oder Spalte einer Matrix nach dem angegebenen Wert und gibt einen Wert aus derselben Position in der letzten Zeile oder Spalte derselben Matrix zurück.

Argumente	Inhalte
Such-kriterium	Ist erforderlich; geben Sie im Argument Suchkriterium einen Wert an, nach dem diese Funktion im ersten Vektor suchen soll. Das Suchkriterium kann dabei eine Zahl, eine Zeichenfolge (ein Text), ein Wahrheitswert oder ein Name bzw. ein Bezug sein, der sich auf einen Wert bezieht.
Suchvektor	Ist erforderlich; im Argument Suchvektor wird ein Bereich angegeben, der nur eine Zeile oder Spalte enthält. Zulässige Elemente des Arguments Suchvektor sind Zeichenfolgen (Texte), Zahlen oder Wahrheitswerte.

Tabelle 11.5 Die Argumente der Funktion VERWEIS – Variante 1

Argumente	Inhalte
Ergebnisvektor	Ist optional; im Argument Ergebnisvektor wird ein Bereich angegeben, der nur eine Zeile oder Spalte enthält. Dieser Vektor muss genauso viele Elemente beinhalten wie der Suchvektor.

Tabelle 11.5 Die Argumente der Funktion VERWEIS – Variante 1 (Forts.)

Argumente	Inhalte
Suchkriterium	Ist erforderlich; im Argument Suchkriterium wird ein Wert angegeben, nach dem die Funktion in der Matrix suchen soll. Als Suchkriterium kann eine Zahl, eine Zeichenfolge (ein Text), ein Wahrheitswert oder ein Name bzw. ein Bezug angegeben werden, der sich auf einen Wert bezieht.
Matrix	Ist erforderlich; im Argument Matrix wird ein Zellenbereich angegeben, der entweder Text, Zahlen oder Wahrheitswerte enthält, die Sie mit dem Argument Suchkriterium vergleichen möchten.

Tabelle 11.6 Die Argumente der Funktion VERWEIS – Variante 2

Hinweis

Kann die Funktion VERWEIS keinen Wert finden, der mit dem jeweiligen Suchkriterium übereinstimmt, verwendet sie den größten Wert in der Matrix, der bezogen auf das Suchkriterium kleiner oder gleich ist.

11.3.1 Punkte und Prozente

Multiple-Choice-Test durchführen

In der folgenden Aufgabe wurde ein Multiple-Choice-Test durchgeführt und die Ergebnisse in einer Tabelle festgehalten. Von den insgesamt 100 Testpersonen haben vier Personen nur 10 % der Fragen richtig beantwortet. Die weitere Aufteilung der Ergebnisse entnehmen Sie Abbildung 11.11.

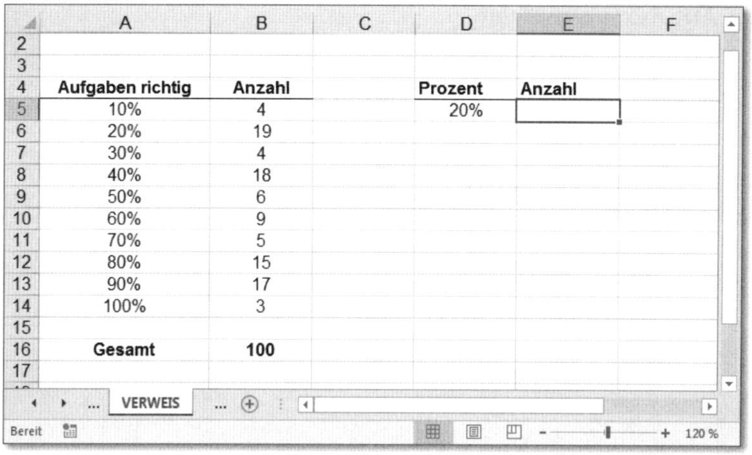

	A	B	C	D	E	F
2						
3						
4	**Aufgaben richtig**	**Anzahl**		**Prozent**	**Anzahl**	
5	10%	4		20%		
6	20%	19				
7	30%	4				
8	40%	18				
9	50%	6				
10	60%	9				
11	70%	5				
12	80%	15				
13	90%	17				
14	100%	3				
15						
16	**Gesamt**	**100**				
17						

Abbildung 11.11 Die ausgewerteten Daten der Testbefragung

In Zelle D5 soll nun ein Prozentsatz eingegeben werden. Zu diesem Prozentsatz soll danach die entsprechende Anzahl der Personen ausgegeben werden. Dazu erfassen Sie die Formel **=VERWEIS($D$5;$A$4:$B$14)** in Zelle E5 (siehe Abbildung 11.12).

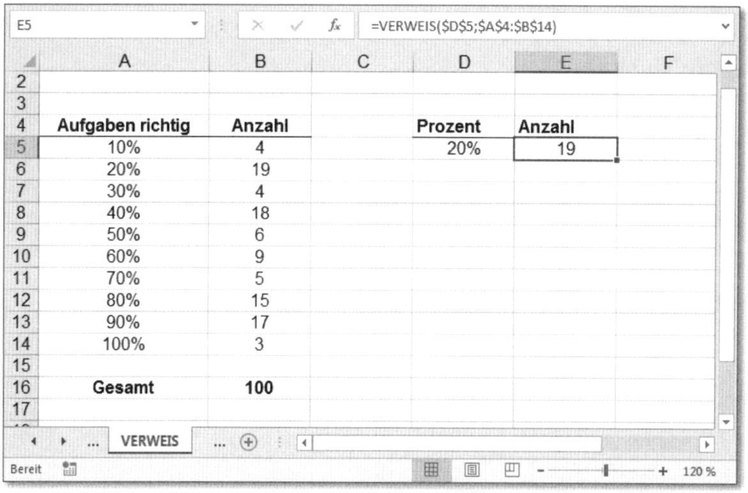

	A	B	C	D	E	F
2						
3						
4	**Aufgaben richtig**	**Anzahl**		**Prozent**	**Anzahl**	
5	10%	4		20%	19	
6	20%	19				
7	30%	4				
8	40%	18				
9	50%	6				
10	60%	9				
11	70%	5				
12	80%	15				
13	90%	17				
14	100%	3				
15						
16	**Gesamt**	**100**				
17						

Abbildung 11.12 19 Personen haben über 20 % richtig beantwortet.

Liegt die eingegebene Prozentzahl wertmäßig über den angebotenen Prozentwerten aus Spalte A, dann wird jeweils abgerundet. So wird bei 21 % oder 29 % die Anzahl 19 zurückgegeben.

11.3.2 Autotexte einsetzen

Eingabe Zahl → AutoText

Beim folgenden Beispiel liegt eine Tabelle mit Autotexten vor. Mit Hilfe der Eingabe einer Zahl soll ein dazu gehörender Text ausgegeben werden. Sehen Sie sich dazu einmal Abbildung 11.13 an.

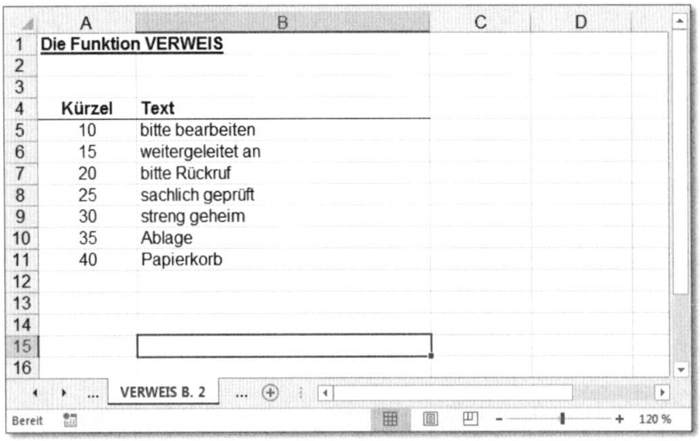

	A	B	C	D
1	Die Funktion VERWEIS			
2				
3				
4	Kürzel	Text		
5	10	bitte bearbeiten		
6	15	weitergeleitet an		
7	20	bitte Rückruf		
8	25	sachlich geprüft		
9	30	streng geheim		
10	35	Ablage		
11	40	Papierkorb		
12				
13				
14				
15				
16				

Abbildung 11.13 Die zur Verfügung stehenden Autotexte

Geben Sie jetzt in Zelle A15 eine Zahl aus dem Zellenbereich A5:A11 ein. Danach geben Sie die Formel **=VERWEIS($A$15;$A$4:$B$11)** in Zelle B15 ein (siehe Abbildung 11.14).

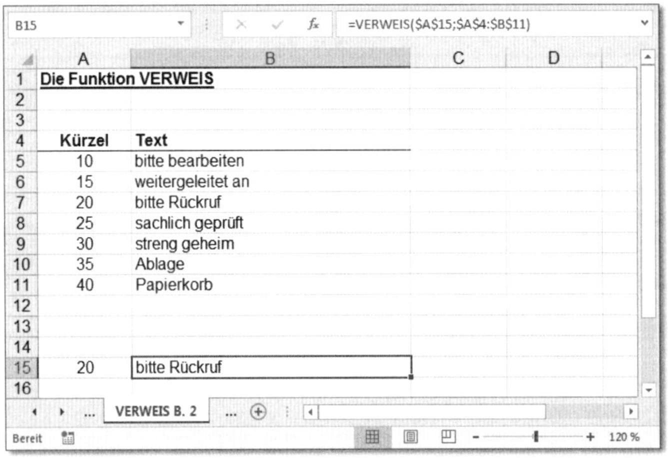

	A	B	C	D
1	Die Funktion VERWEIS			
2				
3				
4	Kürzel	Text		
5	10	bitte bearbeiten		
6	15	weitergeleitet an		
7	20	bitte Rückruf		
8	25	sachlich geprüft		
9	30	streng geheim		
10	35	Ablage		
11	40	Papierkorb		
12				
13				
14				
15	20	bitte Rückruf		
16				

Abbildung 11.14 Mit einer Zahleneingabe einen Text anzeigen lassen

Diese mit Zahlen ausgestatteten Autotexte können auch beispielsweise auf einer separaten Tabelle angelegt werden und in anderen Tabellen zum Einsatz kommen. Die so angelegte Tabelle muss dazu nicht unbedingt eingeblendet bleiben. Um eine Tabelle auszublenden, klicken Sie mit der rechten Maustaste auf den Tabellenreiter. Wählen Sie danach den Befehl AUSBLENDEN aus dem Kontextmenü.

11.3.3 Feiertage ermitteln

Feiertage finden

In der folgenden Aufgabe liegt eine Liste mit Datumsangaben und den zugehörigen Feiertagen, wie in Abbildung 11.15 gezeigt, vor. Mit Hilfe der Tabellenfunktion VERWEIS soll jetzt über die Eingabe eines Datums der zugehörige Name des Feiertages angezeigt werden.

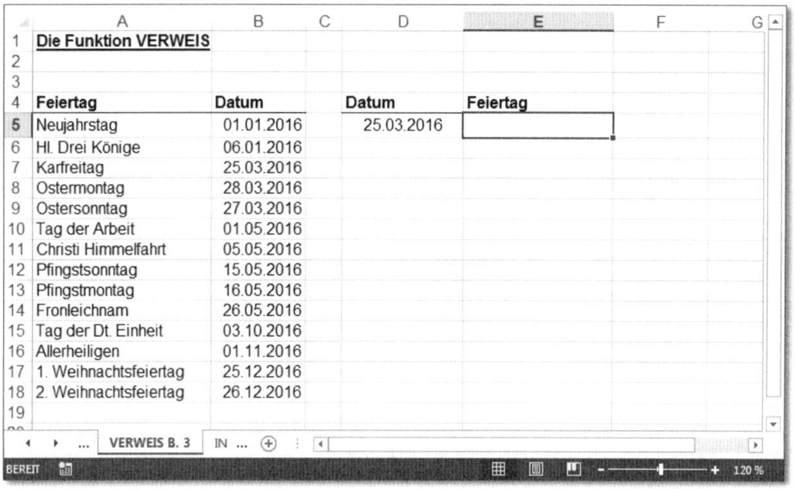

	A	B	C	D	E
1	Die Funktion VERWEIS				
2					
3					
4	Feiertag	Datum		Datum	Feiertag
5	Neujahrstag	01.01.2016		25.03.2016	
6	Hl. Drei Könige	06.01.2016			
7	Karfreitag	25.03.2016			
8	Ostermontag	28.03.2016			
9	Ostersonntag	27.03.2016			
10	Tag der Arbeit	01.05.2016			
11	Christi Himmelfahrt	05.05.2016			
12	Pfingstsonntag	15.05.2016			
13	Pfingstmontag	16.05.2016			
14	Fronleichnam	26.05.2016			
15	Tag der Dt. Einheit	03.10.2016			
16	Allerheiligen	01.11.2016			
17	1. Weihnachtsfeiertag	25.12.2016			
18	2. Weihnachtsfeiertag	26.12.2016			
19					

Abbildung 11.15 Die Feiertage für das Jahr 2016

In Zelle D5 soll ein Datum eingegeben werden können. Um die Auswahl des Datums zu erleichtern, können Sie ein Zellen-Dropdown anlegen und die Daten des Zellenbereichs B5:B18 zuordnen. Dabei gehen Sie wie folgt vor:

1. Setzen Sie den Mauszeiger auf Zelle D5.
2. Klicken Sie im Menüband DATEN auf das Symbol DATENÜBERPRÜFUNG.
3. Auf der Registerkarte EINSTELLUNGEN wählen Sie aus dem Kombinationsfeld ZULASSEN den Befehl LISTE.
4. Im Feld QUELLE geben Sie den Zellbezug **=$B$5:$B$18** ein.
5. Bestätigen Sie mit OK.
6. Geben Sie in Zelle E5 die Formel **=VERWEIS($D$5;B5:B18;A5:A18)** ein.
7. Bestätigen Sie mit OK.

Das Ergebnis sehen Sie in Abbildung 11.16.

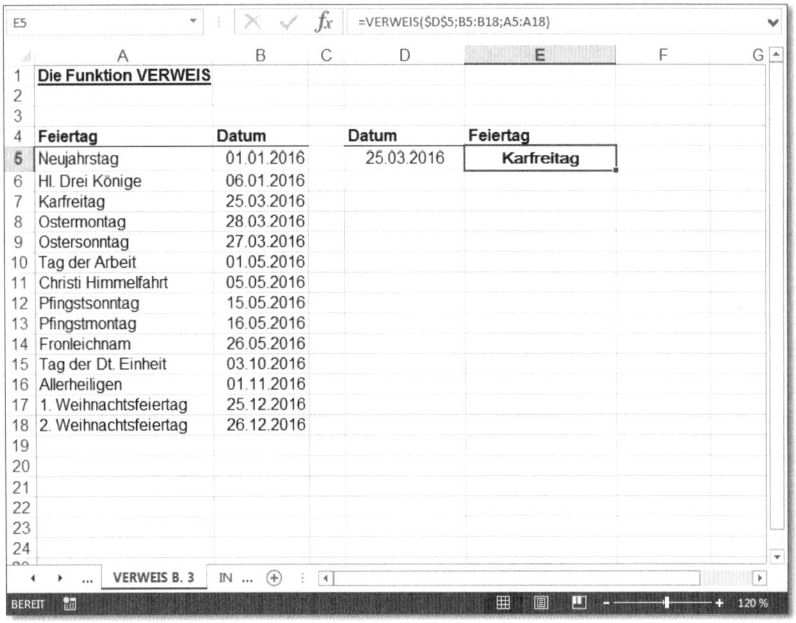

Abbildung 11.16 Die Auswahl eines Datums gibt den dazugehörigen Feiertagnamen aus.

11.4 Die Tabellenfunktion INDEX

Deutsch:	INDEX
Syntax:	**=INDEX(Matrix;Zeile;[Spalte])**
Syntax:	**=INDEX(Bezug;Zeile;[Spalte];[Bereich])**
Englisch:	INDEX
Syntax:	**=INDEX(array,row_num,[column_num])**
Syntax:	**=INDEX(reference,row_num,[column_num],[area_num])**

Wert in Matrix finden

Mit Hilfe der Tabellenfunktion INDEX können Sie über einen Index einen bestimmten Wert aus einer Matrix finden. Diese Funktion gibt es in zwei Varianten.

Argumente	Inhalte
Matrix	Ist erforderlich; das Argument Matrix ist dabei ein Zellenbereich oder eine Matrixkonstante. Besteht das Argument Matrix aus nur einer Zeile oder Spalte, ist das entsprechende Argument Zeile bzw. Spalte optional. Erstreckt sich Matrix über mehrere Zeilen und Spalten und ist nur eines der Argumente Zeile oder Spalte angegeben, liefert die Funktion eine Matrix, die der gesamten zugehörigen Zeile oder Spalte von Matrix entspricht.
Zeile	Ist erforderlich; markiert die Zeile in der Matrix, aus der ein Wert zurückgegeben werden soll. Wird das Argument Zeile nicht angegeben, muss das Argument Spalte angegeben werden.
Spalte	Ist optional; markiert die Spalte in der Matrix, aus der ein Wert zurückgegeben werden soll. Wird das Argument Spalte nicht angegeben, muss das Argument Zeile angegeben werden.

Tabelle 11.7 Die Argumente der Funktion INDEX – Variante 1

Argumente	Inhalte
Bezug	Ist erforderlich; im Argument Bezug wird ein Bezug auf einen oder mehrere Zellenbereiche angegeben. Erstreckt sich jeder in Bezug angegebene Teilbereich über nur eine Zeile oder Spalte, ist das Argument Zeile bzw. Spalte optional.
Zeile	Ist erforderlich; im Argument Zeile wird die Nummer der Zeile in dem Bereich angegeben, aus dem der Bezug geliefert werden soll.

Tabelle 11.8 Die Argumente der Funktion INDEX – Variante 2

Argumente	Inhalte
Spalte	Ist optional; im Argument Spalte wird die Nummer der Spalte in dem Bereich angegeben, aus dem der Bezug geliefert werden soll.
Bereich	Ist optional; das Argument Bereich bestimmt den Zellenbereich, dessen Schnittpunkt von Zeile und Spalte geliefert werden soll. Der erste markierte oder eingegebene Teilbereich erhält die Nummer 1, der zweite die Nummer 2 usw. Ist das Argument Bereich nicht angegeben, verwendet die Funktion den Teilbereich 1.

Tabelle 11.8 Die Argumente der Funktion INDEX – Variante 2 (Forts.)

11.4.1 Uhrenmarken suchen

Eingabe Artikel-Nr. → Hersteller

In der folgenden Liste aus Abbildung 11.17 liegt eine Auflistung mit Herstellern von Armbanduhren vor. Über die Eingabe der Artikelnummer soll der entsprechende Hersteller ermittelt werden.

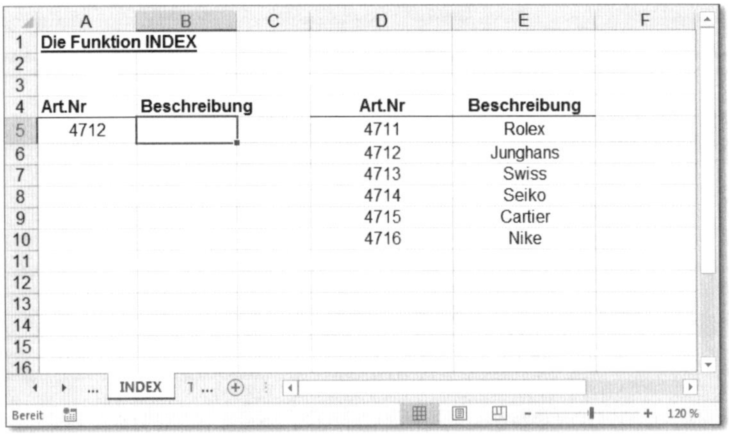

Abbildung 11.17 Welcher Hersteller gehört zu welcher Nr.?

Um die Artikelnummer dem Hersteller zuordnen zu können, muss mit der eingegebenen Nummer in Zelle A5 der entsprechende Hersteller im Bereich E5:E10 ermittelt werden. Dieser Abgleich wird mit Hilfe der Tabellenfunktion VERGLEICH vorgenommen, die im Zusammenspiel mit der

Tabellenfunktion INDEX das gewünschte Ergebnis liefert. Erfassen Sie daher in Zelle B5 die Formel

=INDEX(E$5:$E$10;VERGLEICH($A$5;$D$5:$D$10;0))

und bestätigen Sie mit [↵].

Im ersten Argument der Tabellenfunktion INDEX geben Sie den Zellenbereich an, in dem nach der Artikelnummer gesucht werden soll. Im zweiten Argument setzen Sie die Tabellenfunktion VERGLEICH ein, um die gewünschte Zeile zu ermitteln, die der Artikelnummer im Bereich D5:D10 entspricht. Das letzte Argument, die 0, repräsentiert die Spalte, aus der der Wert zurückgegeben werden soll. Da im ersten Argument der Zellenbereich E5:E10 angegeben wurde und das Ergebnis auch in diesem Bereich gefunden werden soll, wird in diesem Fall »0« angegeben (siehe Abbildung 11.18).

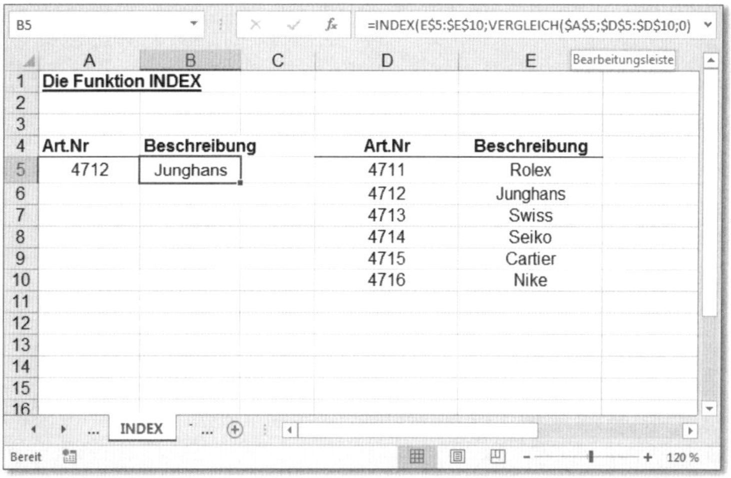

Abbildung 11.18 Der zur Artikelnummer gehörende Hersteller konnte ermittelt werden.

11.4.2 Umsatz pro Kunde ermitteln

Umsatz nach Kunde konsolidieren

In der folgenden Aufgabe liegt eine Tabelle mit Kundendaten vor. Als verfügbare Daten sind, wie in Abbildung 11.19 gezeigt, die Kunden-Nr., der Kundenname sowie der Umsatz mit dem Kunden hinterlegt.

Über die Eingabe einer Kunden-Nr. in Zelle A4 sollen die zugehörigen Daten aus dem Zellenbereich A8:C16 ermittelt und in die Zellen B4 und C4 transportiert werden.

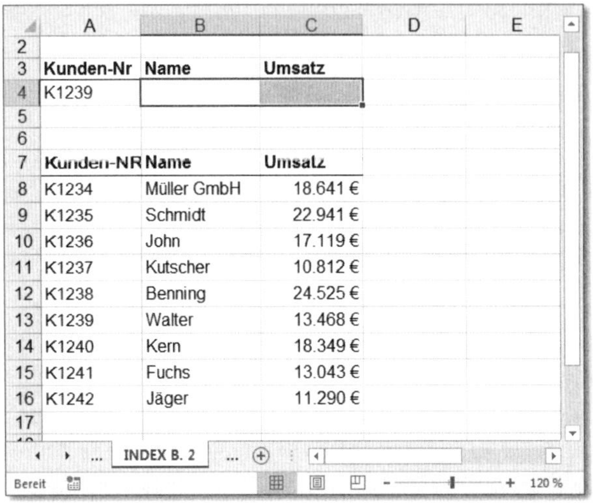

Abbildung 11.19 Diese Kundendaten sind verfügbar.

Formeln erfassen

Um diese Aufgabe zu lösen, verfahren Sie wie folgt (siehe Abbildung 11.20):

1. Erfassen Sie in Zelle B4 die Formel:
   =INDEX($A$8:$C$16;VERGLEICH($A$4;$A$8:$A$16;0);2)
2. In Zelle C4 schreiben Sie die Formel:
   =INDEX($A$8:$C$16;VERGLEICH($A$4;$A$8:$A$16;0);3)
3. Bestätigen Sie die Eingabe beider Formeln mit der Taste ↵.

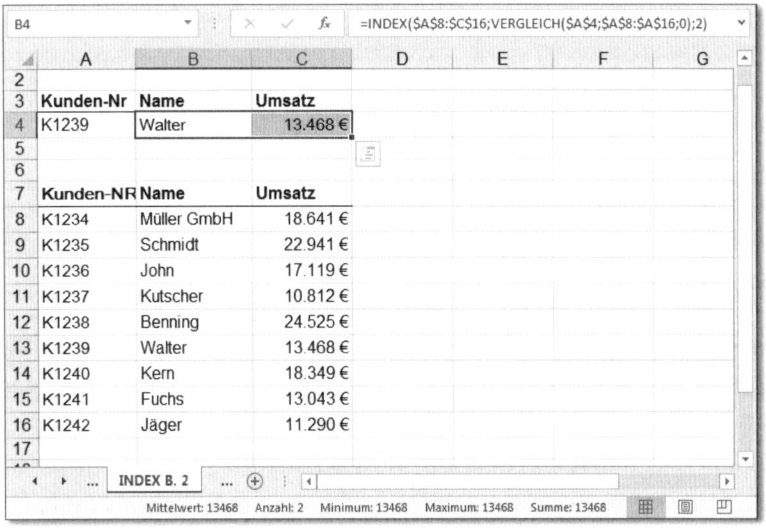

Abbildung 11.20 Suchen und Transportieren mit INDEX

Im ersten Argument der Tabellenfunktion INDEX wurde der Bereich angegeben, in dem alle Daten gespeichert sind. Im zweiten Argument muss die Zeile gefunden werden, in der die entsprechende Kunden-Nr. gefunden werden kann. Diese Suche wird mit Hilfe der Tabellenfunktion VERGLEICH durchgeführt. Dabei werden dieser Funktion der Suchbegriff, also die Kunden-Nr. aus Zelle A4, sowie der Zellenbereich, in dem die Kunden-Nr. gefunden werden kann, angegeben. Als Ergebnis wird die ermittelte Zeile zurückgegeben. Was jetzt noch fehlt, ist die Spalte, die zurückgegeben werden soll. Dazu geben Sie im letzten Argument der Tabellenfunktion INDEX den Wert 2 an, um die zweite Spalte im Bereich A8:C16 anzusteuern. Diese zweite Spalte repräsentiert dabei die Spalte B. Der Wert 3 würde die Spalte C zurückgeben.

11.4.3 Den letzten Wert einer Spalte ermitteln

Letzter Wert (Spalte)

Möchten Sie den letzten Wert einer Spalte ermitteln, dann gibt es dafür mehrere Möglichkeiten. Sehen Sie sich zunächst Abbildung 11.21 an.

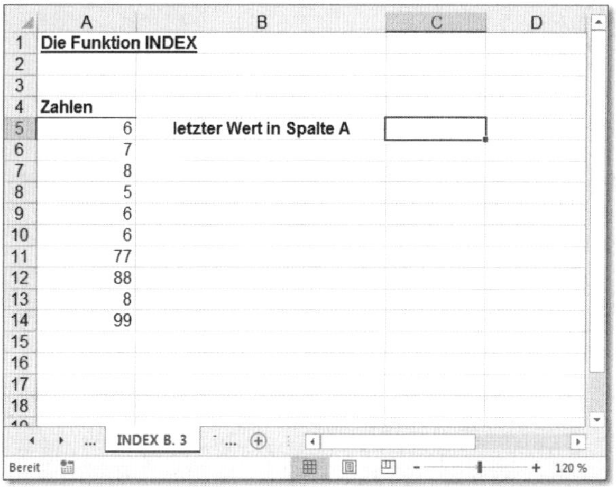

Abbildung 11.21 Die letzte Zelle in Spalte A soll ermittelt werden.

Um den letzten Eintrag in Spalte A zu ermitteln, erfassen Sie die Formel **=INDEX(A:A;ANZAHL2(A:A)+ANZAHLLEEREZELLEN(A1:A14))** in Zelle C5.

Da in der Tabelle INDEX B. 3 auch leere Zellen (Zeilen 2 und 3) vorhanden sind, müssen Sie diese Zellen mit Hilfe der Tabellenfunktion ANZAHLLEEREZELLEN ermitteln und addieren.

In Abbildung 11.22 sehen Sie das Ergebnis.

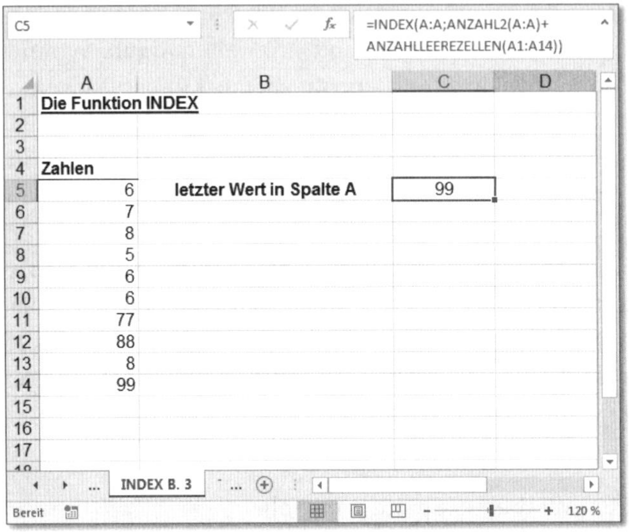

Abbildung 11.22 Der letzte Wert in Spalte A wurde gefunden.

11.5 Die Tabellenfunktion INDIREKT

Deutsch:	INDIREKT
Syntax:	**=INDIREKT(Bezug;[A1])**
Englisch:	INDIRECT
Syntax:	**=INDIRECT(reference,[A1])**

Bezug auf Textwert

Mit Hilfe der Tabellenfunktion INDIREKT können Sie den Bezug eines Textwertes ermitteln. Bezüge werden sofort ausgewertet, so dass die zu ihnen gehörenden Werte angezeigt werden.

Argumente	Inhalte
Bezug	Ist erforderlich; im Argument Bezug wird der Bezug auf eine Zelle angegeben, die einen Bezug in der A1-Schreibweise, einen Bezug in der Z1S1-Schreibweise, einen definierten Namen als Bezug oder einen Zellbezug als Zeichenfolge enthält.

Tabelle 11.9 Die Argumente der Funktion INDIREKT

Argumente	Inhalte
A1	Ist optional; im Argument A1 wird ein Wahrheitswert angegeben, der anzeigt, welche Art von Bezug in der Zelle enthalten ist. Ist A1 gleich WAHR oder nicht angegeben, wird ein Bezug interpretiert, der in der A1-Schreibweise vorliegt. Ist A1 gleich FALSCH, wird ein Bezug interpretiert, der in der Z1S1-Schreibweise vorliegt.

Tabelle 11.9 Die Argumente der Funktion INDIREKT (Forts.)

11.5.1 Zahlen aus einer Matrix herauslesen

Wert über Eingabe von Koordinaten abgreifen

In der folgenden Aufgabe liegt ein Datenfeld D4:F14 mit insgesamt 33 Feldern vor. Über die Eingabe der gewünschten Spalte bzw. der Zeile soll die Koordinate im Datenfeld bestimmt und das Ergebnis zurückgegeben werden. Sehen Sie sich zum besseren Verständnis Abbildung 11.23 an.

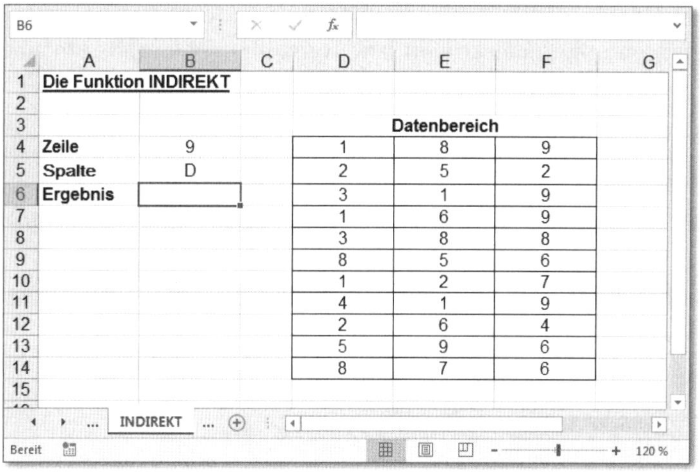

Abbildung 11.23 Über die Eingabe zweier Parameter soll ein Wert gefunden werden.

Durch die Eingaben in den Zellen B4 und B5 soll der Schnittpunkt aus diesen Eingaben im Datenfeld D4:F14 ermittelt werden. Die beiden Eingaben können Sie mit Hilfe der Funktion Gültigkeit erleichtern. Dabei verfahren Sie wie folgt:

1. Setzen Sie den Mauszeiger auf Zelle B4.
2. Klicken Sie im Menüband DATEN auf das Symbol DATENÜBERPRÜFUNG.

3. Auf der Registerkarte EINSTELLUNGEN wählen Sie im Kombinationsfeld ZULASSEN den Befehl GANZE ZAHL aus.
4. Füllen Sie den Dialog aus, wie in Abbildung 11.24 gezeigt.

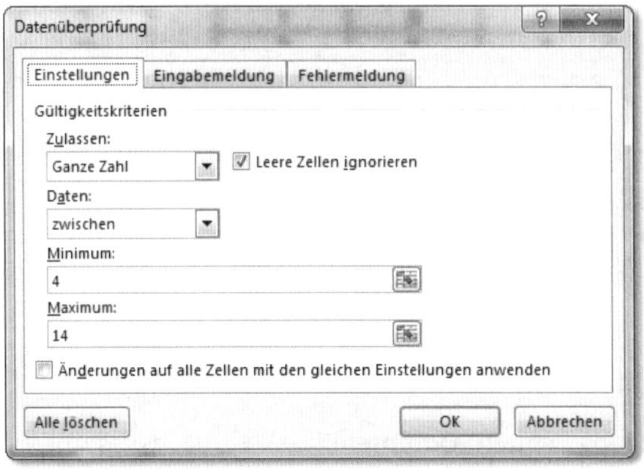

Abbildung 11.24 Einen Wertebereich festlegen

5. Auf den Registerkarten EINGABEMELDUNG und FEHLERMELDUNG können Sie eigene Meldungen definieren, die automatisch angezeigt werden, wenn die Zelle aktiviert bzw. wenn eine fehlerhafte Eingabe vorgenommen wurde.
6. Bestätigen Sie Ihre Einstellungen mit OK.
7. Positionieren Sie im Anschluss daran den Cursor in Zelle B5.
8. Klicken Sie im Menüband DATEN auf das Symbol DATENÜBERPRÜFUNG.
9. Auf der Registerkarte EINSTELLUNGEN wählen Sie aus dem Kombinationsfeld Zulassen den Befehl LISTE:
10. Füllen Sie das Feld QUELLE aus, wie in Abbildung 11.25 gezeigt.

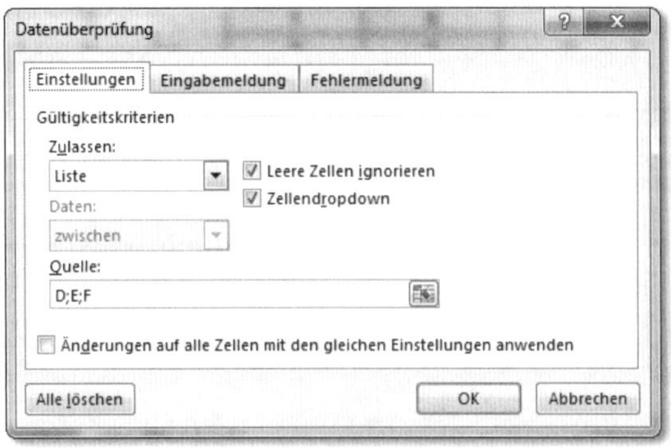

Abbildung 11.25 Nur gültige Spalten akzeptieren

11. Bestätigen Sie Ihre Einstellungen mit OK.
12. Komplettieren Sie nun die Tabelle, indem Sie in Zelle B6 die Formel **=INDIREKT(B5&B4)** eingeben und mit [↵] bestätigen (siehe Abbildung 11.26).

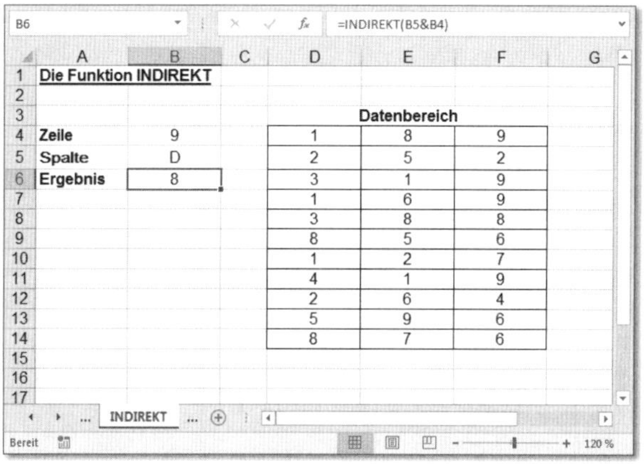

B6 =INDIREKT(B5&B4)

	A	B	C	D	E	F	G
1	Die Funktion INDIREKT						
2							
3					Datenbereich		
4	Zeile	9		1	8	9	
5	Spalte	D		2	5	2	
6	Ergebnis	8		3	1	9	
7				1	6	9	
8				3	8	8	
9				8	5	6	
10				1	2	7	
11				4	1	9	
12				2	6	4	
13				5	9	6	
14				8	7	6	

INDIREKT

Abbildung 11.26 Dynamisch auf bestimmte Zellen zugreifen

11.5.2 Zugriff auf andere Tabelle

Formel auf andere Tabelle

In der nächsten Aufgabe soll der Zugriff auf eine andere Tabelle durchgeführt werden. Dazu liegen die Namen der jeweiligen Tabellen sowie der Zellbezug vor. Sehen Sie sich zunächst einmal die Liste aus Abbildung 11.27 an.

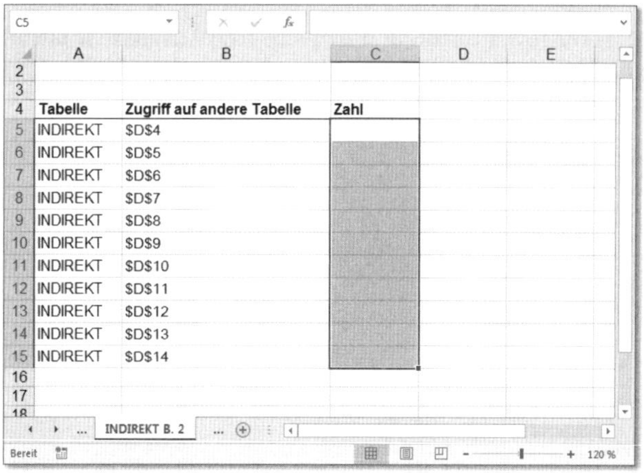

C5

	A	B	C	D	E
4	Tabelle	Zugriff auf andere Tabelle	Zahl		
5	INDIREKT	$D$4			
6	INDIREKT	$D$5			
7	INDIREKT	$D$6			
8	INDIREKT	$D$7			
9	INDIREKT	$D$8			
10	INDIREKT	$D$9			
11	INDIREKT	$D$10			
12	INDIREKT	$D$11			
13	INDIREKT	$D$12			
14	INDIREKT	$D$13			
15	INDIREKT	$D$14			

INDIREKT B. 2

Abbildung 11.27 Der Zugriff auf die angegebene Tabelle(n) und Bezüge soll hergestellt werden.

Um den Zugriff ausgehend von Tabelle INDIREKT B. 2 auf die Tabelle INDIREKT herzustellen, können Sie wie folgt vorgehen:

1. Markieren Sie den Zellenbereich C5:C15.
2. Erfassen Sie die Formel **=INDIREKT(A5&"!"&B5)**.
3. Bestätigen Sie die Eingabe, indem Sie die Tastenkombination [Strg] + [↵] drücken (siehe Abbildung 11.28).

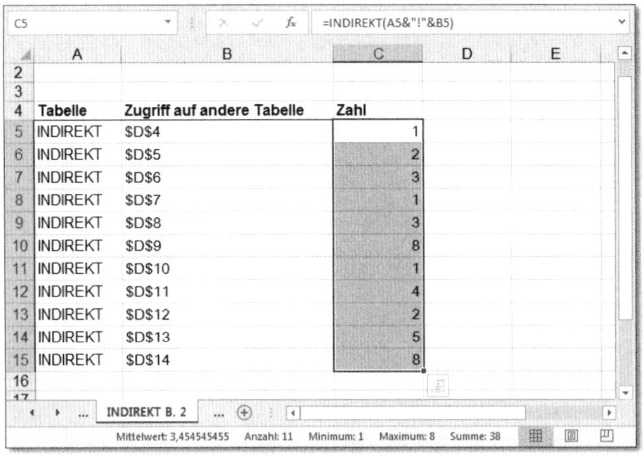

Abbildung 11.28 Der Zugriff wurde erfolgreich abgeschlossen.

11.5.3 Der Sprung zum aktuellen Datum

Aktuelles Datum lokalisieren

In der folgenden Aufgabe liegt eine Tabelle mit einer Datumsleiste in Spalte A vor. Die Aufgabe besteht nun darin, einen Hyperlink zu Beginn der Tabelle einzurichten, über den man dann direkt zur Zelle mit dem aktuellen Tagesdatum springen kann. Sehen Sie sich zunächst die Ausgangsituation in Abbildung 11.29 an.

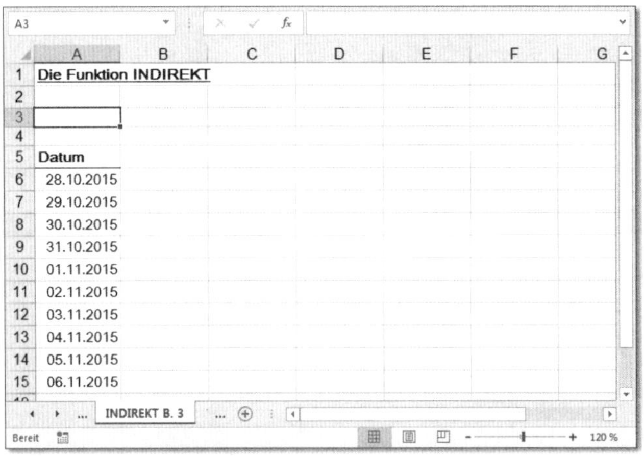

Abbildung 11.29 Der aktuelle Tag soll direkt über einen Hyperlink angesprungen werden.

Hyperlink einfügen

Um jetzt den Hyperlink einzurichten, der die Zelle mit dem aktuellen Tagesdatum ansteuert, verfahren Sie wie folgt:

1. Benennen Sie Zelle A3 mit dem Namen AKTDAT. Dazu markieren Sie die Zelle, schreiben direkt in das Namensfeld den Namen »AKTDAT« und bestätigen mit [↵].
2. Drücken Sie die Tastenkombination [Strg] + [K], um den Dialog HYPERLINK EINFÜGEN aufzurufen.
3. Im Dialog HYPERLINK EINFÜGEN klicken Sie die Schaltfläche AKTUELLES DOKUMENT.
4. Im Feld TEXT ANZEIGEN ALS geben Sie die Beschriftung des Hyperlinks ein.
5. Aktivieren Sie im Listenfeld den Namen AKTDAT, und bestätigen Sie mit OK.
6. Klicken Sie im Menüband FORMELN auf das Symbol NAMENS-MANAGER.
7. Ändern Sie den Bezug des Namens, indem Sie den Dialog ausfüllen, wie in Abbildung 11.30 gezeigt.

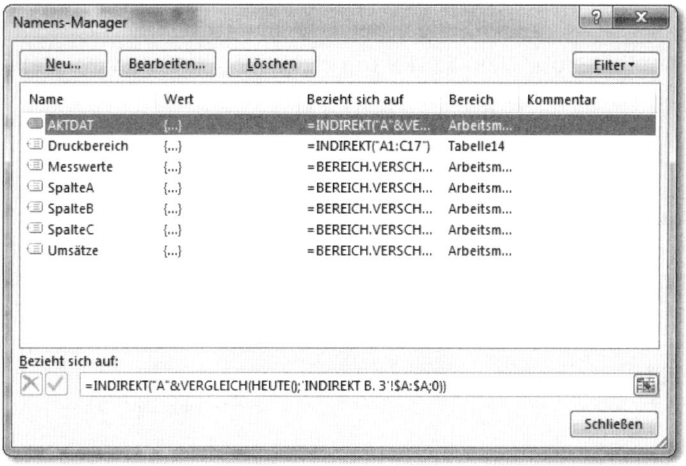

Abbildung 11.30 Eine Formel als Namen hinterlegen

8. Bestätigen Sie Ihre Anpassung mit einem Klick auf die Schaltfläche OK.
9. Bestätigen Sie die Rückfrage mit JA.
10. Klicken Sie auf den Hyperlink AKTUELLER TAG. Der Cursor springt augenblicklich zur Zelle mit dem aktuellen Tagesdatum (siehe Abbildung 11.31).

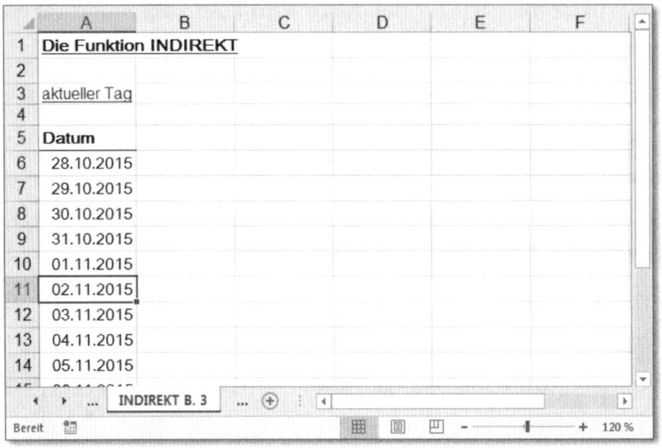

Abbildung 11.31 Der aktuelle Tag wird nach dem Betätigen des Hyperlinks direkt angesprungen.

11.5.4 Eine Übersicht erstellen

Inhaltsverzeichnis erstellen

In der nachfolgenden Aufgabe in Abbildung 11.32 sind alle Namen der Tabellen einer Arbeitsmappe aufgelistet. Über den Einsatz der Tabellenfunktionen INDIREKT und VERKETTEN soll dabei auf eine bestimmte Zelle der einzelnen Tabellen zugegriffen werden.

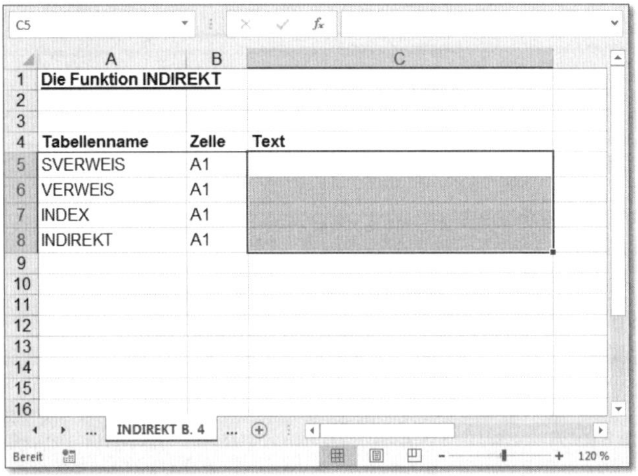

Abbildung 11.32 Der Inhalt der Zelle A1 soll ausgegeben werden.

Um den Inhalt der Zelle A1 jeder Tabelle in Spalte C auszugeben, gehen Sie wie folgt vor:

1. Markieren Sie den Zellenbereich C5:C8.
2. Erfassen Sie die Funktion **=INDIREKT(VERKETTEN(A5;"!";B5))**.

3. Schließen Sie die Eingabe ab, indem Sie die Tastenkombination Strg + ↵ drücken.

Das Ergebnis sehen Sie in Abbildung 11.33.

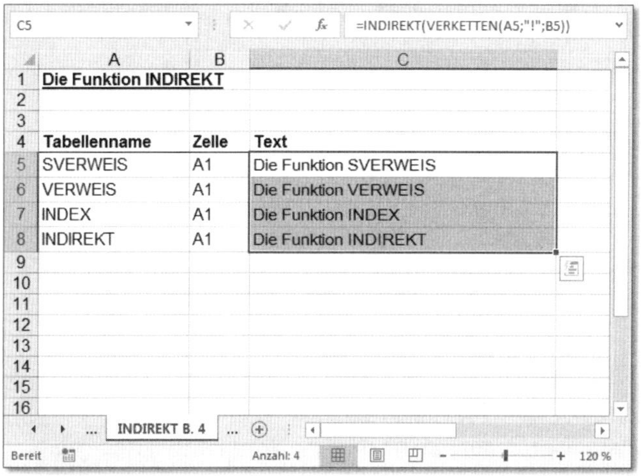

Abbildung 11.33 Die Titel aller Tabellen wurden in einer Tabelle zusammengeführt.

11.6 Die Tabellenfunktion ADRESSE

Deutsch:	ADRESSE
Syntax:	**=ADRESSE(Zeile;Spalte;[Abs];[A1];[Tabellename])**
Englisch:	ADDRESS
Syntax:	**=ADDRESS(row,column,[ref_type],[ref_style],[sheet_name])**

Mit Hilfe der Tabellenfunktion ADRESSE können Sie einen Bezug auf eine Zelle einer Tabelle als Text erhalten.

Zellenadresse ermitteln

Argumente	Inhalte
Zeile	Ist erforderlich; im Argument Zeile wird die Zeilennummer angegeben, die für den Zellbezug verwendet werden soll.

Tabelle 11.10 Die Argumente der Funktion ADRESSE

Argumente	Inhalte
Spalte	Ist erforderlich; im Argument Spalte wird die Spaltennummer angegeben, die für den Zellbezug verwendet werden soll.
Abs	Ist optional; im Argument Abs wird festgelegt, welcher Bezugstyp zurückgegeben werden soll: 1 = absoluter Zellbezug 2 = Zeile absolut, Spalte relativ 3 = Zeile relativ, Spalte absolut 4 = relativer Zellbezug
A1	Ist optional; im Argument A1 wird ein Wahrheitswert angegeben, der festlegt, ob der jeweilige Bezug in der A1- oder der Z1S1-Schreibweise ausgegeben werden soll. Ist A1 mit WAHR belegt oder nicht angegeben, liegt der von ADRESSE gelieferte Bezug in der A1-Schreibweise vor; ist A1 mit FALSCH belegt, liegt der von der Funktion gelieferte Bezug in der Z1S1-Schreibweise vor.
Tabellenname	Ist optional; im Argument Tabellenname kann eine Zeichenfolge angegeben werden, die den Namen eines Arbeitsblattes anzeigt, das als externer Bezug verwendet werden soll. Fehlt das Argument Tabellenname, wird kein solcher Name verwendet.

Tabelle 11.10 Die Argumente der Funktion ADRESSE (Forts.)

11.6.1 Größte Zahl in Spalte ermitteln

Max-Wert in Spalte abfragen

In der nächsten Aufgabe soll in einer Tabelle der größte Wert sowie die dazugehörige Zelladresse ermittelt werden. Sehen Sie sich dazu einmal Abbildung 11.34 an.

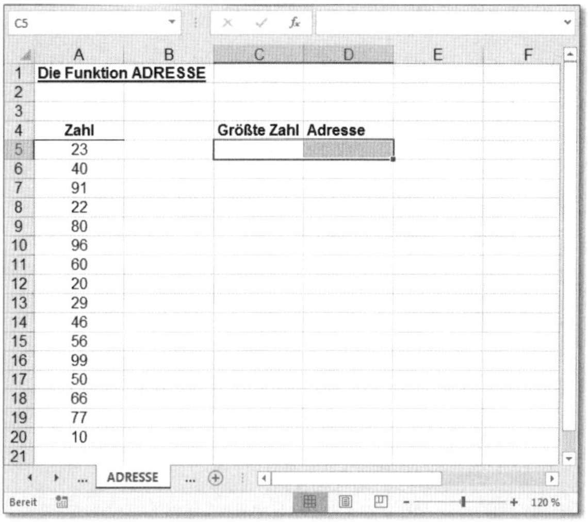

Abbildung 11.34 Die Zelle mit dem größten Wert soll gefunden werden.

Um den größten Wert im Zellenbereich A5:A20 zu finden sowie die dazu gehörige Zelladresse zu ermitteln, befolgen Sie die nächsten Arbeitsschritte:

1. Erfassen Sie in Zelle C5 die Formel **=MAX($A$5:$A$20)**, um den größten Wert in diesem Zellenbereich zu ermitteln.
2. Geben Sie in Zelle D5 die Formel **=ADRESSE(VERGLEICH(MAX(A:A); A:A);1;4)** ein, um die dazugehörige Zelladresse zu erhalten.
3. Schließen Sie beide Formeln über die Taste [↵] ab.

In Abbildung 11.35 sehen Sie das Ergebnis.

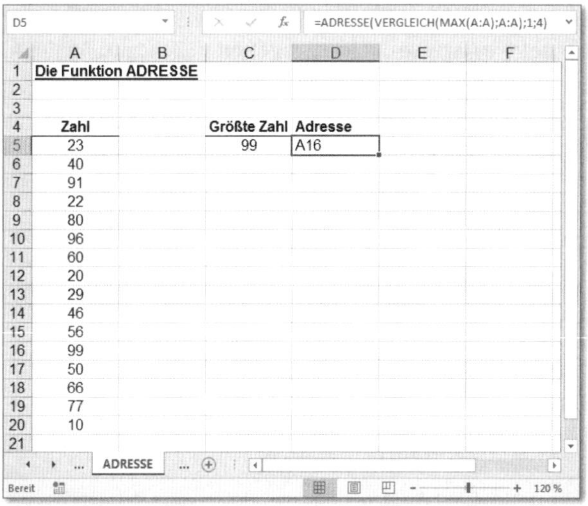

Abbildung 11.35 Die Koordinate der größten Zelle wurde ermittelt.

11.6.2 Die Adresse der letzten Zelle in einer Spalte ermitteln

Koordinate abfragen

In der folgenden Aufgabe aus Abbildung 11.36 liegt eine Liste mit Daten in Spalte A vor. Die Aufgabe besteht nun darin, die letzte gefüllte Zelle in Spalte A zu ermitteln.

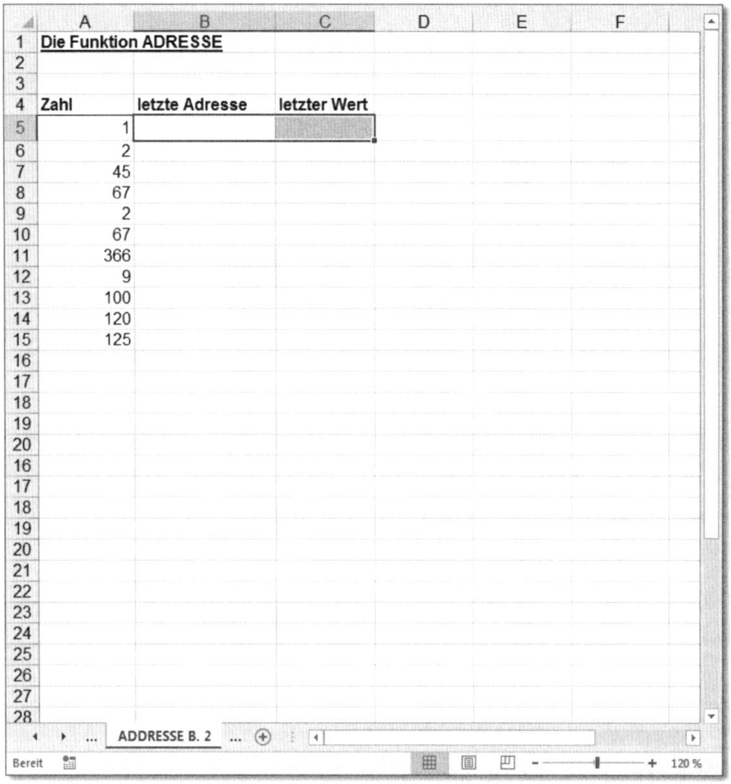

Abbildung 11.36 Wie lautet die Adresse der letzten gefüllten Zelle aus Spalte A?

Um sowohl die Adresse der letzten gefüllten Zelle aus Spalte A sowie auch den dazugehörigen Wert zu ermitteln, verfahren Sie folgendermaßen:

1. Erfassen Sie in Zelle B5 die Matrixformel:
   =ADRESSE(MAX((A5:A100<>"")*ZEILE(A5:A100));1)
2. Schließen Sie die Matrixformel ab, indem Sie die Tastenkombination [Strg] + [⇧] + [↵] drücken.
3. In Zelle C5 geben Sie die Formel **=INDEX(A:A;ANZAHL2(A:A)+ANZAHL-LEEREZELLEN(A1:A15))** ein.
4. Bestätigen Sie diese Formel mit [↵].

In Abbildung 11.37 sehen Sie das Ergebnis.

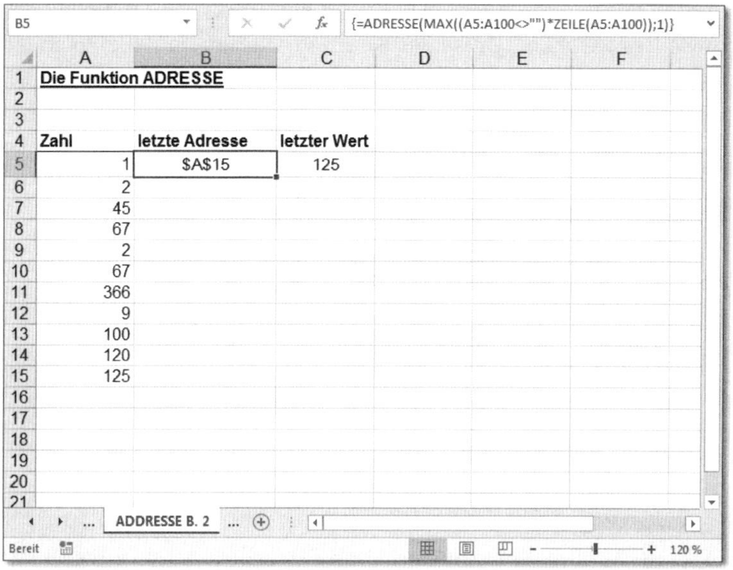

B5 | {=ADRESSE(MAX((A5:A100<>"")*ZEILE(A5:A100));1)}

	A	B	C
1	Die Funktion ADRESSE		
2			
3			
4	Zahl	letzte Adresse	letzter Wert
5	1	$A$15	125
6	2		
7	45		
8	67		
9	2		
10	67		
11	366		
12	9		
13	100		
14	120		
15	125		

ADDRESSE B. 2

Abbildung 11.37 Die Adresse der letzten gefüllten Zelle aus Spalte A wurde ermittelt.

11.6.3 Umsätze kumulieren

In einer Liste liegen tägliche Umsätze, wie in Abbildung 11.38 angezeigt, vor. Ihre Aufgabe besteht nun darin, eine dynamische Lösung zu erstellen, bei der ausgehend von einem bestimmten Datum alle aufgelaufenen Umsätze kumuliert werden sollen.

Umsätze sammeln

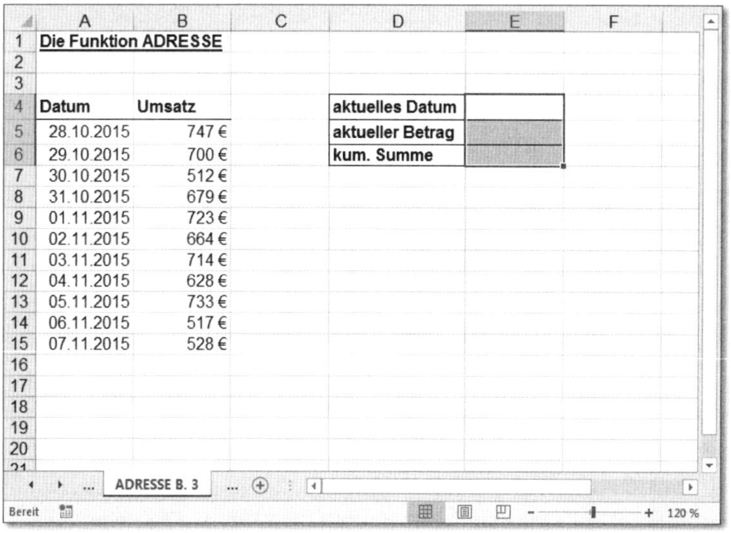

	A	B	C	D	E
1	Die Funktion ADRESSE				
2					
3					
4	Datum	Umsatz		aktuelles Datum	
5	28.10.2015	747 €		aktueller Betrag	
6	29.10.2015	700 €		kum. Summe	
7	30.10.2015	512 €			
8	31.10.2015	679 €			
9	01.11.2015	723 €			
10	02.11.2015	664 €			
11	03.11.2015	714 €			
12	04.11.2015	628 €			
13	05.11.2015	733 €			
14	06.11.2015	517 €			
15	07.11.2015	528 €			

ADRESSE B. 3

Abbildung 11.38 Die Umsätze sollen kumuliert werden.

In den Zellen E4 und E5 sollen jeweils die Zelladressen des aktuellen Datums sowie des aktuellen Umsatzes ermittelt werden. In Zelle E6 sollen dann die bisher aufgelaufenen Umsätze kumuliert werden. Um diese Aufgabe zu lösen, befolgen Sie die nächsten Arbeitsschritte:

1. Erfassen Sie in Zelle E4 die Formel:
   =ADRESSE(VERGLEICH(HEUTE();$A$1:$A$20;1);1)
2. In Zelle E5 schreiben Sie die Formel:
   =ADRESSE(VERGLEICH(HEUTE();$A$1:$A$20;1);2)
3. Die kumulierte Summe bilden Sie in Zelle E6 mit Hilfe der Formel:
   =SUMME(B5:INDIREKT(E5))
4. Schließen Sie alle Funktionen jeweils mit der Taste [↵] ab.

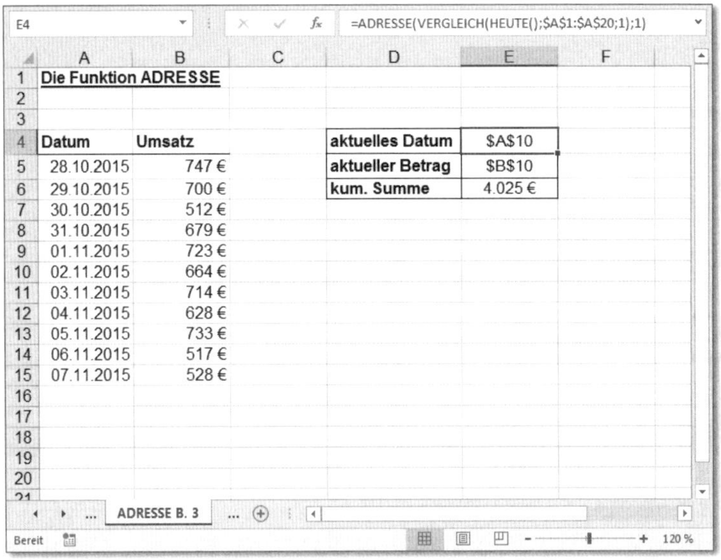

E4 =ADRESSE(VERGLEICH(HEUTE();$A$1:$A$20;1);1)

	A	B	C	D	E	F
1	Die Funktion ADRESSE					
2						
3						
4	Datum	Umsatz		aktuelles Datum	$A$10	
5	28.10.2015	747 €		aktueller Betrag	$B$10	
6	29.10.2015	700 €		kum. Summe	4.025 €	
7	30.10.2015	512 €				
8	31.10.2015	679 €				
9	01.11.2015	723 €				
10	02.11.2015	664 €				
11	03.11.2015	714 €				
12	04.11.2015	628 €				
13	05.11.2015	733 €				
14	06.11.2015	517 €				
15	07.11.2015	528 €				
16						
17						
18						
19						
20						

ADRESSE B. 3

Bereit 120 %

Abbildung 11.39 Die Umsätze wurden kumuliert.

Mit Hilfe der Tabellenfunktion VERGLEICH wird das aktuelle Tagesdatum, das über die Funktion HEUTE ermittelt werden kann, mit der Datumsleiste aus dem Bereich A5:A15 verglichen. Wird das aktuelle Tagesdatum in der Spalte A gefunden, dann erfolgt über das Argument 1 am Ende der Formel die Ausgabe der Spalte A. Bei der Ermittlung des dazugehörenden Umsatzes wird auf dieselbe Formel zurückgegriffen, nur das Spaltenargument wird auf die Spalte 2 (= Spalte B) gesetzt. Der Rest ist Formsache. Mit Hilfe der Tabellenfunktion SUMME wird der dynamische Bereich beginnend ab Zelle B5 und endend bei der Adresse, die in Zelle E5 steht. Damit Excel erkennt, dass es hierbei den Zellinhalt als Zellbezug verwenden soll, setzen Sie die Tabellenfunktion INDIREKT ein.

Sie können das Ergebnis sehr leicht überprüfen, indem Sie den Zellenbereich B5:B10 markieren und in der Statusleiste die angezeigte Summe betrachten (siehe Abbildung 11.40).

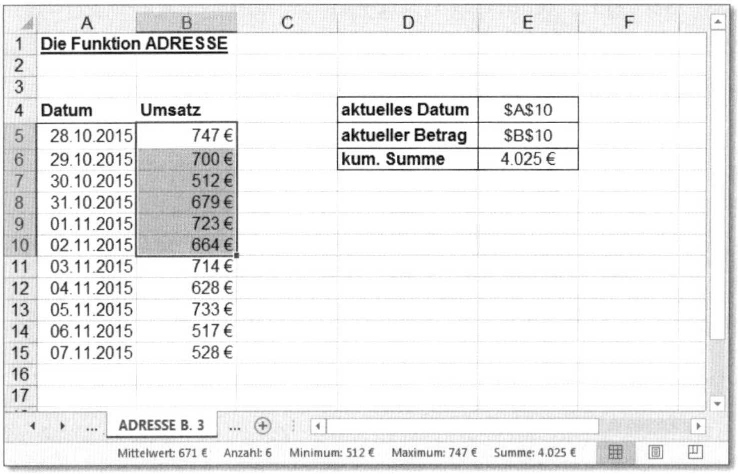

Abbildung 11.40 Plausibilitätsprüfung über die Statusleiste vornehmen

11.6.4 Die Adresse des kleinsten Wertes einer Liste bestimmen

Koordinate des kleinsten Werts ermitteln

In der nächsten Aufgabenstellung soll aus einer Spalte der kleinste Wert ermittelt werden. Sehen Sie sich dazu einmal Abbildung 11.41 an.

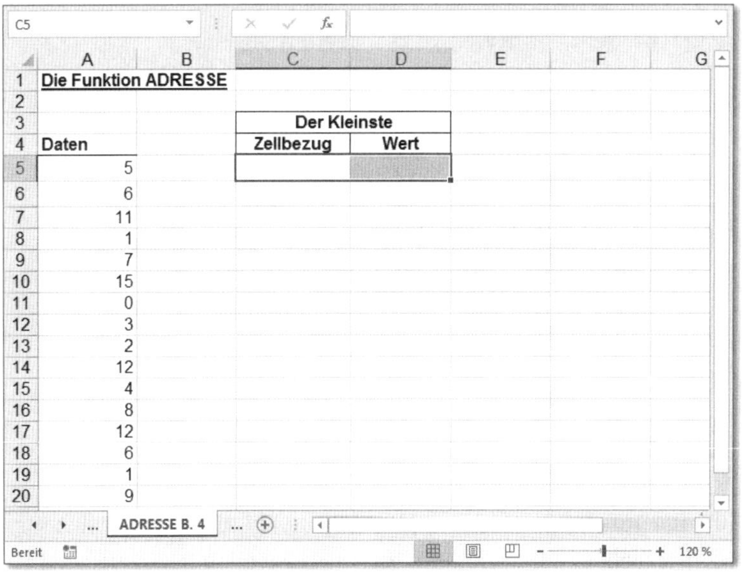

Abbildung 11.41 Die Minimaldaten ermitteln

Um jetzt den Zellbezug sowie den kleinsten Wert im Zellenbereich A5:A20 zu ermitteln, verfahren Sie wie folgt:

1. Erfassen Sie in Zelle C5 die Formel:
   =ADRESSE(VERGLEICH(MIN(A1:A20);A1:A20;0);1)
2. In Zelle D5 schreiben Sie die Formel **=MIN(A5:A20)**.
3. Bestätigen Sie beide Formeln mit [↵].

Das Ergebnis finden Sie in Abbildung 11.42.

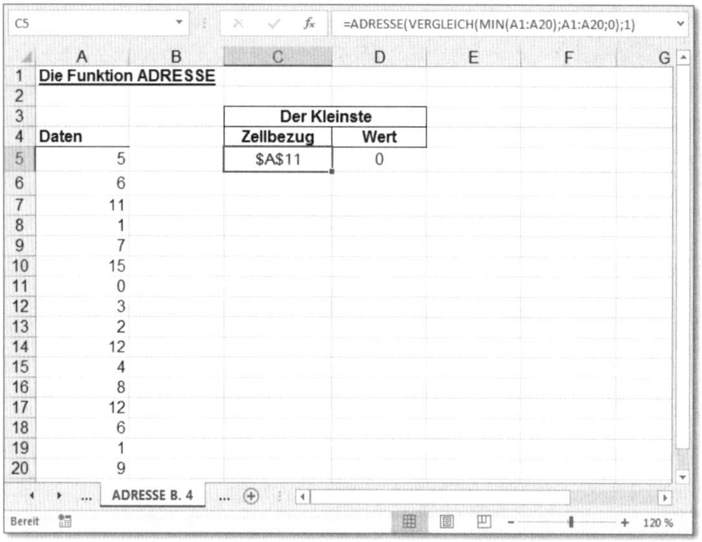

Abbildung 11.42 Der kleinste Wert ist in Zelle A11 zu finden.

11.7 Die Tabellenfunktion BEREICH.VERSCHIEBEN

Deutsch:	BEREICH.VERSCHIEBEN
Syntax:	**=BEREICH.VERSCHIEBEN(Bezug;Zeilen;Spalten;[Höhe];[Breite])**
Englisch:	OFFSET
Syntax:	**=OFFSET(reference,rows,cols,[height],[width])**

Zellbezug verschieben

Mit Hilfe der Tabellenfunktion BEREICH.VERSCHIEBEN können Sie einen Bezug zurückgeben, der gegenüber dem angegebenen Bezug versetzt ist. Der zurückgegebene Bezug kann eine einzelne Zelle oder ein Zellenbereich sein. Sie können die Anzahl der zurückzugebenden Zeilen und Spalten festlegen.

Argumente	Inhalte
Bezug	Ist erforderlich; im Argument Bezug wird der Bezug angegeben, der als Ausgangspunkt des Verschiebevorgangs dienen soll. Bezug muss ein Bezug zu einer Zelle oder einem Bereich aus angrenzenden Zellen sein.
Zeilen	Ist erforderlich; im Argument Zeilen wird die Anzahl der Zeilen angegeben, um die Sie die obere linke Eckzelle des Bereichs nach oben oder nach unten verschieben möchten. Entspricht das Argument Zeilen beispielsweise 3, bedeutet dies, dass die obere linke Ecke des neuen Bezugs drei Zeilen unterhalb des Arguments Bezug liegt. Das Argument Zeilen kann sowohl einen positiven (unterhalb des Ausgangsbezugs liegen) als auch einen negativen Wert annehmen (oberhalb des Ausgangsbezugs liegen).
Spalten	Ist erforderlich; im Argument Spalten wird die Anzahl der Spalten angegeben, um die Sie die obere linke Eckzelle des Bereichs nach links oder nach rechts verschieben möchten. Ist das Argument Spalten beispielsweise gleich 3, so bedeutet dies, dass die obere linke Ecke des neuen Bezugs drei Spalten rechts des Arguments Bezug liegt. Das Argument Spalten kann sowohl einen positiven (rechts des Ausgangsbezugs liegen) als auch einen negativen Wert annehmen (links des Ausgangsbezugs liegen).
Höhe	Ist optional; im Argument Höhe kann die Höhe des neuen Bezugs in Zeilen angegeben werden. Für Höhe muss ein positiver Wert angegeben werden.
Breite	Ist optional; im Argument Breite wird die Breite des neuen Bezugs in Spalten angegeben. Für Breite muss ebenso ein positiver Wert angegeben werden.

Tabelle 11.11 Die Argumente der Funktion BEREICH.VERSCHIEBEN

11.7.1 Umsätze dynamisch halten

Summierung dynamisch halten

Im folgenden Beispiel liegt eine Tabelle mit Umsätzen vor. Diese Tabelle wird ständig erweitert, indem neue Zeilen jeweils am Ende der Liste hinzugefügt werden. Standardmäßig wird dadurch die Summenfunktion nicht automatisch erweitert. Sehen Sie sich zunächst Abbildung 11.43 an.

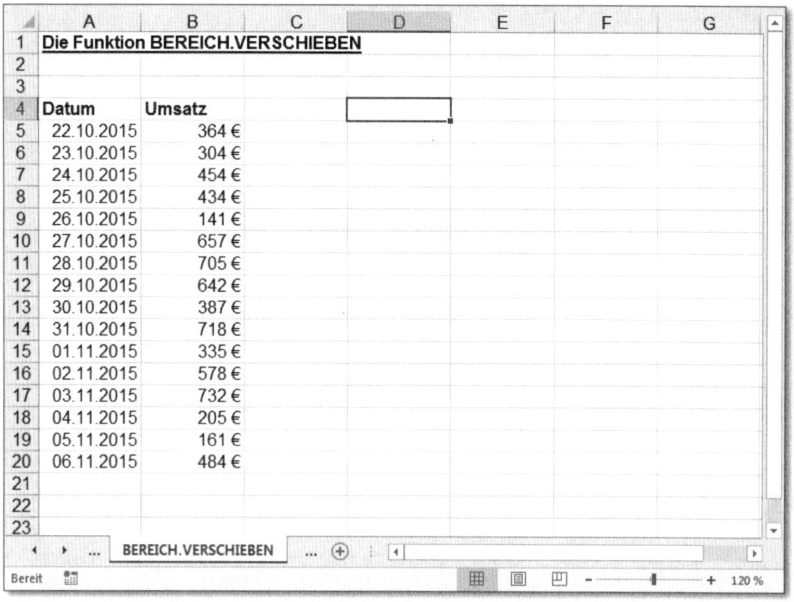

Abbildung 11.43 Die zugrunde liegende Umsatzliste

Wenn Sie nun die Summenfunktion in Zelle E4 mit der Formel **=SUMME(B5:B20)** erfassen, dann wird diese Formel leider nicht erweitert, wenn Sie am Ende der Liste neue Daten hinzufügen.

Sie können Excel jedoch dazu bringen, einen dynamischen Bereich zu erstellen. Dabei verfahren Sie wie folgt:

1. Markieren Sie zunächst den Zellenbereich B5:B20.
2. Tippen Sie direkt ins Namensfeld, links oben, den Namen »Umsätze«, und bestätigen Sie mit [↵].
3. Drücken Sie die Tastenkombination [Strg] + [F3], um den NAMENS-MANAGER aufzurufen.
4. Im entsprechenden Dialog markieren Sie den Namen UMSÄTZE im Listenfeld und ändern den Bezug im Feld BEZIEHT SICH auf (siehe Abbildung 11.44).

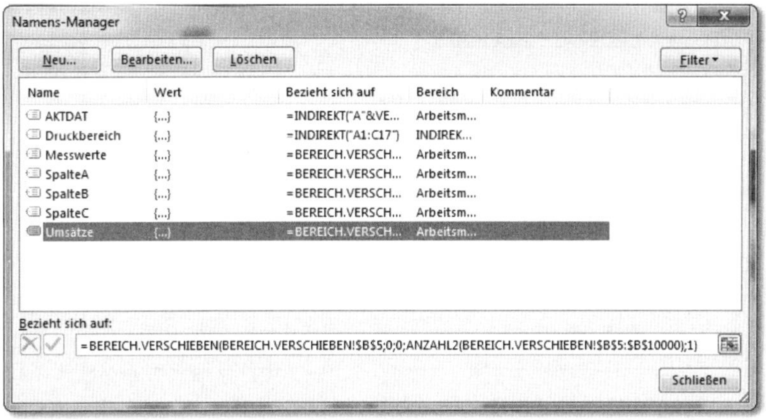

Abbildung 11.44 Den Bereich nach unten verschieben

5. Erfassen Sie in diesem Feld die Formel: **=BEREICH.VERSCHIEBEN(BEREICH.VERSCHIEBEN!$B$5;0;0; ANZAHL2(BEREICH.VERSCHIEBEN!$B$5:$B$10000);1)**
6. Bestätigen Sie mit einem Klick auf OK.
7. Erfassen Sie in Zelle E4 die Formel **=SUMME(Umsätze)**, und bestätigen Sie mit [↵].

Wenn Sie nun am Ende der Liste neue Daten erfassen, wird die Formel in Zelle E4 jederzeit angepasst. Die eigentliche Verschiebung des Bereichs beginnt in Zelle B5. Mit Hilfe der Tabellenfunktion ANZAHL2 können Sie die mit Zahlen gefüllten Zellen im Zellenbereich B5:B10000 ermitteln. Dies stellt dabei die Höhe der Verschiebung dar. Da die Verschiebung in einer Spalte vor sich gehen soll, wird im letzten Argument der Wert 1 angegeben.

11.7.2 Die dynamische Summe

Formeln flexibel halten

In der nächsten Aufgabe lernen Sie eine Lösung kennen, bei der Sie eine Summenformel nicht erweitern müssen, wenn neue Zeilen am Ende bzw. vor dem Beginn der eigentlichen Liste eingefügt werden. Sehen Sie sich zunächst einmal Abbildung 11.45 an.

Erfassen Sie nun in Zelle D10 die Formel **=SUMME(D6:D9)**, und bestätigen Sie mit [↵]. Der Nachteil bei dieser Formel ist, dass die Formel nicht automatisch erweitert wird, wenn eine neue Zeile oberhalb der Zeile 6 eingefügt wird. Des Weiteren wird ein Eintrag in Zelle D5 ebenso wenig in der Summenformel berücksichtigt.

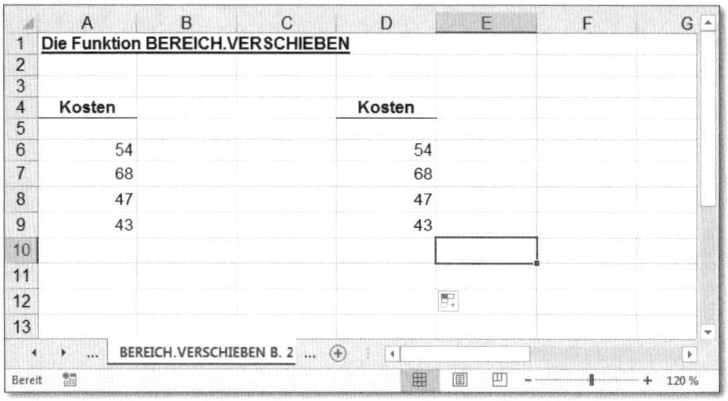

Abbildung 11.45 Zwei identische Spalten

Fügen Sie daher in Zelle A10 die Formel **=SUMME(A1:BEREICH.VERSCHIEBEN(A10;-1;0))**, ein, und bestätigen Sie mit [↵] (siehe Abbildung 11.46).

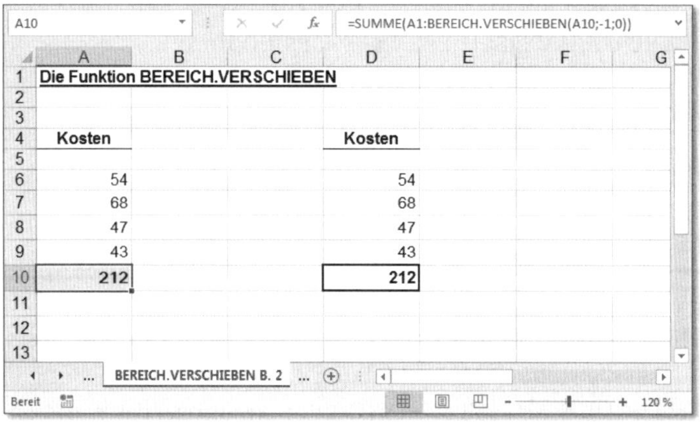

Abbildung 11.46 Die dynamische Summenformel wurde erstellt.

Geben Sie als Argumente für die Tabellenfunktion SUMME als Startzelle die erste Zelle in Ihrer Tabelle A1 an. Ausgehend von der Zelle, in der Sie die Formel erfassen, gehen Sie eine Zeile nach oben (-1) und verbleiben in derselben Spalte. So gewährleisten Sie, dass sich die Summenformel bei jeder Erweiterung, die sich im Bereich A1:A9 abspielt, ständig aktualisiert.

11.7.3 Kosten dynamisch kumulieren

Plankosten-Jahresliste auswerten

In der folgenden Aufgabe liegt eine Plankosten-Jahresliste vor, wie in Abbildung 11.47 gezeigt. Über die Ermittlung des aktuellen Monats soll die kumulierte Summe der Kosten ermittelt werden.

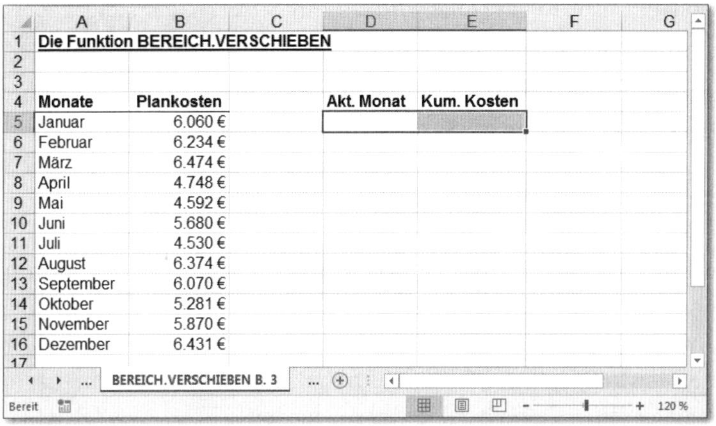

Abbildung 11.47 Die kumulierten Plankosten sollen summiert werden.

Im ersten Schritt ermitteln Sie den aktuellen Monat. Danach geben Sie die kumulierten Kosten beginnend ab Januar aus. Dabei verfahren Sie wie folgt:

1. Erfassen Sie in Zelle D5 die Formel **=MONAT(HEUTE())**, um den aktuellen Monat zu ermitteln.
2. In Zelle E5 geben Sie die Formel **=SUMME(BEREICH.VERSCHIEBEN ($B$5;0;0;$D$5;1))** ein.
3. Bestätigen Sie beide Eingaben mit [↵].

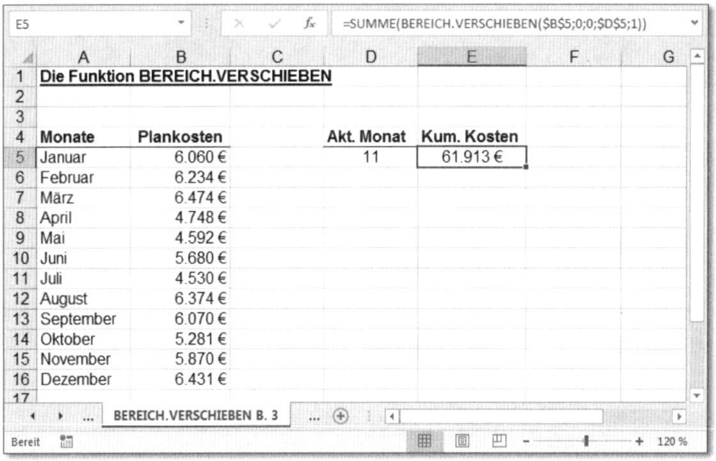

Abbildung 11.48 Die kumulierte Summe von Januar bis November

Die eigentliche Verschiebung beginnt ab Zelle B5 (siehe Abbildung 11.48). Dabei erfolgt keinerlei zeilen- bzw. spaltenbezogene Verschiebung, daher die beiden Nullwerte. In der Höhe wird der Inhalt der Zelle D5 angegeben. Die Breite entspricht genau einer Spalte.

Das Ergebnis können Sie schnell kontrollieren, indem Sie den Zellenbereich B5:B15 markieren und die Summe in der Statusleiste ablesen.

11.7.4 Maschinenauslastungen taggenau wiederfinden

Maschinenauslastungsdaten auswerten

In der nächsten Aufgabe in Abbildung 11.49 liegt Ihnen eine Liste mit Maschinenauslastungsdaten vor. Dabei werden in Spalte A das jeweilige Datum und in den Spalten B bis G die täglichen Auslastungsdaten der Maschinen 1–6 ausgegeben. Es kann durchaus passieren, dass mehrere Messungen an einem Tag vorgenommen wurden.

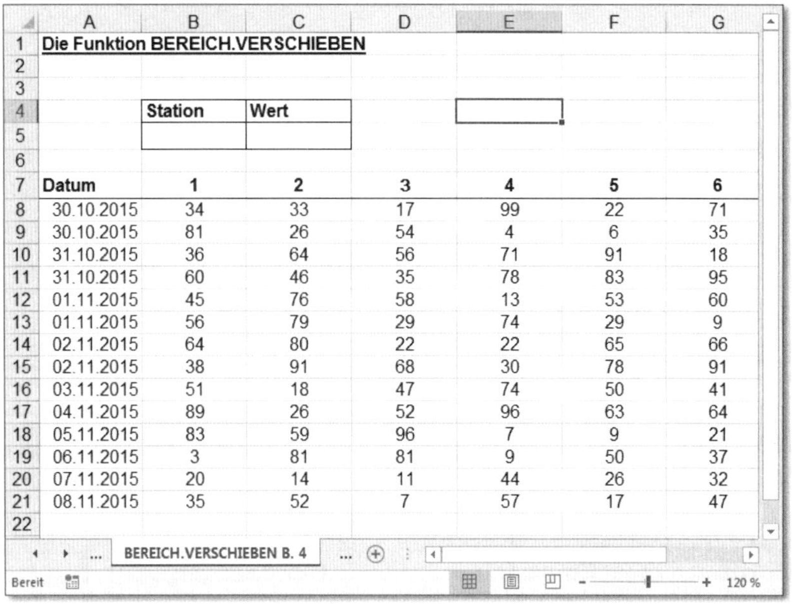

	A	B	C	D	E	F	G
1	Die Funktion BEREICH.VERSCHIEBEN						
2							
3							
4		Station	Wert				
5							
6							
7	Datum	1	2	3	4	5	6
8	30.10.2015	34	33	17	99	22	71
9	30.10.2015	81	26	54	4	6	35
10	31.10.2015	36	64	56	71	91	18
11	31.10.2015	60	46	35	78	83	95
12	01.11.2015	45	76	58	13	53	60
13	01.11.2015	56	79	29	74	29	9
14	02.11.2015	64	80	22	22	65	66
15	02.11.2015	38	91	68	30	78	91
16	03.11.2015	51	18	47	74	50	41
17	04.11.2015	89	26	52	96	63	64
18	05.11.2015	83	59	96	7	9	21
19	06.11.2015	3	81	81	9	50	37
20	07.11.2015	20	14	11	44	26	32
21	08.11.2015	35	52	7	57	17	47
22							

Abbildung 11.49 Die Auslastungsdaten der Maschinen 1–6

Ihre Aufgabe besteht nun darin, die aktuellen Daten einer bestimmten Station in Zelle C5 auszugeben. Dabei verfahren Sie zunächst wie folgt:

Datenüberprüfung einstellen

1. Legen Sie in Zelle B5 eine Zellenauswahlliste an, indem Sie im Menüband DATEN auf das Symbol DATENÜBERPRÜFUNG klicken.
2. Auf der Registerkarte EINSTELLUNGEN stellen Sie im Kombinationsfeld ZULASSEN den Eintrag LISTE ein.
3. Das Feld QUELLE füllen Sie aus, wie in Abbildung 11.50 angezeigt.

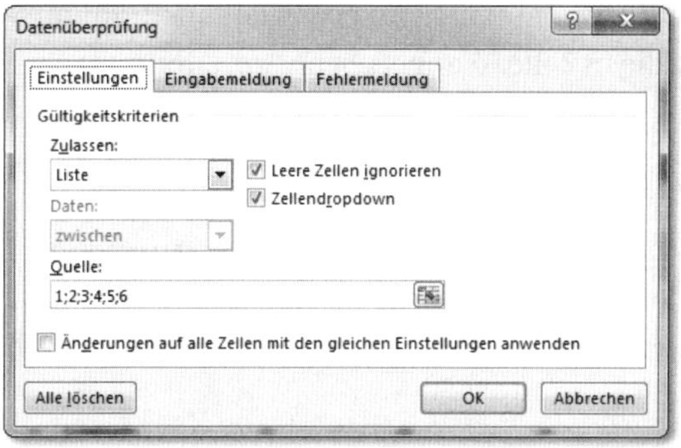

Abbildung 11.50 Eine Zellenauswahlliste erstellen

4. Bestätigen Sie Ihre Einstellung mit OK.
5. Erfassen Sie in Zelle C5 die Formel:
   =SUMMEWENN($A$8:$A$23;HEUTE();BEREICH.VERSCHIEBEN ($A$8:$A$23;0;VERGLEICH($B$5;$7:$7;)-1))
6. Schließen Sie die Formel mit [↵] ab.

Das Ergebnis sehen Sie in Abbildung 11.51.

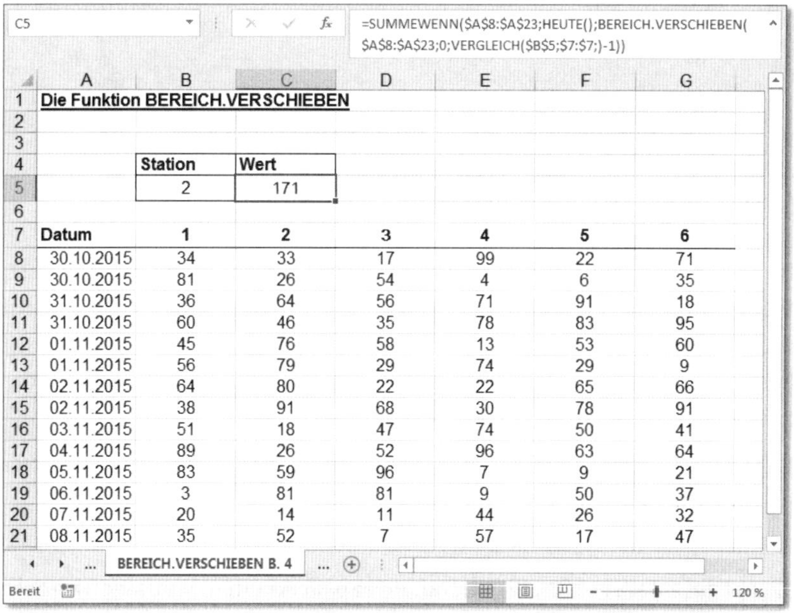

C5 =SUMMEWENN($A$8:$A$23;HEUTE();BEREICH.VERSCHIEBEN($A$8:$A$23;0;VERGLEICH($B$5;$7:$7;)-1))

	A	B	C	D	E	F	G
1	Die Funktion BEREICH.VERSCHIEBEN						
2							
3							
4		Station	Wert				
5		2	171				
6							
7	Datum	1	2	3	4	5	6
8	30.10.2015	34	33	17	99	22	71
9	30.10.2015	81	26	54	4	6	35
10	31.10.2015	36	64	56	71	91	18
11	31.10.2015	60	46	35	78	83	95
12	01.11.2015	45	76	58	13	53	60
13	01.11.2015	56	79	29	74	29	9
14	02.11.2015	64	80	22	22	65	66
15	02.11.2015	38	91	68	30	78	91
16	03.11.2015	51	18	47	74	50	41
17	04.11.2015	89	26	52	96	63	64
18	05.11.2015	83	59	96	7	9	21
19	06.11.2015	3	81	81	9	50	37
20	07.11.2015	20	14	11	44	26	32
21	08.11.2015	35	52	7	57	17	47

BEREICH.VERSCHIEBEN B. 4

Bereit 120 %

Abbildung 11.51 Die Messwerte am aktuellen Tag betragen insgesamt 171 Punkte.

Mit Hilfe der Tabellenfunktion SUMMEWENN können Sie einen Bereich bedingt summieren, das heißt, der Zellenbereich A8:A23 wird mit dem aktuellen Tagesdatum verglichen. Immer wenn eine Übereinstimmung eintritt, wird die Maschine, die in Zelle B5 angegeben wird, summiert.

11.7.5 Das dynamische Diagramm

Diagramm dynamisch halten

Sind Sie es leid, immer wieder Diagramme anzupassen? Dann können Sie mit Hilfe der Tabellenfunktion BEREICH.VERSCHIEBEN ein dynamisches Diagramm erzeugen. Sehen Sie sich zunächst die Ausgangssituation in Abbildung 11.52 an.

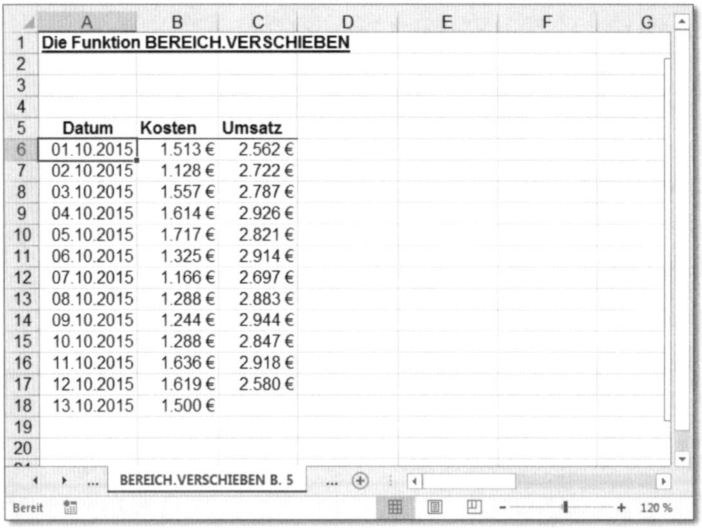

Die Funktion BEREICH.VERSCHIEBEN

Datum	Kosten	Umsatz
01.10.2015	1.513 €	2.562 €
02.10.2015	1.128 €	2.722 €
03.10.2015	1.557 €	2.787 €
04.10.2015	1.614 €	2.926 €
05.10.2015	1.717 €	2.821 €
06.10.2015	1.325 €	2.914 €
07.10.2015	1.166 €	2.697 €
08.10.2015	1.288 €	2.883 €
09.10.2015	1.244 €	2.944 €
10.10.2015	1.288 €	2.847 €
11.10.2015	1.636 €	2.918 €
12.10.2015	1.619 €	2.580 €
13.10.2015	1.500 €	

Abbildung 11.52 Diese Daten werden laufend erweitert.

In der Tabelle werden täglich Daten jeweils am Ende der Liste erfasst. Wenn also ein Diagramm auf herkömmliche Weise erstellt wird, dann muss dieses Diagramm ständig erweitert werden. Um ein Diagramm auf Basis dieser Daten auf dynamische Weise zu erstellen, befolgen Sie die nächsten Arbeitsschritte:

1. Drücken Sie die Tastenkombination `Strg` + `F3`, um den NAMENS-MANAGER aufzurufen.
2. Klicken Sie die Schaltfläche NEU.
3. Im Feld NAME geben Sie den Namen »SpalteA« ein und erfassen im Feld BEZIEHT SICH AUF die Formel:
   =BEREICH.VERSCHIEBEN('BEREICH.VERSCHIEBEN B. 5'!$A$6;0;0;ANZAHL('BEREICH.VERSCHIEBEN B. 5'!$A$6:$A$1000)+1;1)
4. Klicken Sie auf die Schaltfläche OK.
5. Klicken Sie die Schaltfläche NEU.

6. Im Feld NAME geben Sie den Namen »SpalteB« ein und erfassen im Feld BEZIEHT SICH AUF die Formel:
   =BEREICH.VERSCHIEBEN('BEREICH.VERSCHIEBEN B. 5'!$B$6;0;0;ANZAHL('BEREICH.VERSCHIEBEN B. 5'!$B$6:$B$1000)+1;1)
7. Klicken Sie auf die Schaltfläche OK.
8. Klicken Sie abermals auf die Schaltfläche NEU.
9. Danach geben Sie im Feld NAME den Namen »SpalteC« ein und erfassen im Feld BEZIEHT SICH AUF die Formel:
   =BEREICH.VERSCHIEBEN('BEREICH.VERSCHIEBEN B. 5'!$C$6;0;0;ANZAHL('BEREICH.VERSCHIEBEN B. 5'!$C$6:$C$1000)+1;1)
10. Klicken Sie auf die Schaltfläche OK.
11. Bestätigen Sie den Vorgang mit SCHLIESSEN.

Erstellen Sie jetzt zunächst auf herkömmliche Art ein Diagramm, indem Sie den Zellenbereich A5:C17 markieren und auf das Symbol DIAGRAMME im Menüband EINFÜGEN klicken. Entscheiden Sie sich für ein Säulendiagramm. Wenden Sie die benannten Bereiche an, indem Sie die nächsten Arbeitsschritte befolgen:

Diagramm anpassen

1. Markieren Sie das Diagramm.
2. Klicken Sie im Menüband ENTWURF das Symbol DATEN auswählen an.

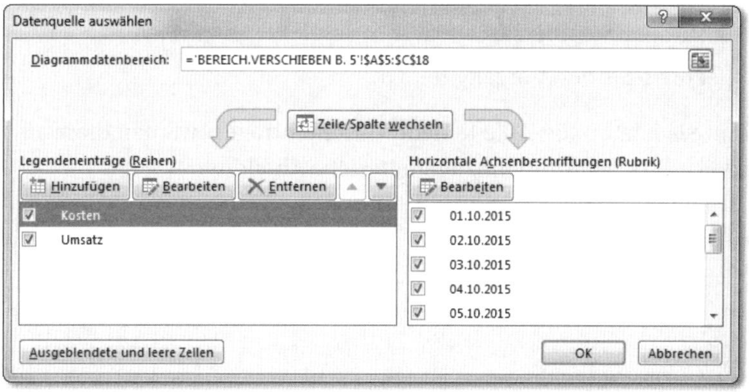

Abbildung 11.53 Die Namen sollen zugewiesen werden.

3. Markieren Sie im Dialog DATENQUELLE AUSWÄHLEN im Listenfeld LEGENDENEINTRÄGE (REIHEN) die Reihe KOSTEN (siehe Abbildung 11.53).
4. Klicken Sie die Schaltfläche BEARBEITEN.
5. Im Dialog DATENREIHE BEARBEITEN geben Sie den Bezug zur Mappe und den Namen im Feld REIHENWERTE an: »=Kap11.xlsx!SpalteB« (siehe Abbildung 11.54).

Abbildung 11.54 Der Säulenreihe einen Namen zuweisen

6. Klicken Sie OK.
7. Markieren Sie im Listenfeld die Reihe UMSATZ.
8. Klicken Sie die Schaltfläche BEARBEITEN.
9. Im Dialog DATENREIHE BEARBEITEN geben Sie den Bezug zur Mappe und den Namen im Feld REIHENWERTE an: »Kap11.xlsx!SpalteC«.
10. Klicken Sie OK.
11. Markieren Sie nochmals den Eintrag UMSATZ im Listenfeld.
12. Klicken Sie jetzt auf die Schaltfläche BEARBEITEN auf der rechten Seite des Dialogs.
13. Im Dialog ACHSENBESCHRIFTUNGEN überschreiben Sie den Inhalt des Feldes ACHSENBESCHRIFTUNGSBEREICH mit folgendem Bezug »Kap11.xlsx!SpalteA«.
14. Bestätigen Sie mit OK.
15. Beenden Sie den Vorgang mit OK.

Wenn Sie jetzt in die Zeile 18 neue Werte eintragen, werden diese augenblicklich im Diagramm hinzugefügt (siehe Abbildung 11.55).

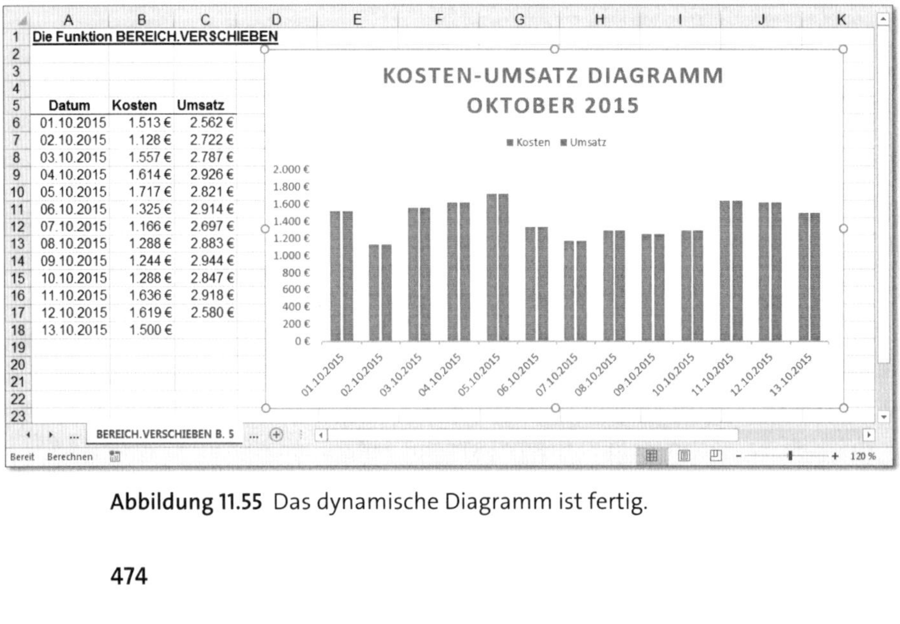

Abbildung 11.55 Das dynamische Diagramm ist fertig.

11.8 Die Funktion HYPERLINK

Deutsch:	HYPERLINK
Syntax:	**=HYPERLINK(Hyperlink_Adresse,[Freundlicher_Name])**
Englisch:	HYPERLINK
Syntax:	**=HYPERLINK(hyperlink-address,[friendly_name])**

Hyperlink einfügen

Mit Hilfe der Tabellenfunktion HYPERLINK können Sie eine Verknüpfung oder einen Sprung zu einer anderen Zelle, Tabelle, einem anderen Dokument oder ins Intranet/Internet durchführen. Beim Klicken auf die Zelle, die diese Funktion enthält, öffnet Microsoft Excel die im Argument Hyperlink_Adresse gespeicherte Datei oder Webseite.

Argumente	Inhalte
Hyperlink_ Adresse	Ist erforderlich; im Argument Hyperlink_Adresse wird der Pfad- und Dateiname des Dokuments angegeben, das geöffnet werden soll. Dabei kann sich diese Sprungadresse auf eine Stelle in einem Dokument, zum Beispiel auf eine bestimmte Zelle oder einen benannten Bereich in einem Excel-Arbeitsblatt bzw. einer Excel-Arbeitsmappe oder auf eine Textmarke in einem Microsoft-Word-Dokument beziehen. Der Pfad kann entweder auf eine Datei verweisen, die auf einer Festplatte gespeichert ist, oder aber auf einen UNC-(Universal-Naming-Convention-)Pfad auf einem Server (in Microsoft Excel für Windows) oder einen URL-Pfad (Uniform Resource Locator – URL).
Freundlicher Name	Ist optional; im Argument Freundlicher_Name wird die Beschriftung in der Zelle des Hyperlinks festgelegt. Dieser Text wird standardmäßig blau und unterstrichen angezeigt. Wenn dieses Argument nicht angegeben wird, zeigt die Zelle die Hyperlink_Adresse als Beschriftungstext an.

Tabelle 11.12 Die Argumente der Funktion HYPERLINK

11.8.1 Der Sprung zum aktuellen Tagesdatum

Aktuelles Tagesdatum ansteuern

Mit Hilfe eines Hyperlinks können Sie beispielsweise ganz bestimmte Zellen in einer Tabelle ansteuern. So wird in der folgenden Aufgabe aus Abbildung 11.56 eine Datumsleiste in Spalte A angelegt. Mit einem Klick auf einen Hyperlink soll dann die Zelle mit dem aktuellen Tagesdatum angesprungen werden.

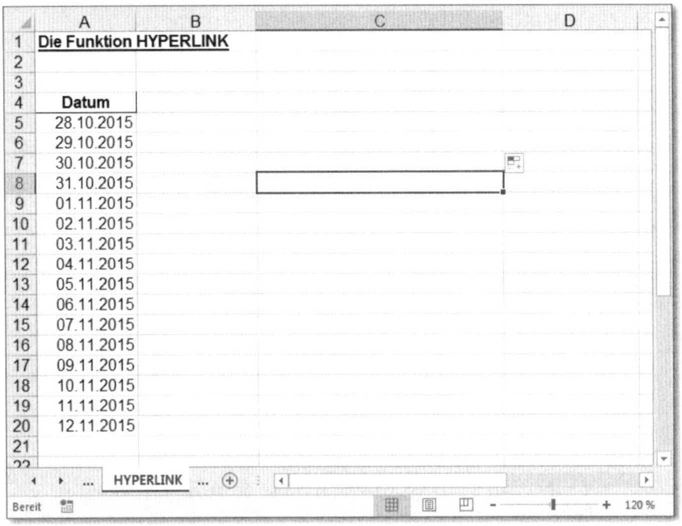

Abbildung 11.56 Über einen Link soll direkt zur aktuellen Zelle verzweigt werden.

Erfassen Sie zu diesem Zweck in Zelle C3 die folgende Formel:
=HYPERLINK("[Kap11.xlsx]HYPERLINK!A" &VERGLEICH(HEUTE(); A:A;0);"Sprung zum aktuellem Datum")

Über die Tabellenfunktion HYPERLINK wird ein Link eingefügt (siehe Abbildung 11.57). Die Tabellenfunktion VERGLEICH sucht in Spalte A nach dem aktuellen Datum, das Sie über die Tabellenfunktion HEUTE ermitteln können. Als Sprungziel wird somit die Zelle aktiviert, die das aktuelle Datum enthält. Im letzten Argument kann der Hyperlink-Text beliebig angegeben werden.

Hinweis

Wird das gewünschte Vergleichsdatum aus einer Zelle bezogen, zum Beispiel aus Zelle C1, dann lautet die dafür notwendige Formel:

=HYPERLINK("[Kap11.xlsx]HYPERLINK!A" &VERGLEICH(C1;A:A;0); "Sprung zum aktuellem Datum")

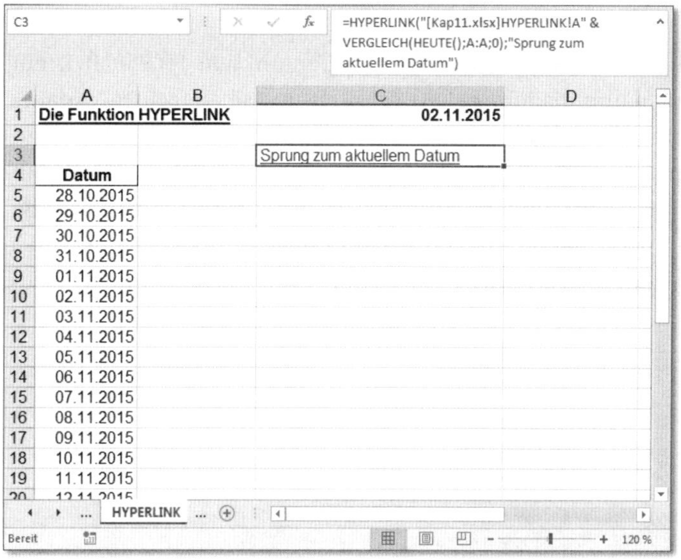

Abbildung 11.57 Der schnelle Sprung zum aktuellen Datum

11.8.2 Den aktuellen Monat ansteuern

Aktuellen Monat ermitteln

Die nächste Aufgabe ist mit der vorherigen Aufgabe verwandt. Bei dieser Aufgabe soll über einen Hyperlink der aktuelle Monat in Spalte B aktiviert werden. Zu diesem Zweck wurde in der Tabelle HYPERLINK B. 2 eine Monatsleiste im Bereich B1:B12 angelegt.

In Zelle A1 erfassen Sie danach folgende Formel (siehe Abbildung 11.58):

=HYPERLINK("[Kap11.xlsx]'HYPERLINK B. 2'!B"&MONAT(HEUTE()); "Aktueller Monat")

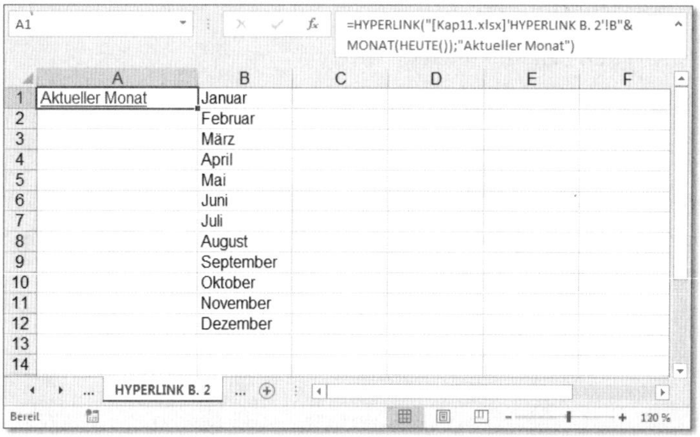

Abbildung 11.58 Der Sprung zum aktuellen Monat wurde ausgeführt.

11.8.3 Ins Internet verzweigen

Sprung ins Internet

Bei der folgenden Aufgabe soll die Tabellenfunktion HYPERLINK eingesetzt werden, um ins Internet zu verzweigen. Die einfachste Variante, diese Aufgabe zu erledigen, ist, die URLs einfach direkt in die Zelle einzugeben. Excel wandelt standardmäßig alle Internet-Adressen, E-Mail-Adressen und Netzwerkpfade automatisch in Hyperlinks um. Die Beschriftung der einzelnen Hyperlinks soll aber auf dynamische Weise durchgeführt werden. Sehen Sie sich als Vorbereitung Abbildung 11.59 an.

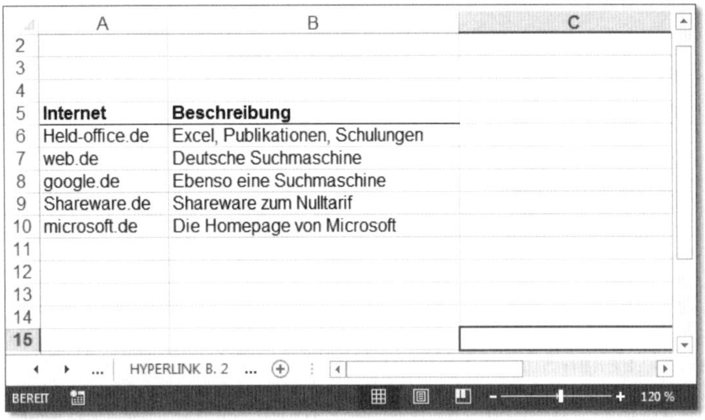

Abbildung 11.59 Die Sprungadresse sowie die Beschriftung der Links werden angegeben.

In Spalte A finden Sie die URLs der Internetseiten, ohne den Textteil http:// zu verwenden. In Spalte B wird die Kurzbeschreibung der Internetseiten angezeigt. Diese Kurzbeschreibung soll als Beschriftungstext der Hyperlinks eingesetzt werden. Um diese Aufgabe zu lösen, befolgen Sie die nächsten Arbeitsschritte:

1. Markieren Sie den Zellenbereich C6:C10.
2. Erfassen Sie die Formel **=HYPERLINK("http://" & A6;B6)**.
3. Schließen Sie die Formel über die Tastenkombination [Strg] + [↵] ab.

Das Ergebnis sehen Sie in Abbildung 11.60. Das Kürzel http:// muss in der Formel noch separat angegeben werden, da Excel sonst keine vollständige Internetadresse identifizieren kann.

Mit einem Klick auf den gewünschten Hyperlink wird die Internetseite direkt geladen. Selbstverständlich müssen Sie dazu auch online sein.

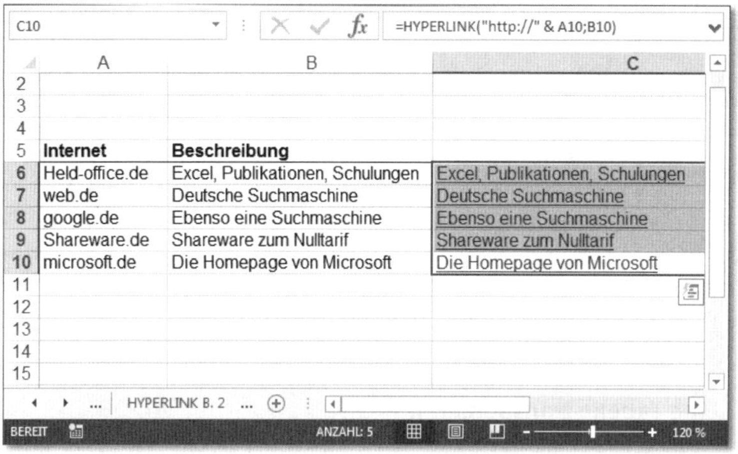

Abbildung 11.60 Die Hyperlinks wurden eingefügt.

> **Hinweis**
>
> Hyperlinks werden standardmäßig in blauer Schriftfarbe und mit einer Unterstreichung dargestellt. Wurde ein Hyperlink einmal betätigt, dann wird der Hyperlink in violetter Schriftfarbe angezeigt. Soll die Farbe zurückgesetzt werden, dann schließen Sie die Arbeitsmappe und öffnen sie direkt im Anschluss wieder. Dadurch werden alle Hyperlinks zurückgesetzt.

11.9 Die Tabellenfunktion MTRANS

Deutsch:	MTRANS
Syntax:	**=MTRANS(MATRIX)**
Englisch:	MTRANS
Syntax:	**=MTRANS(array)**

Daten transponieren

Mit Hilfe der Tabellenfunktion MTRANS können Sie die transponierte Matrix der angegebenen Matrix zurückgeben. Diese Funktion muss als Matrixformel ausgeführt, also über die Tastenkombination [Strg] + [⇧] + [↵] abgeschlossen werden.

Argumente	Inhalte
Matrix	Ist erforderlich; im Argument Matrix wird eine Matrix oder ein Zellenbereich in einem Arbeitsblatt festgelegt, der transponiert (= gedreht) werden soll. Die Transponierte einer Matrix wird erstellt, indem die Zeilen der Matrix zu den Spalten der neuen Matrix werden.

Tabelle 11.13 Das Argument der Funktion MTRANS

11.9.1 Eine Tabelle transponieren

Tabelle drehen

Im nächsten Beispiel liegt eine Tabelle wie in Abbildung 11.61 vor, die transponiert (= gedreht) werden soll.

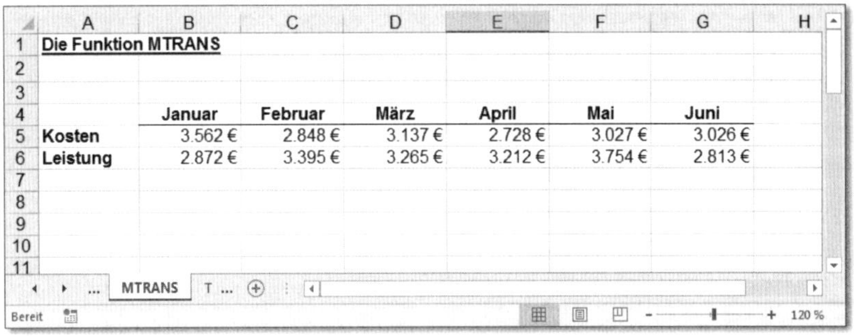

Abbildung 11.61 Die Ausgangstabelle mit Kosten und Leistung soll gedreht werden.

Um diese Tabelle zu drehen, verfahren Sie wie folgt:

1. Markieren Sie den Zellenbereich B10:B15.
2. Erfassen Sie die Matrixformel **=MTRANS(B4:G4)**.
3. Markieren Sie den Bereich C9:C15.
4. Erfassen Sie die Matrixformel **=MTRANS(A5:G5)**.
5. Markieren Sie den Bereich D9:D15.
6. Erfassen Sie die Matrixformel **=MTRANS(A6:G6)**.
7. Schließen Sie alle Formeln über die Tastenkombination `Strg` + `⇧` + `↵` ab.

Abbildung 11.62 zeigt nun eine gedrehte Tabelle.

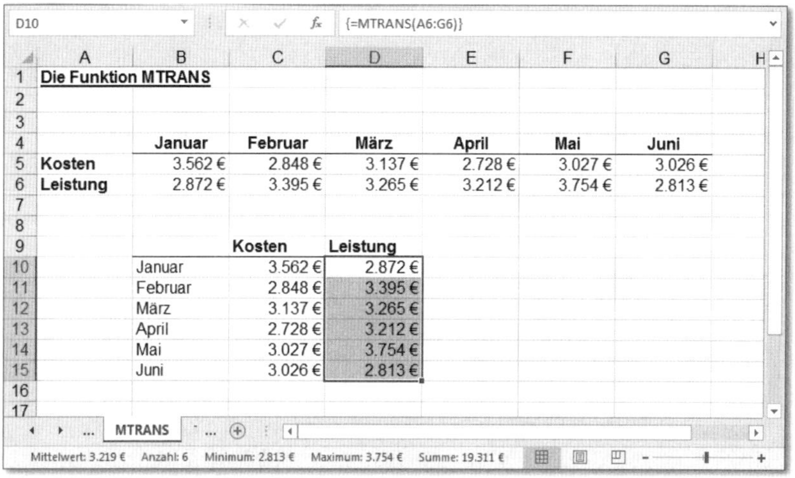

Abbildung 11.62 Die Kosten-Leistung-Tabelle wurde transponiert.

11.10 Die Tabellenfunktionen SPALTE und SPALTEN

Deutsch:	SPALTE
Syntax:	**=SPALTE(Bezug)**
Englisch:	COLUMN
Syntax:	**=COLUMN(reference)**

Spaltennummer abfragen

Mit Hilfe der Tabellenfunktion SPALTE können Sie die Spaltennummer eines Bezugs zurückgeben.

Anzahl Spalten ermitteln

Mit Hilfe der Tabellenfunktion SPALTEN können Sie die Anzahl der Spalten einer Matrix ermitteln. Ein Matrixbereich ist ein rechteckiger Bereich aus Zellen, die auf einer gemeinsamen Formel basieren; eine Matrixkonstante ist eine Gruppe von Konstanten, die als Argument verwendet wird.

Argumente	Inhalte
Bezug	Ist erforderlich; geben Sie im Argument Bezug die Zelle oder den Zellenbereich an, deren bzw. dessen Spaltennummer Sie ermitteln möchten.

Tabelle 11.14 Das Argument der Funktion SPALTE

Deutsch:	SPALTEN
Syntax:	**=SPALTEN(Matrix)**
Englisch:	COLUMNS
Syntax:	**=COLUMNS(array)**

Argumente	Inhalte
Matrix	Ist erforderlich; im Argument Matrix wird eine Matrix, eine Matrixformel oder ein Bezug auf einen Zellenbereich angegeben, deren bzw. dessen Spaltenanzahl Sie ermitteln möchten.

Tabelle 11.15 Das Argument der Funktion SPALTEN

11.10.1 Werte ausdünnen

Nur bestimmte Werte verarbeiten

In der folgenden Aufgabe soll eine Liste mit sehr vielen Werten ein wenig ausgedünnt werden. In Abbildung 11.63 soll aus den Zeilen 5–7 nur jeder dritte Wert weiterverarbeitet werden.

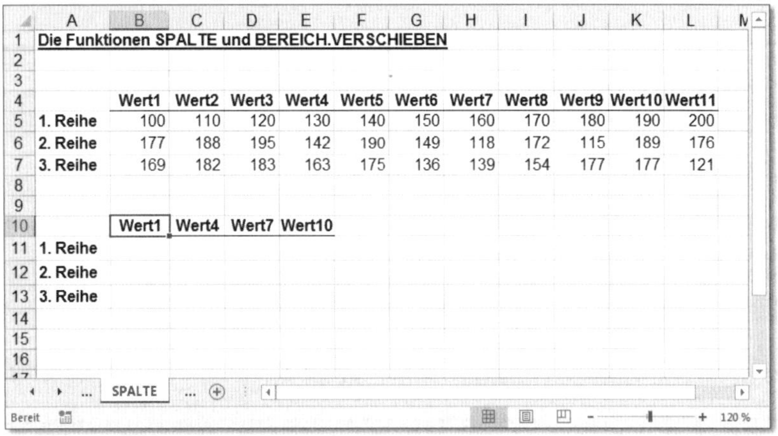

	A	B	C	D	E	F	G	H	I	J	K	L
1	Die Funktionen SPALTE und BEREICH.VERSCHIEBEN											
2												
3												
4		Wert1	Wert2	Wert3	Wert4	Wert5	Wert6	Wert7	Wert8	Wert9	Wert10	Wert11
5	1. Reihe	100	110	120	130	140	150	160	170	180	190	200
6	2. Reihe	177	188	195	142	190	149	118	172	115	189	176
7	3. Reihe	169	182	183	163	175	136	139	154	177	177	121
8												
9												
10		Wert1	Wert4	Wert7	Wert10							
11	1. Reihe											
12	2. Reihe											
13	3. Reihe											

Abbildung 11.63 Diese Liste soll ausgedünnt werden.

Um diese Aufgabe zu lösen, verfahren Sie wie folgt:

1. Markieren Sie den Zellenbereich B11:E13.
2. Erfassen Sie die Formel **=BEREICH.VERSCHIEBEN($B5;0;(SPALTE()-2)*3)**.
3. Schließen Sie die Eingabe über die Tastenkombination [Strg] + [↵] ab.

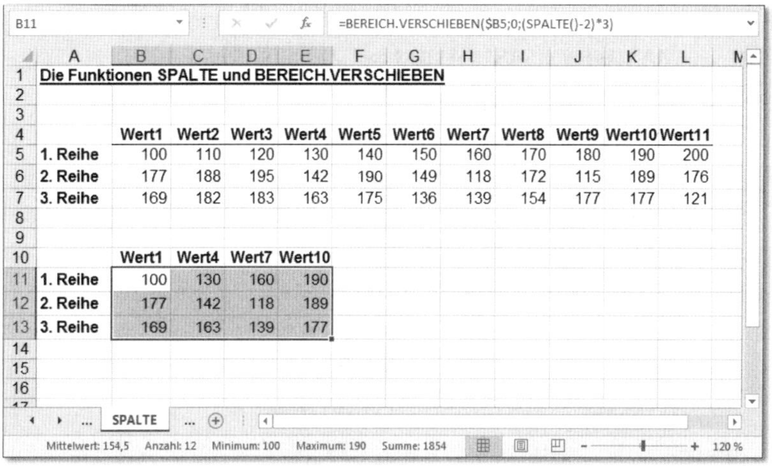

	A	B	C	D	E	F	G	H	I	J	K	L
1	**Die Funktionen SPALTE und BEREICH.VERSCHIEBEN**											
2												
3												
4		**Wert1**	**Wert2**	**Wert3**	**Wert4**	**Wert5**	**Wert6**	**Wert7**	**Wert8**	**Wert9**	**Wert10**	**Wert11**
5	**1. Reihe**	100	110	120	130	140	150	160	170	180	190	200
6	**2. Reihe**	177	188	195	142	190	149	118	172	115	189	176
7	**3. Reihe**	169	182	183	163	175	136	139	154	177	177	121
8												
9												
10		**Wert1**	**Wert4**	**Wert7**	**Wert10**							
11	**1. Reihe**	100	130	160	190							
12	**2. Reihe**	177	142	118	189							
13	**3. Reihe**	169	163	139	177							

Abbildung 11.64 Nur jeder dritte Wert aus den Reihen 5–7 wurde extrahiert.

Der Verschiebeprozess beginnt für die Zeile 11 bei Zelle B5 (siehe Abbildung 11.64). Über die Tabellenfunktion SPALTE wird die momentan aktive Spalte (hier Zelle B11 = Spalte 2) zurückgegeben. Über eine anschließende Subtraktion bzw. Multiplikation wird die richtige Schrittweite eingestellt. So werden in diesem Beispiel jeweils immer nur die dritten Werte einer Reihe ausgegeben.

11.10.2 Die Adresse der letzten belegten Zelle einer Spalte ermitteln

Bestimmte Koordinaten abfragen

Bei der folgenden Aufgabe kommen gleich mehrere Tabellenfunktionen gemeinsam zum Einsatz. Dabei soll die Zelladresse der letzten gefüllten Zelle in Spalte A ermittelt werden. Sehen Sie sich dazu einmal Abbildung 11.65 an.

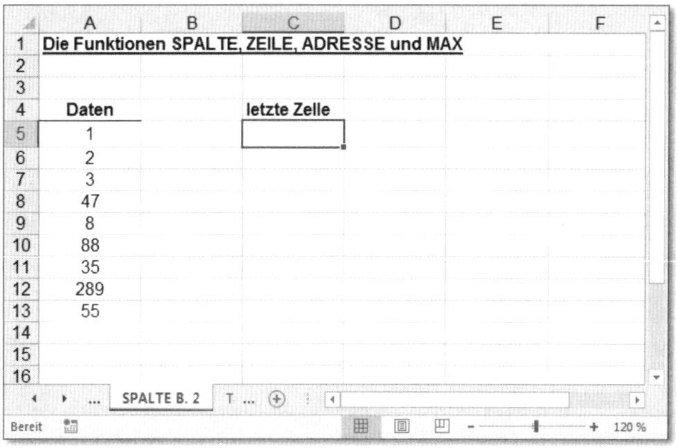

	A	B	C
1	**Die Funktionen SPALTE, ZEILE, ADRESSE und MAX**		
2			
3			
4	**Daten**		**letzte Zelle**
5	1		
6	2		
7	3		
8	47		
9	8		
10	88		
11	35		
12	289		
13	55		

Abbildung 11.65 Die Adresse der letzten Zelle soll ermittelt werden.

Matrixformel erfassen

Um diese Aufgabe zu lösen, geben Sie in Zelle C5 die Formel

**=ADRESSE(MAX(WENN($A$5:$A$100<>"";ZEILE($A$5:$A$100)));
SPALTE($A$5:$A$100);4)**

ein und bestätigen diese Matrixformel, indem Sie die Tastenkombination [Strg] + [⇧] + [↵] drücken. Nachdem die Matrixformel eingegeben wurde, wird die zuletzt benutzte Zelle im Bereich A5:A100 gefunden und deren Adresse ausgegeben (siehe Abbildung 11.66).

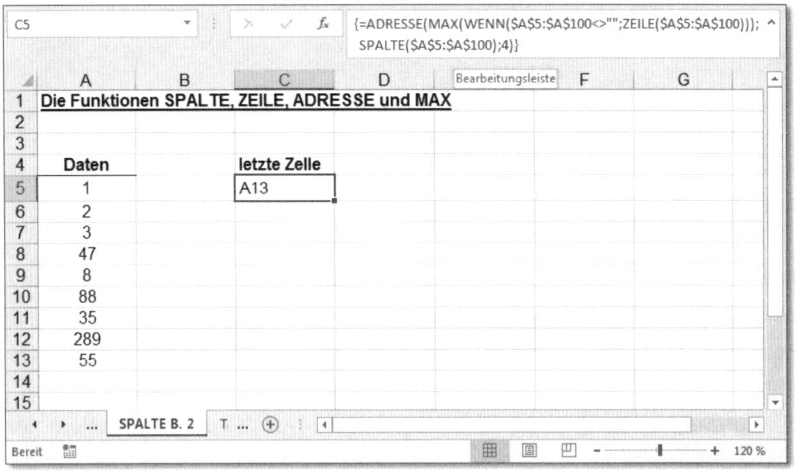

Abbildung 11.66 Die Adresse der letzten gefüllten Zelle wurde ermittelt.

11.11 Die Tabellenfunktionen ZEILE und ZEILEN

Deutsch:	ZEILE
Syntax:	**=ZEILE(Bezug)**
Englisch:	ROW
Syntax:	**=ROW(reference)**

Zeilennummer abfragen

Mit Hilfe der Tabellenfunktion ZEILE können Sie die Zeilennummer eines Bezugs ermitteln.

Anzahl Zeilen zählen

Mit Hilfe der Tabellenfunktion ZEILEN können Sie die Anzahl der Zeilen in einem Bezug oder einer Matrix ermitteln.

Argumente	Inhalte
Bezug	Ist erforderlich; im Argument Bezug wird die Zelle oder der Zellenbereich angegeben, deren bzw. dessen Zeilennummer Sie ermitteln möchten.

Tabelle 11.16 Das Argument der Funktion ZEILE

Deutsch:	ZEILEN
Syntax:	**=ZEILEN(Matrix)**
Englisch:	ROWS
Syntax:	**=ROWS(array)**

Argumente	Inhalte
Matrix	Ist erforderlich; im Argument Matrix wird eine Matrix, eine Matrixformel oder ein Bezug auf einen Zellenbereich angegeben, deren bzw. dessen Zeilenanzahl Sie abfragen möchten.

Tabelle 11.17 Das Argument der Funktion ZEILEN

11.11.1 Den letzten Wert einer Zeile finden

Letzte Eingabe in Zeile ermitteln

In der folgenden Aufgabe liegen in einer Tabelle einige Zeilen mit Daten vor. Diese Zeilen sind jedoch nicht gleichmäßig gefüllt. Sehen Sie sich zur besseren Verständlichkeit Abbildung 11.67 an.

Ihre Aufgabe besteht nun darin, den jeweils letzten Wert einer Zeile zu ermitteln. Dabei verfahren Sie wie folgt:

1. Markieren Sie den Zellenbereich E5:E12.
2. Erfassen Sie die Formel:
   =INDIREKT(ADRESSE(ZEILE();ANZAHL(A5:C5)))
3. Schließen Sie die Eingabe der Formel ab, indem Sie die Tastenkombination [Strg] + [↵] drücken.

Das Ergebnis sehen Sie in Abbildung 11.68.

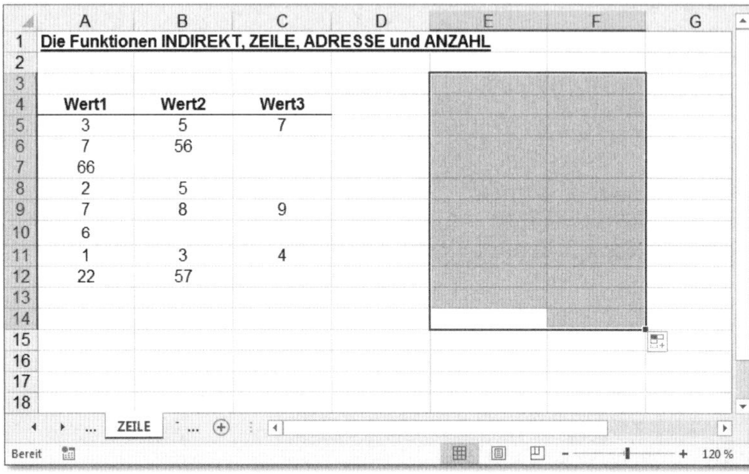

Abbildung 11.67 Die Zeilen sind ungleichmäßig gefüllt.

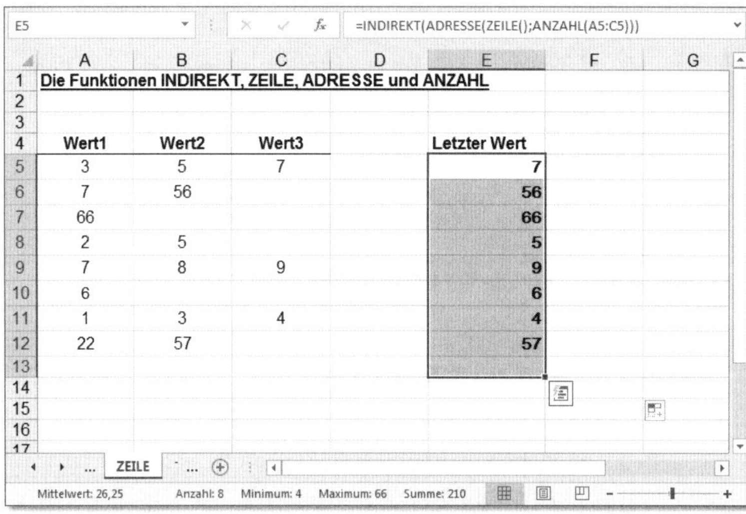

Abbildung 11.68 Die letzten Werte einer Zeile wurden ermittelt.

Möchten Sie jetzt noch wissen, wie die Zelladressen dieser Zellen lauten, dann befolgen Sie die nächsten Arbeitsschritte:

1. Markieren Sie den Zellenbereich F5:F12.
2. Erfassen Sie die Formel **=ADRESSE(ZEILE();ANZAHL(A5:C5))**.
3. Schließen Sie die Eingabe der Formel ab, indem Sie die Tastenkombination [Strg] + [↵] drücken.

Abbildung 11.69 zeigt das Ergebnis.

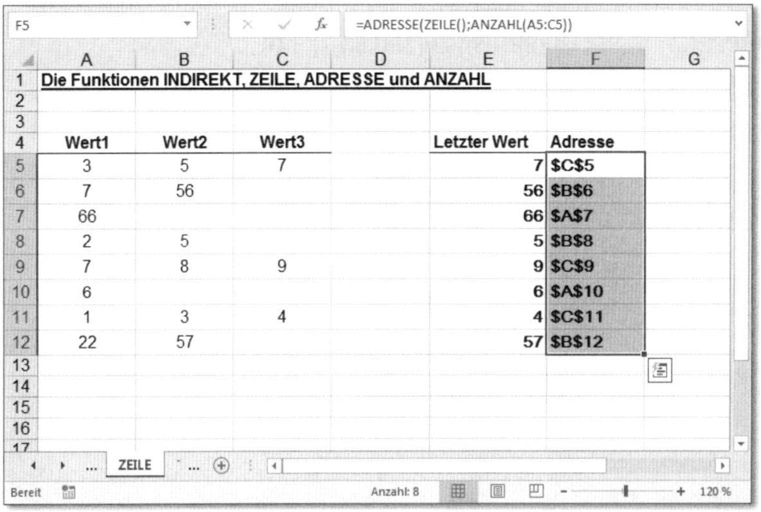

F5 =ADRESSE(ZEILE();ANZAHL(A5:C5))

	A	B	C	D	E	F
1	Die Funktionen INDIREKT, ZEILE, ADRESSE und ANZAHL					
2						
3						
4	Wert1	Wert2	Wert3		Letzter Wert	Adresse
5	3	5	7		7	$C$5
6	7	56			56	$B$6
7	66				66	$A$7
8	2	5			5	$B$8
9	7	8	9		9	$C$9
10	6				6	$A$10
11	1	3	4		4	$C$11
12	22	57			57	$B$12

Abbildung 11.69 Die Adressen der letzten Zellen wurde ermittelt.

11.11.2 Datenreihen ausdünnen

Messdaten verringern

In der folgenden Aufgabe sind in Spalte A eine ganze Menge an Messdaten eingegeben worden. Diese Messdaten sollen ausgedünnt werden. Sehen Sie sich dazu einmal Abbildung 11.70 an.

	A	B	C
1	Daten		nur jede dritte Zeile
2	10		
3	15		
4	20		
5	25		
6	30		
7	35		
8	40		
9	45		
10	50		
11	55		
12	60		
13	65		
14	70		
15	75		
16	80		
17	85		

Abbildung 11.70 Diese Liste soll ausgedünnt werden.

Extrahieren Sie nun aus Spalte A nur jeden dritten Eintrag. Verfahren Sie dabei wie folgt:

1. Erfassen Sie in Zelle C2 die Formel:
   =BEREICH.VERSCHIEBEN($A$2;(ZEILE()-2)*3;0)
2. Bestätigen Sie die Eingabe mit [↵].
3. Ziehen Sie das Ausfüllkästchen nach unten bis in Zelle C7.

Nun wird nur noch jedes dritte Ergebnis angezeigt (siehe Abbildung 11.71).

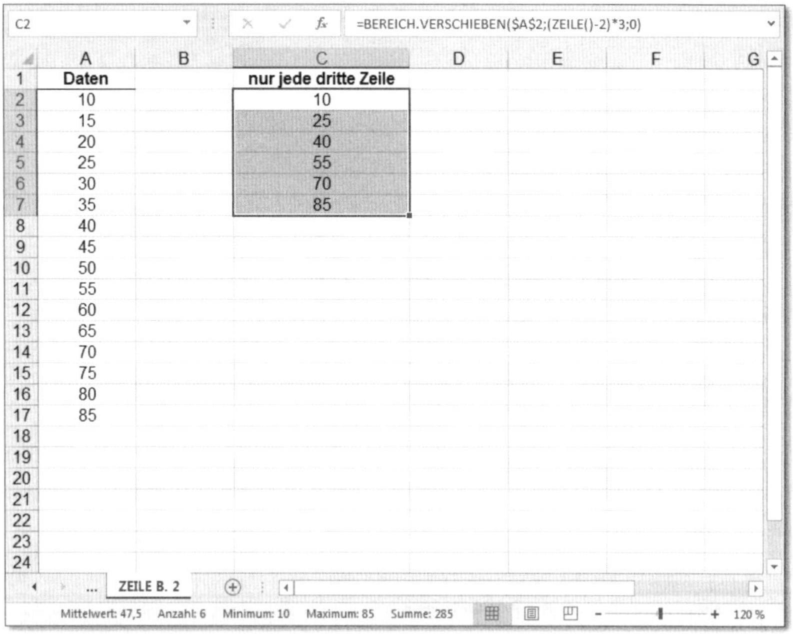

Abbildung 11.71 Jede dritte Zelle wurde aus der Spalte A extrahiert.

11.12 Die Tabellenfunktion WAHL

Deutsch:	WAHL
Syntax:	**=WAHL(Index;Wert1;Wert2;...)**
Englisch:	CHOOSE
Syntax:	**=CHOOSE(index,value1,value2,...)**

Text einer Zahl zuweisen

Mit Hilfe der Tabellenfunktion WAHL können Sie einen Index verwenden, um einen Wert aus der Liste der Werteargumente zurückzugeben.

Argumente	Inhalte
Index	Ist erforderlich; gibt an, welches Werteargument ausgewählt ist. Das Argument Index muss eine Zahl zwischen 1 und 254 oder eine Formel oder ein Bezug auf eine Zelle sein, die eine Zahl zwischen 1 und 254 enthält.
Wert1; Wert2	Ist erforderlich; 1 bis 254 Werteargumente, aus denen die Funktion WAHL einen Wert oder eine Aktion auf der Grundlage des Arguments Index auswählt. Die Argumente können Zahlen, Zellbezüge, definierte Namen, Formeln, Funktionen oder Text sein.

Tabelle 11.18 Die Argumente der Funktion WAHL

11.12.1 Prozentualen Aufschlag blitzschnell anwenden

Wie lautet der Endpreis?

Bei der folgenden Aufgabe liegt eine Tabelle vor, wie in Abbildung 11.72 gezeigt.

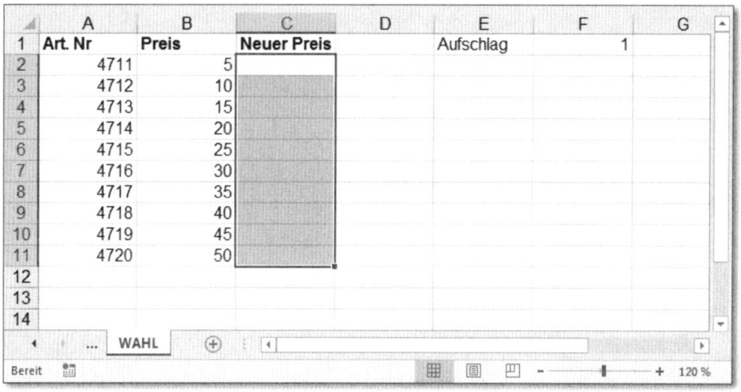

	A	B	C	D	E	F	G
1	Art. Nr	Preis	Neuer Preis		Aufschlag	1	
2	4711	5					
3	4712	10					
4	4713	15					
5	4714	20					
6	4715	25					
7	4716	30					
8	4717	35					
9	4718	40					
10	4719	45					
11	4720	50					
12							
13							
14							

Abbildung 11.72 Diese Preise sollen auf die Schnelle variabel erhöht werden.

Für diese Aufgabenstellung sollen über die Eingabe einer Zahl zwischen 1 und 4 die folgenden Prozentsätze für den Aufschlag angewendet werden:

1 = 5 %

2 = 10 %

3 = 15 %

4 = 20 %

Befolgen Sie die nächsten Arbeitsschritte:

1. Erfassen Sie in Zelle F1 eine Zahl zwischen 1 und 4.
2. Markieren Sie den Zellenbereich C2:C11.
3. Erfassen Sie die Formel **=B2+B2*WAHL($F$1;5%;10%;15%;20%)**.
4. Schließen Sie die Formel über die Tastenkombination [Strg] + [↵] ab.

In Abbildung 11.73 sehen Sie den jeweils neuen Preis.

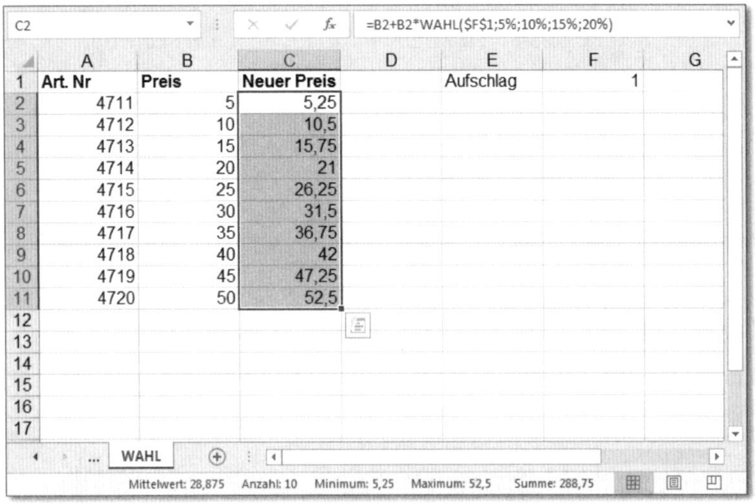

Abbildung 11.73 Der prozentuale Aufschlag ist von Zelle F1 anhängig.

Kapitel 12

Funktionen für die Informationsgewinnung

Lernen Sie in diesem Kapitel die wichtigsten Funktionen der Rubrik Informationen kennen.

Deutsch	Englisch	ab Version	Grundwissen
INFO	INFO	2003	X
FEHLER.TYP	ERROR.TYPE	2003	X
ISTLEER	ISEMPTY	2003	X
ISTFEHL	ISERR	2003	X
ISTFEHLER	ISERROR	2003	X
ISTLOG	ISLOGICAL	2003	X
ISTNV	ISNA	2003	X
ISTKTEXT	ISNONTEXT	2003	X
ISTZAHL	ISNUMBER	2003	X
ISTBEZUG	ISREF	2003	X
ISTTEXT	ISTEXT	2003	X
ISTFORMEL	ISFORMULA	2013	X
TYP	TYPE	2003	X
ZELLE	CELL	2003	X
N	N	2003	X

Tabelle 12.1 Übersicht der Funktionen für die Informationsgewinnung

Zu den Informationsfunktionen zählen unter anderem Tabellenfunktionen, mit denen Sie Zellenformatierungen und Zellbezüge, Eingaben und mehr überprüfen können.

12.1 Die Tabellenfunktion INFO

Deutsch:	INFO
Syntax:	**=INFO(Typ)**
Englisch:	INFO
Syntax:	**=INFO(Type)**

Mit Hilfe der Tabellenfunktion INFO können Sie Informationen zur aktuellen Systemumgebung abfragen.

Systemumgebung abfragen

Argumente	Inhalte
Typ	Ist erforderlich; im Argument Typ wird ein Text angegeben, der bestimmt, welche Art von Informationen Sie erhalten möchten. Entnehmen Sie aus Tabelle 12.3 die dabei verfügbaren Texte.

Tabelle 12.2 Das Argument der Funktion INFO

Als Typ stehen Ihnen die in Tabelle 12.3 genannten Konstanten zur Verfügung.

Typ	Bedeutung
"Dateienzahl"	Anzahl aktiver Arbeitsblätter in den geöffneten Arbeitsmappen
"System"	Der Name des Betriebssystems: Macintosh = mac Windows = pcdos
"Sysversion"	Version des aktuellen Betriebssystems als Text

Tabelle 12.3 Die verfügbaren Konstanten des Arguments Typ

Typ	Bedeutung
"Ursprung"	Absoluter Bezug als Text in der A1-Schreibweise mit dem Präfix "$A:", letzteres dient dazu, Kompatibilität zu Lotus 1-2-3, Version 3.x, zu gewährleisten. Gibt den Bezug der sichtbaren obersten linken Zelle im aktuellen Fensterbereich zurück.
"Version"	die Version von Microsoft Excel als Text
"Verzeichnis"	der Pfad des aktuellen Verzeichnisses oder Ordners

Tabelle 12.3 Die verfügbaren Konstanten des Arguments Typ (Forts.)

In Abbildung 12.1 sehen Sie die Ergebnisse aller INFO-Funktionen.

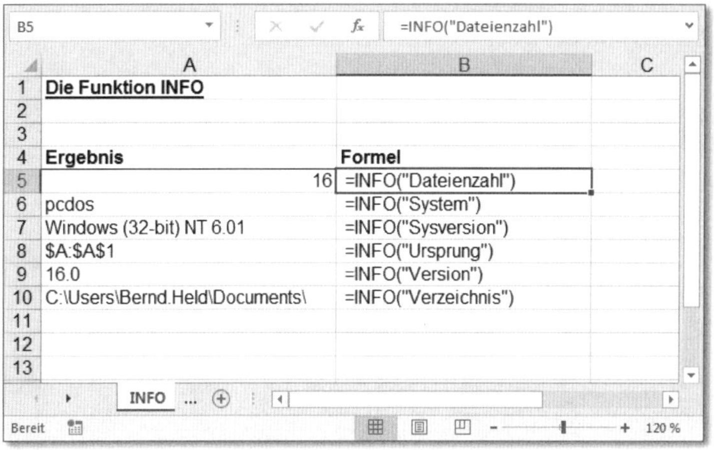

Abbildung 12.1 Die Ergebnisse der INFO-Formeln

12.2 Die Tabellenfunktion FEHLER.TYP

Deutsch:	FEHLER.TYP
Syntax:	**=FEHLER.TYP(Fehlerwert)**
Englisch:	ERROR.TYPE
Syntax:	**=ERROR.TYPE(errorvalue)**

Mit Hilfe der Tabellenfunktion FEHLER.TYP können Sie eine Zahl zurückgeben, die einem der Fehlerwerte in Microsoft Excel entspricht, oder den

Fehlerwert #NV, wenn kein Fehler vorhanden ist. Sie können diese Funktion in einer WENN-Funktion verwenden, um einen Fehlerwert zu ermitteln und eine Zeichenfolge, beispielsweise eine Meldung, anstelle des Fehlerwertes zurückzugeben.

Fehler abfangen

Argumente	Inhalte
Fehlerwert	Ist erforderlich; im Argument Fehlerwert wird der Fehlerwert angegeben, dessen Kennnummer Sie finden möchten. Üblicherweise besteht das Argument Fehlerwert, an dessen Stelle auch die definierten Fehlerwerte angegeben werden können (siehe Tabelle 12.5), aus einem Bezug auf eine Zelle mit einer Formel, die Sie prüfen möchten.

Tabelle 12.4 Das Argument der Funktion FEHLER.TYP

Fehlerwert	Rückgabe von FEHLER.TYP
#NULL!	1
#DIV/0!	2
#WERT!	3
#BEZUG!	4
#NAME?	5
#ZAHL!	6
#NV	7
#GETTING_DATA	8

Tabelle 12.5 Die verfügbaren Fehlertypen

12.2.1 Fehlermeldungen verschwinden lassen

Fehlerwerte unterdrücken

Wenn Sie in Excel versuchen, einen Wert durch die Zahl 0 zu teilen, meldet Excel dabei einen Fehlerwert #DIV/0 zurück. Diese Meldung soll in der nächsten Aufgabe in Excel versteckt werden. Sehen Sie sich zunächst einmal Abbildung 12.2 an.

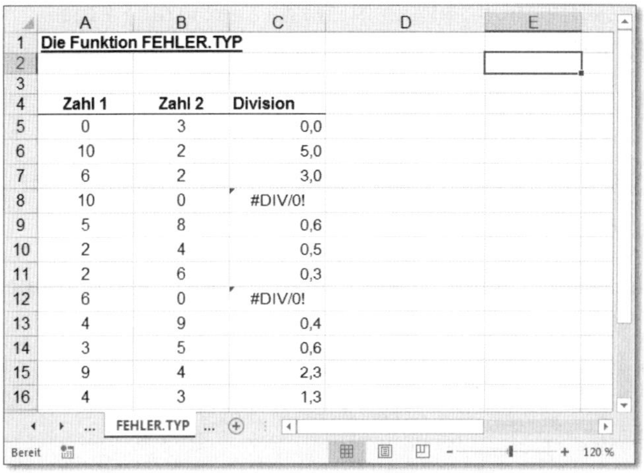

Abbildung 12.2 Einige Meldungen, die stören

Um jetzt die störenden Fehlermeldungen zu entfernen, wenden Sie die bedingte Formatierung von Excel an, indem Sie die nächsten Arbeitsschritte befolgen:

Bedingtes Format anwenden

1. Markieren Sie den Zellenbereich C5:C16.
2. Klicken Sie im Menüband START auf das Symbol BEDINGTE FORMATIERUNG.
3. Wählen Sie danach den Befehl NEUE REGEL.
4. Klicken Sie im Dialog NEUE FORMATIERUNGSREGEL auf den Eintrag FORMEL ZUR ERMITTLUNG DER ZU FORMATIERENDEN ZELLEN VERWENDEN (siehe Abbildung 12.3).

Abbildung 12.3 Eine Formel zur Fehlerbekämpfung einsetzen

5. Im Feld REGELBESCHREIBUNG BEARBEITEN erfassen Sie die Formel: **=FEHLER.TYP(C5)=2**
6. Klicken Sie auf die Schaltfläche FORMATIEREN.
7. Wechseln Sie auf die Registerkarte SCHRIFT.
8. Wählen Sie die Schriftfarbe WEISS aus dem Kombinationsfeld FARBE.
9. Bestätigen Sie zweimal mit OK.

Wie Sie in Abbildung 12.4 sehen, sind die Fehlerwerte auf wundersame Weise verschwunden.

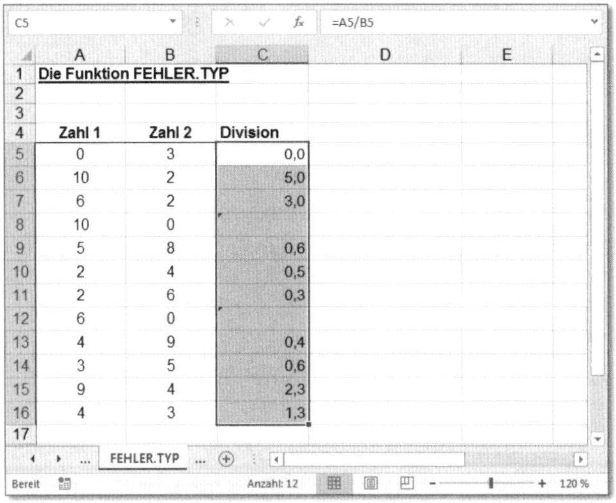

	A	B	C
1	Die Funktion FEHLER.TYP		
2			
3			
4	Zahl 1	Zahl 2	Division
5	0	3	0,0
6	10	2	5,0
7	6	2	3,0
8	10	0	
9	5	8	0,6
10	2	4	0,5
11	2	6	0,3
12	6	0	
13	4	9	0,4
14	3	5	0,6
15	9	4	2,3
16	4	3	1,3
17			

Abbildung 12.4 Alle »Fehlerzellen« werden »ausgebleicht«.

12.3 Die IST-Tabellenfunktionen

Deutsch:	=ISTLEER
	=ISTFEHL
	=ISTFEHLER
	=ISTLOG
	=ISTNV
	=ISTKTEXT
	=ISTZAHL
	=ISTBEZUG
	=ISTTEXT
	=ISTFORMEL

Syntax:	**=IST-Funktion(Wert)**
Englisch:	ISEMPTY
	ISERR
	ISERROR
	ISLOGICAL
	ISNA
	ISNONTEXT
	ISNUMBER
	ISREF
	ISTEXT
	ISFORMULA
Syntax:	**=IS-Function(value)**

IST-Funktionen

In Excel stehen Ihnen neun Tabellenfunktionen zur Verfügung, die zum Testen des Typs eines Wertes oder eines Bezugs verwendet werden. Jede dieser Funktionen, die zusammen als IST-Funktionen bezeichnet werden, überprüft den Typ eines Wertes und gibt je nach Ergebnis WAHR oder FALSCH zurück.

Argumente	Inhalte
Wert	Ist erforderlich; im Argument wird der Wert angegeben, der geprüft werden soll. Wert kann eine leere Zelle, ein Fehlerwert, ein logischer Wert, Text, eine Zahl, ein Bezugswert oder ein Name sein, der sich auf eine dieser Möglichkeiten bezieht, die Sie prüfen möchten.

Tabelle 12.6 Das Argument der IST-Funktionen

Kurzbeschreibung

IST-Funktion	Kurzbeschreibung
ISTBEZUG	Wert bezieht sich auf einen Bezug.
ISTFEHL	Wert bezieht sich auf einen Fehlerwert mit Ausnahme von #NV.

Tabelle 12.7 Die verfügbaren IST-Funktionen

IST-Funktion	Kurzbeschreibung
ISTFEHLER	Wert bezieht sich auf einen beliebigen Fehlerwert (#NV, #WERT!, #BEZUG!, #DIV/0!, #ZAHL!, #NAME? oder #NULL!).
ISTKTEXT	Wert bezieht sich auf ein Element, das kein Text ist. (Beachten Sie, dass diese Funktion WAHR zurückgibt, wenn sich Wert auf eine leere Zelle bezieht.)
ISTLEER	Wert bezieht sich auf eine leere Zelle.
ISTLOG	Wert bezieht sich auf einen logischen Wert.
ISTNV	Wert bezieht sich auf den Fehlerwert #NV (Wert nicht verfügbar).
ISTTEXT	Wert bezieht sich auf Text.
ISTZAHL	Wert bezieht sich auf eine Zahl.
ISTFORMEL	Wert bezieht sich auf eine Formel.

Tabelle 12.7 Die verfügbaren IST-Funktionen (Forts.)

12.3.1 Nulldivisionen nicht anzeigen

In der vorherigen Aufgabe wurden Divisionen durch 0 über die bedingte Formatierung von Excel unsichtbar gemacht. Eine ähnliche Lösung können Sie über den Einsatz der Tabellenfunktion ISTFEHLER erreichen. Dabei wird vorher überprüft, ob eine Division durchgeführt werden kann. Wenn nicht, wird stattdessen ein Leerzeichen als Ergebnis in die Zelle eingefügt.

Division/0 unterdrücken

Gehen Sie wie folgt vor:

1. Markieren Sie den Zellenbereich C9:C20.
2. Erfassen Sie dann die Formel =**WENN(ISTFEHLER(A9/B9);"";A9/B9)**.
3. Schließen Sie die Formel mit der Tastenkombination [Strg] + [↵] ab.

Abbildung 12.5 zeigt die elegante Lösung, wenn Sie unliebsame Fehlerwerte vermeiden wollen.

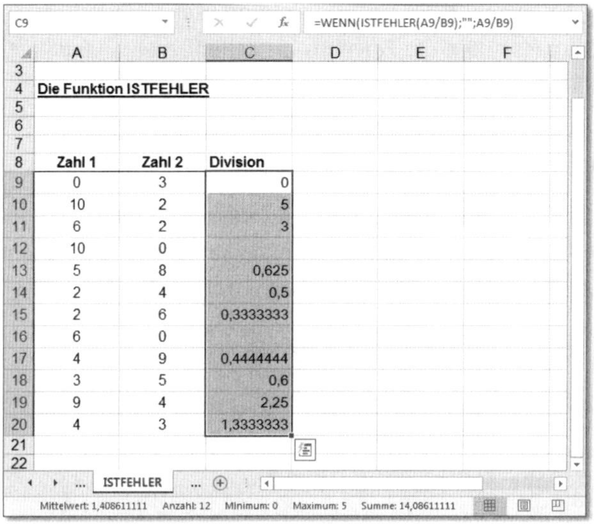
C9 =WENN(ISTFEHLER(A9/B9);"";A9/B9)

Die Funktion ISTFEHLER

Zahl 1	Zahl 2	Division
0	3	0
10	2	5
6	2	3
10	0	
5	8	0,625
2	4	0,5
2	6	0,3333333
6	0	
4	9	0,4444444
3	5	0,6
9	4	2,25
4	3	1,3333333

ISTFEHLER

Mittelwert: 1,408611111 Anzahl: 12 Minimum: 0 Maximum: 5 Summe: 14,08611111

Abbildung 12.5 Fehlerhafte Divisionen werden erst gar nicht zugelassen.

12.3.2 Die Fehlermeldung #NV sprechender machen

Fehlermeldungen umswitchen

Im folgenden Beispiel aus Abbildung 12.6 werden mit Hilfe der Tabellenfunktion SVERWEIS über die Eingabe einer Artikel-Nr. alle dazugehörigen Daten einer Liste ermittelt. Dabei muss aber die korrekte Artikelnummer eingegeben werden, im anderen Fall wird die Fehlermeldung #NV zurückgegeben.

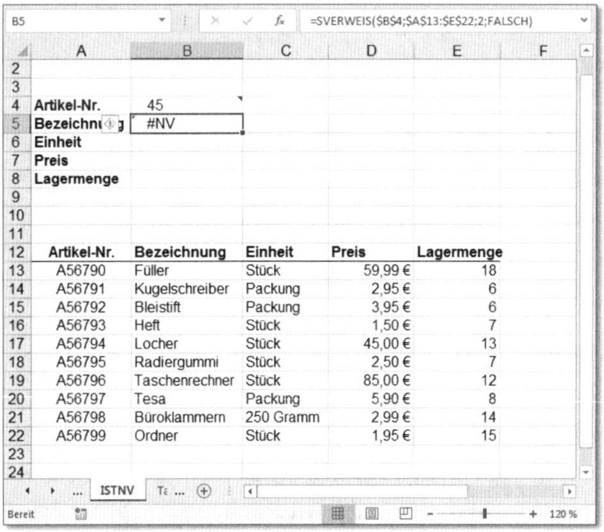
B5 =SVERWEIS($B$4;$A$13:$E$22;2;FALSCH)

Artikel-Nr.	45
Bezeichnung	#NV
Einheit	
Preis	
Lagermenge	

Artikel-Nr.	Bezeichnung	Einheit	Preis	Lagermenge
A56790	Füller	Stück	59,99 €	18
A56791	Kugelschreiber	Packung	2,95 €	6
A56792	Bleistift	Packung	3,95 €	6
A56793	Heft	Stück	1,50 €	7
A56794	Locher	Stück	45,00 €	13
A56795	Radiergummi	Stück	2,50 €	7
A56796	Taschenrechner	Stück	85,00 €	12
A56797	Tesa	Packung	5,90 €	8
A56798	Büroklammern	250 Gramm	2,99 €	14
A56799	Ordner	Stück	1,95 €	15

ISTNV

Bereit 120 %

Abbildung 12.6 Werden keine Daten gefunden, erscheint die Fehlermeldung #NV.

Um die etwas kurze Fehlermeldung #NV durch eine mehr sagende Meldung auszutauschen, passen Sie die Formeln im Zellenbereich B5:B8 an. Erfassen Sie in Zelle B5 die Formel:

=WENN(ISTFEHLER(SVERWEIS($B$4;$A$13:$E$22;2;FALSCH));"Keine Suchergebnisse";SVERWEIS($B$4;$A$13:$E$22;2;FALSCH))

Ziehen Sie das Ausfüllkästchen nach unten und passen Sie jeweils den Spaltenindex an. Geben Sie danach einmal eine Artikel-Nr. ein, die in der darunterliegenden Liste nicht existiert (siehe Abbildung 12.7).

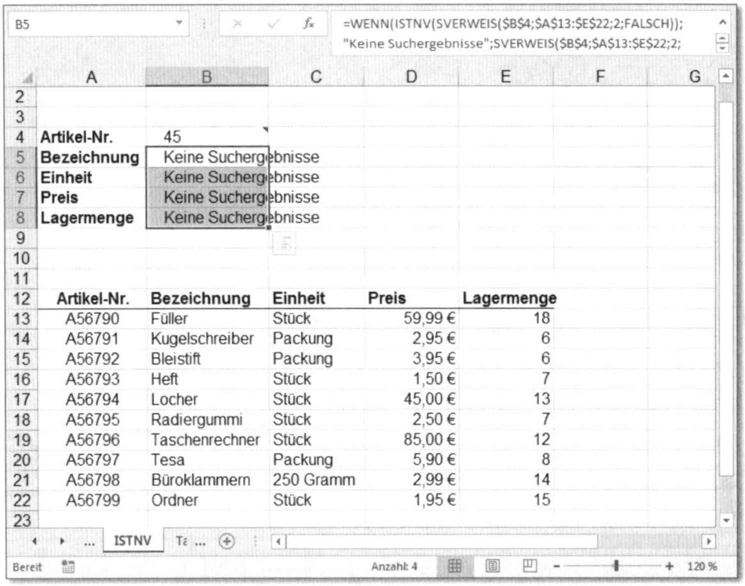

Abbildung 12.7 Diese Meldung sagt mehr aus.

Auch die Tabellenfunktion ISTNV kann zu diesem Zweck eingesetzt werden. Die dafür notwendige Formel lautet:

=WENN(ISTNV(SVERWEIS($B$4;$A$13:$E$22;2;FALSCH));"Keine Suchergebnisse";SVERWEIS($B$4;$A$13:$E$22;2;FALSCH))

12.3.3 Namen überprüfen

Benannte Bereiche prüfen

In Excel haben Sie die Möglichkeit, einzelne Zellen und Bereiche mit Namen zu benennen. Dies macht viele Tabellen leichter verständlich. Mit Hilfe der Tabellenfunktion ISTBEZUG können Sie dabei prüfen, ob ein bestimmter Name in einer Tabelle verwendet wird. Sehen Sie sich zunächst einmal Abbildung 12.8 an.

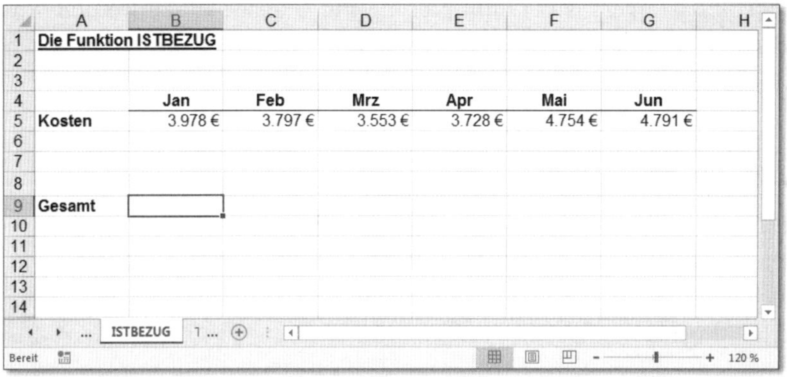

Abbildung 12.8 Eine Halbjahres-Kostentabelle

Markieren Sie jetzt den Zellenbereich B5:G5, und geben Sie diesem Bereich den Namen KOSTEN. Dazu schreiben Sie diesen Namen direkt in das Namensfeld, links oben und bestätigen mit [↵].

Die Aufgabe besteht jetzt darin, den Bereich KOSTEN zu summieren. Dabei soll jedoch vorher geprüft werden, ob es den Namen KOSTEN überhaupt in der Arbeitsmappe gibt. Erfassen Sie zu diesem Zweck in Zelle B9 die Formel:

=WENN(ISTBEZUG(Kosten);SUMME(Kosten);0)

Bestätigen Sie Ihre Eingabe mit [↵].

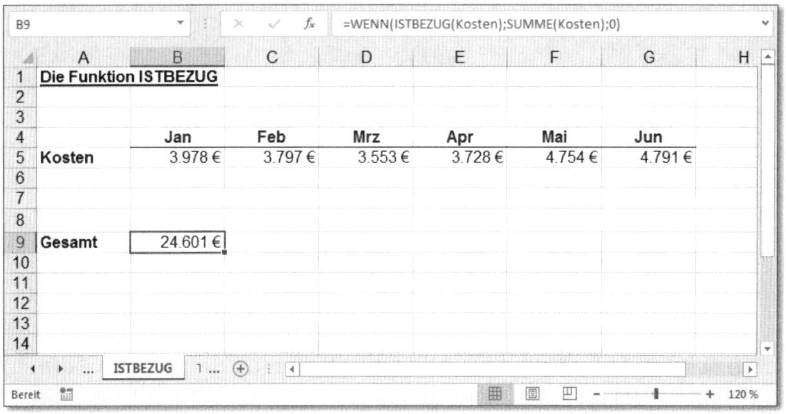

Abbildung 12.9 Vor der Summierung erfolgt eine Namensprüfung.

Über die Tabellenfunktion WENN führen Sie eine Abfrage durch (siehe Abbildung 12.9). Dabei gibt die Funktion ISTBEZUG den Wert FALSCH zurück, wenn es den Namen KOSTEN in der Arbeitsmappe nicht gibt. In diesem

Fall soll das Ergebnis der Summierung mit 0 ausgewiesen werden. Andernfalls kann der Name einem Zellbezug zugeordnet werden. Danach wird der Bereich mit Hilfe der Tabellenfunktion SUMME summiert.

12.3.4 Texte aufspüren

Fehlerhafte Importergebnisse aufspüren

Nach einem Datenimport in Excel wurden einige Zellen als Text interpretiert. Rein äußerlich sieht man es diesen als Text verkleideten Zahlen jedoch nicht an. Vergleichen Sie die beiden Summen-Zellen A20 und D20 in Abbildung 12.10.

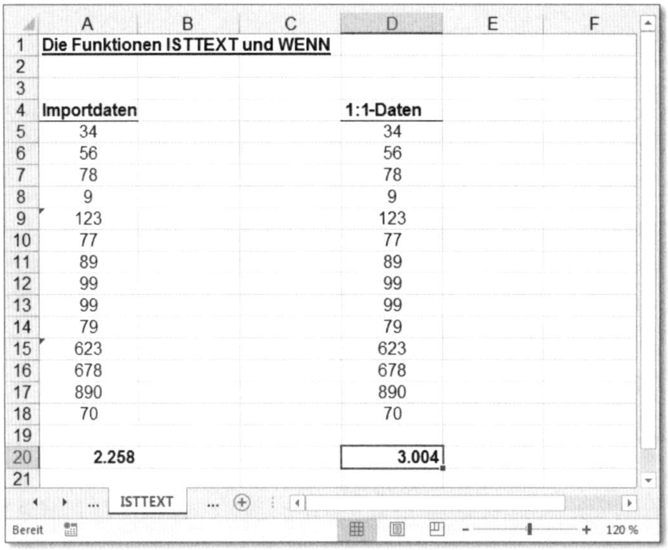

Abbildung 12.10 Die Summe der importierten Daten stimmt nicht.

In Spalte A werden einige Zahlenwerte leider nicht richtig als Zahl erkannt. In den neueren Excel-Versionen werden diese Zellen in bestimmten Fällen mit einem grünen Dreieck in der linken oberen Ecke der Zelle gekennzeichnet. Ihre Aufgabe besteht jetzt darin, die Werte aus Spalte A so umzuwandeln, dass alle Werte auch als Zahlen erkannt werden können. Dabei führen Sie zunächst eine Prüfung mit Hilfe der Tabellenfunktion ISTTEXT durch, indem Sie wie folgt vorgehen:

1. Markieren Sie den Zellenbereich B5:B18.
2. Erfassen Sie die Formel **=WENN(ISTTEXT(A5);"TEXTWERT";A5)**.
3. Schließen Sie die Formel über die Tastenkombination [Strg] + [↵] ab.

In Abbildung 12.11 wurden die »unechten« Zahlen entlarvt.

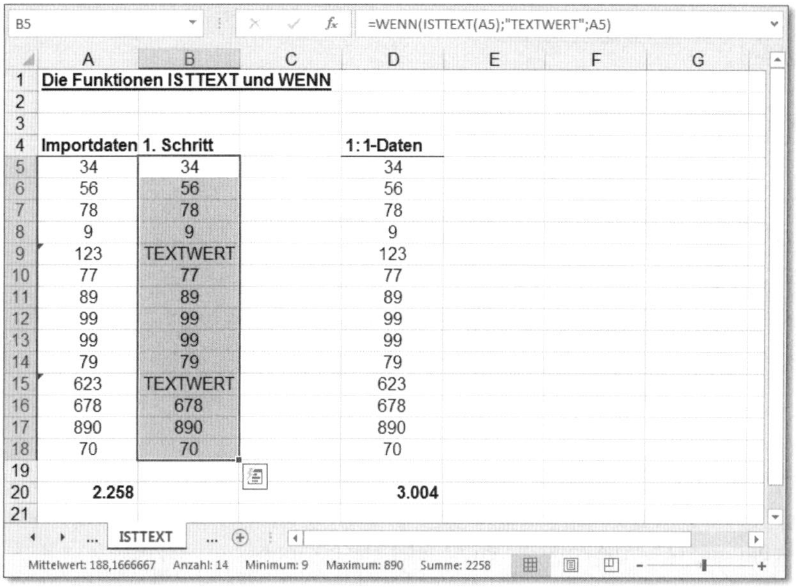

Abbildung 12.11 Die Zellen, die Texte enthalten, können identifiziert werden.

Im nächsten Schritt werden die von Excel nicht erkannten Zellen umgewandelt. Dabei können Sie Excel überlisten, indem Sie der Anwendung mitteilen, dass es sich bei den nicht erkannten Zellen tatsächlich um Zahlenwerte handeln soll. Um Excel diese Nachricht zu übermitteln, multiplizieren Sie einfach jede Zelle mit dem Wert 1. Dadurch wird Excel gezwungen, noch einmal über die Zahlenerkennung nachzudenken. Möglich wäre auch, die Zellen mit dem Wert 0 zu addieren. In beiden Fällen werden die Werte in den Zellen wertmäßig nicht verändert. Gehen Sie jetzt wie folgt vor:

Zahlenwerte richtig erkennen

1. Markieren Sie den Datenbereich C5:C18.
2. Erfassen Sie die Formel **=WENN(ISTTEXT(A5);A5*1;A5)**.
3. Schließen Sie die Formel über die Tastenkombination [Strg] + [↵] ab, und schon sind die Texte umgewandelt in Zahlenwerte (siehe Abbildung 12.12).

Wenn Sie lieber mit der Tabellenfunktion ISTKTEXT (Ist kein Text) arbeiten möchten, dann würde die Formel wie folgt lauten:

=WENN(ISTKTEXT(A5);A5;A5*1)

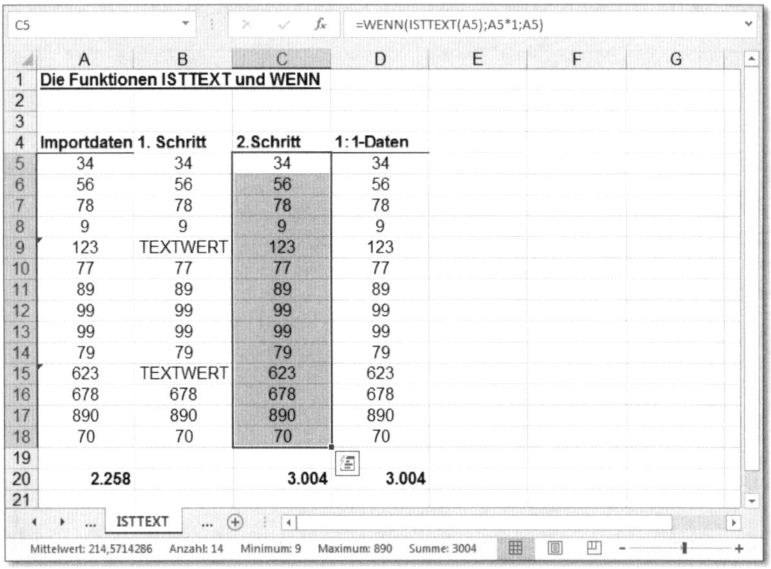

C5 =WENN(ISTTEXT(A5);A5*1;A5)

	A	B	C	D
1	Die Funktionen ISTTEXT und WENN			
2				
3				
4	Importdaten	1. Schritt	2.Schritt	1:1-Daten
5	34	34	34	34
6	56	56	56	56
7	78	78	78	78
8	9	9	9	9
9	123	TEXTWERT	123	123
10	77	77	77	77
11	89	89	89	89
12	99	99	99	99
13	99	99	99	99
14	79	79	79	79
15	623	TEXTWERT	623	623
16	678	678	678	678
17	890	890	890	890
18	70	70	70	70
19				
20	2.258		3.004	3.004
21				

ISTTEXT

Mittelwert: 214,5714286 Anzahl: 14 Minimum: 9 Maximum: 890 Summe: 3004

Abbildung 12.12 Die Zahlen werden jetzt alle erkannt.

12.3.5 Leerzeilen erkennen

Leere Zeichen aufspüren

In sehr großen Listen kann es schon einmal passieren, dass sich leere Zeilen einschleichen. Mit Hilfe der Tabellenfunktion ISTLEER können Sie diese Zeilen aufspüren. Sehen Sie sich einmal Abbildung 12.13 an.

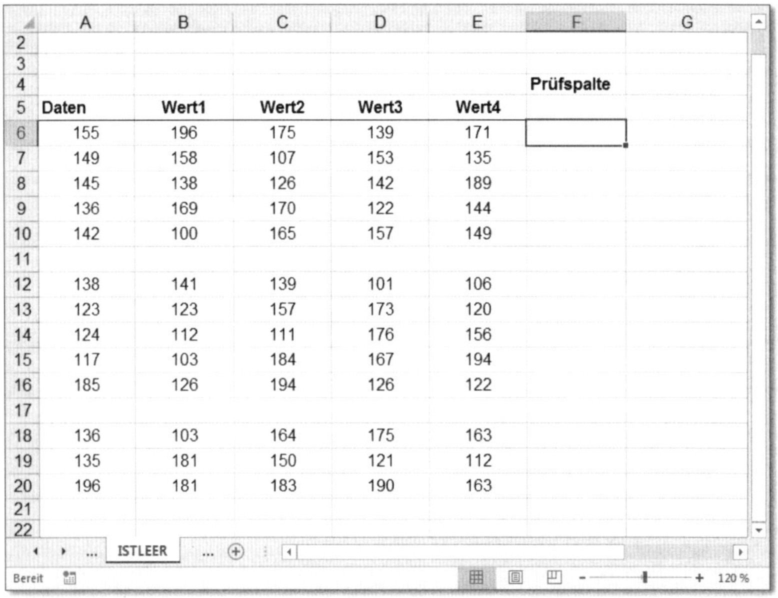

	A	B	C	D	E	F
2						
3						
4						Prüfspalte
5	Daten	Wert1	Wert2	Wert3	Wert4	
6	155	196	175	139	171	
7	149	158	107	153	135	
8	145	138	126	142	189	
9	136	169	170	122	144	
10	142	100	165	157	149	
11						
12	138	141	139	101	106	
13	123	123	157	173	120	
14	124	112	111	176	156	
15	117	103	184	167	194	
16	185	126	194	126	122	
17						
18	136	103	164	175	163	
19	135	181	150	121	112	
20	196	181	183	190	163	
21						
22						

ISTLEER

Bereit 120 %

Abbildung 12.13 Die leeren Zeilen sollen per Formel aufgespürt werden.

Matrixformel erfassen

Um die leeren Zeilen mit Hilfe einer Matrixformel zu kennzeichnen, gehen Sie wie folgt vor:

1. Erfassen Sie in Zelle F5 die Matrixformel **=UND(ISTLEER(A5:E5))**.
2. Schließen Sie die Matrixformel über die Tastenkombination [Strg] + [⇧] + [↵].
3. Ziehen Sie das Ausfüllkästchen der Zelle F5 nach unten bis in Zelle F20.

In der Prüfspalte werden die Leerzeilen jetzt sichtbar (siehe Abbildung 12.14).

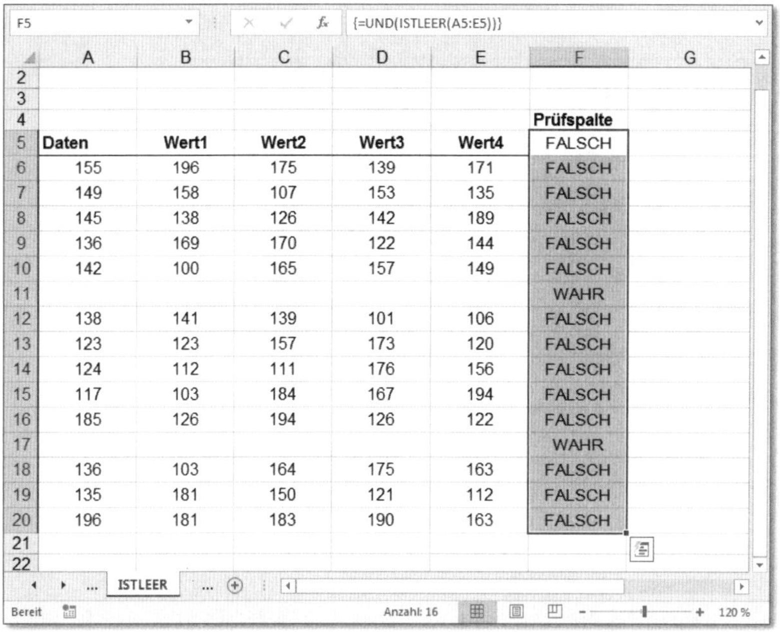

	A	B	C	D	E	F
4						Prüfspalte
5	Daten	Wert1	Wert2	Wert3	Wert4	FALSCH
6	155	196	175	139	171	FALSCH
7	149	158	107	153	135	FALSCH
8	145	138	126	142	189	FALSCH
9	136	169	170	122	144	FALSCH
10	142	100	165	157	149	FALSCH
11						WAHR
12	138	141	139	101	106	FALSCH
13	123	123	157	173	120	FALSCH
14	124	112	111	176	156	FALSCH
15	117	103	184	167	194	FALSCH
16	185	126	194	126	122	FALSCH
17						WAHR
18	136	103	164	175	163	FALSCH
19	135	181	150	121	112	FALSCH
20	196	181	183	190	163	FALSCH

Abbildung 12.14 Die leeren Zeilen werden mit dem Wert WAHR gekennzeichnet.

Hinweis

Alternativ zur gerade vorgestellten Matrixformel können Sie diese Aufgabe auch über eine normale Formel lösen. Markieren Sie dazu den Zellenbereich G5:G20, und erfassen Sie die Formel:

=WENN(ANZAHL2(A5:E5);"Gefüllter Bereich";"leerer Bereich")

Bestätigen Sie die Eingabe der Formel über die Tastenkombination [Strg] + [↵].

12.3.6 Eingaben automatisch formatieren

Auf eine Eingabe sofort reagieren

In der folgenden Aufgabe soll in einem Zellenbereich auf alle Eingaben reagiert werden. Wird eine Eingabe vorgenommen, dann soll direkt nach der Eingabe die Zelle mit der Hintergrundfarbe »Grau« belegt werden. Wird ein Zellwert in diesem Bereich wieder gelöscht, dann soll die Zelle die Hintergrundfarbe »Hellgelb« bekommen. Sehen Sie sich zunächst einmal das fertige Ergebnis aus Abbildung 12.15 an.

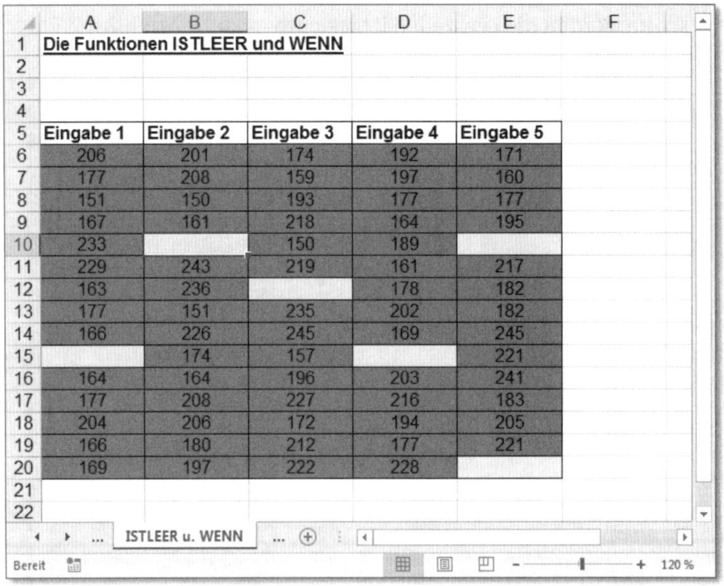

Die Funktionen ISTLEER und WENN

Eingabe 1	Eingabe 2	Eingabe 3	Eingabe 4	Eingabe 5
206	201	174	192	171
177	208	159	197	160
151	150	193	177	177
167	161	218	164	195
233		150	189	
229	243	219	161	217
163	236		178	182
177	151	235	202	182
166	226	245	169	245
	174	157		221
164	164	196	203	241
177	208	227	216	183
204	206	172	194	205
166	180	212	177	221
169	197	222	228	

Abbildung 12.15 Die Zellen werden auf besondere Art und Weise hervorgehoben.

Um diese automatische Formatierung in Excel einzustellen, nutzen Sie die Funktion der bedingten Formatierung und setzen dieses Feature im Zusammenspiel mit der Tabellenfunktion ISTLEER ein. Befolgen Sie jetzt die nächsten Arbeitsschritte:

Bedingtes Format einstellen

1. Markieren Sie den Zellenbereich A6:E20.
2. Klicken Sie im Menüband START auf das Symbol BEDINGTE FORMATIERUNG.
3. Wählen Sie danach den Befehl NEUE REGEL.
4. Markieren Sie im Listenfeld REGELTYP AUSWÄHLEN den Eintrag FORMEL ZUR ERMITTLUNG DER ZU FORMATIERENDEN ZELLEN VERWENDEN (siehe Abbildung 12.16).
5. Im Feld WERTE FORMATIEREN, FÜR DIE DIESE FORMEL WAHR IST erfassen Sie die Formel =**WENN(ISTLEER(A6);WAHR;FALSCH)**.

Abbildung 12.16 Die erste Bedingung festlegen

6. Weisen Sie das gewünschte Format mit einem Klick auf die Schaltfläche FORMATIEREN zu, wählen Sie auf der Registerkarte AUSFÜLLEN eine gewünschte Farbe, und bestätigen Sie mit OK.
7. Um die zweite Formatierungsregel zu hinterlegen, klicken Sie im Menüband START auf das Symbol BEDINGTE FORMATIERUNG.
8. Wählen Sie danach den Befehl REGELN VERWALTEN.
9. Klicken Sie im Dialog MANAGER FÜR REGELN ZUR BEDINGTEN FORMATIERUNG die Schaltfläche NEUE REGEL.
10. Füllen Sie den nachfolgenden Dialog wie in Abbildung 12.17 aus.

Abbildung 12.17 Die zweite Bedingung angeben

11. Weisen Sie die gewünschte Formatierung, wie oben bereits beschrieben, zu.
12. Bestätigen Sie zweimal mit OK.

Bei der ersten Bedingung aus Abbildung 12.16 wird geprüft, ob die jeweilige Zelle leer ist. Wenn ja, dann wird der Wert WAHR zurückgegeben, das heißt, die Bedingung wird hiermit erfüllt. Bei der zweiten Bedingung aus Abbildung 12.17 wird im Gegensatz zur ersten Bedingung auf nicht leere Zellen geprüft. Tritt dieser Fall auf, dann wird der Wert WAHR zurückgegeben, was in diesem Fall die andere Formatierung zur Folge hat.

12.3.7 Artikelnummern überprüfen

Welche Artikel sind neu?

In der nächsten Aufgabe liegt eine Excel-Liste mit Artikelnummern vor, wie in Abbildung 12.18 gezeigt.

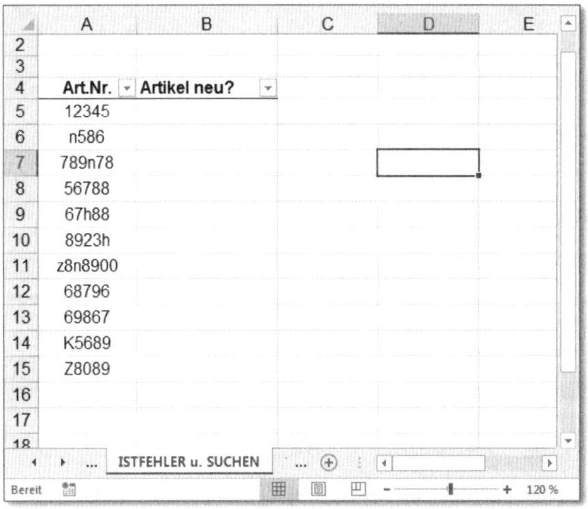

Abbildung 12.18 Die neuen Artikel dieser Liste sollen identifiziert werden.

Alle neuen Artikel enthalten an einer beliebigen Stelle der Artikelnummer den Buchstaben n. Dies ist das Kriterium für einen neuen Artikel. Um jetzt in Spalte B auszugeben, bei welchem Artikel es sich um einen neuen Artikel handelt, gehen Sie wie folgt vor:

1. Markieren Sie den Zellenbereich B5:B15.
2. Erfassen Sie die Formel:
   =WENN(ISTFEHLER(SUCHEN("n";A5));"Artikel alt";"Artikel neu")
3. Bestätigen Sie die Eingabe mit der Tastenkombination [Strg] + [↵].

Das Ergebnis sehen Sie in Abbildung 12.19.

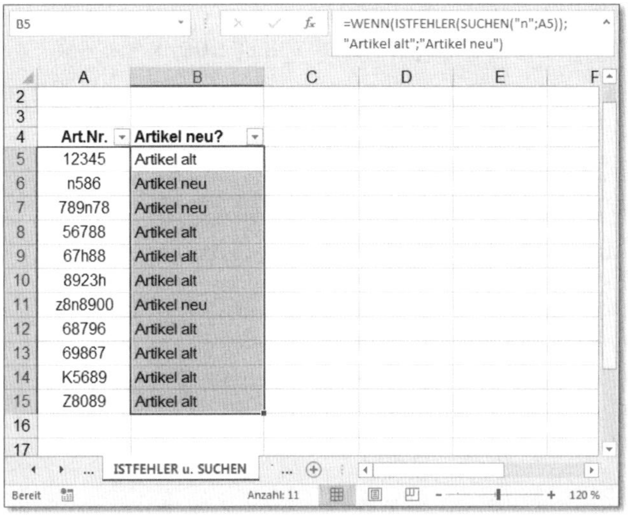

Abbildung 12.19 Die neuen Artikel wurden ermittelt.

12.3.8 Das letzte Datum und den letzten Umsatz ermitteln

Umsatz zum bestimmten Datum abfragen

In der Tabelle aus Abbildung 12.20 liegen Umsätze vor, die an bestimmten Tagen gemacht wurden.

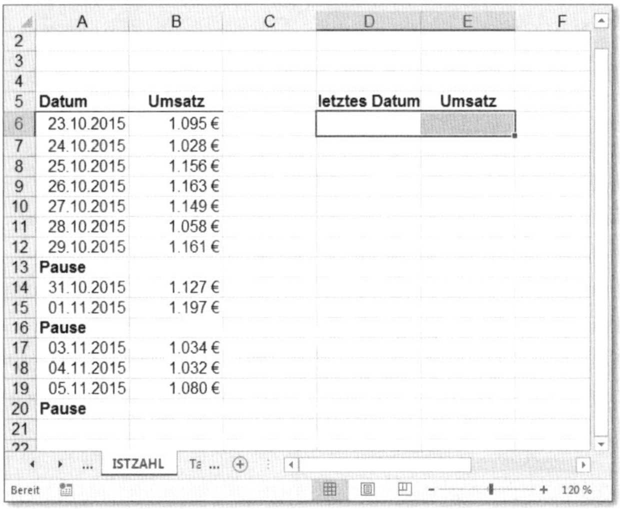

Abbildung 12.20 Die Umsätze sind durch einige Textzellen unterbrochen.

Ihre Aufgabe besteht nun darin, das zuletzt erfasste Datum aus Spalte A sowie den dazugehörigen Umsatz zu ermitteln. Dabei sollen eventuell vorhandene Textzellen nicht berücksichtigt werden. Um diese Aufgabe zu lösen, befolgen Sie die nächsten Arbeitsschritte:

1. Erfassen Sie in Zelle D6 die Matrixformel:
   =INDIREKT("A"&MAX(ISTZAHL(A5:A100)*ZEILE(5:100)))
2. Schließen Sie diese Matrixformel über die Tastenkombination [Strg] + [⇧] + [↵] ab.
3. Erfassen Sie in Zelle E6 die Matrixformel:
   =INDIREKT("B"&MAX(ISTZAHL(B5:B100)*ZEILE(5:100)))
4. Schließen Sie diese Matrixformel über die Tastenkombination [Strg] + [⇧] + [↵] ab.

Das Ergebnis sehen Sie in Abbildung 12.21.

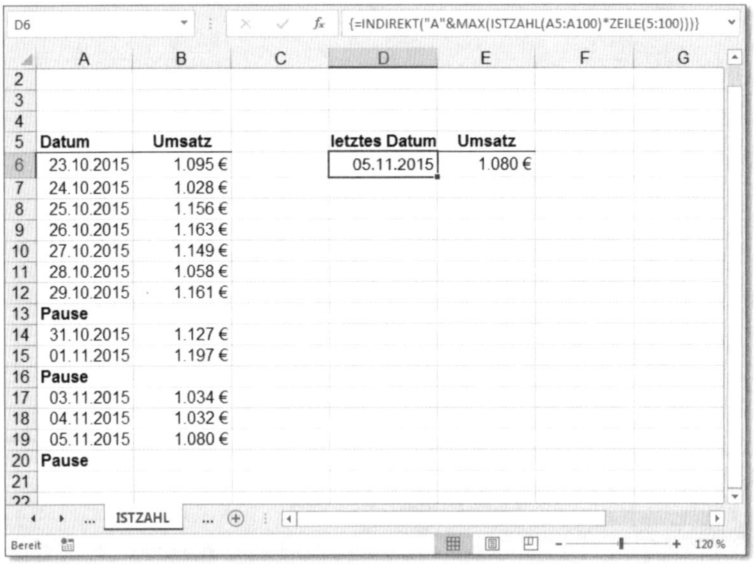

	A	B	C	D	E
2					
3					
4					
5	Datum	Umsatz		letztes Datum	Umsatz
6	23.10.2015	1.095 €		05.11.2015	1.080 €
7	24.10.2015	1.028 €			
8	25.10.2015	1.156 €			
9	26.10.2015	1.163 €			
10	27.10.2015	1.149 €			
11	28.10.2015	1.058 €			
12	29.10.2015	1.161 €			
13	Pause				
14	31.10.2015	1.127 €			
15	01.11.2015	1.197 €			
16	Pause				
17	03.11.2015	1.034 €			
18	04.11.2015	1.032 €			
19	05.11.2015	1.080 €			
20	Pause				
21					

Abbildung 12.21 Das letzte Datum sowie der letzte Umsatz wurden ermittelt.

Mit Hilfe der Tabellenfunktion ISTZAHL können Sie ermitteln, ob die durch die Matrixformel gefundene letzte Zeile im Bereich A5:A100 einen gültigen Zahlenwert hat. Auch Datumswerte sind in Excel gültige Zahlenwerte, da Excel Datumswerte intern in Zahlen darstellt, um damit besser rechnen zu können.

12.3.9 Nur bestimmte Einträge zählen

Bedingte Zählung von Werten

Eine Erweiterung der standardmäßig eingesetzten Tabellenfunktion ZÄHLENWENN wird in der nächsten Aufgabe beschrieben. In Abbildung 12.22 sollen nur Einträge gezählt werden, die einerseits einer bestimmten Zuordnungsstelle angehören und andererseits auch einen gültigen Umsatz haben.

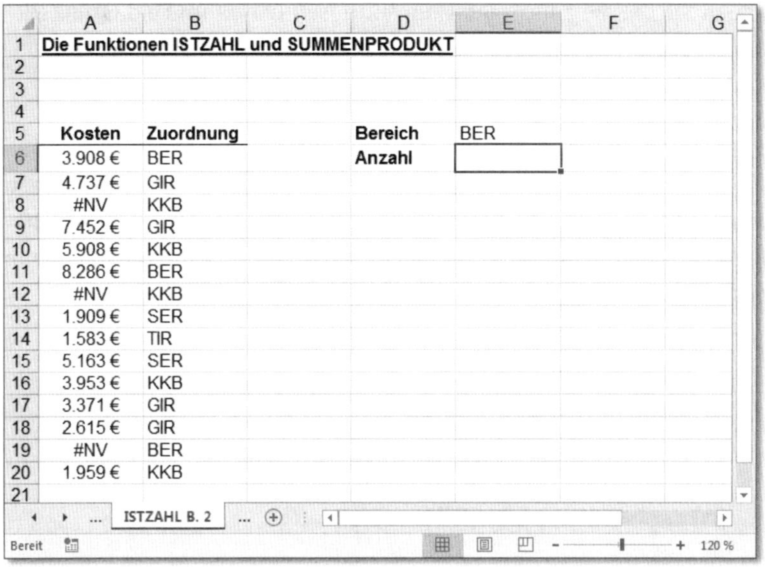

Abbildung 12.22 Die Ausgangsliste soll ausgewertet werden.

Die Zuordnungseinheit soll aus Zelle E5 entnommen werden. Dazu können Sie beispielsweise ein Zellen-Dropdown einrichten, indem die gültigen Zuordnungseinheiten angeboten werden. Dazu gehen Sie folgendermaßen vor:

Datenüberprüfung einstellen

1. Setzen Sie den Mauszeiger auf Zelle E5.
2. Klicken Sie im Menüband DATEN auf das Symbol DATENÜBERPRÜFUNG.
3. Wechseln Sie auf die Registerkarte EINSTELLUNGEN.
4. Stellen Sie im Kombinationsfeld ZULASSEN den Eintrag LISTE ein (siehe Abbildung 12.23).

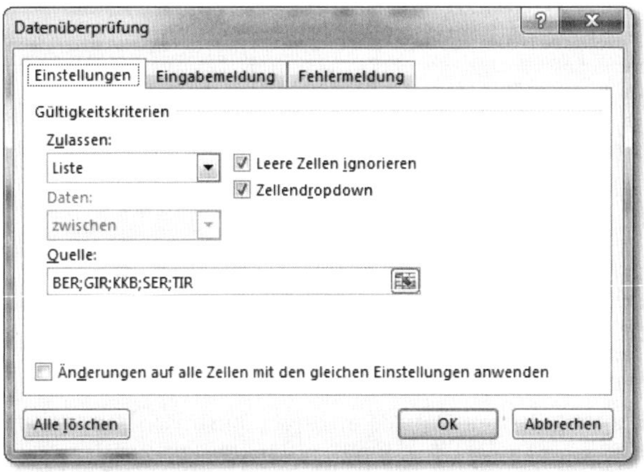

Abbildung 12.23 Eine Gültigkeitsliste erstellen

5. Geben Sie die die zulässigen Zuordnungseinheiten im Feld QUELLE jeweils getrennt durch ein Semikolon ein.
6. Bestätigen Sie mit OK.

Ermitteln Sie jetzt die Anzahl der Sätze, die einen gültigen Umsatz enthalten sowie der richtigen Zuordnungseinheit angehören. Erfassen Sie dazu in Zelle E6 die Formel **=SUMMENPRODUKT(ISTZAHL(A6:A20)*(B6:B20=E5))**, und bestätigen Sie diese Eingabe mit [↵]. Das Ergebnis sehen Sie in Abbildung 12.24.

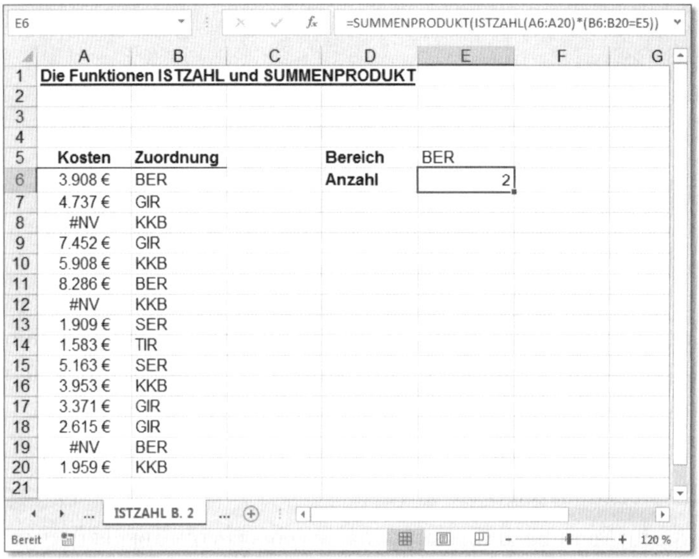

	A	B	C	D	E	F	G
1	Die Funktionen ISTZAHL und SUMMENPRODUKT						
2							
3							
4							
5	Kosten	Zuordnung		Bereich	BER		
6	3.908 €	BER		Anzahl	2		
7	4.737 €	GIR					
8	#NV	KKB					
9	7.452 €	GIR					
10	5.908 €	KKB					
11	8.286 €	BER					
12	#NV	KKB					
13	1.909 €	SER					
14	1.583 €	TIR					
15	5.163 €	SER					
16	3.953 €	KKB					
17	3.371 €	GIR					
18	2.615 €	GIR					
19	#NV	BER					
20	1.959 €	KKB					
21							

Abbildung 12.24 Die Sätze werden richtig gezählt.

12.4 Die Tabellenfunktion TYP

Deutsch:	TYP
Syntax:	**=TYP(Wert)**
Englisch:	TYPE
Syntax:	**=TYPE(value)**

Datentyp abfragen

Mit Hilfe der Tabellenfunktion TYP können Sie eine Zahl zurückgeben, die den Datentyp des angegebenen Wertes anzeigt. Diese Funktion können Sie immer dann verwenden, wenn das weitere Verhalten einer Funktion vom Typ des in einer bestimmten Zelle enthaltenen Wertes abhängt.

Argumente	Inhalte
Wert	Ist erforderlich; das Argument Wert kann ein beliebiger Microsoft-Excel-Wert sein, beispielsweise eine Zahl, ein Text, ein Wahrheitswert usw.

Tabelle 12.8 Das Argument der Funktion TYP

Wert	TYP
Zahl	1
Text	2
ein Wahrheitswert	4
ein Fehlerwert	16
Matrix	64

Tabelle 12.9 Die verfügbaren Werte der Funktion TYP

12.4.1 Texte und Zahlen optisch unterscheiden

Zahlen von Texten unterscheiden

Wenn Sie in einer Tabelle in einem bestimmten Bereich Zellen, die Zahlen bzw. Text enthalten, unterscheiden möchten, dann können Sie die Tabellenfunktion TYP einsetzen. Dabei können Sie alle Zellen, in denen Text eingegeben wird, automatisch mit einer Farbe belegen.

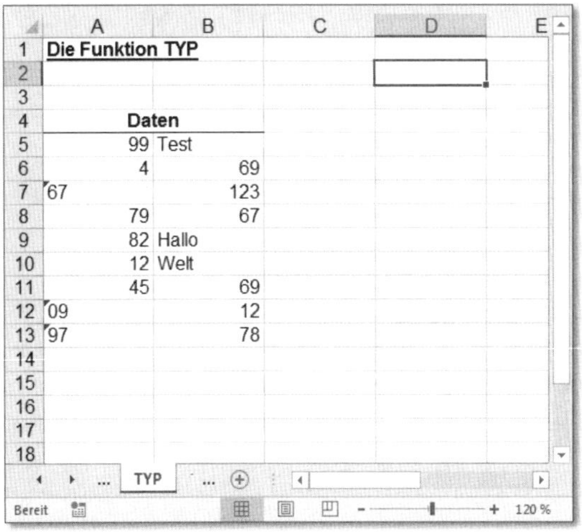

Abbildung 12.25 Textzellen und Zahlenzellen sollen unterschieden werden.

Um jetzt alle Zellen im Zellenbereich A5:B13 in der Tabelle in Abbildung 12.25, die Texte enthalten, automatisch mit der Hintergrundfarbe Gelb zu belegen, verfahren Sie wie folgt:

1. Markieren Sie den Zellenbereich A5:B13.
2. Klicken Sie im Menüband START auf das Symbol BEDINGTE FORMATIERUNG.
3. Wählen Sie danach den Befehl NEUE REGEL.
4. Markieren Sie im Listenfeld REGELTYP auswählen den Eintrag FORMEL ZUR ERMITTLUNG DER ZU FORMATIERENDEN ZELLEN VERWENDEN.
5. Im Feld WERTE FORMATIEREN, FÜR DIE DIESE FORMEL WAHR IST erfassen Sie die Formel **=TYP(A5)=2**.
6. Weisen Sie das gewünschte Format mit einem Klick auf die Schaltfläche FORMATIEREN zu, wählen Sie auf der Registerkarte AUSFÜLLEN eine gewünschte Farbe, und bestätigen Sie mit OK.

Wie das aussehen kann, zeigt Abbildung 12.26.

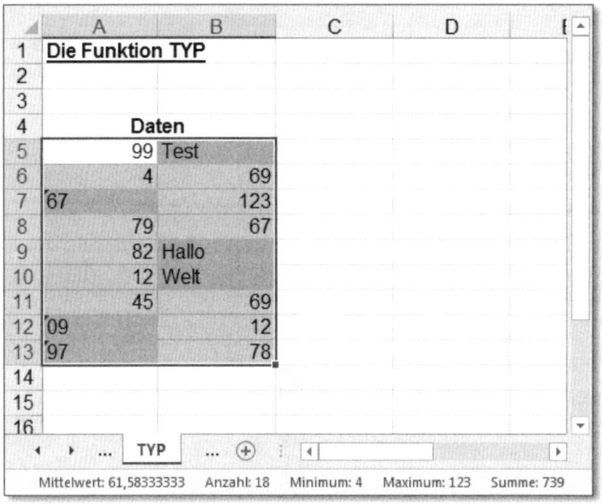

Abbildung 12.26 Auch einige »Zahlen« werden hier nicht richtig erkannt.

12.5 Die Tabellenfunktion ZELLE

Zellen abfragen

Mit Hilfe der Tabellenfunktion ZELLE können Sie Informationen zur Formatierung, der Position oder dem Inhalt der Zelle links oben in einem Bezug zurückgeben.

Deutsch:	ZELLE
Syntax:	**=ZELLE(Infotyp;Bezug)**
Englisch:	CELL
Syntax:	**=CELL(infotyp,reference)**

Argumente	Inhalte
Infotyp	Ist erforderlich; im Argument Infotyp wird ein Textwert angegeben, der festlegt, welchen Typ von Zellinformationen Sie wünschen. Dazu stehen die in Tabelle 12.11 gezeigten Informationen zur Verfügung.
Bezug	Ist erforderlich; im Argument Bezug wird die Zelle angegeben, zu der Sie Informationen wünschen. Wenn dieses Argument nicht angegeben wird, werden für die letzte Zelle, die geändert wurde, Informationen zurückgegeben, die im Argument Infotyp angegeben wurden. Entnehmen Sie die verfügbaren Rückgabewerte Tabelle 12.12.

Tabelle 12.10 Die Argumente der Funktion ZELLE

Infotyp	Rückgabewert
"Adresse"	Bezug der ersten Zelle im Argument Bezug als Text
"Breite"	Spaltenbreite der Zelle, auf eine ganze Zahl gerundet; jede Einheit der Spaltenbreite ist gleich der Breite eines Zeichens im Standardschriftgrad.
"Dateiname"	Dateiname (und vollständiger Pfad) der Datei, die das Argument Bezug enthält, als Text. Gibt eine leere Textzeichenfolge ("") zurück, wenn das Tabellenblatt, das das Argument Bezug enthält, noch nicht gespeichert wurde.
"Farbe"	1, wenn die Zelle für negative Werte farbig formatiert ist; andernfalls wird 0 (null) zurückgegeben.

Tabelle 12.11 Die verfügbaren Typen der Funktion ZELLE

Infotyp	Rückgabewert
"Format"	Textwert, der dem Zahlenformat der Zelle entspricht; die Textwerte für die verschiedenen Formate werden in der folgenden Tabelle aufgeführt. Gibt "-" am Ende des Textwertes zurück, wenn die Zelle für negative Werte farbig formatiert ist. Gibt "()" am Ende des Textwertes zurück, wenn die Zelle für positive oder alle Werte mit Klammern formatiert ist.
"Inhalt"	Wert der linken obersten Zelle, die zu dem Argument Bezug gehört; keine Formel
"Klammern"	1, wenn die Zelle für positive oder alle Werte mit Klammern formatiert ist; andernfalls wird 0 zurückgegeben.
"Präfix"	Textwert, der dem "Beschriftungspräfix" der Zelle entspricht. Gibt ein einfaches Anführungszeichen (') zurück, wenn die Zelle linksbündigen Text enthält, ein doppeltes Anführungszeichen ("), wenn die Zelle rechtsbündigen Text enthält, ein Zirkumflexzeichen (^), wenn die Zelle zentrierten Text enthält, einen umgekehrten Schrägstrich (\), wenn die Zelle ausgefüllten Text enthält, und eine leere Textzeichenfolge (""), wenn die Zelle etwas anderes enthält.
"Schutz"	0, wenn die Zelle nicht gesperrt ist; 1, wenn die Zelle gesperrt ist
"Spalte"	Spaltennummer der Zelle in Bezug
"Typ"	Textwert, der dem Datentyp in der Zelle entspricht; gibt "b" zurück, wenn die Zelle leer (blank) ist, "l" für Beschriftung (label), wenn die Zelle eine Textkonstante enthält, und "w" für Wert, wenn die Zelle etwas anderes enthält.
"Zeile"	Zeilennummer der Zelle im Argument Bezug

Tabelle 12.11 Die verfügbaren Typen der Funktion ZELLE (Forts.)

Microsoft-Excel-Format	Rückgabewert von ZELLE
Standard	"S"
0	"F0"
#,##0	"0,0"
0,00	"F2"
#,##0,00	",2"
$#,##0_);($#,##0)	"C0"
$#,##0_);[Rot]($#,##0)	"C0-"
$#,##0,00_);($#,##0,00)	"C2"
$#,##0,00_);[Rot]($#,##0,00)	"C2-"
0%	"P0"
0,00%	"P2"
0,00E+00	"S2"
# ?/? oder # ??/??	"G"
m/t/jj oder m/t/jj h:mm oder mm/tt/jj	"D4"
t-mmm-jj oder tt-mmm-jj	"D1"
t-mmm oder tt-mmm	"D2"
mmm-jj	"D3"
mm/tt	"D5"
h:mm AM/PM	"U1"
h:mm:ss AM/PM	"U2"
h:mm	"U4"
h:mm:ss	"U3"

Tabelle 12.12 Die verschiedenen Formate von Excel

12.5.1 Den Dateinamen der Arbeitsmappe ermitteln

Name der Mappe abfragen

Stellen Sie sich vor, Sie haben von einer Tabelle einen Ausdruck vorliegen. Diese Arbeitsmappe befindet sich irgendwo auf Ihrer Festplatte, doch Sie können sich nicht mehr genau erinnern, wo Sie diese abgelegt haben. Um dieser unnötigen Sucherei in Zukunft vorzubeugen, können Sie den Pfad- sowie den Dateinamen in eine beliebige Zelle Ihrer Tabelle schreiben. Dazu können Sie die Tabellenfunktion **=ZELLE("Dateiname")** verwenden. Wenn Sie diese Tabellenfunktion in einer beliebigen Zelle erfassen, dann wird der komplette Speicherpfad der Arbeitsmappe, inklusive der Namen der Arbeitsmappe sowie der aktuellen Tabelle, in der Zelle ausgegeben (siehe Abbildung 12.27). Achten Sie bei der Verwendung dieser Funktion darauf, dass Sie die Arbeitsmappe zuvor speichern müssen. Erst danach können die gewünschten Informationen von der Funktion ZELLE ermittelt werden.

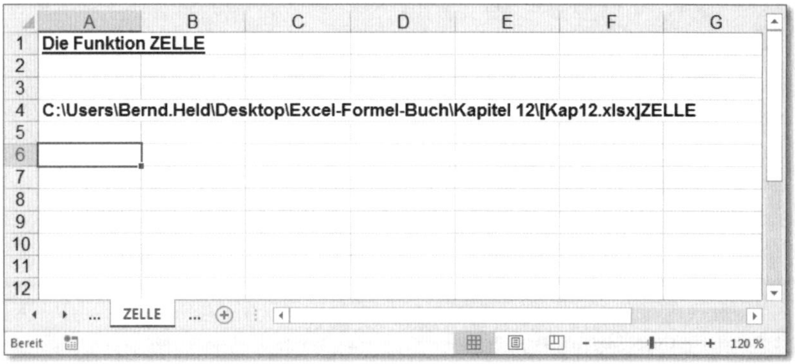

Abbildung 12.27 Über eine Tabellenfunktion stehen Ihnen gleich mehre Informationen zur Arbeitsmappe zur Verfügung.

Wenn Sie die einzelnen Informationen wie den Speicherpfad, den Dateinamen sowie den Namen der Tabelle in einzelnen Zellen wiedergeben möchten, dann greifen Sie auf weitere Tabellenfunktionen zu (siehe Abbildung 12.28). Die dazu benötigten Funktionen lauten dabei wie folgt:

- Der Speicherpfad in Zelle A6 erhalten Sie über die Formel:
  =LINKS(A4;FINDEN("[";A4)-1)
- Den Dateinamen in Zelle A7 erhalten Sie mit Hilfe der Formel:
  =TEIL(A4;FINDEN("[";A4)+1;FINDEN("]";A4)-FINDEN("[";A4)-1)
- Und den Namen der Tabelle in Zelle A8 erhalten Sie über die Formel:
  =TEIL(A4;FINDEN("]";A4)+1;LÄNGE(A4)-FINDEN("]";A4))

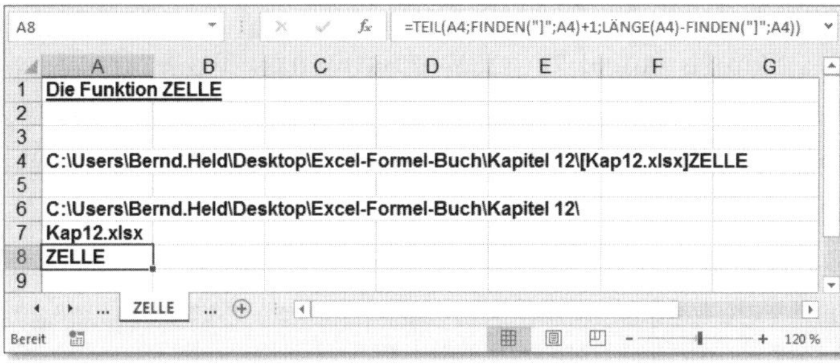

Abbildung 12.28 Alle Informationen zur aktiven Arbeitsmappe liegen vor.

12.5.2 Zellen mit Datumswerten identifizieren

Datumswerte aufspüren

In der folgenden Aufgabe sollen alle Zellen einer Tabelle, die mit einem Datumsformat belegt sind, mit der Hintergrundfarbe Gelb hervorgehoben werden. Zu diesem Zweck setzen Sie die Tabellenfunktion ZELLE ein und übergeben als InfoTyp den Text Format. Alle Datumsformate geben dabei Rückgabewerte von D1 bis D5. Wenn Sie nun mit Hilfe der Tabellenfunktion LINKS nur das erste Zeichen des Rückgabewertes abfragen, dann können Sie alle Datumsangaben, egal, wie diese auch immer im Einzelnen formatiert sind, identifizieren. Sehen Sie sich zunächst einmal Abbildung 12.29 an.

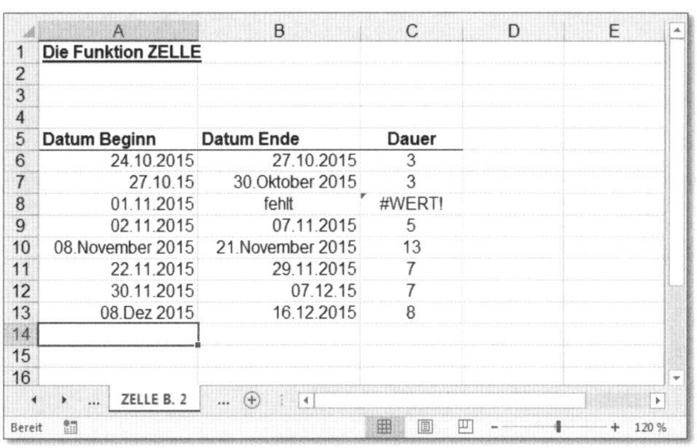

	A	B	C
1	Die Funktion ZELLE		
5	Datum Beginn	Datum Ende	Dauer
6	24.10.2015	27.10.2015	3
7	27.10.15	30.Oktober 2015	3
8	01.11.2015	fehlt	#WERT!
9	02.11.2015	07.11.2015	5
10	08.November 2015	21.November 2015	13
11	22.11.2015	29.11.2015	7
12	30.11.2015	07.12.15	7
13	08.Dez 2015	16.12.2015	8

Abbildung 12.29 Alle gültigen Datumswerte sollen farbig hinterlegt werden.

Bedingtes Format einstellen

Um alle Zellen mit der Hintergrundfarbe Gelb zu belegen, setzen Sie die bedingte Formatierung im Zusammenspiel mit den Tabellenfunktionen ZELLE und LINKS wie folgt ein:

1. Markieren Sie den Zellenbereich A6:B13.
2. Klicken Sie im Menüband START auf das Symbol BEDINGTE FORMATIERUNG.

3. Wählen Sie danach den Befehl NEUE REGEL.
4. Markieren Sie im Listenfeld REGELTYP AUSWÄHLEN den Eintrag FORMEL ZUR ERMITTLUNG DER ZU FORMATIERENDEN ZELLEN VERWENDEN.
5. Im Feld WERTE FORMATIEREN, FÜR DIE DIESE FORMEL WAHR IST erfassen Sie die Formel **=LINKS(ZELLE("Format";A6);1)="D"**.
6. Weisen Sie das gewünschte Format mit einem Klick auf die Schaltfläche FORMATIEREN zu, wählen Sie auf der Registerkarte AUSFÜLLEN eine gewünschte Farbe, und bestätigen Sie mit OK.
7. Bestätigen Sie zweimal mit OK.

Das Ergebnis sehen Sie in Abbildung 12.30.

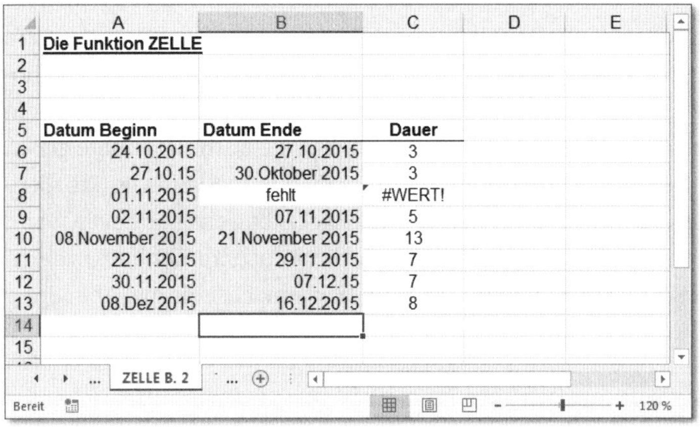

	A	B	C	D	E
1	Die Funktion ZELLE				
2					
3					
4					
5	Datum Beginn	Datum Ende	Dauer		
6	24.10.2015	27.10.2015	3		
7	27.10.15	30.Oktober 2015	3		
8	01.11.2015	fehlt	#WERT!		
9	02.11.2015	07.11.2015	5		
10	08.November 2015	21.November 2015	13		
11	22.11.2015	29.11.2015	7		
12	30.11.2015	07.12.15	7		
13	08.Dez 2015	16.12.2015	8		
14					
15					

Abbildung 12.30 Alle Datumszellen wurden formatiert.

> **Hinweis**
>
> Möchten Sie beispielsweise alle Zellen mit Zeitformaten in einer Tabelle farbig hinterlegen, dann lautet die dazu notwendige Formel:
>
> **=LINKS(ZELLE("Format";A6);1)="U"**
>
> Setzen Sie diese Formel in Verbindung mit der bedingten Formatierung in Excel ein.

12.6 Die Tabellenfunktion N

Deutsch:	N
Syntax:	**=N(Wert)**

Englisch:	N
Syntax:	**=N(value)**

Die Tabellenfunktion N gibt den in eine Zahl umgewandelten Wert zurück.

Argumente	Inhalte
Wert	Ist erforderlich; im Argument Wert wird der Wert angegeben, den Sie in eine Zahl umwandeln möchten. N wandelt Werte gemäß Tabelle 12.14 um.

Tabelle 12.13 Das Argument der Funktion N

Wert ist oder bezieht sich auf	N gibt zurück
eine Zahl	diese Zahl
ein Datum	in einem der eingebauten Datumsformate von Microsoft Excel; die fortlaufende Zahl dieses Datums
WAHR	1
FALSCH	0
einen Fehlerwert, beispielsweise #DIV/0!	einen Fehlerwert
Sonstiges	0

Tabelle 12.14 Die Rückgabewerte der Funktion N

12.6.1 Uhrzeiten in Industriezeiten umrechnen

Zeiten umrechnen

In der nächsten Aufgabe liegt eine Tabelle aus Abbildung 12.31 mit Uhrzeiten vor, die in Industriezeit umgerechnet werden müssen. Eine Industriestunde hat im Gegensatz zu einer normalen Stunde 100 Minuten. Also müssen die Uhrzeiten auf dieser Basis umgerechnet werden. So entspricht beispielsweise die Normalzeit 8:30 der Industriezeit 8:50.

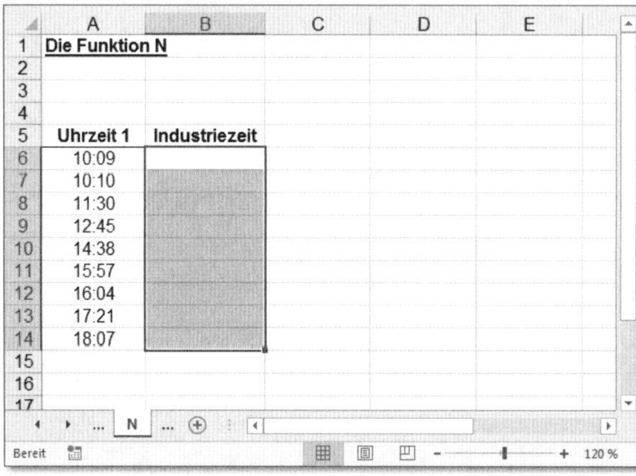

Abbildung 12.31 Diese Zeiten sollen umgerechnet werden.

Um die Zeiten aus Spalte A in Industriezeit umzurechnen, gehen Sie wie folgt vor:

1. Markieren Sie den Zellenbereich B6:B14.
2. Erfassen Sie die Formel **=N(A6)*24**.
3. Bestätigen Sie Ihre Eingabe mit der Tastenkombination [Strg] + [↵].
4. Drücken Sie die Tastenkombination [Strg] + [1], um den Dialog ZELLEN FORMATIEREN aufzurufen.
5. Auf der Registerkarte ZAHLEN stellen Sie das Format ZAHL mit zwei Nachkommastellen ein.
6. Bestätigen Sie mit [↵].

Und schon ist die Umrechnung erfolgt (siehe Abbildung 12.32).

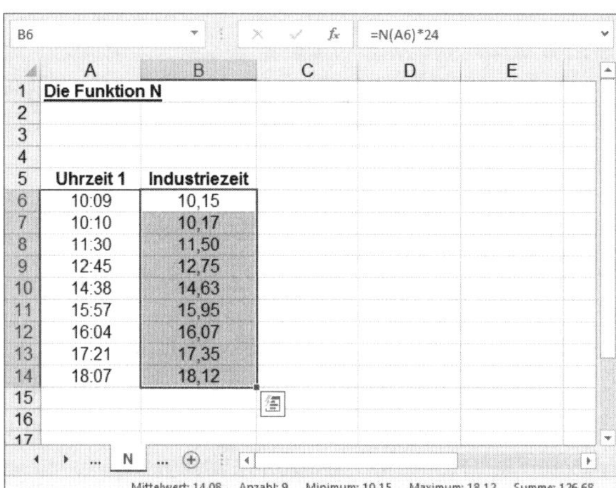

Abbildung 12.32 Alle Uhrzeiten wurden in Industriezeiten umgewandelt.

Kapitel 13
Formeln im Zusammenspiel mit anderen Excel-Werkzeugen

Besonders spannend ist es, wenn Sie Formeln in Verbindung mit der bedingten Formatierung oder der Datenüberprüfung einsetzen.

Lernen Sie in diesem Kapitel einige ausgewählte klassische Beispiele kennen, wie Sie Formeln und Funktionen sehr gut in Verbindung mit anderen Excel-Funktionen verwenden können. Darunter fällt die bedingte Formatierung mit Excel ebenso wie die Datenüberprüfung bis hin zur Pivot-Tabelle.

13.1 Formeln im Zusammenspiel mit der bedingten Formatierung

Im ersten Teil des Kapitels werden Sie einige praktische Beispiele kennenlernen, die das Zusammenspiel zwischen Formeln und Funktionen und der bedingten Formatierung von Excel präsentieren.

13.1.1 Bestimmte Einträge in einer Tabelle suchen und kennzeichnen

Daten suchen

Bei der folgenden Aufgabenstellung soll nach einem bestimmten Begriff in einer Tabelle gesucht und die Fundstellen gekennzeichnet werden. Sehen Sie sich vorab einmal die folgende Ausgangssituation aus Abbildung 13.1 an.

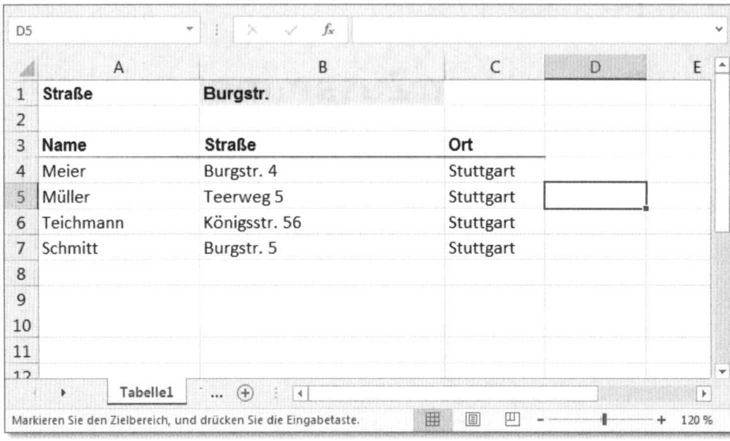

Abbildung 13.1 Wer wohnt alles in der Burgstraße?

Diese Aufgabenstellung ist geradezu prädestiniert für die bedingte Formatierung von Excel. Lösen Sie diese Aufgabenstellung, indem Sie die nachfolgenden Arbeitsschritte befolgen:

Daten formatieren

1. Markieren Sie den Zellenbereich A4:C7.
2. Klicken Sie im Menüband START auf die Schaltfläche BEDINGTE FORMATIERUNG.
3. Wählen Sie den Befehl NEUE REGEL.
4. Im Dialog NEUE FORMATIERUNGSREGEL wählen Sie den Eintrag FORMEL ZUR ERMITTLUNG DER ZU FORMATIERENDEN ZELLEN VERWENDEN.
5. Erfassen Sie im darunterliegenden Textfeld die Formel, wie in Abbildung 13.2 gezeigt.

Abbildung 13.2 Eine Formel für die bedingte Formatierung erfassen

6. Klicken Sie die Schaltfläche FORMATIEREN.
7. Wechseln Sie danach auf die Registerkarte AUSFÜLLEN.
8. Wählen Sie aus der Farbpalette die Farbe GRÜN aus.
9. Bestätigen Sie zweimal mit OK.

Das Ergebnis sehen Sie in Abbildung 13.3

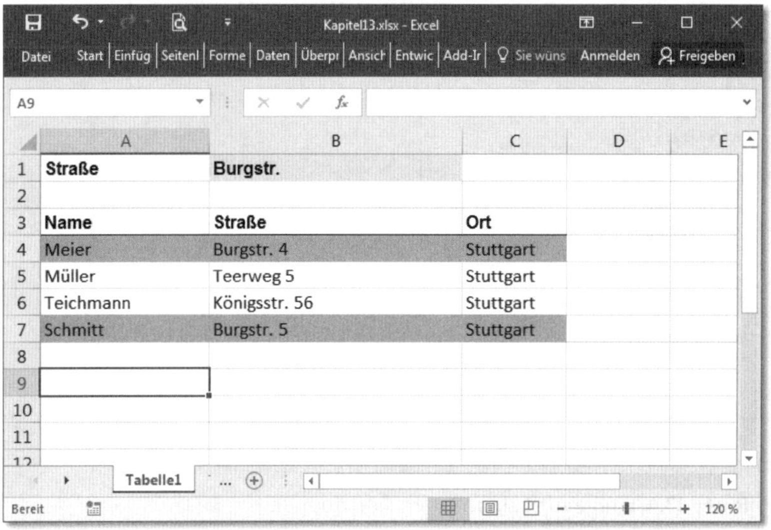

Abbildung 13.3 Die kompletten Zeilen werden gekennzeichnet.

Verwendete Funktion in dieser Aufgabe

- **SUCHEN**

  Syntax SUCHEN

  Die Tabellenfunktion SUCHEN gibt die Nummer des Zeichens zurück, an der das zu suchende Zeichen oder die zu suchende Textzeichenfolge erstmals gefunden wurde.

- **=SUCHEN(Suchtext;Text;Erstes_Zeichen)**

  Das Argument Suchtext ist der Text, nach dem Sie suchen möchten. Eine als Suchtext angegebene Zeichenfolge kann die Platzhalterzeichen Fragezeichen (?) und Sternchen (*) enthalten. Ein Fragezeichen ersetzt ein Zeichen, ein Sternchen ersetzt eine beliebige Zeichenfolge. Suchen Sie nach einem Fragezeichen oder Sternchen, müssen Sie vor dem zu suchenden Zeichen eine Tilde (~) eingeben.

  Das Argument Text ist der Text, in dem Sie nach Suchtext suchen möchten.

  Beim Argument Erstes_Zeichen können Sie die Nummer des Zeichens in Text angeben, ab der Sie mit der Suche beginnen möchten. Dieses Argument braucht aber nicht unbedingt angegeben werden.

13.1.2 Doppelte Werte eines Bereichs kennzeichnen

Redundante Einträge aufspüren

Bei der folgenden Aufgabenstellung liegen in TABELLE2 einige doppelte Werte vor, die mit bloßem Auge nicht so gut zu erkennen sind. Sehen Sie sich dazu einmal Abbildung 13.4 an.

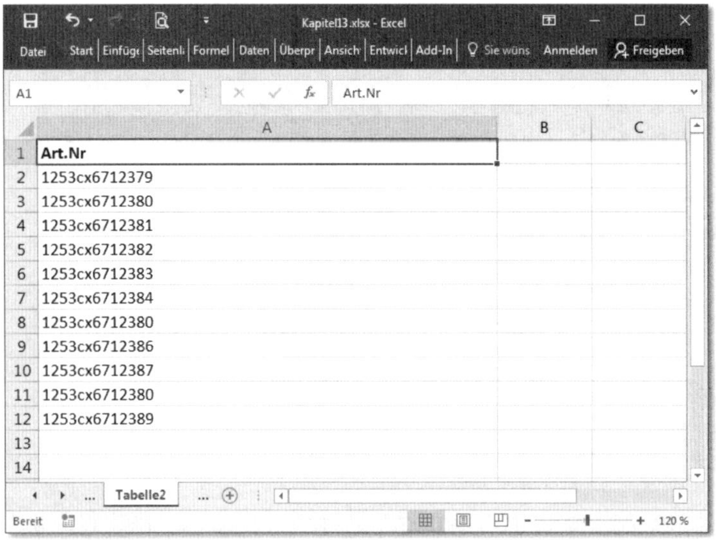

Abbildung 13.4 Einige Artikelnummern sind doppelt.

Nun sollen alle redundanten Artikelnummern automatisch gekennzeichnet werden. Danach soll jedoch auch ermittelt werden, wie oft ein Artikel in Spalte A auftaucht.

Bedingtes Format einstellen

Lösen Sie zunächst den ersten Teil der Aufgabe, indem Sie die bedingte Formatierung von Excel wie folgt einsetzen:

1. Markieren Sie den Zellenbereich A2:A12.
2. Klicken Sie im Menüband START auf die Schaltfläche BEDINGTE FORMATIERUNG.
3. Wählen Sie den Befehl REGELN ZUM HERVORHEBEN VON ZELLEN • DOPPELTE WERTE.
4. Übernehmen Sie die standardmäßig angebotenen Farbmuster, oder wählen Sie ein anderes aus dem Dropdown-Menü (siehe Abbildung 13.5).
5. Bestätigen Sie mit OK.

Alle doppelten Artikelnummern sind jetzt automatisch eingefärbt worden. Sie wissen allerdings noch nicht, wie oft eine Artikelnummer in Spalte A vorkommt. Um dies zu ermitteln, verfahren Sie wie folgt:

1. Markieren Sie den Zellenbereich B2:B12.
2. Erfassen Sie die Formel **=ZÄHLENWENN(A:A;A2)**.
3. Schließen Sie die Eingabe über die Tastenkombination `Strg` + `↵` ab.

Nun werden die doppelten Artikelnummern auch gezählt (siehe Abbildung 13.6).

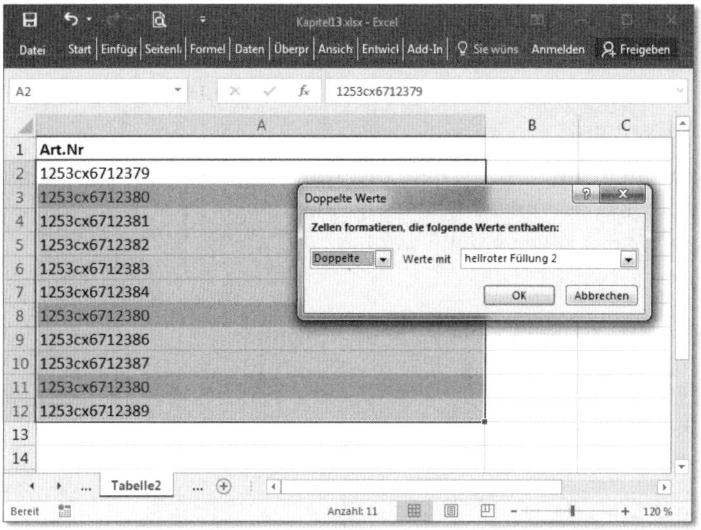

Abbildung 13.5 Die Kennzeichnung doppelter Werte ist mit einem Klick erledigt.

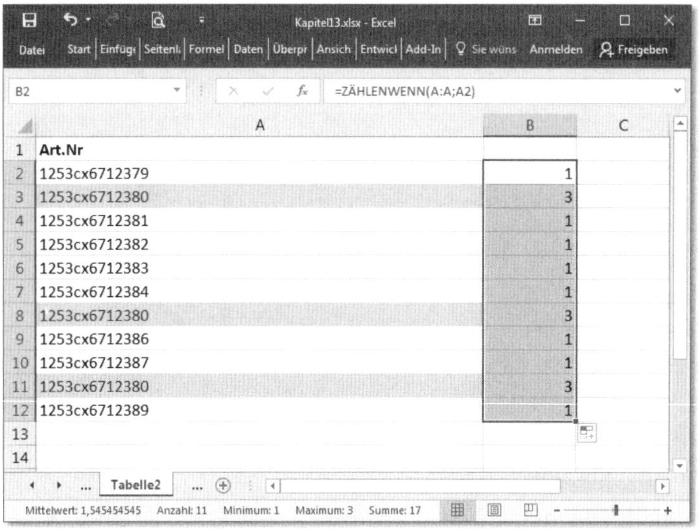

Abbildung 13.6 In Spalte B wird die Zählung der Artikelnummern vorgenommen.

Verwendete Funktion in dieser Aufgabe

- ZÄHLENWENN

Syntax ZÄHLENWENN

Mit Hilfe der Tabellenfunktion ZÄHLENWENN können Sie nicht leere Zellen eines Bereichs zählen, deren Inhalte mit den Suchkriterien übereinstimmen. Diese Funktion finden Sie normalerweise in der Funktionskategorie Statistik.

- =ZÄHLENWENN(Bereich;Kriterien)

Das Argument Bereich ist der Zellenbereich, von dem Sie wissen möchten, wie viele seiner Zellen einen Inhalt haben, der mit den Suchkriterien übereinstimmt.

Beim Argument Kriterien werden die Kriterien in Form einer Zahl, eines Ausdrucks oder einer Zeichenfolge angegeben. Diese Kriterien bestimmen, welche Zellen gezählt werden.

13.1.3 Die letzte belegte Zelle einer Spalte einfärben

Letzen Wert einer Spalte ermitteln

Im nächsten Beispiel aus Abbildung 13.7 soll die letzte Zelle einer Spalte hervorgehoben werden, indem um den letzten Eintrag ein Rahmen gezogen sowie die Zelle mit der Farbe ORANGE eingefärbt werden soll.

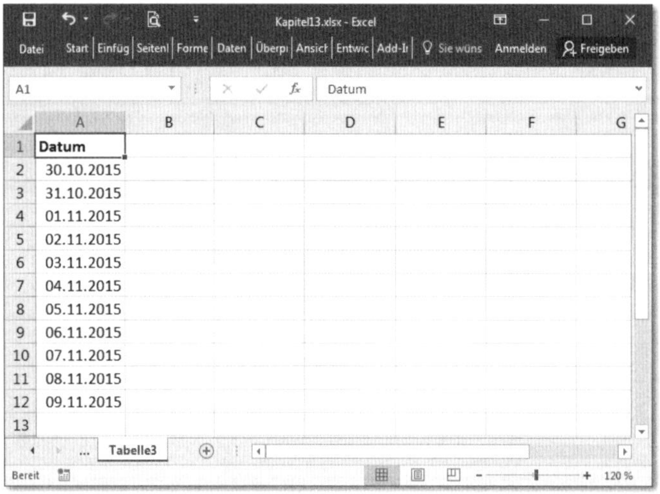

Abbildung 13.7 Das letzte Datum soll immer automatisch eingefärbt werden.

Bedingtes Format einstellen

1. Markieren Sie die komplette erste Spalte, indem Sie auf den Spaltenbuchstaben A klicken.
2. Klicken Sie im Menüband START auf die Schaltfläche BEDINGTE FORMATIERUNG.
3. Wählen Sie den Befehl NEUE REGEL.

4. Im Dialog NEUE FORMATIERUNGSREGEL wählen Sie den Eintrag FORMEL ZUR ERMITTLUNG DER ZU FORMATIERENDEN ZELLEN VERWENDEN.
5. Erfassen Sie im darunterliegenden Textfeld die Formel, wie in Abbildung 13.8 gezeigt.

Abbildung 13.8 Die letzte, belegte Zelle ermitteln

6. Erfassen Sie die Formel **=ANZAHL2(A:A)=ZEILE(A1)**.
7. Klicken Sie die Schaltfläche FORMATIEREN.
8. Wechseln Sie auf die Registerkarte RAHMEN.
9. Klicken Sie die Schaltfläche AUSSEN.
10. Auf der Registerkarte AUSFÜLLEN wählen Sie die Farbe ORANGE aus.
11. Bestätigen Sie zweimal mit OK.

Das Ergebnis sehen Sie in Abbildung 13.9.

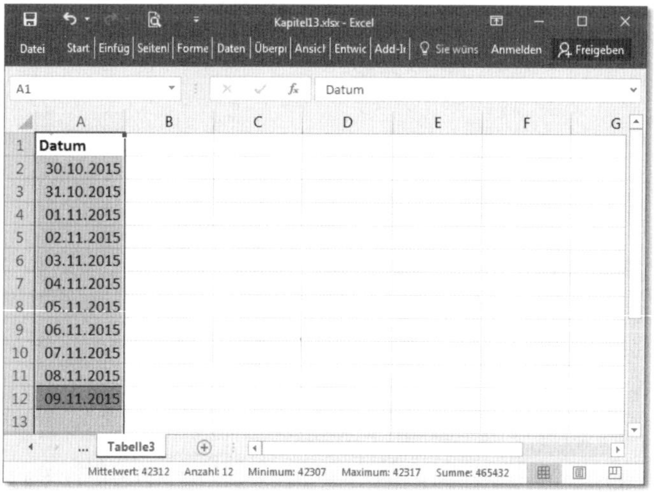

Abbildung 13.9 Die letzte Zelle der Spalte A wird hervorgehoben.

Verwendete Funktionen in dieser Aufgabe

- **ANZAHL2**

  Syntax ANZAHL2

  Mit Hilfe der Tabellenfunktion ANZAHL2 können Sie ermitteln, wie viele Werte eine Liste von Argumenten enthält. Dabei werden allerlei Eingaben gezählt.
- **=ANZAHL2(Wert1;Wert2;...)**

  Geben Sie in den Argumenten Wert1, Wert2, ... (bis zu 30 Argumente) die Werte bzw. den Zellenbereich an, die Sie in die Zählung einbeziehen möchten. Gezählt werden alle eingegebenen Werte, nicht aber Leerzellen.
- **ZEILE**

  Syntax ZEILE

  Mit Hilfe der Tabellenfunktion ZEILE können Sie die Zeilennummer eines Bezugs ermitteln.
- **=ZEILE(Bezug)**

  Im Argument Bezug wird die Zelle oder der Zellenbereich angegeben, deren bzw. dessen Zeilennummer Sie ermitteln möchten.

13.1.4 Die letzte belegte Zelle einer Zeile einfärben

Letzten Eintrag einer Zeile ermitteln

Im nächsten Beispiel aus Abbildung 13.10 soll jeweils die letzte Zelle einer Zeile hervorgehoben werden, indem um den letzten Eintrag ein Rahmen gezogen sowie die Zelle mit der Farbe GRÜN eingefärbt werden soll.

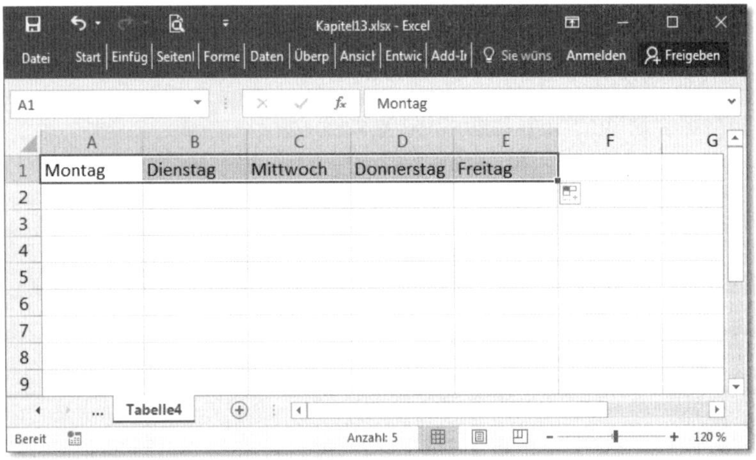

Abbildung 13.10 Die letzte belegte Zelle in Zeile 1 soll gekennzeichnet werden.

Bedingtes Format einstellen

1. Markieren Sie die komplette erste Zeile, indem Sie auf die Zeilennummer 1 klicken.
2. Klicken Sie im Menüband START auf die Schaltfläche BEDINGTE FORMATIERUNG.

3. Wählen Sie den Befehl NEUE REGEL.
4. Im Dialog NEUE FORMATIERUNGSREGEL wählen Sie den Eintrag FORMEL ZUR ERMITTLUNG DER ZU FORMATIERENDEN ZELLEN VERWENDEN.
5. Erfassen Sie im darunterliegenden Textfeld die Formel, wie in Abbildung 13.11 gezeigt.

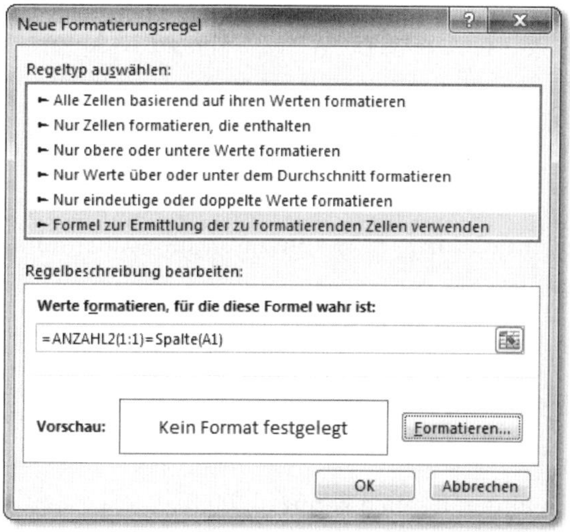

Abbildung 13.11 Eine Formel zur Ermittlung der letzten belegten Zelle einer Zeile einsetzen

6. Erfassen Sie die Formel **=ANZAHL2(1:1)=SPALTE(A1)**.
7. Klicken Sie die Schaltfläche FORMATIEREN.
8. Wechseln Sie auf die Registerkarte RAHMEN.
9. Klicken Sie die Schaltfläche AUSSEN.
10. Auf der Registerkarte AUSFÜLLEN wählen Sie die Farbe GRÜN aus.
11. Bestätigen Sie zweimal mit OK.

Abbildung 13.12 zeigt das Ergebnis.

Abbildung 13.12 Die letzte belegte Zelle der ersten Zeile wird hervorgehoben.

Verwendete Funktionen in dieser Aufgabe

- **ANZAHL2**

Syntax ANZAHL2

Mit Hilfe der Tabellenfunktion ANZAHL2 können Sie ermitteln, wie viele Werte eine Liste von Argumenten enthält. Dabei werden allerlei Eingaben gezählt.

- **=ANZAHL2(Wert1;Wert2;...)**

Geben Sie in den Argumenten Wert1, Wert2, ... (bis zu 30 Argumente) die Werte bzw. den Zellenbereich an, die Sie in die Zählung einbeziehen möchten. Gezählt werden alle eingegebenen Werte, nicht aber Leerzellen.

- **SPALTE**

Syntax SPALTE

Mit Hilfe der Tabellenfunktion SPALTE können Sie die Spaltennummer eines Bezugs zurückgeben.

- **=SPALTE(Bezug)**

Geben Sie im Argument Bezug die Zelle oder den Zellenbereich an, deren bzw. dessen Spaltennummer Sie ermitteln möchten.

13.1.5 Leere Zellen in einem Bereich kennzeichnen

Leere Zellen aufspüren

Möchten Sie die Funktion ISTLEER im Zusammenspiel mit der bedingten Formatierung von Excel einsetzen, dann befolgen Sie die nächsten Arbeitsschritte:

1. Markieren Sie den Bereich A1:D1.
2. Klicken Sie im Menüband START auf die Schaltfläche BEDINGTE FORMATIERUNG.
3. Wählen Sie den Befehl NEUE REGEL.
4. Im Dialog NEUE FORMATIERUNGSREGEL wählen Sie den Eintrag FORMEL ZUR ERMITTLUNG DER ZU FORMATIERENDEN ZELLEN VERWENDEN.
5. Erfassen Sie im darunterliegenden Textfeld die Formel, wie in Abbildung 13.13 gezeigt.
6. Klicken Sie die Schaltfläche FORMATIEREN.
7. Wechseln Sie danach auf die Registerkarte AUSFÜLLEN.
8. Wählen Sie aus der Farbpalette die Farbe ROT aus.
9. Bestätigen Sie zweimal mit OK.

Das Ergebnis sehen Sie in Abbildung 13.14.

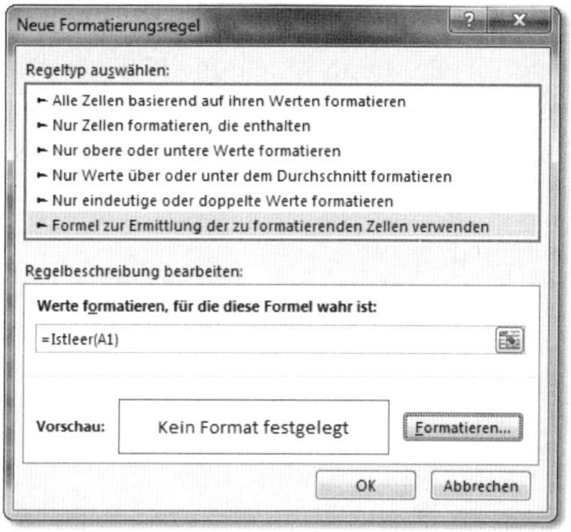

Abbildung 13.13 Leere Zellen über eine Funktion aufspüren

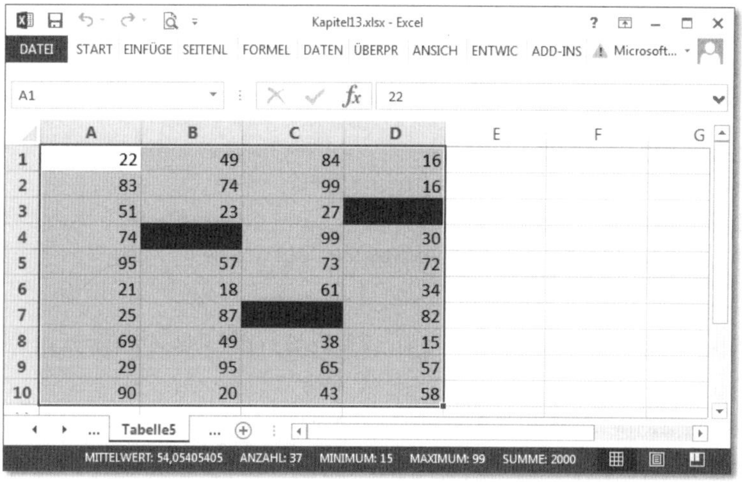

Abbildung 13.14 Alle leeren Zellen wurden automatisch gekennzeichnet.

Verwendete Funktion in dieser Aufgabe

- **ISTLEER**
  Die Funktion ISTLEER gibt den Wahrheitswert WAHR zurück, wenn das Argument für den Wert einen Bezug auf eine leere Zelle darstellt. Andernfalls wird FALSCH zurückgegeben.

Syntax ISTLEER

- **ISTLEER(Wert)**
  Das Argument Wert ist erforderlich, es ist der Wert, der geprüft werden soll. Das Argument für den Wert kann eine leere Zelle, ein Fehlerwert, ein Wahrheitswert, Text, eine Zahl, ein Bezugswert oder ein Name sein, der sich auf eine dieser Möglichkeiten bezieht.

13.1.6 Den Zeitpunkt des besten/schlechtesten Wertes ermitteln

Datum von »Rand«-Umsätzen ermitteln

Als Ausgangssituation liegt eine Tabelle wie in Abbildung 13.15 vor. Die Aufgabe besteht nun darin, zuerst einmal den größten bzw. den kleinsten Wert zu ermitteln. Danach muss dann das dazugehörige Datum herausgesucht werden.

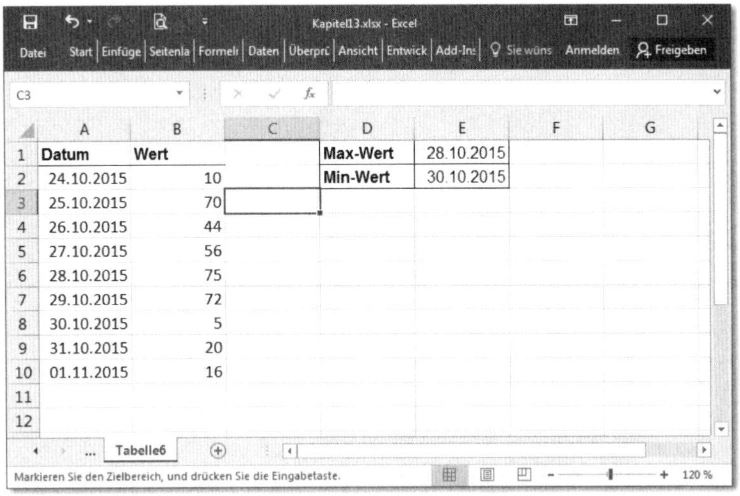

	A	B	C	D	E
1	Datum	Wert		Max-Wert	28.10.2015
2	24.10.2015	10		Min-Wert	30.10.2015
3	25.10.2015	70			
4	26.10.2015	44			
5	27.10.2015	56			
6	28.10.2015	75			
7	29.10.2015	72			
8	30.10.2015	5			
9	31.10.2015	20			
10	01.11.2015	16			

Abbildung 13.15 Wo liegt der größte bzw. der kleinste Wert?

Wenden Sie die bedingte Formatierung wie folgt an:

Bedingtes Format einstellen

1. Markieren Sie den Zellenbereich A1:B10.
2. Klicken Sie im Menüband START auf die Schaltfläche BEDINGTE FORMATIERUNG.
3. Wählen Sie den Befehl NEUE REGEL.
4. Im Dialog NEUE FORMATIERUNGSREGEL wählen Sie den Eintrag FORMEL ZUR ERMITTLUNG DER ZU FORMATIERENDEN ZELLEN VERWENDEN.
5. Erfassen Sie im Textfeld die Formel, wie in Abbildung 13.16 gezeigt.
6. Klicken Sie die Schaltfläche FORMATIEREN.
7. Wechseln Sie danach auf die Registerkarte AUSFÜLLEN.
8. Wählen Sie aus der Farbpalette die Farbe BLAU aus.
9. Bestätigen Sie zweimal mit OK.
10. Wiederholen Sie den Vorgang, indem Sie eine weitere Formatierungsregel einstellen. Verwenden Sie dabei die Formel **=$B1=MIN($B$1:$B$10)** und die Farbe ORANGE.

Wie übersichtlich das sein kann, sehen Sie in Abbildung 13.17.

Abbildung 13.16 Den größten Wert im Bereich B1:B10 finden

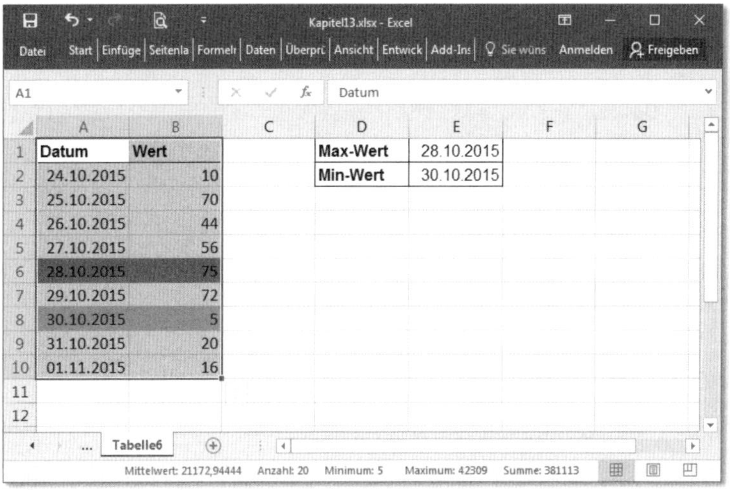

Abbildung 13.17 Die beiden gesuchten Werte wurden gefunden und gekennzeichnet.

Verwendete Funktionen in dieser Aufgabe

- MAX

  Mit Hilfe der Tabellenfunktion MAX können Sie den größten Wert innerhalb einer Argumentliste oder eines Zellenbereichs ermitteln.

  Syntax MAX

- =MAX(Zahl1;Zahl2;...)

  Geben Sie in den Argumenten Zahl1, Zahl2, ... (bis zu 30) die Zahl bzw. den Zellbezug an, aus denen Sie die größte Zahl heraussuchen möchten.

- MIN

  Mit Hilfe der Tabellenfunktion MIN können Sie den kleinsten Wert innerhalb einer Argumentliste oder eines Zellenbereichs ermitteln.

  Syntax MIN

- =MIN(Zahl1;Zahl2;...)
  Geben Sie in den Argumenten Zahl1, Zahl2, ... (bis zu 30) die Zahl bzw. den Zellbezug an, aus denen Sie die kleinste Zahl heraussuchen möchten.

13.1.7 Jede dritte Zeile hervorheben

Zeilen im Wechsel formatieren

Bei der folgenden Aufgabe soll eine reine Formatierung von Zeilen stattfinden. Dabei färben Sie jede dritte Zeile mit der Hintergrundfarbe GRAU. Dabei gehen Sie von der Tabelle in Abbildung 13.18 aus.

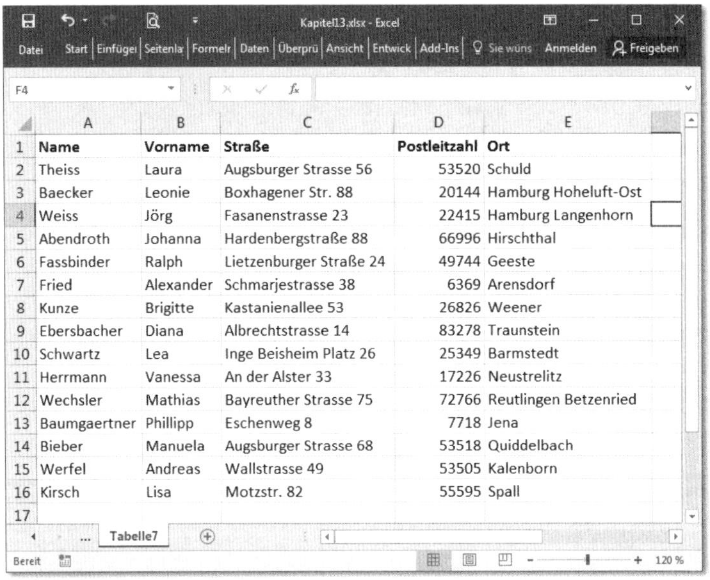

	A	B	C	D	E
1	Name	Vorname	Straße	Postleitzahl	Ort
2	Theiss	Laura	Augsburger Strasse 56	53520	Schuld
3	Baecker	Leonie	Boxhagener Str. 88	20144	Hamburg Hoheluft-Ost
4	Weiss	Jörg	Fasanenstrasse 23	22415	Hamburg Langenhorn
5	Abendroth	Johanna	Hardenbergstraße 88	66996	Hirschthal
6	Fassbinder	Ralph	Lietzenburger Straße 24	49744	Geeste
7	Fried	Alexander	Schmarjestrasse 38	6369	Arensdorf
8	Kunze	Brigitte	Kastanienallee 53	26826	Weener
9	Ebersbacher	Diana	Albrechtstrasse 14	83278	Traunstein
10	Schwartz	Lea	Inge Beisheim Platz 26	25349	Barmstedt
11	Herrmann	Vanessa	An der Alster 33	17226	Neustrelitz
12	Wechsler	Mathias	Bayreuther Strasse 75	72766	Reutlingen Betzenried
13	Baumgaertner	Phillipp	Eschenweg 8	7718	Jena
14	Bieber	Manuela	Augsburger Strasse 68	53518	Quiddelbach
15	Werfel	Andreas	Wallstrasse 49	53505	Kalenborn
16	Kirsch	Lisa	Motzstr. 82	55595	Spall
17					

Abbildung 13.18 Eine unformatierte Adresstabelle

Bedingtes Format einstellen

1. Markieren Sie den kompletten gefüllten Datenbereich. Setzen Sie dazu den Mauszeiger auf Zelle A1, und drücken Sie die Tastenkombination [Strg] + [⇧] + [*].
2. Klicken Sie im Menüband START auf die Schaltfläche BEDINGTE FORMATIERUNG.
3. Wählen Sie den Befehl NEUE REGEL.
4. Im Dialog NEUE FORMATIERUNGSREGEL wählen Sie den Eintrag FORMEL ZUR ERMITTLUNG DER ZU FORMATIERENDEN ZELLEN VERWENDEN.
5. Erfassen Sie im Textfeld die Formel, wie in Abbildung 13.19 gezeigt.
6. Klicken Sie die Schaltfläche FORMATIEREN.
7. Wechseln Sie danach auf die Registerkarte AUSFÜLLEN.

Abbildung 13.19 Formel zum Ermitteln jeder dritten Zeile

8. Wählen Sie aus der Farbpalette die Farbe GRAU aus.
9. Bestätigen Sie zweimal mit OK.

Das Ergebnis sehen Sie in Abbildung 13.20.

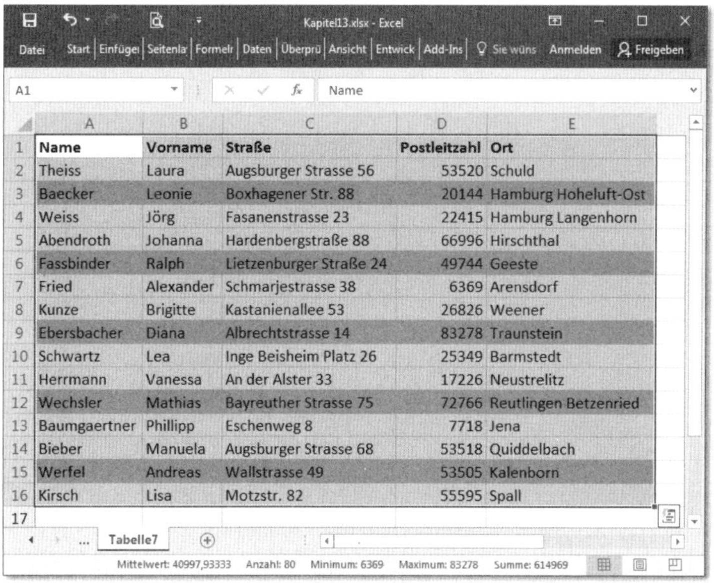

Abbildung 13.20 Jede dritte Zeile wurde hervorgehoben.

Verwendete Funktionen in dieser Aufgabe

- REST

  Mit Hilfe der Tabellenfunktion REST können Sie den Rest aus einer Division ermitteln. Dabei hat das Ergebnis dasselbe Vorzeichen wie der Divisor.

  Syntax REST

- **=REST(Zahl;Divisor)**
  Im Argument Zahl geben Sie die Zahl an, für die der Rest einer Division gesucht wird. Im Argument Divisor geben Sie den Divisor an.
- **ZEILE**

Syntax ZEILE

  Mit Hilfe der Tabellenfunktion ZEILE können Sie die Zeilennummer eines Bezugs ermitteln.
- **=ZEILE(Bezug)**
  Im Argument Bezug wird die Zelle oder der Zellenbereich angegeben, deren bzw. dessen Zeilennummer Sie ermitteln möchten.

13.1.8 Fehlerhafte Formelergebnisse kennzeichnen

Fehlerwerte hervorheben

Wenn Sie eine Zahl durch den Wert 0 dividieren, dann quittiert Ihnen diese Operation einen Fehlerwert #DIV/0!. Sehen Sie sich vorab dazu einmal Abbildung 13.21 an.

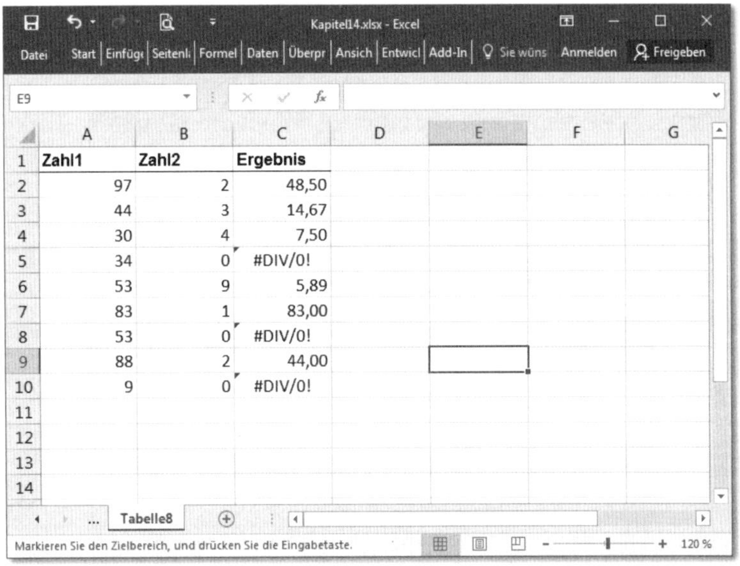

Abbildung 13.21 Wie viele Fehler stecken in der Tabelle?

Sie können diese Frage mit Hilfe der bedingten Formatierung beantworten. Gehen Sie dazu wie folgt vor:

Bedingtes Format einstellen

1. Markieren Sie den Zellenbereich C2:C10.
2. Klicken Sie im Menüband START auf die Schaltfläche BEDINGTE FORMATIERUNG.
3. Wählen Sie den Befehl NEUE REGEL.

4. Im Dialog NEUE FORMATIERUNGSREGEL wählen Sie den Eintrag FORMEL ZUR ERMITTLUNG DER ZU FORMATIERENDEN ZELLEN VERWENDEN.
5. Erfassen Sie im Textfeld die Formel, wie in Abbildung 13.22 gezeigt.

Abbildung 13.22 Die Fehlerwerte mit Hilfe einer Funktion aufspüren

6. Klicken Sie die Schaltfläche FORMATIEREN.
7. Wechseln Sie danach auf die Registerkarte AUSFÜLLEN.
8. Wählen Sie aus der Farbpalette die Farbe ROT aus.
9. Bestätigen Sie zweimal mit OK.

Abbildung 13.23 offenbart Ihnen drei Fehler.

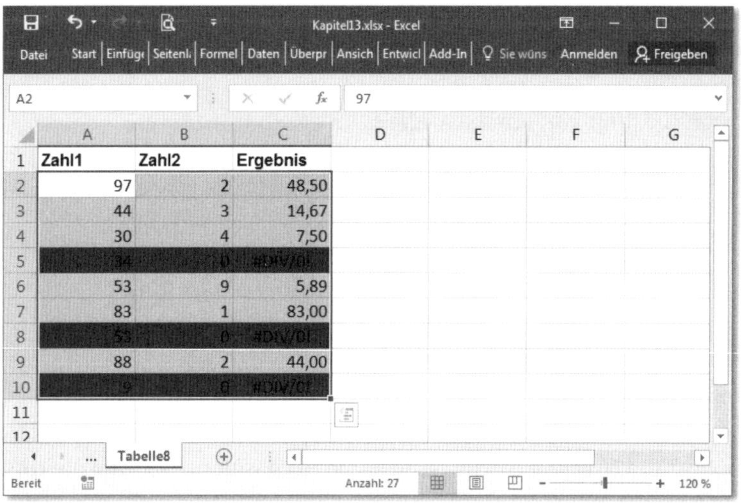

Abbildung 13.23 Fehlerhafte Datensätze automatisch einfärben

Verwendete Funktion in dieser Aufgabe

Syntax ISTFEHLER

- **ISTFEHLER**
  Mit Hilfe dieser Funktion wird ein möglicher Fehlerwert überprüft, und sie gibt je nach Ergebnis WAHR oder FALSCH zurück.
- **=ISTFEHLER(Wert)**
  Das Argument Wert bezieht sich auf einen beliebigen Fehlerwert (#NV, #WERT!, #BEZUG!, #DIV/0!, #ZAHL!, #NAME? oder #NULL!).

13.1.9 Eine Ampelfunktion einsetzen

Werte bedingt hervorheben

Bei der folgenden Aufgabenstellung liegt eine Tabelle mit Umsätzen vor, wie in Abbildung 13.24 gezeigt.

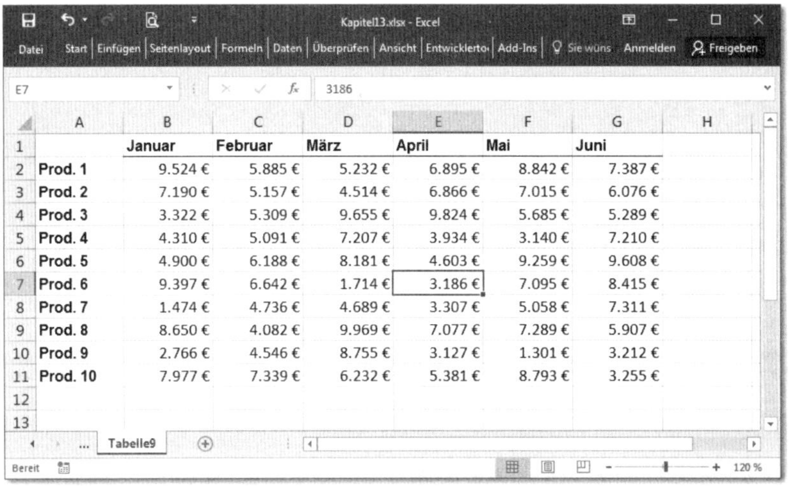

	Januar	Februar	März	April	Mai	Juni
Prod. 1	9.524 €	5.885 €	5.232 €	6.895 €	8.842 €	7.387 €
Prod. 2	7.190 €	5.157 €	4.514 €	6.866 €	7.015 €	6.076 €
Prod. 3	3.322 €	5.309 €	9.655 €	9.824 €	5.685 €	5.289 €
Prod. 4	4.310 €	5.091 €	7.207 €	3.934 €	3.140 €	7.210 €
Prod. 5	4.900 €	6.188 €	8.181 €	4.603 €	9.259 €	9.608 €
Prod. 6	9.397 €	6.642 €	1.714 €	3.186 €	7.095 €	8.415 €
Prod. 7	1.474 €	4.736 €	4.689 €	3.307 €	5.058 €	7.311 €
Prod. 8	8.650 €	4.082 €	9.969 €	7.077 €	7.289 €	5.907 €
Prod. 9	2.766 €	4.546 €	8.755 €	3.127 €	1.301 €	3.212 €
Prod. 10	7.977 €	7.339 €	6.232 €	5.381 €	8.793 €	3.255 €

Abbildung 13.24 In diese Darstellung sollen Ampeln integriert werden.

Gehen Sie wie folgt vor, um die Ampelsymbole zu integrieren:

Ampeln hinzufügen

1. Markieren Sie den Zellenbereich B2:G11.
2. Klicken Sie im Menüband START auf die Schaltfläche BEDINGTE FORMATIERUNG.
3. Wählen Sie den Befehl SYMBOLSÄTZE • 3 AMPELN (MIT RAND).

In Abbildung 13.25 sehen Sie das Ergebnis.

Bei dieser Funktionalität legt Excel automatisch in Drittelscheiben fest, welches Symbol verwendet wird. Für das obere Drittel die Ampel GRÜN, für das mittlere Drittel die Ampel GELB und für das untere Drittel die rote Ampel.

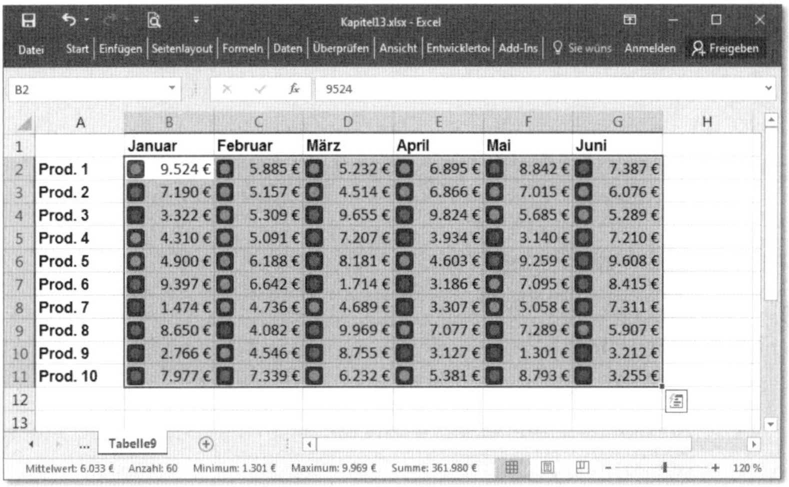

Abbildung 13.25 Die Darstellung wurde mit Ampeln versehen.

Ampelschaltung anpassen

Diese Einteilung können Sie aber wie folgt anpassen:

1. Markieren Sie den Zellenbereich B2:G11.
2. Klicken Sie im Menüband START auf die Schaltfläche BEDINGTE FORMATIERUNG.
3. Wählen Sie den Befehl REGELN VERWALTEN.
4. Klicken Sie danach auf die Schaltfläche REGEL BEARBEITEN.

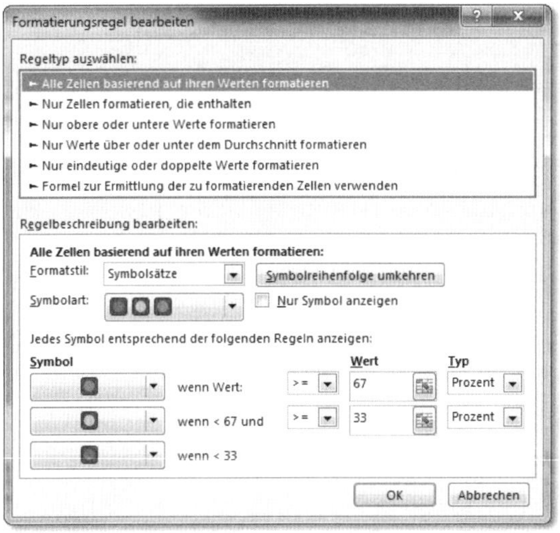

Abbildung 13.26 Die Regel nachschärfen

5. Im Dialog FORMATIERUNGSREGEL BEARBEITEN können Sie die Einteilung dynamisch vornehmen (siehe Abbildung 13.26). Ändern Sie bei-

spielsweise die beiden Dropdown-Menüs TYP, indem Sie dort den Eintrag ZAHL einstellen.

6. Legen Sie die entsprechenden Zahlen für die Ampeln zugrunde (> 8000 = Grün, < 8000 und > 6000 = Gelb, < 6000 = Rot).
7. Bestätigen Sie diese Anpassung zweimal mit OK.

13.1.10 Einen Kalender erstellen

Ein Kalender in wenigen Schritten

Wie wäre es denn, wenn Sie mit ein paar Handgriffen einen kompletten Kalender hätten, indem die Wochenenden automatisch eingefärbt werden? Gehen Sie zunächst wie folgt vor, um einen neuen Kalender zu erstellen:

1. Setzen Sie den Cursor in einer neuen Tabelle in die Zelle A2, und geben Sie den ersten Tag des Jahres 2016 ein.
2. Klicken Sie im Menüband START auf das Symbol FÜLLBEREICH.
3. Wählen Sie den Befehl REIHE.

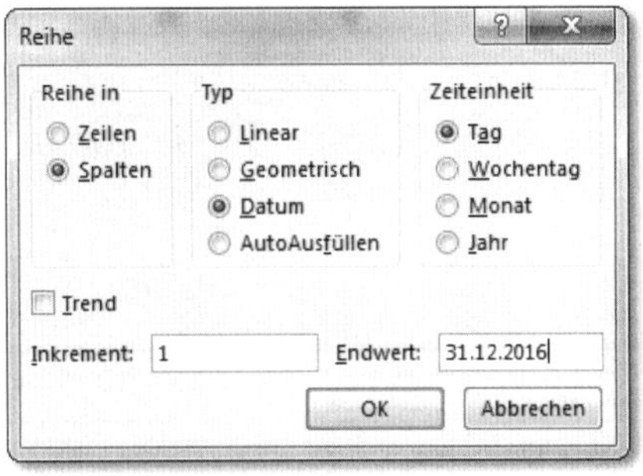

Abbildung 13.27 Ein komplettes Jahr anlegen

4. Aktivieren Sie die Option SPALTEN. Der TYP DATUM wird automatisch von Excel erkannt, und auch die ZEITEINHEIT TAG wird korrekt eingestellt (siehe Abbildung 13.27).
5. Geben Sie im Feld ENDWERT den »31.12.2016« ein.
6. Sobald Sie mit OK bestätigen, sieht Ihr Kalender aus wie in Abbildung 13.28.

   Zur besseren Übersichtlichkeit soll in Spalte B der dazugehörige Wochentag ausgegeben werden. Gehen Sie dazu wie folgt vor:

Wochentag ausgeben

7. Geben Sie in Zelle B2 die Formel **=A2** ein, und bestätigen Sie mit [↵].
8. Führen Sie einen Doppelklick auf das Ausfüllkästchen der Zelle B2 durch, um die Formel nach unten zu kopieren.
9. Rufen Sie den Dialog ZELLEN FORMATIEREN über die Tastenkombination [Strg] + [1] auf.

10. Wechseln Sie auf die Registerkarte ZAHLEN. Die eingestellte Kategorie DATUM wird automatisch von Excel erkannt.

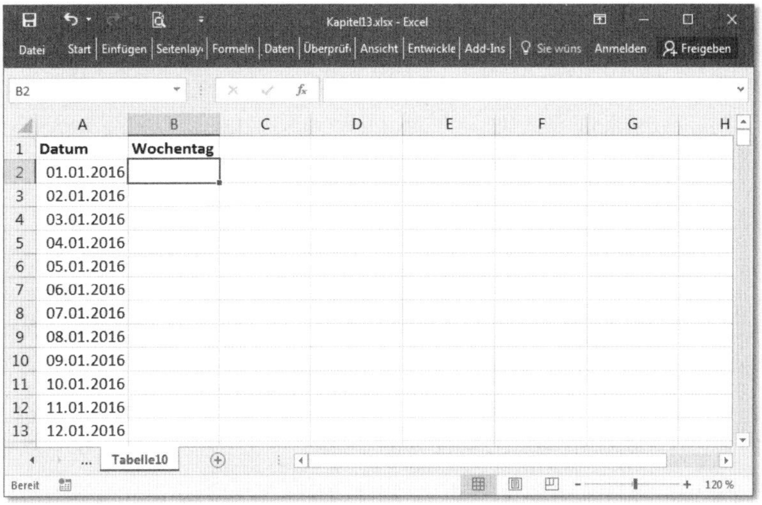

Abbildung 13.28 Das komplette Jahr wird in Spalte A angelegt.

11. Klicken Sie auf die Rubrik BENUTZERDEFINIERT.
12. Geben Sie im Feld TYP die Zeichenfolge TTTT ein.
13. Bestätigen Sie mit OK.
14. Klicken Sie abschließend im Menüband START auf das Symbol EINZUG VERGRÖSSERN. Der Kalender ist nun fast fertig (siehe Abbildung 13.29).

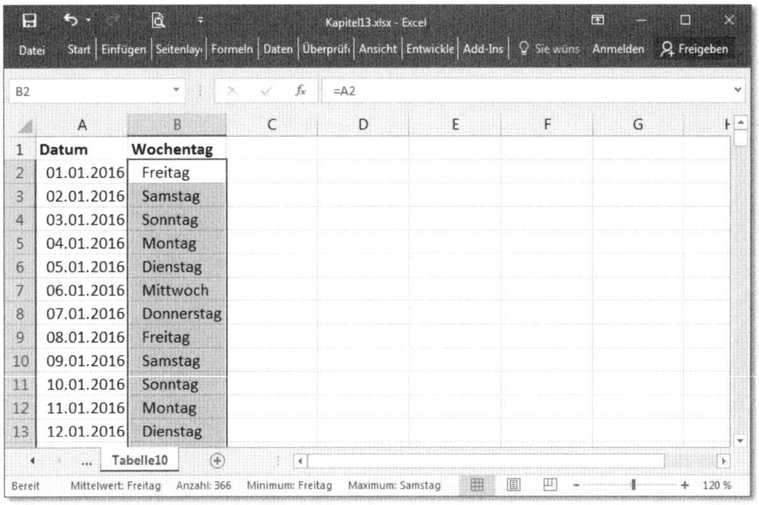

Abbildung 13.29 Der Kalender ist so weit fast fertig.

Wenden Sie jetzt die bedingte Formatierung von Excel an, um die Wochenenden im Kalender automatisch einzufärben. Verfahren Sie dazu wie folgt:

Wochenenden einfärben

1. Markieren Sie den gefüllten Datenbereich in den beiden Spalten A und B komplett. Markieren Sie dazu die beiden Zellen A1:B1, halten die [⇧]-Taste gedrückt, und führen Sie einen Doppelklick auf den unteren Rand der Zelle aus.
2. Klicken Sie im Menüband START auf die Schaltfläche BEDINGTE FORMATIERUNG.
3. Wählen Sie den Befehl NEUE REGEL.
4. Im Dialog NEUE FORMATIERUNGSREGEL wählen Sie den Eintrag FORMEL ZUR ERMITTLUNG DER ZU FORMATIERENDEN ZELLEN VERWENDEN.
5. Erfassen Sie im Textfeld die Formel, wie in Abbildung 13.30 gezeigt.

Abbildung 13.30 Über eine Formel die Wochenenden ermitteln

6. Klicken Sie die Schaltfläche FORMATIEREN.
7. Wechseln Sie danach auf die Registerkarte AUSFÜLLEN.
8. Wählen Sie aus dem Farbpalette die Farbe GRÜN aus.
9. Bestätigen Sie zweimal mit OK.

Das Ergebnis sehen Sie in Abbildung 13.31.

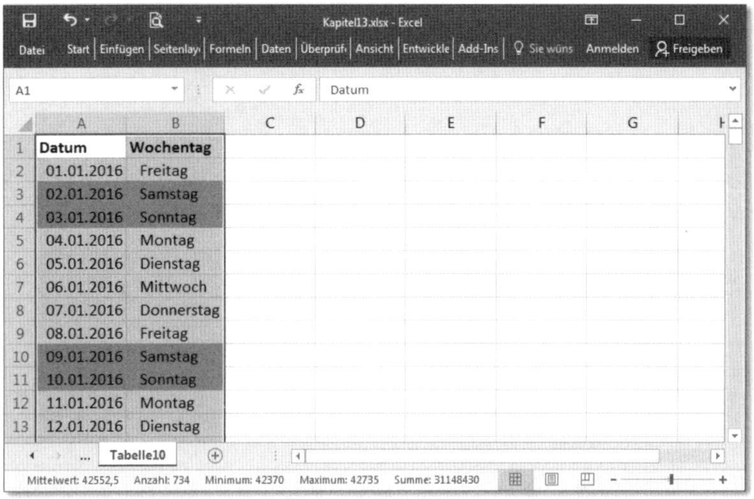

Abbildung 13.31 Im Kalender wurden automatisch die Wochenenden gekennzeichnet.

Verwendete Funktionen in dieser Aufgabe

- **WOCHENTAG**

  Syntax WOCHENTAG

  Mit Hilfe der Tabellenfunktion WOCHENTAG können Sie anhand eines Datums bestimmen, ob es sich um einen Arbeitstag oder um einen Tag am Wochenende handelt. Der Tag wird standardmäßig als ganze Zahl ausgegeben, die einen Wert von 1 (Sonntag) bis 7 (Samstag) annehmen kann.

- **=WOCHENTAG(Datum;Typ)**

  Im Argument Datum wird das gewünschte Datum, zu dem Sie den Wochentag ermitteln möchten, eingegeben oder über einen Zellbezug hergestellt.

  Beim Argument Typ geben Sie eine Zahl (1, 2, oder 3) an, die den Typ des Rückgabewertes bestimmt. Mögliche Zahlenwerte sind dabei:

  - 1 oder nicht angegeben Zahl: 1 (Sonntag) bis 7 (Samstag); verhält sich wie frühere Microsoft Excel-Versionen.
  - 2: Zahl 1 (Montag) bis 7 (Sonntag)
  - 3: Zahl 0 (Montag) bis 6 (Sonntag)

13.1.11 Spalten miteinander vergleichen

Werte vergleichen

Bei der nächsten Aufgabenstellung sollen in TABELLE11 die Spalten A und B miteinander verglichen werden. Sehen Sie sich dazu einmal die Ausgangssituation in Abbildung 13.32 an.

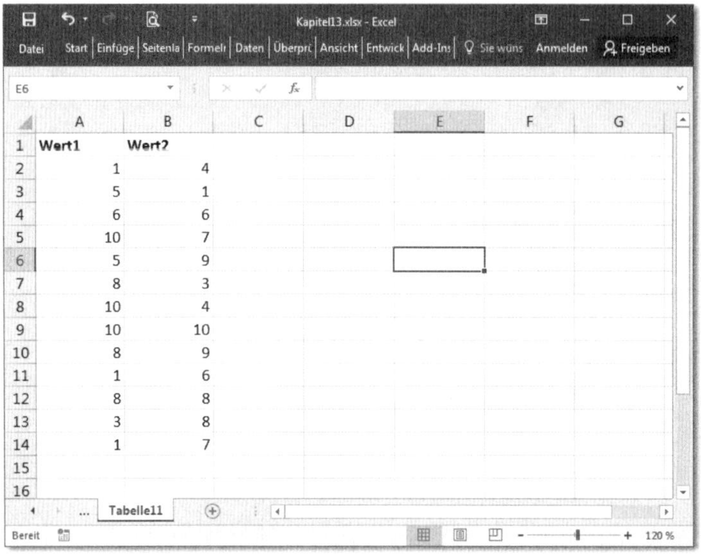

Abbildung 13.32 Diese beiden Spalten sollen miteinander verglichen werden.

Für die Darstellung der Unterschiede soll die bedingte Formatierung verwendet werden. Gehen Sie dazu wie folgt vor:

Bedingtes Format einstellen

1. Markieren Sie den Zellenbereich A2:A14.
2. Klicken Sie im Menüband START auf die Schaltfläche BEDINGTE FORMATIERUNG.
3. Wählen Sie den Befehl NEUE REGEL.
4. Im Dialog NEUE FORMATIERUNGSREGEL wählen Sie den Eintrag FORMEL ZUR ERMITTLUNG DER ZU FORMATIERENDEN ZELLEN VERWENDEN.
5. Erfassen Sie im Textfeld die Formel, wie in Abbildung 13.33 gezeigt.

Abbildung 13.33 Über eine Formel zwei Spalten miteinander vergleichen

6. Klicken Sie die Schaltfläche FORMATIEREN.
7. Wechseln Sie danach auf die Registerkarte AUSFÜLLEN.
8. Wählen Sie aus der Farbpalette die Farbe ROT aus.
9. Bestätigen Sie zweimal mit OK.
10. Wiederholen Sie das bedingte Format für den gleichen Zellenbereich, und geben Sie als Formel **=$A2>$B2** an. Wählen Sie dann aus der Farbpalette die Farbe GRÜN aus.
11. Führen Sie die gleichen Arbeitsschritte mit leicht abgewandelter Formeln auch für den Zellenbereich B2:B14 durch.

Abbildung 13.34 zeigt das Ergebnis.

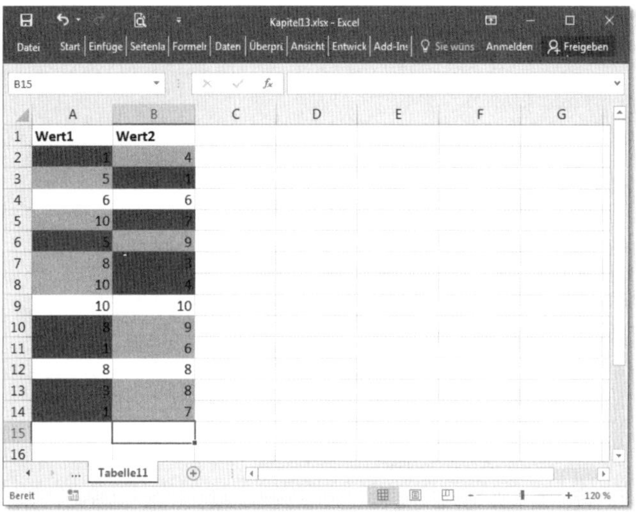

Abbildung 13.34 Wert größer = Grün, Wert kleiner = Rot

13.1.12 Zellen oberhalb/unterhalb des Mittelwertes kennzeichnen

Mittelwertsberechnung durchführen

Bei der nächsten Aufgabenstellung liegt ein Bereich in TABELLE12 vor, wie in Abbildung 13.35 gezeigt.

Beantworten Sie diese Frage, indem Sie die bedingte Formatierung wie folgt einsetzen:

1. Markieren Sie den Zellenbereich A1:F12.
2. Klicken Sie im Menüband START auf die Schaltfläche BEDINGTE FORMATIERUNG.
3. Wählen Sie den Befehl OBERE/UNTERE REGELN • ÜBER DEM DURCHSCHNITT, und sofort ändert sich die Tabelle, wie Sie in Abbildung 13.36 sehen.

Überdurchschnittliche Werte formatieren

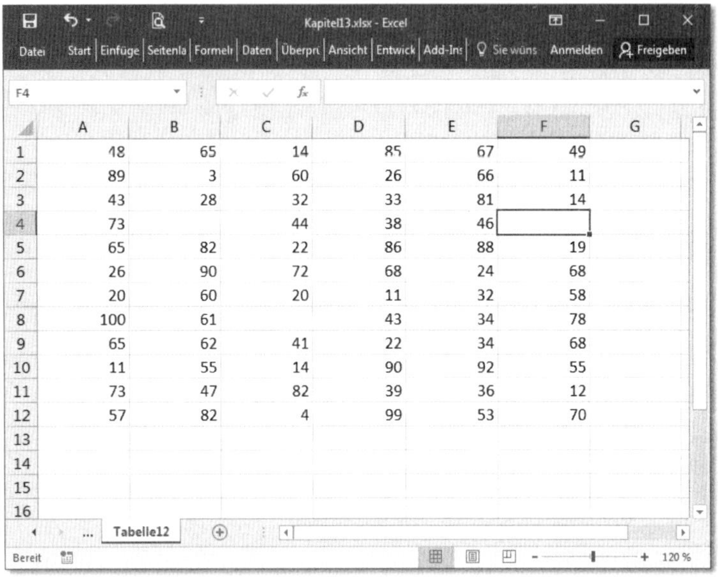

Abbildung 13.35 Wo liegen die Werte oberhalb des Mittewertes?

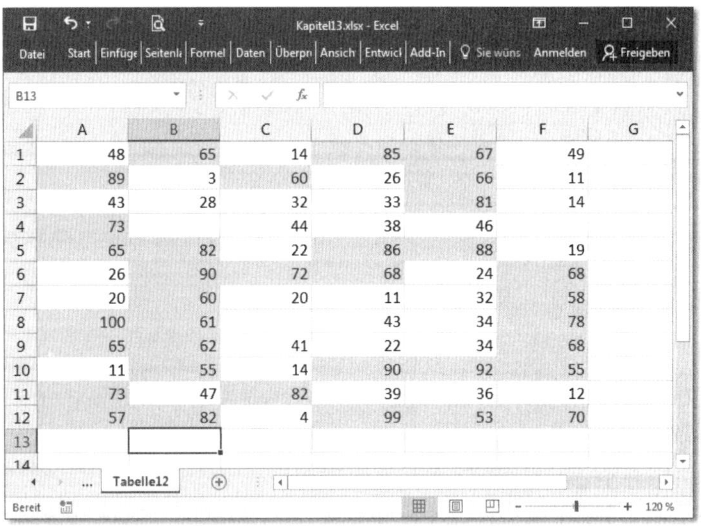

Abbildung 13.36 Die Formel MITTELWERT ist bereits in der bedingten Formatierung von Excel integriert.

13.1.13 Ein GANTT-Diagramm erstellen

Projekte darstellen

Mit Hilfe der bedingten Formatierung ist es sogar möglich, ein sogenanntes GANTT-Diagramm auf Zellenbasis zu erstellen. Sehen Sie sich zunächst einmal die Ausgangssituation in Abbildung 13.37 an.

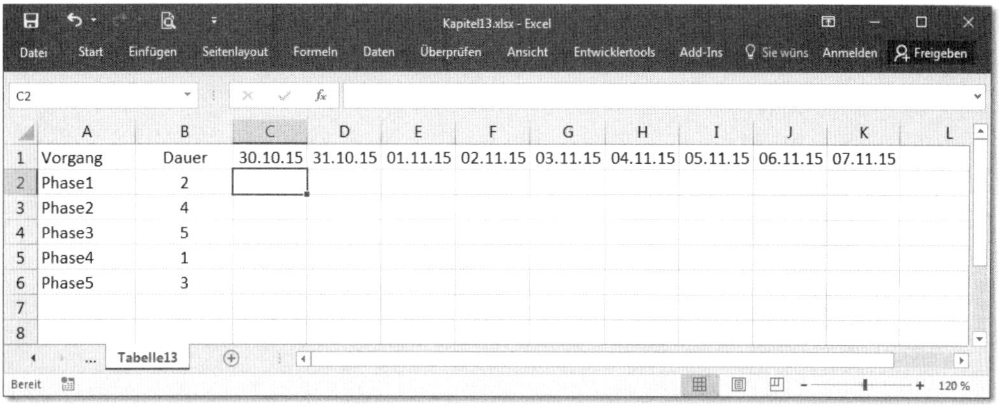

Abbildung 13.37 Die Dauer der Vorgänge soll im Zeitstrahl dargestellt werden.

GANTT-Diagramm erstellen

Gehen Sie wie folgt vor, um das GANTT-Diagramm zu erstellen:

1. Markieren Sie den Zellenbereich C2:K6.
2. Klicken Sie im Menüband START auf die Schaltfläche BEDINGTE FORMATIERUNG.
3. Wählen Sie den Befehl NEUE REGEL.
4. Im Dialog NEUE FORMATIERUNGSREGEL wählen Sie den Eintrag FORMEL ZUR ERMITTLUNG DER ZU FORMATIERENDEN ZELLEN VERWENDEN.
5. Erfassen Sie im Textfeld die Formel, wie in Abbildung 13.38 gezeigt.

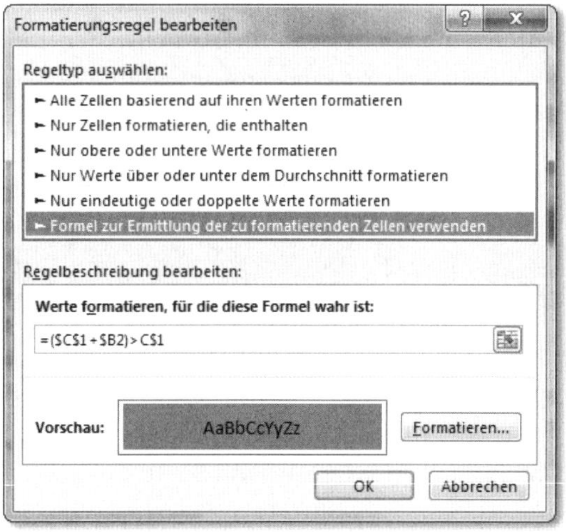

Abbildung 13.38 Einen Datumsabgleich durchführen

6. Klicken Sie die Schaltfläche FORMATIEREN.
7. Wechseln Sie danach auf die Registerkarte AUSFÜLLEN.

8. Wählen Sie aus der Farbpalette die Farbe BLAU aus.
9. Wechseln Sie auf die Registerkarte RAHMEN.
10. Wählen Sie die Farbe WEISS aus.
11. Klicken Sie die Schaltfläche AUSSEN.
12. Bestätigen Sie zweimal mit OK.

Das fertige GANTT-Diagramm sehen Sie in Abbildung 13.39.

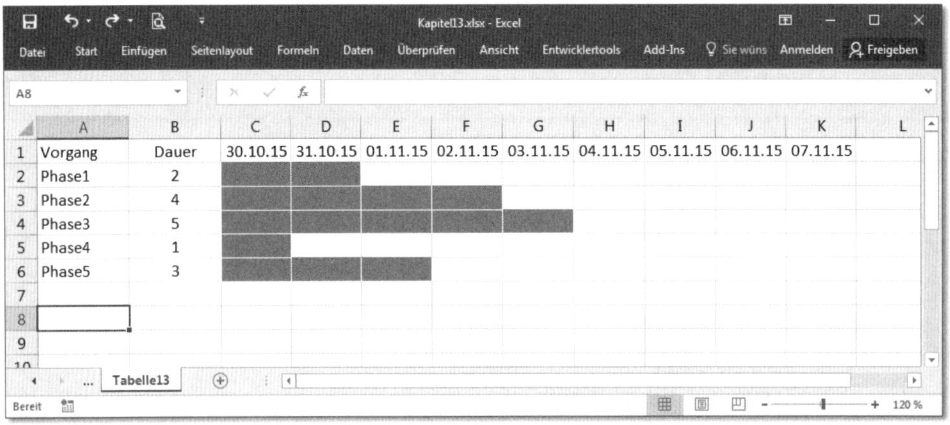

Abbildung 13.39 Die Balken werden über die Eingabe in Spalte B gesteuert.

13.1.14 Der erweiterte Projektplaner

Projekte besser planen

Beim vorherigen Beispiel fangen alle Phasen immer am gleichen Tag an und enden unterschiedlich. Möchten Sie eine Projektplanung erstellen, bei der jeder Vorgang aufeinander folgt, dann können Sie das ebenso mit der bedingten Formatierung mit Excel machen. Sehen Sie sich dazu einmal die Ausgangsituation in Abbildung 13.40 an.

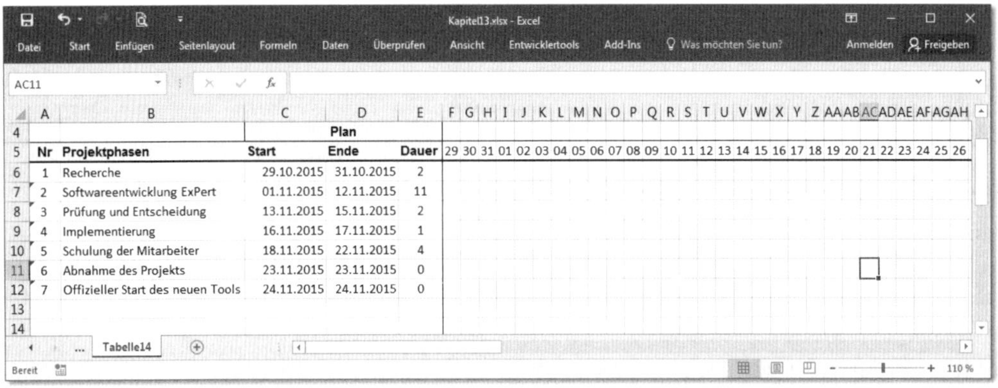

Abbildung 13.40 Als Vorgabe gibt es einen Start- und Endtermin.

Im Zellenbereich F6:FE12 sollen die benötigten Tage für die einzelnen Projektschritte nun gekennzeichnet werden. Dazu soll jeweils das Startdatum sowie das Enddatum eines Projektschrittes ermittelt und die entsprechenden Zellen mit der Hintergrundfarbe BLAU und der Rahmenfarbe WEISS formatiert werden. Um diese Aufgabe zu lösen, setzen Sie die bedingte Formatierung wie folgt ein:

Bedingtes Format einstellen

1. Markieren Sie den Zellenbereich F6:FE12.
2. Klicken Sie im Menüband START auf die Schaltfläche BEDINGTE FORMATIERUNG.
3. Wählen Sie den Befehl NEUE REGEL.
4. Im Dialog NEUE FORMATIERUNGSREGEL wählen Sie den Eintrag FORMEL ZUR ERMITTLUNG DER ZU FORMATIERENDEN ZELLEN VERWENDEN.
5. Erfassen Sie im Textfeld die Formel, wie in Abbildung 13.41 gezeigt.

Abbildung 13.41 Das Start- und Enddatum abgleichen

6. Klicken Sie die Schaltfläche FORMATIEREN.
7. Wechseln Sie danach auf die Registerkarte AUSFÜLLEN.
8. Wählen Sie aus der Farbpalette die Farbe BLAU aus.
9. Wechseln Sie auf die Registerkarte RAHMEN.
10. Wählen Sie die Farbe WEISS aus.
11. Klicken Sie die Schaltfläche AUSSEN.
12. Bestätigen Sie zweimal mit OK.

Den fertigen Projektplan sehen Sie in Abbildung 13.42.

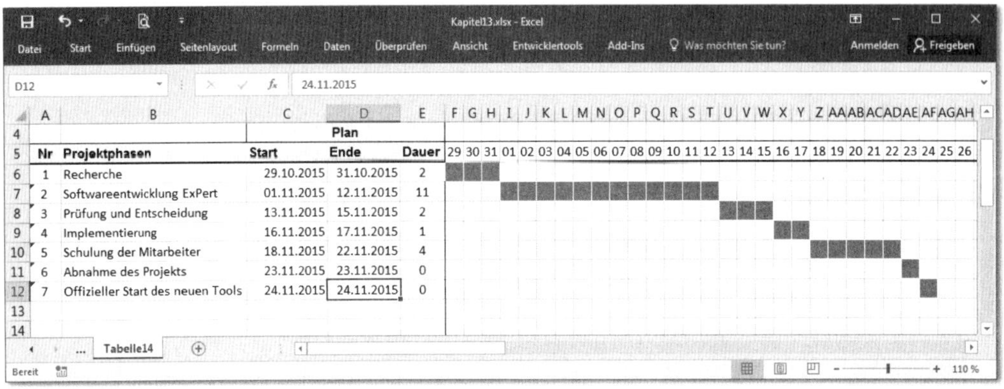

Abbildung 13.42 Der fertige Projektplan

13.1.15 Ungeschützte Zellen in einem Bereich erkennen

Zellen ohne Schutz erkennen

Bei der nächsten Aufgabe liegt ein Bereich in TABELLE15 vor, bei dem einige Zellen frei editierbar und andere gesperrt sind. Sehen Sie sich zunächst einmal Abbildung 13.43 an.

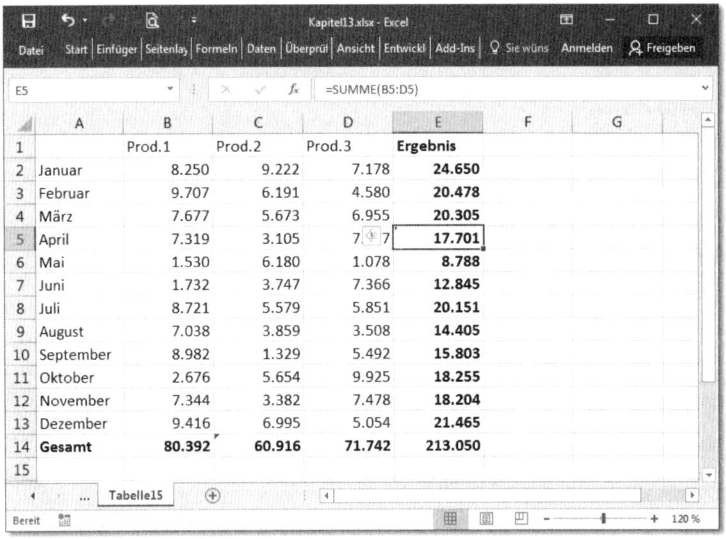

Abbildung 13.43 Wo stecken die nicht geschützten Zellen?

Rein optisch sehen Sie nach dieser Einstellung keinen Unterschied bei der Formatierung der Zellen. Ihre Aufgabe besteht jetzt darin, die »freien« Zellen mit der Hintergrundfarbe Gelb zu kennzeichnen, damit der Anwender später sofort erkennen kann, in welchen Zellen er Eingaben vornehmen darf.

Um diese Aufgabe zu lösen, verfahren Sie wie folgt:

Ungeschützte Zellen aufspüren

1. Markieren Sie den Zellenbereich A1:E14.
2. Klicken Sie im Menüband START auf die Schaltfläche BEDINGTE FORMATIERUNG.
3. Wählen Sie den Befehl NEUE REGEL.
4. Im Dialog NEUE FORMATIERUNGSREGEL wählen Sie den Eintrag FORMEL ZUR ERMITTLUNG DER ZU FORMATIERENDEN ZELLEN VERWENDEN.
5. Erfassen Sie im Textfeld die Formel, wie in Abbildung 13.44 gezeigt.

Abbildung 13.44 Über eine Formel den Zellenschutz abfragen

6. Klicken Sie die Schaltfläche FORMATIEREN.
7. Wechseln Sie danach auf die Registerkarte AUSFÜLLEN.
8. Wählen Sie aus der Farbpalette die Farbe GELB aus.
9. Bestätigen Sie zweimal mit OK.

Nun lassen sich die editierbaren Zellen leicht finden (siehe Abbildung 13.45).

Hinweis

Der eigentliche Schutz wird erst aktiv, wenn Sie im Menüband ÜBERPRÜFEN den Befehl BLATT SCHÜTZEN wählen.

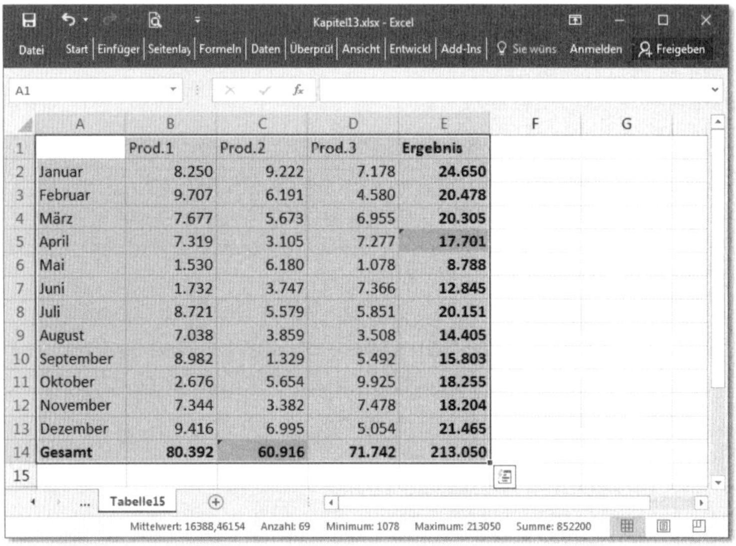

	A	B	C	D	E
1		Prod.1	Prod.2	Prod.3	**Ergebnis**
2	Januar	8.250	9.222	7.178	**24.650**
3	Februar	9.707	6.191	4.580	**20.478**
4	März	7.677	5.673	6.955	**20.305**
5	April	7.319	3.105	7.277	**17.701**
6	Mai	1.530	6.180	1.078	**8.788**
7	Juni	1.732	3.747	7.366	**12.845**
8	Juli	8.721	5.579	5.851	**20.151**
9	August	7.038	3.859	3.508	**14.405**
10	September	8.982	1.329	5.492	**15.803**
11	Oktober	2.676	5.654	9.925	**18.255**
12	November	7.344	3.382	7.478	**18.204**
13	Dezember	9.416	6.995	5.054	**21.465**
14	**Gesamt**	**80.392**	**60.916**	**71.742**	**213.050**

Abbildung 13.45 Die ungeschützten Zellen wurden hervorgehoben.

13.2 Formeln im Zusammenspiel mit der Gültigkeitsprüfung

Auch für das Zusammenspiel der Gültigkeitsprüfung mit Formeln gibt es schöne Beispiele, die Sie auf den nächsten Seiten kennenlernen werden.

13.2.1 Eingabelänge und Eingabeform festlegen

Eingabelänge festlegen

Mit Hilfe der Funktion Datenüberprüfung können Sie in Excel einem Anwender vorgeben, welche Eingaben er in bestimmten Zellen vornehmen kann. Im folgenden Beispiel in Abbildung 13.46 sollen alle Eingaben im Bereich A1:A10 nicht länger und nicht kürzer als 4 Zeichen sein. Des Weiteren soll an der zweiten Stelle einer jeden Zelle ein Leerzeichen eingegeben werden müssen.

Stellen Sie die Gültigkeitsfunktion wie folgt ein:

Eingabelänge überprüfen

1. Markieren Sie den Zellenbereich A1:A10.
2. Wählen Sie aus dem Menüband DATEN den Befehl DATENÜBERPRÜFUNG.
3. Im Dialog DATENÜBERPRÜFUNG wechseln Sie auf die Registerkarte EINSTELLUNGEN.
4. Wählen Sie aus dem Kombinationsfeld ZULASSEN den Befehl BENUTZERDEFINIERT.

5. Im Feld FORMEL erfassen Sie die Formel **=UND(LÄNGE(A1)=4;ISTFEHLER(WERT(LINKS(A1;1)));ISTFEHLER(WERT(TEIL(A1;2;1)=" ")))**.
6. Wechseln Sie auf die Registerkarte FEHLERMELDUNG.
7. Legen Sie einen Titel sowie einen Fehlertext fest, der automatisch angezeigt werden soll, wenn eine Falscheingabe vorgenommen wird (siehe Abbildung 13.47).
8. Bestätigen Sie die Einstellungen mit OK.

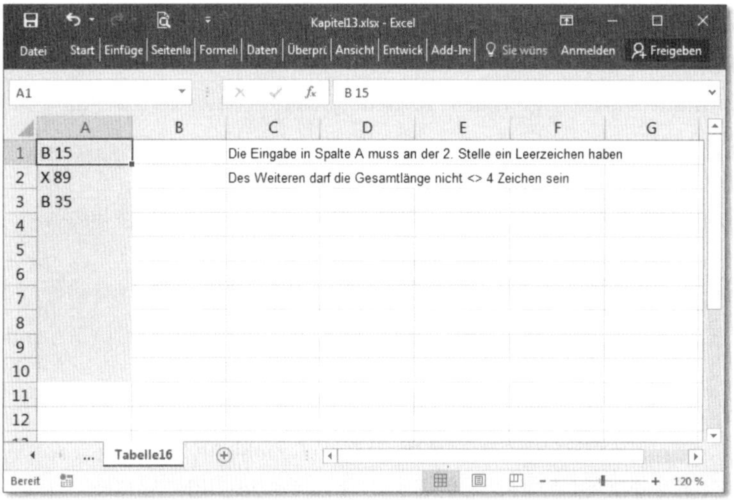

Abbildung 13.46 Wie können Sie dafür sorgen, dass die Eingaben richtig vorgenommen werden?

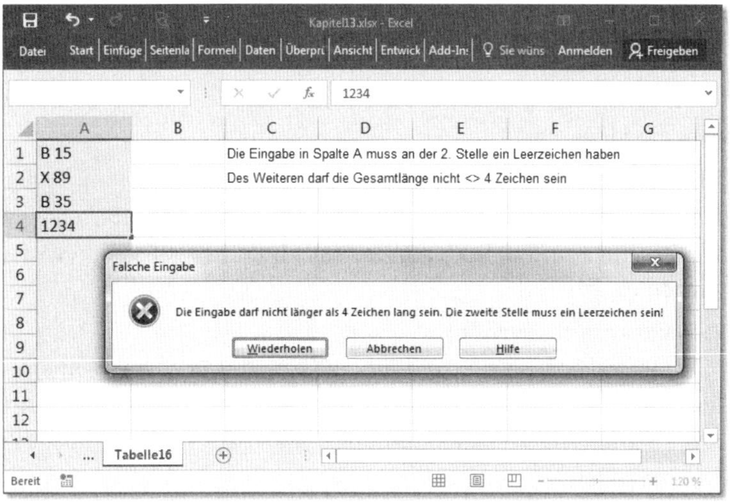

Abbildung 13.47 Alle ungültigen Eingaben werden sofort verworfen.

Verwendete Funktionen in dieser Aufgabe

- **UND**

Syntax UND

Mit der Funktion UND können Sie bis zu 30 Bedingungen prüfen. Hierbei müssen alle Bedingungen erfüllt sein. Diese Funktion wird oft im Zusammenspiel mit der Tabellenfunktion WENN eingesetzt.

- **=UND(Wahrheitswert1;Wahrheitswert2;...)**

Die Argumente Wahrheitswert1, Wahrheitswert2, ... werden einzeln überprüft. Bei dieser Funktion müssen alle Bedingungen erfüllt werden. Als Rückgabe erhalten Sie entweder den Wert WAHR oder FALSCH.

- **LÄNGE**

Syntax LÄNGE

Die Funktion LÄNGE gibt die Anzahl der Zeichen einer Zeichenfolge zurück.

- **=LÄNGE(Text)**

Das Argument Text ist der Text oder Zellinhalt, dessen Länge Sie ermitteln möchten. Leerzeichen zählen als Zeichen.

- **ISTFEHLER**

Syntax ISTFEHLER

Mit Hilfe dieser Funktion wird ein möglicher Fehlerwert überprüft, und sie gibt je nach Ergebnis WAHR oder FALSCH zurück.

- **=ISTFEHLER(Wert)**

Das Argument Wert bezieht sich auf einen beliebigen Fehlerwert (#NV, #WERT!, #BEZUG!, #DIV/0!, #ZAHL!, #NAME? oder #NULL!).

- **WERT**

Syntax WERT

Diese Funktion wandelt ein als Text angegebenes Argument in eine Zahl um.

- **=WERT(Text)**

Das Argument Text gibt den in Anführungszeichen eingeschlossenen Text oder einen Bezug auf eine Zelle an, die den Text enthält, den Sie umwandeln möchten.

- **LINKS**

Syntax LINKS

Mit Hilfe der Funktion LINKS lassen sich Texte bearbeiten. Dabei wird vom linken Rand eines Textes eine bestimmte Anzahl von Zeichen übertragen.

- **LINKS(Text;Anzahl_Zeichen)**

Beim Argument Text ist die Zeichenfolge bzw. der Zellinhalt gemeint, der übertragen werden soll. Über das Argument Anzahl_Zeichen wird angegeben, wie viele Zeichen, vom linken Rand aus gesehen, übertragen werden sollen.

- **TEIL**

  Syntax TEIL

  Über die Funktion TEIL können Sie einen Teil einer Zelle extrahieren. Mit Hilfe dieser Funktion lassen sich Texte weiterverarbeiten. Dabei wird von einer bestimmten Stelle eines Textes an eine bestimmte Anzahl von Zeichen übertragen.

- **TEIL(Text;Erstes_Zeichen;Anzahl_Zeichen)**

  Beim Argument Text ist die Zeichenfolge bzw. der Zellinhalt gemeint, der übertragen werden soll.

  Mit dem Argument Erstes_Zeichen ist die Position des ersten Zeichens, das Sie aus dem Text kopieren möchten, gemeint. Für das erste Zeichen des Arguments Text gilt, dass das Argument Erstes_Zeichen den Wert 1 hat usw.

  Unter dem Argument Anzahl_Zeichen versteht man die Anzahl der Zeichen, die die Funktion aus Text übertragen soll.

13.2.2 Eine Eingabe in eine Tabelle bedingt zulassen

Eingabe bedingt verhindern

Diese interessante Fragestellung kann beantwortet werden, indem Sie eine benutzerdefinierte Gültigkeitsprüfung einstellen. Sehen Sie sich vorab einmal die folgende Ausgangssituation in Abbildung 13.48 an.

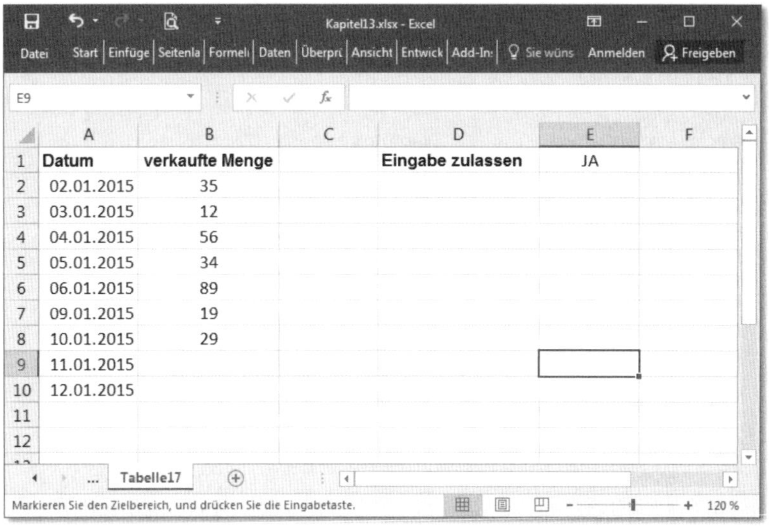

Abbildung 13.48 Eingaben nur bedingt zulassen

Eingaben sollen nur dann im Bereich B2:B10 möglich sein, wenn in Zelle E1 der Text JA steht.

Wenden Sie die Datenüberprüfung an, indem Sie wie folgt vorgehen:

Überwachung integrieren

1. Markieren Sie den Zellenbereich B2:B10.
2. Wählen Sie aus dem Menüband DATEN den Befehl DATENÜBERPRÜFUNG.
3. Im Dialog DATENÜBERPRÜFUNG wechseln Sie auf die Registerkarte EINSTELLUNGEN.
4. Wählen Sie aus dem Kombinationsfeld ZULASSEN den Befehl BENUTZERDEFINIERT.
5. Im Feld FORMEL erfassen Sie die Formel **=$E$1="JA"**.
6. Wechseln Sie auf die Registerkarte EINGABEMELDUNG.
7. Hier können Sie in den Feldern TITEL und EINGABEMELDUNG eine Nachricht definieren, die angezeigt werden soll, wenn die Zelle mit der Datenüberprüfung aktiviert wird.
8. Wechseln Sie auf die Registerkarte FEHLERMELDUNG.
9. Legen Sie einen Titel sowie einen Fehlertext fest, der automatisch angezeigt werden soll, wenn eine Falscheingabe vorgenommen wird (siehe Abbildung 13.49).
10. Bestätigen Sie die Einstellungen mit OK.

Abbildung 13.49 Die Zelle E1 entscheidet, ob Daten erfasst werden dürfen oder nicht.

13.2.3 Erfassung von Daten nur in 5er-Schritten zulassen

Schrittweite überwachen

Möchten Sie in einer Tabelle beispielsweise für eine bestimmte Zelle nur Eingaben in einer bestimmten Schrittweise zulassen, dann können Sie dies über eine Datenüberprüfungsregel erledigen. Sehen Sie sich dazu Abbildung 13.50 an.

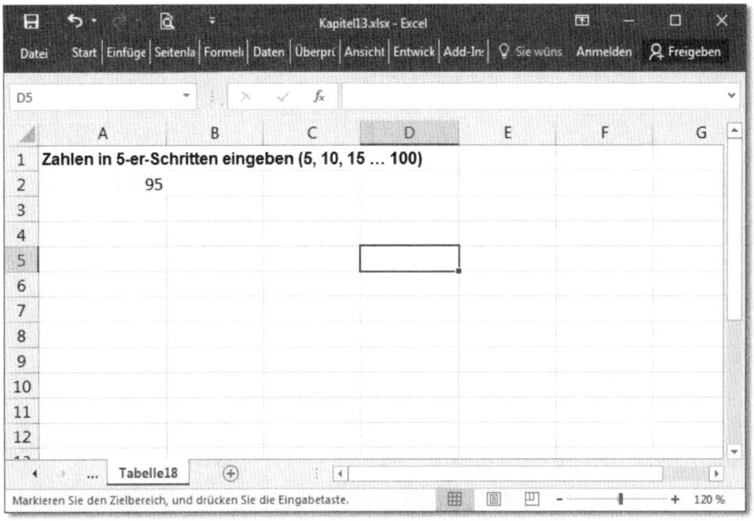

Abbildung 13.50 Nur 5er-Schritte bis zu 100 sind zugelassen.

Bedingtes Format einstellen

Wenden Sie die Datenüberprüfung an, indem Sie wie folgt vorgehen:

1. Markieren Sie Zelle A2.
2. Wählen Sie aus dem Menüband DATEN den Befehl DATENÜBERPRÜFUNG.
3. Im Dialog DATENÜBERPRÜFUNG wechseln Sie auf die Registerkarte EINSTELLUNGEN.
4. Wählen Sie aus dem Kombinationsfeld ZULASSEN den Befehl BENUTZERDEFINIERT.
5. Im Feld FORMEL erfassen Sie die Formel **=UND(REST(A2;5)=0;A2<=100)**.
6. Wechseln Sie auf die Registerkarte EINGABEMELDUNG.
7. Hier können Sie in den Feldern TITEL und EINGABEMELDUNG eine Nachricht definieren, die angezeigt werden soll, wenn die Zelle mit der Datenüberprüfung aktiviert wird.
8. Wechseln Sie auf die Registerkarte FEHLERMELDUNG.
9. Legen Sie einen Titel sowie einen Fehlertext fest, der automatisch angezeigt werden soll, wenn eine Falscheingabe vorgenommen wird (siehe Abbildung 13.51).
10. Bestätigen Sie die Einstellungen mit OK.

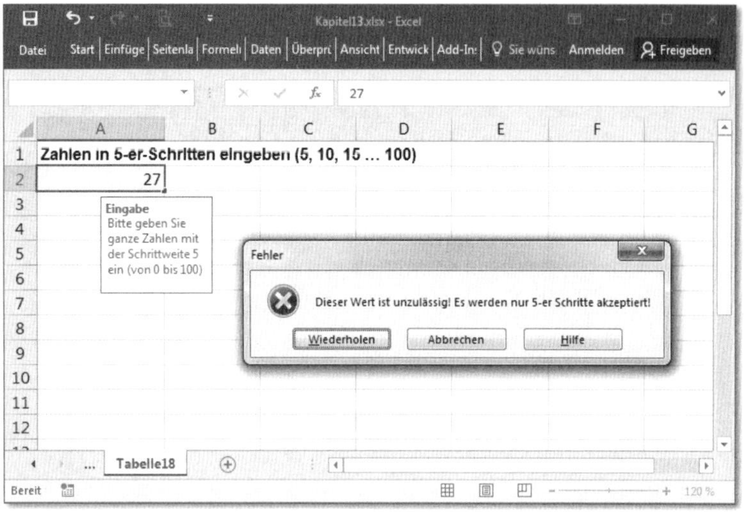

Abbildung 13.51 Fehlerhafte Eingaben werden sofort verworfen.

13.2.4 Tabellenformatierung ein- und ausschalten

Druckversion »ohne« Farben einstellen

Beim folgenden Beispiel geht es um das Thema, wie man eine einzige Tabelle in zwei verschiedenen Ansichten präsentieren kann. Für die Normalansicht soll die Tabelle dabei voll formatiert angezeigt und für die Druckansicht die Hintergrundfarben über einen Schalter ausgeblendet werden. Sehen Sie sich zunächst einmal die Ausgangssituation in Abbildung 13.52 an.

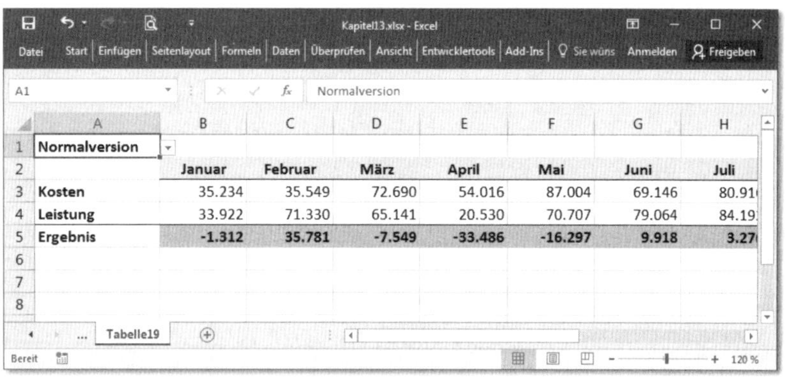

Abbildung 13.52 Die voll formatierte Tabelle in der Normalansicht

Um diese Normalansicht flexibel in eine Druckansicht umzuschalten, bei der deutlich weniger Farben eingesetzt werden, fügen Sie zunächst ein Dropdown-Menü in Zelle A1 wie folgt ein:

Druckschalter einstellen

1. Setzen Sie den Mauszeiger auf Zelle A1.
2. Wechseln Sie in das Menüband Daten.
3. Klicken Sie die Schaltfläche Datenüberprüfung.

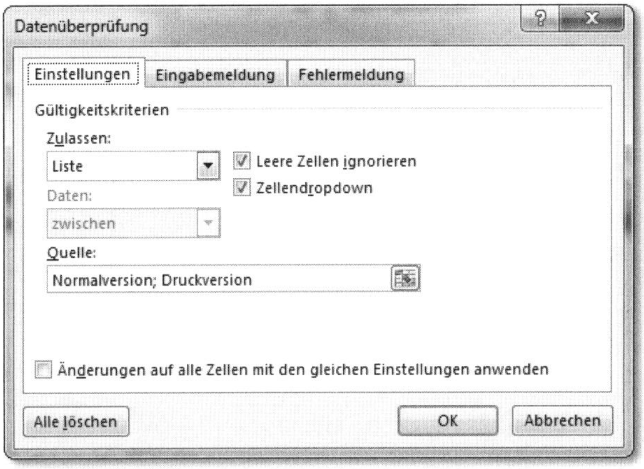

Abbildung 13.53 Ein Zellen-Dropdown erstellen

4. Stellen Sie im Dropdown Zulassen den Eintrag Liste ein.
5. Geben Sie im Feld Quelle die beiden auszuwählenden Einträge ein (siehe Abbildung 13.53).
6. Bestätigen Sie mit OK.

Das Zellen-Dropdown in Zelle A1 ist jetzt verfügbar. Wenn Sie in diese Zelle klicken, wird automatisch ein Dropdown angeboten, in dem beide Einträge auswählbar sind. An dieser Stelle kommt die bedingte Formatierung von Excel ins Spiel. Nach der Auswahl der Druckversion aus dem Zellen-Dropdown sollen automatisch alle verwendeten Hintergrundfarben aus der Tabelle entfernt werden, um nicht unnötig Druckertinte zu verschwenden.

Gehen Sie wie folgt vor, um diese Funktionalität in die Tabelle einzubauen:

Bedingtes Format ohne Farben einstellen

1. Wählen Sie aus dem Dropdown in Zelle A1 das Wort Druckversion aus.
2. Markieren Sie den Bereich B2:N5.
3. Wechseln Sie auf das Menüband Start.
4. Klicken Sie die Schaltfläche Bedingte Formatierung.
5. Wählen Sie den Befehl Neue Regel.
6. Klicken Sie im Dialog Neue Formatierungsregel den Eintrag Formel zur Ermittlung der zu formatierenden Zellen verwenden (siehe Abbildung 13.54).

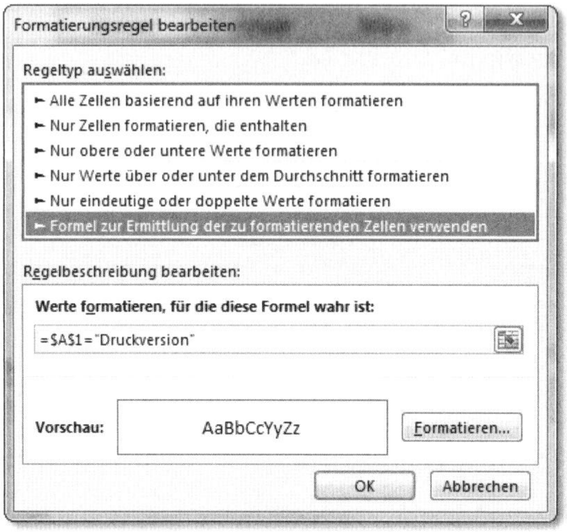

Abbildung 13.54 Die Formatierung einer Tabelle von einer Zelle abhängig machen

7. Klicken Sie die Schaltfläche FORMATIEREN.
8. Wechseln Sie auf die Registerkarte AUSFÜLLEN.
9. Klicken Sie die Schaltfläche KEINE FARBE, und bestätigen Sie zweimal mit OK.

In Abbildung 13.55 sehen Sie nun die Druckversion ganz ohne Farben.

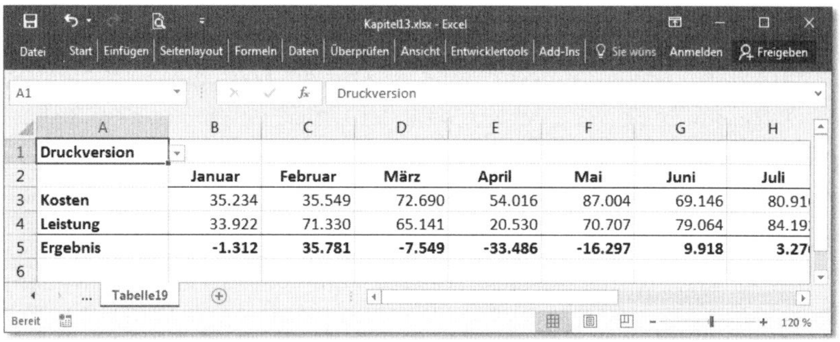

Abbildung 13.55 In der Druckversion werden keine Hintergrundfarben verwendet.

13.2.5 Synchronisierende Zellen-Dropdowns erstellen

Anhängige Dropdowns erstellen

Beim nächsten Beispiel in diesem Kapitel sollen zwei voneinander abhängige Zellen-Dropdowns über die Datenüberprüfung erstellt werden. Als Ausgangssituation finden Sie TABELLE20 in Abbildung 13.56 vor.

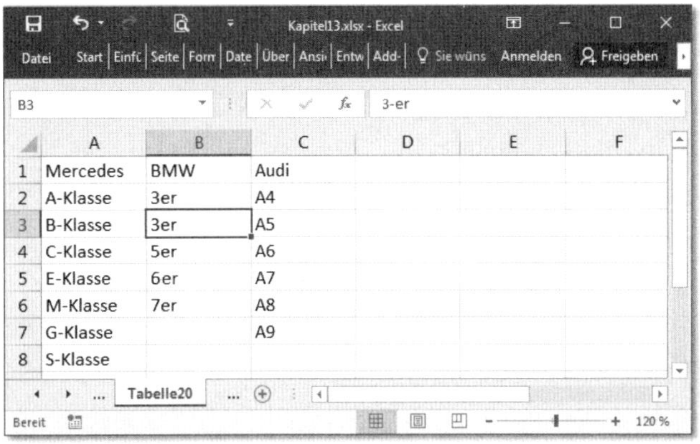

Abbildung 13.56 Eine Liste mit Herstellern und Marken

Vergeben Sie jetzt folgende Namen:

- A2:A8 = Mercedes
- B2:B8 = BMW
- C2:C8 = Audi

Zellendropdown Hersteller erstellen

Legen Sie jetzt zunächst das erste Zellen-Dropdown wie folgt an:

1. Setzen Sie den Mauszeiger auf Zelle E1.
2. Wechseln Sie in das Menüband DATEN.
3. Klicken Sie die Schaltfläche DATENÜBERPRÜFUNG.
4. Stellen Sie im Feld ZULASSEN den Eintrag LISTE ein, und tragen Sie in das Feld QUELLE die eben benannten Zellenbereiche ein, wie in Abbildung 13.57 gezeigt.
5. Bestätigen Sie mit OK.

Abbildung 13.57 Geben Sie die benannten Bereiche im Feld »Quelle« ein.

Legen Sie jetzt das Zellen-Dropdown für die Automarken ein. Dazu gehen Sie wie folgt vor:

Zellendropdown Automarken erstellen

1. Setzen Sie den Mauszeiger auf Zelle F1.
2. Wechseln Sie in das Menüband DATEN.
3. Klicken Sie die Schaltfläche DATENÜBERPRÜFUNG.
4. Stellen Sie im Feld ZULASSEN den Eintrag LISTE ein.

Abbildung 13.58 Geben Sie die Formel INDIREKT ein.

5. Verweisen Sie mit Hilfe der Funktion INDIREKT auf den Hersteller, indem Sie im Feld QUELLE die Formel eingeben, wie in Abbildung 13.58 gezeigt.
6. Bestätigen Sie mit OK.

Das Ergebnis sehen Sie in Abbildung 13.59.

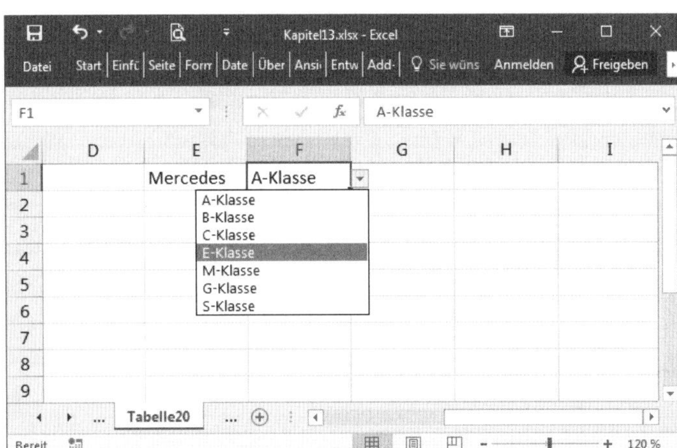

Abbildung 13.59 Zwei sich synchronisierende Zellen-Dropdowns

Verwendete Funktion in dieser Aufgabe

Syntax INDIREKT

- INDIREKT
  Mit Hilfe der Tabellenfunktion INDIREKT können Sie den Bezug eines Textwertes ermitteln. Bezüge werden sofort ausgewertet, so dass die zu ihnen gehörenden Werte angezeigt werden.
- =INDIREKT(Bezug;A1)
  Im Argument Bezug wird der Bezug auf eine Zelle angegeben, die einen Bezug in der A1-Schreibweise, einen Bezug in der Z1S1-Schreibweise, einen definierten Namen als Bezug oder einen Zellbezug als Zeichenfolge enthält.

  Im Argument A1 wird ein Wahrheitswert angegeben, der anzeigt, welche Art von Bezug in der Zelle enthalten ist. Ist A1 gleich WAHR oder nicht angegeben, wird ein Bezug interpretiert, der in der A1-Schreibweise vorliegt. Ist A1 gleich FALSCH, wird ein Bezug interpretiert, der in der Z1S1-Schreibweise vorliegt.

13.3 Formeln im Zusammenspiel mit einer Pivot-Tabelle

Im letzten Teil des Kapitels lernen Sie, dass Sie beispielsweise mittels einer Tabellenfunktion ganz gezielt auf eine Pivot-Tabelle zugreifen können.

13.3.1 Werte aus einer Pivot-Tabelle zusammenfassen

Auf Pivot-Tabellenwerte zugreifen

Bei der folgenden Aufgabenstellung wurde bereits eine Pivot-Tabelle auf Basis der Daten aus Abbildung 13.60 erstellt.

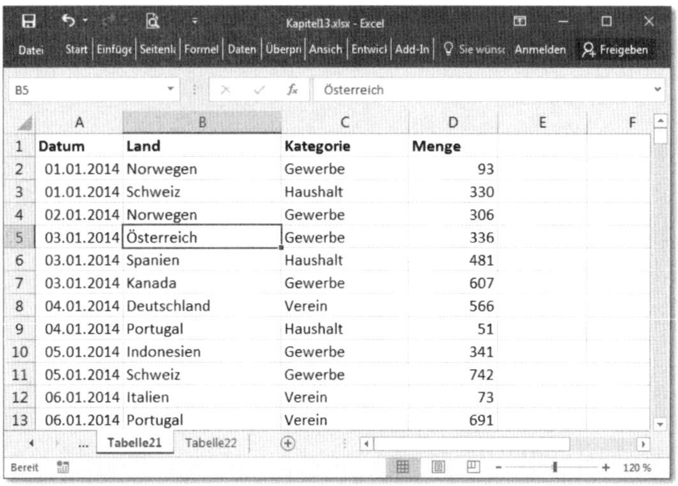

	A	B	C	D
1	Datum	Land	Kategorie	Menge
2	01.01.2014	Norwegen	Gewerbe	93
3	01.01.2014	Schweiz	Haushalt	330
4	02.01.2014	Norwegen	Gewerbe	306
5	03.01.2014	Österreich	Gewerbe	336
6	03.01.2014	Spanien	Haushalt	481
7	03.01.2014	Kanada	Gewerbe	607
8	04.01.2014	Deutschland	Verein	566
9	04.01.2014	Portugal	Haushalt	51
10	05.01.2014	Indonesien	Gewerbe	341
11	05.01.2014	Schweiz	Gewerbe	742
12	06.01.2014	Italien	Verein	73
13	06.01.2014	Portugal	Verein	691

Abbildung 13.60 Das zugrunde liegende Datenmaterial

Aus den Daten von TABELLE21 wurde die Pivot-Tabelle aus TABELLE22 erzeugt (siehe Abbildung 13.61).

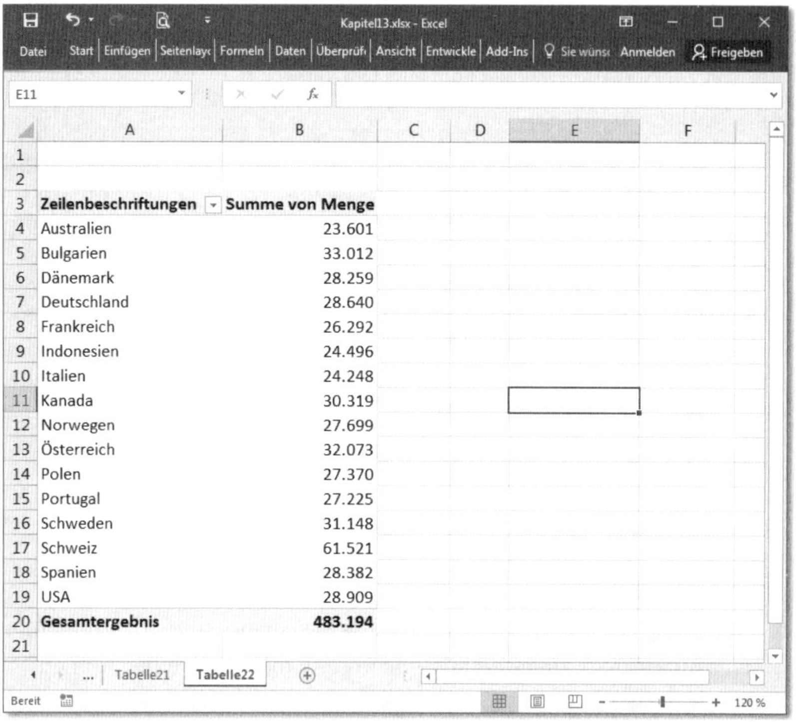

Zeilenbeschriftungen	Summe von Menge
Australien	23.601
Bulgarien	33.012
Dänemark	28.259
Deutschland	28.640
Frankreich	26.292
Indonesien	24.496
Italien	24.248
Kanada	30.319
Norwegen	27.699
Österreich	32.073
Polen	27.370
Portugal	27.225
Schweden	31.148
Schweiz	61.521
Spanien	28.382
USA	28.909
Gesamtergebnis	**483.194**

Abbildung 13.61 Die fertige Pivot-Tabelle

Länder konsolidieren

Die eigentliche Aufgabenstellung besteht jetzt darin, die deutschsprachigen Länder DEUTSCHLAND, ÖSTERREICH und die SCHWEIZ zusammenzuführen, das heißt, Sie müssen variabel die Mengen der drei Länder zusammenaddieren.

Dazu gehen Sie wie folgt vor:

1. Setzen Sie den Cursor in Zelle E4.
2. Erfassen Sie das Gleichheitszeichen, und klicken Sie danach in die Zelle B7.
3. Erfassen Sie ein Pluszeichen, und klicken Sie danach in die Zelle B13.
4. Wiederholen Sie den Vorgang auch noch für die Schweiz aus Zelle B17.

In Abbildung 13.62 sehen Sie die Gesamtformel aus Zelle E4.

Sollte sich die Position der Länder innerhalb der Pivot-Tabelle ändern, dann sucht sich die Tabellenfunktion PIVOTDATENZUORDNEN die richtigen Positionen ganz automatisch.

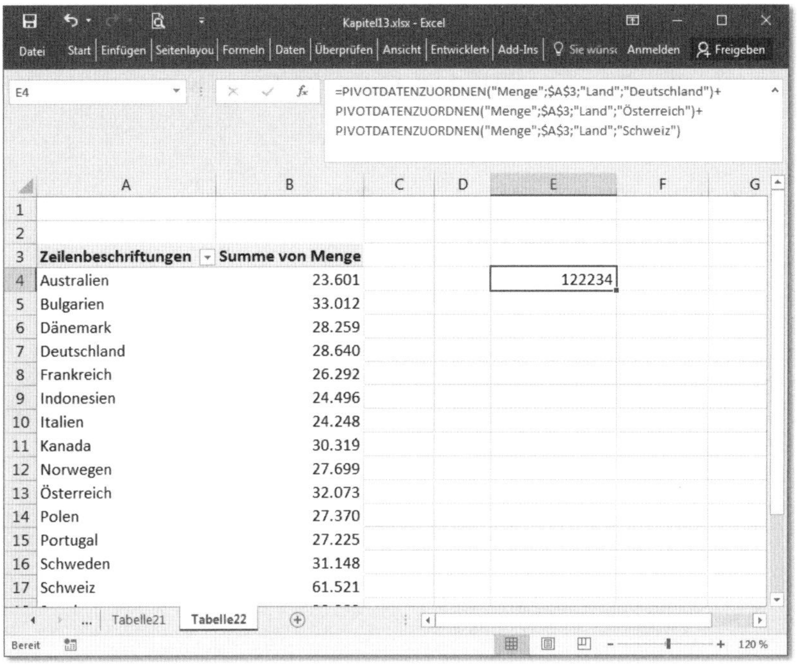

Abbildung 13.62 Die einzelnen Felder wurden dynamisch verknüpft.

Verwendete Funktion in dieser Aufgabe

- PIVOTDATENZUORDNEN
  Mit Hilfe dieser Funktion können Sie Daten aus einem PivotTable-Bericht zurückgeben. Sie können PIVOTDATENZUORDNEN verwenden, um Datenzusammenfassungen aus einem PivotTable-Bericht abzurufen, vorausgesetzt, die Datenzusammenfassung im Bericht ist sichtbar.

Syntax PIVOT-DATENZUORDNEN

- **PIVOTDATENZUORDNEN(Datenfeld;PivotTable;[Feld1;Element1; Feld2;Element2];...)**
  Das Argument Datenfeld ist erforderlich und stellt den Namen in Anführungszeichen für das Datenfeld dar, das die abzurufenden Daten enthält

  Das Argument PivotTable ist erforderlich und stellt einen Bezug auf eine Zelle, einen Zellenbereich oder einen benannten Zellenbereich in einem PivotTable-Bericht dar. Mit diesen Informationen wird ermittelt, welcher PivotTable-Bericht die Daten enthält, die Sie abrufen möchten.

  Die Argumente Feld1, Element1, Feld2, Element2 sind optional. Sie stehen für Paare aus Feld- und Elementnamen (zwischen 1 und 126), die die

Daten beschreiben, die Sie abrufen möchten. Diese Paare können in einer beliebigen Reihenfolge auftreten. Feld- und Elementnamen, die nicht aus Datumsangaben oder Zahlen bestehen, werden in Anführungszeichen eingeschlossen.

Kapitel 14
Benutzerdefinierte Funktionen erstellen

Excel ist als Tabellenkalkulationsprogramm mit einer mächtigen Standardfunktionalität ausgestattet. Mit mehr als 400 integrierten Tabellenfunktionen bietet Ihnen das Programm für jede Art der Anwendung eine ganze Reihe von Lösungsmöglichkeiten. Dennoch kann es vorkommen, dass diese Funktionalität für die gewünschten Anforderungen entweder nicht ganz ausreicht oder aber schlichtweg nicht vorhanden ist. In diesem Fall können Sie die fehlende Funktionalität nachbessern bzw. erweitern.

Um eigene Funktionen in Excel erstellen zu können, müssen Sie die Programmiersprache VBA (Visual Basic für Application) einsetzen. Doch keine Sorge, dieser Artikel wird sich nicht mit theoretischen Abhandlungen zum Thema VBA befassen, sondern Sie werden den Gebrauch von Funktionen an Hand typischer Aufgabenstellungen aus der Praxis kennenlernen. Alles, was Sie dazu brauchen, ist Microsoft Excel – Sie müssen nichts nachinstallieren und können gleich beginnen. Und so legen Sie los.

14.1 Den angemeldeten Anwender ermitteln

Windows-User auslesen

Stellen Sie sich vor, es genügt in Excel ein Dreizeiler, um den an Windows angemeldeten Anwender in einer Zelle auszugeben. Wie? Befolgen Sie dazu die nächsten Schritte:

1. Wechseln Sie über die Tastenkombination [Alt] + [F11] in die Entwicklungsumgebung von Excel.
2. Wählen Sie, dort angekommen, aus dem Menü EINFÜGEN den Befehl MODUL.
3. Erfassen Sie die folgende benutzerdefinierte Funktion aus Listing 14.1:

```
Function Benutzer()
  Benutzer = Environ("Username")
End Function
```

Listing 14.1 Den angemeldeten Anwender abfragen

4. Wechseln Sie zurück in die Tabellenansicht.
5. Erfassen Sie in einer beliebigen Zelle die Formel **=Benutzer()**.

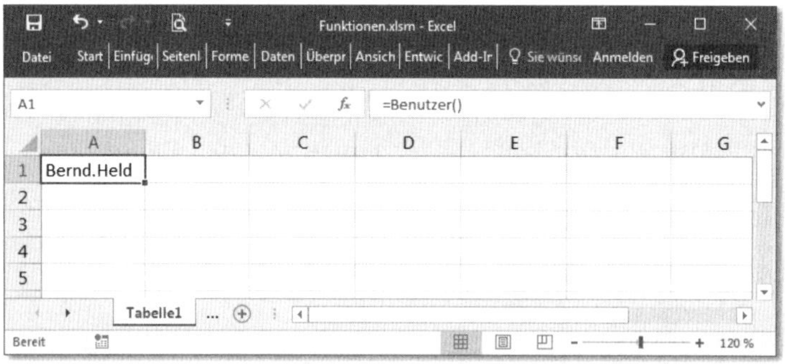

Abbildung 14.1 Den aktuell angemeldeten Anwender ermitteln

Windows Umgebung auslesen

Diese kleine Funktion ermittelt über die Anweisung `Environ` den an Windows angemeldeten Anwender (siehe Abbildung 14.1). Dabei wird der Name des Anwenders in diesem Beispiel in Zelle A1 ausgegeben. Da es sich hierbei um eine Funktion handelt, wird diese automatisch aktualisiert, wenn beispielsweise ein anderer Anwender diese Arbeitsmappe öffnet.

> **Hinweis**
> Soll statt des Anwendernamens der Name des Computers bzw. des Laptops ausgegeben werden, dann können Sie bei der Anweisung `Environ` den Text `Computername` mitgeben.

14.2 Dateiinformationen auslesen

Dokumenteigenschaften abfragen

Haben Sie sich schon einmal im Menüband DATEI unter dem Befehl INFORMATIONEN über die Dokumenteigenschaften einer Arbeitsmappe informiert? Dort finden Sie in der Rubrik EIGENSCHAFTEN die wichtigsten Eigenschaften der Arbeitsmappe wie den Titel, den Autor, die Firma und einige mehr. In der Rubrik RELEVANTE DATUMSANGABEN gibt es Angaben darüber, wann die Mappe erstellt und wann die letzte Änderung an dieser durchgeführt wurde. Wäre es nicht ideal, wenn Sie gerade diese beiden Informationen in einer Tabelle über eine benutzerdefinierte Funktion abrufen könnten? Das ist kein großer Aufwand, auch hier reichen wenige Zeilen Quellcode. Erfassen Sie dazu die beiden folgenden Funktionen aus Listing 14.2:

```
Function CDatum()

  CDatum = ActiveWorkbook.BuiltinDocumentProperties("Creation Date")

End Function

Function UDatum()
  Application.Volatile
  UDatum =
 ActiveWorkbook.BuiltinDocumentProperties("Last save time")

End Function
```

Listing 14.2 Das Erstellungs- sowie das letzte Änderungsdatum abfragen

Benutzerdefinierte Funktion aufrufen

Wenn Sie jetzt noch den Autor über eine benutzerdefinierte Funktion abrufen, dann haben Sie eine informative Überschrift in Ihrer Tabelle. Die Funktion aus Listing 14.3, um den Autor aus den Dateieigenschaften zu holen, lautet wie folgt:

```
Function Autor()
  Autor = ActiveWorkbook.BuiltinDocumentProperties("Author")
End Function
```

Listing 14.3 Den Autor einer Arbeitsmappe abfragen

Wechseln Sie jetzt in eine neue Tabelle, und geben Sie die drei Funktionen, wie in Tabelle 14.1 beschrieben, ein.

Zelle	Formel
B1	=Autor()
B2	=CDatum()
B3	=UDatum()

Tabelle 14.1 Die eingesetzten Funktionen

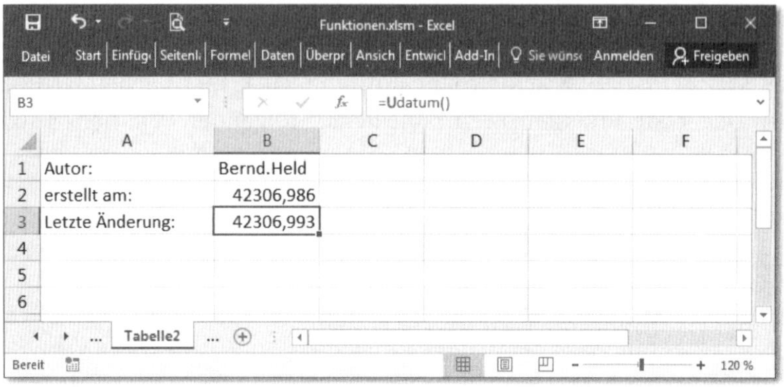

Abbildung 14.2 Wichtige Informationen zur Mappe in einer Überschrift integrieren

Die Datumsangaben in den Zellen B2 und B3 sehen etwas merkwürdig aus (siehe Abbildung 14.2). Da Excel Datumsangaben standardmäßig als Zahlen verwaltet, bedeutet die Zahl 39738, dass genau diese Anzahl von Tagen seit dem 1. Januar 1900 vergangen ist. Mit jedem weiteren Tag wird also der »Zähler« um den Wert 1 addiert. So wird auch klar, wie Excel mit Datumsangaben wie Rechnungs- und Fälligkeitsdaten rechnen kann, indem es ganz einfach die »Zahlen« berechnet.

Für unser Beispiel bedeutet dies, dass wir die beiden angesprochenen Zellen nur noch mit einem Datumsformat ausstatten müssen. Weisen Sie diesen beiden Zellen über die Tastenkombination `Strg` + `1` und den Dialog ZELLEN FORMATIEREN auf der Registerkarte ZAHLEN ein geeignetes Datumsformat zu, und bestätigen Sie mit OK. Und schon sind die kryptischen Zahlen wieder lesbar als Datum (siehe Abbildung 14.3).

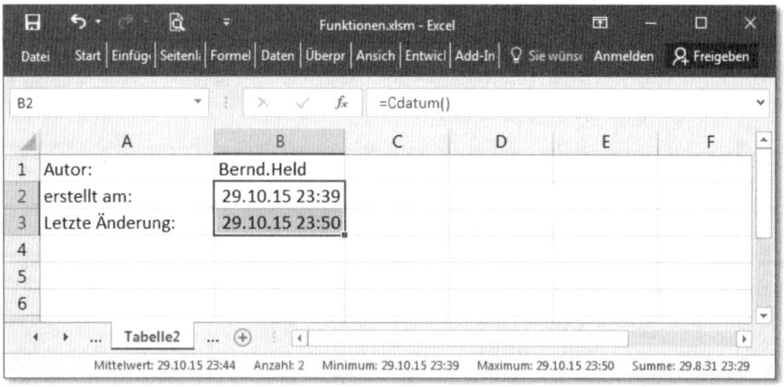

Abbildung 14.3 Die beiden Datumsangaben mit der richtigen Formatierung

Hinweis

Interessant ist in der Funktion UDate die Anweisung Application.Volatile. Diese löst eine komplette Neuberechnung aus, wenn in einem beliebigen Blatt einer Arbeitsmappe ein Wert eingegeben wird. In der Praxis aber, wenn Sie eine ganze Reihe dieser Formeln einsetzen, bedeutet dies eine insgesamt ungünstige Performance. In diesem Fall ist zu überlegen, wann es sinnvoll ist, diese Formel gezielt zu aktivieren.

Neuberechnung auslösen

14.3 Funktionen zusammenfassen

Auf die gerade beschriebene Art und Weise können Sie alle möglichen Windows-, Excel- und Arbeitsmappeneinstellungen auslesen und in einer Zelle ausgeben. Sie können sich daher sicher gut vorstellen, dass dann eine ganze Menge einzelner Funktionen zustande kommt. Wie wäre es also, wenn Sie diese Einzelfunktionen in eine Gesamtfunktion packen würden? Beim Aufrufen dieser Gesamtfunktion, nennen wir sie einmal Mega, wird über ein Argument entschieden, welche Unterfunktion denn eigentlich eingesetzt werden soll. Dieses Argument könnte eine Zahl sein, über welche die Funktion erkennen kann, welche Aufgabe sie durchführen soll. Auf ganz ähnliche Weise funktioniert übrigens auch die Tabellenfunktion TEILERGEBNIS. Auch diese Funktion kann über Angabe einer Zahl genau ermitteln, welche Aufgabe sie erledigen soll.

Funktionen kombinieren

Beginnen Sie jetzt die Codierung der gerade angekündigten Megafunktion, indem Sie auf das bisher in diesem Kapitel erlernte Know-how zurückgreifen und die Gesamtfunktion jetzt in Form von Bausteinen zusammensetzen wie in Listing 14.4.

```
Function Mega(INr As Integer)

  Select Case INr
   Case 1 'Anwendernamen
    Mega = Environ("username")

   Case 2 'Computername
    Mega = Environ("computername")

   Case 3 'Autor
    Mega = ActiveWorkbook.BuiltinDocumentProperties("Author")

   Case 4 'Erstellungsdatum
```

```
      Mega = ActiveWorkbook.BuiltinDocumentProperties("Creation Date")

    Case 5 'Letzte Änderung
      Mega =
ActiveWorkbook.BuiltinDocumentProperties("Last save time")

    Case Else 'für zukünftige Funktionen
      Mega = "NV" '=nicht vorhanden

  End Select

End Function
```

Listing 14.4 Eine Mehrfachfunktion erstellen

Testen Sie diese Funktion, indem Sie wie folgt vorgehen:

1. Geben Sie in TABELLE3 im Bereich A1:A5 die Zahlen 1 bis 5 ein.
2. Markieren Sie den Zellenbereich B1:B5.
3. Erfassen Sie die Formel **=Mega(A1)**.
4. Drücken Sie die Tastenkombination Strg + ↵, um die Formel in alle markierten Zellen automatisch zu übertragen (siehe Abbildung 14.4).

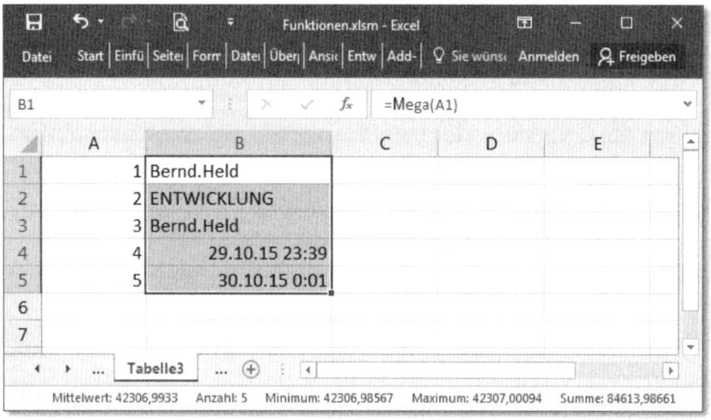

Abbildung 14.4 Wichtige Informationen über eine einzige Funktion abrufen

14.4 Funktionen in eigener Kategorie verfügbar machen

Funktionen eingliedern

Standardmäßig werden eigene Funktionen in der Funktionskategorie BENUTZERDEFINIERT abgelegt. Kontrollieren Sie dies einmal, indem Sie den Mauszeiger in eine leere Zelle setzen und die Tastenkombination ⇧ + F3 drücken, um den Dialog FUNKTION EINFÜGEN aufzurufen. Stellen Sie dort im Kombinationsfeld KATEGORIE AUSWÄHLEN den Eintrag BENUTZERDEFINIERT ein.

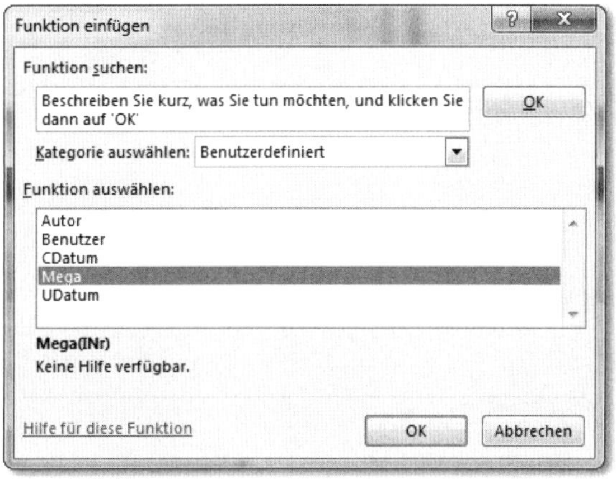

Abbildung 14.5 Alle bisher geschriebenen Funktionen werden hier aufgelistet.

Wenn Sie Abbildung 14.5 betrachten, dann sehen Sie, dass eigene Funktionen im Listenfeld aufgeführt werden, dass darunter aber leider keine Beschreibung der Funktion verfügbar ist. Ein Kursteilnehmer berichtete uns, dass man dafür eine besondere Office-Entwicklerplattform bräuchte, um Beschreibungen für Funktionen zu hinterlegen. Zum Glück ist dies jedoch nicht erforderlich, das heißt, der Excel-Standard reicht in diesem Fall vollkommen aus. Neben der Beschreibung einer eigenen Funktion können Sie diese sogar in eine eigene Funktionskategorie »beamen«. Dazu verfahren Sie wie folgt:

Open-Ereignis einstellen

1. Wechseln Sie wiederum über die Tastenkombination [Alt] + [F11] in die Entwicklungsumgebung von Excel.
2. Führen Sie im Projekt-Explorer einen Doppelklick auf die Rubrik DIESEARBEITSMAPPE aus.
3. Erfassen Sie das folgende Ereignismakro aus Listing 14.5, das automatisch beim Öffnen der Arbeitsmappe durchgeführt wird:

```
Private Sub Workbook_Open()
Application.MacroOptions _
"Mega", "Diese Funktion ruft wichtige Informationen ab." & vbLf & _
"1=Anwender,2=Computer,3=Autor,4=Erstellungsdatum,5=
Letzte Änderung", _
Category:="Held-Funktionen"
End Sub
```

Listing 14.5 Eine Funktion dokumentieren und in eine neue Kategorie hängen

Eigene Funktionsbibliothek anlegen

Speichern Sie die Arbeitsmappe, und öffnen Sie diese erneut. Kontrollieren Sie jetzt einmal, wo Excel die Funktion `Mega` abgelegt hat. Rufen Sie den Funktionsassistenten auf, und suchen Sie hier einmal nach der neu angelegten Kategorie, hier HELD-FUNKTIONEN (siehe Abbildung 14.6).

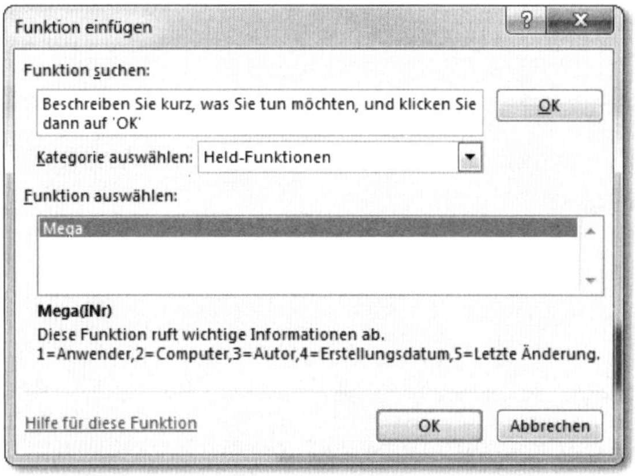

Abbildung 14.6 Funktionen können jederzeit einer neuen bzw. auch bestehenden Kategorien zugeordnet werden.

Soll eine benutzerdefinierte Funktion einer bereits standardmäßig verfügbaren Funktionskategorie zugeordnet werden, dann gelten dabei die Zuordnungen, die Sie in Tabelle 14.2 finden.

Nummer	Kategorie
1	FINANZMATHEMATIK
2	DATUM & ZEIT
3	MATH. & TRIGONOM.
4	STATISTIK
5	MATRIX
6	DATENBANK
7	TEXT
8	LOGIK
9	INFORMATION
10	BENUTZERDEFINIERT

Tabelle 14.2 Die Belegung der Funktionskategorien

14.5 Weitere interessante benutzerdefinierte Funktionen

Lernen Sie auf den nächsten Seiten einige ausgesuchte benutzerdefinierte Funktionen kennen.

14.5.1 Aktive Arbeitsmappe ermitteln

Mappe abfragen

Um zu prüfen, in welcher Arbeitsmappe Sie sich gerade befinden, können Sie sich eine benutzerdefinierte Funktion schreiben, die wie in Listing 14.6 lautet.

```
Function Arbeitsmappe()

  Arbeitsmappe = ActiveWorkbook.Name

End Function
```

Listing 14.6 Benutzerdefinierte Funktion zum Ermitteln der aktiven Arbeitsmappe

Mit Hilfe der Anweisung `ActiveWorkbook.Name` können Sie den Namen der aktiven Arbeitsmappe ermitteln. Geben Sie in eine beliebige Zelle die benutzerdefinierte Funktion **=Arbeitsmappe()** ein.

Diese benutzerdefinierte Funktion können Sie auch in einen Text einbauen. Als Ergebnis erhalten Sie die Tabelle aus Abbildung 14.7.

Abbildung 14.7 Den Namen der Arbeitsmappe ermitteln

```
Function ArbeitsmappeK()

  ArbeitsmappeK = ActiveWorkbook.Fullname

End Function
```

Listing 14.7 Benutzerdefinierte Funktion zum Ermitteln der aktiven Arbeitsmappe inklusive des Speicherpfades

Mit Hilfe der Eigenschaft `FullName` in Listing 14.7 können Sie den Namen der Arbeitsmappe sowie den kompletten Speicherpfad der Mappe ermitteln.

14.5.2 Aktives Tabellenblatt ermitteln

Aktuelle Tabelle auslesen

Als Nächstes stellt sich unmittelbar die Frage, wie wohl die aktive Tabelle heißt, auf der Sie sich gerade befinden. Die Antwort auf diese Frage erhalten Sie in Listing 14.8:

```
Function TabellenName() As String

 TabellenName = Application.Caller.Parent.Name

End Function
```

Listing 14.8 Benutzerdefinierte Funktion zum Ermitteln der aktiven Tabelle

Mit Hilfe der Anweisung `Application.Caller.Parent.Name` können Sie die aktuelle Tabelle ermitteln (siehe Abbildung 14.8).

Abbildung 14.8 Den Namen der aktuellen Tabelle abfragen

14.5.3 Ist eine Tabelle leer?

Tabelle prüfen

Über eine benutzerdefinierte Funktion können Sie auch überprüfen, ob eine bestimmte Tabelle in der Arbeitsmappe leer ist. Setzen Sie dazu die folgende Funktion aus Listing 14.9 ein:

```
Function TabelleLeer(strBlatt As String) As Boolean

  Application.Volatile
  TabelleLeer = _
  Application.CountA(Sheets(strBlatt).UsedRange) = 0

End Function
```

Listing 14.9 Benutzerdefinierte Funktion zur Prüfung, ob eine Tabelle leer ist

Die Funktion benötigt den Namen der Tabelle, die Sie überprüfen möchten. Als Rückgabewert liefert die Funktion entweder `True`, wenn die Tabelle leer ist, bzw. den Wert `False`, wenn sich Daten in der angegebenen Tabelle befinden. Innerhalb der Funktion setzen Sie die Funktion `CountA` ein, um die Zellen im benutzten Bereich (`UsedRange`) zu zählen. Liefert diese Funktion den Wert 0, dann können Sie davon ausgehen, dass in der Tabelle keine Daten enthalten sind.

Aufruf der Funktion: **=Tabelleleer("Tabelle1")**

14.5.4 Ist eine Tabelle geschützt?

Tabellenstatus prüfen

Über die folgende benutzerdefinierte Tabellenfunktion in Listing 14.10 können Sie prüfen, ob eine bestimmte Tabelle in Ihrer Arbeitsmappe geschützt ist:

```
Function TabSchutz(strBlatt As String) As Boolean

  TabSchutz = Sheets(strBlatt).ProtectContents

End Function
```

Listing 14.10 Benutzerdefinierte Funktion zur Prüfung, ob eine Tabelle geschützt ist

Übergeben Sie der Funktion den Namen der Tabelle, die Sie überprüfen möchten. In der Funktion wird mit Hilfe der Eigenschaft `ProtectContents` ermittelt, ob die Tabelle geschützt ist. Wenn ja, dann ist der Rückgabewert `True`, ansonsten ist er `False`.

Aufruf der Funktion: `=TabSchutz("Tabelle1")`

14.5.5 Befinden sich Daten in einer bestimmten Spalte?

Spalten nach Inhalt prüfen

Über eine benutzerdefinierte Funktion lässt sich feststellen, ob in einer bestimmten Spalte Einträge vorhanden sind (siehe Listing 14.11).

```
Function SpalteLeer(strSpalte As String) As Boolean
  Application.Volatile
  On Error GoTo Fehler

  SpalteLeer =
 Application.WorksheetFunction.CountA(Columns(strSpalte)) = 0
  Exit Function
```

```
Fehler:
  SpalteLeer = False
End Function
```

Listing 14.11 Benutzerdefinierte Funktion zur Prüfung, ob eine Spalte leer ist

Übergeben Sie der Funktion die Spaltenbezeichnung (Buchstabe oder Buchstabenpaar in Anführungsstrichen oder die Spaltennummer) der Spalte, die Sie überprüfen möchten. Mit der Funktion CountA ermitteln Sie die Anzahl der belegten Zellen in der Spalte und vergleichen diesen Wert mit 0. Bei Anzahl = 0 ist der Rückgabewert der Funktion True; enthält die Spalte eine oder mehrere belegte Zellen, dann ist der Rückgabewert der Funktion False. Bei einem unzulässigen Wert für den Parameter lngSpalte liefert die Funktion ebenfalls den Wert False. Dieser Wert wird dann in der Zelle, die die Funktion aufruft, in den Wert WAHR bzw. FALSCH umgesetzt.

Aufruf der Funktion: =SpalteLeer("H")

14.5.6 Den letzten Wert einer Spalte ermitteln

Spaltenende ermitteln

Um den letzten Wert einer bestimmten Spalte zu ermitteln, können Sie sich eine benutzerdefinierte Funktion schreiben, die diesen Wert in eine Zelle schreibt (siehe Listing 14.12).

```
Function LeWeSpalte(rngZelle as Range)

  Application.Volatile
  LeWeSpalte = Cells(Rows.Count, rngzelle.Column).End(xlUp)

End Function
```

Listing 14.12 Benutzerdefinierte Funktion zum Ermitteln des letzten Wertes einer Tabelle in einer bestimmten Spalte

Der Trick ist dabei, dass Sie über die Cells-Auflistung erst einmal die gewünschte Spalte im zweiten Argument angeben. Im ersten Argument geben Sie die maximale Anzahl der Zeilen einer Tabelle an.

Die aktuellen Versionen von Excel fast ohne Zeilenlimit

In Excel 2007 bis 2016 werden über 1 Million Zeilen und über 16.000 Spalten pro Arbeitsblatt unterstützt, um Ihnen die Möglichkeit zu geben, riesige Mengen an Daten in Arbeitsblättern zu durchsuchen. Das neue Office-Excel-Raster besteht aus 1.048.576 Zeilen und 16.384 Spalten.

Danach nähern Sie sich über dic Eigenschaft End quasi von ganz unten nach oben der Zelle, in der der erste Eintrag steht.

Aufruf der Funktion: =LeweSpalte(A1)

14.5.7 Den letzten Wert einer Zeile ermitteln

Zeilenende ermitteln

Um den letzten Wert einer Zeile zu ermitteln, schreiben Sie folgende Funktion aus Listing 14.13:

```
Function LeWeZeile(Zelle as Range)

  Application.Volatile
  LeWeZeile = _
  Cells(Zelle.Row,Columns.Count).End(xlToLeft)

End Function
```

Listing 14.13 Benutzerdefinierte Funktion zum Ermitteln des letzten Wertes einer Tabelle in einer bestimmten Zeile

Über die Cells-Auflistung ermitteln Sie mit Zelle.Row erst einmal die gewünschte Zeile. Im zweiten Argument geben Sie die maximale Anzahl der Spalten einer Tabelle an. Für die Anweisung Columns.Count könnten Sie übrigens auch 256 (Excel 97 bis Excel 2003) bzw. 16.384 (Excel 2007 bis Excel 2013) schreiben. Danach nähern Sie sich über die Eigenschaft End quasi vom rechten Tabellenrand nach links bis in die erste belegte Zelle. In normaler Lese-/Schreibrichtung ist das die letzte belegte Zelle.

Aufruf der Funktion: =LeWeZeile(A10) für den letzten Wert in Zeile 10

14.5.8 Funktion zum Umsetzen von Noten

Benotung durchführen

Sicher kennen Sie noch aus Schulzeiten die Zensuren und deren Bedeutung. Dabei entsprach die 1 einem »Sehr gut«, die 2 einem »Gut« usw. Programmieren Sie jetzt eine Tabellenfunktion, die eine eingegebene Note automatisch in den dazugehörigen Text umsetzt. Dazu wechseln Sie in die Entwicklungsumgebung, fügen ein neues Modul ein und erfassen folgende Funktion wie in Listing 14.14:

```
Function Benotung(rngZelle as Range)

  Application.Volatile
  Select Case rngZelle.Value
  Case Is = 1: Benotung = "Sehr gut"
```

```
    Case Is = 2: Benotung = "Gut"
    Case Is = 3: Benotung = "Befriedigend"
    Case Is = 4: Benotung = "Ausreichend"
    Case Is = 5: Benotung = "Mangelhaft"
    Case Is = 6: Benotung = "Ungenügend"
    Case Else: Benotung = "keine gültige Zensur"
    End Select

End Function
```

Listing 14.14 Benutzerdefinierte Funktion für die Ausgabe von Schulnoten

Jede Funktion beginnt mit dem Wort `Function`, gefolgt von einem Namen, den Sie nahezu beliebig wählen können, sowie den Argumenten, die der Funktion übergeben werden. Im obigen Beispiel wurde das Argument `rngZelle` übergeben; es steht für die Zellkoordinaten, auf die Sie sich beziehen möchten.

Damit die Funktion jederzeit automatisch den richtigen Wert liefert, wenn eine Note geändert wird, verwenden Sie die Methode `Volatile`, die die Funktion als »veränderlich« kennzeichnet. Für die Umsetzung der Noten setzen Sie eine `Select-Case`-Struktur ein. Wird keine gültige Note in die Zelle eingegeben, so wird ein alternativer Text in der Zelle angezeigt (siehe Abbildung 14.9).

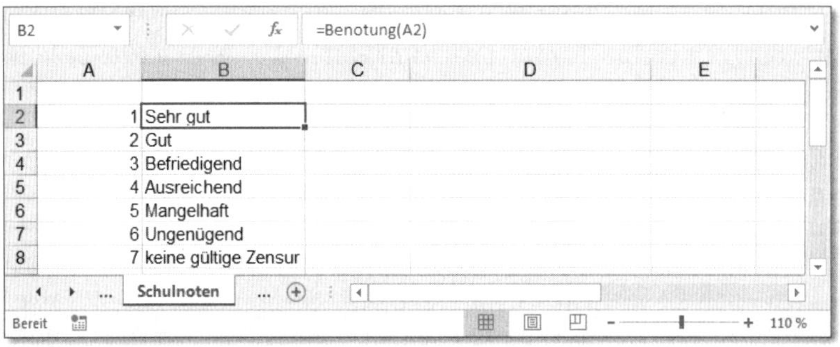

Abbildung 14.9 Benotungen in Texte umsetzen

14.5.9 Rangfolge als Text ausgeben

Nummern in Texte umschlüsseln

Möchten Sie eine Rangfolge nicht als Zahl, sondern als Text ausgeben, dann setzen Sie die folgende Funktion aus Listing 14.15 ein:

```
Function RangInText(rngZelle as Range)

  Application.Volatile
```

```
  Select Case rngZelle.Value
  Case Is = "1.": RangInText = "Erster"
  Case Is = "2.": RangInText = "Zweiter"
  Case Is = "3.": RangInText = "Dritter"
  Case Is = "4.": RangInText = "Vierter"
  Case Is = "5.": RangInText = "Fünfter"
  Case Is = "6.": RangInText = "Sechster"
  Case Else: RangInText = "kein gültiger Rang"
  End Select

End Function
```

Listing 14.15 Benutzerdefinierte Funktion für die Ausgabe von Rängen

14.5.10 Enthält eine bestimmte Zelle ein Gültigkeitskriterium?

Prüfen auf Gültigkeitsregel

Möchten Sie über eine benutzerdefinierte Funktion prüfen, ob eine Zelle eine Gültigkeitsregel enthält, dann rufen Sie die Funktion aus Listing 14.16 in einer Zelle auf.

```
Function GgK(rngZelle as Range) As Boolean
Dim intNummer As Integer

  On Error GoTo Fehler
  intNummer = rngZelle.Validation.Type
  GgK = True
  Exit Function

Fehler:
  GgK = False

End Function
```

Listing 14.16 Benutzerdefinierte Funktion, die prüft, ob eine Zelle eine Gültigkeitsregel enthält

Mit Hilfe der Type-Eigenschaft können Sie die zur Gültigkeit gehörende Nummer ermitteln. Kann keine Nummer für das Validation-Objekt ermittelt werden, dann ist keine Gültigkeitsregel in der Zelle vorhanden. In diesem Fall würde die Funktion »abstürzen«, was Sie aber über eine Klausel On Error abfangen. Geben Sie im Fehlerfall den Wert False zurück (siehe Abbildung 14.10).

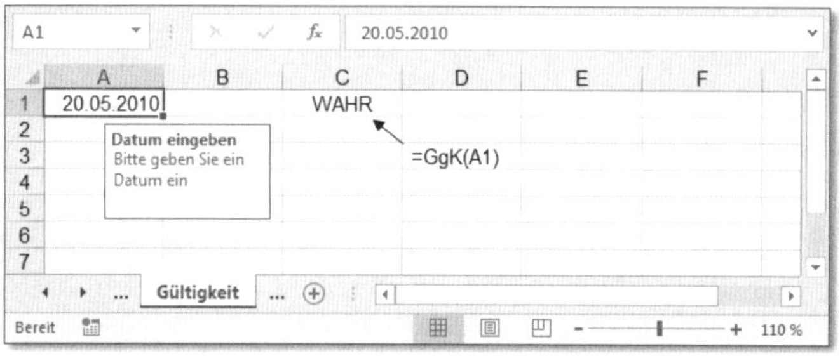

Abbildung 14.10 Die Zelle enthält eine Gültigkeitsregel.

14.5.11 Enthält eine Zelle einen Kommentar?

Prüfen auf Kommentare

Kommentarzellen können standardmäßig an der roten Ecke am rechten oberen Zellenrand erkannt werden. Diese Punktierung kann aber ohne Weiteres in Excel abgeschaltet werden. Daher wird folgende Funktion aus Listing 14.17 erstellt, die überprüft, ob einer Zelle ein Kommentar zugeordnet wurde:

```
Function Kom(rngZelle as Range) As Boolean

  On Error GoTo Fehler
  If Len(rngZelle.Comment.Text) > 0 Then Kom = True
  Exit Function

Fehler:
  Kom = False

End Function
```

Listing 14.17 Benutzerdefinierte Funktion, die prüft, ob eine Zelle einen Kommentar enthält

Übergeben Sie der Funktion die Zelle, in der Sie prüfen möchten, ob ein Kommentar enthalten ist. Über die Eigenschaft `Text`, die Sie auf das Objekt `Comment` anwenden, ermitteln Sie mit der Funktion `Len`, wie viel Zeichen im Kommentar enthalten sind. Bei mehr als 0 handelt es sich um einen Kommentar. Sollte die Zelle keinen Kommentar enthalten, dann wird der Fehlerhandler ausgeführt und als Rückgabewert der Wert `False` übergeben.

14.5.12 Ist eine bestimmte Zelle verbunden?

Prüfen auf Zellenstatus

Verbundene Zellen können manchmal in Tabellen Probleme machen, gerade dann, wenn man diese verbundenen Zellen nicht mehr so schnell wiederfinden kann. Die nächste Funktion, VuZ (Verbinden und Zentrieren), prüft, ob eine Zelle im verbundenen Zustand vorliegt (siehe Listing 14.18).

```
Function VuZ(rngZelle as Range) As Boolean

 VuZ = rngZelle.MergeCells

End Function
```

Listing 14.18 Benutzerdefinierte Funktion, die prüft, ob eine Zelle in einem Zellenverbund organisiert ist

Übergeben Sie der Funktion die Zelle, in der Sie prüfen möchten, ob diese in einem Zellenverbund liegt. Der Wert der Eigenschaft MergeCells ist True bei verbundenen Zellen und False bei nicht verbundenen. Dieser Wert entspricht dem Rückgabewert der Funktion.

14.5.13 Initialen aus Namen erstellen

Anfangsbuchstaben ermitteln

Die nächste Funktion aus Listing 14.19 liefert Ihnen automatisch die Initialen zu Ihrem Namen:

```
Function Initit(strText As String) As String
 Dim intZ As Integer

  Application.Volatile
  strText = " " & Trim(strText)

  For intZ = 2 To Len(strText)

    If Mid(strText, intZ - 1, 1) = " " Then
       Initit = Initit & Mid(strText, intZ, 1)
    End If

  Next intZ

End Function
```

Listing 14.19 Benutzerdefinierte Funktion, die aus einem Namen die Initialen erstellt

Die Funktion erwartet in der Tabelle entweder einen Zellbezug, also einen Aufruf mit **=Initit(A2)**, oder einen direkten Namen **=Initit("Brian Jones")**.

In beiden Fällen werden jeweils die Anfangsbuchstaben der Namen ausgewertet und zusammengebastelt (siehe Abbildung 14.11).

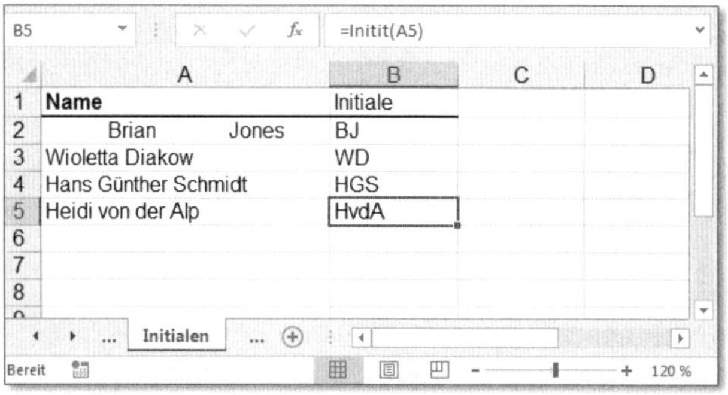

Abbildung 14.11 Initialen bilden aus Namen

14.5.14 Nur Zellen mit Fettdruck addieren

Formatierte Zellen summieren

In diesem Beispiel aus Listing 14.20 geht es darum, in einem Bereich nur Zellen zu addieren, die zum einen numerische Werte enthalten und zum anderen mit dem Schriftschnitt `Bold` (FETT) formatiert wurden.

```
Function FormatAddieren(rngZelle As Range)
  Application.Volatile

  For Each rngZelle In rngZelle.Cells

    If IsNumeric(rngZelle) Then
      If rngZelle.Font.Bold = True Then
        FormatAddieren = FormatAddieren + rngZelle.Value
      End If
    End If

  Next rngZelle

End Function
```

Listing 14.20 Benutzerdefinierte Funktion, die nur fett formatierte Zellen addiert

Für die Funktion aus Listing 14.20 kann ein ganzer Bereich angegeben werden (siehe Abbildung 14.12). Jede Zelle im angesprochenen Bereich wird dann erstens auf numerischen Inhalt und zweitens auf den richtigen

Schriftschnitt hin geprüft. Für die Überprüfung auf numerischen Inhalt setzen Sie die Funktion `IsNumeric` ein.

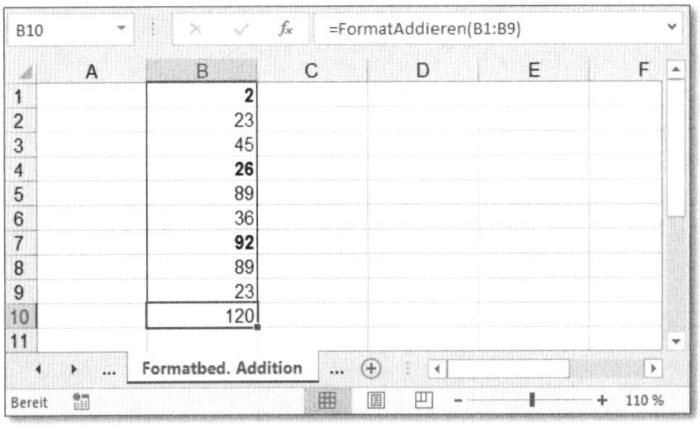

Abbildung 14.12 Nur fett formatierte Zellen addieren

14.5.15 Mit Uhrzeiten rechnen

Zeit in Minuten umrechnen

Das Rechnen mit Zeitangaben können Sie sich in Excel erleichtern, indem Sie sich bestimmte Funktionen schreiben bzw. die vorhandenen Funktionen aus der Kategorie DATUM & ZEIT nutzen. Die Funktion in Listing 14.21 rechnet eine Zeitangabe in der Form `hh:mm:ss` in Minuten um.

In Excel werden Zeitangaben als Dezimalbrüche gespeichert. Die Vorkommastellen sind Tage; und die Stunden, Minuten und Sekunden werden in den Nachkommastellen dargestellt. Wollen Sie also eine Zeitangabe in Minuten umrechnen, müssen Sie diese mit 1440 multiplizieren. Es gilt: 24 Stunden × 60 Minuten = 1440 Minuten pro Tag.

```
Function ZeitInMinuten(dteZeit As Date) As Double

  Application.Volatile
  ZeitInMinuten = dteZeit * 1440

End Function
```

Listing 14.21 Benutzerdefinierte Funktion, die Stunden in Minuten umrechnet

Der Funktion wird ein Zeitwert in Form einer Uhrzeit übergeben. Der Rückgabewert ist ein Dezimalwert (`Double`) mit der errechneten Anzahl an Minuten (siehe Abbildung 14.13).

Auch der umgekehrte Fall ist interessant (siehe Listing 14.22):

```
Function ZeitInStunden(dblZeit As Double) As Date

  ZeitInStunden = dblZeit / 1440

End Function
```

Listing 14.22 Benutzerdefinierte Funktion, die Minuten in einen Zeitwert umrechnet

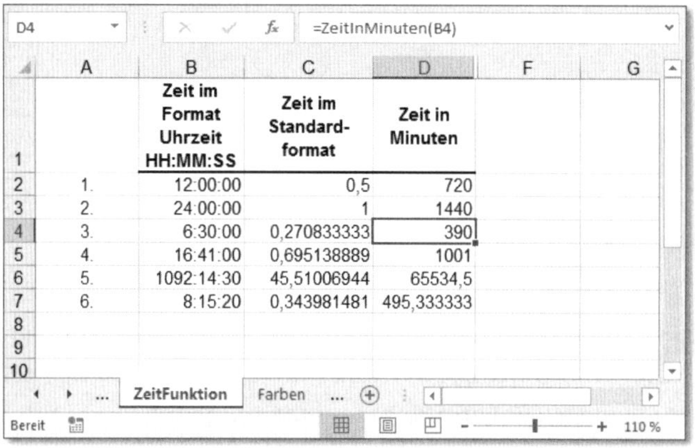

D4 =ZeitInMinuten(B4)

	A	B	C	D
1		Zeit im Format Uhrzeit HH:MM:SS	Zeit im Standard-format	Zeit in Minuten
2	1.	12:00:00	0,5	720
3	2.	24:00:00	1	1440
4	3.	6:30:00	0,270833333	390
5	4.	16:41:00	0,695138889	1001
6	5.	1092:14:30	45,51006944	65534,5
7	6.	8:15:20	0,343981481	495,333333

Abbildung 14.13 Zeitangaben in Minuten umrechnen

Minuten in Stunden umrechnen

Bei der Umrechnung von Minutenwerten in eine Stundenangabe übergeben Sie der Funktion die Minuten als Dezimalbruch (`Double`). Als Ergebnis erhalten Sie einen Zeitwert vom Typ `Date`. Dieser Zeitwert sorgt dafür, dass Excel das Ergebnis in der Zelle richtig darstellt (siehe Abbildung 14.14).

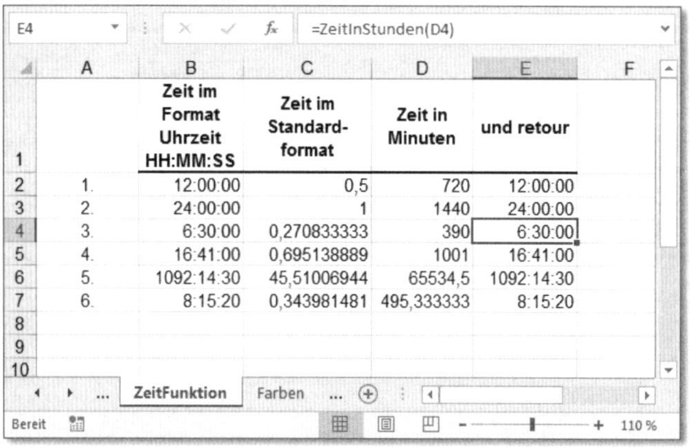

E4 =ZeitInStunden(D4)

	A	B	C	D	E
1		Zeit im Format Uhrzeit HH:MM:SS	Zeit im Standard-format	Zeit in Minuten	und retour
2	1.	12:00:00	0,5	720	12:00:00
3	2.	24:00:00	1	1440	24:00:00
4	3.	6:30:00	0,270833333	390	6:30:00
5	4.	16:41:00	0,695138889	1001	16:41:00
6	5.	1092:14:30	45,51006944	65534,5	1092:14:30
7	6.	8:15:20	0,343981481	495,333333	8:15:20

Abbildung 14.14 Minuten in Stunden umrechnen

14.5.16 Erweitertes Runden durchführen

Spezielles Runden

Möchten Sie in Excel eine besondere Art der Rundung von Zahlen durchführen, dann können Sie hierfür eine benutzerdefinierte Funktion schreiben. Die Funktion aus Listing 14.23 rundet jeden Dezimalwert auf die volle Rundungskonstante RK. Sinnvolle Werte für RK sind die Werte 5, 10 oder 100. Mit der Funktion wird grundsätzlich aufgerundet, dafür sorgt die Konstante 0.0049.

```
Function RundenAuf(rngZelle As Range, lngRK As Long)
  Dim wsf As WorksheetFunction

  Set wsf = Application.WorksheetFunction
  Application.Volatile
  RundenAuf = wsf.Round(rngZelle.Value / lngRK + 0.0049, 2) * lngRK

End Function
```

Listing 14.23 Benutzerdefinierte Funktion zum Runden auf volle Werte

Führen Sie mit Hilfe der Funktion RundenAuf eine Rundung Ihrer Zahlen durch (siehe Abbildung 14.15). Dabei dividieren Sie den Ausgangswert durch 5, geben die gewünschten Nachkommastellen an und multiplizieren im Anschluss daran das Ergebnis mit dem Wert 5. Damit diese Funktion bei jeder Änderung in der Ausgangszelle automatisch anläuft, setzen Sie die Methode Volatile ein.

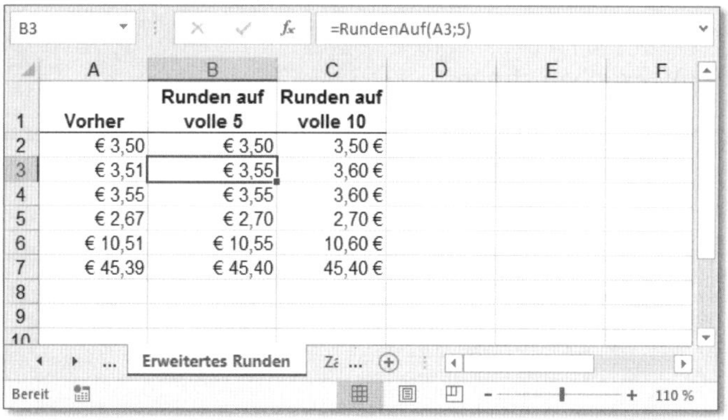
B3 =RundenAuf(A3;5)

	A	B	C	D	E	F
1	Vorher	Runden auf volle 5	Runden auf volle 10			
2	€ 3,50	€ 3,50	3,50 €			
3	€ 3,51	€ 3,55	3,60 €			
4	€ 3,55	€ 3,55	3,60 €			
5	€ 2,67	€ 2,70	2,70 €			
6	€ 10,51	€ 10,55	10,60 €			
7	€ 45,39	€ 45,40	45,40 €			
8						
9						

Abbildung 14.15 Runden auf volle 5 Cents und 10 Cents

14.5.17 Schnelles Umrechnen von Geschwindigkeiten

Geschwindigkeiten umrechnen

Ein sehr guter Sprinter läuft ca. 10 Meter in 1 Sekunde. Wie viele Kilometer pro Stunde wären das? Die folgende Funktion soll Geschwindigkeiten in km/h aus gegebenen Metern und Sekunden berechnen (siehe Abbildung 14.16).

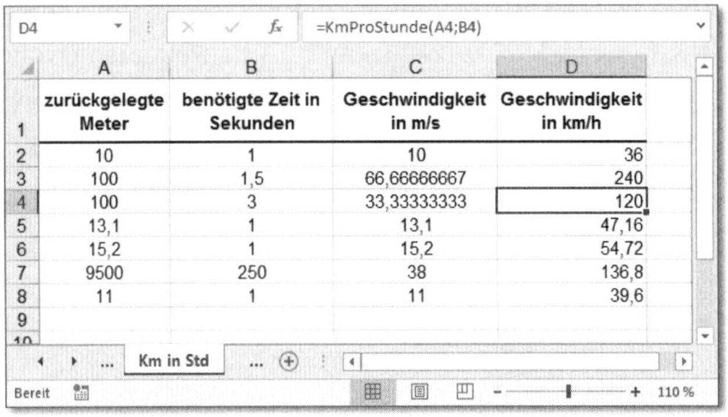

D4 =KmProStunde(A4;B4)

	A	B	C	D
1	zurückgelegte Meter	benötigte Zeit in Sekunden	Geschwindigkeit in m/s	Geschwindigkeit in km/h
2	10	1	10	36
3	100	1,5	66,66666667	240
4	100	3	33,33333333	120
5	13,1	1	13,1	47,16
6	15,2	1	15,2	54,72
7	9500	250	38	136,8
8	11	1	11	39,6
9				

Abbildung 14.16 Schnelles Umrechnen von Geschwindigkeiten

Die zugehörige Funktion aus Listing 14.24 lautet:

```
Function KmProStunde(Meter, Sekunden) as Double

  Application.Volatile
  KmProStunde = 3.6 * Meter / Sekunden

End Function
```

Listing 14.24 Benutzerdefinierte Funktion zum Umrechnen von Geschwindigkeiten

14.5.18 Extremwerte berechnen

Zellkoordinaten von Extremwerten ermitteln

Eine relativ häufige Aufgabe in der Praxis besteht darin, Extremwerte aus einer Liste zu ermitteln. Dies stellt sich unter Umständen als gar nicht so einfach dar. Besser ist es, hierzu auf eine benutzerdefinierte Funktion zurückzugreifen, die Ihnen die Zelladressen der Extremwerte mitteilt (siehe Abbildung 14.17). Die Funktion zur Ermittlung der Maximalwerte innerhalb eines benannten Bereichs sehen Sie in Listing 14.25:

```
Function MaxWertAdresse(rngBereich As Range)
  Dim rngZelle As Range
  Dim dblMaxWert As Double

  Application.Volatile

  dblMaxWert = WorksheetFunction.Max(rngBereich)
  MaxWertAdresse = ""
```

```
  For Each rngZelle In rngBereich
    If rngZelle.Value = dblMaxWert Then
      MaxWertAdresse = MaxWertAdresse & rngZelle.AddressLocal & "; "
    End If
  Next rngZelle

End Function
```

Listing 14.25 Benutzerdefinierte Funktion zur Ermittlung der Adressen von Maximalwerten im benannten Bereich

Extremwert ermitteln

Den größten Wert innerhalb der Markierung ermitteln Sie über die Funktion `Max`. Für den Fall, dass es mehrere gleiche Maximalwerte im markierten Bereich gibt, speichern Sie alle Adressen in der Variablen `MaxWertAdresse` und hängen weitere Adressen mit dem Verkettungsoperator `&` einfach hinten an.

Minimalwert ermitteln

Den umgekehrten Fall – wie Sie also die Zelladressen der niedrigsten Werte einer Markierung ermitteln können – sehen Sie in Listing 14.26:

```
Function MinWertAdresse(rngBereich As Range)
  Dim rngZelle As Range
  Dim dblMinWert As Double

  Application.Volatile
  dblMinWert = WorksheetFunction.min(rngBereich)
  MinWertAdresse = ""

  For Each rngZelle In rngBereich
    If rngZelle.Value = dblMinWert Then
      MinWertAdresse = MinWertAdresse & rngZelle.AddressLocal & "; "
    End If
  Next rngZelle

End Function
```

Listing 14.26 Benutzerdefinierte Funktion, die die Zelladresse des niedrigsten Wertes im markierten Bereich ermittelt

Den niedrigsten Wert innerhalb der Markierung ermitteln Sie über die Funktion `Min`. Kommt der Minimalwert mehrmals im markierten Bereich vor, geben Sie alle Zellenadressen über die `If`-Bedingung in Verbindung mit dem Verkettungsoperator `&` bekannt.

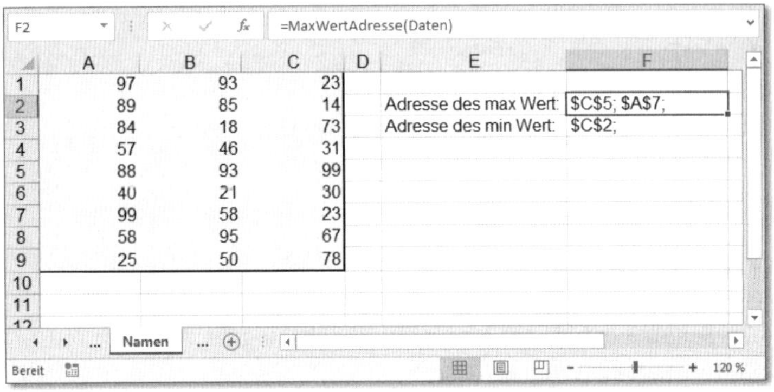

Abbildung 14.17 Die Zelladressen der Extremwerte ausgeben

14.5.19 Erste Ziffer in einer Zelle ermitteln

Position erste Zahl ermitteln

Haben Sie in Ihrer Tabelle Zellen, die sowohl einen numerischen als auch einen alphanumerischen Wert enthalten, dann könnte Sie die Funktion aus Listing 14.27 interessieren. Sie meldet Ihnen die Position der ersten Ziffer in der Zelle.

```
Function PosErsteZiffer(rngZelle As Range) As Long
  Dim lngZ As Long

  Application.Volatile

  For lngZ = 1 To Len(rngZelle)

    Select Case Mid(rngZelle, lngZ, 1)
      Case 0 To 9
        PosErsteZiffer = lngZ
        Exit Function
    End Select

  Next lngZ

End Function
```

Listing 14.27 Benutzerdefinierte Funktion, die die Position der ersten Ziffer in einer Zelle ermittelt

Ermitteln Sie im ersten Schritt mit `Len` die Länge des Zellinhalts. Mit der Funktion `Mid` extrahieren Sie jeweils das nächste Zeichen aus der Zelle. In der Anweisung `Select Case` prüfen Sie auf die Ziffern 0 bis 9. Beim ersten Zeichen, das dieser Bedingung entspricht, speichern Sie den Rückgabewert aus der Variablen `i` und verlassen mit der Anweisung `Exit Function` die Funktion. Wurde keine Ziffer gefunden, dann meldet die Funktion den Wert 0 zurück (siehe Abbildung 14.18).

B2 =PosErsteZiffer(A2)

	A	B
1	Ausgangswert	Position erste Ziffer
2	AKH110	4
3	BHKL1326	5
4	B7890	2
5	678	1
6	WWWW5	5
7	a!"23	4
8	ohne Ziffer	0

Abbildung 14.18 Das erste Auftreten einer Ziffer in einer Zelle

Diese benutzerdefinierte Funktion können Sie auch im Zusammenspiel mit Standardfunktionen verwenden. Stellen Sie sich einmal vor, Sie müssten nun in Spalte D eine Zeichenfolge bilden, die lediglich die numerischen Werte aus Spalte A enthält. Für diese Aufgabe arbeiten Sie mit der Tabellenfunktion TEIL im Zusammenspiel mit Ihren eigenen Funktionen PosErsteZiffer und AnzahlZiffern (siehe Abschnitt 14.5.21). Das Resultat aus diesem Zusammenspiel sehen Sie in Abbildung 14.19.

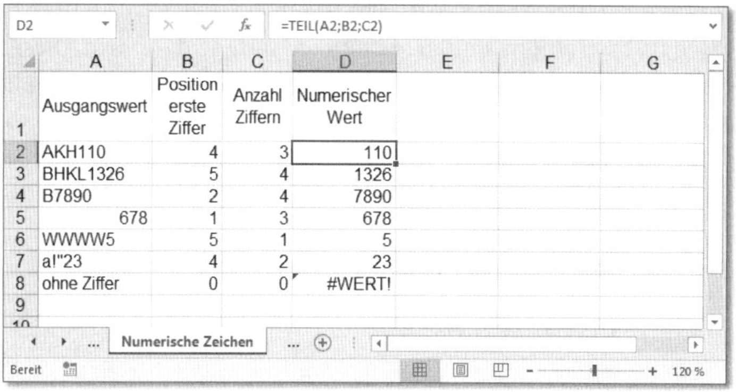

D2 =TEIL(A2;B2;C2)

	A	B	C	D
1	Ausgangswert	Position erste Ziffer	Anzahl Ziffern	Numerischer Wert
2	AKH110	4	3	110
3	BHKL1326	5	4	1326
4	B7890	2	4	7890
5	678	1	3	678
6	WWWW5	5	1	5
7	a!"23	4	2	23
8	ohne Ziffer	0	0	#WERT!

Abbildung 14.19 Numerische Werte bilden

14.5.20 Buchstaben aus Zellen entfernen

Zeichen aus Zellen löschen

In der nächsten Aufgabe sollen aus einer Zelle, die sowohl Buchstaben als auch Zahlen enthält, alle Buchstaben entfernt werden. Diese Aufgabe lösen Sie mit der Funktion aus Listing 14.28:

```
Function BuchstRaus(rngZelle As Range) As String
 Dim intZ As Integer

 Application.Volatile
 For intZ = 1 To Len(rngZelle)

    Select Case UCase(Mid(rngZelle, intZ, 1))
      Case "A" To "Z"
      'keine Aktion

      Case Else
       BuchstRaus = BuchstRaus & Mid(rngZelle, intZ, 1)

    End Select

  Next intZ

End Function
```

Listing 14.28 Benutzerdefinierte Funktion, die alle Buchstaben aus einer Zelle entfernt

Ermitteln Sie im ersten Schritt die Länge der Zelle. Setzen Sie dafür die Funktion `Len` ein. Mit der Funktion `Mid` extrahieren Sie jeweils das nächste Zeichen aus der Zelle. Die Wertebereiche »A bis Z« grenzen Sie innerhalb der Anweisungen `Select Case` aus. Wird ein Zeichen in der Zelle gefunden, das numerisch ist bzw. einem Sonderzeichen entspricht, dann wird dieses gesammelt und an die bereits ermittelten Zeichen angehängt (siehe Abbildung 14.20).

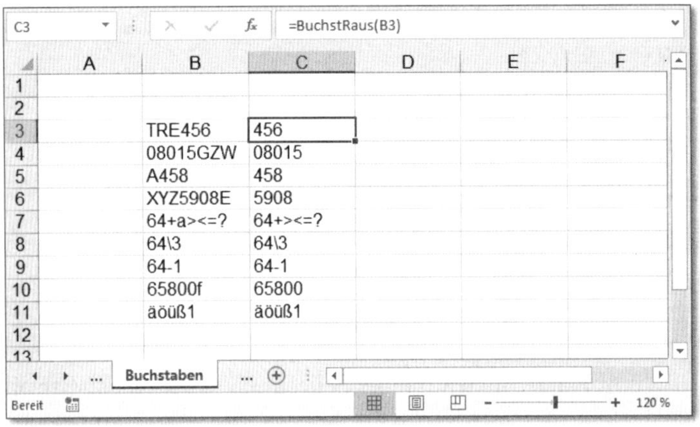

	A	B	C	D	E	F
1						
2						
3		TRE456	456			
4		08015GZW	08015			
5		A458	458			
6		XYZ5908E	5908			
7		64+a><=?	64+><=?			
8		64\3	64\3			
9		64-1	64-1			
10		65800f	65800			
11		äöüß1	äöüß1			
12						

Abbildung 14.20 Buchstaben aus Zellen eliminieren

14.5.21 Anzahl der Ziffern einer Zelle ermitteln

Bestimmte Zeichen zählen

Verwandt mit dem letzten Beispiel aus Listing 14.28 ist auch das folgende. In einer Zelle sollen alle Ziffern gezählt werden. Für diese Aufgabe setzen Sie die Funktion aus Listing 14.29 ein:

```
Function AnzahlZiffern(rngZelle As Range) As Integer
  Dim intZ As Integer

  Application.Volatile

  For intZ = 1 To Len(rngZelle)

    If Mid(rngZelle, intZ, 1) Like "#" Then
      AnzahlZiffern = AnzahlZiffern + 1
    End If
  Next intZ

End Function
```

Listing 14.29 Benutzerdefinierte Funktion, die die Anzahl der Ziffern einer Zelle ermittelt

Ermitteln Sie zuerst einmal die Gesamtlänge der Zelle. Danach durchlaufen Sie eine Schleife und arbeiten mit Hilfe der Funktion `Mid` ein Zeichen nach dem anderen ab. Setzen Sie den Operator `Like` ein, um zu ermitteln, ob es sich bei dem Zeichen um einen Zahlenwert handelt. In diesem Fall meldet Ihnen dieser Operator einen Wert zwischen 0 und 9 zurück. Addieren Sie dann den Wert 1 in Ihrer Funktion.

14.5.22 Römische Zahlen in arabische umwandeln

Auf den Spuren Roms

Sie können mit der Tabellenfunktion **=RÖMISCH()** eine arabische Zahl in eine römische Zahl umwandeln. Der umgekehrte Vorgang ist in Excel aber standardmäßig nicht integriert. Schreiben Sie daher eine benutzerdefinierte Funktion, die römische Zahlen in arabische Zahlen umwandelt (siehe Listing 14.30):

```
Function Arabisch(rngZelle As Range) As Integer
  Dim intz     As Integer
  Dim intTeilW   As Integer
  Dim intTeilW2  As Integer
```

```
    Dim intGesamtW As Integer

    Application.Volatile

    For intz = 1 To Len(rngZelle)
      Select Case UCase(Mid(rngZelle, intz, 1))
      Case Is = "M"
        intTeilW = 1000
      Case Is = "D"
        intTeilW = 500
      Case Is = "C"
        intTeilW = 100
      Case Is = "L"
        intTeilW = 50
      Case Is = "X"
        intTeilW = 10
      Case Is = "V"
        intTeilW = 5
      Case Is = "I"
        intTeilW = 1
      Case Else
      End Select
      If intTeilW2 < intTeilW Then
        intGesamtW = intGesamtW - intTeilW2 * 2 + intTeilW
      Else
        intGesamtW = intGesamtW + intTeilW
      End If
      intTeilW2 = intTeilW
    Next intz
    Arabisch = intGesamtW

End Function
```

Listing 14.30 Benutzerdefinierte Funktion, die römische Zahlen in arabische Zahlen umsetzt

Das römische Zahlensystem verwendet Buchstaben als Zahlen. So war der Buchstabe M gleichbedeutend mit dem Wert 1000. Von daher müssen Sie Zeichen für Zeichen in der Zelle abarbeiten und die entsprechenden Werte sammeln und am Ende als Rückgabewert in die Zelle schreiben (siehe Abbildung 14.21). Die Funktion UCase wandelt jede römische Ziffer in einen Großbuchstaben um und sorgt so für die richtige Zuordnung der Werte.

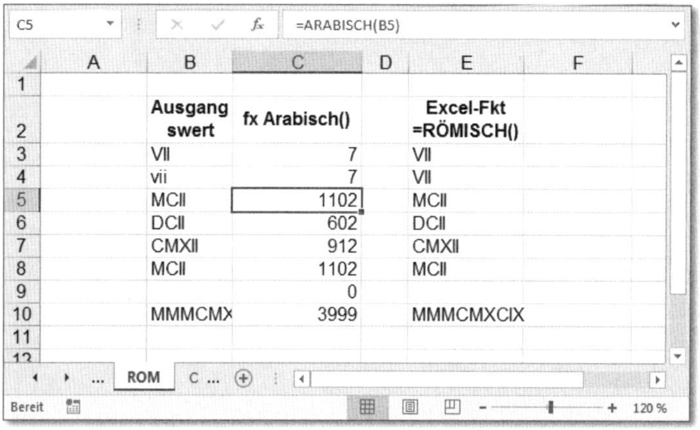

Abbildung 14.21 Römische Zahlen in arabische umwandeln

14.5.23 Einen Kommentartext in eine Zelle holen

Kommentare auslesen

Bei der folgenden Funktion in Listing 14.31 wird ein Zellenkommentar aus dem Kommentarfenster in eine beliebige Zelle transportiert (siehe Abbildung 14.22):

```
Function HoleKommentar(rngZelle As Range) As String

  On Error GoTo Fehler
  HoleKommentar = rngZelle.Comment.Text
  Exit Function

Fehler:
HoleKommentar = ""

End Function
```

Listing 14.31 Einen Kommentar in eine Zelle transportieren

Über das Objekt Comment können Sie auf das Kommentarfenster der Zelle zugreifen. Mit Hilfe der Eigenschaft Text fragen Sie den Kommentarinhalt ab. Sollte eine Zelle keinen Kommentar enthalten, dann wird das über die Anweisung On Error abgefangen.

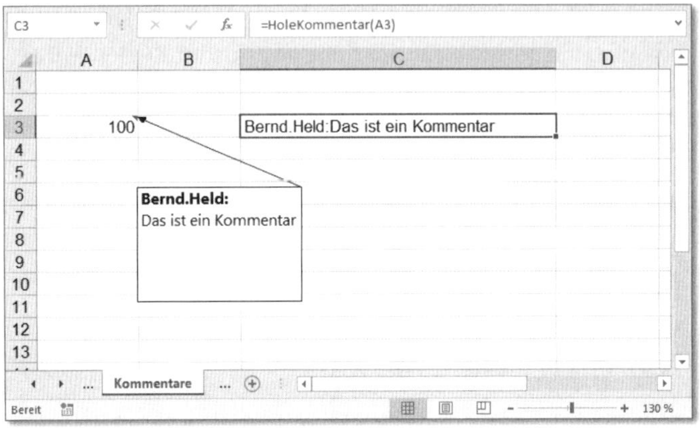

Abbildung 14.22 Der Text aus einem Kommentar wurde in Zelle C3 ausgegeben.

14.5.24 Angabe eines optionalen Parameters bei einer Funktion

Funktion mit optionalem Parameter

Bei der folgenden Funktion in Listing 14.32 wird bei der Berechnung des Umsatzsteuerbetrags auf einen optionalen Parameter zugegriffen:

```
Function EnthalteneUSt(ByVal dblBrutto As Double, _
Optional dblUStSatz As Double = 0.19)

 EnthalteneUSt = dblBrutto - (dblBrutto / (1 + dblUStSatz))

End Function
```

Listing 14.32 Einen optionalen Parameter verarbeiten

Um einen optionalen Parameter in einer Funktion zu verwenden, setzen Sie das Schlüsselwort `Optional` ein. Dieser Parameter wird dann auf einen Default-Wert gesetzt und in der Funktion verwendet. Der Aufruf der Funktion aus einer Zelle sieht dann exemplarisch aus wie in Abbildung 14.23.

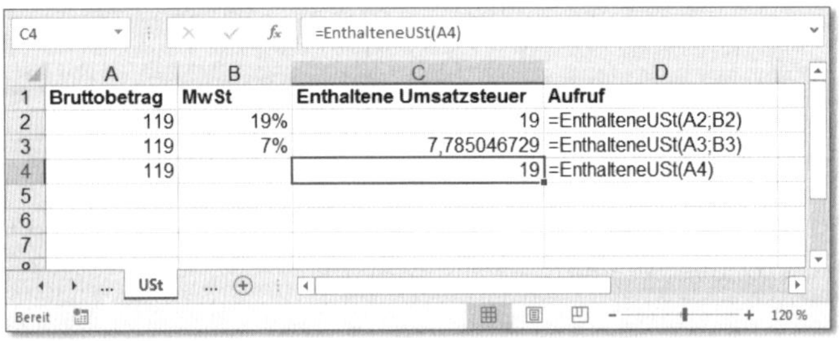

Abbildung 14.23 Je nach Aufruf der Funktion wird ein anderes Ergebnis ausgegeben.

14.5.25 Leerzeichen in einen String integrieren

Leere Zeichen einfügen

Bei der folgenden Aufgabenstellung sollen leere Zeichen in eine andere Zeichenfolge integriert werden. Dabei soll angegeben werden können, nach wie vielen Zeichen jeweils ein Leerzeichen eingefügt werden soll (siehe Abbildung 14.24). Sehen Sie sich dazu die Funktion in Listing 14.33 an:

```
Function LeerzeichenRein(strText As String, intPos As Integer) As
String
   Dim intZ As Integer
   Dim strBuffer As String

   For intZ = 1 To Len(strText) Step intPos
      strBuffer = strBuffer & Mid(strText, intZ, intPos) & " "
   Next intZ

   LeerzeichenRein = Left(strBuffer, Len(strBuffer) - 1)

End Function
```

Listing 14.33 Leerzeichen in einem vorgegebenen Muster in eine Zelle pumpen

In einer Schleife For Next wird die übergebene Zeichenfolge jeweils mit dem in der Variablen intPos angegebenen Schrittweite durchlaufen. Im Innern der Schleife wird der bisherige Textteil jeweils mit dem einzufügenden Leerzeichen verknüpft. Am Ende der Funktion wird die Gesamtlänge um den Wert 1 gekürzt, um das letzte Leerzeichen am rechten Rand wieder zu entfernen.

Abbildung 14.24 Bei jedem dritten Zeichen wurde ein Leerzeichen eingefügt.

Kapitel 15
Typische Aufgaben aus der Praxis lösen

In diesem Kapitel lernen Sie einige typische Aufgaben aus der Praxis kennen, die im Zusammenspiel mit Funktionen, Formeln und Matrixformeln zu lösen sind.

Im Folgenden lernen Sie eine ganze Reihe von typischen Aufgabenstellungen aus der Praxis kennen. Diese lösen Sie über den Einsatz einer oder gar mehrerer Funktionen. Für die eine oder andere Berechnung können Sie auch auf normale Formeln zurückgreifen, ohne eine Tabellenfunktion zu nutzen.

15.1 Den SVERWEIS umpolen

Suche auch nach links durchführen

Oftmals müssen aus einer größeren Datentabelle Werte ausgelesen werden, die abhängig sind von einem Suchbegriff, der sich ebenfalls in der Tabelle befindet. Hierfür nutzt man die Tabellenfunktion SVERWEIS, um einen Datenbereich mittels eines Suchbegriffs in einer Spalte nach rechts zu durchsuchen. Dabei muss der Suchbegriff im Datenbereich jedoch links vom Ergebnis stehen.

Was aber können Sie machen, wenn der zu suchende Begriff eben nicht am linken Rand des Bereichs steht? Zur besseren Verständlichkeit sehen Sie sich einmal Abbildung 15.1 an.

INDEX im Zusammenspiel mit VERGLEICH

Um diese Aufgabe zu lösen, verfahren Sie wie folgt:

1. Markieren Sie den Zellenbereich A2:A6.
2. Geben Sie die Formel **=INDEX(F:F;VERGLEICH(B2;E:E;0))** ein.
3. Bestätigen Sie mit der Tastenkombination [Strg] + [↵].

In Abbildung 15.2 sehen Sie das Ergebnis.

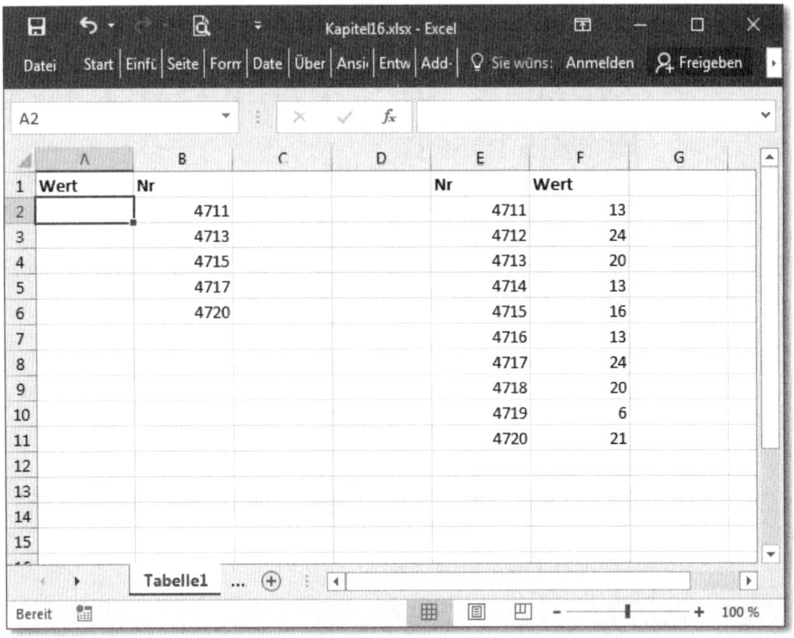

Abbildung 15.1 Die Werte aus Spalte F sollen in Spalte A eingefügt werden.

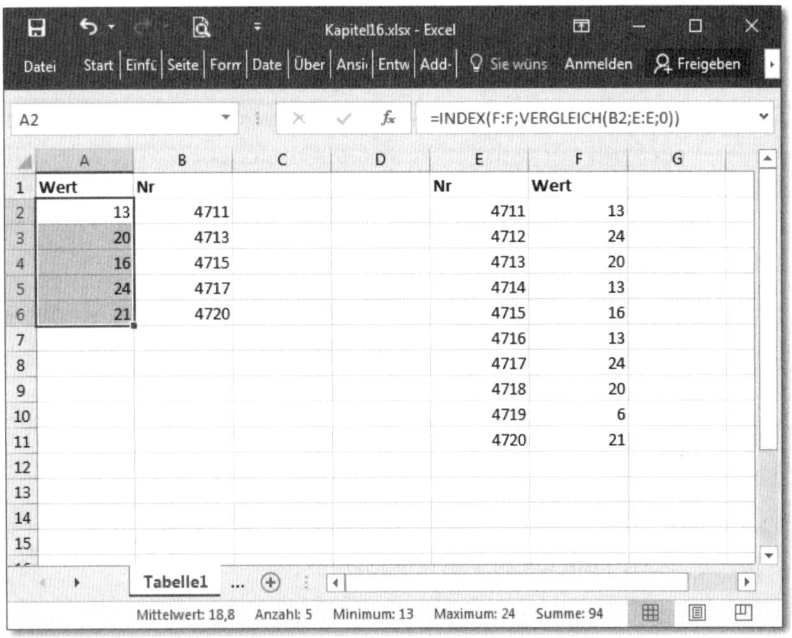

Abbildung 15.2 Die zugehörigen Werte wurden gefunden.

15.1.1 Verwendete Funktionen in dieser Aufgabe

INDEX

Syntax INDEX

Mit Hilfe der Tabellenfunktion INDEX können Sie über einen Index einen bestimmten Wert aus einer Matrix finden.

=INDEX(Matrix;Zeile;Spalte)

Gibt den Bezug auf eine oder mehrere Zellen zurück, die zur angegebenen Matrix gehören. Das Argument Matrix ist dabei ein Zellenbereich oder eine Matrixkonstante. Besteht das Argument Matrix aus nur einer Zeile oder Spalte, ist das entsprechende Argument Zeile bzw. Spalte optional. Erstreckt sich eine Matrix über mehrere Zeilen und Spalten und ist nur eines der Argumente Zeile oder Spalte angegeben, liefert die Funktion eine Matrix, die der gesamten zugehörigen Zeile oder Spalte von Matrix entspricht.

VERGLEICH

Syntax VERGLEICH

Sucht Werte innerhalb eines Bezugs oder einer Matrix. Verwenden Sie VERGLEICH immer dann statt einer der VERWEIS-Funktionen, wenn Sie die Position eines Elements in einem Bereich und nicht das Element selbst benötigen.

=VERGLEICH(Suchkriterium;Suchmatrix;Vergleichstyp)

Das Argument Suchkriterium ist der Wert, nach dem in einer Tabelle gesucht wird. Suchkriterium gibt den Wert an, gegen den Sie bestimmte Elemente der Suchmatrix abgleichen möchten. Das Suchkriterium kann ein Wert (eine Zahl, eine Zeichenfolge oder ein Wahrheitswert) oder ein Bezug auf eine Zelle sein, die eine Zahl, eine Zeichenfolge oder einen Wahrheitswert enthält.

Das Argument Suchmatrix ist ein zusammenhängender Zellenbereich mit möglichen Vergleichskriterien. Suchmatrix muss eine Matrix oder ein Bezug auf eine Matrix sein.

Das Argument Vergleichstyp ist die Zahl –1, 0 oder 1. Vergleichstyp gibt an, auf welche Weise Microsoft Excel die Werte in einer Suchmatrix mit den Suchkriterien vergleicht:

- Vergleichstyp gleich 1: Die Funktion gibt den größten Wert zurück, der kleiner gleich dem Argument Suchkriterium ist. Die Elemente der Suchmatrix müssen in aufsteigender Reihenfolge angeordnet sein.

- Vergleichstyp gleich 0: Die Funktion gibt den ersten Wert zurück, der gleich dem Argument Suchkriterium ist. Die Elemente der Suchmatrix dürfen in beliebiger Reihenfolge angeordnet sein.
- Vergleichstyp gleich -1: Die Funktion gibt den kleinsten Wert zurück, der größer oder gleich dem Argument Suchkriterium ist. Die Elemente der Suchmatrix müssen in absteigender Reihenfolge angeordnet sein.

15.2 Verfügbare Tage eines Monats zählen

Wie viele Tage hat ein Monat?

Vielleicht kennen Sie die Fingerknöchel-Methode, um zu bestimmen, wie viele Tage ein Monat hat. Sehen Sie sich vorab einmal die folgende Tabelle aus Abbildung 15.3 an.

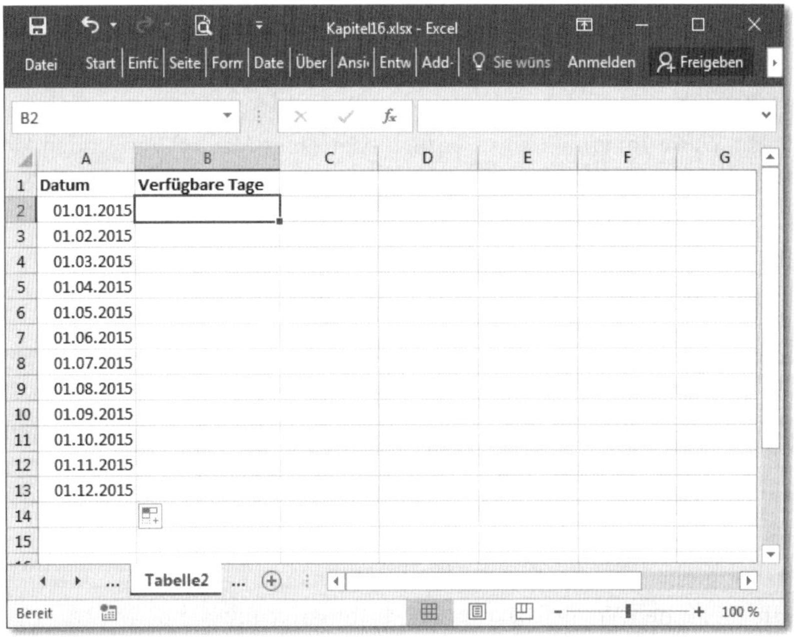

Abbildung 15.3 Wie viele Tage hat der jeweilige Monat?

Um diese Frage zu beantworten, greifen Sie auf eine Funktionsschachtel aus mehreren Datums- und Zeitfunktionen zurück. Dabei gehen Sie folgendermaßen vor:

Datum- und Zeitfunktionen einsetzen

1. Markieren Sie den Zellenbereich B2:B13.
2. Erfassen Sie die Formel **=TAG(DATUM(JAHR(A2);MONAT(A2)+1;0))**.
3. Schließen Sie die Eingabe der Formel über die Tastenkombination [Strg] + [↵] ab.

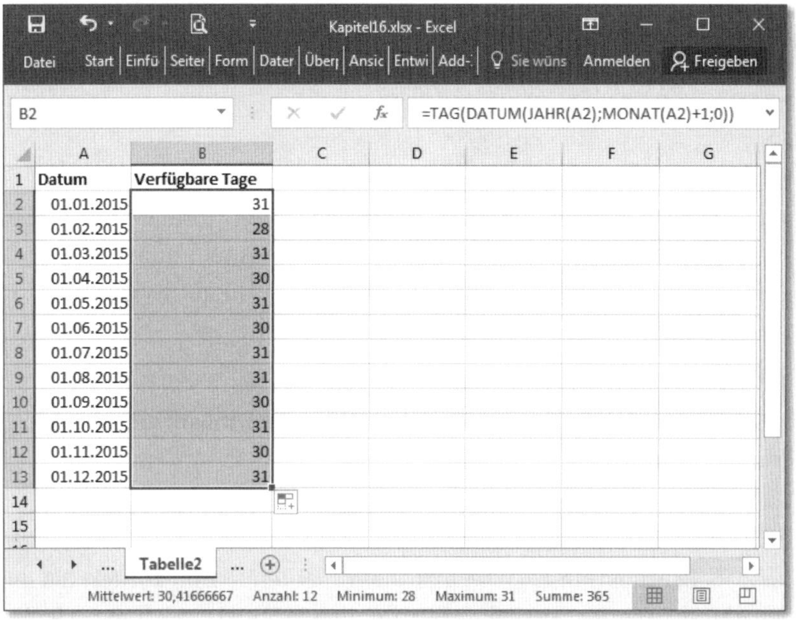

Abbildung 15.4 Die verfügbaren Tage je Monat

In der Statuszeile können Sie erkennen, dass die Anzahl der ermittelten Tage 365 aufweist (siehe Abbildung 15.4).

15.2.1 Verwendete Funktionen in dieser Aufgabe

TAG

Syntax TAG

Mit Hilfe der Tabellenfunktion TAG können Sie eine fortlaufende Zahl in eine Tageszahl umwandeln oder auch aus einem bereits erfassten Datum den Tag extrahieren. Der Tag wird als ganze Zahl im Bereich von 1 bis 31 ausgegeben.

=TAG(Zahl)

Im Argument Zahl geben Sie das Datum bzw. die Zahl an, dessen Tag Sie ermitteln möchten.

MONAT

Syntax MONAT

Mit Hilfe der Tabellenfunktion MONAT können Sie eine fortlaufende Zahl in eine Monatszahl umwandeln oder auch aus einem bereits erfassten Datum den Monat extrahieren. Der Monat wird als ganze Zahl ausgegeben, die einen Wert von 1 (Januar) bis 12 (Dezember) annehmen kann.

=MONAT(Zahl)

Im Argument Zahl geben Sie das Datum bzw. die Zahl an, dessen Monat Sie ermitteln möchten.

JAHR

Syntax JAHR

Mit Hilfe der Tabellenfunktion JAHR können Sie eine fortlaufende Zahl in eine Jahreszahl umwandeln oder auch aus einem bereits erfassten Datum das Jahr extrahieren. Das Jahr wird als ganze Zahl zurückgegeben, die einen Wert von 1900 bis 9999 annehmen kann.

=JAHR(Zahl)

Im Argument Zahl geben Sie das Datum bzw. die Zahl an, dessen Jahr Sie ermitteln möchten.

DATUM

Syntax DATUM

Die Tabellenfunktion DATUM gibt die fortlaufende Zahl zurück, die ein bestimmtes Datum darstellt. Mit Hilfe dieser Funktion können Sie Datumsangaben aus mehreren Zellen zusammenbauen.

=DATUM(Jahr;Monat;Tag)

Im Argument Jahr können Sie ein bis vier Stellen angeben. Microsoft Excel interpretiert das Argument Jahr entsprechend dem Datumssystem, das Sie verwenden. Standardmäßig verwendet Excel für Windows das 1900-Datumssystem.

Im Argument Monat wird die Zahl, die den Monat des Jahres repräsentiert, dargestellt.

Das Argument Tag ist eine Zahl, die den Tag des Monats darstellt.

15.3 Bestimmte Zeilen ansteuern

Zeilen zusammenfassen

Bei der folgenden Aufgabe sollen in einer Tabelle jeweils die geraden Zeilennummern ermittelt und übertragen werden. Sehen Sie sich zunächst einmal Abbildung 15.5 an.

1. Markieren Sie den Zellenbereich D2:D7.
2. Erfassen Sie die Formel **=BEREICH.VERSCHIEBEN($A$2;(ZEILE()-2)*2;0)**.
3. Schließen Sie die Formel über die Tastenkombination [Strg] + [↵] ab.
4. Für den Bereich E2:E7 gilt folgende Formel:
   =BEREICH.VERSCHIEBEN($B$2;(ZEILE()-2)*2;0)

5. Im Zellenbereich F2:F7 erfassen Sie die Formel:
   =BEREICH.VERSCHIEBEN(B2;(ZEILE()-1);0)
6. Schließen Sie alle Formeln über die Tastenkombination `Strg` + `↵` ab.

Das Ergebnis sehen Sie in Abbildung 15.6.

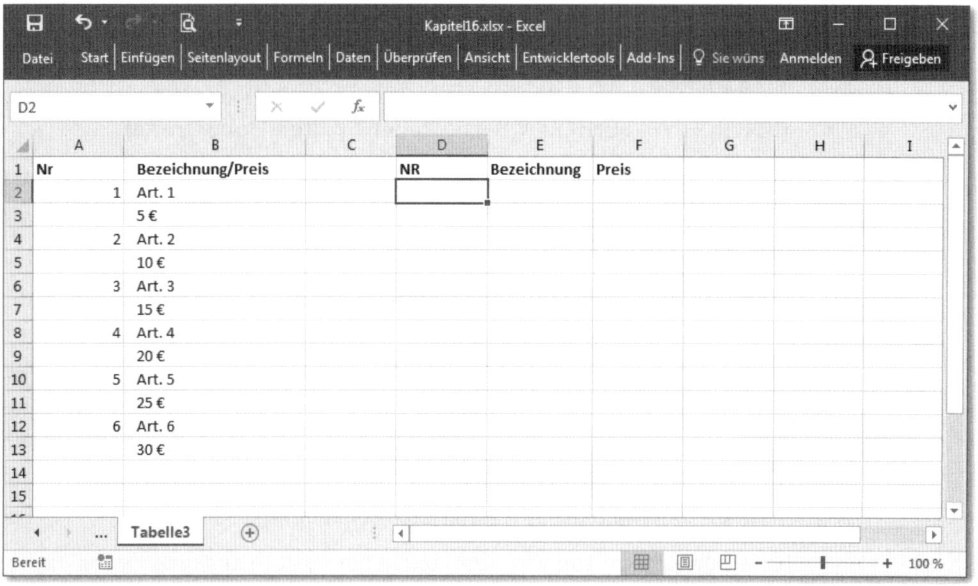

Abbildung 15.5 Aus jeweils zwei Zeilen soll eine Zeile gemacht werden.

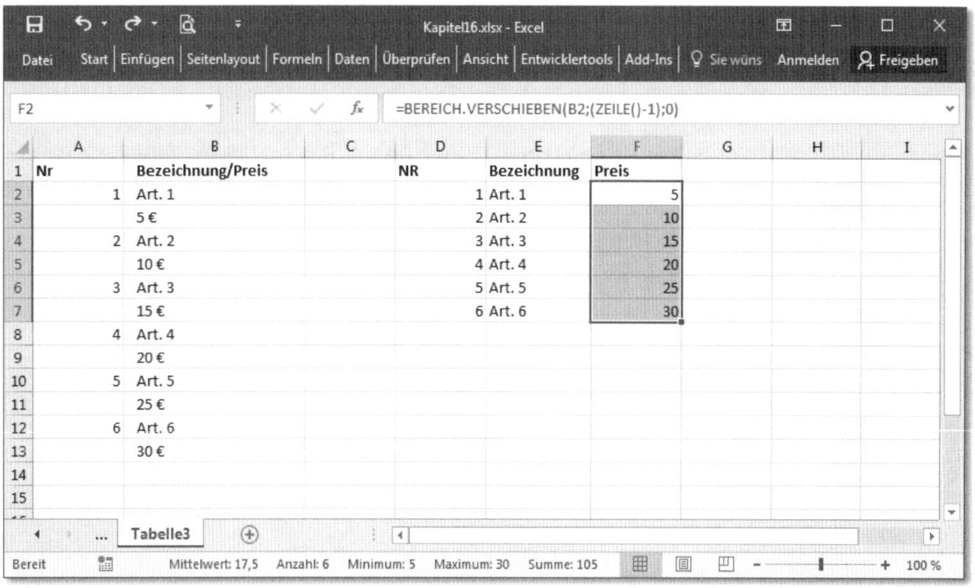

Abbildung 15.6 Aus zwei Zeilen wurde jeweils eine Zeile gemacht.

15.3.1 Verwendete Funktionen in dieser Aufgabe

BEREICH.VERSCHIEBEN

Syntax BEREICH. VERSCHIEBEN

Mit Hilfe der Tabellenfunktion BEREICH.VERSCHIEBEN können Sie einen Bezug zurückgeben, der gegenüber dem angegebenen Bezug versetzt ist. Der zurückgegebene Bezug kann eine einzelne Zelle oder ein Zellenbereich sein. Sie können die Anzahl der zurückzugebenden Zeilen und Spalten festlegen.

=BEREICH.VERSCHIEBEN(Bezug;Zeilen;Spalten;Höhe;Breite)

Im Argument Bezug wird der Bezug angegeben, der als Ausgangspunkt des Verschiebevorgangs dienen soll. Bezug muss ein Bezug zu einer Zelle oder einem Bereich aus angrenzenden Zellen sein.

Im Argument Zeilen wird die Anzahl der Zeilen angegeben, um die Sie die obere linke Eckzelle des Bereichs nach oben oder nach unten verschieben möchten. Entspricht das Argument Zeilen beispielsweise 3, bedeutet dies, dass die obere linke Ecke des neuen Bezugs drei Zeilen unterhalb des Arguments Bezug liegt. Das Argument Zeilen kann sowohl einen positiven (unterhalb des Ausgangsbezugs liegen) als auch einen negativen Wert annehmen (oberhalb des Ausgangsbezugs liegen).

Im Argument Spalten wird die Anzahl der Spalten angegeben, um die Sie die obere linke Eckzelle des Bereichs nach links oder nach rechts verschieben möchten. Ist das Argument Spalten beispielsweise gleich 3, so bedeutet dies, dass die obere linke Ecke des neuen Bezugs drei Spalten rechts des Arguments Bezug liegt. Spalten kann sowohl einen positiven (rechts des Ausgangsbezugs liegen) als auch einen negativen Wert annehmen (links des Ausgangsbezugs liegen).

Im Argument Höhe kann die Höhe des neuen Bezugs in Zeilen angegeben werden. Für Höhe muss ein positiver Wert angegeben werden.

Im Argument Breite wird die Breite des neuen Bezugs in Spalten angegeben. Für Breite muss ebenso ein positiver Wert angegeben werden.

ZEILE

Syntax ZEILE

Mit Hilfe der Tabellenfunktion ZEILE können Sie die Zeilennummer eines Bezugs ermitteln.

=ZEILE(Bezug)

Im Argument Bezug wird die Zelle oder der Zellenbereich angegeben, deren bzw. dessen Zeilennummer Sie ermitteln möchten.

15.4 Letzten Wert einer Spalte ermitteln

Letzte Zelle einer Spalte abfragen

Zur Ermittlung des letzten Wertes einer Spalte können Sie eine Funktionsschachtel einsetzen. Sehen Sie sich vorab einmal die Ausgangssituation in Abbildung 15.7 an.

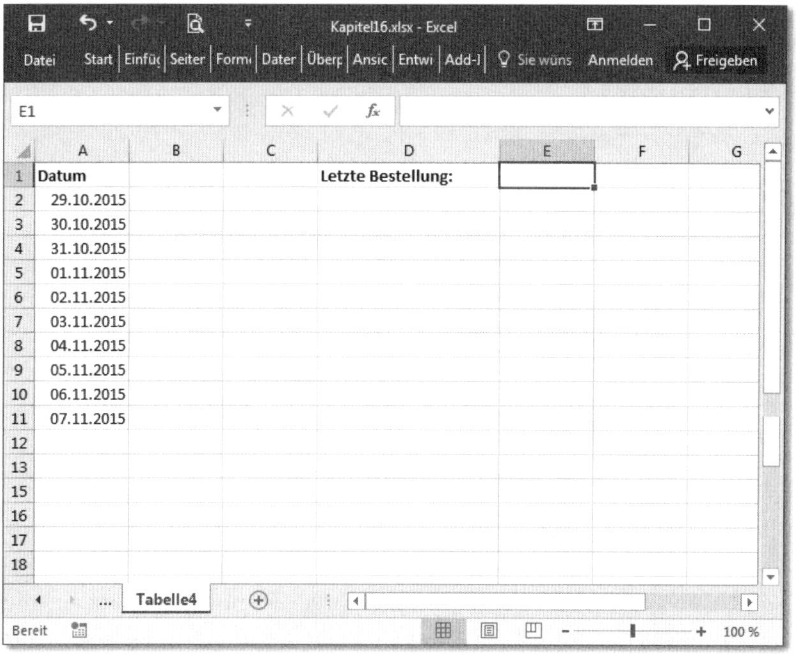

Abbildung 15.7 Wann war die letzte Bestellung?

Beantworten Sie die Frage, indem Sie die nachfolgenden Arbeitsschritte befolgen:

1. Setzen Sie den Cursor in Zelle E1.
2. Erfassen Sie die Formel **=INDIREKT("A"&VERGLEICH(;A:A;-1))**.
3. Drücken Sie [↵].
4. Formatieren Sie die Zelle E1 als Datum, oder übernehmen Sie das Datumsformat mittels des Pinselsymbols aus Zelle A2.

Das Ergebnis sehen Sie in Abbildung 15.8.

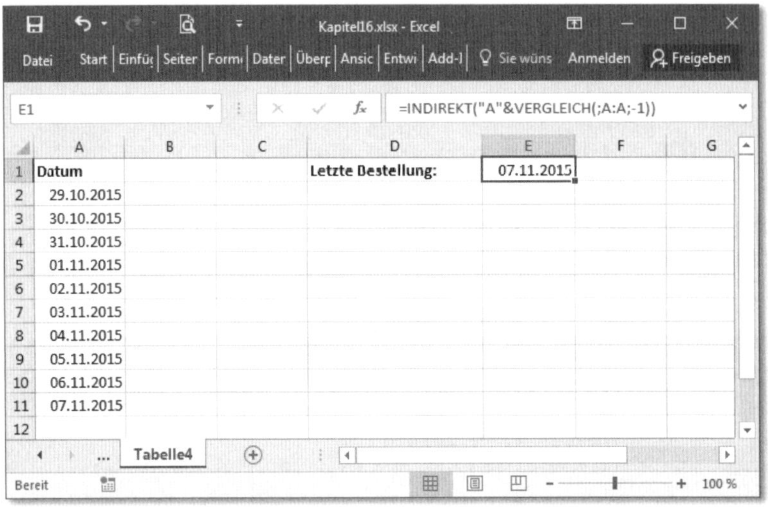

Abbildung 15.8 Die letzte gefüllte Zelle in Spalte A wurde gefunden.

15.4.1 Verwendete Funktionen in dieser Aufgabe

INDEX

Syntax INDEX

Mit Hilfe der Tabellenfunktion INDEX können Sie über einen Index einen bestimmten Wert aus einer Matrix finden.

=INDEX(Matrix;Zeile;Spalte)

Gibt den Bezug auf eine oder mehrere Zellen zurück, die zur als Matrix angegebenen Matrix gehören. Das Argument Matrix ist dabei ein Zellenbereich oder eine Matrixkonstante. Besteht das Argument Matrix aus nur einer Zeile oder Spalte, ist das entsprechende Argument Zeile bzw. Spalte optional. Erstreckt sich eine Matrix über mehrere Zeilen und Spalten und ist nur eines der Argumente Zeile oder Spalte angegeben, liefert die Funktion eine Matrix, die der gesamten zugehörigen Zeile oder Spalte des Arguments Matrix entspricht.

VERGLEICH

Syntax VERGLEICH

Sucht Werte innerhalb eines Bezugs oder einer Matrix. Verwenden Sie VERGLEICH immer dann statt einer der VERWEIS-Funktionen, wenn Sie die Position eines Elements in einem Bereich und nicht das Element selbst benötigen.

=VERGLEICH(Suchkriterium;Suchmatrix;Vergleichstyp)

Das Argument Suchkriterium ist der Wert, nach dem in einer Tabelle gesucht wird. Suchkriterium gibt den Wert an, gegen den Sie bestimmte Elemente der Suchmatrix abgleichen möchten. Das Suchkriterium kann ein Wert (eine Zahl, eine Zeichenfolge oder ein Wahrheitswert) oder ein Bezug auf eine Zelle sein, die eine Zahl, eine Zeichenfolge oder einen Wahrheitswert enthält.

Das Argument Suchmatrix ist ein zusammenhängender Zellenbereich mit möglichen Vergleichskriterien. Suchmatrix muss eine Matrix oder ein Bezug auf eine Matrix sein.

Das Argument Vergleichstyp ist die Zahl -1, 0 oder 1. Das Argument Vergleichstyp gibt an, auf welche Weise Microsoft Excel die Werte in einer Suchmatrix mit den Suchkriterien vergleicht:

- Vergleichstyp gleich 1: Die Funktion gibt den größten Wert zurück, der kleiner gleich dem Argument Suchkriterium ist. Die Elemente der Suchmatrix müssen in aufsteigender Reihenfolge angeordnet sein.
- Vergleichstyp gleich 0: Die Funktion gibt den ersten Wert zurück, der gleich dem Argument Suchkriterium ist. Die Elemente der Suchmatrix dürfen in beliebiger Reihenfolge angeordnet sein.
- Vergleichstyp gleich -1: Die Funktion gibt den kleinsten Wert zurück, der größer oder gleich dem Argument Suchkriterium ist. Die Elemente der Suchmatrix müssen in absteigender Reihenfolge angeordnet sein.

15.5 Letzten Wert in einer Zeile ermitteln

Letzte Zelle in der Zeile abfragen

Zur Ermittlung des letzten Wertes einer Zeile können Sie eine Funktionsschachtel verwenden. Sehen Sie sich vorab einmal die Ausgangssituation in Abbildung 15.9 an.

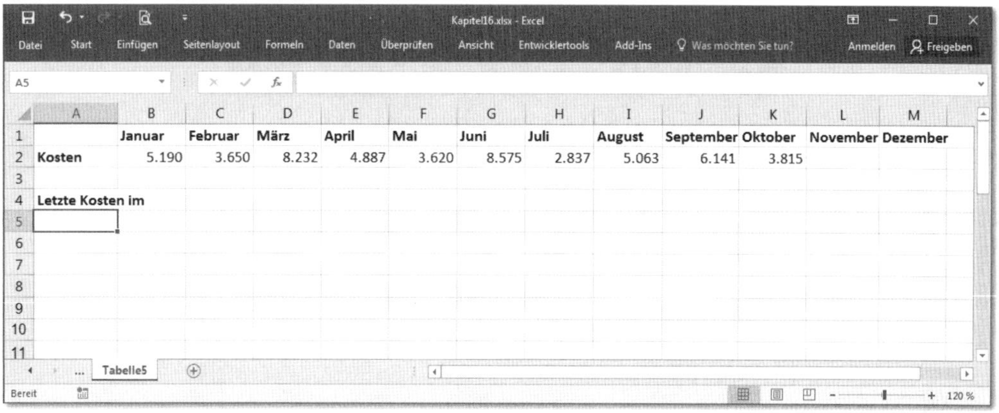

Abbildung 15.9 Wann war die letzte Kostenerfassung?

Beantworten Sie die Frage, indem Sie wie folgt vorgehen:

1. Setzen Sie den Cursor in Zelle A5.
2. Erfassen Sie die Formel **=INDEX(1:1;VERGLEICH(;2:2;-1))**.
3. Bestätigen Sie die Eingabe mit [↵].

Das Ergebnis zeigt Abbildung 15.10.

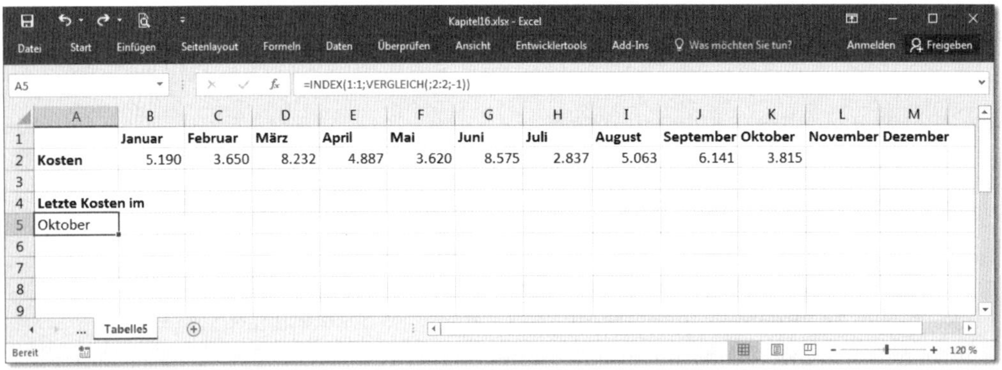

Abbildung 15.10 Der letzte Wert steht im Oktober.

Die beiden Tabellenfunktionen INDEX und VERGLEICH wurden bereits in der vorherigen Aufgabe beschrieben.

15.6 Die Anzahl einer Zeichenfolge ermitteln

Wie oft taucht ein Buchstabe auf?

In der folgenden Aufgabe in Abbildung 15.11 sehen Sie in einer Tabelle einige Eingaben, die in Spalte A vorgenommen wurden. Die Aufgabe besteht jetzt darin, die Anzahl des Buchstabens »x« in jeder Zelle zu zählen.

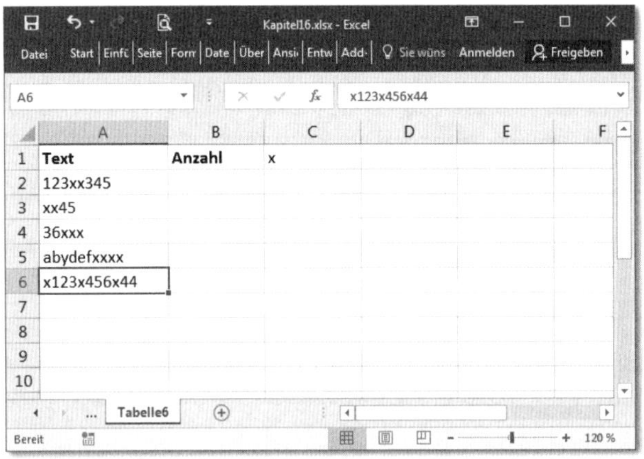

Abbildung 15.11 Wie oft wird das Zeichen »x« verwendet?

Beantworten Sie die Frage wie folgt:

1. Markieren Sie den Zellenbereich B2:B6.
2. Erfassen Sie die Formel **=LÄNGE(A2)-LÄNGE(WECHSELN(A2;"x";""))**.
3. Schließen Sie die Formeleingabe über die Tastenkombination Strg + ↵ ab.

In Abbildung 15.12 sehen Sie das Ergebnis.

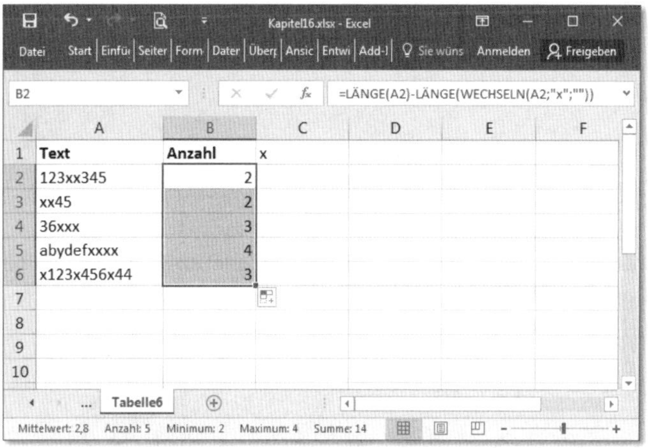

Abbildung 15.12 Die Anzahl der Zeichenfolge wurde ermittelt.

15.6.1 Verwendete Funktionen in dieser Aufgabe

LÄNGE

Syntax LÄNGE

Die Funktion LÄNGE gibt die Anzahl der Zeichen einer Zeichenfolge zurück.

=LÄNGE(Text)

Das Argument Text ist der Text oder Zellinhalt, dessen Länge Sie ermitteln möchten. Leerzeichen zählen als Zeichen.

WECHSELN

Syntax WECHSELN

Die Tabellenfunktion WECHSELN ersetzt einen alten Text durch neuen Text. Diese Funktion wird eingesetzt, wenn Sie innerhalb eines Textes eine bestimmte Zeichenfolge austauschen möchten.

=WECHSELN(Text;Alter_Text;Neuer_Text;Ntes_Auftreten)

Hinter dem Argument Text ist der in Anführungszeichen gesetzte Text oder Bezug auf eine Zelle, die den Text enthält, gemeint, in dem Zeichen ausgetauscht werden sollen.

Das Argument Alter_Text repräsentiert den Text, den Sie ersetzen möchten.

Im Argument Neuer_Text wird der Text, mit dem Sie das Argument Alter_Text ersetzen möchten, angegeben.

Im Argument Ntes_Auftreten können Sie angeben, an welchen Stellen das Argument Alter_Text durch das Argument Neuer_Text ersetzt werden soll. Wenn Sie das Argument Ntes_Auftreten angeben, wird nur dieses Vorkommen von Alter_Text ersetzt; andernfalls wird Alter_Text an jeder Stelle, an der er in dem Argument Text vorkommt, durch das Argument Neuer_Text ersetzt.

15.7 Eine bestimmte Zeichenfolge ersetzen

Wie tausche ich Zeichen aus?

Bei der folgenden Aufgabe soll eine bestimmte Zeichenfolge aus allen Zellen entfernt werden. Sehen Sie sich vorab einmal die Ausgangssituation in Abbildung 15.13 an.

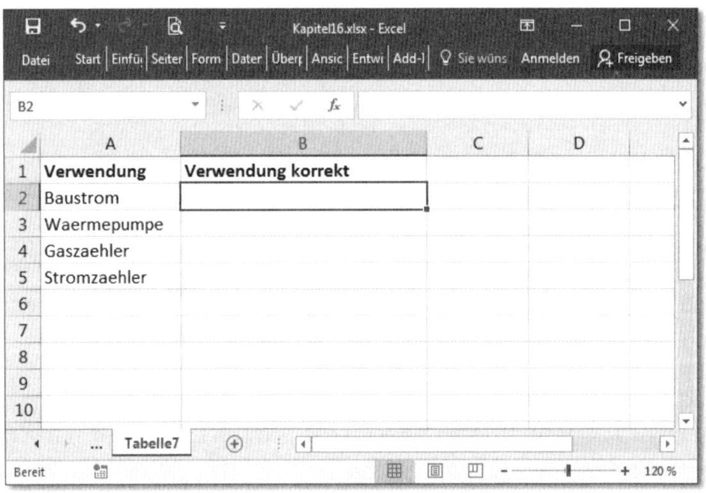

Abbildung 15.13 Die Umlaute sollen ersetzt werden.

Lösen Sie die Aufgabenstellung wie folgt:

1. Markieren Sie den Zellenbereich B2:B5.
2. Erfassen Sie die Formel **=WECHSELN(A2;"ae";"ä")**.
3. Schließen Sie die Formel über die Tastenkombination `Strg` + `↵` ab.

Abbildung 15.14 zeigt die erfolgreiche Ersetzung.

Abbildung 15.14 Die Zeichenfolge wurden erfolgreich ausgetauscht.

Die hier verwendete Tabellenfunktion WECHSELN wurde in der vorherigen Aufgabe bereits beschrieben.

15.8 Spitzenwerte in einem Bereich ermitteln

Wie lauten die Extremwerte?

Zur Ermittlung der fünf größten Werte einer Liste können Sie entweder die Top-10-Filtermethode oder eine Standardfunktion einsetzen. Sehen Sie sich vorab die Ausgangssituation in Abbildung 15.15 an.

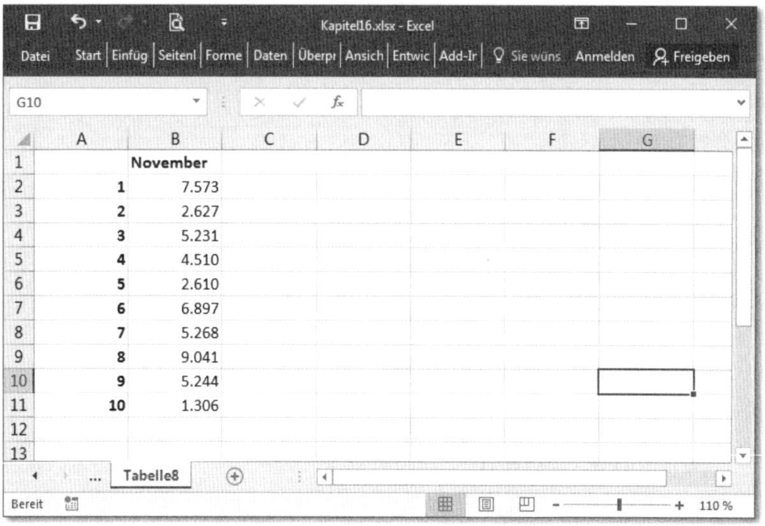

Abbildung 15.15 Was sind die höchsten fünf Umsätze?

1. Im Zellenbereich D1:D5 geben Sie die Zahlen 1 bis 5 ein.

2. Markieren Sie den Zellenbereich E1:E5.
3. Erfassen Sie die Formel **=KGRÖSSTE($B$2:$B$15;D1)**.
4. Schließen Sie die Formel über die Tastenkombination [Strg] + [↵] ab.

Das Ergebnis sehen Sie in Abbildung 15.16.

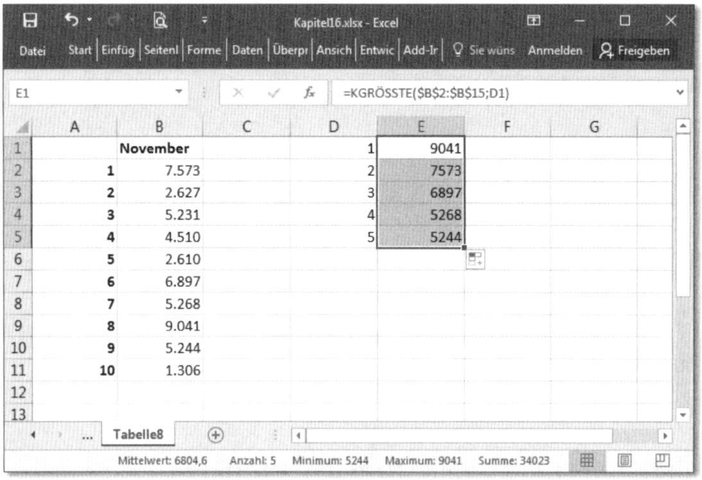

Abbildung 15.16 Die Top-5-Werte wurden ermittelt.

15.8.1 Verwendete Funktion in dieser Aufgabe

KGRÖSSTE

Syntax KGRÖSSTE

Mit Hilfe der Tabellenfunktion KGRÖSSTE können Sie die größten Werte einer Datengruppe ermitteln.

=KGRÖSSTE(Matrix;k)

Geben Sie im Argument Matrix den Datenbereich an, aus dem Sie den größten bzw. mehrere größten Werte bestimmen möchten.

Im Argument k geben Sie den Rang an. Beispielsweise repräsentiert die Zahl 1 den höchsten Wert, die Zahl 2 den zweithöchsten Wert usw.

15.9 Die Anzahl eindeutiger Einträge in einem Bereich ermitteln

Wie viele unikate Einträge gibt es?

In einer Excel-Tabelle stehen einige Vornamen. Es soll nun die Anzahl der eindeutigen Namen ermittelt werden, das heißt, jeder Name soll nur einmal gezählt werden. Sehen Sie sich vorab die folgende Ausgangssituation in Abbildung 15.17 an.

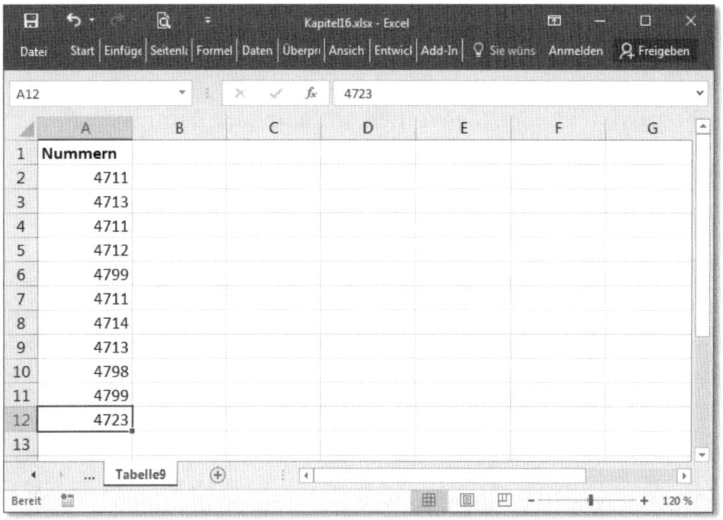

Abbildung 15.17 Wie viele eindeutige Nummern gibt es?

Beantworten Sie die Frage, indem Sie wie folgt vorgehen:

1. Setzen Sie den Cursor in Zelle D1.
2. Erfassen Sie die Matrixformel:
   =SUMME(WENN(A1:A12="";0;1/ZÄHLENWENN(A1:A12;A1:A12)))
3. Schließen Sie die Matrixformel über die Tastenkombination [Strg] + [⇧] + [↵] ab.

In Abbildung 15.18 sehen Sie das Ergebnis.

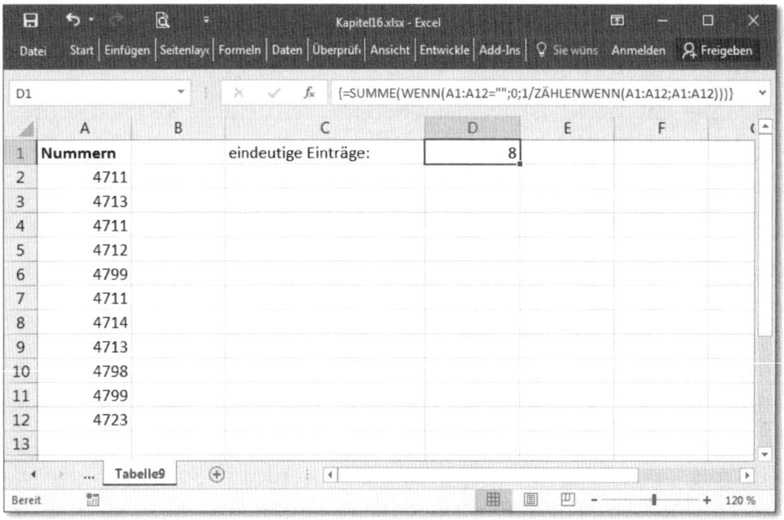

Abbildung 15.18 Die unikaten Einträge wurden gezählt.

15.9.1 Verwendete Funktionen in dieser Aufgabe

SUMME

Syntax SUMME

Mit dieser Funktion können Sie Werte bzw. Zellinhalte summieren.

=SUMME(Zahl1;Zahl2;...)

oder zum Beispiel

=SUMME(A1:A100)

Die Argumente Zahl1, Zahl2, ... sind 1 bis 30 Argumente, deren Summe Sie berechnen möchten. Die Argumente können entweder Werte oder Bezüge sein.

WENN

Syntax WENN

Mit der Funktion WENN können Sie Werte und Formeln prüfen.

=WENN(Prüfung;Dann_Wert;Sonst_Wert)

Das Argument Prüfung ist ein beliebiger Wert oder Ausdruck, der entweder zutrifft (WAHR) oder nicht (FALSCH). Im Fall einer zutreffenden Prüfung wird die Aktion Dann_Wert durchgeführt. Im anderen Fall wird die Aktion Sonst_Wert ausgeführt.

ZÄHLENWENN

Syntax ZÄHLENWENN

Mit Hilfe der Tabellenfunktion ZÄHLENWENN können Sie nicht leere Zellen eines Bereichs zählen, deren Inhalte mit den Suchkriterien übereinstimmen. Diese Funktion finden Sie normalerweise in der Funktionskategorie Statistik.

=ZÄHLENWENN(Bereich;Kriterien)

Das Argument Bereich ist der Zellenbereich, von dem Sie wissen möchten, wie viele seiner Zellen einen Inhalt haben, der mit den Suchkriterien übereinstimmt.

Beim Argument Kriterien werden die Kriterien in Form einer Zahl, eines Ausdrucks oder einer Zeichenfolge angegeben. Diese Kriterien bestimmen, welche Zellen gezählt werden.

15.10 Den nächsten Termin berechnen

Wann ist der nächste Termin?

Beim folgenden Beispiel in Abbildung 15.19 werden in Spalte A einige Datumseingaben vorgenommen. Die Aufgabe besteht nun darin, diese Spalte durchzuarbeiten und den nächstmöglichen Termin, ausgehend vom aktuellen Tagesdatum, zu ermitteln.

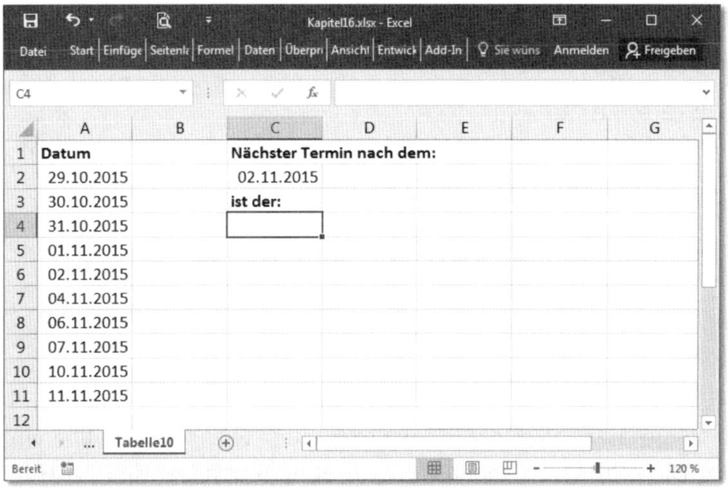

Abbildung 15.19 Wann ist der nächste freie Termin nach dem 02.11.2015?

Ermitteln Sie den nächstmöglichen Termin wie folgt:

1. Setzen Sie den Cursor in Zelle C4.
2. Erfassen Sie die Formel:
   =KKLEINSTE(A:A;ZÄHLENWENN(A:A;"<=" & C2)+1)
3. Bestätigen Sie mit [↵].

Abbildung 15.20 zeigt den ermittelten Termin.

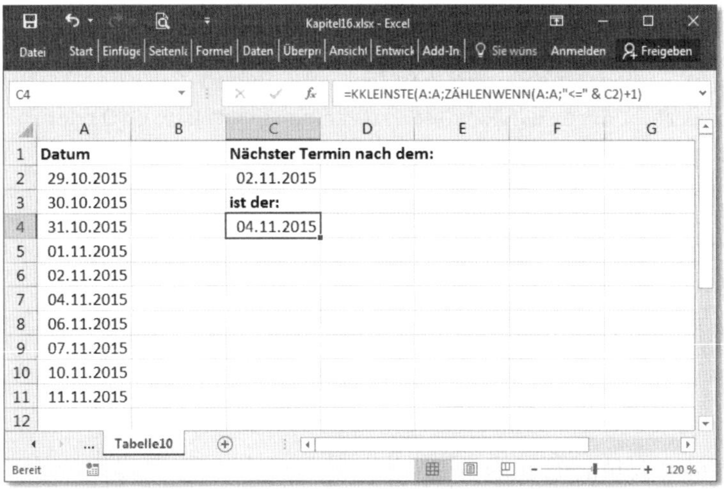

Abbildung 15.20 Der nächste freie Termin wurde ermittelt.

15.10.1 Verwendete Funktionen in dieser Aufgabe

KKLEINSTE

Syntax KKLEINSTE

Mit Hilfe der Tabellenfunktion KKLEINSTE können Sie die kleinsten Werte einer Datengruppe ermitteln.

=KKLEINSTE(Matrix;k)

Geben Sie im Argument Matrix den Datenbereich an, aus dem Sie den kleinsten bzw. mehrere kleinste Werte bestimmen möchten.

Im Argument k geben Sie den Rang an. Beispielsweise repräsentiert die Zahl 1 den kleinsten Wert, die Zahl 2 den zweitkleinsten Wert usw.

ZÄHLENWENN

Syntax ZÄHLENWENN

Mit Hilfe der Tabellenfunktion ZÄHLENWENN können Sie nicht leere Zellen eines Bereichs zählen, deren Inhalte mit den Suchkriterien übereinstimmen. Diese Funktion finden Sie in der Funktionskategorie Statistik.

=ZÄHLENWENN(Bereich;Kriterien)

Das Argument Bereich ist der Zellenbereich, von dem Sie wissen möchten, wie viele seiner Zellen einen Inhalt haben, der mit den Suchkriterien übereinstimmt.

Beim Argument Kriterien werden die Kriterien in Form einer Zahl, eines Ausdrucks oder einer Zeichenfolge angegeben. Diese Kriterien bestimmen, welche Zellen gezählt werden.

15.11 Personen einer Altersgruppe zählen

Wie viele Personen einer Altersgruppe gibt es?

Bei der folgenden Aufgabenstellung liegt eine Geburtstagsliste vor. Die Aufgabe besteht darin, alle Personen zu zählen, die im Jahr 1970 oder früher geboren wurden. Sehen Sie sich zunächst die Ausgangssituation in Abbildung 15.21 an.

Um diese Aufgabe zu lösen, gehen Sie wie folgt vor:

1. Markieren Sie den Zellenbereich D2:D10.
2. Erfassen Sie die Formel **=WENN(JAHR(B2)<=$D$1;"ja";"nein")**.
3. Schließen Sie die Formel über die Tastenkombination [Strg] + [↵] ab.
4. Erfassen Sie in Zelle F1 die Formel **=ZÄHLENWENN($D$2:$D$10;"ja")**.

Abbildung 15.22 bringt Aufklärung.

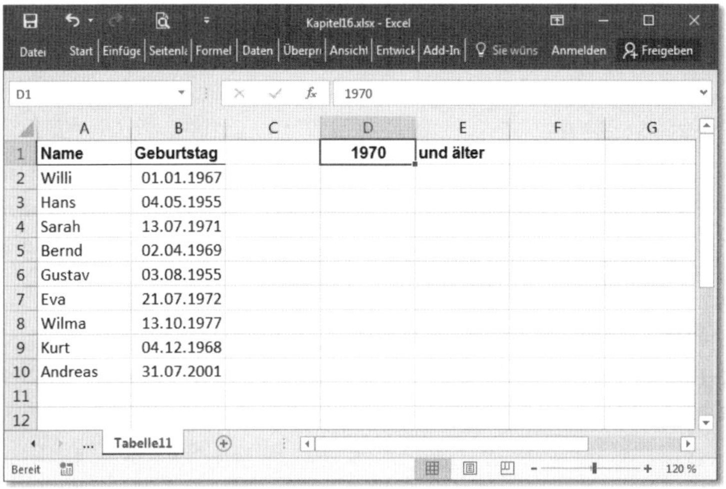

Abbildung 15.21 Das Geburtsjahr soll ausgewertet werden.

Abbildung 15.22 Alle Personen aus dem Geburtsjahr 1970 und früher werden gezählt.

15.11.1 Verwendete Funktionen in dieser Aufgabe

WENN

Mit der Funktion WENN können Sie Werte und Formeln prüfen.

Syntax WENN

=WENN(Prüfung;Dann_Wert;Sonst_Wert)

Das Argument Prüfung ist ein beliebiger Wert oder Ausdruck, der entweder zutrifft (WAHR) oder nicht (FALSCH). Im Fall einer zutreffenden Prüfung wird die Aktion Dann_Wert durchgeführt. Im anderen Fall wird die Aktion Sonst_Wert ausgeführt.

JAHR

Syntax JAHR

Mit Hilfe der Tabellenfunktion JAHR können Sie eine fortlaufende Zahl in eine Jahreszahl umwandeln oder auch aus einem bereits erfassten Datum das Jahr extrahieren. Das Jahr wird als ganze Zahl zurückgegeben, die einen Wert von 1900 bis 9999 annehmen kann.

=JAHR(Zahl)

Im Argument Zahl geben Sie das Datum bzw. die Zahl an, dessen Jahr Sie ermitteln möchten.

ZÄHLENWENN

Syntax ZÄHLENWENN

Mit Hilfe der Tabellenfunktion ZÄHLENWENN können Sie nicht leere Zellen eines Bereichs zählen, deren Inhalte mit den Suchkriterien übereinstimmen.

=ZÄHLENWENN(Bereich;Kriterien)

Das Argument Bereich ist der Zellenbereich, von dem Sie wissen möchten, wie viele seiner Zellen einen Inhalt haben, der mit den Suchkriterien übereinstimmt.

Beim Argument Kriterien werden die Kriterien in Form einer Zahl, eines Ausdrucks oder einer Zeichenfolge angegeben. Diese Kriterien bestimmen, welche Zellen gezählt werden.

15.12 Mittelwertberechnung ohne Nullen

Wie lauter der kleinste Wert <> 0?

Ein Problem besteht darin, wenn Sie aus einer Zahlenkolonne mit teilweisen Nullwerten einen Mittelwert berechnen möchten. Standardmäßig werden dabei die Nullwerte in die Durchschnittsberechnung einbezogen. Sehen sich dazu einmal Abbildung 15.23 an.

Beantworten Sie die Frage, indem Sie die Tabellenfunktion MITTELWERTWENN wie folgt einsetzen:

1. Setzen Sie den Cursor in Zelle D2.
2. Erfassen Sie die Formel **=MITTELWERTWENN(B2:B10;"<>0")**.
3. Bestätigen Sie Ihre Eingabe mit [↵].

In Abbildung 15.24 sehen Sie das Ergebnis.

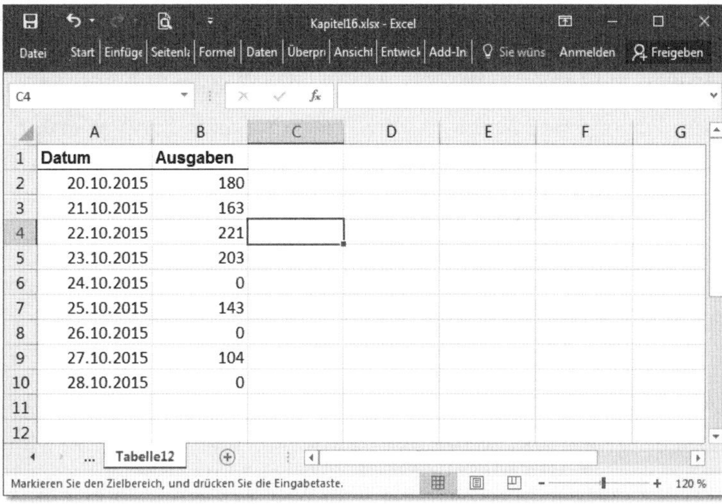

Abbildung 15.23 Wie hoch sind die durchschnittlichen Ausgaben pro Tag?

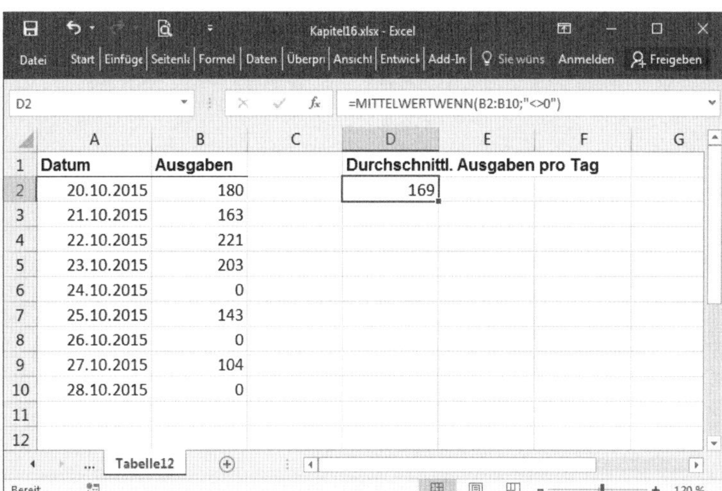

Abbildung 15.24 Der Mittelwert wurde unter einer Bedingung ermittelt.

15.12.1 Verwendete Funktion in dieser Aufgabe

MITTELWERTWENN

Syntax MITTELWERTWENN

Gibt den Durchschnittswert (arithmetisches Mittel) für alle Zellen eines Bereichs zurück, die einem angegebenen Kriterium entsprechen.

=MITTELWERTWENN(Bereich,Kriterien,[Mittelwert_Bereich])

Das Argument Bereich ist erforderlich. Der Bereich der Zellen, für die der Mittelwert berechnet werden soll, einschließlich Zahlen, Namen, Arrays oder Bezügen, die Zahlen enthalten.

Das Argument Kriterien ist erforderlich. Die Kriterien in Form einer Zahl, eines Ausdrucks, eines Zellbezugs oder eines Textes, mit denen definiert wird, für welche Zellen der Mittelwert berechnet werden soll.

Das Argument Mittelwert_Bereich ist optional. Der tatsächliche Bereich der Zellen, für die der Mittelwert berechnet wird. Fehlt dieses Argument, wird das Argument Bereich verwendet.

15.13 Eine Liste nach Tag und Monat sortieren

Wie sortiere ich eine Geburtstagsliste?

Wenn Sie sich die nachfolgende Tabelle in Abbildung 15.25 einmal ansehen, dann werden Sie feststellen, dass diese Liste nach dem Jahr aus Spalte A sortiert ist.

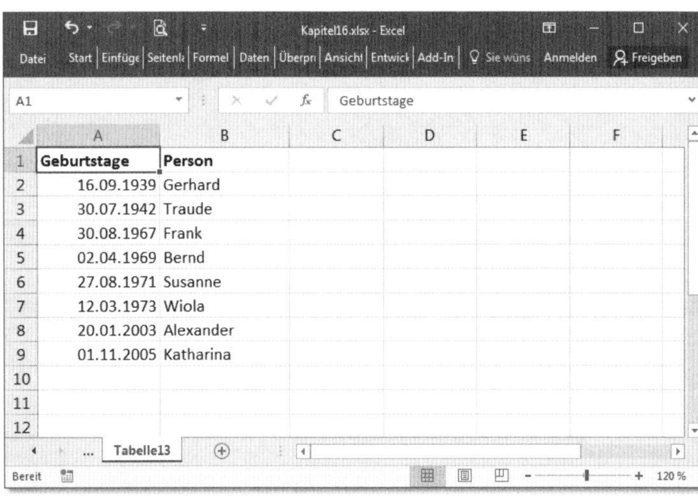

Abbildung 15.25 Eine nach Jahr sortierte Geburtstagsliste

Sortieren Sie diese Liste nach Monat/Tag, indem Sie wie folgt vorgehen:

1. Markieren Sie den Zellenbereich C2:C9.
2. Erfassen Sie die Formel =**MONAT(A2)*100+TAG(A2)**.
3. Schließen Sie die Formel über die Tastenkombination [Strg] + [↵] ab.
4. Setzen Sie den Mauszeiger auf Zelle C1.
5. Klicken Sie im Menüband DATEN auf das Symbol VON A BIS Z SORTIEREN.

Wenn Sie sich jetzt Abbildung 15.26 ansehen, werden Sie feststellen, dass die Geburtstage nach Tag und Monat sortiert wurden.

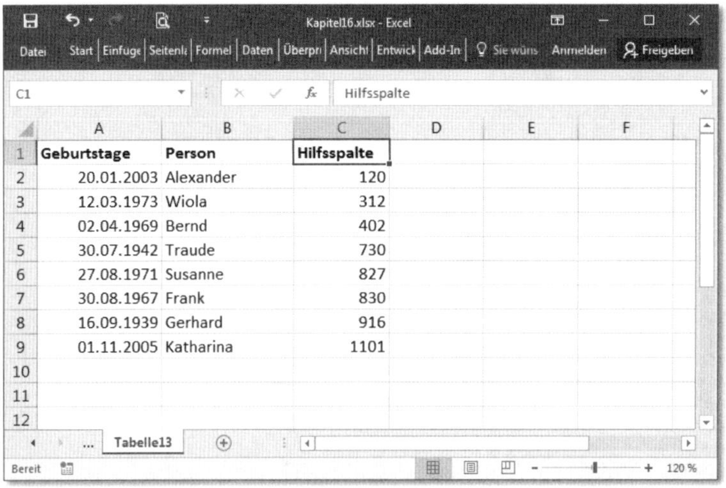

	A	B	C
1	Geburtstage	Person	Hilfsspalte
2	20.01.2003	Alexander	120
3	12.03.1973	Wiola	312
4	02.04.1969	Bernd	402
5	30.07.1942	Traude	730
6	27.08.1971	Susanne	827
7	30.08.1967	Frank	830
8	16.09.1939	Gerhard	916
9	01.11.2005	Katharina	1101

Abbildung 15.26 Die Liste wurde nach Tag und Monat sortiert.

15.13.1 Verwendete Funktionen in dieser Aufgabe

MONAT

Syntax MONAT

Mit Hilfe der Tabellenfunktion MONAT können Sie eine fortlaufende Zahl in eine Monatszahl umwandeln oder auch aus einem bereits erfassten Datum den Monat extrahieren. Der Monat wird als ganze Zahl ausgegeben, die einen Wert von 1 (Januar) bis 12 (Dezember) annehmen kann.

=MONAT(Zahl)

Im Argument Zahl geben Sie das Datum bzw. die Zahl an, dessen Monat Sie ermitteln möchten.

TAG

Syntax TAG

Mit Hilfe der Tabellenfunktion TAG können Sie eine fortlaufende Zahl in eine Tageszahl umwandeln oder auch aus einem bereits erfassten Datum den Tag extrahieren. Der Tag wird als ganze Zahl im Bereich von 1 bis 31 ausgegeben.

=TAG(Zahl)

Im Argument Zahl geben Sie das Datum bzw. die Zahl an, dessen Tag Sie ermitteln möchten.

15.14 Minuten in Stunden umrechnen

Zeiten umrechnen

Bei der folgenden Aufgabe wurden in einer Tabelle Minuten aufgelistet. Die Aufgabe besteht darin, diese Minuten zu summieren und in Stunden umzurechnen. Sehen Sie sich vorab einmal die Ausgangssituation in Abbildung 15.27 an.

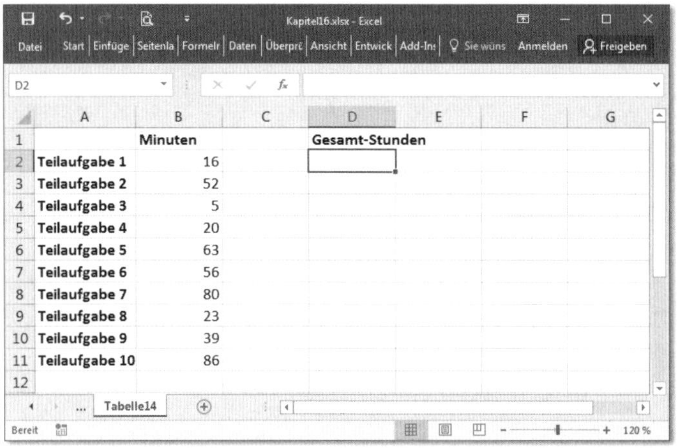

Abbildung 15.27 Wie viele Stunden sind das in Summe?

Diese Frage können Sie beantworten, indem Sie wie folgt vorgehen:

1. Setzen Sie den Cursor in Zelle D2.
2. Erfassen Sie die Formel **=SUMME(B2:B11)/(24*60)**.
3. Bestätigen Sie mit [↵].
4. Formatieren Sie die Zelle mit einem Zeitformat (siehe Abbildung 15.28).

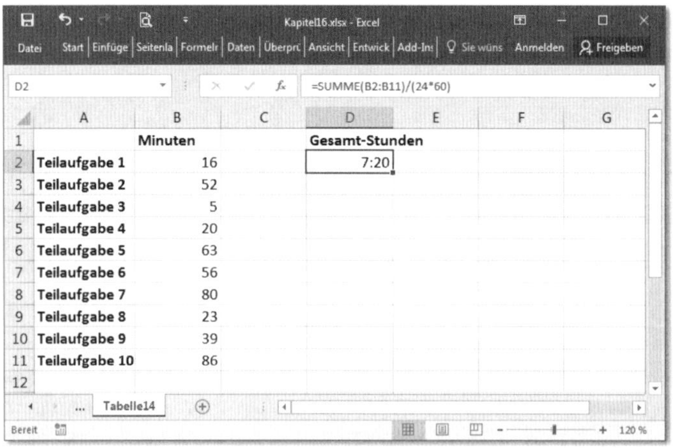

Abbildung 15.28 Summieren und Umrechnen mit einer Formel

Die Umrechnung der Zeiten (Stunden und Minuten) in Minuten erfolgte über die Formel **=24*60**.

Dabei bedeutet der Wert 24, dass von 24 Stunden = 1 Tag ausgegangen wird. Der Wert 60 bedeutet, dass 60 Minuten genau 1 Stunde ausmachen. Die an die Umrechnung folgende Formatierung muss durchgeführt werden, da Sie sonst nur den Wert 0:00 in den Zellen sehen. Das Ergebnis ist zunächst ein Dezimalwert, der erst nach Formatierung der Zelle in ein Uhrzeitformat richtig dargestellt wird.

Hinweis

Alle Zeitangaben werden in Excel intern in Bruchteilen von Tagen behandelt und über die Zellenformatierung in das gewünschte Format gebracht. So gelten folgende Aussagen:

- 1 Tag = 1
- 1 Stunde = 1/24
- 1 Minute = 1/1440
- 1 Sekunde = 1/86400

15.15 Eine Zeitdifferenz in Stunden berechnen

Datums- und Zeitdifferenzen berechnen

Bei der folgenden Aufgabe aus der Praxis sollen die vergangenen Stunden zwischen 2 Tagen berechnet werden. Als Ausgangssituation liegt uns die Tabelle aus Abbildung 15.29 vor.

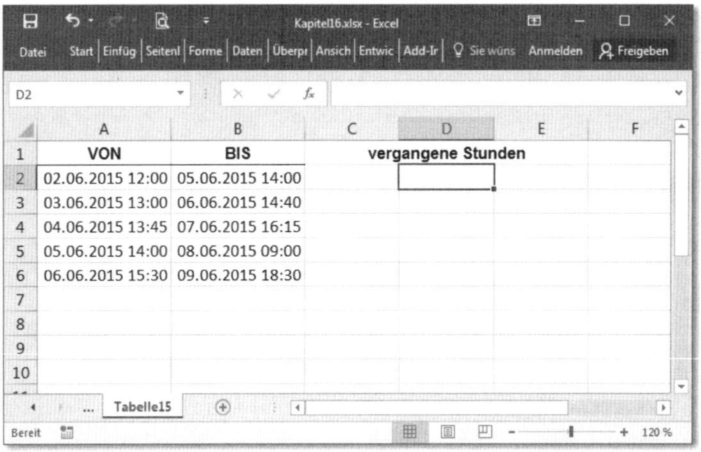

	A	B	C	D
1	VON	BIS		vergangene Stunden
2	02.06.2015 12:00	05.06.2015 14:00		
3	03.06.2015 13:00	06.06.2015 14:40		
4	04.06.2015 13:45	07.06.2015 16:15		
5	05.06.2015 14:00	08.06.2015 09:00		
6	06.06.2015 15:30	09.06.2015 18:30		

Abbildung 15.29 Wie viele Stunden liegen zwischen den beiden Datumsangaben?

Um diese Aufgabe zu lösen, brauchen Sie lediglich eine Formel sowie das richtige Format. Gehen Sie jetzt wie folgt vor:

1. Markieren Sie den Zellenbereich D2:D6.
2. Erfassen Sie die Formel =**B2-A2**.
3. Schließen Sie die Formel über [Strg] + [↵] ab.
4. Drücken Sie die Tastenkombination [Strg] + [1], um den Dialog ZELLEN FORMATIEREN aufzurufen.
5. Wechseln Sie auf das Register ZAHLEN.
6. Wählen Sie im Listenfeld KATEGORIE den Eintrag BENUTZERDEFINIERT.
7. Erfassen Sie das benutzerdefinierte Format [HH]:MM.
8. Bestätigen Sie mit OK.

Abbildung 15.30 zeigt nun die jeweils vergangenen Stunden an.

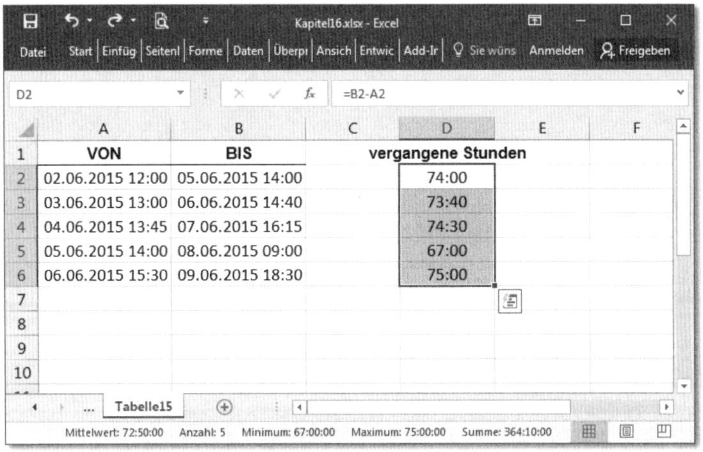

Abbildung 15.30 Die vergangenen Stunden wurden errechnet.

15.16 Buchungen pro Monat zählen

Wie viele Einträge pro Monat gibt es?

Um diese Frage zu beantworten, sehen Sie sich erst einmal Abbildung 15.31 an.

Um diese Aufgabenstellung über eine Formel zu lösen, verfahren Sie wie folgt:

1. Markieren Sie den Zellenbereich D2:D5.
2. Erfassen Sie die Formel:
   =SUMMENPRODUKT(($A$2:$A$11>0)*(MONAT($A$2:$A$11)=C2))
3. Schließen Sie die Formel über die Tastenkombination [Strg] + [↵] ab.

Das Ergebnis sehen Sie in Abbildung 15.32.

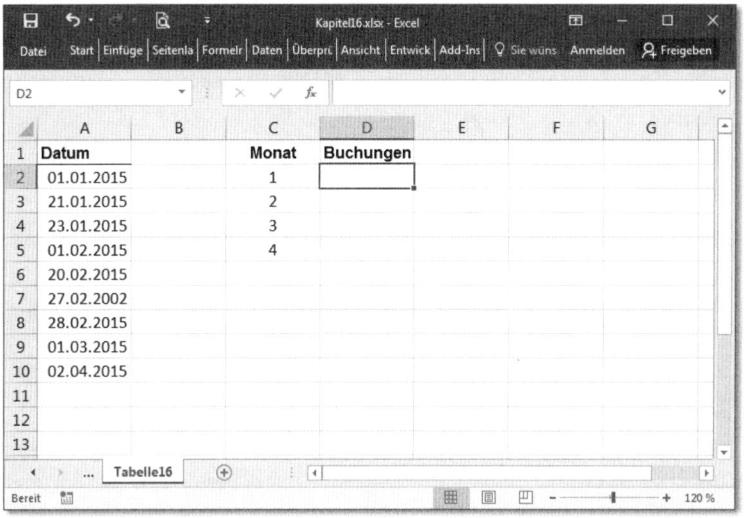

Abbildung 15.31 Wie viele Buchungen fallen pro Monat an?

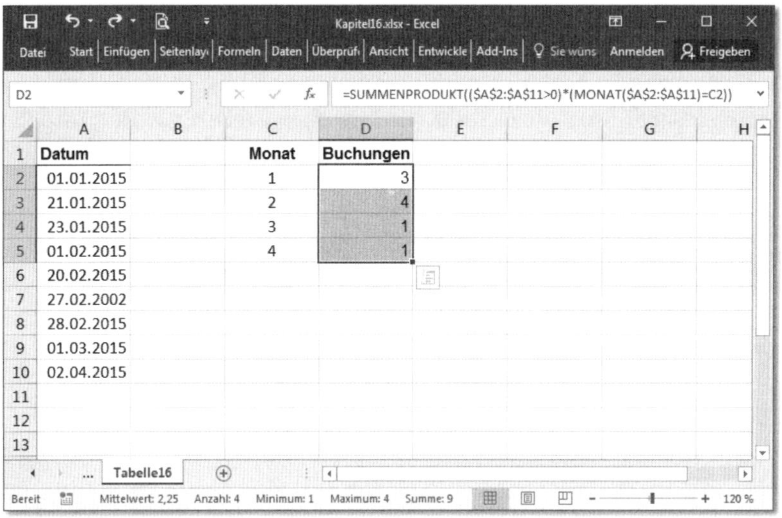

Abbildung 15.32 Die Anzahl der Buchungen wurde ermittelt.

15.16.1 Verwendete Funktionen in dieser Aufgabe

SUMMENPRODUKT

Mit Hilfe der Tabellenfunktion SUMMENPRODUKT können Sie die einander entsprechenden Komponenten von angegebenen Matrizen miteinander multiplizieren und die Summe dieser Produkte ermitteln.

Syntax SUMMENPRODUKT

=SUMMENPRODUKT(Matrix1;Matrix2;Matrix3;...)

In den Argumenten Matrix1, Matrix2, ... können Sie von 2 bis 30 Matrizen angeben, deren Komponenten Sie zunächst multiplizieren und anschließend addieren möchten. Die Funktion SUMMENPRODUKT erledigt das in einem Schritt.

MONAT

Syntax MONAT

Mit Hilfe der Tabellenfunktion MONAT können Sie eine fortlaufende Zahl in eine Monatszahl umwandeln oder auch aus einem bereits erfassten Datum den Monat extrahieren. Der Monat wird als ganze Zahl ausgegeben, die einen Wert von 1 (Januar) bis 12 (Dezember) annehmen kann.

=MONAT(Zahl)

Im Argument Zahl geben Sie das Datum bzw. die Zahl an, dessen Monat Sie ermitteln möchten.

15.17 Einen bestimmten Wert aus einer Matrix heraussuchen

Eine Wert finden

Vielleicht haben Sie ja auch schon einmal das Spiel »Schiffe versenken« gespielt? Dabei wird über eine Koordinate angegeben, wo der Torpedo hingeschickt werden soll. Etwas ähnlich sieht die folgende Aufgabe in Abbildung 15.33 aus.

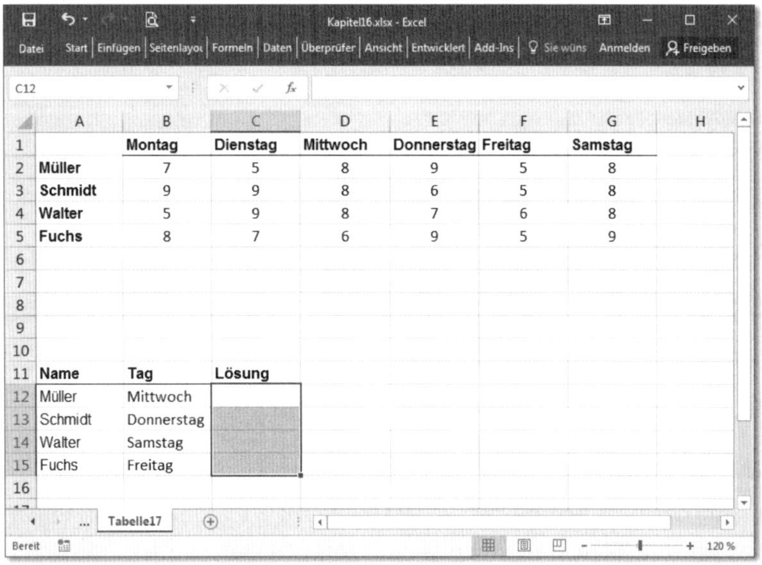

Abbildung 15.33 Wie viele Stunden hat wer wann gearbeitet?

Über die Eingabe des Namens sowie des Tages soll im oberen Bereich der Tabelle nachgesehen werden, wie lange die entsprechende Person gearbeitet hat. Für das Lösen dieser Aufgabenstellung können Sie eine Formelschachtel einsetzen:

1. Markieren Sie den Zellenbereich C12:C15.
2. Erfassen Sie die Formel:
   =SVERWEIS(A12;$A$1:$G$5;VERGLEICH(B12; $A$1:$G$1;0);FALSCH)
3. Schließen Sie die Formel über die Tastenkombination `Strg` + `↵` ab.

Das Ergebnis finden Sie in Abbildung 15.34.

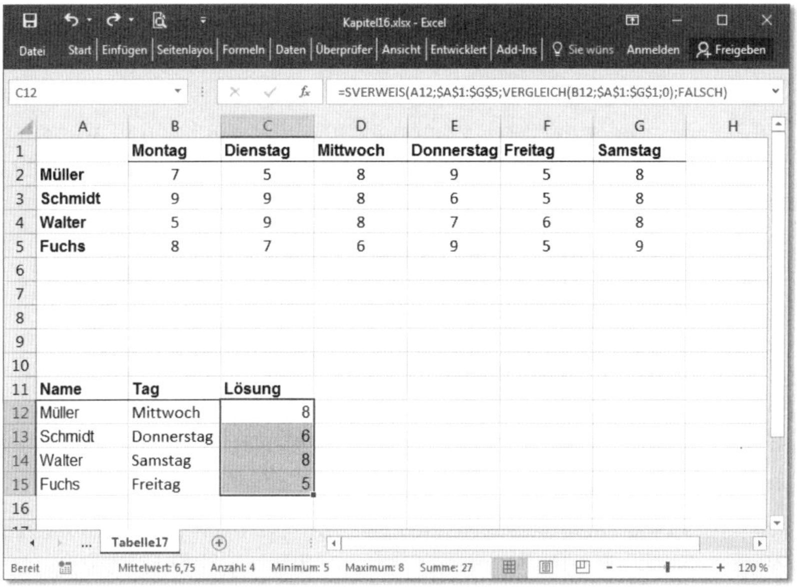

	A	B	C	D	E	F	G	H
1		Montag	Dienstag	Mittwoch	Donnerstag	Freitag	Samstag	
2	Müller	7	5	8	9	5	8	
3	Schmidt	9	9	8	6	5	8	
4	Walter	5	9	8	7	6	8	
5	Fuchs	8	7	6	9	5	9	
6								
7								
8								
9								
10								
11	Name	Tag	Lösung					
12	Müller	Mittwoch	8					
13	Schmidt	Donnerstag	6					
14	Walter	Samstag	8					
15	Fuchs	Freitag	5					
16								

Abbildung 15.34 Die Arbeitsstunden wurden ermittelt.

15.17.1 Verwendete Funktionen in dieser Aufgabe

SVERWEIS

Syntax SVERWEIS

Mit der Tabellenfunktion SVERWEIS können Sie einen Wert über einen Suchbegriff aus einem Datenbereich ermitteln und ausgeben. Die genaue Funktionsweise erklärt sich am besten aus der Syntax heraus und einem anschließenden Praxisbeispiel:

=SVERWEIS(Suchkriterium;Matrix;Spaltenindex;Bereich_Verweis)

Das Argument Suchkriterium ist der Wert, der in der ersten Matrixspalte gefunden werden soll. Suchkriterium kann ein Wert, ein Bezug oder eine Textzeichenfolge sein.

Das Argument Matrix ist die Tabelle mit Informationen, in der die Daten gesucht werden.

Das Argument Spaltenindex ist die Spaltennummer in Matrix, aus der der entsprechende Wert zurückgegeben werden muss. Ein Spaltenindex von 1 gibt den Wert der ersten Spalte in Matrix zurück; ein Spaltenindex von 2 gibt den Wert der zweiten Spalte von Matrix zurück.

Das letzte optionale Argument ist Bereich_Verweis. Wenn dieses Argument WAHR ist, müssen die Werte in der ersten Spalte von Matrix in aufsteigender Reihenfolge angeordnet werden. Wenn Bereich_Verweis den Wert FALSCH aufweist, muss die Tabelle nicht sortiert vorliegen.

VERGLEICH

Syntax VERGLEICH

Sucht Werte innerhalb eines Bezugs oder einer Matrix. Verwenden Sie VERGLEICH immer dann statt einer der VERWEIS-Funktionen, wenn Sie die Position eines Elements in einem Bereich und nicht das Element selbst benötigen.

=VERGLEICH(Suchkriterium;Suchmatrix;Vergleichstyp)

Das Argument Suchkriterium ist der Wert, der in einer Tabelle gesucht wird. Suchkriterium gibt den Wert an, gegen den Sie bestimmte Elemente der Suchmatrix abgleichen möchten. Das Suchkriterium kann ein Wert (eine Zahl, eine Zeichenfolge oder ein Wahrheitswert) oder ein Bezug auf eine Zelle sein, die eine Zahl, eine Zeichenfolge oder einen Wahrheitswert enthält.

Das Argument Suchmatrix ist ein zusammenhängender Zellenbereich mit möglichen Vergleichskriterien. Suchmatrix muss eine Matrix oder ein Bezug auf eine Matrix sein.

Das Argument Vergleichstyp ist die Zahl -1, 0 oder 1. Vergleichstyp gibt an, auf welche Weise Microsoft Excel die Werte in einer Suchmatrix mit den Suchkriterien vergleicht:

- Vergleichstyp gleich 1: Die Funktion gibt den größten Wert zurück, der kleiner als das Suchkriterium ist. Die Elemente der Suchmatrix müssen in aufsteigender Reihenfolge angeordnet sein.
- Vergleichstyp gleich 0: Die Funktion gibt den ersten Wert zurück, der gleich dem Argument Suchkriterium ist. Die Elemente der Suchmatrix dürfen in beliebiger Reihenfolge angeordnet sein.
- Vergleichstyp gleich -1: Die Funktion gibt den kleinsten Wert zurück, der größer gleich dem Argument Suchkriterium ist. Die Elemente der Suchmatrix müssen in absteigender Reihenfolge angeordnet sein.

15.18 Wie können Sie eine bedingte Zählung mit Wildcards durchführen?

Eine bedingte Zählung durchführen

Bei der folgenden Aufgabe sollen in einer Liste mit Artikelnummern alle die Artikel gezählt werden, deren Artikelnummer das Wort »Neu« beinhaltet. Dabei soll es keine Rolle spielen, an welcher Stelle der Text steht. Sehen Sie sich vorab einmal Abbildung 15.35 an.

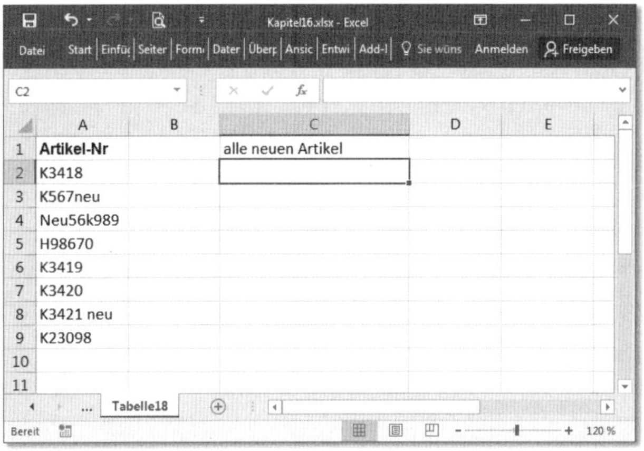

Abbildung 15.35 Zählen Sie alle neuen Artikel.

Um diese Aufgabe zu lösen, verfahren Sie folgendermaßen:

1. Setzen Sie den Cursor in Zelle C2.
2. Erfassen Sie die Formel **=ZÄHLENWENN(A1:A18;"*neu*")**.
3. Drücken Sie [↵].

Abbildung 15.36 hat das Ergebnis.

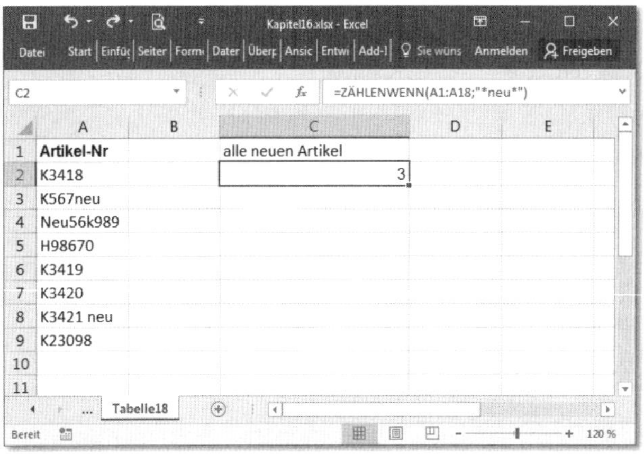

Abbildung 15.36 Die Anzahl der neuen Artikel wurde gezählt.

15.18.1 Verwendete Funktion in dieser Aufgabe

ZÄHLENWENN

Syntax ZÄHLENWENN

Mit Hilfe der Tabellenfunktion ZÄHLENWENN können Sie nicht leere Zellen eines Bereichs zählen, deren Inhalte mit den Suchkriterien übereinstimmen. Diese Funktion finden Sie normalerweise in der Funktionskategorie Statistik.

=ZÄHLENWENN(Bereich;Kriterien)

Das Argument Bereich ist der Zellenbereich, von dem Sie wissen möchten, wie viele seiner Zellen einen Inhalt haben, der mit den Suchkriterien übereinstimmt.

Beim Argument Kriterien werden die Kriterien in Form einer Zahl, eines Ausdrucks oder einer Zeichenfolge angegeben. Diese Kriterien bestimmen, welche Zellen gezählt werden. Als Kriterium kann auch ein Sternsymbol angegeben werden, wenn hierfür beliebige Zeichenfolgen stehen können.

15.19 Bestimmte Wochentage ausgehend von einem Datum berechnen

Wochentage »ohne Wochenenden« zählen

Ausgehend von einem vorgegebenen Datum soll der vorausgegangene Montag und Freitag ermittelt werden. Sehen Sie sich vorab einmal Abbildung 15.37 an.

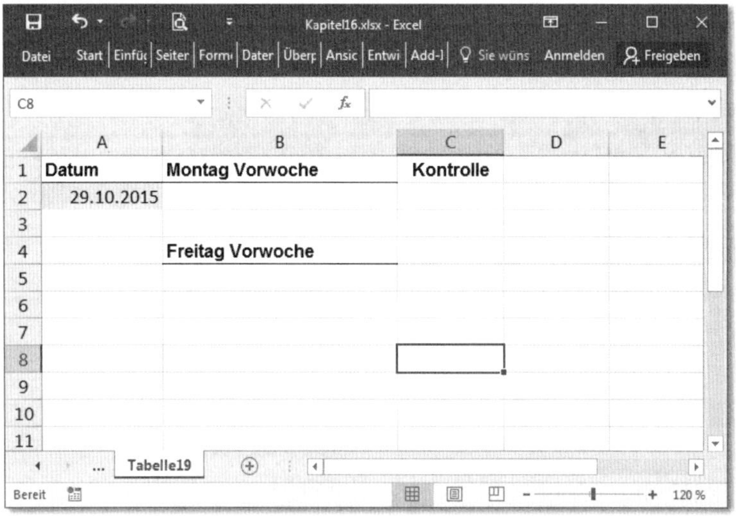

Abbildung 15.37 Wann waren die entsprechenden Tage?

Beantworten Sie die Frage, indem Sie wie folgt vorgehen:

1. Erfassen Sie in Zelle B2 die Formel **=A2-WOCHENTAG(A2) -5**.
2. Erfassen Sie in Zelle B5 die Formel **=A2-WOCHENTAG(A2) -1**.
3. Markieren Sie die Zellen C2 und C5, indem Sie beim Markieren die Taste `Strg` gedrückt halten.
4. Wählen Sie aus dem Menü FORMAT den Befehl ZELLEN.
5. Wechseln Sie auf die Registerkarte ZAHLEN.
6. Markieren Sie im Listenfeld KATEGORIE den Eintrag BENUTZERDEFINIERT.
7. Geben Sie als benutzerdefinierte Format das Kürzel TTT an.
8. Bestätigen Sie mit OK.

Die Ergebnisdaten finden Sie in Abbildung 15.38.

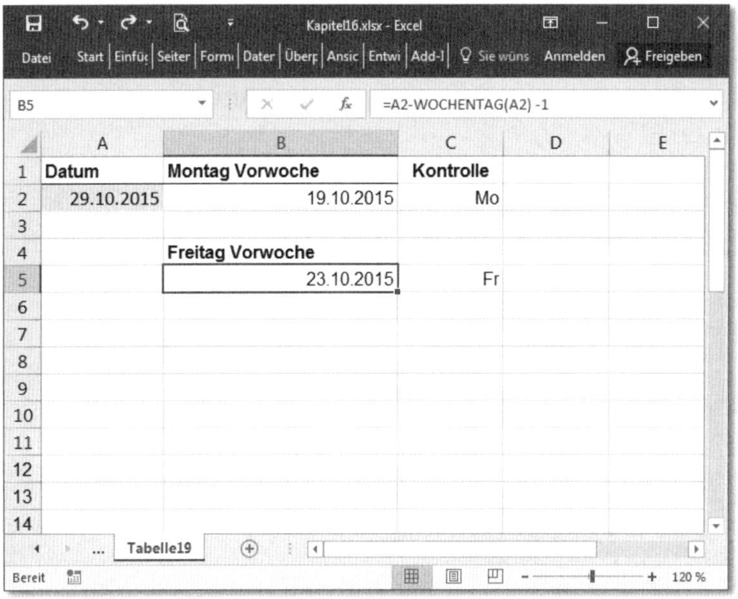

Abbildung 15.38 Die Datumsrückrechnung wurde durchgeführt.

15.19.1 Verwendete Funktion in dieser Aufgabe

WOCHENTAG

Syntax WOCHENTAG

Mit Hilfe der Tabellenfunktion WOCHENTAG können Sie anhand eines Datums bestimmen, ob es sich um einen Arbeitstag oder um einen Tag am Wochenende handelt. Der Tag wird standardmäßig als ganze Zahl ausgegeben, die einen Wert von 1 (Sonntag) bis 7 (Samstag) annehmen kann.

=WOCHENTAG(Datum;Typ)

Im Argument Datum wird das gewünschte Datum, zu dem Sie den Wochentag ermitteln möchten, eingegeben oder über einen Zellbezug hergestellt.

Beim Argument Typ geben Sie eine Zahl (1, 2 oder 3) an, die den Typ des Rückgabewertes bestimmt. Mögliche Zahlenwerte sind dabei:

- 1 oder nicht angegeben: Zahl 1 (Sonntag) bis 7 (Samstag); verhält sich wie frühere Microsoft-Excel-Versionen.
- 2: Zahl 1 (Montag) bis 7 (Sonntag)
- 3: Zahl 0 (Montag) bis 6 (Sonntag)

15.20 Mehrere Werte pro Tag verdichten

Werte konsolidieren

Bei der folgenden Aufgabe sollen Messwerte eines Tages zusammengefasst werden. Dabei finden die Messungen innerhalb einer Stunde alle 15 Minuten statt. Sehen Sie sich zur besseren Verständlichkeit einmal Abbildung 15.39 an.

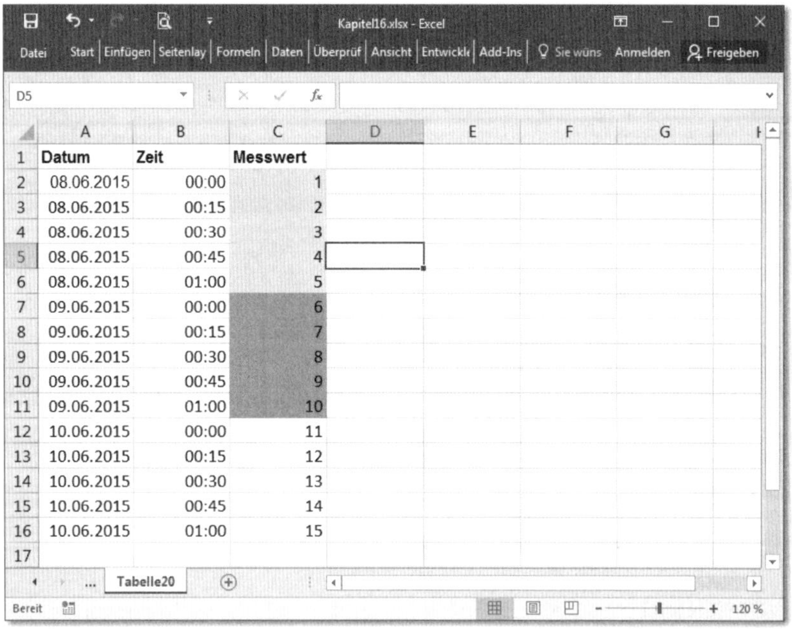

	A	B	C
1	Datum	Zeit	Messwert
2	08.06.2015	00:00	1
3	08.06.2015	00:15	2
4	08.06.2015	00:30	3
5	08.06.2015	00:45	4
6	08.06.2015	01:00	5
7	09.06.2015	00:00	6
8	09.06.2015	00:15	7
9	09.06.2015	00:30	8
10	09.06.2015	00:45	9
11	09.06.2015	01:00	10
12	10.06.2015	00:00	11
13	10.06.2015	00:15	12
14	10.06.2015	00:30	13
15	10.06.2015	00:45	14
16	10.06.2015	01:00	15

Abbildung 15.39 Die Messergebnisse sollen zusammengefasst werden.

Summieren Sie die Messergebnisse pro Tag, indem Sie die nächsten Arbeitsschritte befolgen:

1. Markieren Sie die Zellen E6, E11 und E16, indem Sie dabei die Taste [Strg] gedrückt halten.
2. Erfassen Sie die Formel **=WENN(REST(ZEILE();5)=1;SUMME(INDIREKT("C"&ZEILE()):INDIREKT("C"&ZEILE()-4));"")**.
3. Schließen Sie die Formel über die Tastenkombination [Strg] + [↵] ab.

Abbildung 15.40 zeigt das Ergebnis.

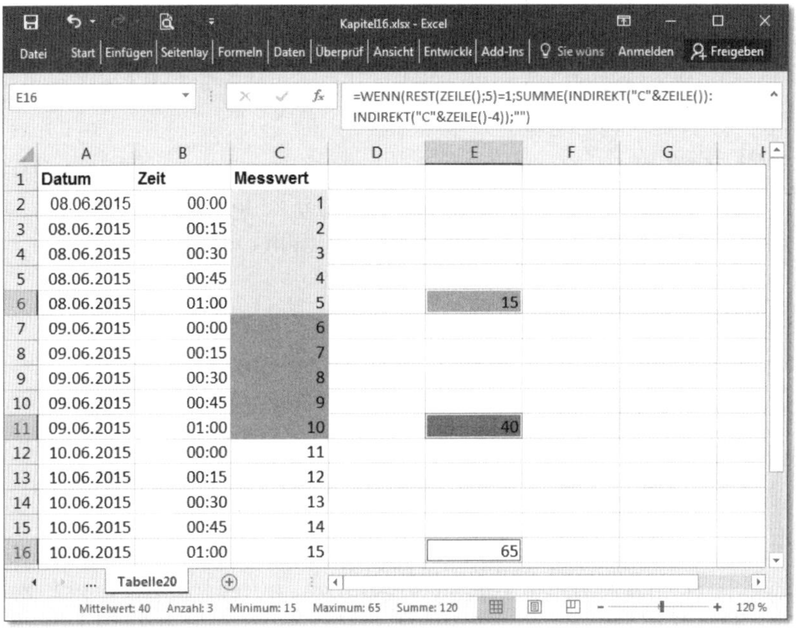

Abbildung 15.40 Die Tagesergebnisse liegen vor.

15.20.1 Verwendete Funktionen in dieser Aufgabe

WENN

Mit der Funktion WENN können Sie Werte und Formeln prüfen. **Syntax WENN**

=WENN(Prüfung;Dann_Wert;Sonst_Wert)

Das Argument Prüfung ist ein beliebiger Wert oder Ausdruck, der entweder zutrifft (WAHR) oder nicht (FALSCH). Im Fall einer zutreffenden Prüfung wird die Aktion Dann_Wert durchgeführt. Im anderen Fall wird die Aktion Sonst_Wert ausgeführt.

REST

Syntax REST

Mit Hilfe der Tabellenfunktion REST können Sie den Rest aus einer Division ermitteln. Dabei hat das Ergebnis dasselbe Vorzeichen wie der Divisor.

=REST(Zahl;Divisor)

Im Argument Zahl geben Sie die Zahl an, für die der Rest einer Division gesucht wird.

Im Argument Divisor geben Sie den Divisor an.

ZEILE

Syntax ZEILE

Mit Hilfe der Tabellenfunktion ZEILE können Sie die Zeilennummer eines Bezugs ermitteln.

=ZEILE(Bezug)

Im Argument Bezug wird die Zelle oder der Zellenbereich angegeben, deren bzw. dessen Zeilennummer Sie ermitteln möchten.

SUMME

Syntax SUMME

Mit dieser Funktion können Sie Werte bzw. Zellinhalte summieren.

=SUMME(Zahl1;Zahl2;...)

oder zum Beispiel

=SUMME(A1:A100)

Die Argumente Zahl1, Zahl2, ... sind 1 bis 30 Argumente, deren Summe Sie berechnen möchten. Die Argumente können entweder Werte oder Bezüge sein.

INDIREKT

Syntax INDIREKT

Mit Hilfe der Tabellenfunktion INDIREKT können Sie den Bezug eines Textwertes ermitteln. Bezüge werden sofort ausgewertet, so dass die zu ihnen gehörenden Werte angezeigt werden.

=INDIREKT(Bezug;A1)

Im Argument Bezug wird der Bezug auf eine Zelle angegeben, die einen Bezug in der A1-Schreibweise, einen Bezug in der Z1S1-Schreibweise, einen definierten Namen als Bezug oder einen Zellbezug als Zeichenfolge enthält.

Im Argument A1 wird ein Wahrheitswert angegeben, der angibt, welche Art von Bezug in der Zelle enthalten ist. Ist das Argument A1 gleich WAHR oder nicht angegeben, wird das Argument Bezug als ein Bezug interpretiert, der in der A1-Schreibweise vorliegt. Ist das Argument A1 gleich FALSCH, wird das Argument Bezug als ein Bezug interpretiert, der in der Z1S1-Schreibweise vorliegt.

15.21 Bestimmte Werte zu vorgegebenen Nummern extrahieren

Welcher Wert passt zu einer Nummer?

In diesem Beispiel liegt eine Tabelle vor, in der die Spalten A und B gefüllt sind. Nun sollen einige Daten aus dieser Liste extrahiert werden, Dabei wird die gewünschte Nummer aus Spalte A vorgegeben. Auf Basis dieser Nummer soll danach der dazugehörige Inhalt der Spalte B ermittelt werden. Zur besseren Verständlichkeit werfen Sie einmal einen Blick auf Abbildung 15.41.

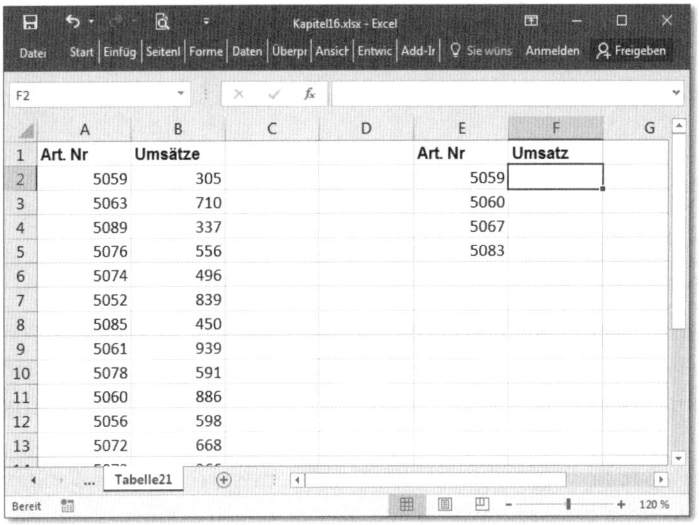

Abbildung 15.41 Welche Umsätze gehören zu den Artikelnummern aus dem Bereich E2:E5?

Matrixformel erfassen

Zur Lösung dieser Aufgabe können Sie eine Matrixformel einsetzen:

1. Markieren Sie den Zellenbereich F2:F5.
2. Erfassen Sie die Formel:
   =INDEX($A$1:$B$20;VERGLEICH($E2;$A$1: $A$20;0);SPALTE()-4)
3. Schließen Sie die Formel über die Tastenkombination `Strg` + `↵` ab.

In Abbildung 15.42 sehen Sie das Ergebnis.

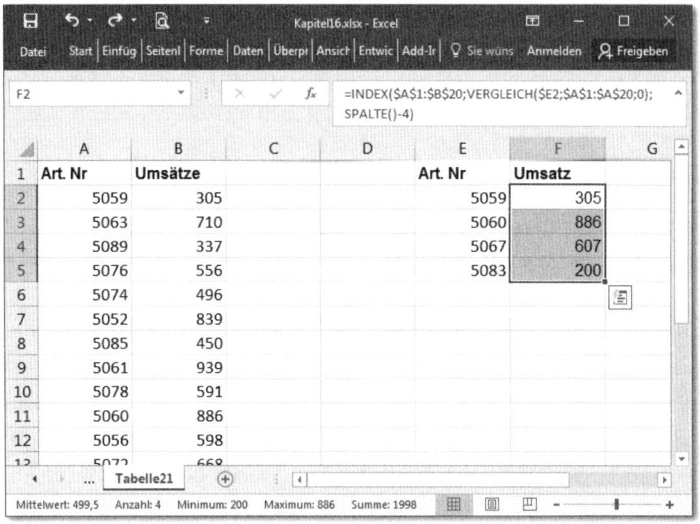

Abbildung 15.42 Die zu den Nummern gehörenden Umsätze wurden ermittelt.

15.21.1 Verwendete Funktionen in dieser Aufgabe

INDEX

Syntax INDEX

Mit Hilfe der Tabellenfunktion INDEX können Sie über einen Index einen bestimmten Wert aus einer Matrix finden.

=INDEX(Matrix;Zeile;Spalte)

Das Argument Matrix gibt den Bezug auf eine oder mehrere Zellen zurück, die zur angegebenen Matrix gehören. Das Argument Matrix ist dabei ein Zellenbereich oder eine Matrixkonstante. Besteht das Argument Matrix aus nur einer Zeile oder Spalte, ist das entsprechende Argument Zeile bzw. Spalte optional. Erstreckt sich Matrix über mehrere Zeilen und Spalten und ist nur eines der Argumente Zeile oder Spalte angegeben, liefert die Funktion eine Matrix, die der gesamten zugehörigen Zeile oder Spalte von Matrix entspricht.

VERGLEICH

Syntax VERGLEICH

Sucht Werte innerhalb eines Bezugs oder einer Matrix. Verwenden Sie VERGLEICH immer dann statt einer der VERWEIS-Funktionen, wenn Sie die Position eines Elements in einem Bereich und nicht das Element selbst benötigen.

=VERGLEICH(Suchkriterium;Suchmatrix;Vergleichstyp)

Das Argument Suchkriterium ist der Wert, der in einer Tabelle gesucht wird. Das Argument Suchkriterium gibt den Wert an, gegen den Sie bestimmte Elemente der Suchmatrix abgleichen möchten. Das Suchkriterium kann ein Wert (eine Zahl, eine Zeichenfolge oder ein Wahrheitswert) oder ein Bezug auf eine Zelle sein, die eine Zahl, eine Zeichenfolge oder einen Wahrheitswert enthält.

Das Argument Suchmatrix ist ein zusammenhängender Zellenbereich mit möglichen Vergleichskriterien. Suchmatrix muss eine Matrix oder ein Bezug auf eine Matrix sein.

Das Argument Vergleichstyp ist die Zahl -1, 0 oder 1. Das Argument Vergleichstyp gibt an, auf welche Weise Microsoft Excel die Werte in einer Suchmatrix mit den Suchkriterien vergleicht:

- Vergleichstyp gleich 1: Die Funktion gibt den größten Wert zurück, der kleiner gleich dem Argument Suchkriterium ist. Die Elemente der Suchmatrix müssen in aufsteigender Reihenfolge angeordnet sein.
- Vergleichstyp gleich 0: Die Funktion gibt den ersten Wert zurück, der gleich dem Argument Suchkriterium ist. Die Elemente der Suchmatrix dürfen in beliebiger Reihenfolge angeordnet sein.
- Vergleichstyp gleich -1: Die Funktion gibt den kleinsten Wert zurück, der größer gleich dem Argument Suchkriterium ist. Die Elemente der Suchmatrix müssen in absteigender Reihenfolge angeordnet sein.

SPALTE

Mit Hilfe der Tabellenfunktion SPALTE können Sie die Spaltennummer eines Bezugs zurückgeben.

Syntax SPALTE

=SPALTE(Bezug)

Geben Sie im Argument Bezug die Zelle oder den Zellenbereich an, deren bzw. dessen Spaltennummer Sie ermitteln möchten.

15.22 Einen Bereich per Formel drehen

Bereich transponieren

Stellen Sie sich vor, Ihnen liegt die Tabelle aus Abbildung 15.43 vor.

Auf einer neuen Tabelle möchten Sie nun auf die Daten zugreifen. Dabei liegt die neue Tabelle in folgender, in Abbildung 15.44 gezeigter Form vor.

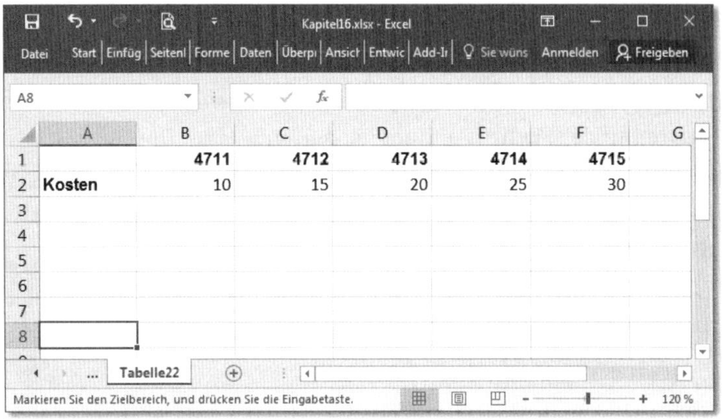

Abbildung 15.43 Die Ausgangslage – eine Tabelle mit Kostenstellen und Kosten

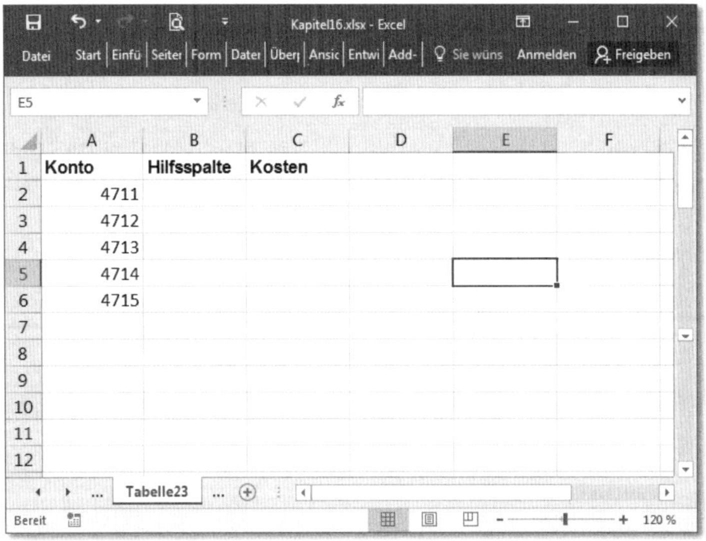

Abbildung 15.44 Die zugehörigen Daten sollen gefunden und gedreht werden.

Sie benötigen bei der folgenden dynamischen Variante eine Hilfsspalte. Gehen Sie jetzt Schritt für Schritt vor:

1. Markieren Sie in der Zieltabelle den Zellenbereich B2:B6.
2. Erfassen Sie die Formel **=VERGLEICH($A2;Tabelle22!$A$1:$F$1;0)**.
3. Schließen Sie die Formel über die Tastenkombination [Strg] + [↵] ab.

Das Ergebnis sehen Sie in Abbildung 15.45.

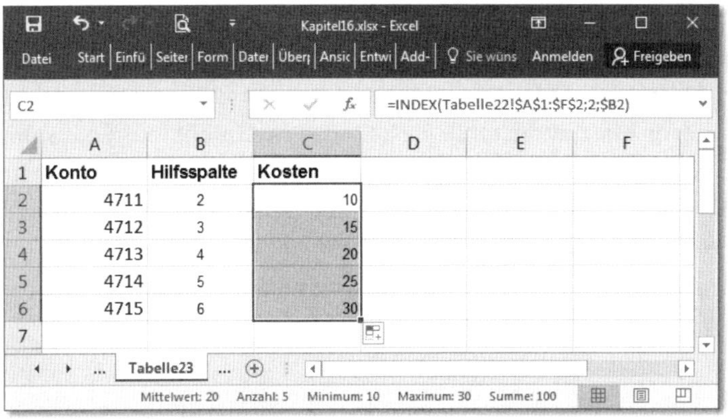

Abbildung 15.45 Über eine dynamische Variante Daten finden und drehen

15.22.1 Verwendete Funktionen in dieser Aufgabe

VERGLEICH

Syntax VERGLEICH

Sucht Werte innerhalb eines Bezugs oder einer Matrix. Verwenden Sie VERGLEICH immer dann statt einer der VERWEIS-Funktionen, wenn Sie die Position eines Elements in einem Bereich und nicht das Element selbst benötigen.

=VERGLEICH(Suchkriterium;Suchmatrix;Vergleichstyp)

Das Argument Suchkriterium ist der Wert, der in einer Tabelle gesucht wird. Das Argument Suchkriterium gibt den Wert an, gegen den Sie bestimmte Elemente der Suchmatrix abgleichen möchten. Das Suchkriterium kann ein Wert (eine Zahl, eine Zeichenfolge oder ein Wahrheitswert) oder ein Bezug auf eine Zelle sein, die eine Zahl, eine Zeichenfolge oder einen Wahrheitswert enthält.

Das Argument Suchmatrix ist ein zusammenhängender Zellenbereich mit möglichen Vergleichskriterien. Das Argument Suchmatrix muss eine Matrix oder ein Bezug auf eine Matrix sein.

Das Argument Vergleichstyp ist die Zahl -1, 0 oder 1. Vergleichstyp gibt an, auf welche Weise Microsoft Excel die Werte in einer Suchmatrix mit den Suchkriterien vergleicht.

INDEX

Syntax INDEX

Mit Hilfe der Tabellenfunktion INDEX können Sie über einen Index einen bestimmten Wert aus einer Matrix finden.

=INDEX(Matrix;Zeile;Spalte)

Gibt den Bezug auf eine oder mehrere Zellen zurück, die zur als Matrix angegebenen Matrix gehören. Das Argument Matrix ist dabei ein Zellenbereich oder eine Matrixkonstante. Besteht das Argument Matrix aus nur einer Zeile oder Spalte, ist das entsprechende Argument Zeile bzw. Spalte optional. Erstreckt sich das Argument Matrix über mehrere Zeilen und Spalten und ist nur eines der Argumente Zeile oder Spalte angegeben, liefert die Funktion eine Matrix, die der gesamten zugehörigen Zeile oder Spalte des Arguments Matrix entspricht.

15.23 Das dazugehörige Datum zu einem Extremwert finden

Datum von Extremwert ermitteln

Als Ausgangssituation liegt eine Tabelle vor, wie in Abbildung 15.46 gezeigt. Die Aufgabe besteht nun darin, zuerst einmal den größten bzw. den kleinsten Wert zu ermitteln. Danach muss dann das zugehörige Datum herausgesucht werden.

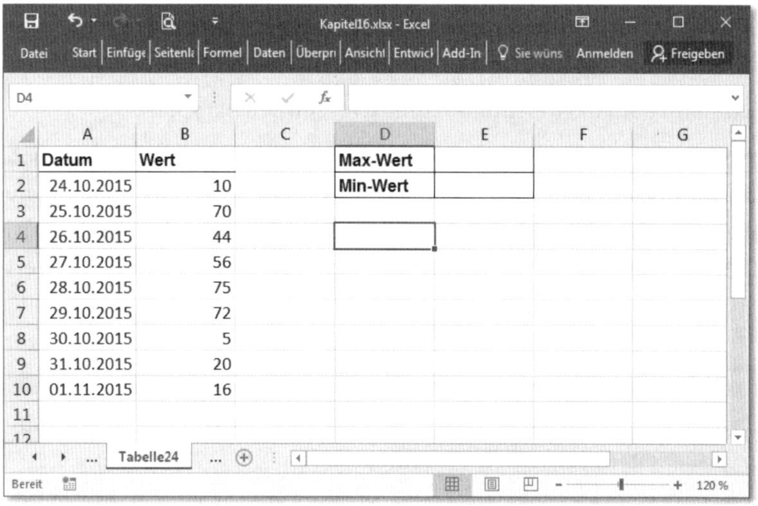

Abbildung 15.46 Wann kam es zum größten bzw. kleinsten Wert?

Lösen Sie diese Aufgabe mit Hilfe einer Matrixformel, indem Sie die nachfolgenden Schritte befolgen:

1. Erfassen Sie in Zelle E1 die Matrixformel:
   =MIN(WENN(B2:B10=MAX(B2: B10);A2:A10;""))

2. Schließen Sie die Formel über die Tastenkombination [Strg] + [⇧] + [↵] ab.
3. In Zelle E2 schreiben Sie die Matrixformel:
   =MAX(WENN(B2:B10=MIN(B2:B10);A2:A10;""))
4. Schließen Sie die Formel über die Tastenkombination [Strg] + [⇧] + [↵] ab.

In Abbildung 15.47 sehen Sie das Ergebnis.

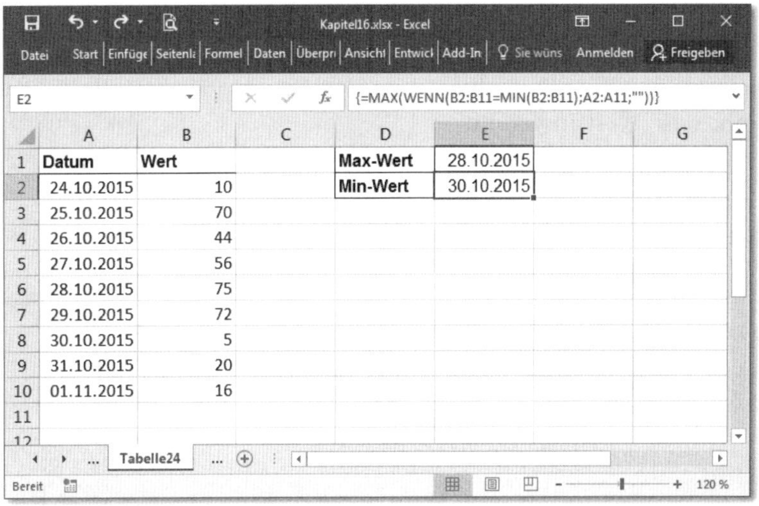

	A	B	C	D	E
1	Datum	Wert		Max-Wert	28.10.2015
2	24.10.2015	10		Min-Wert	30.10.2015
3	25.10.2015	70			
4	26.10.2015	44			
5	27.10.2015	56			
6	28.10.2015	75			
7	29.10.2015	72			
8	30.10.2015	5			
9	31.10.2015	20			
10	01.11.2015	16			

Abbildung 15.47 Die Tage der Extremwerte wurden ermittelt.

15.23.1 Verwendete Funktionen in dieser Aufgabe

MAX

Mit Hilfe der Tabellenfunktion MAX können Sie den größten Wert innerhalb einer Argumentliste oder eines Zellenbereichs ermitteln.

Syntax MAX

=MAX(Zahl1;Zahl2;...)

Geben Sie in den Argumenten Zahl1, Zahl2, ... (bis zu 30) die Zahl bzw. den Zellbezug an, aus denen Sie die größte Zahl heraussuchen möchten.

MIN

Mit Hilfe der Tabellenfunktion MIN können Sie den kleinsten Wert innerhalb einer Argumentliste oder eines Zellenbereichs ermitteln.

Syntax MIN

=MIN(Zahl1;Zahl2;...)

Geben Sie in den Argumenten Zahl1, Zahl2, ... (bis zu 30) die Zahl bzw. den Zellbezug an, aus denen Sie die kleinste Zahl heraussuchen möchten.

WENN

Syntax WENN

Mit der Funktion WENN können Sie Werte und Formeln prüfen.

=WENN(Prüfung;Dann_Wert;Sonst_Wert)

Das Argument Prüfung ist ein beliebiger Wert oder Ausdruck, der entweder zutrifft (WAHR) oder nicht (FALSCH). Im Fall einer zutreffenden Prüfung wird die Aktion Dann_Wert durchgeführt. Im anderen Fall wird die Aktion Sonst_Wert ausgeführt.

15.24 Nach bestimmter Zeichenfolge in Zelle suchen

Zeichenfolge suchen

In einer Tabelle soll in einem bestimmten Bereich nach einer Zeichenfolge gesucht werden. Sehen Sie sich vorab einmal Abbildung 15.48 an.

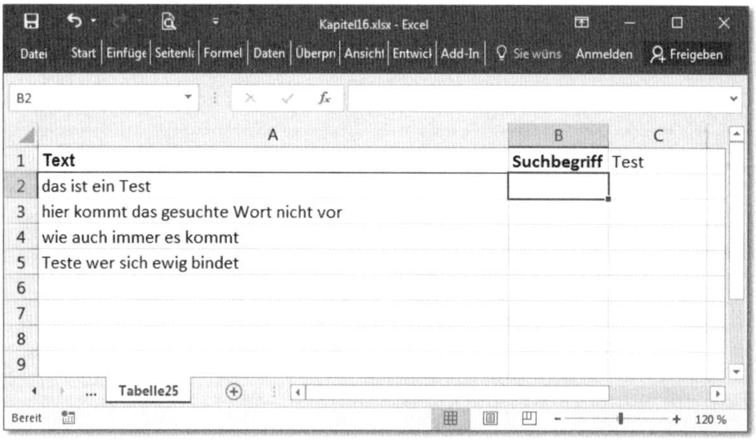

Abbildung 15.48 Auf der Suche nach einer bestimmten Zeichenfolge

1. Markieren Sie den Zellenbereich B2:B5.
2. Erfassen Sie die Formel:
   =WENN(ISTFEHLER(FINDEN("Test";A2;1)); "NEIN";"JA")
3. Schließen Sie die Formel über die Tastenkombination Strg + ↵ ab.

Abbildung 15.49 zeigt das Ergebnis.

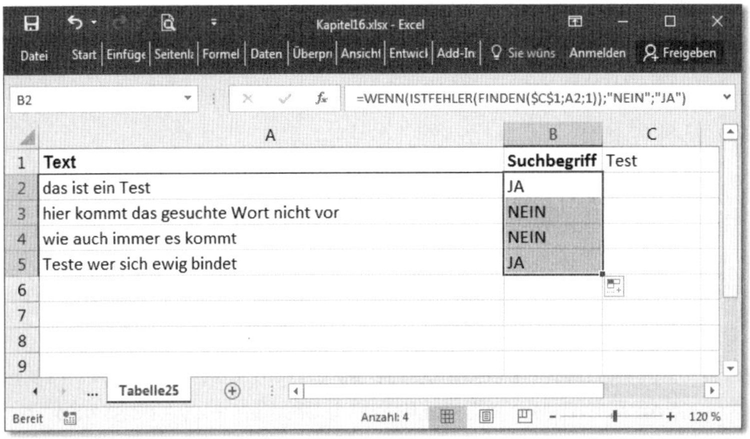

Abbildung 15.49 Über die Formelschachtel wird die Zeichenfolge gesucht.

15.24.1 Verwendete Funktionen in dieser Aufgabe

WENN

Mit der Funktion WENN können Sie Werte und Formeln prüfen.

Synatx WENN

=WENN(Prüfung;Dann_Wert;Sonst_Wert)

Das Argument Prüfung ist ein beliebiger Wert oder Ausdruck, der entweder zutrifft (WAHR) oder nicht (FALSCH). Im Fall einer zutreffenden Prüfung wird die Aktion Dann_Wert durchgeführt. Im anderen Fall wird die Aktion Sonst_Wert ausgeführt.

ZÄHLENWENN

Mit Hilfe der Tabellenfunktion ZÄHLENWENN können Sie nicht leere Zellen eines Bereichs zählen, deren Inhalte mit den Suchkriterien übereinstimmen. Diese Funktion finden Sie normalerweise in der Funktionskategorie Statistik.

Syntax ZÄHLENWENN

=ZÄHLENWENN(Bereich;Kriterien)

Das Argument Bereich ist der Zellenbereich, von dem Sie wissen möchten, wie viele seiner Zellen einen Inhalt haben, der mit den Suchkriterien übereinstimmt.

Beim Argument Kriterien werden die Kriterien in Form einer Zahl, eines Ausdrucks oder einer Zeichenfolge angegeben. Diese Kriterien bestimmen, welche Zellen gezählt werden.

ISTFEHLER

Syntax ISTFEHLER

Bei dieser Funktion wird ein möglicher Fehlerwert überprüft und gibt je nach Ergebnis WAHR oder FALSCH zurück.

=ISTFEHLER(Wert)

Das Argument Wert bezieht sich auf einen beliebigen Fehlerwert (#NV, #WERT!, #BEZUG!, #DIV/0!, #ZAHL!, #NAME? oder #NULL!).

FINDEN

Syntax FINDEN

Die Funktion FINDEN sucht eine Zeichenfolge (Suchtext) innerhalb einer anderen Zeichenfolge (Text) und gibt als Ergebnis die Nummer der Anfangsposition des Arguments Suchtext ab dem ersten Zeichen von Text zurück.

=FINDEN(Suchtext;Text;Erstes_Zeichen)

Im Argument Suchtext geben Sie den Text an, den Sie finden möchten.

Mit dem Argument Text ist der Text gemeint, in dem Suchtext gesucht werden soll.

Das Argument Erstes_Zeichen gibt an, bei welchem Zeichen die Suche begonnen werden soll. Das erste zum Argument Text gehörende Zeichen hat die Nummer 1. Fehlt das Argument Erstes_Zeichen, wird es als 1 angenommen.

15.25 Rechnungsbeträge über eine Formel konsolidieren

Beträge summieren

Bei der folgenden Aufgabe liegt eine Rechnungsliste wie in Abbildung 15.50 vor.

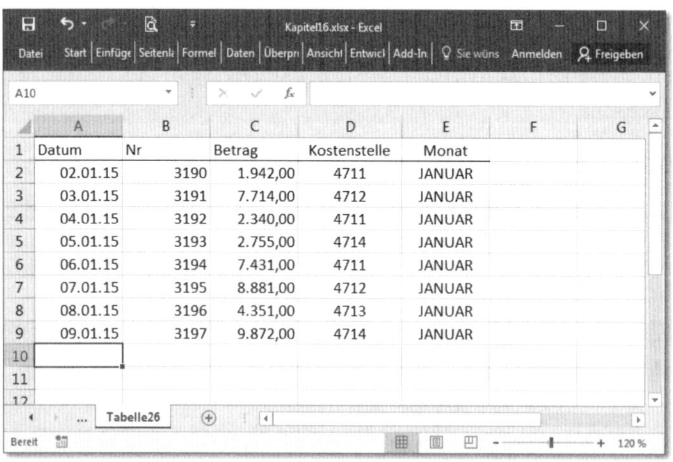

	A	B	C	D	E
1	Datum	Nr	Betrag	Kostenstelle	Monat
2	02.01.15	3190	1.942,00	4711	JANUAR
3	03.01.15	3191	7.714,00	4712	JANUAR
4	04.01.15	3192	2.340,00	4711	JANUAR
5	05.01.15	3193	2.755,00	4714	JANUAR
6	06.01.15	3194	7.431,00	4711	JANUAR
7	07.01.15	3195	8.881,00	4712	JANUAR
8	08.01.15	3196	4.351,00	4713	JANUAR
9	09.01.15	3197	9.872,00	4714	JANUAR

Abbildung 15.50 Die noch unkonsolidierte Rechnungsliste

Auf TABELLE27 sollen nun die Daten aus TABELLE26 mit den Rechnungen ausgewertet werden. Dabei soll anhand der Kostenstelle sowie des Auswertungsmonats summiert werden.

Legen Sie als vorbereitende Aufgabe eine Tabelle wie in Abbildung 15.51 an.

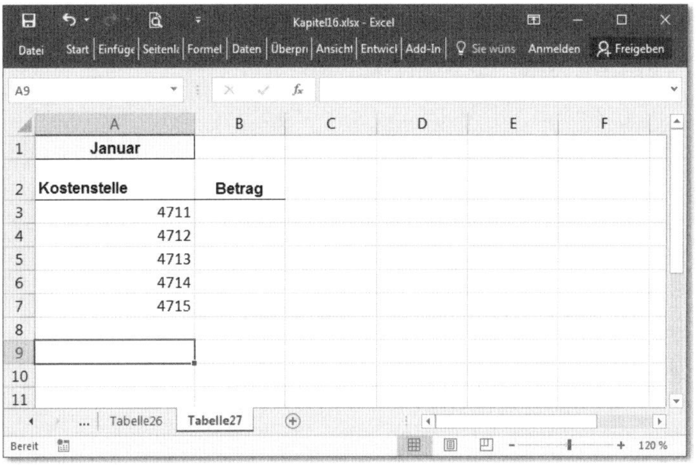

Abbildung 15.51 Die Vorbereitung zur Lösung der Aufgabenstellung

1. Markieren Sie den Zellenbereich B3:B7.
2. Erfassen Sie die Formel **=SUMMENPRODUKT((Tabelle26!$D$2:$D$50=$A3)*(Tabelle26!$E$2:$E$50=$A$1)*(Tabelle26!$C$2:$C$50))**.
3. Schließen Sie die Eingabe der Formel über die Tastenkombination Strg + ↵ ab.

Schon wird in Abbildung 15.52 das Ergebnis ausgewiesen.

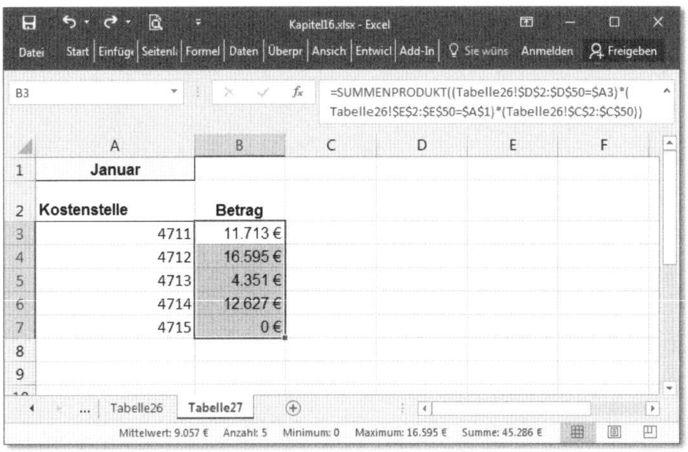

Abbildung 15.52 Die Beträge wurden konsolidiert nach Monat und Kostenstelle.

15.25.1 Verwendete Funktion in dieser Aufgabe

SUMMENPRODUKT

Syntax SUMMENPRODUKT

Mit Hilfe der Tabellenfunktion SUMMENPRODUKT können Sie die einander entsprechenden Komponenten von angegebenen Matrizen miteinander multiplizieren und die Summe dieser Produkte ermitteln.

=SUMMENPRODUKT(Matrix1;Matrix2;Matrix3;...)

In den Argumenten Matrix1, Matrix2, ... können Sie von 2 bis 30 Matrizen angeben, deren Komponenten Sie zunächst multiplizieren und anschließend addieren möchten. Die Funktion SUMMENPRODUKT erledigt das in einem Schritt.

15.26 Den ersten und letzten Wert eines Tages extrahieren

Start- und Endwert ermitteln

In der Liste in Abbildung 15.53 werden jeden Tag Zugänge verbucht. Dabei kann es vorkommen, dass pro Tag gleich mehrere Zugänge stattfinden.

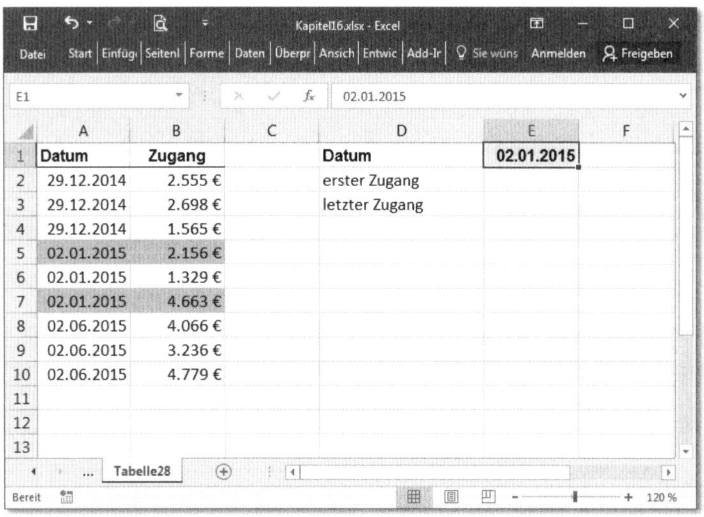

Abbildung 15.53 Den ersten und letzten Zugang ermitteln

Die Aufgabe besteht nun darin, den jeweils ersten Zugang sowie den letzten Zugang eines bestimmten Tages aufzuzeichnen. Dazu steht Ihnen die folgende Lösung zur Verfügung:

1. Erfassen Sie in Zelle E2 die Formel:
   =SVERWEIS($E$1;$A$2:$B$10; 2;FALSCH)

2. In Zelle E3 schreiben Sie die Formel **=VERWEIS(2;1/(A1:A10=$E$1);B1:B10)**.
3. Schließen Sie beide Formeln über [↵] ab.

In Abbildung 15.54 sehen Sie das Ergebnis.

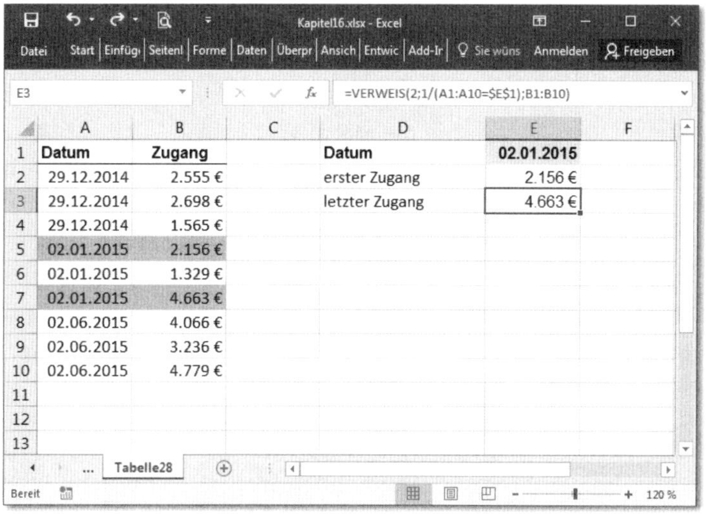

Abbildung 15.54 Der erste und letzte Zugang wurde ermittelt.

15.26.1 Verwendete Funktionen in dieser Aufgabe

SVERWEIS

Syntax SVERWEIS

Mit der Tabellenfunktion SVERWEIS können Sie einen Wert über einen Suchbegriff aus einem Datenbereich ermitteln und ausgeben. Die genaue Funktionsweise erklärt sich am besten aus der Syntax:

=SVERWEIS(Suchkriterium;Matrix;Spaltenindex;Bereich_Verweis)

Das Argument Suchkriterium ist der Wert, der in der ersten Matrixspalte gefunden werden soll. Suchkriterium kann ein Wert, ein Bezug oder eine Textzeichenfolge sein.

Das Argument Matrix ist die Tabelle mit Informationen, in der die Daten gesucht werden.

Das Argument Spaltenindex ist die Spaltennummer in dem Argument Matrix, aus der der entsprechende Wert zurückgegeben werden muss. Ein Spaltenindex von 1 gibt den Wert der ersten Spalte in Matrix zurück; ein Spaltenindex von 2 gibt den Wert der zweiten Spalte von Matrix zurück.

Das letzte optionale Argument ist Bereich_Verweis. Wenn dieses Argument WAHR ist, müssen die Werte in der ersten Spalte von Matrix in aufsteigender Reihenfolge angeordnet werden. Wenn das Argument Bereich_Verweis den Wert FALSCH aufweist, muss die Tabelle nicht sortiert vorliegen.

VERWEIS

Syntax VERWEIS

Mit Hilfe der Tabellenfunktion VERWEIS können Sie die Werte eines Vektors oder einer Matrix durchsuchen. Für diese Funktion gibt es zwei Syntaxversionen: die Vektor- und die Matrixversion. Ein Vektor ist eine Matrix, die aus nur einer Zeile oder Spalte besteht. Die Vektorversion von VERWEIS sucht in einem Bereich, der aus nur einer Zeile oder Spalte besteht (Vektor), nach einem bestimmten Wert und gibt einen Wert aus derselben Position in einem zweiten Vektor zurück. Die Matrixversion von VERWEIS sucht in der ersten Zeile oder Spalte einer Matrix nach dem angegebenen Wert und gibt einen Wert aus derselben Position in der letzten Zeile oder Spalte derselben Matrix zurück.

=VERWEIS(Suchkriterium;Suchvektor;Ergebnisvektor)

Geben Sie im Argument Suchkriterium einen Wert an, nach dem diese Funktion im ersten Vektor suchen soll. Das Argument Suchkriterium kann dabei eine Zahl, eine Zeichenfolge (ein Text), ein Wahrheitswert oder ein Name bzw. ein Bezug sein, der sich auf einen Wert bezieht.

Im Argument Suchvektor wird ein Bereich angegeben, der nur eine Zeile oder Spalte enthält. Zulässige Elemente von Suchvektor sind Zeichenfolgen (Texte), Zahlen oder Wahrheitswerte.

Im Argument Ergebnisvektor wird ein Bereich angegeben, der nur eine Zeile oder Spalte enthält. Dieser Vektor muss genauso viele Elemente beinhalten wie der Suchvektor.

15.27 Extremwerte unter einer Bedingung ermitteln

Bedingte Ermittlung von Extremwerten

Bei der folgenden Aufgabenstellung liegt eine Tabelle vor, die Sie in Abbildung 15.55 sehen können.

Matrixformel einsetzen

Wenden Sie die Matrixformel wie folgt an:

1. Setzen Sie den Cursor in Zelle F2.
2. Erfassen Sie die Matrixformel **=KGRÖSSTE((C$2:C$10="JA")*B$2:B$10;E2)**.
3. Schließen Sie die Matrixformel über die Tastenkombination [Strg] + [⇧] + [↵] ab.

4. Ziehen Sie das Ausfüllkästchen der Zelle F2 mit der linken Maustaste bis in Zelle F4, um die Matrixformel nach unten zu übertragen (siehe Abbildung 15.56).

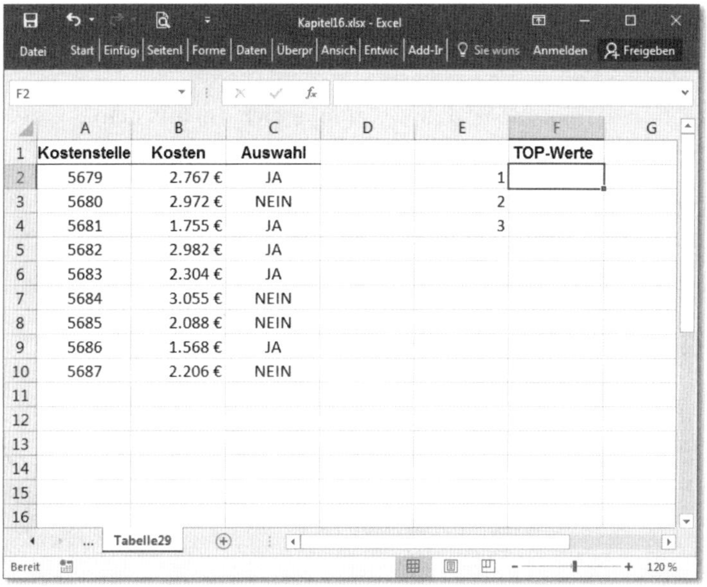

Abbildung 15.55 Welches sind die drei größten JA-Werte?

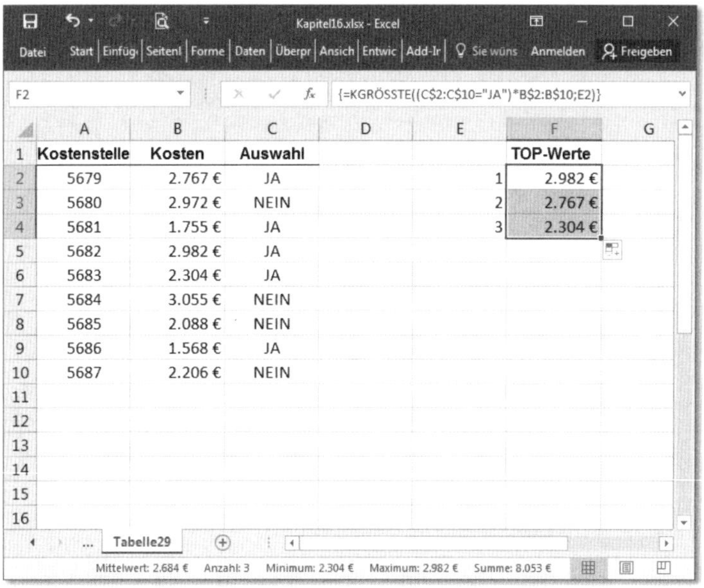

Abbildung 15.56 Die drei größten Werte wurden ermittelt.

15.27.1 Verwendete Funktion in dieser Aufgabe

KGRÖSSTE

Syntax KGRÖSSTE

Mit Hilfe der Tabellenfunktion KGRÖSSTE können Sie die größten Werte einer Datengruppe ermitteln.

=KGRÖSSTE(Matrix;k)

Geben Sie im Argument Matrix den Datenbereich an, aus dem Sie den größten bzw. mehrere größten Werte bestimmen möchten.

Im Argument k geben Sie den Rang an. Beispielsweise repräsentiert die Zahl 1 den höchsten Wert, die Zahl 2 den zweithöchsten Wert usw.

15.28 Einen Wert mittels zweiter Eingaben aufspüren

Schnittpunkt finden

Um diese Fragestellung richtig verstehen zu können, sehen Sie sich einmal Abbildung 15.57 an.

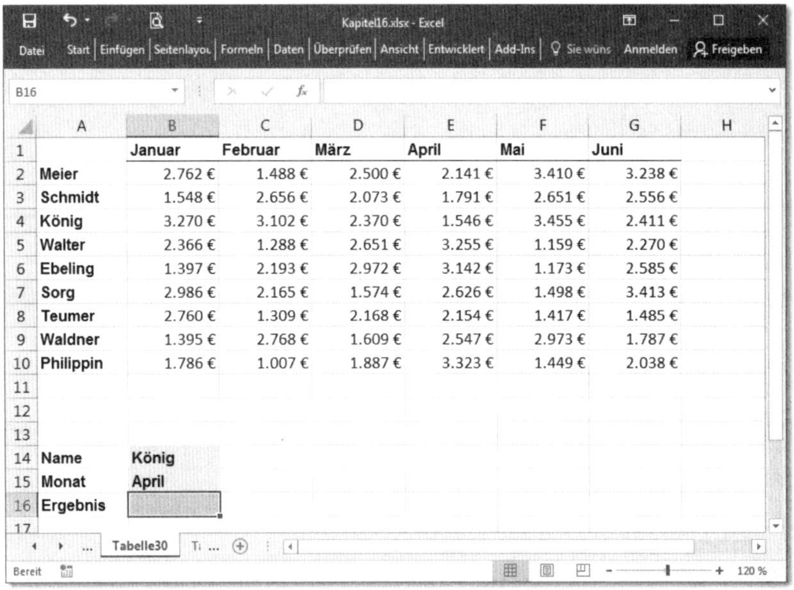

	A	B	C	D	E	F	G	H
1		Januar	Februar	März	April	Mai	Juni	
2	Meier	2.762 €	1.488 €	2.500 €	2.141 €	3.410 €	3.238 €	
3	Schmidt	1.548 €	2.656 €	2.073 €	1.791 €	2.651 €	2.556 €	
4	König	3.270 €	3.102 €	2.370 €	1.546 €	3.455 €	2.411 €	
5	Walter	2.366 €	1.288 €	2.651 €	3.255 €	1.159 €	2.270 €	
6	Ebeling	1.397 €	2.193 €	2.972 €	3.142 €	1.173 €	2.585 €	
7	Sorg	2.986 €	2.165 €	1.574 €	2.626 €	1.498 €	3.413 €	
8	Teumer	2.760 €	1.309 €	2.168 €	2.154 €	1.417 €	1.485 €	
9	Waldner	1.395 €	2.768 €	1.609 €	2.547 €	2.973 €	1.787 €	
10	Philippin	1.786 €	1.007 €	1.887 €	3.323 €	1.449 €	2.038 €	
11								
12								
13								
14	Name	König						
15	Monat	April						
16	Ergebnis							

Abbildung 15.57 Über den Namen und den Monat soll der entsprechende Wert ermittelt werden.

Wenden Sie eine Funktionsschachtel wie folgt an:

1. Erfassen Sie in den Zellen B14 sowie B15 den Namen sowie einen Monat.
2. Setzen Sie den Cursor in Zelle B16.

3. Erfassen Sie die Formel:
   =SVERWEIS($B$14;A1:G10;VERGLEICH($B$15; A1:G1;0);0)
4. Drücken Sie [↵].

Das Ergebnis sehen Sie in Abbildung 15.58

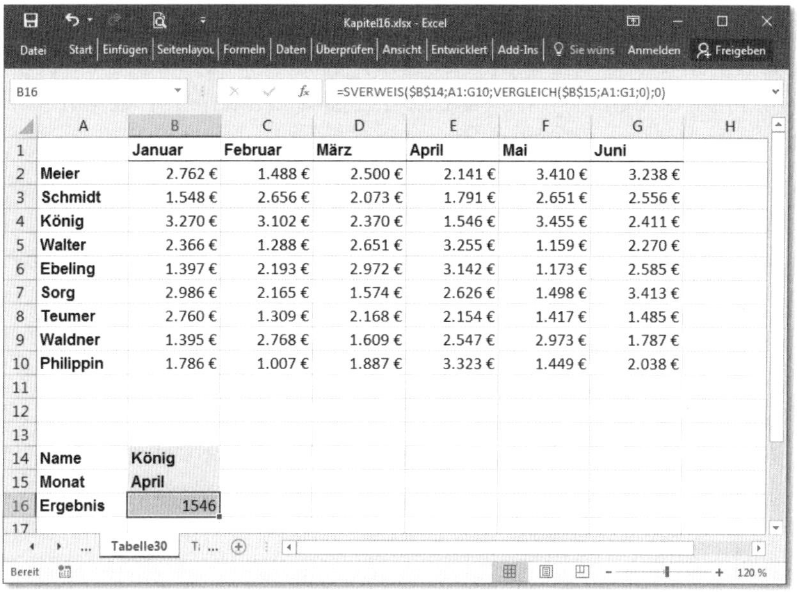

	A	B	C	D	E	F	G	H
1		Januar	Februar	März	April	Mai	Juni	
2	Meier	2.762 €	1.488 €	2.500 €	2.141 €	3.410 €	3.238 €	
3	Schmidt	1.548 €	2.656 €	2.073 €	1.791 €	2.651 €	2.556 €	
4	König	3.270 €	3.102 €	2.370 €	1.546 €	3.455 €	2.411 €	
5	Walter	2.366 €	1.288 €	2.651 €	3.255 €	1.159 €	2.270 €	
6	Ebeling	1.397 €	2.193 €	2.972 €	3.142 €	1.173 €	2.585 €	
7	Sorg	2.986 €	2.165 €	1.574 €	2.626 €	1.498 €	3.413 €	
8	Teumer	2.760 €	1.309 €	2.168 €	2.154 €	1.417 €	1.485 €	
9	Waldner	1.395 €	2.768 €	1.609 €	2.547 €	2.973 €	1.787 €	
10	Philippin	1.786 €	1.007 €	1.887 €	3.323 €	1.449 €	2.038 €	
11								
12								
13								
14	Name	König						
15	Monat	April						
16	Ergebnis	1546						
17								

Abbildung 15.58 Der Wert wurde anhand zweier Suchbegriffe gefunden.

Hinweis

Das gleiche Ergebnis erhalten Sie, wenn Sie die nachfolgende Formel einsetzen:

=INDEX(B2:G10;VERGLEICH($B$14;A2:A10;0);VERGLEICH(B15;B1:G1;0))

15.28.1 Verwendete Funktionen in dieser Aufgabe

SVERWEIS

Syntax SVERWEIS

Mit der Tabellenfunktion SVERWEIS können Sie einen Wert über einen Suchbegriff aus einem Datenbereich ermitteln und ausgeben. Die genaue Funktionsweise erklärt sich am besten aus der Syntax heraus:

=SVERWEIS(Suchkriterium;Matrix;Spaltenindex;Bereich_Verweis)

Das Argument Suchkriterium ist der Wert, der in der ersten Matrixspalte gefunden werden soll. Suchkriterium kann ein Wert, ein Bezug oder eine Textzeichenfolge sein.

Das Argument Matrix ist die Tabelle mit Informationen, in der die Daten gesucht werden.

Das Argument Spaltenindex ist die Spaltennummer im Argument Matrix, aus der der entsprechende Wert zurückgegeben werden muss. Ein Spaltenindex von 1 gibt den Wert der ersten Spalte in Matrix zurück; ein Spaltenindex von 2 gibt den Wert der zweiten Spalte von Matrix zurück.

Das letzte optionale Argument ist Bereich_Verweis. Wenn dieses Argument WAHR ist, müssen die Werte in der ersten Spalte von Matrix in aufsteigender Reihenfolge angeordnet werden. Wenn das Argument Bereich_Verweis den Wert FALSCH aufweist, muss die Tabelle nicht sortiert vorliegen.

VERGLEICH

Syntax VERGLEICH

Sucht Werte innerhalb eines Bezugs oder einer Matrix. Verwenden Sie VERGLEICH immer dann statt einer der VERWEIS-Funktionen, wenn Sie die Position eines Elements in einem Bereich und nicht das Element selbst benötigen.

=VERGLEICH(Suchkriterium;Suchmatrix;Vergleichstyp)

Das Argument Suchkriterium ist der Wert, der in einer Tabelle gesucht wird, gegen den Sie bestimmte Elemente der Suchmatrix abgleichen möchten. Das Suchkriterium kann ein Wert (eine Zahl, eine Zeichenfolge oder ein Wahrheitswert) oder ein Bezug auf eine Zelle sein, die eine Zahl, eine Zeichenfolge oder einen Wahrheitswert enthält.

Das Argument Suchmatrix ist ein zusammenhängender Zellenbereich mit möglichen Vergleichskriterien. Suchmatrix muss eine Matrix oder ein Bezug auf eine Matrix sein.

Das Argument Vergleichstyp ist die Zahl –1, 0 oder 1. Das Argument Vergleichstyp gibt an, auf welche Weise Microsoft Excel die Werte in einer Suchmatrix mit den Suchkriterien vergleicht.

15.29 Einen Teil der gefilterten Daten zählen

Bedingte Zählung durchführen

Bei der folgenden Aufgabe liegt eine gefilterte Liste vor, die Sie in Abbildung 15.59 sehen. In dieser Liste wurde ein benutzerdefinierter Filter eingestellt, und alle Beträge kleiner als 2.000 wurden ausgeblendet.

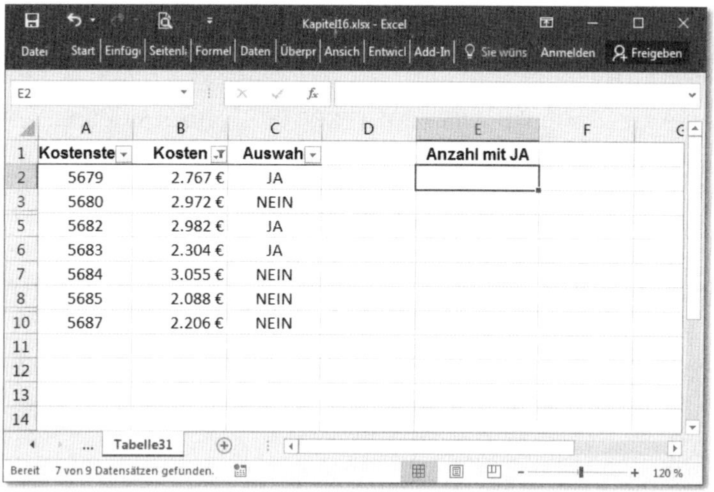

Abbildung 15.59 Wie oft kommt der Eintrag JA in der gefilterten Liste vor?

Um diese Frage zu beantworten, gehen Sie wie folgt vor:

1. Setzen Sie den Cursor in Zelle E2.
2. Erfassen Sie die folgende Formel **=SUMMENPRODUKT(TEILERGEBNIS(3;INDIREKT("C"&ZEILE(2:10)))*(C2:C10="JA"))**.
3. Drücken Sie [↵].

Abbildung 15.60 zeigt das Ergebnis.

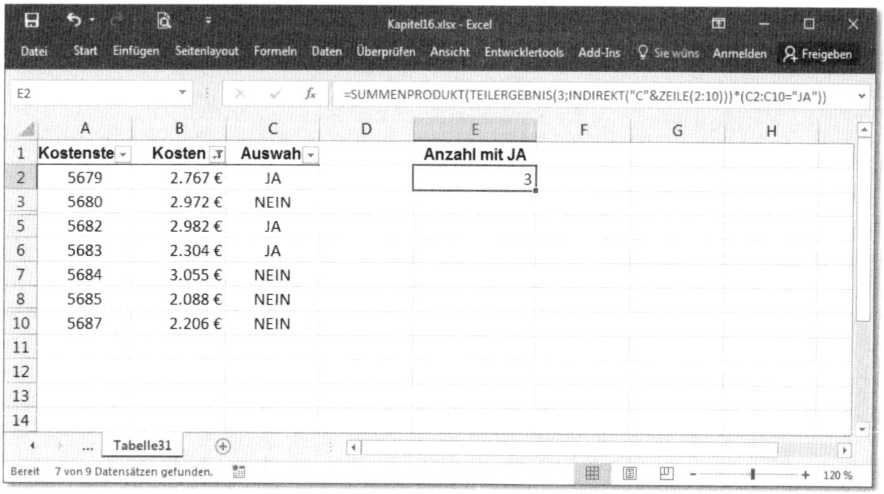

Abbildung 15.60 Eine bedingte Zählung einer Filterung

15.29.1 Verwendete Funktionen in dieser Aufgabe

SUMMENPRODUKT

Syntax SUMMENPRODUKT

Mit Hilfe der Tabellenfunktion SUMMENPRODUKT können Sie die einander entsprechenden Komponenten von angegebenen Matrizen miteinander multiplizieren und die Summe dieser Produkte ermitteln.

=SUMMENPRODUKT(Matrix1;Matrix2;Matrix3;...)

In den Argumenten Matrix1, Matrix2, ... können Sie von 2 bis 30 Matrizen angeben, deren Komponenten Sie zunächst multiplizieren und anschließend addieren möchten. Die Funktion SUMMENPRODUKT erledigt das in einem Schritt.

TEILERGEBNIS

Syntax TEILERGEBNIS

Mit Hilfe der Tabellenfunktion TEILERGEBNIS können Sie gleich mehrere unterschiedliche Aufgaben in Excel-Listen erledigen, je nachdem, welches Argument Sie dabei setzen.

=TEILERGEBNIS(Funktion;Bezug1;...)

Im Argument Funktion geben Sie eine Zahl (1 bis 11 bzw. 101 bis 111) an, die festlegt, welche Funktion in der Berechnung des Teilergebnisses verwendet werden soll. Dabei stehen die in Tabelle 15.1 aufgeführten Funktionen zur Verfügung.

Funktion (bezieht ausgeblendete Werte mit ein)	Funktion (ignoriert ausgeblendete Werte)	Funktion
1	101	MITTELWERT
2	102	ANZAHL
3	103	ANZAHL2
4	104	MAX
5	105	MIN
6	106	PRODUKT
7	107	STABW
8	108	STABWN
9	109	SUMME

Tabelle 15.1 Die möglichen Einzelfunktionen von TEILERGEBNIS

Funktion (bezieht ausgeblendete Werte mit ein)	Funktion (ignoriert ausgeblendete Werte)	Funktion
10	110	VARIANZ
11	111	VARIANZEN

Tabelle 15.1 Die möglichen Einzelfunktionen von TEILERGEBNIS (Forts.)

Im Argument Bezug1, Bezug2, ... geben Sie den Bereich oder Bezug an, für den Teilergebnisse berechnet werden sollen.

INDIREKT

Syntax INDIREKT

Mit Hilfe der Tabellenfunktion INDIREKT können Sie den Bezug eines Textwertes ermitteln. Bezüge werden sofort ausgewertet, so dass die zu ihnen gehörenden Werte angezeigt werden.

=INDIREKT(Bezug;A1)

Im Argument Bezug wird der Bezug auf eine Zelle angegeben, die einen Bezug in der A1-Schreibweise, einen Bezug in der Z1S1-Schreibweise, einen definierten Namen als Bezug oder einen Zellbezug als Zeichenfolge enthält.

Im Argument A1 wird ein Wahrheitswert angegeben, der anzeigt, welche Art von Bezug in der Zelle enthalten ist. Ist A1 gleich WAHR oder nicht angegeben, wird Bezug interpretiert, der in der A1-Schreibweise vorliegt. Ist A1 gleich FALSCH, wird Bezug als ein Bezug interpretiert, der in der Z1S1-Schreibweise vorliegt.

ZEILE

Syntax ZEILE

Mit Hilfe der Tabellenfunktion ZEILE können Sie die Zeilennummer eines Bezugs ermitteln.

=ZEILE(Bezug)

Im Argument Bezug wird die Zelle oder der Zellenbereich angegeben, deren bzw. dessen Zeilennummer Sie ermitteln möchten.

15.30 Den Namen der aktuellen Tabelle ermitteln

Aktuelle Tabelle identifizieren

Was auf den ersten Blick glasklar ist, ist auf den zweiten Blick gar nicht mal so einfach, wenn es darum geht, den Namen der aktuellen Tabelle über eine Formel zu ermitteln (siehe Abbildung 15.61).

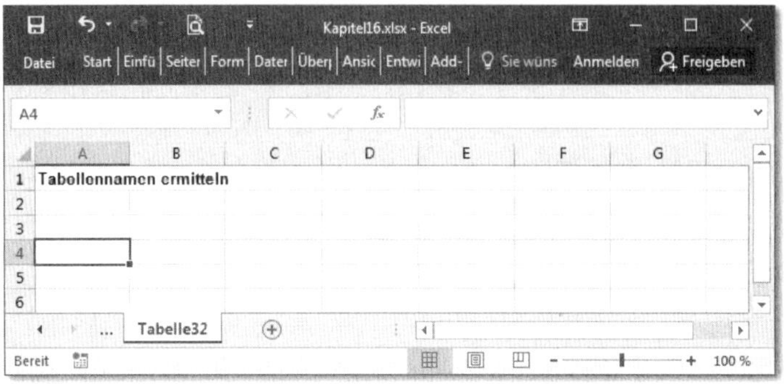

Abbildung 15.61 Wie lautet der Name der aktuellen Tabelle?

Wenden Sie die Funktionsschachtel wie folgt an:

1. Setzen Sie den Cursor in Zelle A4.
2. Erfassen Sie die Formel:
   =TEIL(ZELLE("Dateiname");FINDEN("]";ZELLE("Dateiname"))+1;33)
3. Drücken Sie [↵].

Abbildung 15.62 hat das Ergebnis.

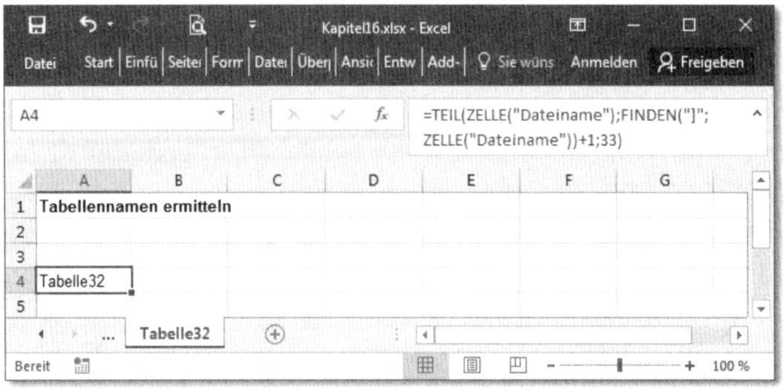

Abbildung 15.62 Eine etwas längere Formel zur Ermittlung des Tabellennamens

15.30.1 Verwendete Funktionen in dieser Aufgabe

TEIL

Syntax TEIL

Über die Funktion TEIL können Sie einen Teil einer Zelle extrahieren. Mit Hilfe dieser Funktion lassen sich Texte weiterverarbeiten. Dabei wird von einer bestimmten Stelle eines Textes an eine bestimmte Anzahl von Zeichen übertragen.

TEIL(Text;Erstes_Zeichen;Anzahl_Zeichen)

Beim Argument Text ist die Zeichenfolge bzw. der Zellinhalt gemeint, die oder der übertragen werden soll.

Mit dem Argument Erstes_Zeichen ist die Position des ersten Zeichens, das Sie aus dem Text kopieren möchten, gemeint. Für das erste Zeichen des Arguments Text gilt, dass Erstes_Zeichen den Wert 1 hat usw.

Unter dem Argument Anzahl_Zeichen versteht man die Anzahl der Zeichen, die die Funktion aus dem ArgumentText übertragen soll.

ZELLE

Diese Funktion gibt Informationen zur Formatierung, der Position oder dem Inhalt der Zelle links oben in einem Bezug zurück.

Syntax ZELLE

=ZELLE(Infotyp;Bezug)

Das Argument Infotyp ist ein Textwert, der angibt, welchen Typ von Zellinformationen Sie wünschen.

FINDEN

Die Funktion FINDEN sucht eine Zeichenfolge (Suchtext) innerhalb einer anderen Zeichenfolge (Text) und gibt als Ergebnis die Nummer der Anfangsposition des Arguments Suchtext ab dem ersten Zeichen des Arguments Text zurück.

Syntax FINDEN

=FINDEN(Suchtext;Text;Erstes_Zeichen)

Im Argument Suchtext geben Sie den Text an, den Sie finden möchten.

Mit Argument Text ist der Text gemeint, in dem Suchtext gesucht werden soll.

Das Argument Erstes_Zeichen gibt an, bei welchem Zeichen die Suche begonnen werden soll. Das erste zum Argument Text gehörende Zeichen hat die Nummer 1. Fehlt das Argument Erstes_Zeichen, wird es als 1 angenommen.

15.31 Den Namen der aktiven Arbeitsmappe ermitteln

Im folgenden Beispiel soll der Name der aktuellen Arbeitsmappe ermittelt und in einer Zelle ausgegeben werden. Wenden Sie die Funktionsschachtel wie folgt an:

Aktuelle Arbeitsmappe identifizieren

1. Setzen Sie den Cursor in Zelle A4.

2. Erfassen Sie die Formel:
   =TEIL(ZELLE("Dateiname");FINDEN("[";ZELLE("Dateiname"))+1; FINDEN("]";ZELLE("Dateiname"))-1-FINDEN("[";ZELLE("Dateiname")))
3. Drücken Sie [↵].

In Abbildung 15.63 sehen Sie das Ergebnis.

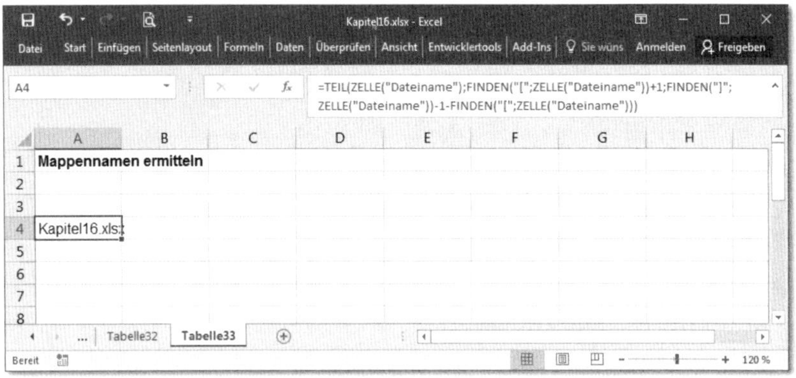

Abbildung 15.63 Ein etwas längere Formel zur Ermittlung des Mappennamens

In diesem Beispiel werden die gleichen Funktionen eingesetzt, wie schon im vorherigen Beispiel mit der Ermittlung des Tabellennamens.

15.32 Eine Eingabe über eine Formel »begleiten«

Nur Texteingaben zulassen

Bei der folgenden Aufgabe soll der Anwender ermutigt werden, in einer Zelle nur Text einzugeben. Alle Zahlen sollen dabei verworfen werden. Als kleiner Vorgeschmack auf diese Aufgabe sehen Sie sich Abbildung 15.64 an.

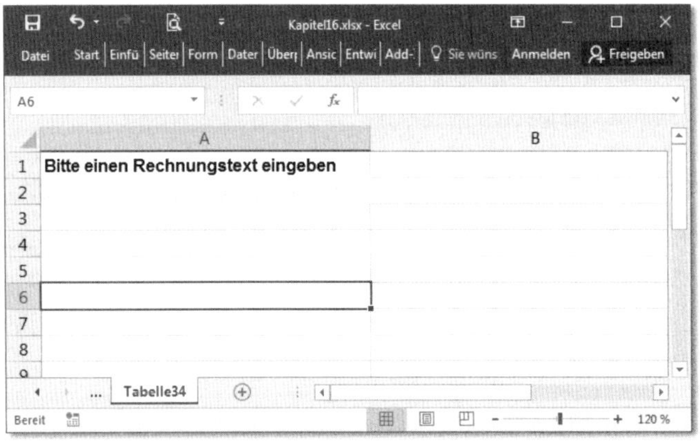

Abbildung 15.64 Es sollte nur ein Text eingegeben werden.

Um diese Aufgabe über die gerade genannten Funktionen umzusetzen, verfahren Sie wie folgt:

1. Geben Sie in Zelle A2 einmal einen beliebigen Text ein.
2. Setzen Sie den Cursor in Zelle A6.
3. Erfassen Sie die Formel:
   =WENN(ODER(ISTTEXT(A2);A2="");"Eingabe OK";"Es dürfen nur Texteingaben vorgenommen werden")
4. Drücken Sie [↵].

Die Eingabe war korrekt (siehe Abbildung 15.65).

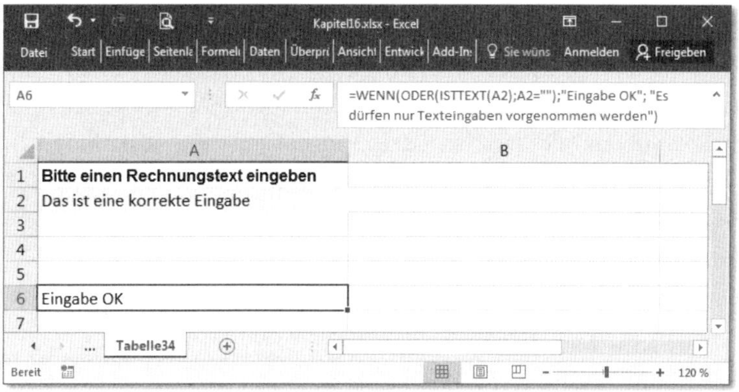

Abbildung 15.65 Die Eingabe wird in einer anderen Zelle begleitet.

15.32.1 Verwendete Funktionen in dieser Aufgabe

WENN

Syntax WENN

Mit der Funktion WENN können Sie Werte und Formeln prüfen.

=WENN(Prüfung;Dann_Wert;Sonst_Wert)

Das Argument Prüfung ist ein beliebiger Wert oder Ausdruck, der entweder zutrifft (WAHR) oder nicht (FALSCH). Im Fall einer zutreffenden Prüfung wird die Aktion Dann_Wert durchgeführt. Im anderen Fall wird die Aktion Sonst_Wert ausgeführt.

ODER

Syntax ODER

Mit der Funktion ODER können Sie bis zu 30 Bedingungen prüfen. Hierbei muss jeweils nur eine Bedingung erfüllt sein. Die Funktion liefert WAHR, wenn ein Argument WAHR ist und liefert FALSCH, wenn alle Argumente FALSCH sind.

=ODER(Wahrheitswert1;Wahrheitswert2;...)

Die Argumente Wahrheitswert1, Wahrheitswert2, ... werden einzeln überprüft. Sie können entweder WAHR oder FALSCH sein.

ISTTEXT

Syntax ISTTEXT

In Excel stehen Ihnen neun Tabellenfunktionen zur Verfügung, die zum Testen des Typs eines Wertes oder eines Bezugs verwendet werden. Jede dieser Funktionen, die zusammen als IST-Funktionen bezeichnet werden, überprüft den Typ eines Wertes und gibt je nach Ergebnis WAHR oder FALSCH zurück. Eine dieser Funktionen lautet:

=ISTTEXT(Wert)

Im Argument Wert wird der Wert angegeben, der geprüft werden soll. Wert kann eine leere Zelle, ein Fehlerwert, ein logischer Wert, Text, eine Zahl, ein Bezugswert oder ein Name sein, der sich auf eine dieser Möglichkeiten bezieht, die Sie prüfen möchten. Das Argument Wert bezieht sich bei dieser Funktion auf ein Element, das kein Text ist. (Beachten Sie, dass diese Funktion WAHR zurückgibt, wenn sich das Argument Wert auf eine leere Zelle bezieht.)

15.33 Eine ABC-Analyse von Umsätzen durchführen

Jahresumsätze »clustern«

In einer Tabelle wurden die Jahresumsätze einzelner Kunden zusammengestellt. Die Aufgabe besteht nun darin, die Kunden in Gruppen auf Basis des Jahresumsatzes einzuordnen. Dabei sollen folgende Grenzen gelten:

- >0 und <=250.000 = C-Kunde
- > 250.000 und <=1.000.000 = B-Kunde
- > 1.000.000 = A-Kunde

Sehen Sie sich dazu Abbildung 15.66 an.

Um die ABC-Analyse vorzunehmen wird die Tabellenfunktion WENN dreimal verschachtelt. Gehen Sie dabei wie folgt vor:

1. Markieren Sie den Zellenbereich C2:C10.
2. Erfassen Sie die Formel:
   =WENN(UND(B2>0;B2<=250000);"C-Kunde";WENN(UND(B2> 250000;B2<=1000000);"B-Kunde";WENN(B2>1000000; "A-Kunde";"#NV")))
3. Schließen Sie die Formel über die Tastenkombination [Strg] + [↵] ab.

Die A-, B- und C-Kunden sind ermittelt (siehe Abbildung 15.67).

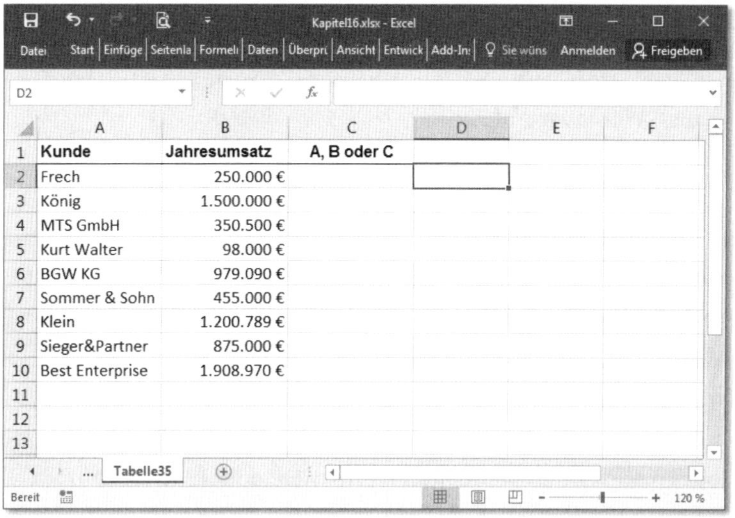

	A	B	C
1	Kunde	Jahresumsatz	A, B oder C
2	Frech	250.000 €	
3	König	1.500.000 €	
4	MTS GmbH	350.500 €	
5	Kurt Walter	98.000 €	
6	BGW KG	979.090 €	
7	Sommer & Sohn	455.000 €	
8	Klein	1.200.789 €	
9	Sieger&Partner	875.000 €	
10	Best Enterprise	1.908.970 €	

Abbildung 15.66 Die Ausgangssituation – eine Tabelle mit Jahresumsätzen und Kunden

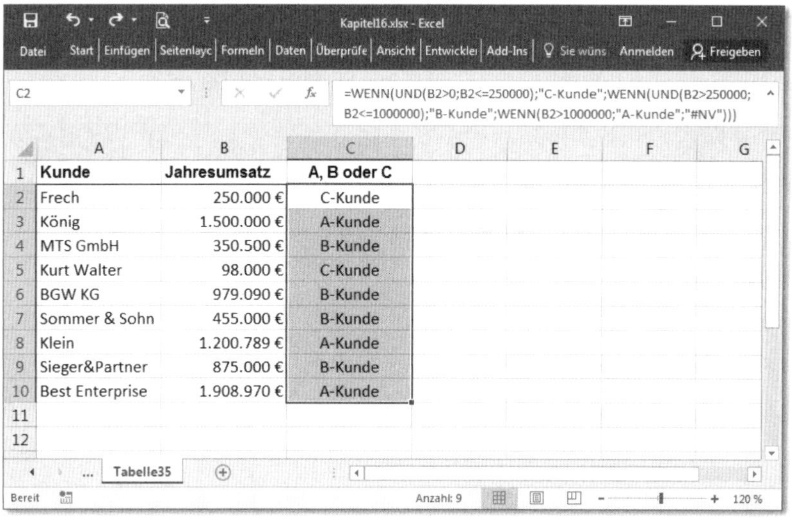

	A	B	C
1	Kunde	Jahresumsatz	A, B oder C
2	Frech	250.000 €	C-Kunde
3	König	1.500.000 €	A-Kunde
4	MTS GmbH	350.500 €	B-Kunde
5	Kurt Walter	98.000 €	C-Kunde
6	BGW KG	979.090 €	B-Kunde
7	Sommer & Sohn	455.000 €	B-Kunde
8	Klein	1.200.789 €	A-Kunde
9	Sieger&Partner	875.000 €	B-Kunde
10	Best Enterprise	1.908.970 €	A-Kunde

Abbildung 15.67 Eine etwas längere Formel für die ABC-Analyse

15.33.1 Verwendete Funktionen in dieser Aufgabe

WENN

Mit der Funktion WENN können Sie Werte und Formeln prüfen.

Syntax WENN

=WENN(Prüfung;Dann_Wert;Sonst_Wert)

Das Argument Prüfung ist ein beliebiger Wert oder Ausdruck, der entweder zutrifft (WAHR) oder nicht (FALSCH). Im Fall einer zutreffenden Prüfung wird die Aktion Dann_Wert durchgeführt. Im anderen Fall wird die Aktion Sonst_Wert ausgeführt.

UND

Syntax UND

Mit der Funktion UND können Sie bis zu 30 Bedingungen prüfen. Hierbei müssen alle Bedingungen erfüllt sein. Diese Funktion wird oft im Zusammenspiel mit der Tabellenfunktion WENN eingesetzt.

=UND(Wahrheitswert1;Wahrheitswert2;...)

Die Argumente Wahrheitswert1, Wahrheitswert2, ... werden einzeln überprüft. Bei dieser Funktion müssen alle Bedingungen erfüllt werden. Als Rückgabe erhalten Sie entweder den Wert WAHR oder FALSCH.

15.34 Prüfung, ob ein bestimmter Bereich leer ist

Bereichsprüfung durchführen

In der nächsten Aufgabenstellung geht es um die Frage, wie Sie prüfen können, ob ein ganz bestimmter Bereich leer ist oder nicht. Sehen Sie sich vorab einmal die Ausgangssituation in Abbildung 15.68 an.

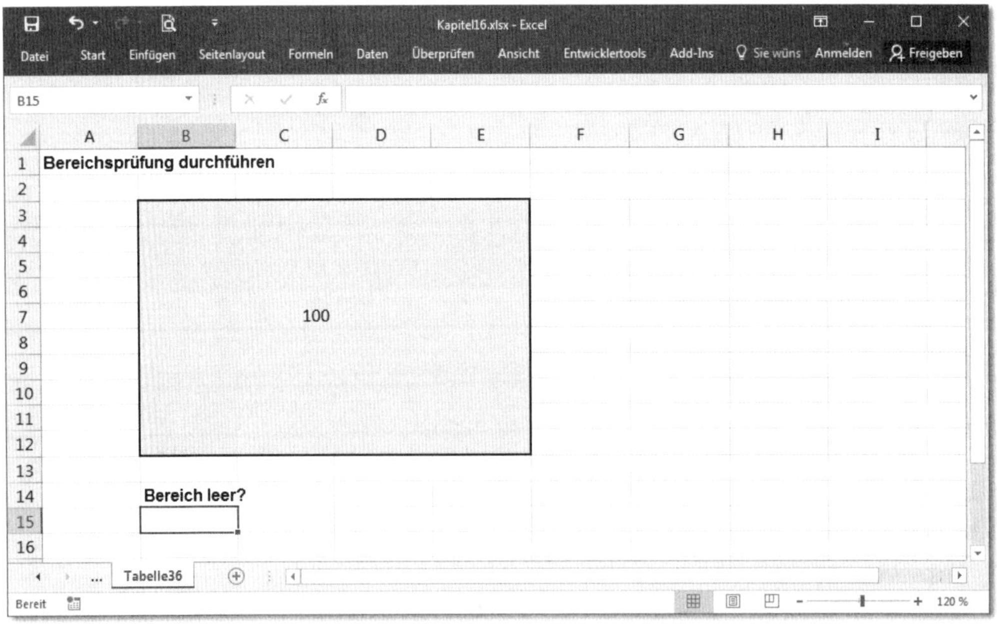

Abbildung 15.68 Wie kann der Bereich B3:E12 geprüft werden?

Gehen Sie wie folgt vor, um zu prüfen, ob der Bereich leer ist:

1. Setzen Sie den Cursor in Zelle B15.
2. Erfassen Sie die Formel **=WENN(ANZAHL2(B3:E12)=0;WAHR;FALSCH)**.
3. Drücken Sie [↵].

Das Ergebnis, das Sie in Abbildung 15.69 sehen, ist FALSCH, denn es ist ein Wert vorhanden.

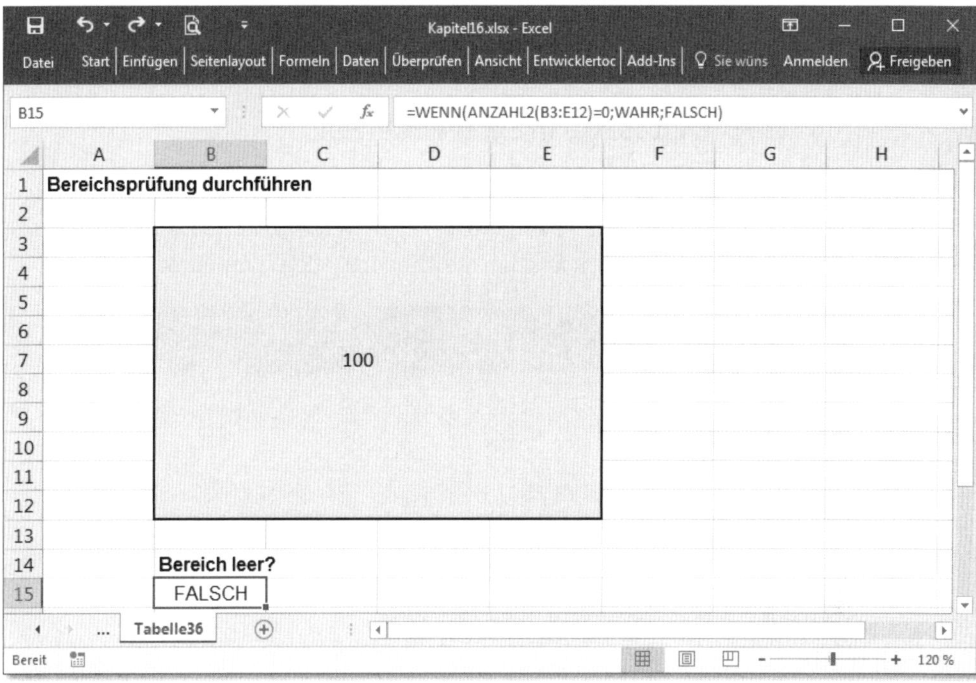

Abbildung 15.69 In dem Bereich ist eine Zelle gefüllt.

15.34.1 Verwendete Funktionen in dieser Aufgabe

WENN

Mit der Funktion WENN können Sie Werte und Formeln prüfen. Syntax WENN

=WENN(Prüfung;Dann_Wert;Sonst_Wert)

Das Argument Prüfung ist ein beliebiger Wert oder Ausdruck, der entweder zutrifft (WAHR) oder nicht (FALSCH). Im Fall einer zutreffenden Prüfung wird die Aktion Dann_Wert durchgeführt. Im anderen Fall wird die Aktion Sonst_Wert ausgeführt.

ANZAHL2

Syntax ANZAHL2

Mit Hilfe der Tabellenfunktion ANZAHL2 können Sie ermitteln, wie viele Werte eine Liste von Argumenten enthält. Dabei werden allerlei Eingaben gezählt.

=ANZAHL2(Wert1;Wert2;...)

Geben Sie in den Argumenten Wert1, Wert2, ... (bis zu 30 Argumente) die Werte bzw. den Zellenbereich an, die Sie in die Zählung einbeziehen möchten. Gezählt werden alle eingegebenen Werte, nicht aber Leerzellen.

15.35 Autotexte in Excel einsetzen

Zuordnung Nummer zu Text

In der folgenden Aufgabe soll über die Eingabe einer Nummer ein zugeordneter Text in einer Zelle ausgegeben werden. Die Zuordnung der Nummern zu den Texten können Sie Abbildung 15.70 entnehmen.

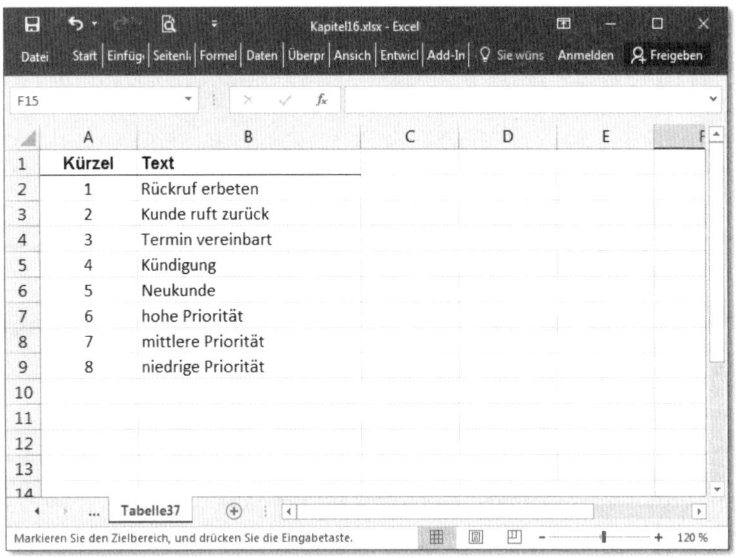

Abbildung 15.70 Über Nummern sollen Texte geholt werden.

In TABELLE37 sehen Sie eine Zuordnung von Nummern zu Texten. In TABELLE38 sollen diese Texte bei der Eingabe einer Nummer elegant aus TABELLE37 gezogen werden (siehe Abbildung 15.71). Zur Umsetzung dieser Aufgabe steht Ihnen eine ganze Reihe von Varianten zur Verfügung. Eine davon wird über die Tabellenfunktion VERWEIS umgesetzt. Wenden Sie diese Funktion wie folgt an:

1. Markieren Sie in der TABELLE38 den Zellenbereich D2:D10.
2. Erstellen Sie die Formel **=VERWEIS(C2;Tabelle37!$A$1:$B$8)**.
3. Schließen Sie die Formel über die Tastenkombination [Strg] + [↵] ab.

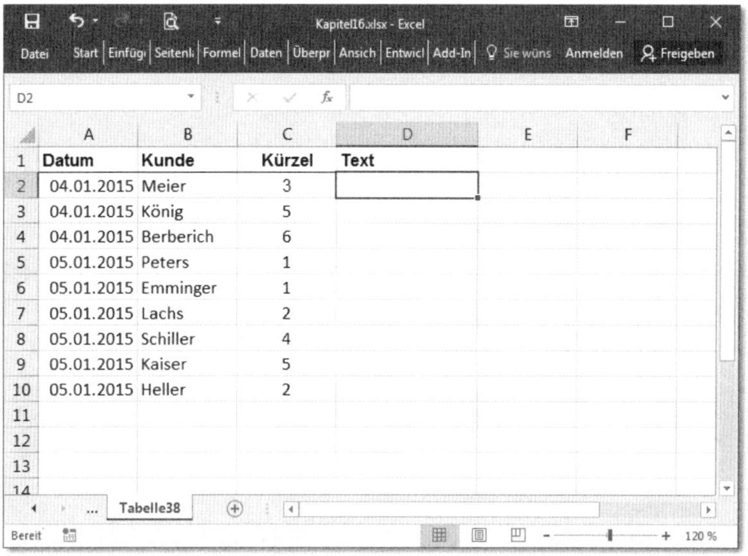

Abbildung 15.71 Welcher Text gehört zu welcher Nummer?

15.35.1 Verwendete Funktion in dieser Aufgabe

VERWEIS

Syntax VERWEIS

Mit Hilfe der Tabellenfunktion VERWEIS können Sie die Werte eines Vektors oder einer Matrix durchsuchen. Für diese Funktion gibt es zwei Syntaxversionen: die Vektor- und die Matrixversion. Ein Vektor ist eine Matrix, die aus nur einer Zeile oder Spalte besteht. Die Vektorversion von VERWEIS sucht in einem Bereich, der aus nur einer Zeile oder Spalte besteht (Vektor), nach einem bestimmten Wert und gibt einen Wert aus derselben Position in einem zweiten Vektor zurück. Die Matrixversion von VERWEIS sucht in der ersten Zeile oder Spalte einer Matrix nach dem angegebenen Wert und gibt einen Wert aus derselben Position in der letzten Zeile oder Spalte derselben Matrix zurück.

=VERWEIS(Suchkriterium;Suchvektor;Ergebnisvektor)

Geben Sie im Argument Suchkriterium einen Wert an, nach dem diese Funktion im ersten Vektor suchen soll. Das Suchkriterium kann dabei eine Zahl, eine Zeichenfolge (ein Text), ein Wahrheitswert oder ein Name bzw. ein Bezug sein, der sich auf einen Wert bezieht.

Im Argument Suchvektor wird ein Bereich angegeben, der nur eine Zeile oder Spalte enthält. Zulässige Elemente von Suchvektor sind Zeichenfolgen (Texte), Zahlen oder Wahrheitswerte.

Im Argument Ergebnisvektor wird ein Bereich angegeben, der nur eine Zeile oder Spalte enthält. Dieser Vektor muss genauso viele Elemente beinhalten wie der Suchvektor.

15.36 Das Auftreten eines Zeichens zählen

Zeichenfolgen zählen

Wenn es darum geht, einen oder mehrere bestimmte Buchstaben in einem Bereich zu zählen, dann können Sie entweder eine Formelschachtel oder eine benutzerdefinierte Funktion erstellen. Sehen Sie sich aber vorab einmal Abbildung 15.72 an.

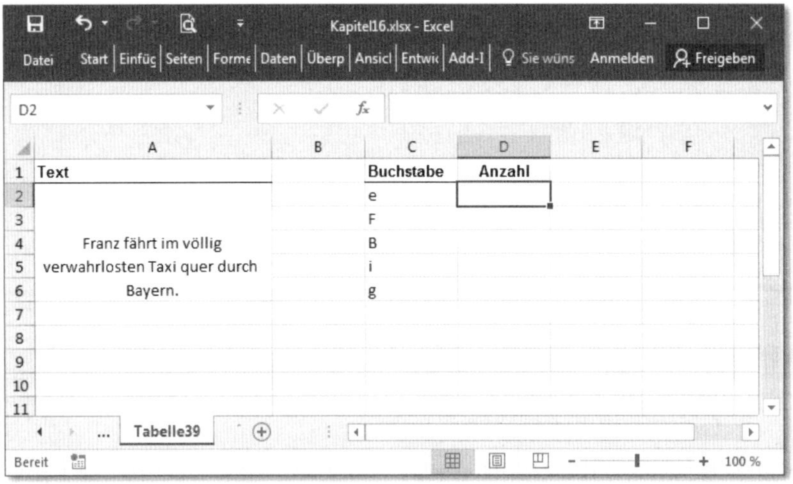

Abbildung 15.72 Wie oft tauchen die einzelnen Buchstaben in der verbundenen Zelle A2 auf?

Wenden Sie die Formelschachtel wie folgt an:

1. Markieren Sie den Zellenbereich D2:D6.
2. Erstellen Sie die Formel:
   =SUMMENPRODUKT(LÄNGE($A$2)-LÄNGE(WECHSELN(GROSS($A$2); GROSS(C2);"")))
3. Schließen Sie die Formel über die Tastenkombination `Strg` + `↵` ab.

In Abbildung 15.73 finden Sie das Ergebnis.

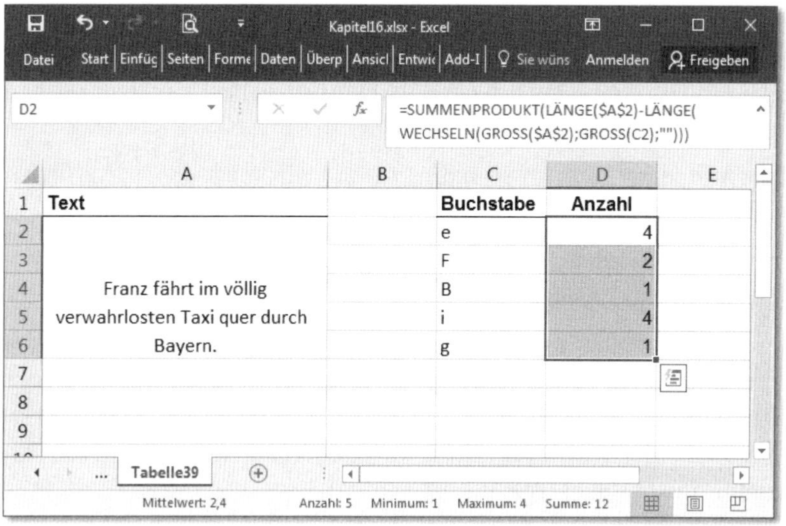

Abbildung 15.73 Einzelne Buchstaben über eine Formelschachtel zählen

15.36.1 Verwendete Funktionen in dieser Aufgabe

SUMMENPRODUKT

Syntax SUMMENPRODUKT

Mit Hilfe der Tabellenfunktion SUMMENPRODUKT können Sie die einander entsprechenden Komponenten von angegebenen Matrizen miteinander multiplizieren und die Summe dieser Produkte ermitteln.

=SUMMENPRODUKT(Matrix1;Matrix2;Matrix3;...)

In den Argumenten Matrix1, Matrix2, ... können Sie von 2 bis 30 Matrizen angeben, deren Komponenten Sie zunächst multiplizieren und anschließend addieren möchten. Die Funktion SUMMENPRODUKT erledigt das in einem Schritt.

LÄNGE

Syntax LÄNGE

Die Funktion LÄNGE gibt die Anzahl der Zeichen einer Zeichenfolge zurück.

=LÄNGE(Text)

Das Argument Text ist der Text oder Zellinhalt, dessen Länge Sie ermitteln möchten. Leerzeichen zählen als Zeichen.

WECHSELN

Syntax WECHSELN

Die Tabellenfunktion WECHSELN ersetzt einen alten Text durch neuen Text. Diese Funktion wird eingesetzt, wenn Sie innerhalb eines Textes eine bestimmte Zeichenfolge austauschen möchten.

=WECHSELN(Text;Alter_Text;Neuer_Text;Ntes_Auftreten)

Hinter dem Argument Text ist der in Anführungszeichen gesetzte Text oder Bezug auf eine Zelle, die den Text enthält, gemeint, in dem Zeichen ausgetauscht werden sollen.

Das Argument Alter_Text repräsentiert den Text, den Sie ersetzen möchten.

Im Argument Neuer_Text wird der Text angegeben, mit dem Sie das Argument Alter_Text ersetzen möchten.

Im Argument Ntes_Auftreten können Sie angeben, an welchen Stellen Alter_Text durch Neuer_Text ersetzt werden soll. Wenn Sie das Argument Ntes_Auftreten angeben, wird nur dieses Vorkommen von Alter_Text ersetzt; andernfalls wird Alter_Text an jeder Stelle, an der er in Text vorkommt, durch Neuer_Text ersetzt.

GROSS

Syntax GROSS

Die Tabellenfunktion GROSS wandelt alle Kleinbuchstaben in einer Textzeichenfolge in Großbuchstaben um.

15.37 Umsätze bis zu einem bestimmten Monat kumulieren

Umsätze zusammenfassen

In der Tabelle in Abbildung 15.74 sind die Umsätze des vergangenen Jahres pro Monat aufgelistet.

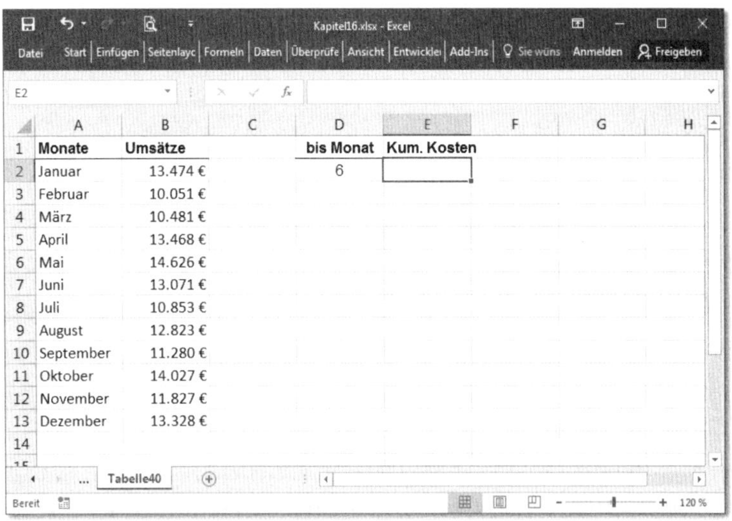

Abbildung 15.74 Bis zum Juni sollen alle Umsätze summiert werden.

In Zelle D2 wird jetzt der Monat erfasst, bis zu dem die Umsätze kumuliert werden sollen. In Zelle E2 soll danach das Ergebnis stehen. Lösen Sie diese Aufgabe, indem Sie wie folgt vorgehen:

1. Setzen Sie den Cursor in Zelle E2.
2. Erfassen Sie die Formel:
   =SUMME(BEREICH.VERSCHIEBEN($B$2;0;0; $D$2;1))
3. Bestätigen Sie mit [↵].

Das Ergebnis sehen Sie in Abbildung 15.75.

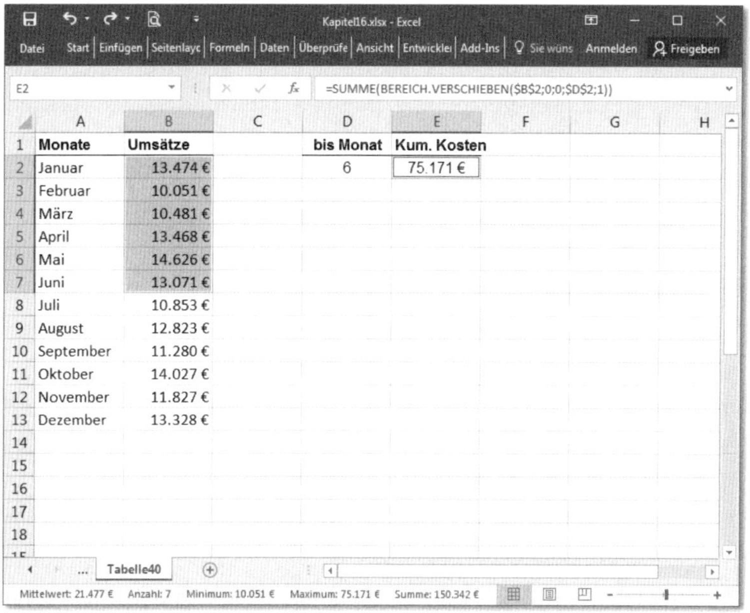

Abbildung 15.75 Die ersten 6 Monate wurden kumuliert.

15.37.1 Verwendete Funktionen in dieser Aufgabe

SUMME

Mit dieser Funktion können Sie Werte bzw. Zellinhalte summieren.

Syntax SUMME

=SUMME(Zahl1;Zahl2;...)

oder zum Beispiel

=SUMME(A1:A100)

Die Argumente Zahl1, Zahl2, ... sind 1 bis 30 Argumente, deren Summe Sie berechnen möchten. Die Argumente können entweder Werte oder Bezüge sein.

BEREICH.VERSCHIEBEN

Syntax BEREICH. VERSCHIEBEN

Mit Hilfe der Tabellenfunktion BEREICH.VERSCHIEBEN können Sie einen Bezug zurückgeben, der gegenüber dem angegebenen Bezug versetzt ist. Der zurückgegebene Bezug kann eine einzelne Zelle oder ein Zellenbereich sein. Sie können die Anzahl der zurückzugebenden Zeilen und Spalten festlegen.

=BEREICH.VERSCHIEBEN(Bezug;Zeilen;Spalten;Höhe;Breite)

Im Argument Bezug wird der Bezug angegeben, der als Ausgangspunkt des Verschiebevorgangs dienen soll. Das Argument Bezug muss ein Bezug zu einer Zelle oder einem Bereich aus angrenzenden Zellen sein.

Im Argument Zeilen wird die Anzahl der Zeilen angegeben, um die Sie die obere linke Eckzelle des Bereichs nach oben oder nach unten verschieben möchten. Entspricht das Argument Zeilen beispielsweise 3, bedeutet dies, dass die obere linke Ecke des neuen Bezugs drei Zeilen unterhalb des Arguments Bezug liegt. Das Argument Zeilen kann sowohl einen positiven (unterhalb des Ausgangsbezugs liegen) als auch einen negativen Wert annehmen (oberhalb des Ausgangsbezugs liegen).

Im Argument Spalten wird die Anzahl der Spalten angegeben, um die Sie die obere linke Eckzelle des Bereichs nach links oder nach rechts verschieben möchten. Ist das Argument Spalten beispielsweise gleich 3, so bedeutet dies, dass die obere linke Ecke des neuen Bezugs drei Spalten rechts des Arguments Bezug liegt. Das Argument Spalten kann sowohl einen positiven (rechts des Ausgangsbezugs liegen) als auch einen negativen Wert annehmen (links des Ausgangsbezugs liegen).

Im Argument Höhe kann die Höhe des neuen Bezugs in Zeilen angegeben werden. Für Höhe muss ein positiver Wert angegeben werden.

Im Argument Breite wird die Breite des neuen Bezugs in Spalten angegeben. Für Breite muss ebenso ein positiver Wert angegeben werden.

15.38 Kosten in Wertegruppen clustern

Kosten zusammenfassen

In TABELLE41 aus Abbildung 15.76 sind einige Kosten festgehalten worden, die nun eingruppiert werden sollen. Dazu wurden folgende Wertgrenzen definiert:

- \> 500 und <= 750
- \> 750 und < 1.000
- \> 1.000

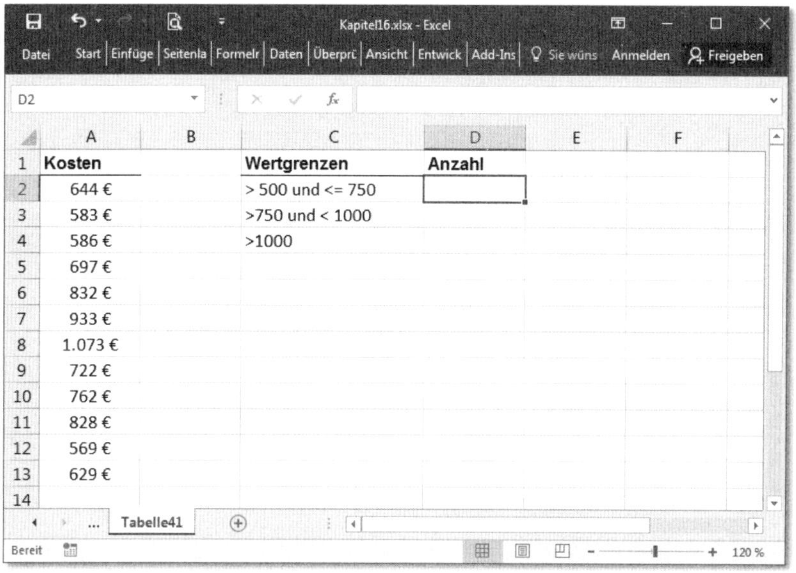

Abbildung 15.76 Die Kosten sollen in Gruppen eingeteilt werden.

Um die Kosten in die zugehörigen Gruppen einzuordnen und anschließend zu zählen, wie viele Kosten in die Gruppen gehören, gehen Sie wie folgt vor:

1. Erfassen Sie in Zelle D2 die Matrixformel: **=SUMME(($A$2:$A$13>500)* ($A$2:$A$13<=750))**
2. Schließen Sie die Formel über die Tastenkombination [Strg] + [⇧] + [↵] ab.
3. In Zelle D3 geben Sie die Matrixformel **=SUMME(($A$2:$A$13>=750)* ($A$2:$A$13<1000))** ein (siehe Abbildung 15.77).
4. Schließen Sie auch diese Formel über die Tastenkombination [Strg] + [⇧] + [↵] ab.
5. In Zelle D4 erfassen Sie die Formel **=ZÄHLENWENN($A$2:$A$13; ">1000")**.
6. Schließen Sie diese Eingabe über [↵] ab.

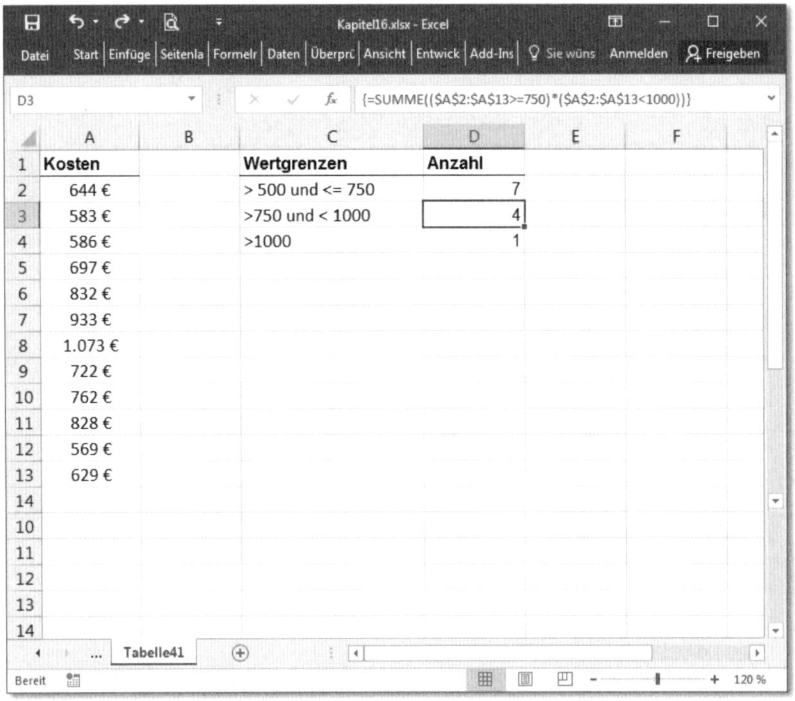

Abbildung 15.77 Die Eingruppierung der Kosten wurde vorgenommen.

15.38.1 Verwendete Funktionen in dieser Aufgabe

SUMME

Syntax SUMME

Mit dieser Funktion können Sie Werte bzw. Zellinhalte summieren.

=SUMME(Zahl1;Zahl2;...)

oder zum Beispiel

=SUMME(A1:A100)

Die Argumente Zahl1, Zahl2, ... sind 1 bis 30 Argumente, deren Summe Sie berechnen möchten. Die Argumente können entweder Werte oder Bezüge sein.

ZÄHLENWENN

Syntax ZÄHLENWENN

Mit Hilfe der Tabellenfunktion ZÄHLENWENN können Sie nicht leere Zellen eines Bereichs zählen, deren Inhalte mit den Suchkriterien übereinstimmen. Diese Funktion finden Sie normalerweise in der Funktionskategorie Statistik.

=ZÄHLENWENN(Bereich;Kriterien)

Das Argument Bereich ist der Zellenbereich, von dem Sie wissen möchten, wie viele seiner Zellen einen Inhalt haben, der mit den Suchkriterien übereinstimmt.

Beim Argument Kriterien werden die Kriterien in Form einer Zahl, eines Ausdrucks oder einer Zeichenfolge angegeben. Diese Kriterien bestimmen, welche Zellen gezählt werden.

15.39 Eine Zellengrafik über eine Formel basteln

Ein Sparkline selber machen

Mit einem Trick können Sie sogar mit Hilfe einer Excel-Tabellenfunktion ein »Balkendiagramm« zeichnen. Die Tabellenfunktion heißt WIEDERHOLEN. Sehen Sie sich dazu einmal Abbildung 15.78 an.

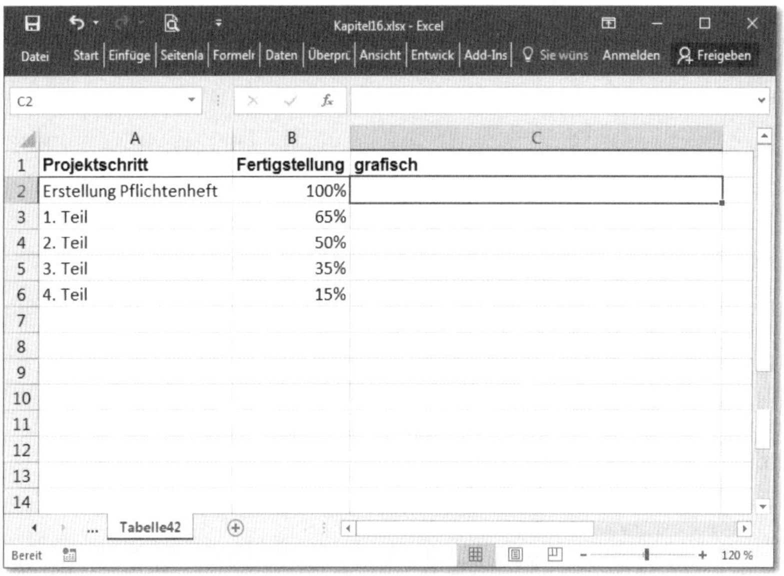

Abbildung 15.78 Ein grafischer Effekt soll integriert werden.

Diese Aufgabe kann gelöst werden, indem das Zeichen Pipe »|« viele Male hintereinander wiederholt wird. Dazu gehen Sie wie folgt vor:

1. Markieren Sie den Zellenbereich C2:C6.
2. Erfassen Sie die Formel **=WIEDERHOLEN("|";B2*100)**.
3. Bestätigen Sie die Formel über die Tastenkombination [Strg] + [↵].

Abbildung 15.79 zeigt nun in einer Art Diagramm den Projektfortschritt.

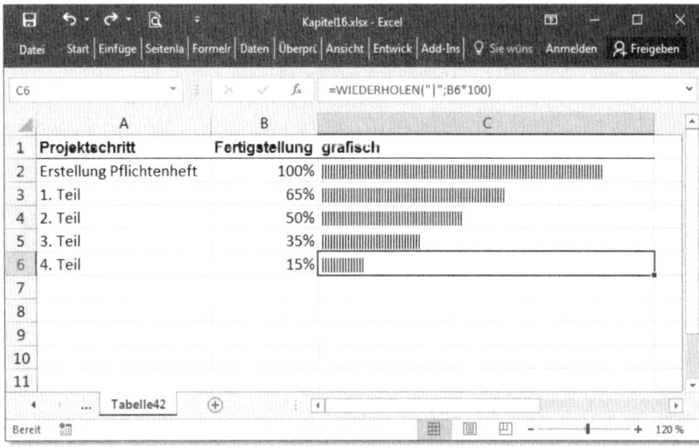

Abbildung 15.79 Das »Zellen-Balkendiagramm« ist fertig.

15.39.1 Verwendete Funktionen in dieser Aufgabe

WIEDERHOLEN

Syntax WIEDERHOLEN

Diese Funktion wiederholt einen Text so oft, wie angegeben. Verwenden Sie WIEDERHOLEN, um eine Zeichenfolge (eine Basiszeichenfolge) in einer bestimmten Häufigkeit in eine Zelle einzugeben.

=WIEDERHOLEN(Text;Multiplikator)

Das Argument Text ist erforderlich und repräsentiert den Text, den Sie wiederholen möchten.

Im Argument Multiplikator, das ebenso erforderlich ist, geben Sie eine positive Zahl an, die anzeigt, wie oft das Argument Text wiederholt werden soll.

15.40 Menge pro Stunde berechnen

Produktivität berechnen

In TABELLE43 aus Abbildung 15.80 sind in Spalte A Produktionszeiten einer Maschine erfasst. In Spalte B sehen Sie die dazugehörigen Produktionsmengen.

Um diese Aufgabe zu lösen, verfahren Sie folgendermaßen:

1. Markieren Sie den Zellenbereich C2:C6.
2. Erfassen Sie die Formel **=B2/(A2*24)**.
3. Schließen Sie die Eingabe über die Tastenkombination [Strg] + [↵] ab.

Abbildung 15.81 zeigt die errechneten Ergebnisse an.

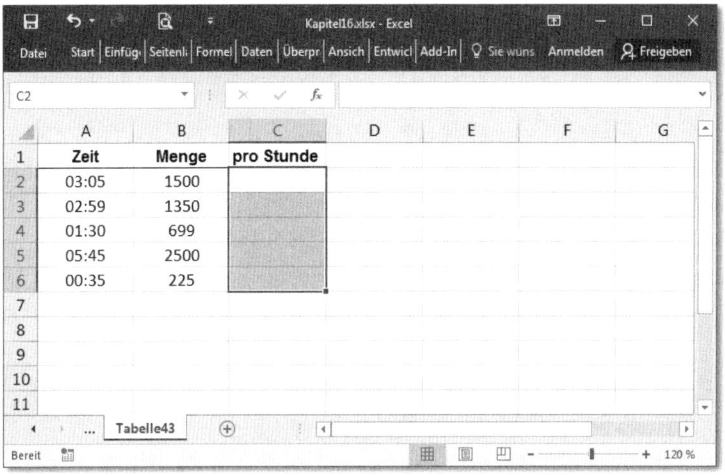

Abbildung 15.80 Wie viele Stück pro Stunde können produziert werden?

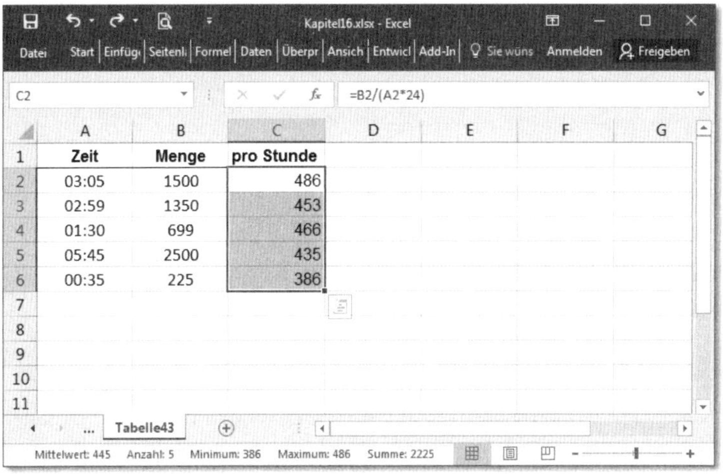

Abbildung 15.81 Die durchschnittliche Produktionsleistung pro Stunde wurde ausgewiesen.

Bei dieser Aufgabe wurde keine Tabellenfunktion eingesetzt. Sie wurde durch eine reine Formel gelöst.

15.41 Den Spritverbrauch auf 100 km berechnen

Verbrauch berechnen

In TABELLE44 aus Abbildung 15.82 wurde über einen Zeitraum von 1 Monat der Benzinverbrauch eines Pkw dokumentiert.

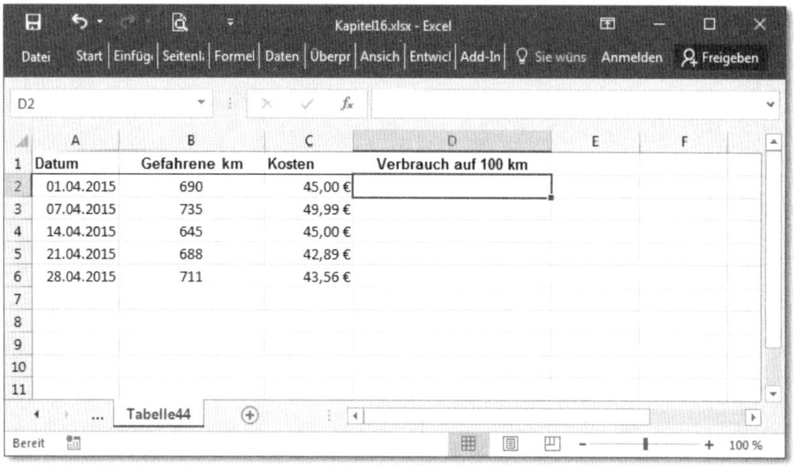

Abbildung 15.82 Den Spritverbrauch ermitteln

Um den durchschnittlichen Spritverbrauch auf 100 km zu ermitteln, befolgen Sie die nächsten Arbeitsschritte:

1. Markieren Sie den Zellenbereich D2:D6.
2. Erfassen Sie die Formel **=C2/B2*100**.
3. Schließen Sie die Formel über die Tastenkombination `Strg` + `↵` ab.
4. In Zelle D8 erfassen Sie die Formel **=MITTELWERT(D2:D6)**.

Damit haben Sie den durchschnittlichen Spritverbrauch auf 100 km errechnet (siehe Abbildung 15.83).

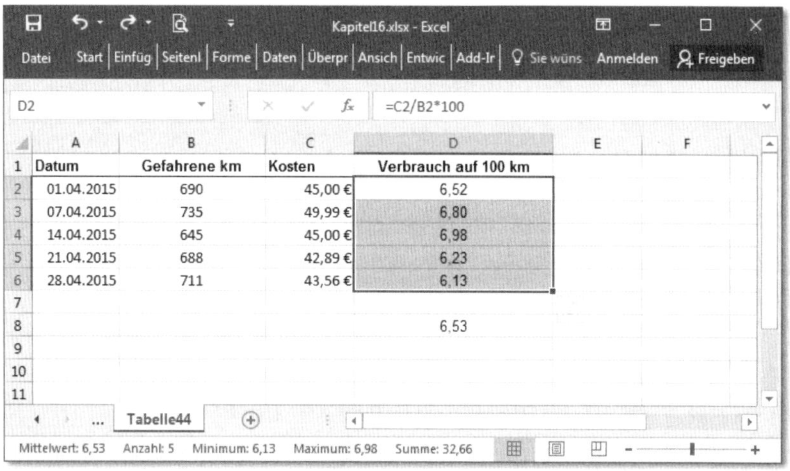

Abbildung 15.83 Der durchschnittliche Spritverbrauch liegt bei 6,53 Litern/100 km.

15.41.1 Verwendete Funktionen in dieser Aufgabe

MITTELWERT

Syntax MITTELWERT

Die Funktion MITTELWERT gibt den Mittelwert (arithmetisches Mittel) der Argumente zurück.

MITTELWERT(Zahl1;[Zahl2];...)

Das Argument Zahl1 ist erforderlich und stellt die erste Zahl, den Zellbezug oder den Bereich dar, für die bzw. den Sie den Mittelwert berechnen möchten.

Das Argument Zahl2 ist optional. Es kann bis zu 255 zusätzliche Zahlen, Zellbezüge oder Bereiche umfassen, für die Sie den Mittelwert berechnen möchten.

15.42 Endpreis nach diversen Abschlägen berechnen

Prozentuale Abschläge berechnen

Ein gebrauchtes Auto soll gekauft werden. Nach intensiven Gesprächen mit dem Verkäufer haben Sie die Konditionen aus Abbildung 15.84 ausgehandelt.

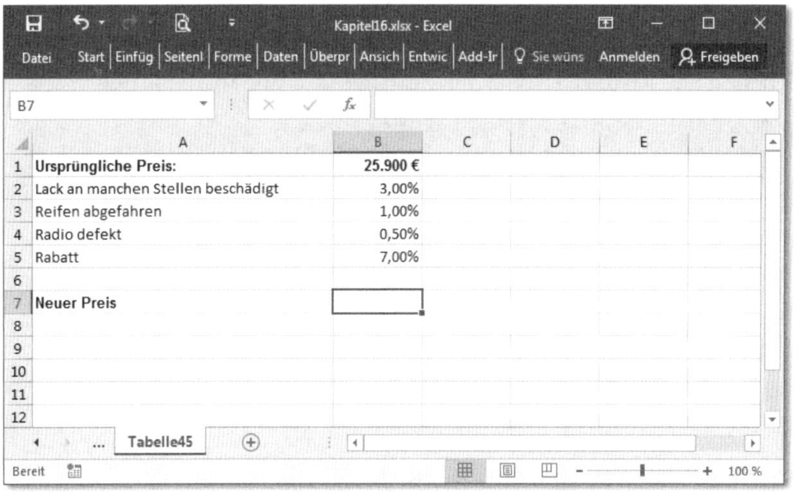

	A	B
1	**Ursprüngliche Preis:**	**25.900 €**
2	Lack an manchen Stellen beschädigt	3,00%
3	Reifen abgefahren	1,00%
4	Radio defekt	0,50%
5	Rabatt	7,00%
6		
7	Neuer Preis	

Abbildung 15.84 Diese Nachlässe haben Sie ausgehandelt.

Um den Endpreis zu ermitteln, erfassen Sie in Zelle B7 die Formel:
=B1*0,97*0,99*0,995*0,93

Die Reihenfolge der prozentualen Abzüge spielt keine Rolle. In Abbildung 15.85 finden Sie den neuen Preis.

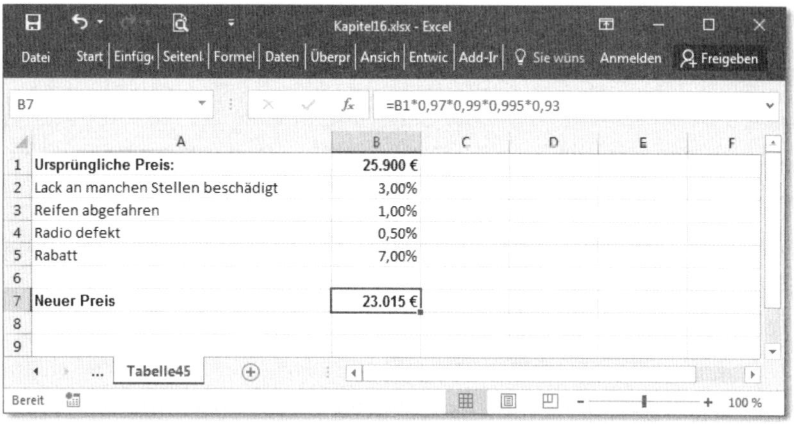

Abbildung 15.85 Der Endpreis wurde über eine Formel errechnet.

Bei dieser Aufgabe wurde keine Tabellenfunktion eingesetzt. Sie wurde durch eine reine Formel gelöst.

15.43 Einen Wochentag in einem Zeitraum zählen

Wochentag zählen

Interessant und nützlich ist auch die Beantwortung der Fragestellung, wie viele Montage es beispielsweise in einem bestimmten Zeitraum gibt. Schauen Sie sich dazu einmal die Ausgangssituation in Abbildung 15.86 an.

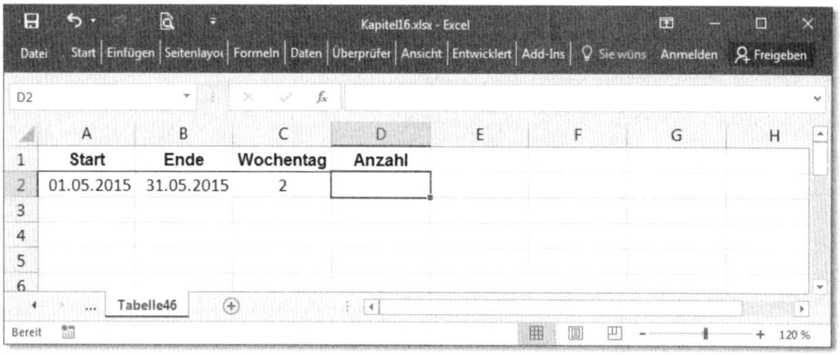

Abbildung 15.86 Wie viele Montage liegen im vorgegebenen Zeitraum?

Der Wochentag 2 in Zelle C2 steht für den Montag, da jede Woche mit dem Sonntag (= 1) anfängt. Erfassen Sie die folgende Matrixformel wie folgt:

Matrixformel anwenden

1. Setzen Sie den Cursor in Zelle D2.
2. Erfassen Sie die Formel: **=SUMME(WENN(WOCHENTAG(A2-1+ZEILE (INDIREKT("1:"&KÜRZEN(B2-A2)+1)))=C2;1;0))**

3. Schließen Sie die Eingabe über die Tastenkombination [Strg] + [⇧] + [↵] ab.

Das Ergebnis sehen Sie in Abbildung 15.87.

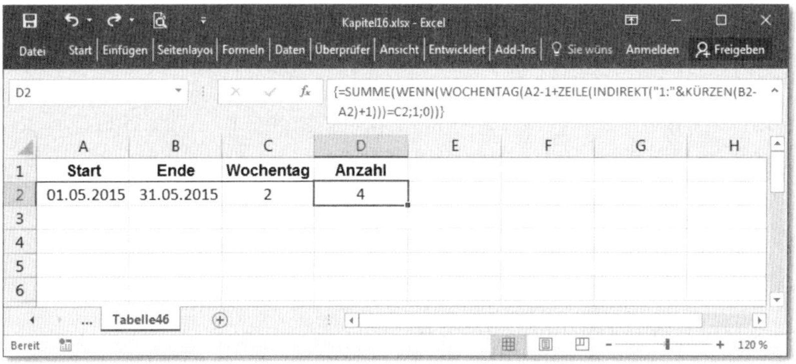

Abbildung 15.87 Es liegen genau vier Montage im vorgegebenen Zeitraum.

15.43.1 Verwendete Funktionen in dieser Aufgabe

SUMME

Mit dieser Funktion können Sie Werte bzw. Zellinhalte summieren. Syntax SUMME

=SUMME(Zahl1;Zahl2;...)

oder zum Beispiel

=SUMME(A1:A100)

Die Argumente Zahl1, Zahl2, ... sind 1 bis 30 Argumente, deren Summe Sie berechnen möchten. Die Argumente können entweder Werte oder Bezüge sein.

WENN

Mit der Funktion WENN können Sie Werte und Formeln prüfen. Syntax WENN

=WENN(Prüfung;Dann_Wert;Sonst_Wert)

Das Argument Prüfung ist ein beliebiger Wert oder Ausdruck, der entweder zutrifft (WAHR) oder nicht (FALSCH). Im Fall einer zutreffenden Prüfung wird die Aktion Dann_Wert durchgeführt. Im anderen Fall wird die Aktion Sonst_Wert ausgeführt.

WOCHENTAG

Mit Hilfe der Tabellenfunktion WOCHENTAG können Sie anhand eines Datums bestimmen, ob es sich um einen Arbeitstag oder um einen Tag Syntax WOCHENTAG am Wochenende handelt. Der Tag wird standardmäßig als ganze Zahl ausgegeben, die einen Wert von 1 (Sonntag) bis 7 (Samstag) annehmen kann.

=WOCHENTAG(Datum;Typ)

Im Argument Datum wird das gewünschte Datum, zu dem Sie den Wochentag ermitteln möchten, eingegeben oder über einen Zellbezug hergestellt.

Beim Argument Typ geben Sie eine Zahl (1, 2 oder 3) an, die den Typ des Rückgabewertes bestimmt. Mögliche Zahlenwerte sind dabei:

- 1 oder nicht angegeben: Zahl 1 (Sonntag) bis 7 (Samstag); verhält sich wie frühere Microsoft-Excel-Versionen.
- 2: Zahl 1 (Montag) bis 7 (Sonntag)
- 3: Zahl 0 (Montag) bis 6 (Sonntag)

ZEILE

Syntax ZEILE

Mit Hilfe der Tabellenfunktion ZEILE können Sie die Zeilennummer eines Bezugs ermitteln.

=ZEILE(Bezug)

Im Argument Bezug wird die Zelle oder der Zellenbereich angegeben, deren bzw. dessen Zeilennummer Sie ermitteln möchten.

INDIREKT

Syntax INDIREKT

Mit Hilfe der Tabellenfunktion INDIREKT können Sie den Bezug eines Textwertes ermitteln. Bezüge werden sofort ausgewertet, so dass die zu ihnen gehörenden Werte angezeigt werden.

=INDIREKT(Bezug;A1)

Im Argument Bezug wird der Bezug auf eine Zelle angegeben, die einen Bezug in der A1-Schreibweise, einen Bezug in der Z1S1-Schreibweise, einen definierten Namen als Bezug oder einen Zellbezug als Zeichenfolge enthält.

Im Argument A1 wird ein Wahrheitswert angegeben, der anzeigt, welche Art von Bezug in der Zelle enthalten ist. Ist A1 gleich WAHR oder nicht angegeben, wird das Argument Bezug als ein Bezug in der A1-Schreibweise interpretiert. Ist A1 gleich FALSCH, wird Bezug als ein Bezug interpretiert, der in der Z1S1-Schreibweise vorliegt.

KÜRZEN

Syntax KÜRZEN

Die Funktion KÜRZEN schneidet die Kommastellen der Zahl ab und gibt als Ergebnis eine ganze Zahl zurück.

=KÜRZEN(Zahl;[Anzahl_Stellen])

Das Argument Zahl ist erforderlich und repräsentiert die Zahl, deren Stellen Sie abschneiden möchten.

Das Argument Anzahl_Stellen ist optional und gibt an, wie viele Nachkommastellen erhalten bleiben sollen. Der Standardwert für das Argument Anzahl_Stellen ist 0 (null).

15.44 Ein Datum aus mehreren Spalten zusammensetzen

Datum zusammensetzen und konvertieren

Wenn ein Datum aus einzelnen Teilen zusammengesetzt werden soll, dann können Sie die Tabellenfunktion DATUM einsetzen. Im folgenden Beispiel aus Abbildung 15.88 wird aus den einzelnen Datumsteilen ein Excel-konformes Datum zusammengestellt.

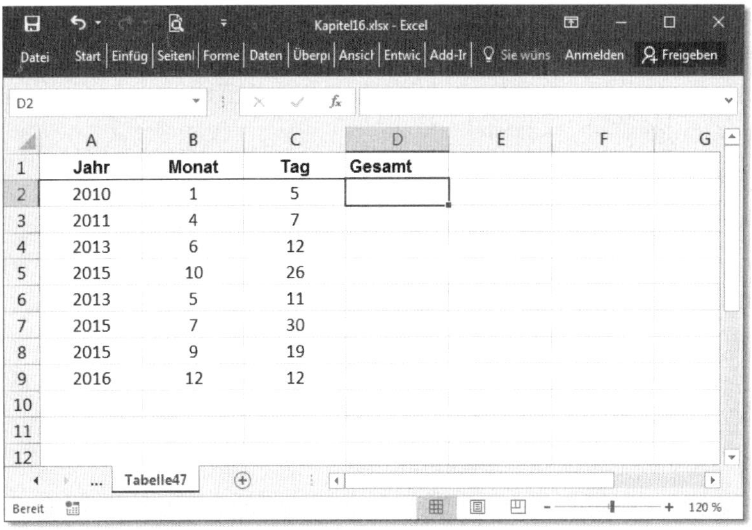

Abbildung 15.88 Aus Datumsteilen ein gültiges Datum zusammensetzen

Um diese Aufgabe zu lösen, verfahren Sie wie folgt:

1. Markieren Sie den Zellenbereich D2:D9.
2. Erfassen Sie die Formel **=DATUM(A2;B2;C2)**.
3. Schließen Sie die Formel über die Tastenkombination [Strg] + [↵] ab.

Alle Daten in Abbildung 15.89 wurden zusammengesetzt.

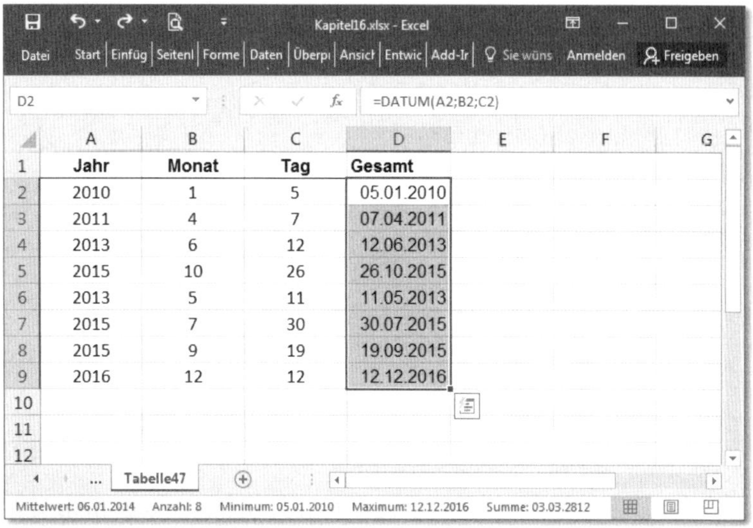

Jahr	Monat	Tag	Gesamt
2010	1	5	05.01.2010
2011	4	7	07.04.2011
2013	6	12	12.06.2013
2015	10	26	26.10.2015
2013	5	11	11.05.2013
2015	7	30	30.07.2015
2015	9	19	19.09.2015
2016	12	12	12.12.2016

Abbildung 15.89 Die Datumsangaben wurden von Excel richtig erkannt.

15.44.1 Verwendete Funktion in dieser Aufgabe

DATUM

Syntax DATUM

Mit der Funktion DATUM wird die fortlaufende Zahl zurückgegeben, die ein bestimmtes Datum darstellt.

=DATUM(Jahr;Monat;Tag)

Das Argument Jahr ist erforderlich. Der Wert des Arguments Jahr kann ein bis vier Ziffern umfassen. Excel interpretiert das Argument Jahr des Datumssystems, das auf dem Computer verwendet wird. Standardmäßig verwendet Microsoft Excel für Windows das 1900-Datumssystem.

Das Argument Monat ist erforderlich. Es bezeichnet eine positive oder negative ganze Zahl, die den Monat des Jahres von 1 bis 12 (Januar bis Dezember) darstellt.

Das Argument Tag ist erforderlich. Es bezeichnet eine positive oder negative ganze Zahl, die den Tag des Monats von 1 bis 31 darstellt.

15.45 Lagerdauer ausrechnen

Liegezeit berechnen

In der Tabelle aus Abbildung 15.90 sind einige Artikel etwas länger eingelagert und zum 29.10.2015 ausgelagert worden. Es soll jetzt ermittelt werden, wie lange diese Güter eingelagert wurden. Dabei soll die Lagerdauer bruchteilgenau errechnet werden.

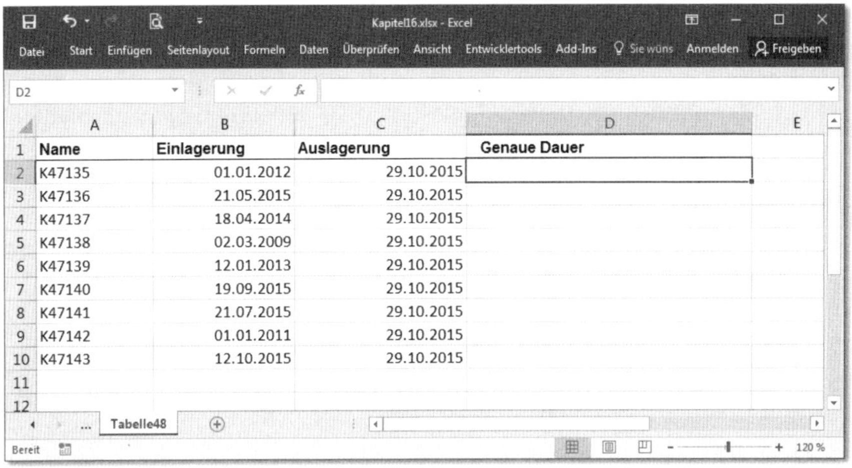

Abbildung 15.90 Genaue Berechnung der Lagerdauer

Es soll eine Lagerdauer in der Form »2 Jahre und 3 Monate und 10 Tage« ausgegeben werden. Diese Aufgabe lässt sich über die Tabellenfunktion DATEDIF lösen. Gehen Sie dazu wie folgt vor:

1. Markieren Sie den Zellenbereich D2:D10.
2. Erfassen Sie die Formel: **=DATEDIF(B2;C2;"Y") & " Jahre und " & DATEDIF(B2;C2;"YM") & " Monate und " & DATEDIF(B2;C2;"MD") & " Tage"**.
3. Schließen Sie die Formel über die Tastenkombination [Strg] + [↵] ab.

Das Ergebnis zeigt Abbildung 15.91.

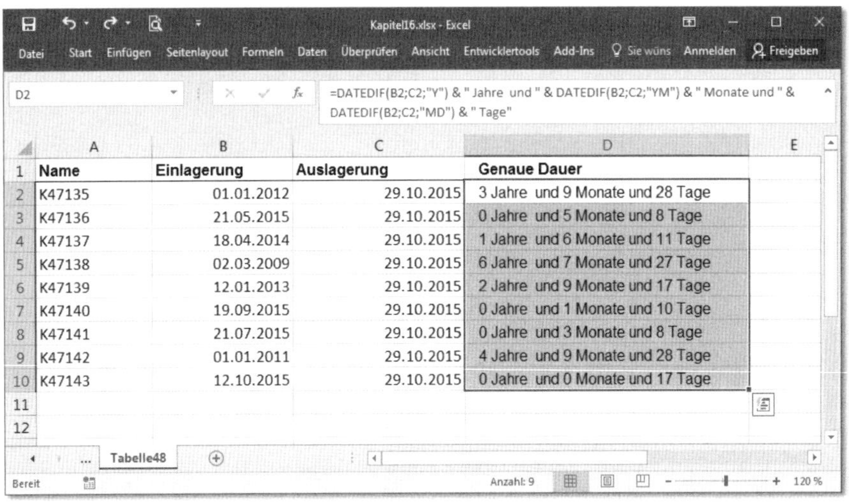

Abbildung 15.91 Eine genaue Berechnung aus der Ausgabe von Zeiträumen

15.45.1 Verwendete Funktion in dieser Aufgabe

DATEDIF

Syntax DATEDIF

Mit der undokumentierten Funktion DATEDIF können Sie verschiedene Differenzen zwischen zwei Datumswerten berechnen.

=DATEDIF(Startdatum;Enddatum;Einheit)

Das Startdatum muss <= dem Enddatum sein, sonst gibt die Funktion einen Fehler zurück.

Die Einheit muss in englischen Kürzeln und in Anführungszeichen übergeben werden:

- D: Differenz in Tagen
- M: Differenz in Monaten
- Y: Differenz in Jahren
- YD: Differenz in Tagen im selben Jahr
- YM: Differenz in Monaten im selben Jahr
- MD: Differenz in Tagen im selben Jahr/Monat

15.46 Zeiten runden

Zeiten umrechnen

Das Runden von Zeiten können Sie über einen Trick sowie mit der Funktion RUNDEN vornehmen. In der Liste aus Abbildung 15.92 sollen die Zeitangaben auf volle Stunden und Minutenangaben gerundet werden.

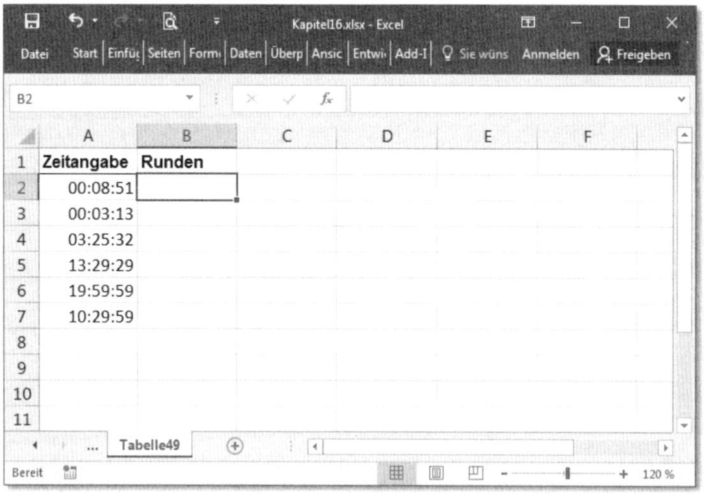

Abbildung 15.92 Auf Stunden- und Minutenbasis runden

Um die gewünschte Rundung durchzuführen, verfahren Sie wie folgt:

1. Markieren Sie den Zellenbereich B2:B7.
2. Erfassen Sie die Formel **=RUNDEN(A2*1440;0)/1440**.
3. Schließen Sie die Eingabe über die Tastenkombination Strg + ↵ ab.

Da ein Tag aus 24 Stunden mal 60 Minuten besteht, wird die ungerundete Zeit zuerst in Minuten umgerechnet, indem sie mit dem Faktor 1440 multipliziert wird. Danach erfolgt die Rundung auf die ganze Zahl. Anschließend erfolgt eine Division, um die nun gerundeten Zeitwerte wieder umzuwandeln (siehe Abbildung 15.93).

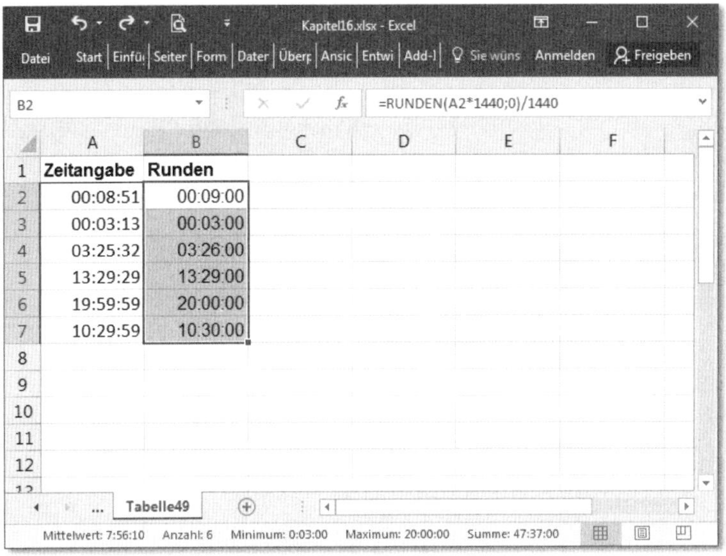

Abbildung 15.93 Die Rundung wurde erfolgreich durchgeführt.

15.46.1 Verwendete Funktion in dieser Aufgabe

RUNDEN

Mit der Tabellenfunktion RUNDEN wird eine Zahl auf eine angegebene Anzahl von Stellen gerundet. **Syntax RUNDEN**

=RUNDEN(Zahl;Anzahl_Stellen)

Das Argument Zahl ist erforderlich und repräsentiert die Zahl, die gerundet werden soll.

Das Argument Anzahl_Stellen ist ebenfalls erforderlich und gibt die Anzahl der Dezimalstellen an, auf die die Zahl gerundet werden soll.

Hinweis

Die Tabellenfunktion RUNDEN rundet kaufmännisch, das heißt, ab 5 wird aufgerundet.

- Eine positive Zahl hinter dem Semikolon gibt die Anzahl der Dezimalstellen an.
- Eine 0 bedeutet, dass auf die nächste ganze Zahl gerundet werden soll.
- Negative Zahlen bewirken eine Rundung auf den links vom Komma stehenden Teil des Betrags.

15.47 Rundung auf volle 5 Cents

Zahlen runden

Wenn Sie oft recht krumme Werte haben, dann könnten Sie sich entschließen, aufgrund der Vereinfachung alle Beträge auf volle 5 Cents zu runden. Sehen Sie sich dazu einmal die Tabelle aus Abbildung 15.94 an.

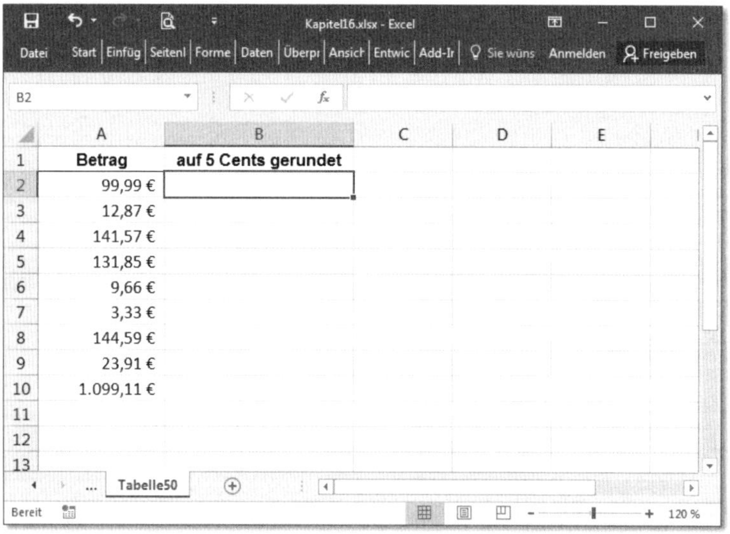

Abbildung 15.94 Diese Beträge sollen auf 5 Cents gerundet werden.

Um diese Aufgabe auszuführen, können Sie die Tabellenfunktion VRUNDEN einsetzen. Gehen Sie dazu wie folgt vor:

1. Markieren Sie den Zellenbereich B2:B10.
2. Erfassen Sie die Formel **=VRUNDEN(A2;0,05)**.
3. Schließen Sie die Eingabe mit der Tastenkombination [Strg] + [↵] ab.

In Abbildung 15.95 sehen Sie das Ergebnis.

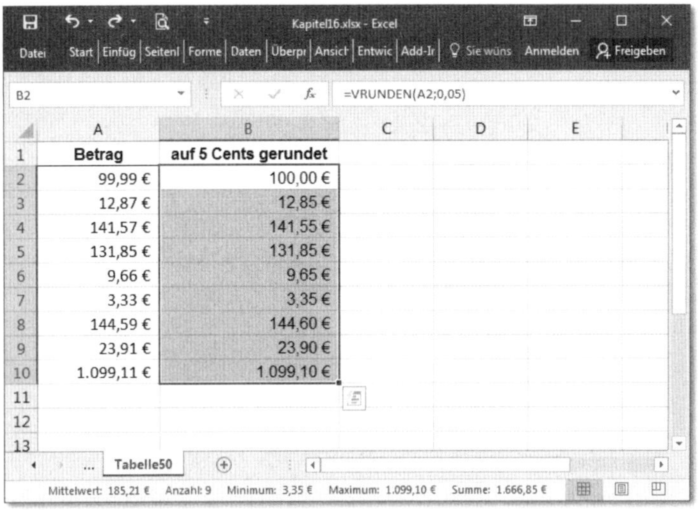

	A	B
1	Betrag	auf 5 Cents gerundet
2	99,99 €	100,00 €
3	12,87 €	12,85 €
4	141,57 €	141,55 €
5	131,85 €	131,85 €
6	9,66 €	9,65 €
7	3,33 €	3,35 €
8	144,59 €	144,60 €
9	23,91 €	23,90 €
10	1.099,11 €	1.099,10 €

Abbildung 15.95 Die Beträge wurden auf volle 5 Cents gerundet.

Hinweis

Sollen die Beträge vor dem Komma auf volle Zehner gerundet werden, dann erfassen Sie die folgende Formel:

=VRUNDEN(A2;10)

15.47.1 Verwendete Funktion in dieser Aufgabe

VRUNDEN

Syntax VRUNDEN

Die Tabellenfunktion VRUNDEN gibt eine auf das gewünschte Vielfache gerundete Zahl zurück.

=VRUNDEN(Zahl;Vielfaches)

Das Argument Zahl ist erforderlich und gibt den Wert an, der aufgerundet werden soll.

Das Argument Vielfaches ist erforderlich und repräsentiert das Vielfache, auf das Sie das Argument Zahl runden möchten.

15.48 Aufrunden auf 5-Euro-Basis

Zahlen auf- und abrunden

Eine Alternative zur Tabellenfunktion VRUNDEN bieten die Tabellenfunktionen OBERGRENZE bzw. UNTERGRENZE. Sehen Sie sich zunächst einmal die Tabelle aus Abbildung 15.96 an.

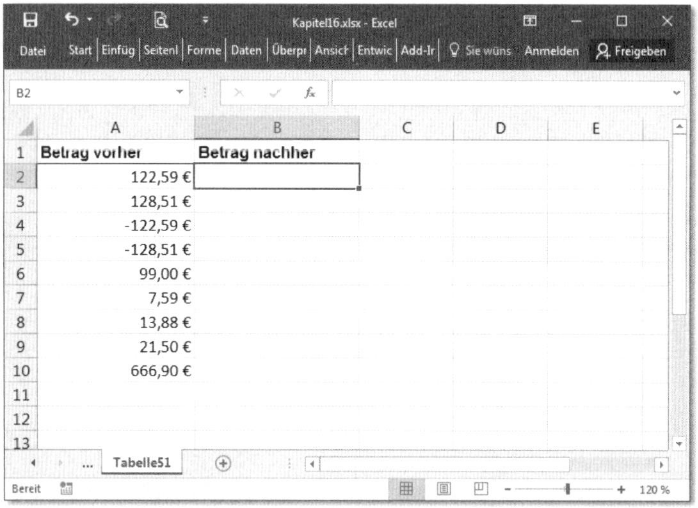

Abbildung 15.96 Diese Beträge sollen auf 5-Euro-Basis gerundet werden.

Um die Beträge aus Spalte A auf 5-Euro-Basis aufzurunden, verfahren Sie wie folgt:

1. Markieren Sie den Zellenbereich B2:B10.
2. Erfassen Sie die Formel:
   =WENN(A2>0;OBERGRENZE(A2;5);UNTERGRENZE(A2;-5))
3. Schließen Sie die Eingabe über die Tastenkombination `Strg` + `↵` ab.

Abbildung 15.97 zeigt das Ergebnis.

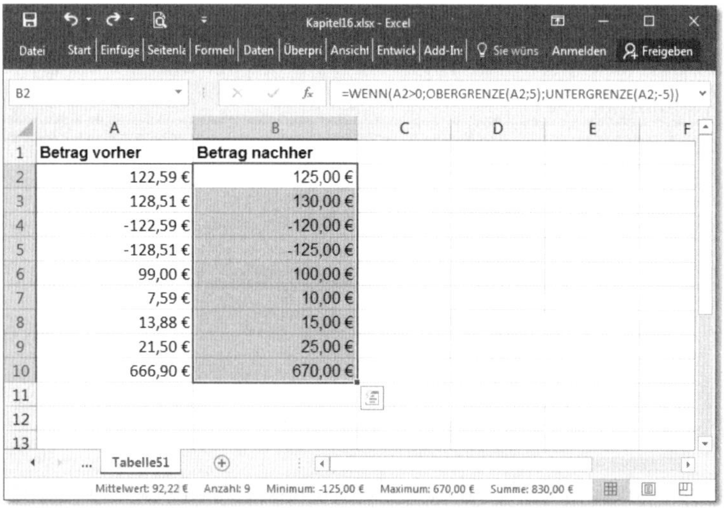

Abbildung 15.97 Die Beträge wurden aufgerundet.

Hinweis

Soll anstatt aufgerundet, abgerundet werden, dann lautet die Formel für Zelle B2:

=WENN(A2>0;UNTERGRENZE(A2;5);OBERGRENZE(A2;-5))

15.48.1 Verwendete Funktionen in dieser Aufgabe

WENN

Syntax WENN

Mit der Funktion WENN können Sie Werte und Formeln prüfen.

=WENN(Prüfung;Dann_Wert;Sonst_Wert)

Das Argument Prüfung ist ein beliebiger Wert oder Ausdruck, der entweder zutrifft (WAHR) oder nicht (FALSCH). Im Fall einer zutreffenden Prüfung wird die Aktion Dann_Wert durchgeführt. Im anderen Fall wird die Aktion Sonst_Wert ausgeführt.

UNTERGRENZE

Syntax UNTERGRENZE

Die Tabellenfunktion UNTERGRENZE rundet eine Zahl auf die nächste ganze Zahl oder auf das nächste Vielfache des Arguments Schritt ab.

=UNTERGRENZE.MATHEMATIK(Zahl;Schritt;Modus)

Das Argument Zahl ist erforderlich und ist die Zahl, die Sie abrunden möchten.

Das Argument Schritt ist optional und steht für das Vielfache, auf das Sie runden möchten.

Das Argument Modus ist optional und gibt die Richtung an, in der negative Zahlen gerundet werden.

OBERGRENZE

Syntax OBERGRENZE

Die Tabellenfunktion OBERGRENZE rundet eine Zahl betragsmäßig auf das kleinste Vielfache des Arguments Schritt auf.

=OBERGRENZE(Zahl;Schritt)

Das Argument Zahl ist erforderlich und ist der Wert, den Sie runden möchten.

Das Argument Schritt ist erforderlich und stellt das Vielfache dar, auf das Sie runden möchten.

15.49 Runden auf volle 100 Euro

Zahlen aufrunden

In der Tabelle aus Abbildung 15.98 liegen Ausgaben eines Monats vor.

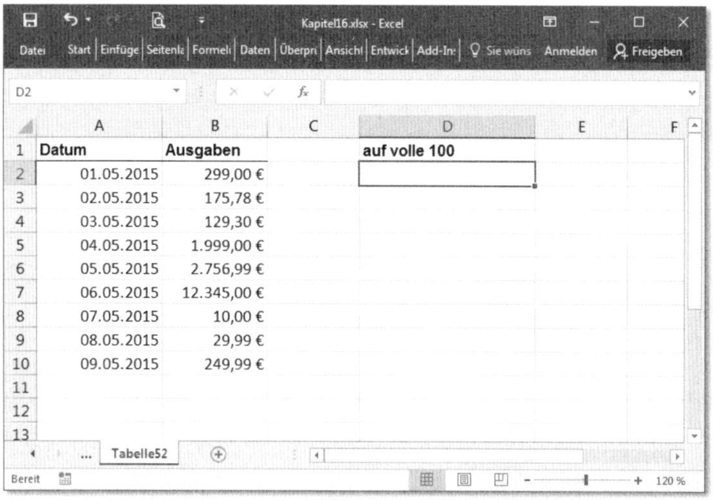

	A	B	C	D
1	Datum	Ausgaben		auf volle 100
2	01.05.2015	299,00 €		
3	02.05.2015	175,78 €		
4	03.05.2015	129,30 €		
5	04.05.2015	1.999,00 €		
6	05.05.2015	2.756,99 €		
7	06.05.2015	12.345,00 €		
8	07.05.2015	10,00 €		
9	08.05.2015	29,99 €		
10	09.05.2015	249,99 €		

Abbildung 15.98 Diese Kosten sollen auf Hunderterbasis gerundet werden.

Um diese Aufgabe zu lösen, können Sie wie folgt verfahren:

1. Markieren Sie den Zellenbereich D2:D10.
2. Erfassen Sie die Formel **=RUNDEN(B2;-2)**.
3. Schließen Sie die Eingabe über die Tastenkombination [Strg] + [↵] ab.

In Abbildung 15.99 sehen Sie das Ergebnis.

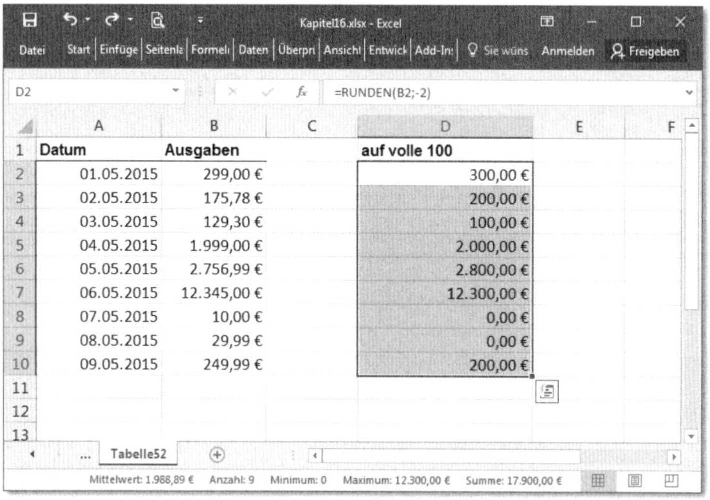

	A	B	C	D
1	Datum	Ausgaben		auf volle 100
2	01.05.2015	299,00 €		300,00 €
3	02.05.2015	175,78 €		200,00 €
4	03.05.2015	129,30 €		100,00 €
5	04.05.2015	1.999,00 €		2.000,00 €
6	05.05.2015	2.756,99 €		2.800,00 €
7	06.05.2015	12.345,00 €		12.300,00 €
8	07.05.2015	10,00 €		0,00 €
9	08.05.2015	29,99 €		0,00 €
10	09.05.2015	249,99 €		200,00 €

Abbildung 15.99 Die Rundung erfolgte auf volle Hunderter.

Hinweis

Das zweite Argument der Tabellenfunktion RUNDEN ist wie folgt zu verstehen:

- 0: Rundet auf ganze Zahlen.
- –1: Rundet auf Zehnerbasis.
- –2: Rundet auf Hunderterbasis.
- –3: Rundet auf Tausenderbasis.

Anhang A

Alle Tastenkombinationen

↵	Schließt die Eingabe ↵ in einer Zelle ab.
Esc	Bricht die Eingabe ↵ ab.
F4	Wiederholt die letzte Aktion.
Alt + ↵	Beginnt eine neue Zeile in derselben Zelle.
Strg + Alt + ⇆	Fügt einen Tabstopp in eine Zelle ein.
←	Löscht das Zeichen links von der Einfügemarke oder löscht die Markierung.
Entf	Löscht das Zeichen rechts der Einfügemarke oder löscht die Markierung.
Strg + Entf	Löscht den Text bis zum Ende der Zelle.
Pos1	Geht an den Anfang der Zelle.
⇧ + F2	Bearbeitet eine Zellnotiz.
Strg + ⇧ + F3	Erstellt Namen aus dem Text in der Zelle.
Strg + U	Füllt nach unten aus.
Strg + R	Füllt nach rechts aus.
Strg + ↵	Füllt den markierten Zellenbereich mit dem aktuellen Eintrag aus.
↵	Schließt die Zelleingabe ab und bewegt sich in der Markierung nach unten.
⇧ + ↵	Schließt die Zelleingabe ab und bewegt sich in der Markierung nach oben.
⇆	Schließt die Zelleingabe ab und bewegt sich in der Markierung nach rechts.
⇧ + ⇆	Schließt die Zelleingabe ab und bewegt sich in der Markierung nach links.

A.1 Formatieren von Daten

Alt + ' (Apostroph)	Führt den Befehl FORMATVORLAGE (Menü FORMAT) aus.
Strg + 1	Führt den Befehl ZELLEN (Menü FORMAT) aus.
Strg + &	Weist das Standardzahlenformat zu.
Strg + $	Weist das Währungsformat mit zwei Dezimalstellen zu (negative Zahlen werden in Klammern dargestellt).
Strg + %	Weist das Prozentformat ohne Dezimalstellen zu.
Strg + "	Weist das Format für Exponentialzahlen mit zwei Dezimalstellen zu.
Strg + ⇧ + !	Weist das Format mit zwei Dezimalstellen und Tausendertrennzeichen zu.
Strg + _ (Unterstrich)	Weist einen Gesamtrahmen zu.
Strg + Alt + _ (Unterstrich)	Entfernt alle Gesamtrahmen.
Strg + ⇧ + F	Weist die Formatierung FETT zu oder entfernt sie.
Strg + ⇧ + K	Weist die Formatierung KURSIV zu oder entfernt sie.
Strg + ⇧ + U	Weist die Formatierung UNTERSTRICHEN zu oder entfernt sie.
Strg + 5	Weist die Formatierung DURCHGESTRICHEN zu oder entfernt sie.
Strg + 9	Blendet Zeilen aus.
Strg + (	Blendet Zeilen ein.
Strg + 8	Blendet Spalten aus.
Strg +)	Blendet Spalten ein.

A.2 Bearbeiten und Verschieben von Daten

A.2.1 Markieren in Tabellenblättern und Arbeitsmappen

⇧ + Pfeiltaste	Erweitert die Markierung um eine Zelle in Pfeilrichtung.
Strg + ⇧ + Pfeiltaste	Erweitert die Markierung in Pfeilrichtung bis an den Rand des aktuellen Datenbereichs.
⇧ + Pos1	Erweitert die Markierung bis zum Anfang der Zeile.
Strg + ⇧ + Pos1	Erweitert die Markierung bis zum Anfang des Tabellenblattes.
Strg + ⇧ + Ende	Erweitert die Markierung bis zur letzten Zelle des Tabellenblattes (rechte untere Ecke).
Strg + Leertaste	Markiert die gesamte Spalte.
⇧ + Leertaste	Markiert die gesamte Zeile.
Strg + A	Markiert das gesamte Tabellenblatt.
⇧ + ←	Reduziert die Markierung auf die aktive Zelle.
⇧ + Bild↓	Erweitert die Markierung um eine Bildschirmseite nach unten.
⇧ + Bild↑	Erweitert die Markierung um eine Bildschirmseite nach oben.
Strg + * (Stern)	Markiert den aktuellen Datenbereich.
Strg + ⇧ + Leertaste	Markiert alle Objekte auf einem Blatt, falls ein Objekt markiert ist.
Strg + 6	Wechselt zwischen dem Ein- und Ausblenden von Objekten und dem Anzeigen von Platzhaltern für Objekte.
Strg + 0 (null)	Blendet die Standardsymbolleiste ein oder aus.
Ende	Schaltet den Ende-Modus ein oder aus.
Ende, ⇧ + Pfeiltaste	Erweitert die Markierung in Pfeilrichtung bis zum Ende des Datenbereichs.

Ende, ⇧ + Pos1	Erweitert die Markierung bis zur letzten Zelle im Tabellenblatt (untere rechte Ecke).
Ende, ⇧ + ↵	Erweitert die Markierung bis zur letzten Zelle in der aktuellen Zeile (steht nicht zur Verfügung, wenn das Kontrollkästchen ALTERNATIVE BEWEGUNGSTASTEN aktiviert wurde).
↑ oder ↓	Führt den Bildlauf um eine Zeile nach oben oder unten durch.
← oder →	Führt den Bildlauf um eine Spalte nach links oder rechts durch.
⇧ + Pos1	Erweitert die Markierung bis zur obersten linken Zelle im Fenster.
⇧ + Ende	Erweitert die Markierung bis zur untersten rechten Zelle im Fenster.
Rollen	Schaltet den Bildlauf-Feststellmodus ein oder aus.

Wenn Sie die Tasten für den Bildlauf (wie Bild↑ und Bild↓) bei ausgeschaltetem Bildlauf-Feststellmodus verwenden, wird die Markierung über den Bereich des Bildlaufs erweitert. Soll die Markierung beibehalten werden, müssen Sie zunächst den Bildlauf-Feststellmodus einschalten.

A.3 Markieren von Zellen mit besonderen Merkmalen

Strg + ⇧ + N	Markiert alle Zellen mit Notizen.
Strg + /	Markiert die gesamte Matrix, zu der die aktive Zelle gehört.
Strg + \	Markiert die Zellen, deren Inhalt von dem der Vergleichszelle in jeder Zeile verschieden ist (die Vergleichszelle befindet sich in jeder Zeile in der gleichen Spalte wie die aktive Zelle).
Strg + ⇧ + Ö	Markiert Zellen, deren Inhalt sich von dem der Vergleichszelle in jeder Spalte unterscheidet (die Vergleichszelle befindet sich in jeder Spalte in der gleichen Zeile wie die aktive Zelle).

[Strg] + [Ü]	Markiert nur die Zellen, auf die sich Formeln in der Markierung direkt beziehen.
[Strg] + [⇧] + [Ü]	Markiert alle Zellen, auf die sich Formeln in der Markierung direkt oder indirekt beziehen.
[Strg] + [Ä]	Markiert nur die Zellen mit Formeln, die sich direkt auf die aktive Zelle beziehen.
[Strg] + [⇧] + [Ä]	Markiert alle Zellen mit Formeln, die sich direkt oder indirekt auf die aktive Zelle beziehen.
[Alt] + [Ö]	Markiert nur sichtbare Zellen in der aktuellen Markierung.

A.4 Markieren von Diagrammelementen

Einige Elemente, wie zum Beispiel Datenreihen und Datenbeschriftungen, sind in Gruppen zusammengefasst. Markieren Sie zuerst die gesamte Gruppe und anschließend das einzelne Element der Gruppe.

[↓]	Markiert die vorherige Gruppe von Elementen.
[↑]	Markiert die nächste Gruppe von Elementen.
[→]	Markiert das nächste Element in der Gruppe.
[←]	Markiert das vorherige Element in der Gruppe.

A.5 Bewegen innerhalb einer Markierung

[↵]	Bewegt sich in der Markierung von oben nach unten oder eine Zelle nach rechts, wenn nur eine Zeile markiert ist.
[⇧] + [↵]	Bewegt sich in der Markierung von unten nach oben oder eine Zelle nach links, wenn nur eine Zeile markiert ist.
[⇆]	Bewegt sich in der Markierung von links nach rechts. Ist die letzte Zelle markiert, springt der Zellzeiger auf die erste Zelle.

⇧ + ⇆	Bewegt sich in der Markierung von rechts nach links. Ist die erste Zelle markiert, springt der Zellzeiger auf die erste Zelle.
Strg + ' (Apostroph)	Bewegt sich im Uhrzeigersinn zur nächsten Ecke der Markierung.
Strg + Alt + →	Bewegt sich nach rechts zwischen nicht angrenzenden Markierungen.
Strg + Alt + ←	Bewegt sich nach links zwischen nicht angrenzenden Markierungen.

A.6 Einfügen, Löschen und Kopieren einer Markierung

Strg + C	Kopiert die Markierung.
Strg + V	Fügt die Markierung ein.
Strg + X	Schneidet die Markierung aus.
Entf	Löscht in der Markierung Formeln und Daten.
Strg + ⇧ + +	Fügt leere Zellen ein.
Strg + -	Löscht die Markierung.
Strg + Z	Macht die letzte Aktion rückgängig.

A.7 Bewegen in Tabellenblättern und Arbeitsmappen

Pfeiltaste	Bewegt sich um eine Zelle in Pfeilrichtung.
Strg + Pfeiltaste	Bewegt sich an den Rand des aktuellen Datenbereichs in Pfeilrichtung.
⇆	Bewegt sich zwischen nicht gesperrten Zellen in einem geschützten Tabellenblatt.
Pos1	Geht zum Anfang der Zeile.
Strg + Pos1	Geht zum Anfang des Tabellenblatts.
Strg + Ende	Geht zur letzten Zelle im Tabellenblatt (in der unteren linken Ecke).

Bild ↓	Bewegt sich eine Bildschirmseite nach unten.
Bild ↑	Bewegt sich eine Bildschirmseite nach oben.
Alt + Bild ↓	Bewegt sich eine Bildschirmseite nach rechts.
Alt + Bild ↑	Bewegt sich eine Bildschirmseite nach links.
Strg + Bild ↓	Wechselt zum nächsten Blatt in der Arbeitsmappe.
Strg + Bild ↑	Wechselt zum vorherigen Blatt in der Arbeitsmappe.
Strg + F6	Wechselt zur nächsten Arbeitsmappe.
Strg + ⇧ + F6	Wechselt zur vorherigen Arbeitsmappe.
F6	Wechselt zum nächsten Ausschnitt.
⇧ + F6	Wechselt zum vorherigen Ausschnitt.
Ende	Schaltet den Ende-Modus ein oder aus.
Ende, Pfeiltaste	Bewegt sich in einer Spalte oder Zeile in Pfeilrichtung zum Ende des Blocks.
Ende, Pos1	Bewegt sich zur letzten Zelle im Tabellenblatt (in der unteren rechten Ecke).
Ende, ↵	Bewegt sich zur letzten Zelle der aktuellen Zeile (steht nicht zur Verfügung, wenn das Kontrollkästchen ALTERNATIVE BEWEGUNGSTASTEN aktiviert ist).
Pos1	Wechselt zur Zelle in der oberen linken Ecke des Fensters.
Ende	Wechselt zur Zelle in der oberen rechten Ecke des Fensters.
Rollen	Schaltet den Bildlauf-Feststellmodus ein oder aus.

Wenn Sie die Tasten für den Bildlauf (wie Bild ↑ und Bild ↓) bei ausgeschaltetem Bildlauf-Feststellmodus verwenden, wird die Markierung über den Bereich des Bildlaufs erweitert. Soll die Markierung beibehalten werden, müssen Sie zunächst den Bildlauf-Feststellmodus einschalten.

A.8 Blättern in einem Arbeitsmappenfenster

Bild↑ oder Bild↓	Bewegt sich um eine Bildschirmseite nach oben oder unten.
Alt + Bild↓	Bewegt sich um eine Bildschirmseite nach rechts.
Alt + Bild↑	Bewegt sich um eine Bildschirmseite nach links.
Strg + Bild↑	Geht zum vorherigen Blatt in der Arbeitsmappe.
Strg + Bild↓	Geht zum nächsten Blatt in der Arbeitsmappe.
Strg + F6 oder Strg + ⇆	Zeigt das nächste Fenster an.
Strg + ⇧ + F6 oder Strg + ⇧ + ⇆	Zeigt das vorherige Fenster an.
Strg + ←	Zeigt die aktive Zelle an.
Rollen	Schaltet den Bildlauf-Feststellmodus ein oder aus.
↑ oder ↓ (bei eingeschaltetem Bildlauf-Feststellmodus)	Führt den Bildlauf um eine Zeile nach oben oder unten durch.
← oder → (bei eingeschaltetem Bildlauf-Feststellmodus).	Führt den Bildlauf um eine Spalte nach links oder rechts durch.

Anhang B
Alphabetische Übersicht der Excel-Funktionen

Kategorie	Deutsch	Englisch	ab Version	Syntax Deutsch
Cube	CUBEELEMENT	CUBEMEMBER	2007	=CUBEELEMENT(Verbindung;Element_Ausdruck;Beschriftung)
Cube	CUBEELEMENT-EIGENSCHAFT	CUBEMEMBER-PROPERTY	2007	=CUBEELEMENTEIGENSCHAFT(Verbindung;Element_Ausdruck;Eigenschaft)
Cube	CUBEKPIELEMENT	CUBEKPIMEMBER	2007	=CUBEKPIELEMENT(Verbindung;KPI_Name;KPI_Eigenschaft;Beschriftung)
Cube	CUBEMENGE	CUBESET	2007	=CUBEMENGE(Verbindung;Menge_Ausdruck;Beschriftung;Sortier_reihenfolge;Sortieren_nach)
Cube	CUBEMENGEN-ANZAHL	CUBESETCOUNT	2007	=CUBEMENGENANZAHL(Menge)
Cube	CUBERANGELE-MENT	CUBERANKED-MEMBER	2007	=CUBERANGELEMENT(Verbindung;Menge_Ausdruck;Rang;Beschriftung)
Cube	CUBEWERT	CUBEVALUE	2007	=CUBEWERT(Verbindung;Element_Ausdruck1;...)

Kategorie	Deutsch	Englisch	ab Version	Syntax Deutsch
Datenbank	DBANZAHL	DCOUNT	2003	=DBANZAHL(Datenbank;Datenbankfeld;Suchkriterien)
Datenbank	DBANZAHL2	DCOUNTA	2003	=DBANZAHL2(Datenbank;Datenbankfeld;Suchkriterien)
Datenbank	DBAUSZUG	DGET	2003	=DBAUSZUG(Datenbank;Datenbankfeld;Suchkriterien)
Datenbank	DBMAX	DMAX	2003	=DBMAX(Datenbank;Datenbankfeld;Suchkriterien)
Datenbank	DBMIN	DMIN	2003	=DBMIN(Datenbank;Datenbankfeld;Suchkriterien)
Datenbank	DBMITTELWERT	DAVERAGE	2003	=DBMITTELWERT(Datenbank;Datenbankfeld;Suchkriterien)
Datenbank	DBPRODUKT	DPRODUCT	2003	=DBPRODUKT(Datenbank;Datenbankfeld;Suchkriterien)
Datenbank	DBSTDABW	DSTDEV	2003	=DBSTDABW(Datenbank;Datenbankfeld;Suchkriterien)

Kategorie	Deutsch	Englisch	ab Version	Syntax Deutsch
Datenbank	DBSTDABWN	DSTDEVP	2003	=DBSTDABWN(Datenbank;Datenbank-feld;Suchkriterien)
Datenbank	DBSUMME	DSUM	2003	=DBSUMME(Datenbank;Datenbank-feld;Suchkriterien)
Datenbank	DBVARIANZ	DVAR	2003	=DBVARIANZ(Datenbank;Datenbank-feld;Suchkriterien)
Datenbank	DBVARIANZEN	DVARP	2003	=DBVARIANZEN(Datenbank;Datenbank-feld;Suchkriterien)
Datum & Uhrzeit	ARBEITSTAG	WORKDAY	2007	=ARBEITSTAG(Ausgangsdatum; Tage;Freie_Tage)
Datum & Uhrzeit	ARBEITSTAG.INTL	WORKDAY.INTL	2010	=ARBEITSTAG.INTL(Ausgangsdatum; Tage;Wochenende;Freie_Tage)
Datum & Uhrzeit	BRTEILJAHRE	YEARFRAC	2007	=BRTEILJAHRE(Ausgangsdatum; Enddatum;Basis)
Datum & Uhrzeit	DATEDIF	DATEDIF	2000	=DATEDIF(Ausgangsdatum;Enddatum; Einheit)

Kategorie	Deutsch	Englisch	ab Version	Syntax Deutsch
Datum & Uhrzeit	DATUM	DATE	2003	=DATUM(Jahr;Monat;Tag)
Datum & Uhrzeit	DATWERT	DATEVALUE	2003	=DATWERT(Datumstext)
Datum & Uhrzeit	EDATUM	EDATE	2007	=EDATUM(Ausgangsdatum;Monate)
Datum & Uhrzeit	HEUTE	TODAY	2003	=HEUTE()
Datum & Uhrzeit	ISOKALENDER-WOCHE	ISOWEEKNUM	2013	=ISOKALENDERWOCHE(Datum)
Datum & Uhrzeit	JAHR	YEAR	2003	=JAHR(Zahl)
Datum & Uhrzeit	JETZT	NOW	2003	=JETZT()
Datum & Uhrzeit	KALENDERWOCHE	WEEKNUM	2007	=KALENDERWOCHE(Fortlaufende_Zahl; Zahl_Typ)
Datum & Uhrzeit	MINUTE	MINUTE	2003	=MINUTE(Zahl)
Datum & Uhrzeit	MONAT	MONTH	2003	=MONAT(Zahl)
Datum & Uhrzeit	MONATSENDE	EOMONTH	2007	=MONATSENDE(Ausgangsdatum; Monate)

Kategorie	Deutsch	Englisch	ab Version	Syntax Deutsch
Datum & Uhrzeit	NETTOARBEITS-TAGE	NETWORKDAYS	2007	=NETTOARBEITSTAGE(Ausgangsdatum;Enddatum;Freie_Tage)
Datum & Uhrzeit	NETTOARBEITS-TAGE.INTL	NETWORK-DAYS.INTL	2010	=NETTOARBEITSTAGE.INTL(Ausgangs-datum;Enddatum;Wochenende;Freie_Tage)
Datum & Uhrzeit	SEKUNDE	SECOND	2003	=SEKUNDE(Zahl)
Datum & Uhrzeit	STUNDE	HOUR	2003	=STUNDE(Zahl)
Datum & Uhrzeit	TAG	DAY	2003	=TAG(Zahl)
Datum & Uhrzeit	TAGE	DAYS	2013	=TAGE(Zieldatum;Ausgangsdatum)
Datum & Uhrzeit	TAGE360	DAYS360	2003	=TAGE360(Ausgangsdatum;Enddatum;Methode)
Datum & Uhrzeit	WOCHENTAG	WEEKDAY	2003	=WOCHENTAG(Zahl;Typ)
Datum & Uhrzeit	ZEIT	TIME	2003	=ZEIT(Stunde;Minute;Sekunde)
Datum & Uhrzeit	ZEITWERT	TIMEVALUE	2003	=ZEITWERT(Zeit)

Kategorie	Deutsch	Englisch	ab Version	Syntax Deutsch
Finanzmathematik	AMORDEGRK	AMORDEGRC	2007	=AMORDEGRK(Ansch_Wert;Kaufdatum;Erster_Zinstermin;Restwert;Termin;Satz;Basis)
Finanzmathematik	AMORLINEARK	AMORLINC	2007	=AMORLINEARK(Ansch_Wert;Kaufdatum;Erster_Zinstermin;Restwert;Termin;Satz;Basis)
Finanzmathematik	AUFGELZINS	ACCRINT	2007	=AUFGELZINS(Emission;Erster_Zinstermin;Abrechnung;Satz;Nennwert;Häufigkeit;Basis;Berechnungsmethode)
Finanzmathematik	AUFGELZINSF	ACCRINTM	2007	=AUFGELZINSF(Emission;Abrechnung;Nominalzins;Nennwert;Basis)
Finanzmathematik	AUSZAHLUNG	RECEIVED	2007	=AUSZAHLUNG(Abrechnung;Fälligkeit;Anlage;Disagio;Basis)
Finanzmathematik	BW	PV	2003	=BW(Zins;Zzr;Rmz;Zw;F)
Finanzmathematik	DIA	SYD	2003	=DIA(Ansch_Wert;Restwert;Nutzungsdauer;Zr)

Kategorie	Deutsch	Englisch	ab Version	Syntax Deutsch
Finanzmathematik	DISAGIO	DISC	2007	=DISAGIO(Abrechnung;Fälligkeit;Kurs;Rückzahlung;Basis)
Finanzmathematik	DURATION	DURATION	2007	=DURATION(Abrechnung;Fälligkeit;Nominalzins;Rendite;Häufigkeit;Basis)
Finanzmathematik	EFFEKTIV	EFFECT	2007	=EFFEKTIV(Nominalzins;Perioden)
Finanzmathematik	GDA	DDB	2003	=GDA(Ansch_Wert;Restwert;Nutzungsdauer;Periode;Faktor)
Finanzmathematik	GDA2	DB	2003	=GDA2(Ansch_Wert;Restwert;Nutzungsdauer;Periode;Monate)
Finanzmathematik	IKV	IRR	2003	=IKV(Werte;Schätzwert)
Finanzmathematik	ISPMT	ISPMT	2003	=ISPMT(rate;per;nper;pv)
Finanzmathematik	KAPZ	PPMT	2003	=KAPZ(Zins;Zr;Zzr;Bw;Zw;F)
Finanzmathematik	KUMKAPITAL	CUMPRINC	2007	=KUMKAPITAL(Zins;Zzr;Bw;Zeitraum_Anfang;Zeitraum_Ende;F)

Kategorie	Deutsch	Englisch	ab Version	Syntax Deutsch
Finanzmathematik	KUMZINSZ	CUMIPMT	2007	=KUMZINSZ(Zins;Zzr;Bw;Zeitraum_Anfang;Zeitraum_Ende;F)
Finanzmathematik	KURS	PRICE	2007	=KURS(Abrechnung;Fälligkeit;Zins;Rendite;Rückzahlung;Häufigkeit;Basis)
Finanzmathematik	KURSDISAGIO	PRICEDISC	2007	=KURSDISAGIO(Abrechnung;Fälligkeit;Disagio;Rückzahlung;Basis)
Finanzmathematik	KURSFÄLLIG	PRICEMAT	2007	=KURSFÄLLIG(J207;Fälligkeit;Emission;Zins;Rendite;Basis)
Finanzmathematik	LIA	SLN	2003	=LIA(Ansch_Wert;Restwert;Nutzungsdauer)
Finanzmathematik	MDURATION	MDURATION	2007	=MDURATION(Abrechnung;Fälligkeit;Coupon;Rendite;Häufigkeit;Basis)
Finanzmathematik	NBW	NPV	2003	=NBW(Zins;Wert1;Wert2;...)
Finanzmathematik	NOMINAL	NOMINAL	2007	=NOMINAL(Effektiver_Zins;Perioden)
Finanzmathematik	NOTIERUNGBRU	DOLLARFR	2007	=NOTIERUNGBRU(Zahl;Teiler)

Kategorie	Deutsch	Englisch	ab Version	Syntax Deutsch
Finanzmathematik	NOTIERUNGDEZ	DOLLARDE	2007	=NOTIERUNGDEZ(Zahl;Teiler)
Finanzmathematik	PDURATION	PDURATION	2013	=PDURATION(Zins;Bw;Zw)
Finanzmathematik	QIKV	MIRR	2003	=QIKV(Werte;Investition;Reinvestition)
Finanzmathematik	RENDITE	YIELD	2007	=RENDITE(Abrechnung;Fälligkeit; Zins;Kurs;Rückzahlung;Häufigkeit;Basis)
Finanzmathematik	RENDITEDIS	YIELDDISC	2007	=RENDITEDIS(Abrechnung;Fälligkeit; Kurs;Rückzahlung;Basis)
Finanzmathematik	RENDITEFÄLL	YIELDMAT	2007	=RENDITEFÄLL(Abrechnung;Fälligkeit; Emission;Zins;Kurs;Basis)
Finanzmathematik	RMZ	PMT	2003	=RMZ(Zins;Zzr;Bw;Zw;F)
Finanzmathematik	TBILLÄQUIV	TBILLEQ	2007	=TBILLÄQUIV(Abrechnung;Fälligkeit; Abzinsungssatz)
Finanzmathematik	TBILLKURS	TBILLPRICE	2007	=TBILLKURS(Abrechnung;Fälligkeit; Abzinsungssatz)

Kategorie	Deutsch	Englisch	ab Version	Syntax Deutsch
Finanzmathematik	TBILLRENDITE	TBILLYIELD	2007	=TBILLRENDITE(Abrechnung;Fälligkeit;pr)
Finanzmathematik	UNREGER.KURS	ODDFPRICE	2007	=UNREGER.KURS(Abrechnung;Fälligkeit;Emission;Erster_Zinstermin;Zins;Rendite;Rückzahlung;Häufigkeit;Basis)
Finanzmathematik	UNREGER.REND	ODDFYIELD	2007	=UNREGER.REND(Abrechnung;Fälligkeit;Emission;Erster_Zinstermin;Zins;Kurs;Rückzahlung;Häufigkeit;Basis)
Finanzmathematik	UNREGLE.KURS	ODDLPRICE	2007	=UNREGLE.KURS(Abrechnung;Fälligkeit;Letzter_Zinstermin;Zins;Rendite;Rückzahlung;Häufigkeit;Basis)
Finanzmathematik	UNREGLE.REND	ODDLYIELD	2007	=UNREGLE.REND(Abrechnung;Fälligkeit;Letzter_Zinstermin;Zins;Kurs;Rückzahlung;Häufigkeit;Basis)
Finanzmathematik	VDB	VDB	2003	=VDB(Ansch_Wert;Restwert;Nutzungsdauer;Anfang;Ende;Faktor;Nicht_wechseln)

Kategorie	Deutsch	Englisch	ab Version	Syntax Deutsch
Finanzmathematik	XINTZINSFUSS	XIRR	2007	=XINTZINSFUSS(Werte;Zeitpkte;Schätzwert)
Finanzmathematik	XKAPITALWERT	XNPV	2007	=XKAPITALWERT(Zins;Werte;Zeitpkte)
Finanzmathematik	ZINS	RATE	2003	=ZINS(Zzr;Rmz;Bw;Zw;F;Schätzwert)
Finanzmathematik	ZINSSATZ	INTRATE	2007	=ZINSSATZ(Abrechnung;Fälligkeit;Anlage;Rückzahlung;Basis)
Finanzmathematik	ZINSTERMNZ	COUPNCD	2007	=ZINSTERMNZ(Abrechnung;Fälligkeit;Häufigkeit;Basis)
Finanzmathematik	ZINSTERMTAGE	COUPDAYS	2007	=ZINSTERMTAGE(Abrechnung;Fälligkeit;Häufigkeit;Basis)
Finanzmathematik	ZINSTERMTAGNZ	COUPDAYSNC	2007	=ZINSTERMTAGNZ(Abrechnung;Fälligkeit;Häufigkeit;Basis)
Finanzmathematik	ZINSTERMTAGVA	COUPDAYBS	2007	=ZINSTERMTAGVA(Abrechnung;Fälligkeit;Häufigkeit;Basis)
Finanzmathematik	ZINSTERMVZ	COUPPCD	2007	=ZINSTERMVZ(Abrechnung;Fälligkeit;Häufigkeit;Basis)

Kategorie	Deutsch	Englisch	ab Version	Syntax Deutsch
Finanzmathematik	ZINSTERMZAHL	COUPNUM	2007	=ZINSTERMZAHL(Abrechnung;Fälligkeit;Häufigkeit;Basis)
Finanzmathematik	ZINSZ	IPMT	2003	=ZINSZ(Zins;Zr;Zzr;Bw;Zw;F)
Finanzmathematik	ZSATZINVEST	RRI	2013	=ZSATZINVEST(Zzr;Bw;Zw)
Finanzmathematik	ZW	FV	2003	=ZW(Zins;Zzr;Rmz;Bw;F)
Finanzmathematik	ZW2	FVSCHEDULE	2007	=ZW2(Kapital;Zinsen)
Finanzmathematik	ZZR	NPER	2003	=ZZR(Zins;Rmz;Bw;Zw;F)
Information	BLATT	SHEET	2013	=BLATT(Wert)
Information	BLÄTTER	SHEETS	2013	=BLÄTTER(Bezug)
Information	FEHLER.TYP	ERROR.TYPE	2003	=FEHLER.TYP(Fehlerwert)
Information	INFO	INFO	2003	=INFO(Typ)
Information	ISTBEZUG	ISREF	2003	=ISTBEZUG(Wert)
Information	ISTFEHL	ISERR	2003	=ISTFEHL(Wert)

Kategorie	Deutsch	Englisch	ab Version	Syntax Deutsch
Information	ISTFEHLER	ISERROR	2003	=ISTFEHLER(Wert)
Information	ISTFORMEL	ISFORMULA	2013	=ISTFORMEL(Bezug)
Information	ISTGERADE	ISEVEN	2007	=ISTGERADE(Zahl)
Information	ISTKTEXT	ISNONTEXT	2003	=ISTKTEXT(Wert)
Information	ISTLEER	ISBLANK	2003	=ISTLEER(Wert)
Information	ISTLOG	ISLOGICAL	2003	=ISTLOG(Wert)
Information	ISTNV	ISNA	2003	=ISTNV(Wert)
Information	ISTTEXT	ISTEXT	2003	=ISTTEXT(Wert)
Information	ISTUNGERADE	ISODD	2007	=ISTUNGERADE(Zahl)
Information	ISTZAHL	ISNUMBER	2003	=ISTZAHL(Wert)
Information	N	N	2003	=N(Wert)
Information	NV	NA	2003	=NV()
Information	TYP	TYPE	2003	=TYP(Wert)

Kategorie	Deutsch	Englisch	ab Version	Syntax Deutsch
Information	ZELLE	CELL	2003	=ZELLE(Infotyp;Bezug)
Kompatibilität	BETAINV	BETAINV	2003	=BETAINV(Wahrsch;Alpha;Beta;A;B)
Kompatibilität	BETAVERT	BETADIST	2003	=BETAVERT(x;Alpha;Beta;A;B)
Kompatibilität	BINOMVERT	BINOMDIST	2003	=BINOMVERT(Zahl_Erfolge;Versuche; Erfolgswahrsch;Kumuliert)
Kompatibilität	CHIINV	CHIINV	2003	=CHIINV(Wahrsch;Freiheitsgrade)
Kompatibilität	CHITEST	CHITEST	2003	=CHITEST(Beob_Meßwerte;Erwart_Werte)
Kompatibilität	CHIVERT	CHIDIST	2003	=CHIVERT(x;Freiheitsgrade)
Kompatibilität	EXPONVERT	EXPONDIST	2003	=EXPONVERT(x;Lambda;Kumuliert)
Kompatibilität	FINV	FINV	2003	=FINV(Wahrsch;Freiheitsgrade1; Freiheitsgrade2)
Kompatibilität	FTEST	FTEST	2003	=FTEST(Matrix1;Matrix2)
Kompatibilität	FVERT	FDIST	2003	=FVERT(x;Freiheitsgrade1;Freiheitsgrade2)

Kategorie	Deutsch	Englisch	ab Version	Syntax Deutsch
Kompatibilität	GAMMAINV	GAMMAINV	2003	=GAMMAINV(Wahrsch;Alpha;Beta)
Kompatibilität	GAMMAVERT	GAMMADIST	2003	=GAMMAVERT(x;Alpha;Beta;Kumuliert)
Kompatibilität	GTEST	ZTEST	2003	=GTEST(Matrix;x;Sigma)
Kompatibilität	HYPGEOMVERT	HYPGEOMDIST	2003	=HYPGEOMVERT(Erfolge_S;Umfang_S; Erfolge_G;Umfang_G)
Kompatibilität	KONFIDENZ	CONFIDENCE	2003	=KONFIDENZ(Alpha;Standabwn; Umfang_S)
Kompatibilität	KOVAR	COVAR	2003	=KOVAR(Matrix1;Matrix2)
Kompatibilität	KRITBINOM	CRITBINOM	2003	=KRITBINOM(Versuche;Erfolgswahrsch; Alpha)
Kompatibilität	LOGINV	LOGINV	2003	=LOGINV(Wahrsch;Mittelwert; Standabwn)
Kompatibilität	LOGNORMVERT	LOGNORMDIST	2003	=LOGNORMVERT(x;Mittelwert; Standabwn)
Kompatibilität	MODALWERT	MODE	2003	=MODALWERT(Zahl1;Zahl2;...)

Kategorie	Deutsch	Englisch	ab Version	Syntax Deutsch
Kompatibilität	NEGBINOMVERT	NEGBINOMDIST	2003	=NEGBINOMVERT(Zahl_Mißerfolge; Zahl_Erfolge;Erfolgswahrsch)
Kompatibilität	NORMINV	NORMINV	2003	=NORMINV(Wahrsch;Mittelwert; Standabwn)
Kompatibilität	NORMVERT	NORMDIST	2003	=NORM.VERT(x;Mittelwert;Standabwn; Kumuliert)
Kompatibilität	POISSON	POISSON	2003	=POISSON(x;Mittelwert;Kumuliert)
Kompatibilität	QUANTIL	PERCENTILE	2003	=QUANTIL(Matrix;Alpha)
Kompatibilität	QUANTILSRANG	PERCENTRANK	2003	=QUANTILSRANG(Matrix;x;Genauigkeit)
Kompatibilität	QUARTILE	QUARTILE	2003	=QUARTILE(Matrix;Quartile)
Kompatibilität	RANG	RANK	2003	=RANG(Zahl;Bezug;Reihenfolge)
Kompatibilität	STABW	STDEV	2003	=STABW(Zahl1;Zahl2;...)
Kompatibilität	STABWN	STDEVP	2003	=STABWN(Zahl1;Zahl2;...)
Kompatibilität	STANDNORMINV	NORMSINV	2003	=STANDNORMINV(Wahrsch)

Kategorie	Deutsch	Englisch	ab Version	Syntax Deutsch
Kompatibilität	TINV	TINV	2003	=TINV(Wahrsch;Freiheitsgrade)
Kompatibilität	TTEST	TTEST	2003	=TTEST(Matrix1;Matrix2;Seiten;Typ)
Kompatibilität	TVERT	TDIST	2003	=TVERT(x;Freiheitsgrade;Seiten)
Kompatibilität	VARIANZ	VAR	2003	=VARIANZ(Zahl1;Zahl2;...)
Kompatibilität	VARIANZEN	VARP	2007	=VARIANZEN(Zahl1;Zahl2;...)
Kompatibilität	WEIBULL	WEIBULL	2003	=WEIBULL(x;Alpha;Beta;Kumuliert)
Konstruktion / Technisch	BESSELI	BESSELI	2007	=BESSELI(x;n)
Konstruktion / Technisch	BESSELJ	BESSELJ	2007	=BESSELJ(x;n)
Konstruktion / Technisch	BESSELK	BESSELK	2007	=BESSELK(x;n)
Konstruktion / Technisch	BESSELY	BESSELY	2007	=BESSELY(x;n)

Kategorie	Deutsch	Englisch	ab Version	Syntax Deutsch
Konstruktion / Technisch	BININDEZ	BIN2DEC	2007	=BININDEZ(Zahl)
Konstruktion / Technisch	BININHEX	BIN2HEX	2007	=BININHEX(Zahl;Stellen)
Konstruktion / Technisch	BININOKT	BIN2OCT	2007	=BININOKT(Zahl;Stellen)
Konstruktion / Technisch	BITLVERSCHIEB	BITLSHIFT	2013	=BITLVERSCHIEB(L172;Verschiebe-betrag)
Konstruktion / Technisch	BITODER	BITOR	2013	=BITODER(Zahl1;Zahl2)
Konstruktion / Technisch	BITRVERSCHIEB	BITLSHIFT	2013	=BITLVERSCHIEB(Zahl;Verschiebebetrag)
Konstruktion / Technisch	BITUND	BITAND	2013	=BITUND(Zahl1;Zahl2)
Konstruktion / Technisch	BITXODER	BITXOR	2013	=BITXODER(Zahl1;Zahl2)

Kategorie	Deutsch	Englisch	ab Version	Syntax Deutsch
Konstruktion / Technisch	DELTA	DELTA	2007	=DELTA(Zahl1;Zahl2)
Konstruktion / Technisch	DEZINBIN	DEC2BIN	2007	=DEZINBIN(Zahl;Stellen)
Konstruktion / Technisch	DEZINHEX	DEC2HEX	2007	=DEZINHEX(Zahl;Stellen)
Konstruktion / Technisch	DEZINOKT	DEC2OCT	2007	=DEZINOKT(Zahl;Stellen)
Konstruktion / Technisch	GAUSSF.GENAU	ERF.PRECISE	2010	=GAUSSF.GENAU(X)
Konstruktion / Technisch	GAUSSFEHLER	ERF	2007	=GAUSSFEHLER(Untere_Grenze; Obere_Grenze)
Konstruktion / Technisch	GAUSSFKOMPL	ERFC	2007	=GAUSSFKOMPL(Untere_Grenze)
Konstruktion / Technisch	GAUS-SFKOMPL.GENAU	ERFC.PRECISE	2010	=GAUSSFKOMPL.GENAU(X)

Kategorie	Deutsch	Englisch	ab Version	Syntax Deutsch
Konstruktion / Technisch	GGANZZAHL	GESTEP	2007	=GANZZAHL(Zahl)
Konstruktion / Technisch	HEXINBIN	HEX2BIN	2007	=HEXINBIN(Zahl;Stellen)
Konstruktion / Technisch	HEXINDEZ	HEX2DEC	2007	=HEXINDEZ(Zahl)
Konstruktion / Technisch	HEXINOKT	HEX2OCT	2007	=HEXINOKT(Zahl;Stellen)
Konstruktion / Technisch	IMABS	IMABS	2007	=IMABS(Komplexe_Zahl)
Konstruktion / Technisch	IMAGINÄRTEIL	IMAGINARY	2007	=IMAGINÄRTEIL(Komplexe_Zahl)
Konstruktion / Technisch	IMAPOTENZ	IMPOWER	2007	=IMAPOTENZ(Komplexe_Zahl;Potenz)
Konstruktion / Technisch	IMARGUMENT	IMARGUMENT	2007	=IMARGUMENT(Komplexe_Zahl)

Kategorie	Deutsch	Englisch	ab Version	Syntax Deutsch
Konstruktion / Technisch	IMCOS	IMCOS	2007	=IMCOS(Komplexe_Zahl)
Konstruktion / Technisch	IMCOSEC	IMCSC	2013	=IMCOSEC(Zahl)
Konstruktion / Technisch	IMCOSECHYP	IMCSCH	2013	=IMCOSECHYP(Zahl)
Konstruktion / Technisch	IMCOSHYP	IMCOSH	2013	=IMCOSHYP(Zahl)
Konstruktion / Technisch	IMCOT	IMCOT	2013	=IMCOT(Zahl)
Konstruktion / Technisch	IMDIV	IMDIV	2007	=IMDIV(Komplexe_Zahl1;Komplexe_Zahl2)
Konstruktion / Technisch	IMEXP	IMEXP	2007	=IMEXP(Komplexe_Zahl)
Konstruktion / Technisch	IMKONJUGIERTE	IMCONJUGATE	2007	=IMKONJUGIERTE(Komplexe_Zahl)

Kategorie	Deutsch	Englisch	ab Version	Syntax Deutsch
Konstruktion / Technisch	IMLN	IMLN	2007	=IMLN(Komplexe_Zahl)
Konstruktion / Technisch	IMLOG10	IMLOG10	2007	=IMLOG10(Komplexe_Zahl)
Konstruktion / Technisch	IMLOG2	IMLOG2	2007	=IMLOG2(Komplexe_Zahl)
Konstruktion / Technisch	IMPRODUKT	IMPRODUCT	2007	=IMPRODUKT(Komplexe_Zahl1; Komplexe_Zahl2;...)
Konstruktion / Technisch	IMREALTEIL	IMREAL	2007	=IMREALTEIL(Komplexe_Zahl)
Konstruktion / Technisch	IMSEC	IMSEC	2013	=IMSEC(Zahl)
Konstruktion / Technisch	IMSECHYP	IMSECH	2013	=IMSECHYP(Zahl)
Konstruktion / Technisch	IMSIN	IMSIN	2007	=IMSIN(Komplexe_Zahl)

Kategorie	Deutsch	Englisch	ab Version	Syntax Deutsch
Konstruktion / Technisch	IMSINHYP	IMSINH	2013	=IMSINHYP(Zahl)
Konstruktion / Technisch	IMSUB	IMSUB	2007	=IMSUB(Komplexe_Zahl1;Komplexe_Zahl2)
Konstruktion / Technisch	IMSUMME	IMSUM	2007	=IMSUMME(Komplexe_Zahl1; Komplexe_Zahl2;...)
Konstruktion / Technisch	IMTAN	IMTAN	2013	=IMTAN(Zahl)
Konstruktion / Technisch	IMWURZEL	IMSQRT	2007	=IMWURZEL(Komplexe_Zahl)
Konstruktion / Technisch	KOMPLEXE	COMPLEX	2007	=KOMPLEXE(Realteil;Imaginärteil; Suffix)
Konstruktion / Technisch	OKTINBIN	OCT2BIN	2007	=OKTINBIN(Zahl;Stellen)
Konstruktion / Technisch	OKTINDEZ	OCT2DEC	2007	=OKTINDEZ(Zahl)

Kategorie	Deutsch	Englisch	ab Version	Syntax Deutsch
Konstruktion / Technisch	OKTINHEX	OCT2HEX	2007	=OKTINHEX(Zahl;Stellen)
Konstruktion / Technisch	UMWANDELN	CONVERT	2007	=UMWANDELN(Zahl;Von_Maßeinheit; In_Maßeinheit)
Logisch	FALSCH	FALSE	2003	=FALSCH()
Logisch	NICHT	NOT	2003	=NICHT(Wahrheitswert)
Logisch	ODER	OR	2003	=ODER(Wahrheitswert1;Wahrheitswert2;...)
Logisch	UND	AND	2003	=UND(Wahrheitswert1;[Wahrheitswert2];...)
Logisch	WAHR	TRUE	2003	=WAHR()
Logisch	WENN	IF	2003	=WENN(Prüfung;Dann_Wert;Sonst_Wert)
Logisch	WENNFEHLER	IFERROR	2007	=WENNFEHLER(Wert;Wert_falls_Fehler)
Logisch	WENNNV	IFNA	2010	=WENNNV(Wert;Wert_bei_NV)

Kategorie	Deutsch	Englisch	ab Version	Syntax Deutsch
Logisch	XODER	XOR	2010	=XODER(Wahrheitswert1;Wahrheitswert2;...)
Mathematik & Trigonometrie	ABRUNDEN	ROUNDDOWN	2003	=ABRUNDEN(Zahl;Anzahl_Stellen)
Mathematik & Trigonometrie	ABS	ABS	2003	=ABS(Zahl)
Mathematik & Trigonometrie	AGGREGAT	AGGREGATE	2010	=AGGREGAT(Funktion;Optionen;Array;k)
Mathematik & Trigonometrie	AGGREGAT	AGGREGATE	2010	=AGGREGAT(Funktion;Optionen;Bezug1;...)
Mathematik & Trigonometrie	ARABISCH	ARABIC	2013	=ARABISCH(Text)
Mathematik & Trigonometrie	ARCCOS	ACOS	2003	=ARCCOS(Zahl)
Mathematik & Trigonometrie	ARCCOSHYP	ACOSH	2003	=ARCCOSHYP(Zahl)

Kategorie	Deutsch	Englisch	ab Version	Syntax Deutsch
Mathematik & Trigonometrie	ARCCOT	ACOT	2013	=ARCCOT(Zahl)
Mathematik & Trigonometrie	ARCCOTHYP	ACOTH	2013	=ARCCOTHYP(Zahl)
Mathematik & Trigonometrie	ARCSIN	ASIN	2003	=ARCSIN(Zahl)
Mathematik & Trigonometrie	ARCSINHYP	ASINH	2003	=ARCSINHYP(Zahl)
Mathematik & Trigonometrie	ARCTAN	ATAN	2003	=ARCTAN(Zahl)
Mathematik & Trigonometrie	ARCTAN2	ATAN2	2003	=ARCTAN2(x_Koordinate;y_Koordinate)
Mathematik & Trigonometrie	ARCTANHYP	ATANH	2003	=ARCTANHYP(Zahl)
Mathematik & Trigonometrie	AUFRUNDEN	ROUNDUP	2003	=AUFRUNDEN(Zahl;Anzahl_Stellen)

Kategorie	Deutsch	Englisch	ab Version	Syntax Deutsch
Mathematik & Trigonometrie	BASIS	BASE	2013	=BASIS(Zahl;Basis;Mindestlänge)
Mathematik & Trigonometrie	BOGENMASS	RADIANS	2003	=BOGENMASS(Winkel)
Mathematik & Trigonometrie	COS	COS	2003	=COS(Zahl)
Mathematik & Trigonometrie	COSEC	CSC	2013	=COSEC(Zahl)
Mathematik & Trigonometrie	COSECHYP	CSCH	2013	=COSECHYP(Zahl)
Mathematik & Trigonometrie	COSHYP	COSH	2003	=COSHYP(Zahl)
Mathematik & Trigonometrie	COT	COT	2013	=COT(Zahl)
Mathematik & Trigonometrie	COTHYP	COTH	2013	=COTHYP(Zahl)

Kategorie	Deutsch	Englisch	ab Version	Syntax Deutsch
Mathematik & Trigonometrie	DEZIMAL	DECIMAL	2013	=DEZIMAL(Zahl;Basis)
Mathematik & Trigonometrie	EXP	EXP	2003	=EXP(Zahl)
Mathematik & Trigonometrie	FAKULTÄT	FACT	2003	=FAKULTÄT(Zahl)
Mathematik & Trigonometrie	GANZZAHL	INT	2003	=GANZZAHL(Zahl)
Mathematik & Trigonometrie	GERADE	EVEN	2003	=GERADE(Zahl)
Mathematik & Trigonometrie	GGT	GCD	2007	=GGT(Zahl1;Zahl2;...)
Mathematik & Trigonometrie	GRAD	DEGREES	2003	=GRAD(Winkel)
Mathematik & Trigonometrie	ISO.OBERGRENZE	ISO.CEILING	2013	=ISO.OBERGRENZE(Zahl;Schritt)

Kategorie	Deutsch	Englisch	ab Version	Syntax Deutsch
Mathematik & Trigonometrie	KGV	LCM	2007	=KGV(Zahl1;Zahl2;...)
Mathematik & Trigonometrie	KOMBINATIONEN	COMBIN	2003	=KOMBINATIONEN(n;k)
Mathematik & Trigonometrie	KOMBINATIONEN2	COMBINA	2013	=KOMBINATIONEN2(Zahl;gewählte_Zahl)
Mathematik & Trigonometrie	KÜRZEN	TRUNC	2003	=KÜRZEN(Zahl;Anzahl_Stellen)
Mathematik & Trigonometrie	LN	LN	2003	=LN(Zahl)
Mathematik & Trigonometrie	LOG	LOG	2003	=LOG(Zahl;Basis)
Mathematik & Trigonometrie	LOG10	LOG10	2003	=LOG10(Zahl)
Mathematik & Trigonometrie	MDET	MDETERM	2003	=MDET(Matrix)

Kategorie	Deutsch	Englisch	ab Version	Syntax Deutsch
Mathematik & Trigonometrie	MEINHEIT	MUNIT	2013	=MEINHEIT(Größe)
Mathematik & Trigonometrie	MINV	MINVERSE	2003	=MINV(Matrix)
Mathematik & Trigonometrie	MMULT	MMULT	2003	=MMULT(Array1;Array2)
Mathematik & Trigonometrie	OBERGRENZE	CEILING	2003	=OBERGRENZE(Zahl;Schritt)
Mathematik & Trigonometrie	OBER-GRENZE.GENAU	CEILING.PRECISE	2010	=OBERGRENZE.GENAU(Zahl;Schritt)
Mathematik & Trigonometrie	OBERGRENZE. MATHEMATIK	CEILING.MATH	2013	=OBERGRENZE.MATHEMATIK(Zahl; Schritt;Modus)
Mathematik & Trigonometrie	PI	PI	2003	=PI()
Mathematik & Trigonometrie	POLYNOMIAL	MULTINOMIAL	2007	=POLYNOMIAL(Zahl1;Zahl2;...)

Kategorie	Deutsch	Englisch	ab Version	Syntax Deutsch
Mathematik & Trigonometrie	POTENZ	POWER	2003	=POTENZ(Zahl;Potenz)
Mathematik & Trigonometrie	POTENZREIHE	SERIESSUM	2007	=POTENZREIHE(x;n;m;Koeffizienten)
Mathematik & Trigonometrie	PRODUKT	PRODUCT	2003	=PRODUKT(Zahl1;Zahl2;...)
Mathematik & Trigonometrie	QUADRATESUMME	SUMSQ	2003	=QUADRATESUMME(Zahl1;Zahl2;...)
Mathematik & Trigonometrie	QUOTIENT	QUOTIENT	2007	=QUOTIENT(Zähler;Nenner)
Mathematik & Trigonometrie	REST	MOD	2003	=REST(Zahl;Divisor)
Mathematik & Trigonometrie	RÖMISCH	ROMAN	2003	=RÖMISCH(Zahl;Typ)
Mathematik & Trigonometrie	RUNDEN	ROUND	2003	=RUNDEN(Zahl;Anzahl_Stellen)

Kategorie	Deutsch	Englisch	ab Version	Syntax Deutsch
Mathematik & Trigonometrie	SEC	SEC	2013	=SEC(Zahl)
Mathematik & Trigonometrie	SECHYP	SECH	2013	=SECHYP(Zahl)
Mathematik & Trigonometrie	SIN	SIN	2003	=SIN(Zahl)
Mathematik & Trigonometrie	SINHYP	SINH	2003	=SINHYP(Zahl)
Mathematik & Trigonometrie	SUMME	SUM	2003	=SUMME(Zahl1;Zahl2;...)
Mathematik & Trigonometrie	SUMMENPRODUKT	SUMPRODUCT	2003	=SUMMENPRODUKT(Array1;Array2; Array3;...)
Mathematik & Trigonometrie	SUMMEWENN	SUMIF	2003	=SUMMEWENN(Bereich;Suchkriterien; Summe_Bereich)
Mathematik & Trigonometrie	SUMMEWENNS	SUMIFS	2007	=SUMMEWENNS(Summe_Bereich; Kriterien_Bereich;Kriterien;...)

Kategorie	Deutsch	Englisch	ab Version	Syntax Deutsch
Mathematik & Trigonometrie	SUMMEX2MY2	SUMX2MY2	2003	=SUMMEX2MY2(Matrix_x;Matrix_y)
Mathematik & Trigonometrie	SUMMEX2PY2	SUMX2PY2	2003	=SUMMEX2PY2(Matrix_x;Matrix_y)
Mathematik & Trigonometrie	SUMMEXMY2	SUMXMY2	2003	=SUMMEXMY2(Matrix_x;Matrix_y)
Mathematik & Trigonometrie	TAN	TAN	2003	=TAN(Zahl)
Mathematik & Trigonometrie	TANHYP	TANH	2003	=TANHYP(Zahl)
Mathematik & Trigonometrie	TEILERGEBNIS	SUBTOTAL	2003	=TEILERGEBNIS(Funktion;Bezug1;...)
Mathematik & Trigonometrie	UNGERADE	ODD	2003	=UNGERADE(Zahl)
Mathematik & Trigonometrie	UNTERGRENZE	FLOOR	2003	=UNTERGRENZE(Zahl;Schritt)

Kategorie	Deutsch	Englisch	ab Version	Syntax Deutsch
Mathematik & Trigonometrie	UNTER-GRENZE.GENAU	FLOOR.PRECISE	2010	=UNTERGRENZE.GENAU(Zahl;Schritt)
Mathematik & Trigonometrie	UNTERGRENZE.MATHEMATIK	FLOOR.MATH	2013	=UNTERGRENZE.MATHEMATIK(Zahl;Schritt;Modus)
Mathematik & Trigonometrie	VORZEICHEN	SIGN	2003	=VORZEICHEN(Zahl)
Mathematik & Trigonometrie	VRUNDEN	MROUND	2007	=VRUNDEN(Zahl;Vielfaches)
Mathematik & Trigonometrie	WURZEL	SQRT	2003	=WURZEL(Zahl)
Mathematik & Trigonometrie	WURZELPI	SQRTPI	2007	=WURZELPI(Zahl)
Mathematik & Trigonometrie	ZUFALLSBEREICH	RANDBETWEEN	2007	=ZUFALLSBEREICH(Untere_Zahl;Obere_Zahl)
Mathematik & Trigonometrie	ZUFALLSZAHL	RAND	2003	=ZUFALLSZAHL()

Kategorie	Deutsch	Englisch	ab Version	Syntax Deutsch
Mathematik & Trigonometrie	ZWEIFAKULTÄT	FACTDOUBLE	2007	=ZWEIFAKULTÄT(Zahl)
Nachschlagen und Verweisen (Matrix)	ADRESSE	ADDRESS	2003	=ADRESSE(Zeile;Spalte;Abs;A1; Tabellenname)
Nachschlagen und Verweisen (Matrix)	BEREICH.VERSCHIE-BEN	OFFSET	2003	=BEREICH.VERSCHIEBEN(Bezug;Zeilen; Spalten;Höhe;Breite)
Nachschlagen und Verweisen (Matrix)	BEREICHE	AREAS	2003	=BEREICHE(Bezug)
Nachschlagen und Verweisen (Matrix)	FORMELTEXT	FORMULATEXT	2013	=FORMELTEXT(Bezug)
Nachschlagen und Verweisen (Matrix)	HYPERLINK	HYPERLINK	2003	=HYPERLINK(Hyperlink_Adresse; Freundlicher_Name)
Nachschlagen und Verweisen (Matrix)	INDEX	INDEX	2003	=INDEX(Matrix;Zeile;Spalte)
Nachschlagen und Verweisen (Matrix)	INDEX	INDEX	2003	=INDEX(Bezug;Zeile;Spalte;Bereich)

Kategorie	Deutsch	Englisch	ab Version	Syntax Deutsch
Nachschlagen und Verweisen (Matrix)	INDIREKT	INDIRECT	2003	=INDIREKT(Bezug;A1)
Nachschlagen und Verweisen (Matrix)	MTRANS	TRANSPOSE	2003	=MTRANS(Matrix)
Nachschlagen und Verweisen (Matrix)	PIVOTDATENZU-ORDNEN	GETPIVOTDATA	2003	=PIVOTDATENZUORDNEN(Datenfeld; PivotTable;Feld;Element;...)
Nachschlagen und Verweisen (Matrix)	RTD	RTD	2003	=RTD(ProgID;Server;Topic1;Topic2;...)
Nachschlagen und Verweisen (Matrix)	SPALTE	COLUMN	2003	=SPALTE(Bezug)
Nachschlagen und Verweisen (Matrix)	SPALTEN	COLUMNS	2003	=SPALTEN(Matrix)
Nachschlagen und Verweisen (Matrix)	SVERWEIS	VLOOKUP	2003	=SVERWEIS(Suchkriterium;Matrix; Spaltenindex;Bereich_Verweis)
Nachschlagen und Verweisen (Matrix)	VERGLEICH	MATCH	2003	=VERGLEICH(Suchkriterium;Suchmatrix; Vergleichstyp)

Kategorie	Deutsch	Englisch	ab Version	Syntax Deutsch
Nachschlagen und Verweisen (Matrix)	VERWEIS	LOOKUP	2003	=VERWEIS(Suchkriterium;Suchvektor; Ergebnisvektor)
Nachschlagen und Verweisen (Matrix)	VERWEIS	LOOKUP	2003	=VERWEIS(Suchkriterium;Matrix)
Nachschlagen und Verweisen (Matrix)	WAHL	CHOOSE	2003	=WAHL(Index;Wert1;Wert2;...)
Nachschlagen und Verweisen (Matrix)	WVERWEIS	HLOOKUP	2003	=WVERWEIS(Suchkriterium;Matrix; Zeilenindex;Bereich_Verweis)
Nachschlagen und Verweisen (Matrix)	ZEILE	ROW	2003	=ZEILE(Bezug)
Nachschlagen und Verweisen (Matrix)	ZEILEN	ROWS	2003	=ZEILEN(Matrix)
Statistisch	ACHSENABSCHNITT	INTERCEPT	2003	=ACHSENABSCHNITT(Y_Werte;X_Werte)
Statistisch	ANZAHL	COUNT	2003	=ANZAHL(Wert1;Wert2;...)
Statistisch	ANZAHL2	COUNTA	2003	=ANZAHL2(Wert1;Wert2;...)

Kategorie	Deutsch	Englisch	ab Version	Syntax Deutsch
Statistisch	ANZAHLLEERE-ZELLEN	COUNTBLANK	2003	=ANZAHLLEEREZELLEN(Bereich)
Statistisch	BESTIMMTHEITS-MASS	RSQ	2003	=BESTIMMTHEITSMASS(Y_Werte; X_Werte)
Statistisch	BETA.INV	BETA.INV	2010	=BETA.INV(Wahrsch;Alpha;Beta;A;B)
Statistisch	BETA.VERT	BETA.DIST	2010	=BETA.VERT(x;Alpha;Beta;kumuliert; A;B)
Statistisch	BINOM.INV	BINOM.INV	2010	=BINOM.INV(Versuche;Erfolgswahrsch; Alpha)
Statistisch	BINOM.VERT	BINOM.DIST	2010	=BINOM.VERT(Zahl_Erfolge;Versuche; Erfolgswahrsch;Kumuliert)
Statistisch	BINOM.VERT. BEREICH	BINOM.DIST. RANGE	2013	=BINOM.VERT.BEREICH(Versuche; Erfolgswahrscheinlichkeit;Zahl_Erfolge; Zahl2_Erfolge)
Statistisch	CHIQU.INV	CHISQ.INV	2010	=CHIQU.INV(Wahrsch;Freiheitsgrade)
Statistisch	CHIQU.INV.RE	CHISQ.INV.RT	2010	=CHIQU.INV.RE(Wahrsch;Freiheitsgrade)

Kategorie	Deutsch	Englisch	ab Version	Syntax Deutsch
Statistisch	CHIQU.TEST	CHISQ.TEST	2010	=CHIQU.TEST(Beob_Messwerte; Erwart_Werte)
Statistisch	CHIQU.VERT	CHISQ.DIST	2010	=CHIQU.VERT(x;Freiheitsgrade; kumuliert)
Statistisch	CHIQU.VERT.RE	CHISQ.DIST.RT	2010	=CHIQU.VERT.RE(x;Freiheitsgrade)
Statistisch	EXPON.VERT	EXPON.DIST	2010	=EXPON.VERT(x;Lambda;Kumuliert)
Statistisch	F.INV	F.INV	2010	=F.INV(Wahrsch;Freiheitsgrade1; Freiheitsgrade2)
Statistisch	F.INV.RE	F.INV.RT	2010	=F.INV.RE(Wahrsch;Freiheitsgrade1; Freiheitsgrade2)
Statistisch	F.TEST	F.TEST	2010	=F.TEST(Matrix1;Matrix2)
Statistisch	F.VERT	F.DIST	2010	=F.VERT(x;Freiheitsgrade1;Freiheits-grade2;kumuliert)
Statistisch	F.VERT.RE	F.DIST.RT	2010	=F.VERT.RE(x;Freiheitsgrade1;Freiheits-grade2)

Kategorie	Deutsch	Englisch	ab Version	Syntax Deutsch
Statistisch	FISHER	FISHER	2003	=FISHER(x)
Statistisch	FISHERINV	FISHERINV	2003	=FISHERINV(y)
Statistisch	G.TEST	G.TEST	2010	=G.TEST(Matrix;x;Sigma)
Statistisch	GAMMA	GAMMA	2013	=GAMMA(x)
Statistisch	GAMMA.INV	GAMMA.INV	2010	=GAMMA.INV(Wahrsch;Alpha;Beta)
Statistisch	GAMMA.VERT	GAMMA.DIST	2010	=GAMMA.VERT(x;Alpha;Beta;Kumuliert)
Statistisch	GAMMALN	GAMMALN	2003	=GAMMALN(x)
Statistisch	GAMMALN.GENAU	GAMMALIN.PRE-CISE	2010	=GAMMALN.GENAU(x)
Statistisch	GAUSS	GAUSS	2013	=GAUSS(x)
Statistisch	GEOMITTEL	GEOMEAN	2003	=GEOMITTEL(Zahl1;Zahl2;...)
Statistisch	GESTUTZTMITTEL	TRIMMEAN	2003	=GESTUTZTMITTEL(Matrix;Prozent)
Statistisch	HARMITTEL	HARMEAN	2003	=HARMITTEL(Zahl1;Zahl2;...)

Kategorie	Deutsch	Englisch	ab Version	Syntax Deutsch
Statistisch	HÄUFIGKEIT	FREQUENCY	2003	=HÄUFIGKEIT(Daten;Klassen)
Statistisch	HYPGEOM.VERT	HYPGEOM.DIST	2010	=HYPGEOM.VERT(Erfolge_S;Umfang_S; Erfolge_G;Umfang_G;kumuliert)
Statistisch	KGRÖSSTE	LARGE	2003	=KGRÖSSTE(Matrix;k)
Statistisch	KKLEINSTE	SMALL	2003	=KKLEINSTE(Matrix;k)
Statistisch	KONFIDENZ.NORM	CONFI-DENCE.NORM	2010	=KONFIDENZ.NORM(Alpha;Standard-abwn;Umfang)
Statistisch	KONFIDENZ.T	CONFIDENZ.T	2010	=KONFIDENZ.T(Alpha;Standard-abwn;Umfang)
Statistisch	KORREL	CORREL	2003	=KORREL(Matrix1;Matrix2)
Statistisch	KOVARIANZ.P	COVARIANCE.P	2010	=KOVARIANZ.P(Array1;Array2)
Statistisch	KOVARIANZ.S	COVARIABCE.S	2010	=KOVARIANZ.S(Array1;Array2)
Statistisch	KURT	KURT	2003	=KURT(Zahl1;Zahl2;...)
Statistisch	LOGNORM.INV	LOGNORM.INV	2010	=LOGNORM.INV(Wahrsch;Mittelwert; Standabwn)

Kategorie	Deutsch	Englisch	ab Version	Syntax Deutsch
Statistisch	LOGNORM.VERT	LOGNORM.DIST	2010	=LOGNORM.VERT(x;Mittelwert; Standabwn;kumuliert)
Statistisch	MAX	MAX	2003	=MAX(Zahl1;Zahl2;...)
Statistisch	MAXA	MAXA	2003	=MAXA(Wert1;Wert2;...)
Statistisch	MEDIAN	MEDIAN	2003	=MEDIAN(Zahl1;Zahl2;...)
Statistisch	MIN	MIN	2003	=MIN(Zahl1;Zahl2;...)
Statistisch	MINA	MINA	2003	=MINA(Wert1;Wert2;...)
Statistisch	MITTELABW	AVEDEV	2003	=MITTELABW(Zahl1;Zahl2;...)
Statistisch	MITTELWERT	AVERAGE	2003	=MITTELWERT(Zahl1;Zahl2;...)
Statistisch	MITTELWERTA	AVERAGEA	2003	=MITTELWERTA(Wert1;Wert2;...)
Statistisch	MITTELWERTWENN	AVERAGEIF	2007	=MITTELWERTWENN(Bereich;Kriterien; Mittelwert_Bereich)
Statistisch	MITTELWERT-WENNS	AVERAGEIFS	2007	=MITTELWERTWENNS(Mittelwert_Bereich;Kriterien_Bereich;Kriterien;...)

Kategorie	Deutsch	Englisch	ab Version	Syntax Deutsch
Statistisch	MODUS.EINF	MODE.SNGL	2010	=MODUS.EINF(Zahl1;Zahl2;...)
Statistisch	MODUS.VIELF	MODE.MULT	2010	=MODUS.VIELF(Zahl1;Zahl2;...)
Statistisch	NEGBINOM.VERT	NEGBINOM.DIST	2010	=NEGBINOM.VERT(Zahl_Mißerfolge; Zahl_Erfolge;Erfolgswahrsch;kumuliert)
Statistisch	NORM.INV	NORM.INV	2010	=NORM.INV(Wahrsch;Mittelwert; Standabwn)
Statistisch	NORM.S.INV	NORM.S.INV	2010	=NORM.S.INV(Wahrsch)
Statistisch	NORM.S.VERT	NORM.S.DIST	2010	=NORM.S.VERT(z;kumuliert)
Statistisch	NORM.VERT	NORM.DIST	2010	=NORM.VERT(x;Mittel-wert;Standabwn;Kumuliert)
Statistisch	PEARSON	PEARSON	2003	=PEARSON(Matrix1;Matrix2)
Statistisch	PHI	PHI	2013	=PHI(x)
Statistisch	POISSON.VERT	POISSON.DIST	2010	=POISSON.VERT(x;Mittelwert;Kumuliert)
Statistisch	QUANTIL.INKL	PERCENTILE.INC	2010	=QUANTIL.INKL(Array;k)

Kategorie	Deutsch	Englisch	ab Version	Syntax Deutsch
Statistisch	QUANTILS-RANG.EXKL	PERCEN-TRANK.EXC	2010	=QUANTILSRANG.EXKL(Array;x; Genauigkeit)
Statistisch	QUANTILS-RANG.INKL	PERCEN-TRANK.INC	2010	=QUANTILSRANG.INKL(Array;x;Genauig-keit)
Statistisch	QUARTILE.EXKL	QUARTILE.EXC	2010	=QUARTILE.EXKL(Array;Quartile)
Statistisch	QUARTILE.INKL	QUARTILE.INC	2010	=QUARTILE.INKL(Array;Quartile)
Statistisch	RANG.GLEICH	RANK.EQ	2010	=RANG.GLEICH(Zahl;Bezug;Reihenfolge)
Statistisch	RANG.MITTELW	RANK.VG	2010	=RANG.MITTELW(Zahl;Bezug;Reihen-folge)
Statistisch	RGP	LINEST	2003	=RGP(Y_Werte;X_Werte;Konstante; Stats)
Statistisch	RKP	LOGEST	2003	=RKP(Y_Werte;X_Werte;Konstante; Stats)
Statistisch	SCHÄTZER	FORECAST	2003	=SCHÄTZER(x;Y_Werte;X_Werte)
Statistisch	SCHIEFE	SKEW	2003	=SCHIEFE(Zahl1;Zahl2;...)

Kategorie	Deutsch	Englisch	ab Version	Syntax Deutsch
Statistisch	SCHIEFE.P	SKEW.P	2013	=SCHIEFE.P(Zahl1;Zahl2;...)
Statistisch	STABW.N	STDEV.P	2010	=STABW.N(Zahl1;Zahl2;...)
Statistisch	STABW.S	STDEV.S	2010	=STABW.S(Zahl1;Zahl2;...)
Statistisch	STABWA	STDEVA	2003	=STABWA(Wert1;Wert2;...)
Statistisch	STABWNA	STDEVPA	2003	=STABWNA(Wert1;Wert2;...)
Statistisch	STANDARDISIE-RUNG	STANDARDIZE	2003	=STANDARDISIERUNG(x;Mittelwert; Standabwn)
Statistisch	STANDNORMVERT	NORMSDIST	2003	=STANDNORMVERT(z)
Statistisch	STEIGUNG	SLOPE	2003	=STEIGUNG(Y_Werte;X_Werte)
Statistisch	STFEHLERYX	STEYX	2003	=STFEHLERYX(Y_Werte;X_Werte)
Statistisch	SUMQUADABW	DEVSQ	2003	=SUMQUADABW(Zahl1;Zahl2;...)
Statistisch	T.INV	T.INV	2010	=T.INV(Wahrsch;Freiheitsgrade)
Statistisch	T.INV.2S	T.INV.2T	2010	=T.INV.2S(Wahrsch;Freiheitsgrade)

Kategorie	Deutsch	Englisch	ab Version	Syntax Deutsch
Statistisch	T.TEST	T.TEST	2010	=T.TEST(Matrix1;Matrix2;Seiten;Typ)
Statistisch	T.VERT	T.DIST	2010	=T.VERT(x;Freiheitsgrade;kumuliert)
Statistisch	T.VERT.2S	T.DIST.2T	2010	=T.VERT.2S(x;Freiheitsgrade)
Statistisch	T.VERT.RE	T.DIST.RT	2010	=T.VERT.RE(x;Freiheitsgrade)
Statistisch	TREND	TREND	2003	=TREND(Y_Werte;X_Werte; Neue_x_Werte;Konstante)
Statistisch	VAR.P	VAR.P	2010	=VAR.P(Zahl1;Zahl2;...)
Statistisch	VAR.S	VAR.S	2010	=VAR.S(Zahl1;Zahl2;...)
Statistisch	VARIANZA	VARA	2003	=VARIANZA(Wert1;Wert2;...)
Statistisch	VARIANZENA	VARPA	2007	=VARIANZENA(Wert1;Wert2;...)
Statistisch	VARIATION	GROWTH	2003	=VARIATION(Y_Werte;X_Werte; Neue_x_Werte;Konstante)
Statistisch	VARIATIONEN	PERMUT	2003	=VARIATIONEN(n;k)
Statistisch	VARIATIONEN2	PERMUTATIONA	2013	=VARIATIONEN2(Zahl;gewählte_Zahl)

Kategorie	Deutsch	Englisch	ab Version	Syntax Deutsch
Statistisch	WAHRSCHBEREICH	PROB	2003	=WAHRSCHBEREICH(Beob_Werte; Beob_Wahrsch;Untergrenze;Obergrenze)
Statistisch	WEIBULL.VERT	WEIBULL.DIST	2010	=WEIBULL.VERT(x;Alpha;Beta; Kumuliert)
Statistisch	ZÄHLENWENN	COUNTIF	2003	=ZÄHLENWENN(Bereich;Suchkriterien)
Statistisch	ZÄHLENWENNS	COUNTIFS	2007	=ZÄHLENWENNS(B:B;Kriterien;...)
Text	ASC	ASC	2003	=ASC(Text)
Text	BAHTTEXT	BAHTTEXT	2003	=BAHTTEXT(Zahl)
Text	CODE	CODE	2003	=CODE(Text)
Text	DM	DOLLAR	2003	=DM(Zahl;Dezimalstellen)
Text	ERSETZEN	REPLACE	2003	=ERSETZEN(Alter_Text;Erstes_Zeichen; Anzahl_Zeichen;Neuer_Text)
Text	ERSETZENB	REPLACEB	2003	=ERSETZENB(Alter_Text;Erstes_Zeichen; Anzahl_Bytes;Neuer_Text)
Text	FEST	FIXED	2003	=FEST(Zahl;Dezimalstellen;Keine_Punkte)

Kategorie	Deutsch	Englisch	ab Version	Syntax Deutsch
Text	FINDEN	FIND	2003	=FINDEN(Suchtext;Text;Erstes_Zeichen)
Text	FINDENB	FINDB	2003	=FINDENB(Suchtext;Text;Erstes_Zeichen)
Text	GLÄTTEN	TRIM	2003	=GLÄTTEN(Text)
Text	GROSS	UPPER	2003	=GROSS(Text)
Text	GROSS2	PROPER	2003	=GROSS2(Text)
Text	IDENTISCH	EXACT	2003	=IDENTISCH(Text1;Text2)
Text	KLEIN	LOWER	2003	=KLEIN(Text)
Text	LÄNGE	LEN	2003	=LÄNGE(Text)
Text	LÄNGEB	LENB	2003	=LÄNGEB(Text)
Text	LINKS	LEFT	2003	=LINKS(Text;Anzahl_Zeichen)
Text	LINKSB	LEFTB	2003	=LINKSB(Text;Anzahl_Bytes)
Text	PHONETIC	PHONETIC	2003	=PHONETIC(reference)
Text	RECHTS	RIGHT	2003	=RECHTS(Text;Anzahl_Zeichen)

Kategorie	Deutsch	Englisch	ab Version	Syntax Deutsch
Text	RECHTSB	RIGHTB	2003	=RECHTSB(Text;Anzahl_Bytes)
Text	SÄUBERN	CLEAN	2003	=SÄUBERN(Text)
Text	SUCHEN	SEARCH	2003	=SUCHEN(Suchtext;Text;Erstes_Zeichen)
Text	SUCHENB	SEARCHB	2003	=SUCHENB(Suchtext;Text;Erstes_Zeichen)
Text	T	T	2003	=T(Wert)
Text	TEIL	MID	2003	=TEIL(Text;Erstes_Zeichen;Anzahl_Zeichen)
Text	TEILB	MIDB	2003	=TEILB(Text;Erstes_Zeichen;Anzahl_Bytes)
Text	TEXT	TEXT	2003	=TEXT(Wert;Textformat)
Text	UNICODE	UNICODE	2013	=UNICODE(Text)
Text	UNIZEICHEN	UNICHAR	2013	=UNIZEICHEN(Zahl)
Text	VERKETTEN	CONCATENATE	2003	=VERKETTEN(Text1;Text2;...)

Kategorie	Deutsch	Englisch	ab Version	Syntax Deutsch
Text	WECHSELN	SUBSTITUTE	2003	=WECHSELN(Text;Alter_Text;Neuer_Text;ntes_Auftreten)
Text	WERT	VALUE	2003	=WERT(Text)
Text	WIEDERHOLEN	REPT	2003	=WIEDERHOLEN(Text;Multiplikator)
Text	ZAHLENWERT	NUMBERVALUE	2013	=ZAHLENWERT(Text;Dezimaltrennzeichen;Gruppentrennzeichen)
Text	ZEICHEN	CHAR	2003	=ZEICHEN(Zahl)
Web	XMLFILTERN	FILTERXML	2013	=XMLFILTERN(xml;xpath)
Web	URLCODIEREN	ENCODEURL	2013	=URLCODIEREN(text)
Web	WEBDIENST	WEBSERVICE	2013	=WEBDIENST(url)

Index

C

D

T

X

Z

- Das Standardwerk für Einsteiger und fortgeschrittene Anwender
- Konzepte und Techniken der VBA-Programmierung
- Programme für die tägliche Praxis
- Geeignet für alle Versionen von Excel XP bis 2016

Bernd Held

VBA mit Excel

Das umfassende Handbuch

Werden Sie unter Anleitung des Erfolgsautors Bernd Held zum Profi in VBA mit Excel. Von den Grundlagen (Datentypen, Variablen) und der Programmierung von Objekten (z. B. Zellen, Mappen, Diagramme) über Funktionen und Ereignisse bis hin zu Userforms oder Symbolleisten: Alles drin und mit zahlreichen Beispielen illustriert! Mithilfe von Best Practices tunen Sie Ihren Code und haben im Fehlerfall immer die passende Antwort parat. Das Buch ist damit Einführung, Arbeitsbuch und Nachschlagewerk in einem! Mit über 650 sofort einsetzbaren Makros zum Download

950 Seiten, gebunden, 49,90 Euro
ISBN 978-3-8362-3821-2
2. Auflage 2016
www.rheinwerk-verlag.de/3891

Rheinwerk

Rheinwerk
www.rheinwerk-verlag.de